一部囊括世界文化常识的百科全书

# 不可不知的3000个
# 文化常识

星汉 编著

中国华侨出版社

图书在版编目(CIP)数据

不可不知的3000个文化常识/星汉编著.—北京：中国华侨出版社，2010.11（2021.6重印）
ISBN 978-7-5113-0797-2

I.①不… Ⅱ.①星… Ⅲ.①文化－普及读物 Ⅳ.①G-49

中国版本图书馆CIP数据核字（2010）第204010号

## 不可不知的3000个文化常识

| | |
|---|---|
| 编　　著： | 星　汉 |
| 出 版 人： | 方　鸣 |
| 责任编辑： | 李胜佳 |
| 封面设计： | 李艾红 |
| 文字编辑： | 于海娣 |
| 美术编辑： | 刘　佳 |
| 经　　销： | 新华书店 |
| 开　　本： | 1020mm×1200mm　1/10　印张：36　字数：736千字 |
| 印　　刷： | 北京德富泰印务有限公司 |
| 版　　次： | 2011年1月第1版　2021年6月第6次印刷 |
| 书　　号： | ISBN 978-7-5113-0797-2 |
| 定　　价： | 59.80元 |

中国华侨出版社　　北京市朝阳区静安里26号通成达大厦三层　　邮编：100028
法律顾问：陈鹰律师事务所
发 行 部：（010）88866079　　传　真：（010）88877396
网　　址：www.oveaschin.com
E-mail: oveaschin@sina.com

如果发现印装质量问题，影响阅读，请与印刷厂联系调换。

# 前言

　　文化是人类创造的所有物质财富和精神财富的总和。它既是人类社会在过去时间内的发展进化成果，也是孕育人类辉煌未来的基础。正是文化的一脉相传才造就了人类社会源远流长的历史和光辉灿烂的文明。

　　学习掌握必要的文化常识，不仅是开阔视野、启迪心智、增加知识储备、提高个人素质的必经之路，同时也是推动文化发展繁荣和社会进步的重要因素。换个角度讲，掌握必要的文化常识已然成为一个人综合素质和能力的体现，可以说，文化是每个人的根，它已经渗透到我们每个人的生活当中。然而，许多人往往缺少足够的文化常识基础，有些人即使知道一些常识，也是一知半解，这不仅给学习和工作带来诸多的不便，生活中也可能处处遭遇尴尬。比如，缺乏文化常识，在读历史作品时难免对人物来历、官职性质、宗法礼俗等不了解，自然就无法体会其人其事的种种妙处；缺乏文化常识，就会对生活中许多与文化有关的现象感到费解，甚至在工作或生活中错误百出。可见，掌握一些基本的文化常识，对每个人来说都是很有必要的。

　　然而，世界文化是一个庞杂的知识体系，包罗万象，浩如烟海，面对它，大多数人都会感到力不从心，很难在短时间内掌握其底蕴及脉络。即便是专业人士，所掌握的文化常识也不过是冰山一角。的确，再强大的个体在面对厚重的文化时都是渺小的，尤其是在知识爆炸、信息膨胀的今天，新事物、新知识、新文化日新月异，如何用较短的时间获取较多的文化知识和信息，是一个十分重要的问题。这除了个人的努力和恰当的学习方法之外，知识信息的载体及其表现形式是否科学、简明，也是一个非常重要的因素。

　　为了帮助读者更方便、更轻松、更快捷地了解和掌握必要的文化常识、提高人文修养，为成功的人生打下坚实的基础，本着权威实用、生动有趣的原则，编者选取了世界文化中极具代表性的知识和史料，辑成本书。所选内容涵盖了文学、哲学思想、历史考古、风俗礼仪、美术工艺、音乐舞蹈、戏剧曲艺、语言文字、出版传媒、教育、经济、政治法律、服饰、称谓、天文历法、名胜古迹等各个方面的点点滴滴，囊括了人们最想知道、最需要知道、最应该知道的基本文化常识。

编者在广泛收集资料的基础上，力求在"新、奇、趣"上下工夫。"新"就是鲜为人知的，很少被其他书籍提到的知识；"奇"就是不一般，是能让人的精神为之一振的事物；"趣"即是兴趣，也是趣味，是人们想看、愿意看的东西。同时，书中还选配了各种包含多种文化元素的精美图片，与文字相辅相成，呈现给读者一幅极具趣味性的世界文化图景，使读者身临其境，从中体味到世界文化的博大精深。

这是一本浓缩中外文化知识精粹的工具书，集知识性、趣味性、科学性、实用性于一体，具有超强的参考性与指导性。寻根探源，集纳中外灿烂文化，谈古论今，猎获古今丰富知识，一书在手，即可领略到中外文化的风采。希望这本书给你的心智以有益的启迪，使你充分地感受到文化的魅力。

# 目 录

文学篇 ……………………………… 1
 "文学"概念的变迁 ………………… 1
 诗歌 ………………………………… 1
 诗的分类 …………………………… 1
 乐府 ………………………………… 1
 民歌 ………………………………… 1
 词 …………………………………… 1
 词的分类 …………………………… 2
 词牌 ………………………………… 2
 竹枝词 ……………………………… 2
 敦煌曲子词 ………………………… 2
 韵 …………………………………… 2
 平仄 ………………………………… 2
 对仗 ………………………………… 2
 散曲 ………………………………… 2
 散曲的分类 ………………………… 3
 汉赋 ………………………………… 3
 骈文 ………………………………… 3
 变文 ………………………………… 3
 唐传奇 ……………………………… 3
 南戏 ………………………………… 3
 宋元话本 …………………………… 4
 宋金诸宫调 ………………………… 4
 宋代笔记文 ………………………… 4
 元杂剧 ……………………………… 4
 诗话 ………………………………… 4
 拟话本 ……………………………… 4
 八股文 ……………………………… 4
 弹词和鼓词 ………………………… 5
 诗言志 ……………………………… 5
 思无邪 ……………………………… 5
 兴观群怨 …………………………… 5
 知人论世 …………………………… 5
 以意逆志 …………………………… 5
 风雅颂，赋比兴 …………………… 6
 大音希声 …………………………… 6
 诗无达诂 …………………………… 6
 文以载道 …………………………… 6
 涵咏 ………………………………… 6
 格调说 ……………………………… 6
 性灵说 ……………………………… 6
 神韵说 ……………………………… 7
 肌理说 ……………………………… 7
 意境 ………………………………… 7
 建安文学 …………………………… 7
 南北朝民歌 ………………………… 7
 玄言诗 ……………………………… 7
 山水诗 ……………………………… 8
 田园诗 ……………………………… 8
 边塞诗 ……………………………… 8
 新乐府运动 ………………………… 8
 江西诗派 …………………………… 8
 台阁体 ……………………………… 8
 宋诗派 ……………………………… 9
 花间派 ……………………………… 9
 婉约派 ……………………………… 9
 豪放派 ……………………………… 9
 古文运动 …………………………… 9
 公安派 ……………………………… 9
 桐城派 ……………………………… 9
 章回小说 …………………………… 10
 讲史小说 …………………………… 10
 神魔小说 …………………………… 10
 世情小说 …………………………… 10
 才子佳人小说 ……………………… 10
 公案小说 …………………………… 10
 三曹 ………………………………… 11
 建安七子 …………………………… 11
 竹林七贤 …………………………… 11
 唐代诗人别称 ……………………… 11
 初唐四杰 …………………………… 11
 高岑 ………………………………… 12
 大历十才子 ………………………… 12
 郊寒岛瘦 …………………………… 12
 元白 ………………………………… 12
 唐宋八大家 ………………………… 12
 三苏 ………………………………… 12
 苏门四学士 ………………………… 12
 永嘉四灵 …………………………… 13
 元曲四大家 ………………………… 13

| | | | |
|---|---|---|---|
| 江左三大家 | 13 | 《儒林外史》 | 22 |
| 岭南三家 | 13 | 《水浒传》 | 22 |
| 屈原 | 13 | 《西游记》 | 22 |
| 贾谊 | 14 | 《三国演义》 | 22 |
| 司马相如 | 14 | 《金瓶梅》 | 23 |
| 班固 | 14 | 《红楼梦》 | 23 |
| 蔡文姬 | 14 | 《文赋》 | 23 |
| 陶渊明 | 14 | 《文心雕龙》 | 23 |
| 谢灵运 | 14 | 《昭明文选》 | 23 |
| 陈子昂 | 14 | 《诗品》 | 24 |
| 孟浩然 | 15 | 《容斋随笔》 | 24 |
| 王维 | 15 | 《太平广记》 | 24 |
| 李白 | 15 | 《录鬼簿》 | 24 |
| 杜甫 | 15 | 《古文观止》 | 24 |
| 韩愈 | 15 | 《随园诗话》 | 24 |
| 柳宗元 | 15 | 《古文辞类纂》 | 25 |
| 李贺 | 16 | 《艺概》 | 25 |
| 杜牧 | 16 | 《人间词话》 | 25 |
| 李商隐 | 16 | 人文主义 | 25 |
| 温庭筠 | 16 | 古典主义 | 25 |
| 李煜 | 16 | 感伤主义 | 25 |
| 柳永 | 16 | 象征主义 | 26 |
| 晏殊 | 17 | 表现主义 | 26 |
| 欧阳修 | 17 | 达达主义 | 26 |
| 苏轼 | 17 | 超现实主义 | 26 |
| 李清照 | 17 | 魔幻现实主义 | 26 |
| 辛弃疾 | 17 | 迷惘的一代 | 27 |
| 陆游 | 17 | 垮掉的一代 | 27 |
| 关汉卿 | 18 | 百科全书派 | 27 |
| 汤显祖 | 18 | 新感觉派 | 27 |
| 吴敬梓 | 18 | 意识流 | 28 |
| 曹雪芹 | 18 | 新小说派 | 28 |
| 中国最早的民歌 | 18 | 黑色幽默 | 28 |
| 《诗经》 | 18 | 狂飙运动 | 28 |
| 《楚辞》 | 19 | 宪章运动文学 | 29 |
| 《古诗十九首》 | 19 | 比较文学 | 29 |
| 《玉台新咏》 | 19 | 文艺复兴 | 29 |
| 《世说新语》 | 19 | 骑士文学 | 29 |
| 《搜神记》 | 19 | 物语文学 | 29 |
| 《窦娥冤》 | 20 | 吠陀文学 | 30 |
| 荆刘拜杀 | 20 | 解冻文学 | 30 |
| 临川四梦 | 20 | 十四行诗 | 30 |
| 《西厢记》 | 21 | 七星诗社 | 30 |
| 《牡丹亭》 | 21 | 墓园诗派 | 30 |
| 《桃花扇》 | 21 | 湖畔诗派 | 31 |
| 《长生殿》 | 21 | 古希腊三大悲剧家 | 31 |
| 《聊斋志异》 | 21 | 英国诗坛的三颗巨星 | 31 |

| | |
|---|---|
| 世界三大短篇小说之王 …… 31 | 《老实人》…… 42 |
| 勃朗特三姐妹 …… 31 | 《新爱洛伊丝》…… 42 |
| 19世纪俄国三大文学批评家 …… 32 | 《人间喜剧》…… 42 |
| 但丁 …… 32 | 《巴黎圣母院》…… 42 |
| 彼特拉克 …… 32 | 《悲惨世界》…… 42 |
| 莎士比亚 …… 32 | 《红与黑》…… 43 |
| 莫里哀 …… 33 | 《简·爱》…… 43 |
| 歌德 …… 33 | 《呼啸山庄》…… 43 |
| 席勒 …… 33 | 《茶花女》…… 43 |
| 巴尔扎克 …… 33 | 《包法利夫人》…… 44 |
| 普希金 …… 33 | 《羊脂球》…… 44 |
| 雨果 …… 34 | 《老人与海》…… 44 |
| 大仲马 …… 34 | 《哈克贝利·费恩历险记》…… 44 |
| 安徒生 …… 34 | 《飘》…… 44 |
| 果戈理 …… 34 | 《尤利西斯》…… 45 |
| 屠格涅夫 …… 34 | 《战争与和平》…… 45 |
| 惠特曼 …… 35 | 《安娜·卡列尼娜》…… 45 |
| 陀思妥耶夫斯基 …… 35 | 《生命不能承受之轻》…… 46 |
| 福楼拜 …… 35 | 《百年孤独》…… 46 |
| 裴多菲 …… 35 | 诺贝尔文学奖 …… 46 |
| 小仲马 …… 36 | 茅盾文学奖 …… 46 |
| 列夫·托尔斯泰 …… 36 | 爱尔兰都柏林文学奖 …… 46 |
| 凡尔纳 …… 36 | 毕希纳文学奖 …… 46 |
| 莫泊桑 …… 36 | 芥川奖、直木奖 …… 47 |
| 契诃夫 …… 36 | 塞万提斯奖 …… 47 |
| 泰戈尔 …… 36 | 龚古尔文学奖 …… 47 |
| 高尔基 …… 37 | 国际安徒生奖 …… 47 |
| 卡夫卡 …… 37 | "哲学"一词的由来 …… 48 |
| 马尔克斯 …… 37 | 百家争鸣 …… 48 |
| 印度两大史诗 …… 37 | 道家 …… 48 |
| 荷马史诗 …… 38 | 儒家 …… 48 |
| 《神曲》…… 38 | 法家 …… 48 |
| 《巨人传》…… 38 | 名家 …… 48 |
| 《十日谈》…… 39 | |
| 《一千零一夜》…… 39 | **哲学思想篇** …… 48 |
| 《伊索寓言》…… 39 | 黄老学派 …… 49 |
| 《吉檀迦利》…… 39 | 仁 …… 49 |
| 《源氏物语》…… 39 | 礼 …… 49 |
| 《唐吉诃德》…… 40 | 忠恕 …… 49 |
| 《罗密欧与朱丽叶》…… 40 | 智 …… 49 |
| 莎士比亚四大悲剧 …… 40 | 勇 …… 49 |
| 《鲁宾逊漂流记》…… 40 | 孝悌 …… 49 |
| 《格列佛游记》…… 40 | 三不朽 …… 49 |
| 《唐·璜》…… 41 | 内省 …… 49 |
| 《少年维特之烦恼》…… 41 | 内圣外王 …… 49 |
| 《浮士德》…… 41 | 慎独 …… 49 |
| 《查泰莱夫人的情人》…… 41 | |

| 目录 | 页码 | 目录 | 页码 |
|---|---|---|---|
| 四端 | 49 | 王夫之 | 58 |
| 中庸 | 50 | 魏源 | 58 |
| 义利之辩 | 50 | 米利都学派 | 58 |
| 礼义廉耻 | 50 | 毕达哥拉斯学派 | 58 |
| 八卦 | 50 | 麦加拉学派 | 58 |
| 阴阳 | 50 | 学园派 | 59 |
| 五行 | 50 | 斯多阿学派 | 59 |
| 太极 | 50 | 理念论 | 59 |
| 有无 | 51 | 柏拉图主义 | 59 |
| 气 | 51 | 犬儒主义 | 59 |
| 道 | 51 | 怀疑论 | 59 |
| 形而上、形而下 | 51 | 原子论 | 59 |
| 无为而治 | 51 | 无神论 | 60 |
| 小国寡民 | 51 | 逍遥学派 | 60 |
| 谶纬 | 52 | 因信称义 | 60 |
| 贵无论 | 52 | 四假相 | 60 |
| 道统说 | 52 | 科学归纳法 | 60 |
| 天人相分 | 52 | 唯理论 | 61 |
| 知行合一 | 52 | 我思故我在 | 61 |
| 魏晋玄学 | 52 | 自因 | 61 |
| 名教与自然 | 53 | 社会契约说 | 61 |
| 程朱学派 | 53 | 唯意志论 | 62 |
| 永康学派 | 53 | 一元论 | 62 |
| 鹅湖之会 | 53 | 二元论 | 62 |
| 理学 | 53 | 多元论 | 62 |
| 三玄 | 53 | 感觉论 | 62 |
| 《周易》 | 53 | 自然神论 | 62 |
| 河图洛书 | 54 | 泛神论 | 62 |
| 十三经注疏 | 54 | 价值论 | 62 |
| 《资政新篇》 | 54 | 快乐主义 | 63 |
| 周公 | 54 | 禁欲主义 | 63 |
| 老子 | 55 | 人道主义 | 63 |
| 孔子 | 55 | 个人主义 | 63 |
| 墨子 | 55 | 利己主义 | 63 |
| 孟子 | 55 | 利他主义 | 63 |
| 庄子 | 55 | 弗洛伊德主义 | 63 |
| 荀子 | 56 | 新康德主义 | 63 |
| 韩非子 | 56 | 物竞天择 | 64 |
| 董仲舒 | 56 | 结构主义 | 64 |
| 王充 | 56 | 分析哲学 | 64 |
| 范缜 | 56 | 实证主义哲学 | 64 |
| 朱熹 | 57 | "新实在论"哲学 | 64 |
| 陆九渊 | 57 | 存在主义 | 64 |
| 王守仁 | 57 | 经验主义 | 65 |
| 戴震 | 57 | 人本主义 | 65 |
| 黄宗羲 | 57 | 实用主义 | 65 |
| 顾炎武 | 58 | 马克思主义 | 65 |

| | |
|---|---|
| 《共产党宣言》 | 65 |
| 折衷主义 | 65 |
| 苏格拉底 | 65 |
| 亚里士多德 | 66 |
| 伊壁鸠鲁 | 66 |
| 西塞罗 | 66 |
| 奥古斯丁 | 66 |
| 爱留根纳 | 66 |
| 哥白尼 | 66 |
| 布鲁诺 | 67 |
| 培根 | 67 |
| 霍布斯 | 67 |
| 约翰·洛克 | 67 |
| 斯宾诺莎 | 67 |
| 孟德斯鸠 | 67 |
| 伏尔泰 | 68 |
| 休谟 | 68 |
| 卢梭 | 68 |
| 狄德罗 | 68 |
| 康德 | 68 |
| 费希特 | 68 |
| 黑格尔 | 68 |
| 谢林 | 69 |
| 叔本华 | 69 |
| 费尔巴哈 | 69 |
| 尼采 | 69 |
| 马赫主义 | 69 |
| 杜威 | 69 |
| 罗素 | 70 |
| 海德格尔 | 70 |
| 维特根斯坦 | 70 |

## 历史考古篇……71

| | |
|---|---|
| 中国统一疆域的最终形成 | 71 |
| 中国主要朝代名称的由来 | 71 |
| 中国皇帝之最 | 72 |
| 中国历史上第一个女皇帝 | 72 |
| 中国历史上四次民族大融合 | 72 |
| 中国历史上的七次和亲政策 | 72 |
| 三皇五帝的传说 | 73 |
| 家天下 | 73 |
| 盘庚迁殷 | 73 |
| 正史 | 73 |
| 杂史 | 74 |
| 别史 | 74 |
| 野史 | 74 |

| | |
|---|---|
| 纪传体 | 74 |
| 编年体 | 74 |
| 纪事本末体 | 74 |
| 典志体 | 75 |
| 会要体 | 75 |
| 学案体 | 75 |
| 起居注 | 75 |
| 实录 | 76 |
| 方志 | 76 |
| 类书 | 76 |
| 丛书 | 76 |
| 二十四史 | 76 |
| 三通四史 | 77 |
| 《国语》 | 77 |
| 《战国策》 | 77 |
| 《史记》 | 77 |
| 《汉书》 | 78 |
| 《后汉书》 | 78 |
| 《三国志》 | 78 |
| 《晋书》 | 78 |
| 《宋书》 | 78 |
| 《南齐书》 | 79 |
| 《梁书》 | 79 |
| 《陈书》 | 79 |
| 《魏书》 | 79 |
| 《北齐书》 | 80 |
| 《周书》 | 80 |
| 《南史》 | 80 |
| 《北史》 | 80 |
| 《隋书》 | 80 |
| 《旧唐书》 | 81 |
| 《新唐书》 | 81 |
| 《旧五代史》 | 81 |
| 《新五代史》 | 81 |
| 《宋史》 | 82 |
| 《辽史》 | 82 |
| 《金史》 | 82 |
| 《元史》 | 82 |
| 《明史》 | 83 |
| 《清史稿》 | 83 |
| 《竹书纪年》 | 83 |
| 《汉纪》 | 83 |
| 《后汉纪》 | 83 |
| 《资治通鉴》 | 84 |
| 《续资治通鉴》 | 84 |
| 《东华录》 | 84 |
| 《明实录》 | 84 |

| | | | |
|---|---|---|---|
| 《清实录》 | 85 | 西亚旧石器时代 | 94 |
| 《大唐创业起居注》 | 85 | 非洲旧石器时代 | 94 |
| 《通鉴纪事本末》 | 85 | 东南亚旧石器时代 | 94 |
| 《唐会要》 | 85 | 古巴比伦文明 | 94 |
| 《明会典》 | 85 | 古代埃及文明 | 95 |
| 《大清会典》 | 86 | 尼罗河流域文明 | 95 |
| 《山海经》 | 86 | 美洲古代文明 | 95 |
| 《华阳国志》 | 86 | 印加文明 | 95 |
| 《水经注》 | 86 | 奥尔梅克文明 | 95 |
| 《大唐西域记》 | 86 | 帕拉卡斯文化 | 95 |
| 《徐霞客游记》 | 87 | 摩羯文化 | 96 |
| 《洛阳伽蓝记》 | 87 | 古代印第安文明 | 96 |
| 《贞观政要》 | 87 | 阿兹特克文明 | 96 |
| 《史通》 | 87 | 玛雅文化 | 96 |
| 《通典》 | 88 | 迈锡尼文明 | 96 |
| 《通志》 | 88 | 古印度"哈拉巴文化" | 97 |
| 《文献通考》 | 88 | 犹太王国 | 97 |
| 《列女传》 | 88 | 日耳曼人大迁徙 | 97 |
| 《蒙古秘史》 | 89 | 波斯帝国 | 97 |
| 《二十二史札记》 | 89 | 马其顿帝国 | 97 |
| 母系氏族时期 | 89 | 神圣罗马帝国 | 97 |
| 父系氏族时期 | 89 | 卡叠什之战 | 98 |
| 半坡遗址 | 89 | 亚述的征服 | 98 |
| 元谋人遗址 | 90 | 阿克苏姆帝国 | 98 |
| 蓝田人 | 90 | 特洛伊战争 | 98 |
| 仰韶文化 | 90 | 波希战争 | 98 |
| 山西丁村人 | 90 | 布匿战争 | 99 |
| 大汶口文化 | 90 | 斯巴达克起义 | 99 |
| 河姆渡文化 | 90 | 英法百年战争 | 99 |
| 良渚文化 | 91 | 普奥鲁腾之战 | 100 |
| 红山文化 | 91 | 美国南北战争 | 100 |
| 龙山文化 | 91 | 巴黎公社 | 100 |
| 北京人化石 | 91 | 十月革命 | 100 |
| 殷墟 | 91 | 第一次世界大战 | 101 |
| 人祭和人殉 | 91 | 第二次世界大战 | 101 |
| "后母戊"大方鼎 | 91 | "冷战" | 101 |
| 秦始皇陵兵马俑的发现 | 92 | 东欧剧变 | 101 |
| 三星堆 | 92 | "9·11"事件 | 103 |
| 马王堆汉墓 | 92 | | |
| 乾陵 | 92 | **风俗礼仪篇** | **104** |
| 湖北云梦睡虎地秦墓与龙岗秦墓 | 92 | 贴春联 | 104 |
| 法门寺地宫 | 92 | 贴门神 | 104 |
| 楼兰古国 | 93 | 守岁 | 104 |
| 世界十大古文明 | 93 | 压岁钱 | 105 |
| 世界四大文明古国 | 93 | 做满月 | 105 |
| 普那路亚群婚 | 93 | 抓周 | 106 |
| 欧洲旧石器时代 | 94 | | |

| | |
|---|---|
| 长命锁 | 106 |
| 取名 | 106 |
| 百日礼 | 107 |
| 成年礼 | 107 |
| 十二生肖 | 107 |
| 三书六礼 | 108 |
| 说媒 | 108 |
| 相亲 | 108 |
| 过礼 | 109 |
| 择吉 | 109 |
| 迎娶 | 109 |
| 哭嫁 | 109 |
| 拜堂 | 110 |
| 喜宴 | 110 |
| 入洞房 | 110 |
| 回门 | 111 |
| 做寿 | 111 |
| 丧礼 | 111 |
| 挽歌和挽联 | 112 |
| 收继婚 | 112 |
| 童养媳 | 112 |
| 男女授受不亲 | 113 |
| 男主外，女主内 | 113 |
| 节妇烈女 | 113 |
| 跪拜礼 | 114 |
| 九拜 | 114 |
| 拱手 | 114 |
| 作揖 | 114 |
| 坐、跪和长跪 | 115 |
| 避席 | 115 |
| 投刺 | 115 |
| 古人的见面礼 | 115 |
| 座次的讲究 | 115 |
| 闹洞房 | 115 |
| 抢婚 | 116 |
| 赘婚 | 116 |
| 交换婚 | 116 |
| 古代媵、妾制 | 116 |
| "福"字倒贴 | 116 |
| 寿桃 | 116 |
| 元宵节猜灯谜 | 117 |
| 五服 | 117 |
| 三从四德 | 117 |
| 三纲 | 117 |
| 五常 | 118 |
| 父慈子孝 | 118 |
| 裹脚缠足 | 118 |
| 生辰八字 | 118 |
| 民间各业崇拜的祖师 | 118 |
| 藏族群众献哈达 | 119 |
| 喝酒之前为什么要碰杯 | 119 |
| 正月不理发 | 119 |
| 寡妇年的由来 | 119 |
| 丁忧与夺情 | 119 |
| 入殓礼俗 | 120 |
| 守制 | 120 |
| 悬棺葬 | 120 |
| 土葬 | 121 |
| 烧纸钱 | 121 |
| 姓氏的来源 | 121 |
| 名和字 | 121 |
| 别号 | 121 |
| 行辈 | 122 |
| 称谓 | 122 |
| 谦称 | 122 |
| 尊称 | 122 |
| 名讳 | 122 |
| 地望 | 123 |
| 帝王赐姓 | 123 |
| 礼炮为什么是二十一响 | 123 |
| 为什么是"男左女右" | 123 |
| 正字计票法 | 123 |
| 下半旗志哀 | 123 |
| 花圈 | 124 |
| 叩指礼 | 124 |
| 女士优先 | 124 |
| 吻礼 | 124 |
| 吻手礼 | 124 |
| 碰鼻礼 | 124 |
| 鞠躬礼 | 125 |
| 生日吹蜡烛的由来 | 125 |
| 订婚戒指 | 125 |
| 婚纱的由来 | 125 |
| 蜜月 | 125 |
| 日本茶道 | 126 |
| 武士道 | 126 |

## 美术工艺篇 127

| | |
|---|---|
| 画品 | 127 |
| 书品 | 127 |
| 装裱 | 127 |
| 书法的起源 | 127 |
| 文房四宝 | 127 |

| | |
|---|---|
| 毛笔 …… 128 | 《三希堂法帖》 …… 135 |
| 墨 …… 128 | 中国画 …… 135 |
| 纸 …… 128 | 人物画 …… 135 |
| 砚 …… 128 | 山水画 …… 135 |
| 徽墨 …… 128 | 花鸟画 …… 136 |
| 甲骨文 …… 128 | 文人画 …… 136 |
| 金文 …… 129 | 成教化，助人伦 …… 136 |
| 篆书 …… 129 | 以形写神，迁想妙得 …… 136 |
| 隶书 …… 129 | 谢赫"六法论" …… 137 |
| 草书 …… 129 | 意在笔先 …… 137 |
| 楷书 …… 129 | 荆浩"六要" …… 137 |
| 行书 …… 129 | 气韵说 …… 137 |
| 宋体字 …… 129 | 意境说 …… 137 |
| 飞白 …… 130 | 外师造化，中得心源 …… 138 |
| 永字八法 …… 130 | 诗中有画，画中有诗 …… 138 |
| 魏碑 …… 130 | 古意说 …… 138 |
| 拓片 …… 130 | 逸气说 …… 138 |
| 瘦金体 …… 130 | 书画同源 …… 138 |
| 钟繇 …… 130 | 南北宗论 …… 138 |
| 王羲之 …… 131 | 笔法 …… 139 |
| 欧阳询 …… 131 | 墨法 …… 139 |
| 颜真卿 …… 131 | 水墨写意 …… 139 |
| 柳公权 …… 131 | 工笔 …… 139 |
| 颠张醉素 …… 131 | 白描 …… 140 |
| 米芾 …… 131 | 十八描 …… 140 |
| 宋四家 …… 132 | 用色 …… 140 |
| 赵孟頫 …… 132 | 构图与透视 …… 140 |
| 祝允明 …… 132 | 题款与印章 …… 141 |
| 文徵明 …… 132 | 虎头三绝顾恺之 …… 141 |
| 王宠 …… 132 | 展子虔和《游春图》 …… 141 |
| 董其昌 …… 132 | 阎立本兄弟 …… 142 |
| 傅山 …… 132 | 画圣吴道子 …… 142 |
| 何绍基 …… 133 | 李公麟 …… 142 |
| 赵之谦 …… 133 | 张择端 …… 143 |
| 《兰亭序》 …… 133 | 马远 …… 143 |
| 《中秋帖》 …… 133 | 唐寅 …… 143 |
| 《真草千字文》 …… 133 | 徐渭 …… 143 |
| 《仲尼梦奠帖》 …… 133 | 八大山人 …… 144 |
| 《黄州寒食帖》 …… 134 | 石涛 …… 144 |
| 《书谱》 …… 134 | 扬州八怪 …… 144 |
| 《祭侄文稿》 …… 134 | 西泠四家 …… 144 |
| 《神策军碑》 …… 134 | 吴昌硕 …… 144 |
| 《蜀素帖》 …… 134 | 米氏云山 …… 145 |
| 《自叙帖》 …… 134 | 新安画派 …… 145 |
| 《草书千字文》 …… 134 | 北宋山水画三大流派 …… 145 |
| 《前后赤壁赋》 …… 134 | 元代画坛四大家 …… 145 |
| 《草书诗帖》 …… 135 | 吴门画派 …… 146 |

| | | | |
|---|---|---|---|
| 清初"四画僧" | 146 | 中国结 | 154 |
| 海上画派 | 146 | 风筝 | 154 |
| 清末"四任" | 147 | 桃花坞年画 | 154 |
| 岁寒三友 | 147 | 杨柳青年画 | 155 |
| 《洛神赋图》 | 147 | 蜡染 | 155 |
| 《女史箴图》 | 147 | 扎染 | 155 |
| 《游春图》 | 147 | 福建土楼 | 155 |
| 《步辇图》 | 147 | 北京四合院 | 155 |
| 《虢国夫人游春图》 | 148 | 安徽民居 | 156 |
| 《簪花仕女图》 | 148 | 窑洞式民居 | 156 |
| 《挥扇仕女图》 | 148 | 傣家竹楼 | 156 |
| 《历代帝王图》 | 148 | 土家族吊脚楼 | 156 |
| 《辋川图》 | 148 | 开平碉楼 | 157 |
| 《韩熙载夜宴图》 | 148 | 畲族传统民居 | 157 |
| 《清明上河图》 | 149 | 藏族民居 | 157 |
| 《千里江山图》 | 149 | 古埃及雕塑 | 157 |
| 《富春山居图》 | 149 | 古埃及绘画 | 157 |
| 《汉宫春晓图》 | 149 | 拜占庭美术 | 157 |
| 《考工记》 | 149 | 爱尔兰—撒克逊美术 | 157 |
| 《鲁班经》 | 149 | 正面律 | 158 |
| 《长物志》 | 150 | 巴格达画派 | 158 |
| 《园冶》 | 150 | 锡耶纳画派 | 158 |
| 篆刻 | 150 | 威尼斯画派 | 158 |
| 篆刻家文彭 | 150 | 枫丹白露画派 | 158 |
| 徽派篆刻 | 151 | 样式主义 | 158 |
| 浙派篆刻 | 151 | 学院派 | 158 |
| 印章 | 151 | 巴洛克美术 | 159 |
| 印泥 | 151 | 浪漫主义画派 | 159 |
| 印章边款 | 151 | 洛可可艺术 | 159 |
| 唐三彩 | 152 | 古典主义 | 159 |
| 五大名窑 | 152 | 巴比松派 | 159 |
| 秘色瓷 | 152 | 印象主义 | 159 |
| 青花瓷 | 152 | 新印象派 | 160 |
| 粉彩 | 152 | 后印象主义 | 160 |
| 瓷都景德镇 | 152 | 抽象派 | 160 |
| 玉雕 | 152 | 野兽主义 | 160 |
| 牙雕 | 152 | 达达主义 | 160 |
| 木雕 | 152 | 人体艺术 | 160 |
| 中国四大名绣 | 153 | 日本浮世绘 | 160 |
| 云锦 | 153 | 日本漫画 | 161 |
| 泥人张 | 153 | 水粉画 | 161 |
| 剪纸 | 153 | 油画 | 161 |
| 盆景 | 153 | 版画 | 161 |
| 指画 | 154 | 漆画 | 161 |
| 火笔烫画 | 154 | 水彩画 | 161 |
| 缂丝 | 154 | 文艺复兴中的"美术三杰" | 162 |
| 木偶戏 | 154 | 提香 | 162 |

| | |
|---|---|
| 瓦萨里 …… 162 | 唐玄宗 …… 173 |
| 尼古拉斯·普桑 …… 162 | 杨贵妃 …… 173 |
| 塞尚 …… 162 | 《乐律全书》 …… 173 |
| 凡·高 …… 163 | 《高山流水》 …… 173 |
| 毕加索 …… 163 | 《梅花三弄》 …… 174 |
| 《维纳斯的诞生》 …… 163 | 《阳关三叠》 …… 174 |
| 《最后的晚餐》 …… 163 | 《秦王破阵乐》 …… 174 |
| 《蒙娜丽莎》 …… 163 | 《霓裳羽衣曲》 …… 174 |
| 《梅杜萨之筏》 …… 163 | 《春江花月夜》 …… 175 |
| 《日出·印象》 …… 164 | 《汉宫秋月》 …… 175 |
| 《向日葵》 …… 164 | 《渔樵问答》 …… 175 |
| 断臂维纳斯 …… 164 | 《胡笳十八拍》 …… 175 |
| 大卫 …… 164 | 《广陵散》 …… 175 |
| 罗马式建筑 …… 165 | 《平沙落雁》 …… 176 |
| 哥特式建筑 …… 165 | 《十面埋伏》 …… 176 |
| 洛可可建筑 …… 165 | 多来咪发梭拉西 …… 176 |
| 文艺复兴建筑 …… 165 | 五线谱 …… 176 |
| 巴洛克式建筑 …… 165 | 简谱 …… 177 |

## 音乐舞蹈篇 …… 166

| | |
|---|---|
| 古琴 …… 166 | 音乐指挥 …… 177 |
| 编钟 …… 166 | 钢琴 …… 177 |
| 磬 …… 166 | 管风琴 …… 178 |
| 箜篌 …… 167 | 吉他 …… 178 |
| 古筝 …… 167 | 小提琴的诞生 …… 178 |
| 琵琶 …… 167 | 手风琴 …… 178 |
| 笛子 …… 167 | 双簧管 …… 178 |
| 箫 …… 168 | 铜鼓乐 …… 178 |
| 二胡 …… 168 | 萨克斯 …… 178 |
| 六代乐舞 …… 168 | 管乐队 …… 179 |
| 雅乐 …… 168 | 古典音乐 …… 179 |
| 诗乐 …… 169 | 浪漫主义音乐 …… 179 |
| 楚声 …… 169 | 交响曲 …… 179 |
| 燕乐 …… 169 | 圆舞曲 …… 179 |
| 尽善尽美 …… 169 | 摇滚乐 …… 179 |
| 乐与政通 …… 170 | 爵士乐 …… 179 |
| 声无哀乐 …… 170 | 协奏曲 …… 180 |
| 二十四况 …… 170 | 奏鸣曲 …… 180 |
| 五声和七音 …… 171 | 进行曲 …… 180 |
| 三分损益法 …… 171 | 小夜曲 …… 180 |
| 十二平均律 …… 171 | 德累斯顿国立交响乐团 …… 180 |
| 工尺谱 …… 171 | 维也纳爱乐乐团 …… 180 |
| 李延年 …… 172 | 纽约爱乐乐团 …… 180 |
| 赵飞燕 …… 172 | 波士顿交响乐团 …… 181 |
| 万宝常 …… 172 | 柏林爱乐乐团 …… 181 |
| 李龟年 …… 172 | 捷克爱乐乐团 …… 181 |
| | 费城管弦乐团 …… 181 |
| | 多伦多交响乐团 …… 181 |
| | 列宁格勒爱乐交响乐团 …… 181 |

| | |
|---|---|
| 日本广播协会交响乐团 …………… 181 | 唱念做打 …………………………… 189 |
| 恩里科·卡鲁索 ………………………… 181 | 江湖十二角色 ………………………… 189 |
| 贝尼亚米诺·吉利 ……………………… 182 | 毯子功 ………………………………… 189 |
| 于西·比约林 …………………………… 182 | 把子功 ………………………………… 189 |
| 卡洛·贝尔贡吉 ………………………… 182 | 翎子功 ………………………………… 189 |
| 科莱里 ………………………………… 182 | 甩发功 ………………………………… 189 |
| 卢西亚诺·帕瓦罗蒂 …………………… 182 | 髯口功 ………………………………… 190 |
| 普拉西多·多明戈 ……………………… 182 | 水袖功 ………………………………… 190 |
| 何塞·卡雷拉斯 ………………………… 182 | 扇子功 ………………………………… 190 |
| 著名音乐家美誉 ……………………… 182 | 手绢功 ………………………………… 190 |
| 巴赫 …………………………………… 183 | 起霸 …………………………………… 190 |
| 海顿 …………………………………… 183 | 女霸 …………………………………… 190 |
| 莫扎特 ………………………………… 183 | 男霸 …………………………………… 190 |
| 贝多芬 ………………………………… 183 | 打出手 ………………………………… 190 |
| 舒伯特 ………………………………… 183 | 俊扮 …………………………………… 190 |
| 肖邦 …………………………………… 184 | 髯口 …………………………………… 191 |
| 李斯特 ………………………………… 184 | 假发 …………………………………… 191 |
| 柴可夫斯基 …………………………… 184 | 戏衣 …………………………………… 191 |
| 柴可夫斯基的悲剧三部曲 …………… 184 | 一桌二椅 ……………………………… 191 |
| 《蓝色的多瑙河》 …………………… 184 | 检场 …………………………………… 192 |
| 《月光奏鸣曲》 ……………………… 185 | 火彩 …………………………………… 192 |
| 《马赛曲》 …………………………… 185 | 勾栏 …………………………………… 192 |
| 舞蹈的由来 …………………………… 185 | 畅音阁 ………………………………… 192 |
| 瑜伽 …………………………………… 185 | 楔子 …………………………………… 192 |
| 迪斯科 ………………………………… 186 | 科班 …………………………………… 192 |
| 现代舞 ………………………………… 186 | 行头 …………………………………… 192 |
| 伦巴舞 ………………………………… 186 | 跑龙套 ………………………………… 193 |
| 恰恰 …………………………………… 186 | 票友 …………………………………… 193 |
| 桑巴舞 ………………………………… 186 | 京剧 …………………………………… 193 |
| 斗牛舞 ………………………………… 186 | 京剧脸谱 ……………………………… 193 |
| 牛仔舞 ………………………………… 186 | 生旦净丑 ……………………………… 193 |
| 狐步舞 ………………………………… 186 | 梨园 …………………………………… 194 |
| 华尔兹 ………………………………… 186 | 京剧各主要流派的创始人 …………… 194 |
| 探戈舞 ………………………………… 186 | 梨园三怪 ……………………………… 194 |
| 霹雳舞 ………………………………… 187 | 京剧"四大名旦" …………………… 194 |
| 芭蕾 …………………………………… 187 | 京剧"四大须生" …………………… 194 |
| 拉丁舞 ………………………………… 187 | 京剧"四小名旦" …………………… 195 |
| 歌舞伎 ………………………………… 187 | 同光十三绝 …………………………… 195 |
| 格塔克里舞 …………………………… 187 | 傩戏 …………………………………… 195 |
| 克塔克舞 ……………………………… 187 | 弋阳腔 ………………………………… 195 |
| 肚皮舞 ………………………………… 188 | 青阳腔 ………………………………… 195 |
| 国际音乐节 …………………………… 188 | 海盐腔 ………………………………… 195 |
| 萨尔茨堡音乐节 ……………………… 188 | 余姚腔 ………………………………… 196 |
| | 沪剧 …………………………………… 196 |
| **戏剧曲艺篇**…………………… **189** | 越剧 …………………………………… 196 |
| 戏曲的四功五法十要 ………………… 189 | 婺剧 …………………………………… 196 |
| | 目连戏 ………………………………… 196 |

| | |
|---|---|
| 山东梆子 … 196 | 音韵学 … 206 |
| 吕剧 … 196 | 双声与叠韵 … 207 |
| 潮剧 … 196 | 四声 … 207 |
| 川剧 … 197 | 字母 … 207 |
| 琴书 … 197 | 直音法 … 207 |
| 相声 … 197 | 反切法 … 207 |
| 小品 … 197 | 韵部 … 208 |
| 双簧 … 197 | 等韵学 … 208 |
| 秦腔 … 198 | 古韵 … 208 |
| 黄梅戏 … 198 | 韵纽 … 209 |
| 秧歌戏 … 198 | 《方言》 … 209 |
| 昆曲 … 198 | 《说文解字》 … 209 |
| 豫剧 … 199 | 《释名》 … 209 |
| 川剧变脸 … 199 | 《广雅》 … 210 |
| 评剧 … 199 | 《切韵》 … 210 |
| 二人转 … 199 | 《广韵》 … 210 |
| 弹词 … 200 | 《康熙字典》 … 210 |
| 木偶戏 … 200 | 《经籍纂诂》 … 210 |
| 皮影戏 … 200 | 《马氏文通》 … 211 |
| 口技 … 200 | 语系 … 211 |
| 魔术 … 200 | 语种 … 211 |
| 话剧 … 201 | 希腊语 … 211 |
| 世界十大古典悲剧 … 201 | 拉丁语 … 211 |
| 世界十大古典喜剧 … 201 | 英语 … 211 |
| 印度梵剧 … 201 | 世界语的由来 … 212 |
| 音乐剧 … 201 | 最早的字母文字 … 212 |
| 歌剧 … 201 | 古埃及象形文字 … 212 |
| 优剧 … 202 | 楔形文字 … 213 |
| 哑剧 … 202 | 女真文字 … 213 |
| 马戏 … 202 | 契丹文字 … 213 |
| 小丑 … 202 | 八思巴创立蒙古新字 … 213 |
| | 东巴文 … 214 |

## 语言文字篇 … 203

| | |
|---|---|
| 汉字的起源 … 203 | |
| 汉字的演变 … 203 | |
| 仓颉造字 … 203 | |

## 出版传媒篇 … 215

| | |
|---|---|
| 甲骨文 … 204 | 图书馆 … 215 |
| 大篆 … 204 | 中国的图书馆 … 215 |
| 殷周金文 … 204 | 世界八大图书馆 … 215 |
| 小篆 … 204 | 图书释义 … 216 |
| 隶书、行书与楷书 … 204 | 书籍 … 216 |
| 文言 … 205 | 简册书籍 … 216 |
| 白话文 … 205 | 汗青与杀青 … 216 |
| 古代文字学 … 205 | 卷轴和册页 … 217 |
| 六书 … 206 | 雕版印刷 … 217 |
| 训诂学 … 206 | 活字印刷术 … 217 |
| | 善本 … 217 |
| | 古书的注释方式 … 218 |

《汉书·艺文志》 …… 218
《七志》与《七录》 …… 218
目录四分法 …… 218
《隋书·经籍志》 …… 219
《四库全书总目提要》 …… 219
毛晋与汲古阁 …… 219
范钦与天一阁 …… 219
丛书与类书 …… 220
写本、稿本、抄本、刻本 …… 220
孤本、珍本、副本 …… 220
足本、节本 …… 220
皇家藏书 …… 221
皇家档案 …… 221
藏书家与藏书楼 …… 221
古籍的版式 …… 221
古籍的结构 …… 222
卷轴装 …… 222
旋风装 …… 222
经折装 …… 222
蝴蝶装 …… 222
包背装 …… 222
线装 …… 223
版本学 …… 223
目录学 …… 223
校雠学 …… 223
武英殿 …… 223
扫叶山房 …… 224
官书局 …… 224
墨海书馆 …… 224
美华书馆 …… 224
同文馆 …… 224
点石斋石印书局 …… 224
同文书局 …… 224
广学会 …… 224
《崇文总目》 …… 225
《遂初堂书目》 …… 225
《郡斋读书志》 …… 225
《校雠通义》 …… 225
《藏书纪事诗》 …… 225
《经籍纂诂》 …… 225
《艺文类聚》 …… 225
《太平御览》 …… 226
《永乐大典》 …… 226
《古今图书集成》 …… 226
《四库全书》 …… 226
纸草书 …… 226
泥版书 …… 227

羊皮书卷 …… 227
蜡版书 …… 227
西方古版书 …… 227
世界十大百科全书 …… 227
报纸溯源 …… 227
《万国公报》 …… 228
《申报》 …… 228
《时务报》 …… 228
《苏报》 …… 228
《民报》 …… 228
《大公报》 …… 228
《华盛顿邮报》 …… 228
《华尔街日报》 …… 229
《泰晤士报》 …… 229
《每日新闻》 …… 229
《读卖新闻》 …… 229
《朝日新闻》 …… 229
"便士报" …… 229
杂志 …… 230
《读者文摘》 …… 230
广播 …… 230
美联社 …… 230
法新社 …… 230
路透社 …… 231
塔斯社 …… 231
共同社 …… 231
BBC …… 231
邮政的起源 …… 231
邮政编码 …… 231
邮筒的由来 …… 231
世界上最早的"邮箱" …… 231
邮戳 …… 232
中国绿色邮政 …… 232
电报 …… 232
电话 …… 232
传真机 …… 232
纸信封 …… 232
明信片 …… 233
首日封 …… 233
小本票 …… 233
票中票 …… 233

教育篇 …… 234
世卿世禄制 …… 234
征辟 …… 234
郎官郎吏 …… 234

| | |
|---|---|
| 察举制度 | 235 |
| 贤良方正 | 235 |
| 举孝廉 | 235 |
| 九品中正制 | 235 |
| 科举制 | 236 |
| 常科 | 236 |
| 制科 | 236 |
| 恩科 | 236 |
| 进士科 | 237 |
| 明经科 | 237 |
| 翰林院 | 237 |
| 武科 | 237 |
| 翻译科 | 238 |
| 八股文取士 | 238 |
| 童试与乡试 | 238 |
| 会试 | 239 |
| 殿试 | 239 |
| 朝考 | 239 |
| 状元及第 | 239 |
| 榜眼、探花 | 240 |
| 进士 | 240 |
| 举人 | 240 |
| 秀才 | 240 |
| 门生 | 241 |
| 荫生 | 241 |
| 监生 | 241 |
| 贡生 | 242 |
| 帖经、帖括 | 242 |
| 试帖诗 | 242 |
| 连中三元 | 242 |
| 蟾宫折桂 | 243 |
| 科举四宴 | 243 |
| 科场的枪替 | 243 |
| 教师 | 243 |
| 师范 | 244 |
| 北京大学 | 244 |
| 清华大学 | 244 |
| 复旦大学 | 244 |
| 学位 | 244 |
| 学分制 | 244 |
| 终身教育 | 245 |
| 最早的幼儿园 | 245 |
| 牛津大学 | 245 |
| 剑桥大学 | 245 |
| 哈佛大学 | 245 |
| 斯坦福大学 | 245 |
| 东京大学 | 246 |
| 国际数学奥林匹克竞赛 | 246 |
| 联合国教科文组织 | 246 |

## 经济篇 247

| | |
|---|---|
| 井田 | 247 |
| 占田法 | 247 |
| 户籍 | 247 |
| 算赋和口赋 | 248 |
| 均输 | 248 |
| 平准 | 248 |
| 榷法 | 248 |
| 常平仓 | 248 |
| 三十税一 | 249 |
| 盐铁官营 | 249 |
| 均田制 | 249 |
| 租庸调制 | 249 |
| 两税制 | 250 |
| 市舶司 | 250 |
| 徭役 | 250 |
| 钱法 | 250 |
| 一条鞭法 | 251 |
| 黄册和鱼鳞册 | 251 |
| 摊丁入亩 | 251 |
| 食货 | 251 |
| 四民分业 | 252 |
| 重农抑商 | 252 |
| 均贫富 | 252 |
| 先富后教 | 252 |
| 富民论 | 253 |
| 富国论 | 253 |
| 恒产论 | 253 |
| 崇富论 | 253 |
| 限田论 | 253 |
| 抱道贸禄 | 254 |
| 《盐铁论》 | 254 |
| 天朝田亩制度 | 254 |
| 榷场 | 254 |
| 屯田 | 254 |
| 买办 | 255 |
| 招牌 | 255 |
| 中国最早的商标 | 255 |
| 工资 | 255 |
| 行会 | 255 |
| 票号 | 255 |
| 钱庄 | 256 |
| 江南织造 | 256 |

广东十三行 ················ 256
"商人"的起源 ················ 256
算盘 ················ 256
世界上最早的纸币 ················ 257
中国铜圆 ················ 257
中国银圆 ················ 257
中国最早的公债券 ················ 257
港币 ················ 257
荣宝斋 ················ 258
瑞蚨祥 ················ 258
老凤祥 ················ 258
张小泉 ················ 258
同升和 ················ 258
西欧庄园制 ················ 258
圈地运动 ················ 259
工业革命 ················ 259
凯恩斯主义 ················ 259
垄断 ················ 259
倾销 ················ 260
第三产业 ················ 260
石油危机 ················ 260
欧洲银行 ················ 260
世界银行 ················ 261
世界贸易组织 ················ 261
国际货币基金组织 ················ 261
跳蚤市场 ················ 261
欧元 ················ 261
银行 ················ 261
交易所 ················ 262
彩票 ················ 262
股票 ················ 262
期货 ················ 262
保险 ················ 263
金本位制度 ················ 263
信用卡 ················ 263
"道—琼斯"指数 ················ 263
各国货币的名称 ················ 263
亚当·斯密和《国富论》 ················ 264
马尔萨斯 ················ 264
欧文 ················ 264
李嘉图 ················ 264
傅立叶 ················ 265
凯恩斯 ················ 265

## 政治法律篇 ················ **266**

三公九卿 ················ 266
宰相 ················ 266
十三曹 ················ 267
太尉与大司马 ················ 267
御史大夫 ················ 267
郡县制和州县制 ················ 267
郡守和县令 ················ 268
刺史 ················ 268
三辅 ················ 268
侨郡县 ················ 268
三省六部制 ················ 269
三省的职能 ················ 269
六部的职能 ················ 269
尚书仆射 ················ 270
侍中 ················ 270
中书令 ················ 270
侍郎 ················ 270
政事堂 ················ 270
御史台 ················ 271
唐代五监 ················ 271
转运使 ················ 271
观察使 ················ 272
参知政事 ················ 272
计相 ················ 272
谏官 ················ 272
路、军、府、州 ················ 273
知府与知州 ················ 273
宣政院 ················ 273
行省制度 ················ 273
达鲁花赤 ················ 274
土司 ················ 274
内阁 ················ 274
大学士 ················ 274
司礼太监 ················ 275
都察院 ················ 275
东西二厂 ················ 275
锦衣卫 ················ 276
三司 ················ 276
总督 ················ 276
巡抚 ················ 276
道员 ················ 277
"京察"和"大计" ················ 277
廷寄 ················ 277
南书房 ················ 277
顺天府尹 ················ 277
羁縻 ················ 278
八旗制度 ················ 278
议政王大臣会议 ················ 278

军机处 …… 278
总理衙门 …… 279
南、北洋大臣 …… 279
钦差大臣 …… 279
驻外大使 …… 280
民国"五院" …… 280
罗马元老院 …… 280
前三头同盟 …… 280
后三头同盟 …… 280
梭伦改革 …… 281
西方爵位 …… 281
庇护制 …… 281
幕府 …… 282
两院制 …… 282
种姓制度 …… 282
布尔什维克 …… 282
政教合一 …… 282
开明专制 …… 282
君主制 …… 283
共和制 …… 283
容克 …… 283
象驴之争 …… 283
水门事件 …… 283
纳粹 …… 283
盖世太保 …… 284
领事 …… 284
大使 …… 284
国际联盟 …… 284
联合国的成立 …… 285
国际法院 …… 285
八国首脑会议 …… 285
欧洲联盟 …… 285
北约 …… 286
华约 …… 286
理想国 …… 286
乌托邦 …… 286
空想社会主义 …… 287
沙文主义 …… 287
种族主义 …… 287
无政府主义 …… 287
人权 …… 287
七出 …… 288
五听 …… 288
三法司会审 …… 288
八议 …… 288
五刑 …… 289
十恶不赦 …… 289

连坐和族诛 …… 289
宫刑 …… 290
凌迟 …… 290
监狱和班房 …… 290
秋决制度 …… 290
登闻鼓 …… 291
立枷 …… 291
《法经》 …… 291
《开皇律》 …… 291
《唐六典》 …… 291
《唐律》 …… 291
《大明律》 …… 292
《明大诰》 …… 292
《大清律》 …… 292
陶片放逐法 …… 292
西方三大法学流派 …… 292
大陆法系 …… 293
英美法系 …… 293
宪法 …… 293
国际法 …… 293
十二铜表法 …… 293
《查士丁尼法典》 …… 293
《汉谟拉比法典》 …… 293
《摩奴法典》 …… 294
《拿破仑法典》 …… 294
美国1787年宪法 …… 294
《人权宣言》 …… 294
《大日本帝国宪法》 …… 295
公民 …… 295
听证 …… 295
律师 …… 295
陪审团 …… 295

## 服饰篇 …… 297

冕旒和龙袍 …… 297
襦裙 …… 297
披帛 …… 297
半臂 …… 297
褙子 …… 297
霞帔 …… 297
水田衣 …… 297
衮衣 …… 298
幞头 …… 298
冠冕巾 …… 298
长翅帽 …… 298
顶戴 …… 298

| | | | |
|---|---|---|---|
| 花翎 | 298 | 太太 | 306 |
| 中山装 | 298 | 妻子的别称 | 306 |
| 旗袍 | 298 | 新郎 | 307 |
| 马褂 | 299 | 两口子 | 307 |
| 绫 | 299 | 结发夫妻 | 307 |
| 罗 | 299 | 舅姑 | 307 |
| 绸 | 299 | 千金 | 308 |
| 缎 | 299 | 金龟婿 | 308 |
| 步摇 | 299 | 老公、老婆 | 308 |
| 盘扣 | 299 | 丈人 | 309 |
| 花黄 | 299 | 连襟 | 309 |
| 铅华 | 299 | 足下 | 309 |
| 胭脂 | 300 | 丫头 | 309 |
| 凤冠 | 300 | 小姐 | 310 |
| 百褶裙 | 300 | 黄花闺女 | 310 |
| 玉带 | 300 | 泰斗 | 310 |
| 壮锦 | 300 | 巾帼 | 310 |
| 水家布 | 300 | 诰命夫人 | 310 |
| 西装 | 300 | 海外赤子 | 310 |
| 牛仔裤 | 301 | 黎民百姓 | 311 |
| 喇叭裤 | 301 | 马大哈 | 311 |
| 夹克 | 301 | 两面派 | 312 |
| 燕尾服 | 301 | 烈士 | 312 |
| 和服 | 301 | 三教九流 | 312 |
| 裙子 | 301 | 民间九流排序 | 312 |
| 内衣 | 301 | 中国古代皇族的称谓 | 313 |
| 领带 | 302 | 谥号、庙号、年号 | 313 |
| 腰带 | 302 | 年龄称谓 | 314 |
| 风衣 | 302 | 秘书 | 314 |
| | | 主席 | 314 |

**称谓篇** 303

| | | | |
|---|---|---|---|
| "华夏"代指中国的缘由 | 303 | 恺撒成为皇帝的称号 | 314 |
| 皇帝 | 303 | 狄克推多 | 315 |
| 太上皇 | 304 | 沙皇 | 315 |
| 万岁 | 304 | 天皇 | 315 |
| 陛下 | 304 | 法老 | 315 |
| 中堂 | 304 | 首相 | 316 |
| 公主 | 304 | 总统 | 316 |
| 驸马 | 304 | | |
| 东宫、西宫 | 305 | | |

**天文历法篇** 317

| | | | |
|---|---|---|---|
| 古代官职称谓 | 305 | 北斗七星 | 317 |
| 父母官 | 305 | 观象授时 | 317 |
| 东床 | 305 | 天文历法与政权 | 317 |
| 泰山 | 306 | 灾异与人事 | 317 |
| 红娘 | 306 | 受天命,改正朔 | 318 |
| 先生 | 306 | 日、气、朔 | 318 |
| | | 干支计时纪年 | 318 |

"天文志"与"五行志" ……………… 319
三垣与四象 ……………………… 319
二十八宿 ………………………… 319
星野 ……………………………… 319
古代的星图 ……………………… 320
彗星、行星的运行记载 ………… 320
黄道与黄道吉日 ………………… 320
古人对地震的解释 ……………… 320
二十四节气 ……………………… 321
黄历 ……………………………… 321
阴历与阳历 ……………………… 322
夏历、周历和秦历 ……………… 322
太初历 …………………………… 322
授时历 …………………………… 322
浑天仪 …………………………… 322
漏刻、日晷和圭表 ……………… 323
一行测算子午线 ………………… 323
《夏小正》 ……………………… 323
《甘石星经》 …………………… 323
《大明历》 ……………………… 324
《大衍历》 ……………………… 324
中国最早的天文台 ……………… 324
十二星座 ………………………… 324
埃及太阳历 ……………………… 324
"公元"纪年法 ………………… 325
星期的由来 ……………………… 325
共和历 …………………………… 325

## 名胜古迹篇 …………………… 326

中国六大古都 …………………… 326
四大碑林 ………………………… 326
四大古桥 ………………………… 326
中国三大殿 ……………………… 327
四大古塔 ………………………… 327
四大道教名观 …………………… 327
四大道教名山 …………………… 327
洛阳白马寺 ……………………… 328
少林寺 …………………………… 328
云冈石窟 ………………………… 328
莫高窟 …………………………… 328
龙门石窟 ………………………… 329
长城 ……………………………… 329
圆明园 …………………………… 329
颐和园 …………………………… 329
避暑山庄 ………………………… 330
苏州园林 ………………………… 330
江南三大名楼 …………………… 330
故宫 ……………………………… 331
布达拉宫 ………………………… 331
西湖十景 ………………………… 331
平遥古城 ………………………… 331
古罗马角斗场 …………………… 332
雅典卫城遗址 …………………… 332
庞贝古城 ………………………… 332
埃及金字塔 ……………………… 332
狮身人面像 ……………………… 333
帕特农神庙 ……………………… 333
亚历山大灯塔 …………………… 333
卢浮宫 …………………………… 333
大英博物馆 ……………………… 333
克里姆林宫 ……………………… 333
悉尼歌剧院 ……………………… 334
比萨斜塔 ………………………… 334
埃菲尔铁塔 ……………………… 334
巴黎凯旋门 ……………………… 334
凡尔赛宫 ………………………… 334
自由女神像 ……………………… 335
泰姬陵 …………………………… 335
吴哥窟 …………………………… 335
神秘的巨石阵 …………………… 335
复活节岛石像 …………………… 336
米兰大教堂 ……………………… 336
科隆大教堂 ……………………… 336
巴黎圣母院 ……………………… 337
圣保罗大教堂 …………………… 337
圣彼得教堂 ……………………… 337

# 文学篇

## "文学"概念的变迁

西汉时期,学校的负责人不是叫校长或教官,而是称"文学",如张文学、李文学等。

汉武帝为选拔人才,特设"贤良文学"科目,每年由各郡国举荐人才上京考试,被举考者称为"贤良文学"。"贤良"是指品德端正、道德高尚之人;"文学"则指精通儒家经典的人。

魏晋后期,"文学"一词成为语言艺术的专用名词。史书上载曹丕"好文学,以著述为务",即是现今所指的文学含义。

## 诗歌

诗歌是一种有节奏、有韵律且富于感情色彩的语言艺术形式,起源于上古的社会生活,因劳动生产、两性相恋、原始宗教等而产生。《尚书·虞书》载:"诗言志,歌永言,声依永,律和声。"早期,诗、歌与乐、舞是合为一体的,在实际表演中总是配合音乐、舞蹈而歌唱,后来诗、歌、乐、舞各自发展,独立成体。中国有着悠久的诗歌历史,因此被被称为"诗的国度"。

## 诗的分类

按音律分,可分为古体诗和近体诗两类。古体诗主要是指唐以前的诗歌,包括古诗、楚辞、乐府诗。"歌"、"歌行"、"引"、"曲"、"吟"等古诗体裁也属古体诗。古体诗不讲对仗,押韵较自由。与古体诗相对的近体诗又称迈体诗,是唐代形成的一种格律体诗,分为绝句和律诗两种,其字数、句数、平仄、用韵等都有严格规定。绝句,每首四句,五言的简称五绝,七言的简称七绝。律诗,每首八句,五言的简称五律,七言的简称七律,超过八句的称为排律(或长律)。

按内容分,可分为叙事诗、抒情诗、送别诗、边塞诗、山水田园诗、怀古诗(咏史诗)、咏物诗、悼亡诗、讽喻诗等。

## 乐府

乐府原是指管理音乐的机关,最早见于汉惠帝时,汉武帝将其扩充为大规模的专署。主要功能是收集民间音乐,创作歌辞,改编曲谱,以供宫廷娱乐和庙堂祭祀,使当时的民歌得到很好的保存。后人就把乐府里收集的诗歌称为"乐府"、"乐府诗"或"汉乐府"。

汉乐府的最大特点就是叙事性,即"缘事而发",长篇叙事诗《孔雀东南飞》可以说是汉代乐府的杰出代表。东汉时期还出现了文人模仿乐府形式的五言诗。

汉乐府不仅哺育了当时文人的诗歌,而且对魏晋乃至唐代诗人都有巨大影响,建安文人都喜欢用乐府旧题反映社会的离乱;唐代李白、杜甫也都有乐府题诗作,白居易更是创作了大量的新乐府诗,并发起了新乐府运动。

## 民歌

起源于或流传于一个国家或地区的老百姓中间并成为他们独特文化一部分的歌曲,民间文学的一种。

原始的民歌同人们的生存斗争密切相关,或表达征服自然的愿望,或再现猎获野兽的欢快,或祈祷万物神灵的保佑,成为人们生活的重要组成部分。

《诗经》中的"国风",是中国古代最早的民歌选集。它汇集了从西周到春秋约500多年间,流传于北方15个地区的民歌。

## 词

词最初称为"曲词"或"曲子词",别称有长短句、曲子、乐府、乐章、琴趣、诗余。起于五代与唐,盛于宋。原是配乐歌唱的一种诗体，句的长短随歌调的改变而改变。

明代徐师把词的形式概括为："调有定格，句有定数，字有定声。"总的来说，词的形式有以下特点：

1. 每首词都有一个词牌。一般说，词牌并不是词的题目，只是相当于词谱而已。到宋代，有些词人为了表明词意，常在词牌下面另加题目，或者还写上一段小序。

2. 一般词牌的字数和句子的长短都是固定的，有一定的格式。

3. 词中声韵的规定特别严格，用字要分平仄，且每个词牌的平仄都有所规定，各不相同。

4. 词一般都分上下两阕（或上下两片），极少数只有一阕，或三阕以上。

## 词的分类

词按照字数大致可分为三类：小令、中调、长调。58字以内为小令，59字至90字为中调，91字以上为长调。

按照风格可分婉约派和豪放派。婉约派的代表人物有南唐后主李煜，北宋的李清照、柳永、秦观、周邦彦和晏殊等。豪放派的代表人物有北宋苏轼，南宋辛弃疾、岳飞、陈亮、陆游等。

## 词牌

词牌，就是词的格式的名称。

词牌一般有三个来源。一是来自乐曲的名称。例如《菩萨蛮》、《西江月》、《风入松》、《蝶恋花》等，都是属于这一类的。二是摘取一首词中的几个字作为词牌。例如《忆江南》本名《望江南》，但因白居易有一首咏"江南好"的词，最后一句是"能不忆江南"，所以词牌又叫《忆江南》。三是来自词的题目。《渔歌子》咏的是打鱼，《浪淘沙》咏的是浪淘沙，《更漏子》咏的是夜。这种情况是最普遍的。

凡是词牌下面注明"本意"的，就是说，词牌同时也是词题。但是，绝大多数的词都不是用"本意"的，因此，一般是在词牌下面用较小的字注出词题。

## 竹枝词

竹枝词，是一种由古代巴蜀间的民歌演变而来的诗体。

竹枝词从民歌演化为文人诗体，一般认为是从唐代刘禹锡开始的。刘禹锡于长庆二年任夔州刺史时，见到民间联歌《竹枝》，吹短笛击鼓，边唱边舞，以"曲多为贤"。因此受到启发，作《竹枝》九篇。他的新词具有鲜明的民间歌谣格调，又有浓郁的生活气息，所以不仅在民间得到广泛流传，以后历代文人也不断传唱。宋代苏轼、黄庭坚，元代杨维祯，明代袁宏道，清代王世贞、孔尚任都有佳作传世。

## 敦煌曲子词

敦煌曲子词是指20世纪初，发现于甘肃敦煌莫高窟的唐五代民间词曲，也称为敦煌歌辞。现存的敦煌曲子词，不仅题材广阔，内容丰富，同时在艺术上也保留了民间作品那种质朴与清新的特点，风格也较为多样。有鲜明的个性特征和浓郁的生活气息，反映了词兴起于民间时的原始形态，可以说是千年词史的椎轮大辂。同时，在敦煌发现的曲子词里，还保存下一些在现存唐代文人词中很少见的长调。

## 韵

韵是诗词格律的基本要素之一。诗人在诗词中用韵，叫作押韵。从《诗经》到后代的诗词，几乎没有不押韵的。民歌也多有押韵的。在北方戏曲中，韵又叫辙，押韵叫合辙。

## 平仄

平仄是诗词格律的一个术语。诗人们把四声分为平仄两大类，平就是平声，仄就是上、去、入三声。四声是按印度三声说发展而来，由周颙、沈约等用完全归纳法归纳出四声，后经王融、刘韬等完成四声二元化，从而诞生平仄。

## 对仗

对仗又称队仗、排偶。它是把同类或对立概念的词语放在相对应的位置上使之出现相互映衬的状态，使语句更具韵味，增强词语表现力。对仗的运用有宽有严，因而出现各种不同类型，有工对、邻对、宽对、借对、流水对、扇面对等。在内容上则有言对、事对、正对、反对等名目。

## 散曲

散曲，元人称为"乐府"或"今乐府"。散曲之所以称为"散"，是与元杂剧的整套剧曲相对而言的。

散曲的产生与词产生的情形十分相似，它

产生于民间的俗谣俚曲。金元时在北方起源，故又称北曲，包括小令、套数和介于两者之间的带过曲等主要形式。散曲从结构上可分为小令、中调和长调。

散曲的特点主要有：在语言方面，既有一定格律，又有口语的自由灵活；在艺术表现方面，更多采用"赋"的方式，加以铺陈叙述；押韵比较灵活，可以平仄通押，句中还可以衬字。北曲衬字可多可少，南曲有"衬不过三"的说法。

## 散曲的分类

散曲有三种基本类型：小令、套数，以及介于两者之间的带过曲。

小令又叫"叶儿"，其名称源自唐代的酒令。其基本特征是单片只曲，调短字少。还有一种联章体，则是由数支小令联合而成，又称"重头小令"，同题同调，内容相联，首尾句法相同，每首小令可以单独成韵，最多可以达百支。

"套数"，又称"套曲"、"散套"或"大令"，是从唐宋大曲、宋金诸宫调发展而来。其定制一般有三个特征：一是全套必须押韵相同；二是有尾声；三是同宫调的两个以上的只曲连缀而成。

带过曲是由同一宫调的不同曲牌组成，曲牌最多不超过三首。带过曲属于小型曲组，与套数比，容量小得多，且没有尾声，是介于小令与套数之间的特殊形式。

## 汉赋

赋是在楚辞的基础上发展而来的，在两汉400年间，一般文人多致力于赋的写作，因而盛极一时，是汉代文学最有特色的一种文体。它的特点是散韵结合，专事铺叙。形式上，"铺采摛文"，着重铺叙和描写，以铺张的手法描摹所赋事物景况；在内容上则侧重"体物写志"。

汉赋分为大赋和小赋。大赋又叫散体大赋，规模巨大，结构恢宏，气势磅礴，语汇华丽，往往是成千上万言的鸿篇巨制，代表作家有枚乘、司马相如、班固等；小赋则篇幅较小，文采清丽，讥讽时事、抒情咏物，代表作家有张衡、赵壹、蔡邕、祢衡等。

后世往往把它看成是汉代文学的代表。

## 骈文

骈文又称骈俪文，是与散文相对而言的。其主要特点是以四六句式为主，讲究对仗，也称"四六文"或"骈四俪六"。因句式两两相对，犹如两马并驾齐驱，故被称为骈体。

骈文在声韵上讲究运用平仄，韵律和谐；修辞上注重藻饰和用典。由于骈文注重形式技巧，所以内容的表达往往受到束缚，但若运用得当，也能增强文章的艺术效果。如"下亭漂泊，高桥羁旅。楚歌非取乐之方，鲁酒无忘忧之用。"

骈文盛行于六朝，代表作家有徐陵、庾信。中唐古文运动以后，这种文体开始衰落。

## 变文

变文是唐代兴起的一种说唱文学，又省称"变"。"变"是指"经变"，是佛教术语。它是在佛教僧侣所谓"唱导"的影响下，继承汉魏六朝乐府诗、志怪小说、杂赋等文学传统逐渐发展成熟的一种文体。

郑振铎在《中国文学史》中说："'变文'的意义，和'演义'是差不多的。就是说，把古典的故事，重新再演说一番，变化一番，使人们容易明白"，所以变文的特点是有说有唱、韵白结合、语言通俗、接近口语，内容原为佛经故事，后来范围扩大，包括历史故事、民间传说等，如敦煌变文《大目乾连冥间救母变文》、《伍子胥变文》等。

## 唐传奇

唐传奇是指唐代流行的文言短篇小说。它远继神话传说和史传文学，近承魏晋南北朝志怪和志人小说，是一种以史传笔法写奇闻逸事的小说体式。唐传奇"始有意为小说"，标志着中国古代小说创作进入了一个新阶段。

随着创作方法和艺术技巧日渐成熟，唐传奇涌现出大量名家名作，如李朝威的《柳毅传》、元稹的《莺莺传》、白行简的《李娃传》、蒋防的《霍小玉传》、陈鸿的《长恨歌传》等。内容题材涉及爱情、历史、政治、豪侠、志怪、神仙等，大多作品体现了较强的现实精神。

## 南戏

南戏是北宋末至元末明初，即12~14世纪200年间在中国南方最早兴起的戏曲剧种，也是中国戏剧最早成熟的形式之一。南戏有多种异名，南方称之为"戏文"，又有温州杂剧、永嘉杂剧、鹘伶声嗽等名称，明清间亦称为"传奇"。就其音乐——南曲来说，则是一种重要的戏曲声腔系统，为其后的许多声腔剧种，如海盐腔、余姚腔、昆山腔、弋阳腔的兴起和发展奠定了基础。

南戏原是由顺口可歌的村坊小曲发展起来的，作者多为下层文人，词语通俗，不为士大夫所重视，主要流行于今浙东、福建地区。后吸收杂剧及其他民间技艺，兼采众长，后来者居上，演员队伍迅速扩大，到南宋末年，渐由民间繁衍而盛行于都下。最早的作品有《赵贞女蔡二郎》和《王魁负桂英》。

## 宋元话本

宋代"说话"（说书）人的底本，也称为"话文"或简称"话"。"说话"就是讲故事，类似现代的说书。话本的内容有佛经故事（说经）、历史故事（讲史）、脂粉、灵怪、传奇、公案、武打、人物（小说）等。其中，最为世人喜欢的是小说。

宋代传到今天的"话本"有《大唐三藏取经诗话》、《国志平话》、《五代史平话》、《大宋宣和遗事》及《京本通俗小说》等。

以"说话"为主的艺人称"说话人"，"话本"各有独立的科目。宋代各大城市都有不少娱乐场所，如瓦子、勾栏等。"说话人"不仅在这些场所表演，还经常深入到乡村。陆游曾以诗记述宋代"说话"艺术的景况："斜阳古柳赵家庄，负鼓盲翁正作场。身后是非谁管得，满村听说蔡中郎。"

## 宋金诸宫调

诸宫调是宋金元时流行的说唱体文学形式之一，它取同一宫调的若干曲牌联成短套，首尾一韵。再用不同宫调的许多短套联成长篇，以说唱长篇故事，因此称为"诸宫调"或"诸般宫调"。又因为它用琵琶等乐器伴奏，故又称"搊弹词"或"弦索"。诸宫调由韵文和散文两部分组成，演唱时采取歌唱和说白相间的方式，基本上属叙事体。由于它交互使用具有不同宫调、声情的曲子，又为表达比较丰富的感情内容提供了条件，可以说是由说唱、歌舞到戏曲的演化过程中的过渡形式。

## 宋代笔记文

笔记文是一种随笔记录的文体，"笔记"之"笔"意即散记、随笔、琐记。在魏晋南北朝时已有此体，唐代笔记已多，到宋代又有发展。用"笔记"两个字做书名，则始于北宋宋祁的《笔记》3卷。笔记文包括史料笔记、考据笔记和笔记小说。

## 元杂剧

元杂剧是用北曲演唱的一种戏曲形式，又称北杂剧、北曲。金末元初产生于中国北方，是在金院本基础上发展起来的。代表人物有关汉卿等。

其主要特点有四折一楔子的结构形式。所谓的"折"相当于现在的"幕"，四折即是开端、发展、高潮、结尾四个阶段。为了交代情节或贯穿线索，元杂剧往往在四折戏外，即全剧之首或折与折之间，加上一小段独立的戏，称为"楔子"。其显著特色是"一人主唱"。另外音乐曲调方面元杂剧以北方音乐为基础，角色分为旦、末、净、杂。

## 诗话

诗话是中国古代的一种独特的论诗文体。狭义的诗话是指诗歌的话本，即关于诗歌的故事，随笔体，广义的是指诗歌的评论样式。写作诗话之风，始于宋代欧阳修的《六一诗话》，盛行于宋代，是中国古代诗歌体制，特别是唐代律诗高度发展的产物，改变了中国古代文学批评原有的格局。

另外古代的一种说唱艺术也称为"诗话"。宋、元时印行的《大唐三藏取经诗话》是现存最早的一部作品，它的特点为韵文与散文并用，韵文大都为浅近通俗的七言诗赞。

## 拟话本

拟话本是由文人模仿话本形式编写的小说，鲁迅在《中国小说史略》中最早采用这一名称，认为这是由话本向后代文人小说过渡的一种中间形态，与话本有所不同，"近讲史而非口谈，似小说而无捏合"，"故形式仅存，而精采遂逊"。

后来拟话本专指明末文人模仿话本形式编写的白话短篇小说，即鲁迅称之为"拟宋市人小说"的作品。如"三言"中的部分小说，以及"二拍"、"西湖二集"等。

## 八股文

八股文也称"时文"、"时艺"、"制艺"、"制义"、"八比文"、"四书文"。它是明朝考试制度所规定的一种特殊的文体。

它以四书（即《大学》、《中庸》、《论语》、《孟子》）、五经（即《诗经》、《尚书》、《礼》、《易》、《春秋》）中的文句命题，解释要以朱熹的注释为依据。它专讲形式，没有内容，文章的每个段落，死守在固定的格式里面，连字数都有一定的限制，人们只是按照题目的字义敷衍成文。文章的格式必须包括规定的破题、承题、起讲、入手、起股、中股、后股和束股八个部分。历史上，把这种文章叫作"八股文"。

## 弹词和鼓词

弹词和鼓词是流行于不同地区的说唱相兼的曲艺形式。

弹词流行于南方，用三弦、琵琶伴奏，主要说唱才子佳人的爱情故事。由宋代的陶真和元代的词话发展而来，风行于明嘉靖年间。弹词是由说（说白）、噱（穿插）、弹（伴奏）、唱（唱词）几部组成的。在语言上有"国音"、"土音"之分。国音弹词是用官话写的，如《天雨花》、《再生缘》等。土音弹词是用方言写的，或者杂有方言的，以吴音弹词为最多，如《珍珠塔》《义妖传》等。

鼓词主要流行于北方，用鼓和三弦等乐器伴奏，主要说唱铁马金戈的战争故事。正式使用鼓词这一名称的，是明末清初贾凫西的《木皮散人鼓词》。

鼓词也是韵文、散文相间。唱词为七言或十言句，句式似较弹词更为灵活。鼓词习惯上分两种：一种是又说又唱的成本大书，另一种是只唱不说的小段。前者称为鼓词，后者称为大鼓。大鼓出现较晚，它是从鼓词中摘取精彩的一段来演唱。今传最早的鼓词，是明天启年间的《大唐秦王词话》。

## 诗言志

"诗言志"是中国古代文论家对诗的本质特征的认识。

"诗言志"最早大约见于《左传》，其中有"诗以言志"之语，意思是"赋诗言志"，指借用或引申《诗经》中的某些篇章来暗示自己的某种政教怀抱。后来"诗言志"的说法就更为普遍。《尚书·尧典》中记舜的话说："诗言志，歌永言，声依永，律和声。"是说"诗是言诗人之志的"，这个"志"的含义侧重指思想、抱负、志向。

到汉代，《毛诗序》说："诗者，志之所之也，在心为志，发言为诗，情动于中而形于言。"人们开始逐渐明确"诗言志"即"诗是抒发人的思想感情的，是人的心灵世界的呈现"这一诗歌的本质特征。

## 思无邪

思无邪，原是《诗经·鲁颂·駉》中的一句："思无邪，思马斯徂。"后来孔子说："《诗》三百，一言以蔽之，曰'思无邪'。"

"思无邪"主要有两方面内容。在文学创作理论上，孔子强调作者的态度和创作动机要表现真性情，在庞杂的内容中实现"文以载道"。在客观效果上"乐而不淫，哀而不伤"。在思想上，"思无邪"就是要归于正诚，如司马迁在《屈原列传》中所说："国风好色而不淫，小雅怨诽而不乱。"思无邪反映了孔子对诗教陶冶情操作用的重视。

## 兴观群怨

"《诗》可以兴，可以观，可以群，可以怨"，是孔子在《论语·阳货》篇里提出来的关于文学作品的社会作用的观点，说明了诗歌欣赏的心理特征与诗歌艺术的社会作用。

"兴"指诗歌能引起欣赏者精神的感动与奋发。"观"指诗歌可使人了解社会生活、政治风俗的盛衰得失。"群"指诗歌可以在社会人群中引起思想交流，相互感染，从而保持社会群体的和谐。"怨"指诗歌可以对不良政治的种种表现表示出否定性的情感态度。

## 知人论世

知人论世是孟子提出的文学批评的原则和方法。《孟子·万章下》中说："颂其诗，读其书，不知其人，可乎？是以论其世也，是尚友也。"

文学作品和作家本人的生活思想以及时代背景有着极为密切的关系，因而只有知其人、论其世，即了解作者的生活思想和写作的时代背景，才能客观地正确地理解和把握文学作品的思想内容。孟子的这一原则对后世的文学批评产生了深远的影响，为历代文学批评家所遵循。

## 以意逆志

以意逆志是孟子提出的一种文学批评方法。《孟子·万章上》中说："故说《诗》

者，不以文害辞，不以辞害志；以意逆志，是为得之。"强调对诗歌的理解，不能只从字句的表面意思上去看，要从全诗的基本思想出发，去领会字句的含义。"以意逆志"的"逆"是"迎合、揣摩"的意思，"志"是指诗人写诗的目的意图。对"意"的理解，一种认为"意"是指读诗人的意，另一种认为"意"是指客观地存在于诗篇中的意。

### 风雅颂，赋比兴

所谓风、雅、颂，是指《诗经》按音乐划分的三个类别。"风"是指国风，即西周时期各国的民间歌谣。"雅"，是周王京畿的乐歌，又分大雅、小雅。"颂"是形容、赞颂的意思，是当时统治者进行祭祀时的乐歌。

所谓赋、比、兴，是《诗经》主要的表现手法。"赋"，是铺陈的意思，对事物进行直接陈述。"比"就是比喻，以彼物比此物。"兴"，就是联想，触景生情，因物起兴。这种艺术表现手法，是诗歌创作的主要形象化方法。

### 大音希声

中国古代文学理论中的一种美学观念。语自《老子·四十一章》："大方无隅，大器晚成。大音希声，大象无形。"老子认为最美的音乐是自然全声之美，而非人为的、部分之美。

老子对于自然全美的提倡，对后来的文艺理论产生了深远的影响，它成为文学家、艺术家所追求的一种崇尚自然天成、不事雕琢的艺术境界。

### 诗无达诂

诗无达诂，是古代诗论的一种释诗观念，发展为对诗歌及文艺的一种鉴赏观念。语出董仲舒《春秋繁露》，"达诂"的意思是确切的训诂或解释。

在艺术鉴赏中，由于诗的含义常常并不显露，甚至于"兴发于此，而义归于彼"，加上鉴赏者心理、情感状态的不同，对同一首诗，常常因鉴赏者的不同而会有不同的解释。所以，"诗无达诂"在后世被引申为审美鉴赏中的差异性。

### 文以载道

"文以载道"的文学观点是宋代周敦颐提出来的。这里所说的"道"，是指儒家的传统伦理道德。周敦颐认为，写作文章的目的，就是要宣扬儒家的仁义道德和伦理纲常，为封建统治的政治教化服务；评价文章好坏的首要标准是其内容的贤与不贤，如果仅仅是文辞漂亮，却没有道德内容，这样的文章是不会广为流传的。

### 涵咏

涵咏是指一种对文学艺术鉴赏的态度和方法。

"涵咏"一词，出现得较早，如左思《吴都赋》中已有"涵咏乎其中"。到宋代，程朱理学讲到学习时，主张"涵咏"。朱熹有言："此语或中或否，皆出臆度，要之未可遽论，且涵咏玩索，久之当自有见。"本指在学道时，心理状态要从容不迫，沉潜其中，不断玩索，自有所得。这就是所谓"优游涵咏"，或"涵咏玩索"。"优游"，即从容不迫。后来这一说法被广泛地运用到诗文评论和鉴赏中，指对艺术作品的鉴赏应该沉潜其中，反复玩索或玩味，以求获得其中的三昧。

### 格调说

"格调"一词源于南宋诗论家严羽。格调说由清康乾年间沈德潜倡导，主张思想感情是形式格调的决定因素，认为创作要有益于温柔敦厚"诗教"，有补于世道人心的"中正和平"，故而归之于有法可循、以唐音为准的"格调"。它与神韵说、性灵说、肌理说并为清代前期四大诗歌理论派别。

格调说的创作多为歌咏升平、应制唱和之类，具有维护封建统治的色彩，有一定保守性。另一方面他也提倡"蕴蓄"、"理趣"、诗的化工境界及重视作品主导作用等具有审美理论价值的有益观点。

### 性灵说

性灵说是中国古代诗论的一种诗歌创作和评论的主张，是对明代以公安派为代表的"独抒性灵，不拘格套"诗歌理论的继承和发展，以清代袁枚倡导最力。

性灵说的核心是强调诗歌创作要直接抒发诗人的心灵，表现真情实感，认为诗歌的本质即是表达感情的，是人的感情的自然流露。袁宏道曾说好诗应当"情真而语直"、"非从自己胸臆流出，不肯下笔"。

## 神韵说

神韵说为清初王士禛所倡导。"神韵"一词,早在南齐谢赫《古画品录》中说已出现。但是一直到王士禛,才把神韵作为诗歌创作的根本要求提出来。

他提倡诗要入禅,达到禅家所说的"色相俱空"的境界。认为植根于现实的诗的"化境"和以空空为旨归的禅的"悟境",是毫无区别的,而最好的诗歌,就是"色相俱空"、"羚羊挂角,无迹可求"的"逸品",特别强调冲淡、超逸和含蓄、蕴藉的艺术风格。

## 肌理说

清代翁方纲提出的诗论主张。他在《延晖阁集序》中说:"诗必研诸肌理,而文必求其实际。"他还说:"为学必以考据为准,为诗必以肌理为准。"(《志言集序》)所谓"肌理"就是"义理之理,即文理之理,即肌理之理也"。义理即思想意义,文理即组织结构,肌理即学问材料,肌理说将三者统一起来,认为作诗不在求神韵、守格调、谈性情,而应以学问为根底。肌理说将诗歌创作引向了"考据入诗"的路套之中,使诗歌成为学问诗,背离了诗歌创作的艺术规律。他们这种"误把学问当作诗"(袁枚《随园诗话》)的创作态度也引起了同时代人的嘲笑和不满。

## 意境

意境是中国古典美学的重要范畴,它是指抒情性作品中呈现的那种情景交融、虚实相生、活跃着生命律动的韵味无穷的诗意空间。王国维《人间词话》中提出的"境界说"集前人论述之大成,将"意境"问题归结为系统的理论。

意境是诗人的主观情思与客观景物相交融而创造出来的浑然一体的艺术境界。诗歌创作离不开意象,意象是诗的基础;组合意象的目的是创造出"意与境谐"的艺术境界。意境与意象在本质上有一定的联系,它们都是主观与客观统一的产物,都是情与物的结合体。但它们又有区别:从形式上看,意象与词句相关,意境则与全篇对应。

意境的结构特征是虚实相生。意境由两部分组成:一是"如在目前"的"实境";一是"见于言外"的"虚境"。虚境是实境的升华,体现着实境创造的意向和目的,制约着实境的创造和描写,处于意境结构中的灵魂、统帅地位。但是,虚境不能凭空产生,它必须以实境为载体,落实到实境的具体描绘上。

## 建安文学

建安是东汉末年汉献帝的年号,即公元196~220年。在这前后的文学统称为建安文学。重要的作家有"三曹"、"七子"和女诗人蔡琰。"三曹"指曹操、曹丕、曹植;"七子"之称最早见于曹丕的《典论·论文》,指孔融、陈琳、王粲、徐干、阮瑀、应玚、刘桢七人,成就最高的是王粲。他们所创作的诗歌因事而发,悲壮慷慨,具有鲜明的时代色彩。他们在感伤离乱中,悲悯百姓,激发及时建功立业的豪情,显得"志沉笔长"、"慷慨多气"。建安文学对后世产生深远影响,李白有"蓬莱文章建安骨"之句,表现出对其的追慕之情。

## 南北朝民歌

南北朝长期处于对峙的局面,在政治、经济、文化以及民族风尚、自然环境等方面又存在着明显的差异,因而南北朝民歌也呈现出不同的情调与风格。南朝民歌清丽缠绵,更多地反映了人民真挚纯洁的爱情生活;北朝民歌粗犷豪放,广泛地反映了北方动乱不安的社会现实和人民的生活风习。南朝民歌中的抒情长诗《西洲曲》和北朝民歌中的叙事长诗《木兰诗》,分别代表了南北朝民歌的最高成就。

南朝乐府民歌大部分保存在清商曲辞中,其中最重要的是"吴声歌曲"和"西曲歌"两类。"吴声歌曲"产生于江南吴地;"西曲歌"产生于长江中游和汉水两岸的城市。北朝乐府民歌保存于乐府横吹曲辞的横吹曲中。横吹曲是军队中应用的音乐,要求雄伟悲壮。

南朝的吴声西曲,在北魏孝文帝宣武帝时即已传入北朝,成为北朝上层阶级常常欣赏的娱乐品。北朝的乐曲,也自东晋时代开始陆续传入南朝。横吹曲中的梁鼓角横吹曲,就是长时期从北入南的乐歌被梁代乐府官署所采用演唱的部分。

## 玄言诗

玄言诗是东晋的诗歌流派,约起于西晋之末而盛行于东晋。其特点是玄理入诗,以诗为老庄哲学的说教和注解,严重脱离社会生活。

自魏晋以后,社会动荡不安,士大夫托意

玄虚以求全身远祸。到了西晋后期，这种风气逐步影响到诗歌创作。尤其是东晋时代，更因佛教的盛行，玄学与佛教逐步结合，许多诗人都用诗歌的形式来表达自己对玄理的领悟。玄言诗的代表作家有孙绰、许询等。由于他们的诗大多"理过其辞，淡乎寡味"，缺乏艺术形象及真挚感情，文学价值不高，所以作品绝大多数失传。

## 山水诗

山水诗渊源于先秦两汉，产生于魏晋时期，并在南朝至晚唐随着中国诗歌发展与文学环境变迁而不断演变。

山水诗脱胎于玄言诗，由谢灵运开创，把自然界的美景引进诗中，使山水成为独立的审美对象。他的创作，不仅把诗歌从"淡乎寡味"的玄理中解放了出来，而且加强了诗歌的艺术技巧和表现力，并影响了一代诗风。山水诗的出现，为中国诗歌增加了一种题材，而且开启了南朝一代新的诗歌风貌。山水诗标志着人与自然进一步的沟通与和谐，标志着一种新的自然审美观念和审美趣味的产生。

## 田园诗

田园诗是盛唐诗歌的主要流派之一。其融诗歌画于一体，优美清丽，情趣盎然，描绘出乡间生活和田园山水景色，表现了远离尘世、倾情自然地出世心态。王维、孟浩然是盛唐田园诗派的杰出代表。

在中国诗歌发展史上，田园诗具有独特的地位，体现了传统的文人精神。从东晋时代的陶渊明到盛唐时代的王维、孟浩然，一直到南宋的范成大，田园诗形成了一个"美的历程"。它以其颇有"意味"的内容和形式引起了古往今来不知多少文人骚客的赞叹和共鸣。

## 边塞诗

边塞诗是唐代诗歌的主要题材，是唐诗当中思想性最深刻、想象力最丰富、艺术性最强的一部分。边塞诗创作主要来源于两个渠道，一些有切身边塞生活经历和军旅生活体验的作家，以亲历的见闻来写作；另一些诗人用乐府旧题来进行翻新的创作。

边塞诗创作贯穿初唐、盛唐、中唐、晚唐四个阶段，一时蔚为风气。著名的边塞诗人有高适、岑参、王昌龄、李颀、王维，代表的诗篇有高适《燕歌行》、岑参《白雪歌送武判官归京》、《走马川行奉送封大夫出师西征》等。七言长篇歌行代表了盛唐边塞诗的美学风格，即雄浑、磅礴、豪放、浪漫、悲壮、瑰丽。

## 新乐府运动

新乐府运动，是中唐时期由白居易、元稹倡导的，以创作新题乐府诗为中心的诗歌革新运动。

所谓新乐府，是相对古乐府而言的。这一概念首先由白居易提出来。其含义就是以自创的新的乐府题目咏写时事。体现了汉乐府的现实主义精神。

除白居易而外，元稹、李绅、张籍、王建也是这一运动中的重要作家。白居易的《新乐府》五十首、《秦中吟》十首，元稹的《田家词》、《织妇词》，张籍的《野老歌》、王建的《水夫谣》，都是新乐府运动中的优秀作品。新乐府运动的精神，为晚唐诗人皮日休、聂夷中、杜荀鹤所继承。他们的诗作深刻地揭露了唐朝末年的社会现实。

## 江西诗派

江西诗派是中国文学史上第一个有正式名称的诗文派别。

北宋后期，黄庭坚在诗坛上影响很大，追随和效法黄庭坚的诗人颇多，逐渐形成以黄庭坚为中心的诗歌流派。宋徽宗时，吕本中作《江西诗社宗派图》，认为陈师道等25人与黄庭坚是一脉相承的，因为他们大部分的籍贯为江西，故称其为"江西诗派"。

宋末方回因为诗派成员多学杜甫，就把杜甫称为江西诗派之"祖"，而把黄庭坚、陈师道、陈与义三人称为诗派之"宗"，提出了江西诗派的"一祖三宗"之说。

江西诗派的诗歌理论强调"夺胎换骨"、"点铁成金"，即或师承前人之辞，或师承前人之意；崇尚瘦硬奇拗的诗风；追求字字有出处。在创作实践中，"以故为新"。作为宋代最有影响的诗歌流派，它的影响遍及整个南宋诗坛，余波一直延及近代的同光体诗人。

## 台阁体

"台阁体"是明朝永乐年间出现的一种诗体，其倡导人即杨士奇、杨荣、杨溥，号称"三杨"，都是"台阁重臣"，故称其诗为"台阁体"。

他们要求创作必须起到"施政教，适性

情"的功能，内容上要歌颂圣德，在表达一己的感情时，要"适性情之正"，抒写爱亲忠君的思想。这种由压抑的道德和平庸的人格出发的文学，既缺乏对自我内在情感的切入，也缺乏艺术创造的热情，更缺乏对社会生活的关怀。

## 宋诗派

宋诗派是中国近代诗流派之一。清代，由于改良运动对封建的政治和思想文化的冲击力的不足，随着新派诗、新体文的出现和发展，各种拟古主义与形式主义的诗派、文派也争立门户，愈来愈多。势力最大的是宋诗派，即所谓的"同光体"诗人，代表作家有陈三立、陈衍等。其中成就较高的是陈三立。但是同光体诗人更多是注重艺术趣味，或者生涩奥衍，或者清苍幽峭，大量诗作缺乏时代的内容与气息。

## 花间派

花间派是中国晚唐五代词派。五代后蜀赵崇祚选录唐末五代词人18家作品500首编成《花间集》，其中词人都是集中在蜀地的文人，他们的词风大体相近，后世因而称之为花间派。

温庭筠、韦庄是其代表作家，二人虽都侧重写艳情离愁，但风格不同，温词浓艳华美，韦词疏淡明秀。其余词人，内容不外歌咏旅愁闺怨、合欢离恨，多局限于男女燕婉之私，格调不高。但花间词文字富艳精工，艺术成就较高，对后世词作影响较大。

## 婉约派

婉约派是中国宋词流派之一。明人张綖明确提出词分婉约、豪放。婉约，即婉转含蓄。词本为合乐而歌，娱宾遣兴，内容不外离愁别绪，闺情绮怨。

五代即已形成以《花间集》和李煜词为代表的香软词风。北宋词家承其余绪，代表作家有晏殊、欧阳修、柳永、秦观、周邦彦、李清照等，他们的词作虽在内容上有所开拓，运笔更精妙，且各具风韵，自成一家，但仍未脱离婉转柔美之风。故明人以婉约派来概括这一类型的词风。其特点主要是内容侧重儿女风情，结构深细缜密，音律婉转和谐，语言圆润清丽，有一种柔婉之美。

## 豪放派

豪放派是中国宋词风格流派之一。第一个用"豪放"评词的是苏轼。据南宋俞文豹《吹剑续录》载："东坡在玉堂，有幕士善讴，因问：'我词比柳词何如？'对曰：'柳郎中词，只合十七八女孩儿执红牙拍板，唱杨柳岸晓风残月。学士词，须关西大汉，执铁板，唱大江东去。'公为之绝倒。"这则故事，表明两种不同词风的对比。苏轼、辛弃疾可以说是豪放派的代表。

豪放派特点大体是创作视野较为广阔，气象恢弘雄放，喜用诗文的手法、句法写词，语词宏博，用事较多，不拘守音律。南渡之后，悲壮慷慨的高亢之调应运发展，陈与义、张孝祥、陈亮等人承流接响，蔚然成风。豪放词派不但震烁宋代词坛，而且广泛地影响了词林后学。

## 古文运动

古文运动是唐代中叶及北宋时期以提倡古文、反对骈文为特点的文体改革运动。因同时涉及文学的思想内容，所以兼有思想运动和社会运动的性质。这一运动发起于中唐，但它的成功却在北宋。先秦两汉通行散文体文言文，唐人把散文称为古文。魏晋南北朝以来盛行骈文。这种文体讲究声韵、辞藻、对偶、典故，以四字句和六字句组成；形式僵化，内容空洞，不能自由表达思想、反映现实。古文运动名义上是要恢复先秦两汉的古文，实际上是在继承古代优秀散文的基础上，创造一种适于反映现实、表达思想的新文体。其主要代表人物是韩愈和柳宗元。

## 公安派

公安派是明代后期以袁宏道及其兄袁宗道、弟袁中道三人为代表的文学流派，因三人是湖北公安人而得名。他们提出"世道既变，文亦因之"的文学发展观，又提出"性灵说"，要求作品能直抒胸臆，不事雕琢。他们的散文以清新活泼之笔，开拓了中国小品文的新领域。在晚明的诗歌、散文领域中，以"公安派"的声势最为浩大。其中袁宏道声誉最高，成绩最大。

## 桐城派

桐城派，又称桐城古文派、桐城散文派。因其主要代表人物戴名世、方苞、刘大櫆、姚鼐等均为安徽省桐城人，故名。桐城派是清代文坛最大散文流派，其作家之多、播布地域之广、绵延时间之久，为文学史所罕见。方苞、刘大櫆、姚鼐被尊为"桐城三祖"。

桐城派的文章，内容多是宣传儒家思想，尤其是程朱理学；语言则力求简明达意，条理清晰。不重罗列材料、堆砌辞藻，不用诗词与骈句，力求"清真雅正"，颇有特色。桐城派的文章一般都清顺通畅，尤其是一些记叙文，如方苞的《狱中杂记》、《左忠毅公逸事》，姚鼐的《登泰山记》等，都是著名的代表作品。

## 章回小说

章回小说是中国古典小说的主要形式，其特点是分回标目，段落整齐，首尾完整。它是由宋元讲史话本发展而来。说话人不能把每段故事有头有尾地在一两次说完，必须连续讲若干次，每讲一次就等于后来的一回。在每次讲话以前，要用题目向听众揭示主要内容，这就是章回小说回目的起源。从章回小说中经常出现的"话说"和"看官"字样，可以看出它和话本之间的继承关系。

章回小说到明代中叶，小说的回目正式创立，采用工整的偶句，逐渐成为固定的形式。自此以后直至近代，中国的长篇小说和中篇小说，普遍采用这种形式。

## 讲史小说

讲史小说是中国古代话本小说的一种，产生于宋元时期，成熟于明代。它以记叙历史故事、描写历史人物为主要内容，往往以前代正史、野史和民间故事传说为素材进行艺术加工而成。

宋元时期讲史小说一般称"平话"，如《三国志平话》。这类小说作品在产生之初情节结构比较松散，缺乏完整性，到明代逐渐定型，出现了成就较高的作品。明代讲史小说主要有两种形式：一是历史演义，以《三国演义》为代表；二是英雄传奇，以《水浒传》为代表。

## 神魔小说

神魔小说，又称神怪小说。这一说法最早是鲁迅提出的，该类小说在明清时期较为兴盛，优秀作品有《西游记》、《封神演义》、《镜花缘》等。其语言风格不拘一格，想象力丰富，背景或为虚幻或为海外某地假托，综合宗教、神话等民间喜闻乐见的形式，至今广为传颂。

## 世情小说

世情小说是中国古典白话小说的一种，就是以"极摹人情世态之歧，备写悲欢离合之致"为主要特点的小说。

小说涉及世情，可追溯到魏晋以前，但从晚明批评界开始流行的"世情书"的概念来看，主要是指宋元以后内容世俗化、语言通俗化的一类小说。从鲁迅《中国小说史略》起，学术界一般又用世情小说专指描写世俗人情的长篇。于是，鲁迅称之为"最有名"的《金瓶梅》，就常常被看作是世情小说的开山之作。之后明清两代的世情小说，或写情爱婚姻，或描绘广阔的社会生活，或专注于讥刺儒林、官场、青楼，内容丰富，色彩斑斓。

## 才子佳人小说

才子佳人小说是以青年男女爱情婚姻为题材的小说，在明末清初之际，大约七八十年间，极度繁荣。才子佳人小说从内容上看，多为有才华的读书人与才貌双全的官宦富家小姐的爱情婚姻故事。常见的如《玉娇梨》、《平山冷燕》、《娇红记》等。

从叙事情节的形式上来看，有4种模式：

一见钟情式。男女主人公偶然相遇，都惊羡对方的才貌，暗生情谊。

私订终身式。相遇之后，男女主人公以诗词为媒，传达爱慕之情，私订终身。

及第团圆式。即使处于困顿潦倒的生活中，男主人公依然努力寻求功名，最终金榜题名，或者奉旨完婚，或者取得双方父母认可，结局都是皆大欢喜的大团圆。

拨乱离散式。私订终身之后，或者是由于小人搬弄是非，挑拨离间，或者是由于一方父母坚决反对，或者是由于一方的家庭遭遇重大变故，使得男女主人公从此天各一方，饱尝艰辛。

## 公案小说

公案小说是中国古典白话小说的一种，由宋公案类话本演义而成，盛行于明末。

以反映冤狱为其主要情节，以颂扬和赞誉"清官"为主题。

公案小说中的清官不仅清廉不苟，而且能持法平慎、秉公执法。崇"法"是清官文化的代表，清官一定意义上成为了"理"的代表，替天行道。公案小说的创作素材，许多袭自前代的法律文书、案例汇编，而这些小说很多成为封建官吏案头阅读之物，许多还明确表明是为官员审案理刑而编写的，供他们参考，并且有许多官员能够从中受到启示，使疑狱的决断获益匪浅。这一类小说主要有《包公案》、《施公案》、《狄公案》、《海公案》等，小说情节生动曲折，人物形象丰满，艺术技巧圆熟，代表了明清公案小说的最高成就。

## 三曹

三曹是指汉魏间曹操、曹丕、曹植三父子。因他们政治上的地位和文学上的成就对当时的文坛很有影响，所以后人合称之为"三曹"。

曹操是建安时期杰出的文学家，开创了建安文学的新风气。曹丕擅长诗文及辞赋，代表作《燕歌行》全诗均用七言，句句押韵，在中国七言诗的发展史上占有重要地位。曹植是第一个大力创作五言诗的文人，把文人五言诗推到了一个前所未有的高峰，他的五言诗作品标志着文人五言诗的完全成熟，他的散文和辞赋也表现出了很高的思想性和艺术性，最著名的就是《洛神赋》。

## 建安七子

"建安七子"是东汉末年建安时期七位文学家的合称。"七子"之称始自曹丕的《典论·论文》。他们分别是鲁国孔融、广陵陈琳、山阳王粲、北海徐干、陈留阮瑀、汝南应玚、东平刘桢。又因七人同居当时的邺中，故又称"邺中七子"。

"七子"的创作各有其独特的风貌。孔融长于奏议散文，作品体气高妙。王粲诗、赋、散文号称"兼善"，其作品长于抒情。刘桢擅长诗歌，所作气势高峻，格调苍凉。陈琳、阮瑀，以章表书记闻名当时。徐干诗、赋皆能，文笔细腻、体气舒缓。应玚能诗、赋，其作品和谐而多文采。

这七人大体上代表了建安时期除曹氏父子而外的优秀作者，所以"七子"之说得到后世的普遍认可。

## 竹林七贤

"竹林七贤"是指魏晋时期的嵇康、阮籍、山涛、阮咸、向秀、刘伶、王戎七位文士。他们经常在竹林里携手共游，开怀畅饮，高谈阔论，所以被人们称为"竹林七贤"。

当时的社会动荡不安，司马氏和曹氏争夺政权的斗争异常激烈，民不聊生。文士们不仅无法施展才华，而且时时担忧性命安全，因此崇尚老庄哲学，从虚无缥缈的神仙境界中去寻找精神寄托，用清谈、饮酒、佯狂等方式来排遣苦闷的心情。"竹林七贤"就是这些文士们的代表。在文学上，竹林七贤的作品基本上继承了建安文学的精神，但由于当时的血腥统治，作家不能直抒胸臆，所以不得不采用比兴、象征、神话等手法，隐晦曲折地表达自己的思想感情。

## 唐代诗人别称

诗祖——陈子昂。元代方回称"陈拾遗子昂，唐之诗祖也"。

诗杰——王勃。其诗流利婉畅，宏放浑厚，独具一格，人称"诗杰"。

诗佛——王维。因其虔诚信佛，在部分诗歌中宣扬佛教，赞美佛教的无声寂灭而得名。

诗星——孟浩然。清代陆凤藻《小知录》称"诗星，孟浩然也"。

诗天子——王昌龄。他有"诗家天子王江宁"的美誉。

诗仙——李白。因其诗歌雄奇豪放而得名。

诗圣——杜甫。其诗沉郁顿挫，倾慕圣贤。

诗骨——陈子昂。其诗词意激昂，风格高峻，大有"汉魏风骨"，被誉为"诗骨"。

诗豪——刘禹锡。唐代白居易称"彭城刘梦得，诗豪也"。

诗魔——白居易。其作《与元九书》"劳心灵，役声气，连朝接夕，不知其苦，非魔而何"。

诗囚——孟郊、贾岛。元好问《放言》称"长沙一湘累，郊岛两诗囚"。

诗鬼——李贺。因其诗歌设想奇绝，瑰丽凄恻而得名。

诗奴——贾岛。一生以作诗为命，好刻意苦吟，人称其为"诗奴"。

## 初唐四杰

初唐文学家王勃、杨炯、卢照邻、骆宾王的合称。《旧唐书·杨炯传》说：杨炯与王勃、卢照邻、骆宾王以文诗齐名，海内称为王杨卢骆，亦号为"四杰"。

他们都是官小而名大，年少而才高的诗

人，在初唐诗坛的地位很重要，上承梁陈，下启沈宋，其中卢、骆长于歌行，王、杨长于五律。后人所说的声律风骨兼备的唐诗，从他们才开始定型。

## 高岑

盛唐诗人高适和岑参的合称。"高岑"并称，始于杜甫的一首诗："高岑殊缓步，沈鲍得同行。"是说他们两人成名较晚，而才学堪比沈约、鲍照。

高适、岑参的诗以"悲壮为宗"。他们都积极进取，但长期功名失意。一再出塞谋求报国立功，对仕途坎坷和边塞生活有着深刻体验。所作主要以边塞战争、塞上风光和仕途艰难为题材，善于运用七言古诗等体裁，表现报国安边、治国安民的壮志和奋发进取的精神，或抒发怀才不遇、功业无成的悲愤。其诗意气豪迈，情辞慷慨，奇偶相生，手法多样。

高适善于反映战士和农民的疾苦，暴露现实，笔调严谨，直抒胸臆，以常语感人；岑参擅长描绘奇境，抒发豪情，寓情于景，以奇语动人。

## 大历十才子

大历十才子是唐代宗大历年间10位诗人所代表的一个诗歌流派。据姚合《极玄集》和《新唐书》载，十才子为李益、卢纶、吉中孚、韩翃、钱起、司空曙、苗发、崔峒、耿湋、夏侯审。格律规整、字句精工也是他们作品中最明显的特点。

大历十才子大多是失意的中下层士大夫，他们大都以王维为宗，秉承山水田园诗派的风格，歌颂升平、吟咏山水、称道隐逸是其诗歌的基本主题。但他们在仕途失意和战乱宦旅生活中，也间有反映现实和体验真实的作品。

## 郊寒岛瘦

郊寒岛瘦指唐朝著名的两位诗人孟郊和贾岛，二人以苦吟著称，因其平生遭际大体相当，诗之风格清奇悲凄，幽峭枯寂，格局狭隘窄小，破碎急促，且讲究苦吟推敲，锤字炼句，往往给人以寒瘦窘迫之感，故被后世并称为"郊寒岛瘦"。最早提出这一评语的是苏轼："元轻白俗，郊寒岛瘦。"

## 元白

中唐诗人元稹、白居易的并称。二人同为新乐府运动的倡导者，文学观点相同，都强调诗歌的讽喻作用，写有大量反映现实的作品，都擅长于新乐府、七言歌行、长篇排律等诗体，注意诗歌语言的平易浅切和通俗性，在中唐诗坛影响很大。对元白的评价，历来有扬有抑。扬者始自张为，抑者始自杜牧。

## 唐宋八大家

唐宋八大家包括唐朝的韩愈、柳宗元，宋朝的欧阳修、苏洵、苏轼、苏辙、曾巩、王安石。

八大家之名始于明初朱右，他将以上八大家的文章编成《八先生文集》。明中叶唐顺之所纂的《文编》，仅取唐宋八位散文家的文章，其他作家的文章一律不收。以后不久，推崇唐顺之的古文家茅坤根据朱、唐的编法选了八家的文章，并加以整理和编选，辑为《唐宋八大家文钞》。唐宋八大家之称遂固定下来。

## 三苏

三苏指北宋散文家苏洵和他的儿子苏轼、苏辙。

宋仁宗嘉定初年，苏洵和苏轼、苏辙父子三人都到了京城东京（今河南开封市）。由于欧阳修的赏识和推誉，他们的文章很快著称于世。士大夫争相传诵，一时学者竞相仿效。宋人王辟之《渑水燕谈录·才识》记载："苏氏文章擅天下，目其文曰三苏。盖洵为老苏、轼为大苏、辙为小苏也。""三苏"的称号即由此而来。

三苏之中，苏洵和苏辙主要以散文著称；苏轼则不但在散文创作上成果甚丰，而且在诗、词、书、画等各个领域中都有重要地位。

## 苏门四学士

"苏门四学士"是北宋文学家黄庭坚、秦观、晁补之和张耒的并称，他们都是苏轼的门生，受到过苏轼的指导。

《宋史·文苑（六）黄庭坚传》记载："（黄庭坚）与张耒、晁补之、秦观俱游苏轼门，天下称为四学士。"在众多门生中，苏轼最欣赏并重视的就是这四个人。他自己也说："如黄庭坚鲁直、晁补之无咎、秦观太虚、张耒文潜之流，皆世未之知，而轼独先知。"由于苏轼的推誉，四人很快名满天下。

四学士造诣各异，受苏轼影响的程度有差别，文学风格也大不相同。黄庭坚的诗自创流派，与苏轼并称苏黄；秦观的主要成就在词，多抒情，亦有感伤身世之作，风调婉约清丽，辞情兼胜；晁补之的词作，以伤春惜别、相思忆旧之传统题材居多，并颇具清新蕴藉韵味与柔丽绵邈情调；张耒对诗文亦有自己的观点，其核心则是以理为主，辞情翼之。

## 永嘉四灵

永嘉四灵指南宋中叶生长于浙江永嘉（今浙江温州）的4位诗人：徐照（字灵晖）、徐玑（号灵渊）、赵师秀（字灵秀）、翁卷（字灵舒）。因他们同出永嘉学派叶适之门，其字或号中又都带有"灵"字，故称永嘉四灵。他们是中国南宋中叶的诗歌流派，代表了南宋后期诗歌创作上的一种倾向。其中赵师秀为"四灵"之冠，声望地位最高。

他们的诗风承袭晚唐，以清新刻露之词写野逸清瘦之趣。同时继承了山水诗人、田园诗人的传统，满足于啸傲田园、寄情泉石的闲逸生活。在艺术上，又能刻意求工，忌用典，尚白描，轻古体而重近体，尤重五律。他们的成熟极有限，但在当时的诗坛却得到广泛的反应。

## 元曲四大家

元曲四大家指关汉卿、郑光祖、马致远和白朴。

关汉卿，号已斋叟，为元曲四大家之首。作品内容具有强烈的现实性，弥漫着昂扬的战斗精神。慷慨悲歌，乐观奋争，构成其剧作的基调。贾仲明在《录鬼簿》中称他为"驱梨园领袖，总编修师首，捻杂剧班头"，代表作为《窦娥冤》、《救风尘》、《拜月亭》、《单刀会》、《调风月》等。

马致远，字千里，晚号东篱，以示效陶渊明之志，有"曲状元"之誉。青年时期仕途坎坷，中年中进士，后在大都（今北京）任工部主事，晚年隐居田园。其作品以《汉宫秋》最为著名。

白朴，字太素，号兰谷。作品题材多出自历史传说，剧情多为才人韵事。现存的《唐明皇秋夜梧桐雨》，写的是唐明皇与杨贵妃的爱情故事，《鸳鸯间墙头马上》，描写的是一个"志量过人"的女性李千金冲破名教，自择配偶的故事。前者是悲剧，写得悲哀怛恻，雄浑悲壮；后者是喜剧，写得起伏跌宕，热情奔放。这两部作品，历来被认为是爱情剧中的成功之作，具有极强的艺术生命力，对后代戏曲的发展具有深远的影响。

郑光祖，字德辉，他的剧目主要有两个主题，一是青年男女的爱情故事，一是历史题材故事。其代表作为《迷青琐倩女离魂》。

## 江左三大家

江左三大家是明末清初人们对当时著名文学家钱谦益（字牧斋）、吴伟业（字梅村）、龚鼎孳（字芝麓）三人的并称。三人皆由明臣仕清，籍贯都属旧江左地区，诗名并著，故时人称江左三大家。

在诗歌创作上，他们都宗唐，反对宋诗及宋、元、明以来的剽窃模拟的萎靡诗风。

钱谦益崇尚杜甫，其《投笔集》中几乎全是杜甫《秋兴》八首的和韵，是最有工力的代表作。吴伟业的诗，辞藻优美，音调铿锵，尤长于七言歌行，创制了"梅村体"的叙事诗风格。龚鼎孳也工于诗、词、文，但在当时和后世，影响都不是很大。

## 岭南三家

清初广东诗人屈大均、陈恭尹、梁佩兰的合称。三人在创作上互相推重，在当时岭南地区最享盛名。

在诗歌的内容和风格上，屈、陈有共同的民族思想，诗歌有郁愤不平之气，他们本人也终生不仕清廷；梁则热衷功名，其诗多酬赠和吟咏景物之作，风格平淡。唯有在浓厚的地方色彩方面，三家则有共同之处。

## 屈原

屈原（前340~前278年），名平，字原；又自名正则，字灵均。战国时期楚国人，是中国文学史上第一位伟大的爱国主义诗人。其作品文字华丽，想象奇特，比喻新奇，内涵深刻。主要代表作有《九章》、《九歌》、《离骚》、《天问》等，其中《离骚》是中国最长的抒情诗。

屈原早年为楚怀王所信任，任左徒、三闾大夫，常与怀王商议国事，主张章明法度，举贤任能，改革政治，联齐抗秦。同时主持外交事务。但由于他人谗言与排挤，屈原逐渐被楚怀王疏远，并被逐出郢都，流落到汉北。怀王三十年，屈原回到郢都。后怀王客死秦国，楚襄王即位实施投降政策，屈原再次流放江南。公元前278年，秦国大将白起挥兵南下，攻破了郢都，屈原在绝望和悲愤之下怀抱大石投汨罗江而死。

## 贾谊

贾谊（前200~前168年），西汉初年著名的政论家、文学家。18岁即有才名，20余岁被文帝召为博士。不到一年被破格提为太中大夫。但是在23岁时，因遭群臣忌恨，被贬为长沙王的太傅。后被召回长安，为梁怀王太傅。梁怀王坠马而死后，贾谊深自歉疚，抑郁而死。其著作主要有散文和辞赋两类。散文如《过秦论》、《论积贮疏》、《治安策》等；辞赋以《吊屈原赋》、《鵩鸟赋》最为著名。

## 司马相如

司马相如（约前179~前117年），原名司马长卿，因为仰慕战国时代的名相蔺相如而改名。西汉大辞赋家，代表作品为《子虚赋》。其作品辞藻富丽，结构宏大。司马相如是汉赋的代表作家，后人称之为"赋圣"。他与卓文君的故事也广为流传。

## 班固

班固（32~92年），字孟坚。东汉史学家班彪之子，在父亲的影响下研究史学。居丧在家时，着手整理父亲的《史记后传》，并开始撰写《汉书》。东汉明帝永平年间，被告私改国史，入狱。其弟班超将书稿送至京师，明帝阅后，很赏识班固的才学，召为兰台令史，成《汉书》，开创了"包举一代"的断代史体例，为后世"正史"之楷模。

## 蔡文姬

蔡文姬（约177~？），名琰，东汉末年大名士蔡邕之女。她自幼就聪颖过人，博学多才，尤其在文学和音律方面更是出众，是个出了名的才女。父亲死于狱中以后，文姬孤苦无依，只好跟着难民到处逃亡。有一天文姬在逃难中正好碰上匈奴兵，被其掠去。从此，她流落匈奴成了左贤王的夫人。

左贤王很宠爱文姬，夫妻感情很好。蔡文姬在南匈奴一住就十二年，生有两个孩子，但是仍然十分思念故乡。她靠着自己的音乐天赋创作了《胡笳十八拍》，并且经常演奏，借以抒发自己的思乡之情。琴曲中有《大胡笳》、《小胡笳》、《胡笳十八拍》琴歌等版本。曲调虽然各有不同，但都反映了蔡文姬思念故乡而又不忍骨肉分离的极端矛盾的痛苦心情。音乐委婉悲伤，使人陶醉。

后来，曹操派朝臣周近出使南匈奴并赎迎文姬。文姬经过激烈的思想斗争，挥泪与左贤王和两个孩子告别后踏上了归乡的道路。经过长途跋涉，数月之后，她终于回到了曹操的大本营邺城。

## 陶渊明

陶渊明（约365~427年），字元亮，号五柳先生，谥号靖节先生。东晋末期南朝宋初期文学家。曾做过几年小官，后辞官回家，从此隐居，田园生活是陶渊明诗的主要题材，文学史上称其为"田园诗人"。

诗多描绘自然景色及其在农村生活的情景，兼有平淡与爽朗之胜，语言质朴自然，而又极为精炼，具有独特风格。

代表作品有《饮酒》、《归园田居》、《桃花源记》、《五柳先生传》、《归去来兮辞》、《桃花源诗》等。

## 谢灵运

谢灵运（385~433年），东晋末期刘宋初年的文学家。中国山水诗的开创者，第一个大量创作山水诗的诗人。与颜延之齐名，并称"颜谢"。

《宋书》本传称其"少好学，博览群书，文章之美，江左莫逮。"与族弟谢惠连、东海何长瑜、颍川荀雍、泰山羊璿之，以文章赏会，共为山泽之游，时人谓之四友。因被诬"谋叛"之罪诛于广州，后当街斩首。

## 陈子昂

陈子昂（659~700年），初唐诗文革新人物之一。字伯玉。因曾任右拾遗，后世称为陈拾遗。其诗风骨峥嵘，寓意深远，苍劲有力。

陈子昂青少年时家庭较富裕，轻财好施，慷慨仁侠。成年后始发愤攻读，博览群书。24岁时举进士，升右拾遗，直言敢谏。父死居丧期间，权臣武三思指使射洪县令段简罗织罪名，加以迫害，致使陈子昂冤死狱中。

在文学方面针对初唐的浮艳诗风，他力主恢复汉魏风骨，反对齐、梁以来的形式主义文风。他自己的创作，如《登幽州台歌》、《感遇》等共38首诗，风格朴质而明朗，格调苍凉激越，标志着初唐诗风的转变。《登幽州台歌》："前不见古人，后不见来者。念天地之悠悠，独怆然而涕下！"独步千古。

## 孟浩然

孟浩然（689~740年），唐代诗人。襄州襄阳（今湖北襄樊）人，世称孟襄阳。前半生主要居家侍亲读书，以诗自适。曾隐居鹿门山。40岁游京师，应进士不第，返襄阳。在长安时，与张九龄、王维交谊甚笃。有诗名。后漫游吴越，穷极山水，以排遣仕途的失意。因纵情宴饮，食鲜疾发而亡。

孟浩然诗歌绝大部分为五言短篇，题材不宽，多写山水田园和隐逸、行旅等内容。虽不无愤世嫉俗之作，但更多属于诗人的自我表现。他和王维并称，其诗虽不如王诗境界广阔，但在艺术上有独特造诣，而且继陶渊明、谢灵运、谢朓之后，开盛唐田园山水诗派之先声。孟诗不事雕饰，清淡简朴，感受亲切真实，生活气息浓厚，富有超妙自得之趣。如《秋登万山寄张五》、《过故人庄》、《春晓》等篇，淡而有味，浑然一体，韵致飘逸，意境清旷。孟诗以清旷冲澹为基调，但冲澹中有壮逸之气，如《望洞庭湖赠张丞相》"气蒸云梦泽，波撼岳阳城"一联，精力浑健，俯视一切。但这类诗在孟诗中不多见。总的来说，孟诗内容单薄，不免窘于篇幅。现通行的《孟浩然集》收诗263首，但窜有别人作品。

## 王维

王维（701~761年），盛唐山水田园诗派代表人物。他继承和发扬了谢灵运开创的山水诗而独树一帜，使山水田园诗成就达到高峰，在中国诗歌史上具有重要的地位。

王维五律和五绝、七绝造诣最高，亦擅其他各体，在唐代诗坛很突出。其七律或雄浑华丽，或澄净秀雅，为明七子师法。七古形式整饬，气势流荡。散文清幽隽永，极富诗情画意，如《山中与裴秀才迪书》。王维生前身后均享有盛名，有"天下文宗"、"诗佛"美称。对后人影响巨大。

正是由于他常以一位禅者的目光览观万物，才使他的诗有了一种其他诗人难以企及的静美、澄旷、寂悦。特别是他描写的大自然一刹那间的纷纭动象，是那样的清净、静谧，禅韵盎然，如："人闲桂花落，夜静春山空。月出惊飞鸟，时鸣春涧中。"

## 李白

李白（701~762年），字太白，号青莲居士，又号"谪仙人"，中国唐代伟大的浪漫主义诗人，被后人称为"诗仙"，与杜甫并称为"李杜"。

李白生活在唐代极盛时期，怀有"济苍生"、"安黎元"的理想，他的大量诗篇，既反映了那个时代的繁荣气象，也揭露和批判了统治集团的荒淫和腐败，表现出蔑视权贵，反抗传统束缚，追求自由和理想的精神。在艺术上，他的诗想象新奇，构思奇特，感情强烈，意境奇伟瑰丽，语言清新明快，气势雄浑瑰丽，形成豪放、超迈的艺术风格，达到了中国古代浪漫主义诗歌艺术的高峰。唐朝文宗御封李白的诗歌、裴旻的剑舞、张旭的草书为"三绝"。

## 杜甫

杜甫（712~770年），字子美，自号少陵野老，世称杜少陵，曾任左拾遗、检校工部员外郎，因此后世称其为杜工部。杜甫是伟大的现实主义诗人，与李白并称"李杜"。

杜甫以古体、律诗见长，作品的风格"沉郁顿挫"。杜甫生活在唐朝由盛转衰的历史时期，其诗多涉笔社会动荡、政治黑暗、人民疾苦，一生写诗一千四百多首，其中很多是传颂千古的名篇，他的诗被誉为"诗史"，后人尊称他为"诗圣"。对后世影响深远。

名篇有"三吏"和"三别"，其中"三吏"为《石壕吏》、《新安吏》和《潼关吏》，"三别"为《新婚别》、《无家别》和《垂老别》。

## 韩愈

韩愈（768~824年），字退之，唐代文学家、哲学家、思想家。祖籍河北昌黎，世称韩昌黎。晚年任吏部侍郎，又称韩吏部。

在散文方面，韩愈与柳宗元同为唐代古文运动的倡导者，他们反对过分追求形式的骈文，提倡散文，强调文章内容的重要性。宋代苏轼称他"文起八代之衰"，明人推他为唐宋八大家之首，与柳宗元并称"韩柳"，有"文章巨公"和"百代文宗"之名。

在诗歌方面，韩愈善于用强健而有力的笔触，驱使纵横磅礴的气势，夹杂着恢奇诡谲的情趣，渲染上一层浓郁瑰丽的色彩，造成奔雷掣电的壮观。

## 柳宗元

柳宗元（773~819年），字子厚，唐代文学家、哲学家。与韩愈共同倡导唐代古文运动，并称为"韩柳"。与刘禹锡并称"刘柳"。王维、孟浩然、韦应物与之并称"王孟韦柳"。

柳宗元出身于官宦家庭，后入朝为官，积极参与王叔文集团政治革新，迁礼部员外郎。永贞元年（805）九月，革新失败，贬永州司马，在此期间，写下了著名的《永州八记》（《始得西山宴游记》、《钴鉧潭记》、《钴鉧潭西小丘记》、《小石潭记》、《袁家渴记》、《石渠记》、《石涧记》、《小石城山记》）。柳宗元的散文论说性强，笔锋犀利，讽刺辛辣，富于战斗性。游记写景状物，多所寄托。

### 李贺

李贺（790~816年），字长吉，祖籍陇西，体貌细瘦，巨鼻，通眉，长指爪。因避父讳，不得举进士，虽然韩愈为此作《讳辩》，李贺仍未能应试，遭谗落第。一生愁苦多病，仅做过3年从九品微官奉礼郎，因病27岁卒。

李贺诗多揭露时弊，发愤懑不平之音。既有昂扬奋发之气，也有感伤低沉之情；既有热烈奔放的抒怀，也有凄冷虚幻的意境。他的诗属意创新，形成了想象奇特、思维奇谲、辞采奇丽的独特风格，启迪了晚唐的诗歌创作。

### 杜牧

杜牧（803~约852年），晚唐杰出诗人，字牧之，号樊川居士，官至中书舍人。有抱负，好言兵，以济世之才自诩，曾注释《孙子》。

杜牧主张为文以意为主，以气为辅，以辞采章句为兵卫，对作品内容与形式的关系有比较正确的理解，并能融化、吸收前人的长处，以形成自己独特的风貌。在诗歌创作上，尤以七言绝句著称，与李商隐齐名，并称"小李杜"。他的古体诗受杜甫、韩愈的影响，题材广阔，笔力峭健；他的近体诗则以文词清丽、情韵跌宕见长。擅长文赋，所作《阿房宫赋》为后世传诵。

### 李商隐

李商隐（约812~约858年），字义山，号玉溪生，又号樊南生、樊南子，晚唐著名诗人。因处于"牛李党争"的夹缝之中，一生不得志。

在诗歌创作上，构思新奇，风格浓丽，尤其是一些爱情诗写得缠绵悱恻，为人传诵。包括大多数无题诗在内的吟咏内心感情的作品是李商隐诗歌中最有特色的部分，也获得了后世最多的关注。李商隐和杜牧合称"小李杜"，与温庭筠合称"温李"，因诗文与同时期的段成式、温庭筠风格相近，且三人都在家族里排行第十六，故并称为"三十六体"。

### 温庭筠

温庭筠（约812~866年），字飞卿，唐代花间词派的重要作家之一。官终国子助教，性喜讥刺权贵，多触忌讳，又不受羁束，纵酒浪浪。因此一生坎坷，终身潦倒。其诗词工于体物，有声调色彩之美。诗辞藻华丽，多写个人遭际，于时政亦有所反映，吊古行旅之作感慨深切，气韵清新，犹存风骨。词多写女子闺情，风格浓艳精巧，清新明快，被称为花间鼻祖。其诗与李商隐齐名，并称"温李"；词与韦庄齐名，并称"温韦"。

### 李煜

李煜（937~978年），字重光，五代十国时南唐国君，史称李后主。诗文均有一定造诣，以词的成就最突出。

其作品内容主要可分作两类：第一类为降宋之前所写，主要反映宫廷生活和男女情爱，题材较窄；第二类为降宋后，李煜因亡国的沉痛，对往事的追忆，以自身感情而作。此时期的词作大都哀婉凄绝，主要抒写了自己凭栏远望、梦里重归的情景，表达了对"故国"、对"往事"的无限留恋。千古杰作《虞美人》、《浪淘沙》、《乌夜啼》皆成于此时。

他继承了晚唐以来花间派词人的传统，但又通过具体可感的个性形象，反映现实生活中具有一般意义的某种意境，将词的创作向前推进了一大步，扩大了词的表现领域。李煜在中国词史上占有重要的地位，被称为"千古词帝"，对后世影响亦甚大。

### 柳永

柳永（约987~约1053年），北宋词婉约派最具代表性的人物之一。原名三变，后改名永，字耆卿。官至屯田员外郎，故世称柳屯田。他自称"奉旨填词柳三变"，以毕生精力作词，并以"白衣卿相"自许。

由于仕途坎坷、生活潦倒，他由追求功名转而厌倦官场，沉溺于旖旎繁华的都市生活，在"倚红偎翠"、"浅斟低唱"中寻找寄托。

作为北宋第一个专力作词的词人,他不仅开拓了词的题材内容,而且制作了大量的慢词,发展了铺叙手法,促进了词的通俗化、口语化,在词史上产生了较大的影响。

## 晏殊

晏殊(991~1055年),字同叔。北宋著名词人。14岁以神童入试,赐同进士出身,历任要职,更兼提拔后进,如范仲淹、韩琦、欧阳修等,皆出其门下。

他以词著于文坛,尤擅小令,风格含蓄婉丽,多表现诗酒生活和悠闲情致,颇受南唐冯延巳的影响,与欧阳修并称"晏欧"。其代表作为《浣溪沙》、《蝶恋花》、《踏莎行》、《破阵子》、《鹊踏枝》等,其中《浣溪沙》"无可奈何花落去,似曾相识燕归来"为千古传诵的名句。

## 欧阳修

欧阳修(1007~1072年),字永叔,自号醉翁,晚年号六一居士,谥号文忠,世称欧阳文忠公,北宋时期政治家、文学家。

在政治和文学方面都主张革新,既是范仲淹庆历新政的支持者,也是北宋诗文革新运动的领导者。又奖掖后进,苏轼兄弟及曾巩、王安石皆出其门下。

诗、词、散文均为一时之冠。散文说理畅达,抒情委婉;诗风与散文近似,重气势而能流畅自然;其词深婉清丽,承袭南唐余风。

## 苏轼

苏轼(1037~1101年),字子瞻,号东坡居士,世人称其为"苏东坡"。北宋著名文学家、书画家、诗人,豪放派词人代表。

嘉祐二年(1057年)与弟苏辙同登进士。熙宁二年(1069年),父丧守制期满还朝,为判官告院。与王安石政见不合,反对推行新法,出为杭州通判。迁知密州,移知徐州。元丰二年(1079年),罹"乌台诗案",责授黄州团练副使。哲宗立,高太后临朝,被复为朝奉郎知登州;4个月后,迁为礼部郎中;任未旬日,除起居舍人,迁中书舍人,又迁翰林学士知制诰,知礼部贡举。元祐四年(1089年)出知杭州,后改知颖州,知扬州、定州。元祐八年(1093年)哲宗亲政,被远贬惠州,再贬昌化军。徽宗即位,遇赦北归,建中靖国元年(1101年)卒于常州。

作为杰出的词人,苏轼开辟了豪放词风,同杰出词人辛弃疾并称为"苏辛"。在诗歌上,与黄庭坚并称"苏黄"。

## 李清照

李清照(1084~1155年),号易安居士,宋代女词人,婉约派代表词人。父李格非,为元祐后四学士之一,夫赵明诚为金石考据家。李清照创词"别是一家"之说,创"易安体",为宋词大家。

李清照的词可以南渡为界,分为前后两期。前期词主要描写伤春怨别和闺阁生活的题材,表现了女词人多情善感的个性。后期的词则充满了"物是人非事事休"的浓重感伤情调,从而表达了她对故国、旧事的深情眷恋。

## 辛弃疾

辛弃疾(1140~1207年),字幼安,号稼轩,中国历史上伟大的豪放派词人,与苏轼齐名,号称"苏辛",与李清照一起并称"济南二安"。有人这样赞美过他:稼轩者,人中之杰,词中之龙。

其词热情洋溢,慷慨悲壮。笔力雄厚,艺术风格多样,而以豪放为主,独特的词作风格被称为"稼轩体",成为南宋词坛一代大家。有集《稼轩长短句》流传后世。

## 陆游

陆游(1125~1210年),南宋诗人。字务观,号放翁。虽然仕途不断受到当权派的排斥打击,在政治上始终坚持抗金。中年入蜀抗金,长期的军事生活丰富了他的文学内容,作品吐露出万丈光芒,"气吞残虏"。

陆游12岁即能诗文,一生作品丰富,自言"六十年间万首诗",今尚存九千三百余首,是中国现有存诗最多的诗人。他的作品内容主要有两方面:一方面是悲愤激昂,要为国家报仇雪耻,恢复丧失的疆土,解放沦陷的人民;一方面是闲适细腻,咀嚼出日常生活的深永的滋味,熨帖出当前景物的曲折的情状。许多诗篇抒写了抗金杀敌的豪情和对敌人、卖国贼的仇恨,风格雄奇奔放,沉郁悲壮,洋溢着强烈的爱国主义激情,在思想上、艺术上取得了卓越成就,不仅成为南宋一代诗坛领袖,而且在中国文学史上享有崇高地位,是中国伟大的爱国诗人。

## 关汉卿

关汉卿（约1220~1300年），号已斋叟，元代杂剧作家。是中国古代戏曲创作的代表人物。与马致远、郑光祖、白朴并称为"元曲四大家"，列"元曲四大家"之首。

关汉卿的杂剧内容具有强烈的现实性和昂扬的战斗精神，反映生活面十分广阔；既有对官场黑暗的无情揭露，又热情讴歌了人民的反抗斗争。慷慨悲歌，乐观奋争，构成关汉卿剧作的基调。其中《窦娥冤》、《救风尘》、《望江亭》、《拜月亭》、《鲁斋郎》、《单刀会》、《调风月》等，是他的代表作。

## 汤显祖

汤显祖（1550~1616年），明代戏曲作家。字义仍，号海若，又号若士，晚号茧翁，自署清远道人。

汤显祖出身书香门第，早有才名。在文学思想上，汤显祖与公安派反复古思潮相呼应，明确提出文学创作首先要"立意"的主张，把思想内容放在首位。

汤显祖虽然也创作过诗文等，但成就最高的还是传奇。他是继关汉卿之后的又一位伟大的戏剧家。他的戏剧创作现存主要有"玉茗堂四梦"（或称"临川四梦"）及《紫箫记》。"玉茗堂四梦"即《紫钗记》、《牡丹亭》、《邯郸记》、《南柯记》。这四部作品中，影响最大的当数《牡丹亭》。

## 吴敬梓

吴敬梓（1701~1754年），字敏轩，晚年自号文木老人，清代小说家。

吴敬梓既无心做官，对虚伪的人际关系又深感厌恶，无意进取功名。安徽巡抚推荐他应博学鸿词考试，他竟装病不去。他不善持家，遇贫即施，家产卖尽，一直过着清贫的生活。吴敬梓一生创作了大量的诗歌、散文和史学研究著作，确立他在中国文学史上的杰出地位的，是他创作的长篇讽刺小说《儒林外史》。

## 曹雪芹

曹雪芹（1715~1763年，一说为1724~1764年），名霑，字梦阮，号雪芹、芹圃。他出生于号称"百年望族"的大官僚地主家庭，从曾祖父起三代世袭江宁织造一职达六十年之久。后来父亲因事受株连，被革职抄家。家族的衰败使曹雪芹饱尝人生的辛酸，他以坚韧不拔的毅力，"披阅十载，增删五次"创作的旷世杰作《红楼梦》"字字看来皆是血，十年辛苦不寻常"。《红楼梦》内容丰富，思想深刻，艺术精湛，把中国古典小说创作推向最高峰，在世界文学发展史上占有十分重要的地位。

## 中国最早的民歌

中国古代最早的民歌是《击壤歌》。《击壤歌》最早见于东汉王充的《论衡》一书。相传唐尧时有老人击壤而歌，词云：

吾日出而作，日入而息。凿井而饮，耕田而食。帝力于我何哉？

其大意是：我每天太阳一出就开始劳动，太阳落山才回家休息。自己动手凿井而得到水饮，自己动手耕作才得到饭吃。帝王对我又能怎么样呢？

这首民歌，文字简朴，明白晓畅，抒发了劳动者的自豪之情。

## 《诗经》

《诗经》是中国第一部诗歌总集，共收入自西周初年至春秋中叶大约五百多年的诗歌305篇。另有6篇为笙诗，只有标题，没有内容。先秦称为《诗》，或取其整数称《诗三百》。西汉时被尊为儒家经典，始称《诗经》，并沿用至今。

《诗经》共分风、雅、颂三大部分。

风，是不同地区的地方音乐，多为民间的歌谣。共160篇。大部分是民歌。

雅，即朝廷之乐，是周王朝直辖地区的音乐，大部分为贵族的作品，即所谓正声雅乐。《雅》诗是宫廷宴享或朝会时的乐歌，按音乐的不同又分为《大雅》、《小雅》，共105篇。

颂，是宗庙祭祀的乐歌和史诗，内容多是歌颂祖先的功业的。《颂》诗又分为《周颂》、《鲁颂》、《商颂》，共40篇。全部是贵族文人的作品。

汉初传授《诗》学的共有四家：齐之辕固生，鲁之申培，燕之韩婴，赵之毛亨、毛苌，简称齐诗、鲁诗、韩诗、毛诗。齐、鲁、韩三家属今文经学，是官方承认的学派，毛诗属古文经学，是民间学派。但到了东汉以后，毛诗反而日渐兴盛，并为官方所承认；前三家则逐渐衰落，到南宋，就完全失传了。今天我们看到的《诗经》，就是毛诗一派的传本。

## 《楚辞》

"楚辞",是战国时代的伟大诗人屈原创造的一种诗体。作品运用楚地的文学样式、方言声韵,叙写楚地的山川人物、历史风情,具有浓厚的地方特色。如宋人黄伯思所说,"皆书楚语,作楚声,纪楚地,名楚物"。

西汉末年,刘向将屈原、宋玉的作品以及汉代淮南小山、东方朔、王褒、刘向等人承袭模仿屈原、宋玉的作品共16篇辑录成集,定名为《楚辞》。楚辞遂又成为诗歌总集的名称。并成为继《诗经》以后,对中国文学具有深远影响的一部诗歌总集。由于屈原的《离骚》是《楚辞》的代表作,故楚辞又称为"骚"或"骚体"。

## 《古诗十九首》

《古诗十九首》,组诗名,汉无名氏作,非一时一人所为,一般认为产生于东汉末年。南朝梁萧统合为一组,收入《文选》,题为《古诗十九首》。《古诗十九首》的作者既非一人,所以它们反映的思想内容是很复杂的,其主题有闺人怨别、游子怀乡、游宦无成、追求享乐等,但有一个共同的特征,就是对人生易逝、节序如流的感伤,大有汲汲皇皇如恐不及的忧虑,这些都反映了社会大动乱的前夕,失意士人对于现实生活和内心要求的矛盾和苦闷。

《古诗十九首》的艺术成就十分突出,被誉为"惊心动魄,一字千金"。其主要艺术特色是长于抒情:融情入景,寓情于景;又善于通过某种生活情节抒写作者的内心活动,抒情中带有叙事意味;同时善于运用比兴手法,着墨不多而能言近旨远,语短情长;语言不假雕琢,浅近自然,但又异常精炼,含蓄蕴藉,余味无穷。《古诗十九首》是五言诗已经达到成熟阶段的标志,被刘勰誉为"五言之冠冕"。

十九首以句首为标题,分别为:《行行重行行》、《青青河畔草》、《青青陵上柏》、《今日良宴会》、《西北有高楼》、《涉江采芙蓉》、《明月皎夜光》、《冉冉孤生竹》、《庭中有奇树》、《迢迢牵牛星》、《回车驾言迈》、《东城高且长》、《驱车上东门》、《去者日以疏》、《生年不满百》、《凛凛岁云暮》、《孟冬寒气至》、《客从远方来》、《明月何皎皎》。

## 《玉台新咏》

《玉台新咏》是东周至南朝梁代的诗歌总集,历来认为是南朝徐陵在梁中叶时所编。收诗769篇,计有五言诗8卷,歌行1卷,五言四句诗1卷,共为10卷。除第9卷的《越人歌》相传作于春秋战国之间外,其余都是自汉迄梁的作品。

据徐陵《玉台新咏序》说,本书编纂的宗旨是"选录艳歌",即主要收男女闺情之作。入选各篇,皆取语言明白,而弃深奥典重者。同时又比较重视民间文学,如中国古代长篇叙事诗《孔雀东南飞》就首见此书。它重视南朝时兴起的五言四句的短歌句,对于唐代五言绝句这一诗体的发展有一定推动作用。同时选录了梁中叶以后不少诗人的作品。这些诗作比"永明体"更讲究声律和对仗,可以较清楚地看出"近体诗"的成熟过程。

## 《世说新语》

《世说新语》是中国南北朝时期的一部主要记述魏晋人物言谈轶事的笔记小说,由南朝刘宋宗室临川王刘义庆组织一批文人编写的。《宋书·刘道规传》称刘义庆"性简素"、"爱好文义"、"招聚文学之士,近远必至"。

该书原名《世说》,因汉代刘向曾著《世说》,后人为将此书与刘向所著相别,故又名《世说新书》,大约宋代以后才改称今名。全书原八卷,刘孝标注本分为十卷,分为德行、言语、政事、文学、方正、雅量等三十六门。

《世说新语》主要记叙了士人的生活、思想及统治阶级的情况,反映了魏晋时期文人的思想言行、上层社会的生活面貌,记载颇为丰富真实,这样的描写有助于读者了解当时士人所处的时代状况及政治社会环境,更让我们明确的看到了所谓"魏晋清谈"的风貌。

## 《搜神记》

《搜神记》是一部记录古代民间传说中神奇怪异故事的小说集,为晋代干宝所著,原本已散,今本系后人缀辑增益而成。

《搜神记》内容十分丰富,有神仙术士的变幻,有精灵物怪的神异,有妖祥卜梦的感应,有佛道信仰的因果报应,还有人神、人鬼的交通恋爱,等等。其中保留了相当一部分西汉传下来的历史神话传说和魏晋时期的民间故事,优美动人,深受人们喜爱。

《搜神记》语言雅致清峻、曲尽幽情,确是"直而能婉"的典范。其艺术成就在两晋志怪中独占鳌头,对后世影响极大。它不但成为了后世志怪小说的模物，又是后人取材之渊薮，传奇、话本、戏曲、通俗小说每每从中选材；至于其中故事被用为典故者，更是不可胜计。如唐代传奇故事，蒲松龄的《聊斋志异》，神话戏《天仙配》及后世的许多小说、戏曲，都和它有着密切的联系。

## 《窦娥冤》

《窦娥冤》，元代关汉卿的代表作，是中国十大悲剧之一的传统剧目。是一部具有较高文化价值和广泛群众基础的名剧。据统计，中国约86个剧种上演过此剧。

《窦娥冤》全名《感天动地窦娥冤》，故事渊源于《列女传》中的《东海孝妇》。主要讲述的是窦娥被无赖诬陷，又被官府错判斩刑的冤屈故事。

全剧四折一楔子。楚州贫儒窦天章因无钱进京赶考，无奈之下将幼女窦娥卖给蔡婆家为童养媳。窦娥婚后丈夫去世，婆媳相依为命。蔡婆外出讨债时遇到流氓张驴儿父子，被其胁迫。张驴儿企图霸占窦娥，见她不从便想毒死蔡婆以要挟窦娥，不料误毙其父。张驴儿诬告窦娥杀人，官府严刑逼讯婆媳二人，窦娥为救蔡婆自认杀人，被判斩刑。窦娥在临刑之时指天为誓，死后将血溅白绫、六月降雪、大旱三年，以明己冤，后来果然一一应验。三年后窦天章任廉访使至楚州，见窦娥鬼魂出现，于是重审此案，为窦娥申冤。

本剧成功塑造了"窦娥"这一悲剧主人公形象，使其成为元代被压迫、被剥削、被损害的妇女的代表，成为底层善良、坚强而走向反抗的妇女典型。

## 荆刘拜杀

"荆刘拜杀"是元代南戏《荆钗记》、《刘知远白兔记》、《拜月亭》、《杀狗记》的合称。

《荆钗记》一般认为是柯丹丘作。写王十朋与钱玉莲的婚姻故事：钱玉莲鄙弃富豪孙汝权的求聘，宁嫁一贫如洗、以荆钗为聘的书生王十朋。婚后半年，十朋赴京考中状元，因拒绝丞相逼婚，被改调烟瘴之地潮阳任职。孙汝权偷改十朋家书为"休书"，继续纠缠玉莲不止。后母逼迫改嫁，玉莲不从，投河遇救，跟随恩人远去他乡。十朋闻玉莲"死"讯后，决意终身不另娶。玉莲误听十朋病亡噩耗，也执意不再嫁。数年之后，于吉安重逢，夫妻团圆。

《白兔记》为永嘉书会才人编撰。写后汉开国皇帝刘知远幼年失父，落魄马王庙中，李文奎见他相貌不凡，收留家中牧马，并将女儿三娘许配给他。李文奎夫妇去世后，三娘兄嫂不容他。知远只得弃家投军，又被岳节度使招赘为婿，后成就功名。三娘不肯改嫁，被兄嫂逼迫，日挑水，夜推磨，受尽苦辛。她磨房咬脐产子，托窦公送往军营。十六载后，咬脐郎猎白兔而遇三娘，母子夫妻得以团圆。

《拜月亭》一般认为是元人施惠作。全剧以蒋世隆与王瑞兰的爱情婚姻波折为主线。写金朝末年，蒙古兵南下，金迁都汴梁。兵荒马乱中，书生蒋世隆与兵部尚书王镇女儿瑞兰旷野相逢，结伴同行，患难中结为夫妇。王镇议和归来，强行拆散恩爱夫妻。瑞兰思念丈夫，幽闺拜月祷祝重聚。后蒋世隆考中状元，破镜重圆。

《杀狗记》作者未详。写财主孙华与市井小人柳龙卿、胡子传结为兄弟，受二人调唆，视胞弟孙荣为仇敌，致使孙荣寄身破窑，乞食街头。华妻杨氏多方劝说无用，设杀狗劝夫之计，暴露结义兄弟危难时不肯相救的真面目，才使孙华醒悟，兄弟和好，共受旌表。

## 临川四梦

"临川四梦"，又称"玉茗堂四梦"，指明代剧作家汤显祖的《牡丹亭》、《紫钗记》、《邯郸记》和《南柯记》。前两者是儿女风情戏，后两个是社会风情剧。

"临川四梦"是汤显祖毕生思考人世现实与生命意义的结晶。文辞优美，对人生的深刻反思亦超越了同时代的文学著作。汤显祖同时代人王思任在概括"临川四梦"的"立言神旨"时说："《邯郸》，仙也；《南柯》，佛也；《紫钗》，侠也；《牡丹亭》，情也。"

"临川四梦"的四个梦境演绎了纷繁世间事。《紫钗记》描写的是霍小玉与书生李益喜结良缘、被卢太尉设局陷害、豪侠黄衫客从中帮助，终于解开猜疑，消除误会的悲欢离合的幻梦。《牡丹亭》描写杜丽娘因梦生情，伤情而死，人鬼相恋，起死回生，终于与柳梦梅永结同心的痴情。《南柯记》讲述了书生淳于梦于梦中做大槐安国驸马，任南柯太守，荣华富贵梦醒而皈佛的故事。《邯郸记》则表现了卢生梦中娶妻，中状元，建功勋于朝廷，后遭陷害被放逐，再度返朝做宰相，享尽荣华富贵，死后醒来，方知是一场黄粱梦，因此而悟道的警醒。

## 《西厢记》

《西厢记》全名《崔莺莺待月西厢记》，元代著名杂剧作家王实甫的代表作。这个剧一上舞台就震惊四座，被誉为"西厢记天下夺魁"。

《西厢记》故事最早起源于唐代元稹的传奇小说《莺莺传》，叙述书生张生与同时寓居在普救寺的已故相国之女崔莺莺相爱，在婢女红娘的帮助下，两人在西厢约会，莺莺终于以身相许。后来张生赴京应试，得了高官，却抛弃了莺莺，酿成爱情悲剧。亦相传为元稹假借张生的自传体小说或故事。这个故事到宋金时代流传更广，一些文人、民间艺人纷纷改编成说唱和戏剧，王实甫的改编使故事情节更加紧凑，融合了古典诗词，文学性大大提高，并将结尾改成老夫人妥协，答应其婚事，以大团圆结局。

## 《牡丹亭》

《牡丹亭》全名《牡丹亭还魂记》，即《还魂记》，也称《还魂梦》或《牡丹亭梦》，是明朝剧作家汤显祖的代表作之一。

贫寒书生柳梦梅与南安太守之女丽娘于梦中在牡丹亭畔幽会。杜丽娘从此愁闷消瘦，一病不起。她在弥留之际要求母亲把她葬在花园的梅树下，嘱咐丫环春香将其自画像藏在太湖石底。三年后，柳梦梅赴京应试，借宿梅花庵观中，在太湖石下拾得杜丽娘画像，发现杜丽娘就是他梦中见到的佳人。杜丽娘魂游后园，和柳梦梅再度幽会。柳梦梅掘墓开棺，杜丽娘起死回生，两人结为夫妻，前往临安。陈最良看到杜丽娘的坟墓被发掘，就告发柳梦梅盗墓之罪。发榜后，柳梦梅由阶下囚一变而为状元，经皇帝恩准，杜丽娘和柳梦梅二人终成眷属。

汤显祖曾说："一生四梦，得意处惟在牡丹。"明朝人沈德符称"汤义仍《牡丹亭梦》一出，家传户诵，几令《西厢》减价。"

## 《桃花扇》

《桃花扇》是清初作家孔尚任经十余年苦心经营，三易其稿写出的一部传奇剧本。

通过男女主人公侯方域（朝宗）和李香君的爱情故事反映明末南明灭亡的历史戏剧。所谓"借离合之情，写兴亡之感，实事实人，有凭有据。"剧本中绝大部分人物是真人真事，从深度和广度反映现实，并且有很高的艺术表现力，是一部对后来影响很深的历史剧。

明末，东林党人逃难到南京，重新组织"复社"，和曾经专权的太监魏忠贤余党、已被罢官的阮大铖斗争。其中复社中坚侯方域邂逅秦淮歌妓李香君，两人陷入爱河，侯方域送李香君一把题诗扇。阮大铖匿名托人赠送重金以拉拢侯方域，被李香君知晓坚决退回。弘光帝即位后，起用阮大铖。阮大铖趁机陷害侯方域，并强将李香君许配他人，李香君坚决不从，撞头欲自尽未遂，血溅诗扇，侯方域的朋友杨龙友利用血点在扇中画出一树桃花。南明灭亡后，李香君入山出家，侯方域也出家学道。

## 《长生殿》

《长生殿》，清初洪昇历十余年，三易其稿始成，初名《沉香亭》，继改称《舞霓裳》，三稿始定今名。

剧写唐明皇与杨贵妃的爱情故事：唐明皇继位以来，励精图治，国势强盛，但他却从此寄情声色，下旨选美。因宫女杨玉环才貌出众，于是册封为贵妃，两人对天盟誓，并以金钗钿盒为定情之物。

但后来唐玄宗又宠幸杨玉环的妹妹虢国夫人，私召梅妃，引起杨玉环不快，最终两人和好，于七夕之夜在长生殿对着牛郎织女星密誓永不分离。为讨杨玉环的欢心，唐玄宗不惜耗费大量人力物力从海南岛为杨玉环采集新鲜荔枝，一路踏坏庄稼，踏死路人。

安禄山反叛，唐明皇奔逃蜀中避难，在马嵬坡，军士哗变。唐明皇被迫赐杨玉环自尽。自此他心灰意冷，有一天做了一场噩梦后，访得异人为杨玉环招魂。临邛道士杨通幽奉旨作法，找到杨玉环幽魂。八月十五夜，杨通幽引唐明皇魂魄来到月宫与杨玉环相会。玉帝传旨，让二人永为夫妇。

## 《聊斋志异》

《聊斋志异》，清代文言短篇小说集，是蒲松龄的代表作。"聊斋"是他的书屋名称，"志"是记述的意思，"异"指奇异的故事。全书共有短篇小说491篇。题材非常广泛，内容极其丰富。多数作品通过谈狐说鬼的手法，对当时社会的腐败、黑暗进行了有力批判，在一定程度上揭露了社会矛盾，表达了人民的愿望。蒲松龄的同乡好友王士祯为《聊斋志异》题诗："姑妄言之姑听之，豆棚瓜架雨如丝。料应厌作人间语，爱听秋坟鬼唱诗。"

《聊斋志异》的艺术成就很高。它成功地塑造了众多的艺术典型，人物形象鲜明生动，故事情节曲折离奇，结构布局严谨巧妙，文笔简练，描写细腻，堪称中国古典短篇小说之巅峰。

## 《儒林外史》

在浩若星海的中国古典小说中，被鲁迅许以"伟大"二字的，只有两部书，其中之一便是吴敬梓的《儒林外史》。

《儒林外史》是中国清代杰出的现实主义长篇讽刺小说，全书共五十六回，约四十万字，描述了近二百个人物，主要描写封建社会后期知识分子及官绅的活动和精神面貌。

全书故事情节虽没有一个主干，可是有一个中心贯穿其间——反对科举制度和封建礼教的毒害，讽刺因热衷功名富贵而造成的极端虚伪、恶劣的社会风习。这样的思想内容，加上它那准确、生动、洗练的白话语言，栩栩如生的人物形象塑造，优美细腻的景物描写，出色的讽刺手法，艺术上也获得了巨大的成功。

这是一部讽刺迂腐与卖弄的作品，是世界上最不引经据典、最饶诗意的散文叙述体之典范。它可与意大利薄伽丘、西班牙塞万提斯、法国巴尔扎克等人的作品相媲美。

## 《水浒传》

《水浒传》为元末明初施耐庵所作，取材于北宋末年宋江起义的故事。

宋代说书伎艺兴盛，民间流传的宋江等36人故事，很快就被说书人采来作为创作话本的素材，南宋末龚开的《宋江三十六人赞并序》里说："宋江事见于街谈巷语。"现在看到的最早写水浒故事的作品，是《大宋宣和遗事》，这时的水浒故事已由许多分散独立的单篇，发展为系统连贯的整体。

《水浒传》的艺术成就，最突出地表现在英雄人物的塑造上。全书巨大的历史主题，主要是通过对起义英雄的歌颂和对他们斗争的描绘中具体表现出来的。

清初文学批评家金圣叹将《水浒传》与《离骚》、《庄子》、《史记》、《杜诗》、《西厢记》合称为"六才子书"。冯梦龙将《水浒传》与《三国演义》、《西游记》、《金瓶梅》定为"四大奇书"。后世将其与《三国演义》、《西游记》、《红楼梦》并称为"中国古典四大名著"。

## 《西游记》

《西游记》于明朝中叶，由明代吴承恩编撰而成。此书描写的是孙悟空保唐僧西天取经、历经九九八十一难的故事。

小说以整整七回的"大闹天宫"故事开始，第八至十二回写如来说法、观音访僧、魏徵斩龙、唐僧出世等故事，交代取经的缘起。从十三回到全书结束，讲述仙界一只由仙石生出的猴子拜到菩提门下，命名孙悟空，苦练成一身法术，却因醉酒闯下大祸，被压于五指山下。五百年后，观音向孙悟空道出自救的方法：他须随唐三藏到西方取经，作其徒弟，修成正果之日便得救。孙悟空遂紧随唐三藏上路，途中屡遇妖魔鬼怪，二人与猪八戒、沙僧等合力对付，展开一段艰辛的取西经之旅。

《西游记》向人们展示了一个绚丽多彩的神魔世界，人们无不在作者丰富而大胆的艺术想象面前惊叹不已。

## 《三国演义》

《三国演义》为元末明初小说家、戏曲家罗贯中所作，是中国古代历史演义小说的经典之作。小说描写了东汉末年和整个三国时代以曹操、刘备、孙权为首的魏、蜀、吴三个政治、军事集团之间的矛盾和斗争。在广阔的社会历史背景上，展示出那个时代尖锐复杂又极具特色的政治军事冲突，在政治、军事谋略方面，对后世产生了深远的影响。

《三国演义》不仅是较早的一部历史小说，而且代表着古代历史小说的最高成就。小说采用浅近的文言，明快流畅，雅俗共赏；笔法富于变化，对比映衬，旁冗侧出，波澜曲折，摇曳多姿。又以宏伟的结构，把百年来头绪纷繁、错综复杂的事件和众多的人物组织得完整严密，叙述得有条不紊、前后呼应，彼此关联，环环紧扣，层层推进。

《三国演义》的艺术成就更主要的是在战争描写和人物塑造上。小说最擅长描写战争，并能写出每次战争的特点。注意描写在具体条件下不同战略战术的运用、指导作战的主观能动性的发挥，而不把主要笔墨花在单纯的实力和武艺较量上。如官渡之战、赤壁之战、彝陵之战等。在人物塑造上，小说特别注意把人物放在现实斗争的尖锐矛盾中，通过各自的言行和周围环境，表现其思想性格。如曹操的奸诈，一举一动都似隐伏着阴谋诡计；张飞心直口快，无不带有天真、莽撞的色彩。

## 《金瓶梅》

《金瓶梅》是明代长篇世情小说，成书约在隆庆至万历年间，作者署名兰陵笑笑生。它是中国文学史上第一部由文人独立创作的长篇小说。《金瓶梅》的书名，一般认为是各取书中女主角潘金莲、李瓶儿、庞春梅三人名字中的一个字而成的，但还有更深层的含义。

这部小说通过西门庆一家荣辱盛衰的始末，实际上反映了一个新旧交替的历史转折时期。西门庆这个集官僚、富商、恶霸于一身的典型，是那个时代的畸形儿。在他身上，读者看到了旧时代的末日即将来临，新时代的曙光已经升起，好像最早报告春天信息的梅花。可是，这枝梅花并没有在大自然里风餐露宿，却安插在豪华富丽的金瓶之中，生活在骄奢淫逸的氛围中，因而显得缺乏生机和活力，终于不免过早地夭折，这就是小说全部的悲剧意义所在。

## 《红楼梦》

《红楼梦》为清代曹雪芹所作。原名《石头记》，又名《情僧录》、《风月宝鉴》、《金陵十二钗》等。是中国古代最伟大的长篇小说，也是世界文学经典巨著之一。书中以贾、史、王、薛四大家族为背景，以贾宝玉、林黛玉爱情悲剧为主线，着重描写荣、宁二府由盛到衰的过程。全面地描写封建社会末世的人性世态及种种无法调和的矛盾。

《中国大百科全书》评价说，红楼梦的价值怎么估计都不为过。《大英百科》评价说，《红楼梦》的价值等于一整个的欧洲。

## 《文赋》

《文赋》是西晋著名文学家陆机所作，是中国最早系统探讨文学创作问题的论著。

在《文赋》中，陆机生动地描述和分析了创作的心理特征和过程，表达了他的美学美育思想。主要包括：

1. "情因物感，文以情生"。《文赋》认为，情感是文学创作冲动的来由和起点。

2. "笼天地于形内，挫万物于笔端"。《文赋》充分肯定了艺术想象的作用，即"观古今于须臾，抚四海于一瞬"，"笼天地于形内，挫万物于笔端"。

3. "应感之会，通塞之纪"。《文赋》强调灵感在文学创作中的作用，认为灵感具有"来不可遏，去不可止"的特征。

4. "其会意也尚巧，其遣言也贵妍"。《文赋》在艺术风格上，崇尚华丽之美，强调"丽辞"。

## 《文心雕龙》

《文心雕龙》是刘勰所撰的文学理论著作，成书于南朝齐，是中国文学理论批评史上第一部有严密体系的"体大而虑周"的文学理论专著。

《文心雕龙》全书包括4个重要方面。

上部《原道》至《辨骚》的5篇，是全书的纲领，而其核心则是《原道》、《征圣》、《宗经》3篇，要求一切本之于道，稽诸于圣，宗之于经。从《明诗》到《书记》的20篇，以"论文序笔"为中心，对各种文体源流及作家、作品逐一进行研究和评价。以有韵文为对象的"论文"部分中，以《明诗》、《乐府》、《诠赋》等篇较重要；以无韵文为对象的"序笔"部分中，则以《史传》、《诸子》、《论说》等篇意义较大。

下部《神思》到《物色》的20篇，以"剖情析采"为中心，重点研究有关创作过程中各个方面的问题，是创作论。《时序》、《才略》、《知音》、《程器》等4篇，则主要是文学史论和批评鉴赏论。下部的这两个部分，是全书最主要的精华所在。

以上四个方面共49篇，加上最后叙述作者写作此书的动机、态度、原则，共50篇。

## 《昭明文选》

《昭明文选》即《文选》，是中国现存的最早一部诗文总集，由南朝梁武帝的长子萧统组织文人共同编选。萧统死后谥"昭明"，所以他主编的这部文选称作《昭明文选》。

全书共60卷，分为赋、诗、骚、墓志、行状等38类。书中选录先秦至梁的诗文辞赋，不选经子，编者已初步注意到文学与其他类型著作的区分，认为只有"事出于沉思，义归于翰藻"者方可入为文学作品，在艺术形式上，尤注重骈俪、华藻。

首先对《文选》作注释的是《文选音》，这是萧统的侄子萧该对《文选》语词作的音义解释。隋唐时期的曹宪、许淹、李善、公孙罗等人将其发展成了一门"文选学"。唐玄宗开元年间，吕延济、刘良、张铣、吕向和李周翰五位文臣又作五臣注。所有的注中以唐高宗显庆年间的李善注被认为最好。

"选学"在唐朝与《五经》并驾齐驱，盛极一时士子必须精通《文选》。时至北宋年间，民间尚传谣曰：文选烂、秀才半。《文选》在宋代有"文章祖宗"之说。

## 《诗品》

钟嵘，字仲伟，在齐梁时代曾作过参军、记室等小官。《诗品》是钟嵘品评诗歌的一部文学批评名著。

《诗品》所论的范围主要是五言诗。全书共品评了两汉至梁代的诗人122人，计上品11人，中品39人，下品72人。他强调赋和比兴的相济为用，并坚决反对用典，以及沈约等人四声八病的主张。

钟嵘论诗善于概括诗人独特的艺术风格。他概括诗歌风格主要是从以下几方面着眼：一是论赋比兴，例如评阮籍的诗"言在耳目之内，情寄八荒之表"；二是论风骨和词采，例如论曹植诗"骨气奇高，词采华茂"；三是重视诗味，认为诗应该使人"味之者无极，闻之者动心"；四是注意摘引和称道诗中佳句，谈到曹操诗时，说他"甚有悲凉之句"。

## 《容斋随笔》

《容斋随笔》是南宋洪迈著的史料笔记，被历史学家公认为研究宋代历史必读之书。

《容斋随笔》是全书的总名，分为《随笔》、《续笔》、《三笔》、《四笔》、《五笔》。是积40多年的时间写出一部巨著。其内容繁富，议论精当。有对宋代典章制度、官场见闻、社会风尚的记述；对宋以前王朝废兴、人物轶事、制度沿革的记述。其中对一些历史经验的总结颇有见地，许多资料为官方史志所不载，是中国古代笔记小说中不可多得的珍品。

明人李翰说："洪迈聚天下之书而遍阅之，搜悉异闻，考核经史，捃拾典故，值言之最者必札之，遇事之奇者必摘之，虽诗词、文翰、历谶、卜医，钩纂不遗，从而评之。"被《四库全书总目提要》推为南宋笔记小说之冠。

## 《太平广记》

《太平广记》是宋代李昉、扈蒙等12人奉宋太宗之命编纂。开始于太平兴国二年（977年），次年完成。因成书于宋太平兴国年间，和《太平御览》同时编纂，所以叫作《太平广记》。

全书500卷，目录10卷，取材于汉代至宋初的野史小说及释藏、道经等和以小说家为主的杂著，属于类书。

《太平广记》引书大约四百多种，一般在每篇之末都注明了来源。许多唐代和唐代以前的小说，就靠《太平广记》而保存了下来。

## 《录鬼簿》

元代的戏曲史料性著作。作者钟嗣成（约1279~约1360年），号丑斋。曾多次参加"明经"考试，不中。后在江浙行省任掾史，但是不得升擢，他也不屑于去追求官禄，于是杜门著书。《录鬼簿》反映了钟嗣成比较进步的文艺观点。它是元杂剧蓬勃发展形势下的产物，适应了中国戏剧发展的需要。

《录鬼簿》分上下两卷，共记述152位杂剧及散曲作家，大略以年代先后排列，录400余种剧目。整个元代曲家的情况，都赖以传世。同时，在书中一些零星的记载中，还揭示了元代杂剧作家的活动和组织情况，并且透露了元代戏曲发展的线索。

《录鬼簿》为元代戏曲的研究提供了宝贵资料，至明初戏曲家贾仲明又增补了吊词。

## 《古文观止》

《古文观止》是清初吴楚材、吴调侯两人编选的一部古文选本。这本书选材十分广泛，兼顾到各种文章体裁的艺术风格。

"观止"二字最早出自《左传》：春秋时吴国季札在鲁国观乐，见舞《韶箾》，称赞说："观止矣！若有他乐！吾不敢请已。"意思是说，这些音乐舞蹈妙极了！其他的不必看了。后来人们便用"观止"称赞所见事物尽善尽美，无以复加。

《古文观止》的意思是指这部书所选辑的古代文章都是最好的，其他文章都超不过这些文章水平。

## 《随园诗话》

袁枚（1716~1797年），清代诗人、诗论家。字子才，号简斋，晚年自号苍山居士，与赵翼、蒋士铨合称为"乾隆三大家"。

袁枚倡导"性灵说"，代表作《随园诗话》有很强的针对性。从诗人的先天资质，到后天的品德修养、读书学习及社会实践；从写景、言情，到咏物、咏史；从立意构思，到谋篇炼句；从辞采、韵律，到比兴、寄托、自然、空灵、曲折等各种表现手法和艺术风格，以及诗的修改、诗的鉴赏、诗的编选，乃至诗话的撰写，凡是与诗相关的方方面面，无所不包。

他主张写诗要写出自己的个性，直抒胸臆，写出个人的"性情遭际"。以性情、天分和学历作为创作基本，以"真、新、活"为创作追求，这样才能将先天条件和后天努力相结合，创作出佳品，认为"诗文之作意用笔，如美人之发肤巧笑，先天也；诗文之征文用典，如美人之衣裳首饰，后天也"。主张文学应有时代特色，反对宗唐宗宋。主张骈文和散文并重，认为骈文与散文正如自然界的偶与奇一样不可偏废，二者同源而异流，它们的关系是双峰并峙，两水分流。

## 《古文辞类纂》

清代姚鼐编的各类文章总集。全书75卷，选录战国至清代的古文，依文体分为论辩、序跋、奏议、书说、赠序、诏令、传状、碑志、杂记、箴铭、颂赞、辞赋、哀祭等13类。所选作品主要是《战国策》、《史记》、两汉散文家、唐宋八大家及明代归有光，清代方苞、刘大櫆等的文章。书首有序目，略述各类文体的特点。

## 《艺概》

刘熙载（1813~1881年），字伯简，号融斋，"自六经、子、史外，凡天文、算术、字学、韵学及仙释家言，靡不通晓。而尤以躬行为重"。清道光二十四年（1844）进士，官拜翰林院庶吉士，后改授编修。晚年寓居上海，一直担任龙门书院主讲。

《艺概》是刘熙载平时论文谈艺的汇编，成书于其晚年。全书共6卷，分为《文概》、《诗概》、《赋概》、《词曲概》、《书概》、《经义概》，分别论述文、诗、赋、词、书法及八股文等的体制流变、性质特征、表现技巧和评论重要作家作品等，是中国近代文学史上的一部经典性的文艺理论著作。

作者自谓谈艺好言其概，故以"概"名书。"概"的含义是，得其大意，言其概要，以简驭繁，使人明其指要，触类旁通。这是《艺概》一书的特色。

## 《人间词话》

《人间词话》是王国维关于文学批评的著述中最为人所重视的一部作品，也是晚清以来最有影响的著作之一。"境界说"是《人间词话》的核心，统领其他论点，又是全书的脉络，沟通全部主张。

这是接受了西洋美学思想洗礼后，以崭新的眼光对中国旧文学所作的评论，但又脱弃西方理论之局限，力求运用自己的思想见解，尝试将某些西方思想中之重要概念，融入中国固有的传统批评中。

《人间词话》已初具理论体系，在旧日诗词论著中，称得上屈指可数。许多人把它奉为圭臬，把它的论点作为词学、美学的根据，影响深远。

## 人文主义

人文主义是14世纪至16世纪欧洲文艺复兴的主导思想。在意大利佛罗伦萨文学家彼特拉克和薄伽丘等人的倡导下，欧洲的新文化人士以"人文学者"自居，树起个性解放、自由思想的旗帜。提倡人权以反对君权，提倡人道以反对神道，掀起了一股研究古典学术、重视现实人生的新思潮。这不但为欧洲宗教改革和自然科学兴起提供了思想武器，而且也激活了近代西方艺术。

## 古典主义

古典主义是指产生于欧洲文艺复兴后的一种文艺思潮。由于在文艺理论和创作实践上都以古希腊、古罗马文艺为典范，因而被称为"古典主义"。

古典主义在17世纪的法国最为盛行，发展也最为完备。法国古典主义以中央集权的君主专制为政治基础，笛卡儿的唯理主义理论为哲学基础。在创作和理论上强调模仿古代，主张用民族规范语言，按照规定的创作原则，如戏剧的"三一律"，进行创作，追求艺术完美。

古典主义在欧洲几乎流行了两个世纪，对近代欧洲各国文学艺术，尤其是戏剧的发展影响很大。

## 感伤主义

感伤主义又称主情主义。因排斥理性，崇尚感情，也称前浪漫主义。18世纪后期欧洲资产阶级启蒙运动中产生的一种文艺思潮。发源地在英国，因英国作家斯特恩的小说《在法国和意大利的感伤旅行》而得名。这派作家夸大感情的作用，细致地描写人物的心情和不幸遭遇，以引起读者的同情和共鸣，表现了对社会现实的不满和对劳动人民的怜悯之心。

## 象征主义

象征主义是欧美现代文学中出现最早、影响最大的一个诗歌流派。象征主义分为前象征主义和后象征主义，前象征主义19世纪70年代兴起于法国。法国诗人莫雷亚斯1886年9月在巴黎《费加罗报》上发表的《象征主义宣言》中首先提出这一名称。他主张用"象征主义"称呼当时的前卫诗人，并阐述了象征主义的基本原则。象征主义的先驱是法国的波德莱尔，他发展了浪漫派诗人在创作中的象征、朦胧因素，在诗歌创作中以外界"对应物"暗示内心的微妙世界，即强调用有物质感的形象，通过暗示、对比、烘托等方法表现个人感受和某种理念。后象征主义是出现于第一次世界大战后的世界性文学潮流，20年代达到高潮，40年代接近尾声。创作的主要特点是：创造病态的"美"，表现内心的"最高真实"，运用象征暗示，在幻觉中构筑意象，用音乐性增加冥想效应。

## 表现主义

表现主义是20世纪初盛行于西方的一种由绘画扩展至音乐、文学的文艺思潮，其中心在德国。

表现主义一词最初是1901年在法国巴黎举办的马蒂斯画展上朱利安·奥古斯特·埃尔维一组油画的总题名。1911年希勒尔在《暴风》杂志上刊登文章，首次用"表现主义"一词来称呼柏林的先锋派作家。1914年后，表现主义一词逐渐为人们所普遍承认和采用。

表现主义文学的特点是反对客观地表现自然和社会，提倡表现主观现实或内在现实，认为"自我是宇宙的中心和真实的源泉"。表现主义由于没有追求更美好社会的目标，在上世纪20年代中期逐渐衰落下去。托勒的《群众与人》、卡夫卡的《变形记》、奥古斯特·斯特林堡的《鬼魂奏鸣曲》等都是著名的表现主义作品。

## 达达主义

达达主义是20世纪初现代资产阶级文艺流派之一，它首先出现在瑞士，继而流行于法国、德国和美国。达达主义语源法语"达达"，原意是木马。1916年法国诗人特里斯坦·查拉在苏黎世以"达达"为名成立文学团体，表示他们的主张是"毫无意义"和"无所谓"的。

达达主义对现实世界的一切都持否定态度，标榜艺术无思想性，主张以"自我"为中心，强调人类神秘多样的潜意识活动。在文艺手法上，他们否定一切文化传统，否定一切艺术规律，否定艺术的目的性和思想性，崇拜虚无主义，主张文艺创作应像婴儿喃喃呓语般莫名其妙，提倡以混乱的梦呓和荒诞的形象来表现不可思议的事物。

## 超现实主义

超现实主义是在法国开始的文学艺术流派，源于达达主义，对于视觉艺术的影响力深远。于1920年至1930年间盛行于欧洲文学及艺术界中。

1924年法国作家布雷东等人在巴黎创立"超现实主义研究室"，宣布了这一流派的思想倾向和艺术观点。他们以柏格森的直觉主义和弗洛伊德的精神分析学说为哲学基础，否定文艺反映现实生活的基本创作规律，鼓吹超越现实，超越理智，用"自然写作"的方法来表现思想的真实活动，即不受理性、道德准则制约的写作法。

超现实主义作品大多杂乱无章，荒谬混乱，有的甚至用晦涩难懂的符号来代替文字，反映了当时欧洲青年一代苦闷彷徨和找不到出路的狂乱不安的精神状态。代表作家有法国的艾吕雅和阿拉贡、英国的托马斯等人。

## 魔幻现实主义

魔幻现实主义是20世纪60年代拉丁美洲小说创作中出现的一个流派。最早提出"魔幻现实主义"一词的是德国文艺评论家弗朗茨·罗。1925年，他发表了一本评论绘画的专著，书名为《魔幻现实主义，后期表现派与当前欧洲绘画的若干问题》。

"魔幻现实主义"一词最早被应用到拉丁美洲的文学上，则是哥伦比亚作家加西亚·马尔克斯于1967年出版的长篇小说《百年孤独》。这部小说借虚构的小镇马孔多以及居住在马孔多的布恩迪亚一家一百年间的变迁，反映了哥伦比亚的历史。小说中有不少离奇怪诞的情节和人物，带有浓烈的神话色彩和象征意味。评论界认为此书是当代拉丁美洲小说中一种新流派的代表，因此便借用了在美术界与此相近似的新流派的名词，称之为魔幻现实主义。

该流派的主要特点是在反映现实的叙事和描写中，插入离奇怪诞的情节、人物和意境，以及种种超自然现象。代表作家有马尔克斯、博尔赫斯和阿斯图里亚斯等。

## 迷惘的一代

迷惘的一代是20世纪20年代出现在美国的一个文学流派。20年代初，侨居巴黎的美国作家格·斯泰因对海明威说："你们都是迷惘的一代。"海明威把这句话作为他第一部长篇小说《太阳照常升起》的题词，"迷惘的一代"从此成为这批虽无纲领和组织但有相同的创作倾向的作家的称谓。

他们大都是亲身经历过第一次世界大战并开始成熟起来的作家。战争在他们的肉体和精神上都留下了严重的创伤，以至于产生了心灰意懒的迷惘失望之感，表现在作品中，则是主人公的反战情绪强烈，否定资产阶级传统的道德、理想和信仰。他们都才华出众，创作形式和表现手法也具有开拓精神，各自形成独特的艺术风格。代表作家有海明威、菲茨杰拉尔德、福克纳等。

## 垮掉的一代

垮掉的一代是第二次世界大战之后出现于美国的一群松散结合在一起的年轻诗人和作家的集合体。这一名称最早是由作家杰克·克鲁亚克于1948年前后提出的。在英语中，形容词"beat"一词有"疲惫"或"潦倒"之意，而克鲁亚克赋予其新的含义"欢腾"或"幸福"，和音乐中"节拍"的概念联结在一起。此后，"垮掉的一代"的称谓才借助各种媒体流传开去。"垮掉的一代"实际上是"迷惘的一代"的对照。

该流派的作家都是男女青年，他们以否定一切的无政府主义态度反对现存的社会秩序和风尚习俗，要求摆脱一切传统的束缚，拒绝承担任何家庭和社会义务，追求绝对自由的生活。他们反对垄断资本统治，抵制对外侵略，厌弃机器文明。他们逃避现实、吸毒、酗酒、偷窃、无所顾忌，不停地追求各种刺激，提倡同性恋和佛教禅宗，以躲进超现实的幻境寻求神秘主义的灵感。

他们在艺术上"以全盘否定高雅文化为特点"，发明了"自发式散文"、"放射诗"，不求文饰，粗糙散漫。该流派重要文学作品包括杰克·克鲁亚克的《在路上》、艾伦·金斯堡的《嚎叫》和威廉·博罗斯的《裸体午餐》等。

## 百科全书派

在法国的启蒙运动中，百科全书派是一面色彩鲜艳的旗帜。它区别于一般的文学流派，因大部分人参加编纂、出版《百科全书》的活动而得名。

参加这项工作的人员极为广泛，其中有文学家、医师、工程师、旅行家、航海家和军事家等，几乎包括各个知识领域具有先进思想的一切杰出的代表人物。除该书的主编狄德罗和副主编达朗贝外，启蒙主义作家孟德斯鸠和伏尔泰为它写过文艺批评和历史的稿件，卢梭写过音乐方面的条目，哲学家爱尔维休、霍尔巴哈和空想社会主义者摩莱里、马布利等人，都是《百科全书》哲学方面的撰稿人。他们的观点不尽相同，但能相互协作，其中积极参加过《百科全书》的编纂工作的还有唯物主义启蒙思想的人士，在历史上就被称为百科全书派。《百科全书》的编纂、出版工作，从1751年开始，至1772年完成，历时20年。期间曾两度遭到当局勒令中止，有的人被关进监狱，有的被迫流亡国外，达朗贝因恐受连累，于1759年宣布辞退，由狄德罗一人主持此项艰巨而繁重的工作。当时，检察官曾在最高法院对百科全书派提出公诉，其罪名是"他们形成一个集团，为着拥护唯物主义，摧毁宗教，鼓吹独立自由和败坏风俗"。反动当局把《百科全书》称之为"魔鬼的新巴别塔"和"异教徒以及神和国王与教会敌人的大集合"。但是，在狄德罗等人的据理力争下，《百科全书》虽几经周折，终于在1772年问世了。全书共32卷，包括正文17卷，附录4卷，图片11卷。

## 新感觉派

新感觉派是日本20世纪20年代初出现的一个文学流派。

1924年，川端康成、铃木彦次郎等14名新作家在菊池宽的支持下，以《文艺春秋》为后盾，创办了杂志《文艺时代》，以对抗自然主义文学的衰落和无产阶级文学的兴起。一般认为新感觉派属于日本第一批现代派。著名评论家千叶龟雄在1924年11月号《世纪》杂志上，以《新感觉派的诞生》为题发表文章，指出"所谓'文艺时代'派所具有的感觉，远比以往表现出来的任何感觉艺术都新颖，无论在语汇、诗或韵律节奏感方面都很生动"。这一流派因此被称为新感觉派。

新感觉派于1925至1926年发展到高峰，后来由于无产阶级文学运动蓬勃兴起，铃木彦次郎等青年作家纷纷转向左翼文学，川端康成倾向新心理主义，中河与一等则主张形式主义。《文艺时代》也于1927年4月停刊。新感觉派的活动遂告结束。

## 意识流

"意识流"的概念最早由美国心理学家威廉·詹姆斯于1890年提出，他认为人类思维活动是一种斩不断的"流"，因而称之为思想流，意识流，或主观生活之流，并且认为这种"意识流"具有变化多端和错综复杂的特点。

法国哲学家亨利·柏格森进一步提出"真实"存在于"意识的不可分割的波动之中"的见解，劝小说家进入人物的内心中去，跟着人物意识的流动来刻画人物。这种理论正符合了19世纪末、20世纪初一些侧重描写人物内心活动的作家的需求。1887年，法国小说家艾杜阿·杜夏丹在《月桂树被砍掉了》一书中，首先运用了"内心独白"的写作方法，开意识流小说的先河。

1915~1940年间，英、美、法等国的小说家在文学创作中大量应用意识流技巧，从而形成了一种文学流派——意识流文学。爱尔兰作家詹姆士·乔伊斯的《尤利西斯》、英国女作家沃尔芙的长篇小说《到灯塔去》、美国著名小说家威廉·福克纳的《喧嚣和骚动》、海明威的短篇小说《乞力马扎罗的雪》都是这一文学流派的代表作。

## 新小说派

新小说派又称"反传统小说派"，是指20世纪50年代兴起于法国、60年代在法国影响最大的一个文学流派。因标新立异地反对有人物、有情节、有社会意义的巴尔扎克式小说，拒绝一切小说传统，要求新的小说形式而得名为"新小说派"。

新小说派以反对传统的小说创作方法为宗旨，主张作者退出小说，摆脱作家的道德观念和思想感情，打破传统小说对时空结构和叙述顺序的限制，采用意识流和虚实交错、时空颠倒等手法，对物的世界进行纯客观的描绘。这类小说回避社会问题，重在揭示世界和人生的荒诞，在欧洲和世界曾产生较大的影响。

## 黑色幽默

20世纪60年代美国出现的一种文学流派。所谓"黑色幽默"是指一种荒诞的病态的幽默。它以笑当哭，把可笑和可怕结合在一起，是悲剧内容和喜剧形式交织混杂的新品种。"黑色幽默"的作品正是通过这种含蓄的形式来表现"当今世界的荒谬、冷漠、自相矛盾和残酷无情"。

1965年，美国作家布鲁斯·杰伊·弗里德曼将60年代以来的美国报刊上发表的具有黑色幽默风格的12名作家的作品编成一本小书出版，取名为《黑色幽默》。同年，美国评论家尼克伯克发表《致命一蜇的幽默》一文，明确将这类作家称为"黑色幽默"派，于是以"黑色幽默"命名的现代主义文学流派在美国诞生。

这一流派的作家经常是通过离奇、怪诞的情节，运用嘲讽的手法对人物和环境进行漫画式的夸张，来表现恐怖的主题，如死亡、污染、战争等。

## 狂飙运动

"狂飙运动"是指18世纪70年代在德国兴起的一场声势浩大的文学运动。它是文艺形式从古典主义向浪漫主义过渡的阶段，也可以说是幼稚时期的浪漫主义。其名称来源于音乐家克林格的歌剧《狂飙突进》。

"狂飙突进"，象征着一种力量，含有摧枯拉朽之意。强调实现个性解放，反对阻碍人的发展的一切僵化保守的教条和遵循传统精神的处世态度，在艺术领域则否定任何因袭的陈规；倡导民族风格，主张从本民族历史中汲取题材；他们推崇"天才"，强调"天才"。以"天才、精力、自由、创造"为中心口号，赞成卢梭倡导的"返归自然"的观点。

参加狂飙运动的青年作家大都富有狂热的幻想和奔放的激情，他们的作品往往充满着浪漫的气息和感伤的成分。狂飙运动文学的代表作品为歌德的《少年维特之烦恼》和席勒的《阴谋与爱情》。

## 宪章运动文学

19世纪40至50年代,在英国产生了宪章运动,这是一次无产阶级争取政治权利的运动,从而也产生了世界上最早的无产阶级文学,即宪章运动文学。

宪章运动者为了进行鼓动宣传,经常在群众集会上发表演说,创办报刊,撰写诗歌、小说、杂文和文艺评论文章。宪章派文学的形式多种多样,但诗歌为其最主要的组成部分。其中比较著名的诗人有林顿、琼斯、惠勒、麦西等人。他们的诗短小精悍,带有明显的政治鼓动性。其中,较有影响的有琼斯的《我们的号召》、《人民之歌》、《自由进行曲》、《未来之歌》,还有林顿的组诗《献给尚未解放的人们的赞歌》、《各民族的挽歌》等。

## 比较文学

比较文学产生于19世纪。"比较文学"一词最早出现于法国学者诺埃尔和拉普拉斯合编的《比较文学教程》(1816年)中,但该著作未涉及它的方法与理论。使这一术语得以流行的,是法国文学批评家、巴黎大学教授维尔曼。1827年他在讲授中世纪和18世纪法国文学课时,曾几次使用"比较文学"和"比较分析"等术语,两年以后他将题名为《18世纪法国文学综览》的讲稿出版。1865年后,"比较文学"作为专门术语而被普遍接受。

比较文学是专指跨越国界和语言界限的文学比较研究,即用比较的方法来研究民族与民族、国家与国家之间文学与文学,或者文学与其他的艺术形式、意识形态的关系的新型边缘学科。歌德是比较文学的先驱。比较文学在世界上主要有法、美两派。前者注重研究一国文学对另一国文学的影响;后者注重研究在相同的历史条件下不同民族文化的比较,找出异同以及缘由,进而找出共同规律。

## 文艺复兴

文艺复兴是指发端于14世纪的意大利的文化和思想发展潮流,以后逐渐扩展到德意志、英国、法国和西班牙等国,于16世纪达到鼎盛。

文艺复兴最根本的指导思想就是人文主义,其核心是"人为万物之本",复兴运动主张以个人作为衡量一切事物的标尺,这样,就发现了人的伟大,肯定了人的价值和创造力。复兴运动还提出了人要获得解放,个性就应该得到自由,就要重视现世生活,藐视关于来世或天堂的虚无缥缈的神话。复兴运动还反对中世纪消极的无所作为的人生态度,提倡积极的冒险奋斗精神。

文艺复兴时期的作品,集中体现了人文主义思想:主张个性解放,反对中世纪的禁欲主义和宗教观;提倡科学文化,反对蒙昧主义,摆脱教会对人们思想的束缚;肯定人权,反对神权,摒弃作为神学和经院哲学基础的一切权威和传统教条;拥护中央集权,反对封建割据,这是人文主义的主要思想。其中,代表性作品有:但丁的《神曲》、薄伽丘的《十日谈》、马基雅维利的《君主论》、拉伯雷的《巨人传》等。

## 骑士文学

骑士文学是西欧中世纪反映骑士阶层生活和理想的文学。它的主要体裁分骑士抒情诗和骑士传奇两种。

骑士抒情诗以法国南部普罗旺斯为中心,主要内容是描写骑士的业绩、冒险经历,及其对贵妇人的爱慕和忠诚。其中以《破晓歌》最为著名。

骑士传奇按题材可分三个系统:(1)取材于希腊、罗马故事的古代系统,如《亚历山大传奇》和《特洛伊传奇》等;(2)以英国亚瑟王和他的圆桌骑士的故事为中心的不列颠系统,如《郎斯洛》、《伊凡》、《特里斯丹和伊瑟》、《圣杯》等;(3)取材于东方拜占庭题材的拜占庭系统,如《奥迦生和尼哥雷特》等。

骑士文学在创作方法上,以浪漫主义为主要特征,注重人物肖像、内心活动、生活等方面的细节描写,对以后欧洲浪漫主义诗歌和小说的形成和发展有较大影响。

## 物语文学

物语文学是日本古典文学的一种体裁,产生于平安时代(公元10世纪初)。它是在日本民间评说的基础上形成的,脱胎于神话故事和民间传说,并在形式上受到了中国六朝和隋唐传奇文学的影响。

创作于10世纪初的《竹取物语》是日本最早一部物语文学。故事写一位伐竹翁在竹心中取到一个美貌的小女孩,经3个月就长大成人,取名"细竹赫映姬"。5个贵族子弟向她求婚,她答应嫁给能寻得她喜爱的宝物的人，可是这些求婚者都遭到失败。这时皇帝想凭借权势来强娶她，也遭到拒绝。赫映姬在这些凡夫俗子茫然失措之中突然升天。

物语文学在产生之初就分为两大类，一为虚构物语，它是将民间流传的故事经过有意识的虚构，并加润色，提炼成完整的故事，具有传奇的色彩，以《竹取物语》、《落洼物语》为代表。另一类为歌物语，以《伊势物语》、《大和物语》为代表，以和歌为主，使和歌与散文完全融为一体，成为整部小说的有机组成部分。产生于11世纪初的《源氏物话》是物语文学之高峰。

## 吠陀文学

吠陀时代是印度从原始社会到阶级社会的过渡期，这个时期的印度文学称为吠陀文学，指早期的以"吠陀"为名的文献集及其所附录的文献。吠陀是音译，意思是学问。吠陀所用语言比古典梵语更为古老，语形变化的分歧较多，称为吠陀语，但较晚的文献的语言已接近古典梵语。

最古的集子名为《梨俱吠陀》和《阿闼婆吠陀》，其中保存了一些优美的古诗。稍晚的《夜柔吠陀》和一些"梵书"，已发展了散文文体。

## 解冻文学

斯大林时代的苏联文坛大都是歌颂文学，宣扬"无冲突论"，造成了文学作品公式化、概念化、粉饰生活、回避矛盾的状况，并且粗暴批判一些触及现实的作家作品。斯大林逝世后，苏联第二次作代会召开，彻底纠正"左"的偏向，作家们开始大胆地表现生活矛盾和冲突以及黑暗面。爱伦堡的中篇小说《解冻》一书结尾有"你看，到解冻的时节了"的句子，因此西方评论界认为《解冻》影射斯大林个人崇拜时代已经结束，因此将这股新的文学潮流称作"解冻文学"。

"解冻文学"倾向于对过去的僵化的文学模式的反叛，更多的是以一种理性的、清醒的态度来对待历史，对待现实生活。他们要求重视人，呼唤人性的复归，要求重新确认"人"的地位，要求文学站在"人性本位"的高度，直面和批判历史和现实中存在的种种弊端。重新发掘文学的现实主义传统，打碎以往虚伪的、矫饰的政治口号式的创作模式。

## 十四行诗

十四行诗，又译"商籁体"，为意大利文sonetto、英文Sonnet、法文sonnet的音译。十四行诗是欧洲一种格律严谨的抒情诗体，最初流行于意大利，中世纪诗人彼特拉克的创作使其臻于完美，又称"彼特拉克体"，其后风行全欧。

彼特拉克的十四行诗是两节四行、一节六行的意大利体，押韵法采用五韵。后来，英国诗人莎士比亚将十四行诗改为三节四行、一节两行的英国体，仍然以抒情为主，末两行往往点出全诗内容的结论，其押韵法也改为七韵，形成了莎士比亚十四行诗体。

## 七星诗社

七星诗社是16世纪中期法国的一个文学团体，由龙沙、杜·贝雷、贝罗、左台尔、巴依夫、狄亚尔等人文主义作家和他们的老师、希腊语文学者多拉共7人组成。他们大都出身上层社会，主张统一法兰西民族语言，反对用拉丁语等外国语进行创作。

艺术上他们提出要创造出可以和希腊、罗马文学媲美的民族文学，摒弃民间诗体，主张采用希腊、罗马文学诗体和意大利十四行诗体，而忽略了文学的创造性和反映生活真实的任务。七星诗社歧视劳动人民的语言，蔑视民族文学，把文学创作看成是贵族阶级专有的活动。

七星诗社在两方面对法国文学作出了贡献：第一，为法兰西语言的丰富和纯洁作出了贡献；第二，在诗歌理论方面，提出要创造法兰西自己的大型史诗和能与希腊罗马文学媲美的民族文学，在诗歌风格上，提倡自然朴实，反对矫揉造作，要求韵律和谐响亮而富有变化。大力提倡亚历山大诗体，认为它最能代表法国诗歌的特色。

## 墓园诗派

墓园诗派是18世纪中期英国出现的一个诗歌派别，属于英国感伤主义文学的分支，得名于诗人托马斯·格雷的诗作《墓园哀歌》。

这一流派诗人常以死亡、坟墓为创作题材，格调低沉，充满悲观失望的感伤情绪和神秘主义思想，令人窒息。它虽然具有感伤主义文学的基本特征，但更多的只是反映感伤主义文学的消极面。代表作家有爱德华·杨格、托马斯·格雷等。

## 湖畔诗派

湖畔诗派是18~19世纪的英国浪漫主义诗歌流派。主要成员有华兹华斯、柯尔律治和骚塞。他们都在华兹华斯的故乡英格兰西北部坎布里亚郡内的湖区居住过多年，都写过不少歌咏湖光山色的田园诗，都有"回到大自然中去"的思想倾向。因而得名"湖畔诗人"。

## 古希腊三大悲剧家

古希腊三大悲剧家是指埃斯库罗斯、索福克勒斯和欧里庇得斯。埃斯库里斯（约前525~前456年），史称"悲剧之父"。他的悲剧创作提倡民主精神，反对专制暴政。他一生写了70个剧本，流传下来的只有7部完整的悲剧。其中对后世影响较大的是《被缚的普罗米修斯》。《被缚的普罗米修斯》描写了普罗米修斯为人类盗取火种而被天神责罚的英雄传说。

索福克勒斯（约前496~前406年），据传他创作了120余部悲剧，现存的只有7部，代表作是《俄狄浦斯王》。《俄狄浦斯王》是古希腊最典型的命运悲剧，着力表现了个人意志与不可抗拒的命运的冲突。

欧里庇得斯（约前485~前406年），据传他写过92部剧本，有17部流传下来，代表作是《美狄亚》。《美狄亚》是一部描写家庭问题的悲剧，取材于神话中关于伊阿宋的英雄传说。

## 英国诗坛的三颗巨星

英国诗坛的三颗巨星指拜伦（1788~1824年）、雪莱（1792~1822年）、济慈（1795~1821年）。

拜伦反对专制压迫，支持人民革命的民主思想。20岁时，他出国游历，先后去许多国家。1811年回国。这次旅行大开他的眼界，使他看到西班牙人民抗击拿破仑侵略军的壮烈景象和希腊人民在土耳其奴役下的痛苦生活。在旅途中写下的长诗《恰尔德·哈罗尔德游记》，震动了欧洲的诗坛。

雪莱的诗歌热情而富哲理思辨，诗风自由不羁，常任天上地下、时间空间、神怪精灵往来变幻驰骋，又惯用梦幻象征手法和远古神话题材。其最优秀的作品有支持意大利民族解放斗争的政治诗《自由颂》，表现革命热情及胜利信念的《西风颂》，以及取材于古希腊神话、表现人民反暴政胜利后瞻望空想社会主义前景的代表诗剧《解放了的普罗米修斯》等。恩格斯赞美雪莱是"天才的预言家"。

济慈1816年发表处女作《哦，孤独》。1817年出版第一部诗集《诗歌》。他的诗想象丰富，绚丽多彩，诗中有画，色彩感和立体感强，具有一种永恒的美，一如温柔、清丽而又梦幻般恬静的月光，洋溢着进步的自由精神和人类的崇高理想。他的诗对英国维多利亚时代的诗人、后来的唯美派诗人以及20世纪的意象派诗人都有很大影响。他留下的墓志铭是："这里安息着一个把名字写在水上的人。"

## 世界三大短篇小说之王

世界三大短篇小说之王是指主要活动于19世纪的三位小说家，即法国的莫泊桑、俄国的契诃夫和美国作家欧·亨利。

莫泊桑（1850~1893年），法国作家，一生共写作短篇小说340余篇。其作品题材广泛，情节生动曲折，语言准确优美。代表作有《羊脂球》、《项链》等。

契诃夫（1860~1904年），俄国作家，一生共写作短篇小说400余篇。其作品既有普希金式的单纯朴实，又具备果戈理式的无情暴露。简洁、凝练是他的主要风格和特色。代表作有《套中人》、《变色龙》等。

欧·亨利（1862~1910年），美国作家，一生共创作了近300篇短篇小说。其小说构思巧妙，情节跌宕多姿，结局出人意料，又符合生活的情理。其作品语言风格幽默，有"含泪的微笑"之效果，因此人们称他的作品为"美国生活的幽默百科全书"。代表作有《警察与赞美诗》、《麦琪的礼物》、《最后一片绿叶》等。

## 勃朗特三姐妹

勃朗特三姐妹指19世纪英国的三位女作家，生于清贫教师家庭。姐姐夏洛蒂·勃朗特，写有著名的长篇小说《简·爱》，作品主要描写贫苦的小资产者的孤独、反抗和奋斗，属于被马克思称为以狄更斯为首的"出色的一派"。

其妹艾米丽·勃朗特，被人们认为是三姐妹中天分最高的一位。她沉默寡言，性格自闭，孤傲乖僻，挚爱荒原，一生中几乎没有朋友。但她却有惊人的想象力和卓越的文才，创作了大量的抒情诗。并以唯一的一部小说《呼啸山庄》驰名文坛，被誉为英国19世纪文学史中最奇特的女作家。

最小的安妮·勃朗特，写有长篇小说《阿格尼丝·格雷》。出版商史密斯先生有一段关于安妮珍贵的描述："她是个温柔文静、相当克己的人，长得一点也不漂亮，可是模样很讨人喜欢，她的态度奇特地表现出一种求人保护和支持的愿望，经常保持着一种恳切的神色，这是能博得别人同情的。"

## 19世纪俄国三大文学批评家

19世纪俄国三大著名文学批评家包括别林斯基、车尔尼雪夫斯基和杜勃罗留波夫。

别林斯基（1811~1848年），1833年开始为《望远镜》杂志撰稿，走上了文学批评的道路。1834年发表第一篇长篇论文《文学的幻想》。别林斯基一共写了一千多篇评论文章，主要论文有：《论俄国中篇小说和果戈理的中篇小说》（1835）、《艺术的概念》（1841）、《论普希金》（1845）、《致果戈理的信》（1847）和《一八四七年俄国文学一瞥》（1848）等。

别林斯基的贡献是多方面的。他不仅通过他的著作宣传了革命民主主义的政治纲领，而且第一个系统地总结了俄国文学发展的历史，科学地阐述了艺术创作的规律，提出了一系列重要的文学和美学见解，成为俄国文学批评与文学理论的奠基人。

车尔尼雪夫斯基（1828~1889年），俄国人本主义代表人物。1855年发表著名论文《艺术对现实的审美关系》。这篇论文向黑格尔的唯心主义美学进行了大胆的挑战，提出了"美即生活"的定义。1862年车尔尼雪夫斯基被沙皇政府逮捕，被判处服7年苦役并终身流放西伯利亚。在囚禁与流放中他毫不沮丧，写下了许多充满革命激情的优秀作品，如《怎么办》、《序幕》等。

杜勃罗留波夫（1836~1861年），1857年参加《现代人》杂志的编辑工作，并发表了一系列才华横溢的优秀论文，产生了广泛而深远的影响。其主要论文有《论俄国文学发展中人民性渗透的程度》、《什么是奥勃洛摩夫性格》、《黑暗王国》、《黑暗王国的一线光明》、《真正的白天什么时候到来》等。

在文学观、美学观上，他坚持并发展了别林斯基、车尔尼雪夫斯基的战斗传统和唯物主义美学原则，强调现实主义的原则以及文学的人民性原则，并以"现实的批评"作为文艺批评的原则，主张"现实的批评对待艺术家作品的态度，应该正像对待真实的生活现象一样"。

## 但丁

但丁（1265~1321年），意大利诗人，欧洲文艺复兴时代的开拓人物之一。恩格斯评价他说："封建的中世纪的终结和现代资本主义纪元的开端，是以一位大人物为标志的，这位人物就是意大利人但丁，他是中世纪的最后一位诗人，同时又是新时代的最初一位诗人。"

但丁出生在意大利的佛罗伦萨一个没落的贵族家庭，一生著作甚丰，其中最有价值的无疑是《神曲》。这部作品通过作者与地狱、炼狱及天国中著名人物的对话，反映出中古文化领域的成就和一些重大的问题，带有"百科全书"性质，从中也可隐约窥见文艺复兴时期人文主义思想的曙光。在这部长达一万四千余行的史诗中，但丁坚决反对中世纪的蒙昧主义，表达了执著追求真理的思想，对欧洲后世的诗歌创作有极其深远的影响。

除《神曲》外，但丁还写了《新生》、《诗集》等著作。《新生》中包括31首抒情诗，主要抒发对贝阿特丽采的眷恋之情，质朴清丽，优美动人，在"温柔的新体"这一诗派的诗歌中，它达到了最高成就。

## 彼特拉克

彼特拉克（1304~1374年）是意大利文艺复兴时期的诗人和人文主义学者。他是意大利人文主义的奠基者，早期资产阶级的艺术和道德观的建立与他是分不开的。他是文艺复兴运动的先驱之一，与但丁、薄伽丘并称文艺复兴前"三杰"。

1341年，彼特拉克因描写第二次布匿战争的叙事诗《阿非利加》讴歌了古罗马的爱国精神，荣获罗马"桂冠诗人"的称号。

彼特拉克的代表作是用意大利文写的十四行体的诗集《歌集》。在作品中彼特拉克表达了对生活的热爱和对幸福的追求，渴望摆脱中世纪禁欲主义和神学枷锁的羁绊，通篇贯穿着人文主义思想。彼特拉克的诗歌和人文主义思想对欧洲文艺复兴运动产生了很大影响，被誉为"彼特拉克主义"。

## 莎士比亚

莎士比亚（1564~1616年），英国文艺复兴时期伟大的剧作家、诗人。代表作有四大悲剧《哈姆雷特》、《奥赛罗》、《李尔王》、

《麦克白》。四大喜剧《第十二夜》、《仲夏夜之梦》、《威尼斯商人》、《无事生非》，历史剧《亨利四世》、《亨利五世》、《理查二世》等。

他的戏剧不受三一律束缚，突破悲剧、喜剧局限，努力反映生活本来面目，深入探索人物内心奥秘，从而塑造出众多性格复杂多样、形象真实生动的人物典型，描绘了广阔的社会生活图景。他的戏剧在欧洲戏剧发展史和文学发展史上占有重要地位。本·琼斯称他为"时代的灵魂"，马克思称他为"人类最伟大的天才之一"。

## 莫里哀

莫里哀（1622~1673年），法国17世纪古典主义文学最重要的作家，古典主义喜剧的创建者，他在欧洲戏剧史上占有十分重要的地位。《唐·璜》、《悭吝人》、《伪君子》400年来久演不衰。

莫里哀生活在文艺复兴时期。他同情劳动人民，从各个侧面勾画出了剥削阶级的丑恶形象。莫里哀是位喜剧大师，但是他的死却是一场悲剧。莫里哀不仅是位杰出的剧作家、出色的导演，还是一位造诣极高的演员，为了维持剧团开支，他不得不带病参加演出。1673年，在演完《没病找病》最后一幕后，莫里哀咯血倒下，当晚逝世，由于教会的阻挠，他的葬礼冷冷清清。莫里哀给后人留下了近30部喜剧，他以整个生命推动了戏剧的前进，以滑稽的形式揭露了社会的黑暗。

## 歌德

歌德（1749~1832年），18世纪中叶到19世纪初德国和欧洲最重要的剧作家、诗人、思想家。

歌德出生于法兰克福镇的一个富裕的市民家庭，曾先后在莱比锡大学和斯特拉斯堡大学学习法律，1775~1786年他为改良现实社会，应聘到魏玛公国做官，但一事无成。1786年6月他前往意大利，专心研究自然科学，从事绘画和文学创作。

歌德是德国狂飙突进运动的主将。他的作品充满了狂飙突进运动的反叛精神，在诗歌、戏剧、散文等方面都有较高的成就，主要作品有剧本《葛兹·冯·伯里欣根》、中篇小说《少年维特之烦恼》、诗剧《浮士德》，此外还写了许多抒情诗和评论文章。

歌德是德国民族文学的最杰出的代表，他的创作把德国文学提高到全欧的先进水平，并对欧洲文学的发展作出了巨大的贡献。

## 席勒

席勒（1759~1805年），德国18世纪著名诗人、哲学家、历史学家和剧作家，德国启蒙文学的代表人物之一。著名的"狂飙突进运动"的代表人物。

席勒出生于德国符腾堡的小城马尔赫尔的贫穷市民家庭，童年时代就对诗歌、戏剧有浓厚的兴趣。在军事学校上学期间，席勒结识了心理学教师阿尔贝，并在他的影响下接触莎士比亚、卢梭、歌德等人的作品，这促使席勒坚定的走上文学创作的道路。

从1782年至1787年，席勒相继完成了悲剧《阴谋与爱情》、《欢乐颂》，诗剧《唐·卡洛斯》等。《阴谋与爱情》是席勒青年时代创作的高峰，它与歌德的《少年维特之烦恼》同是狂飙突进运动最杰出的成果。

席勒是德国古典文学中仅次于歌德的第二座丰碑。1805年5月，席勒不幸逝世，歌德为此痛苦万分："我失去了席勒，也失去了我生命的一半。"

## 巴尔扎克

巴尔扎克（1799~1850年），19世纪法国伟大的批判现实主义作家，欧洲批判现实主义文学的奠基人和杰出代表，他的作品集《人间喜剧》被称为法国社会的"百科全书"，充分展示了19世纪上半叶法国社会生活。

巴尔扎克生于法国中部的图尔城。20岁开始从事文学创作，以笔名发表许多不成功的剧本和小说。1829年出版的长篇小说《最后一个朱安党人》，初步奠定了在文学界的地位。1841年他在但丁《神曲》的启示下，正式把自己作品的总名定为《人间喜剧》并在《<人间喜剧>前言》中宣称要做社会历史的"书记"；认为社会环境陶冶人，因此应着力于"人物和他们的思想的物质表现"；要求作家具有"透视力"和"想象力"；注重对地理环境和人物形体的确切描写。

## 普希金

普希金（1799~1837年），19世纪俄国浪漫主义文学主要代表，同时也是现实主义文学的奠基人，被誉为"俄国文学之父"、"俄国诗歌的太阳"，被高尔基誉为"一切开端的开端"。

他出身于贵族家庭。童年开始写诗，在沙皇政府专为培养贵族子弟而设立的皇村高等学校学习。学习期间受到当时进步的十二月党人及一些进步思想家的影响。后来发表的不少诗作抨击农奴制度，歌颂自由与进步。普希金的作品除诗歌外，主要还有长篇小说《上尉的女儿》、诗体小说《叶甫盖尼·奥涅金》等。普希金在创作活动上备受沙皇政府迫害，1837年在一次阴谋布置的决斗中遇害。

## 雨果

雨果（1802~1885年），19世纪浪漫主义文学运动领袖，人道主义的代表人物，被人们称为"法兰西的莎士比亚"。

雨果出生于法国东部紧挨瑞士的杜省贝桑松，20岁时出版诗集《颂诗集》，因歌颂波旁王朝复辟，获路易十八赏赐。1841年雨果被选为法兰西学院院士。1851年拿破仑三世称帝，雨果奋起反对而被迫流亡国外。1870年推翻拿破仑三世后，雨果返回巴黎。雨果几乎经历了19世纪法国的所有重大事变。

一生写过多部诗歌、小说、剧本、各种散文和文艺评论及政论文章。其代表作是：长篇小说《巴黎圣母院》、《悲惨世界》、《海上劳工》、《笑面人》、《九三年》等。

## 大仲马

大仲马（1802~1870年），法国19世纪积极浪漫主义作家。大仲马自学成才，一生创作的各种著作达300卷之多，主要以小说和剧作著称于世。

大仲马的小说大都以真实的历史作背景，以主人公的奇遇为内容，情节曲折生动，处处出人意料，堪称历史惊险小说。异乎寻常的理想英雄，急剧发展的故事情节，紧张的打斗动作，清晰明朗的完整结构，生动有力的语言，灵活机智的对话等构成了大仲马小说的特色。最著名的是《三个火枪手》、《基督山伯爵》。

## 安徒生

安徒生（1805~1875年），丹麦作家，被尊为"现代童话之父"。1805年4月2日生于丹麦菲英岛欧登塞的贫民区。少年时代即对舞台发生兴趣，幻想当一名歌唱家、演员或剧作家。1822年得到剧院导演约纳斯·科林的资助，就读于斯莱厄尔瑟的一所文法学校。

安徒生童话具有独特的艺术风格：即诗意的美和喜剧性的幽默。前者为主导风格，多体现在歌颂性的童话中，后者多体现在讽刺性的童话中。

安徒生一生坚持不懈地进行创作，把他的天才和生命献给"未来的一代"，直到去世前三年，共写了168篇童话和故事。他的作品被译成80多种语言。他以诗意而又幽默的笔调，改变了现代童话的面貌，并开启了创作童话的先河。安徒生童话所取得的巨大艺术成就和思想成就，至今仍无人能够企及。

## 果戈理

果戈理（1809~1852年），俄国19世纪前半叶最优秀的讽刺作家、讽刺文学流派的开拓者、批判现实主义文学的奠基人之一。他出生于乌克兰一个地主家庭。当过小公务员，目睹了官僚们的荒淫无耻、贪赃枉法、腐败堕落。辞职后，专门从事文学创作。

1836年果戈理发表的讽刺喜剧《钦差大臣》，改变了当时俄国剧坛上思想浅薄、手法庸俗的闹剧的局面。

1842年果戈理发表长篇小说《死魂灵》，以俄国"病态历史"震撼整个俄罗斯。它的意义和价值，就在于对俄国封建农奴制度的无情揭露和批判。

## 屠格涅夫

屠格涅夫（1818~1883年），俄国19世纪批判现实主义作家、诗人和剧作家，出生于世袭贵族之家，1838年前往柏林大学学习黑格尔哲学。在欧洲屠格涅夫见到了更加现代化的社会制度。他被视为"欧化"的知识分子，主张俄国学习西方，废除包括农奴制在内的封建制度。

屠格涅夫既擅长细腻的心理描写，又长于抒情。小说结构严整，情节紧凑，人物形象生动，尤其善于细致雕琢女性艺术形象，而他对旖旎的大自然的描写也充满诗情画意。他在进步刊物《现代人》上发表的《猎人笔记》，以一个猎人在狩猎时所写的随笔形式出现，包括25个短篇故事，全书在描写乡村山川风貌、生活习俗、刻画农民形象的同时，深刻揭露了地主表面上文明仁慈、实际上丑恶残暴的本性，充满了对备受欺凌的劳动人民的同情，写出了他们的聪明智慧和良好品德。

19世纪50至70年代是屠格涅夫创作的旺盛时期，他陆续发表了长篇小说：《罗亭》、《贵族之家》、《前夜》、《父与子》、《烟》、《处女地》。其中《罗亭》是他的第一部长篇小说。

《父与子》是屠格涅夫的代表作。它反映了代表不同社会阶级力量的"父与子"的关系，描写亲英派自由主义贵族代表基尔沙诺夫的"老朽"，塑造了一代"新人"代表——平民知识分子巴札罗夫。但巴札罗夫身上也充满矛盾，他是旧制度的叛逆者，一个"虚无主义者"，否认一切旧传统、旧观念，他宣称要战斗，但却没有行动。

## 惠特曼

惠特曼（1819~1892年），美国杰出的民主主义诗人，被认为是美国的"诗歌之父"。

他创作的《草叶集》代表着美国浪漫主义文学的高峰，是世界文学宝库中的精品。以"草叶"命名，其寓意是在于"草叶"随处生长，最富有生命力，寄托了惠特曼自己关于民主、自由的理想和希望。

由于惠特曼对处在上升时期的美国寄托着希望，因此，《草叶集》具有浓郁的理想主义色彩。在惠特曼看来，未来的美国是"民主的大地"、"友爱的城池"，没有奴隶制。由于对民主、自由的向往，他积极反对惨无人道的蓄奴制度，为那些为实现进步的理想而斗争的人们高唱颂歌。其著名诗篇《哦，船长！我的船长》就是惠特曼痛悼为摧毁蓄奴制而被刺身亡的美国总统林肯写的。

## 陀思妥耶夫斯基

陀思妥耶夫斯基（1821~1881年），19世纪俄国作家，出生在俄罗斯的一个医生家庭。1846年，他写出了自己的第一部作品《穷人》。小说一出版，即轰动文坛，受到读者的普遍赞扬。文学批评家别林斯基称之为"社会小说的第一次尝试"。之后，他又先后写出了《双重人格》、《女房东》、《白夜》和《脆弱的心》等几个中篇小说，以及其代表作《罪与罚》。"托尔斯泰代表了俄罗斯文学的广度，陀思妥耶夫斯基则代表了俄罗斯文学的深度"。高尔基说过："就表现力来说，他的才能只有莎士比亚可以同他媲美。"鲁迅称他是"人类灵魂的伟大的审问者"，"到后来，他竟作为罪孽深重的罪人，同时也是残酷的拷问官而出现了。他把小说中的男男女女，放在万难忍受的境遇里，来试炼它们，不但剥去了表面的洁白，拷问出藏在底下的罪恶，而且还要拷问出藏在那罪恶之下的真正的洁白来"。陀思妥耶夫斯基和托尔斯泰、屠格涅夫并称为俄罗斯文学"三巨头"。

陀思妥耶夫斯基影响了20世纪很多作家，包括福克纳、加缪、卡夫卡，日本知名导演黑泽明等。陀思妥耶夫斯基注重人性的发掘，以近乎残酷的方式，不断拷问着自己的灵魂。在最后一部作品《卡拉马佐夫兄弟》中，陀思妥耶夫斯基以此题词："我实实在在地告诉你们：一粒麦子落在地里如若不死，仍旧是一粒；若是死了，就会结出许多籽粒来。"

## 福楼拜

福楼拜（1821~1880年），法国重要的批判现实主义作家，出生在卢昂一个著名的外科医生家庭。其作品反映了1848~1871年间法国的时代风貌，揭露了丑恶鄙俗的资产阶级社会。他的"客观而无动于衷"的创作理论和精雕细刻的艺术风格，在法国文学史上独树一帜。

福楼拜认为艺术应该反映现实生活，要敢于揭露丑恶现象。在精确地再现社会现实方面，他是位杰出的现实主义大师。他主张文学应严格、细致、忠实地描绘事物，文学可以将丑恶的生活现象照实描绘，这又为19世纪后期的自然主义开辟了道路。

他的艺术成就主要表现在塑造典型上。福楼拜十分注意观察事物，搜集材料，注意细节的真实。他在塑造典型人物同时又注意环境的描写。他经常进行广泛调查和实地考察。在描写上，他通常用白描手法，运用简洁的语言抓住特征，烘托气氛。代表作有长篇小说《包法利夫人》。

## 裴多菲

裴多菲（1823~1849年），匈牙利诗人，在他短暂的一生里创作了很多抒情诗，8部长篇叙事诗。他的爱情诗《自由与爱情》："生命诚可贵，爱情价更高。若为自由故，二者皆可抛。"是广为传颂的名篇。他还以宏伟的气魄创作了许多激情洋溢的政治抒情诗，号召人民起来争取自由和解放。在匈牙利反抗俄、奥的卫国战争中，裴多菲用诗歌热情号召人民为捍卫神圣的自由与敌人血战到底，他自己也在战斗中英勇牺牲，年仅26岁。

在匈牙利文学乃至其整个民族的发展史上，裴多菲都占有独特的地位。他奠定了匈牙利民族文学的基石，继承和发展了启蒙运动文学的战斗传统，被人誉为"是在被奴隶的鲜血浸透了的、肥沃的黑土里生长出来的'一朵带刺的玫瑰'"。他也被尊称为匈牙利"抒情诗之王"。

## 小仲马

小仲马（1824~1895年），法国著名小说家大仲马之子。受父亲影响，他也热爱文学创作，并且和他父亲一样勤奋，成为法国戏剧由浪漫主义向现实主义过渡期间的重要作家。

与大仲马侧重表现历史、专写历史剧和历史小说不同，小仲马则专写现代剧，在他的作品中大力宣扬家庭及婚姻的神圣，对资产阶级社会风气、家庭生活和伦理道德做了比较细致的描绘和揭露，抨击了娼妓社会对家庭婚姻的威胁，歌颂了纯洁高尚的爱情，成为社会问题剧的创始人之一。小仲马的代表作《茶花女》，开始为小说，后被改编为话剧，一上演，就轰动了整个巴黎。

## 列夫·托尔斯泰

列夫·托尔斯泰（1828~1910年），俄国作家、思想家，19世纪俄国伟大的批判现实主义作家，被称颂为具有"最清醒的现实主义"的"天才艺术家"。他的作品描写俄国革命时人民的顽强抗争，因此被称为"俄国十月革命的镜子"，列宁曾称赞他创作了世界文学中"第一流"的作品。主要作品有长篇小说《战争与和平》、《安娜·卡列尼娜》、《复活》等。

## 凡尔纳

凡尔纳（1828~1905年），法国作家，"科幻小说之父"，现代科幻小说的重要奠基人。

1863年，他的系列小说《在已知和未知世界中奇妙的漫游》的第一部《气球上的五星期》出版，即获得巨大反响，促使他继续以浪漫而奇险的游记为题材创作出更多的作品，描绘出既神奇又严谨的科学幻想奇迹。

代表作为三部曲《格兰特船长的儿女》、《海底两万里》、《神秘岛》。在小说《神秘岛》中，他天才般地预见到许多项未来的科学器械，如电视、潜艇、水下呼吸器等。

## 莫泊桑

莫泊桑（1850~1893年），19世纪后半期法国优秀的批判现实主义作家，曾拜福楼拜为师。一生创作了6部长篇小说、350多篇中短篇小说、游记3部。他的文学成就以短篇小说最为突出，被誉为"短篇小说之王"。与契诃夫和欧·亨利并列为世界三大短篇小说巨匠，对后世产生极大影响。他擅长从平凡琐屑的事物中截取富有典型意义的片断，以小见大地概括出生活的真实。他的短篇小说构思别具匠心，情节变化多端，描写生动细致，刻画人情世态惟妙惟肖，令人读后回味无穷。

屠格涅夫认为他是19世纪末法国文坛上"最卓越的天才"。托尔斯泰认为他的小说具有"形式的美感"和"鲜明的爱憎"，他之所以是天才，是因为他"不是按照他所希望看到的样子而是照事物本来的样子来看事物"，因而"就能揭发暴露事物，而且使得人们爱那值得爱的，恨那值得恨的事物"。代表作有《羊脂球》、《项链》、《一生》等。

## 契诃夫

契诃夫（1860~1904年），俄国小说家、戏剧家、19世纪末期俄国批判现实主义作家、短篇小说艺术大师。他的作品《小公务员之死》、《变色龙》、《套中人》等都是脍炙人口的名篇。

契诃夫的小说，有着独特的叙述方法。这种叙述方法是按照生活的本来面目去处理，用眼睛和耳朵去追寻，使文字像音符那样流动。快节奏、简捷、自然、质朴构成了清纯的文风；单刀直入，不拖泥带水，高度浓缩与深入浅出的表现，更增加了作品的韵味。

他截取平凡生活的片段，凭借精巧的艺术细节对生活和人物作真实描绘和刻画，从而展示重要的社会内容。他认为："天才的姊妹是简练"，"写作的本领就是把写得差的地方删去的本领"。他提倡"客观地"叙述，说"越是客观给人的印象就越深"。

契诃夫戏剧创作的题材、倾向和风格与小说基本相似。他不追求离奇曲折的情节，而是描写平凡的日常生活和人物，从中揭示社会生活的重要方面。在契诃夫的剧作中有丰富的潜台词和浓郁的抒情味；他的现实主义富有鼓舞力量和深刻的象征意义，"海鸥"和"樱桃园"都是他独创的艺术象征。

## 泰戈尔

罗宾德拉纳特·泰戈尔（1861~1941年），

印度著名诗人、文学家、艺术家、社会活动家、哲学家和印度民族主义者，生于加尔各答市一个有深厚文化教养的家庭，属于婆罗门种姓。1913年他凭借宗教抒情诗《吉檀迦利》获得诺贝尔文学奖，是首位获得诺贝尔文学奖的印度人。他与黎巴嫩诗人纪伯伦齐名，并称为"站在东西方文化桥梁的两位巨人"。

泰戈尔是新孟加拉文学的奠基人和最伟大的代表。他思想开放，知识渊博，多才多艺。泰戈尔的诗充满浪漫的风情和深邃的哲思，语言像流畅的溪水，自然、开放，而又奔涌不息。诗人礼赞生命，浅吟低唱着生命之歌，表达了诗人热爱人生、热爱自然、不断追求、不断进取的人生哲学。

泰戈尔一生长达60多年的文学创作中，总共留下了50多部诗集，多部中篇和长篇小说，100多部短篇小说，30多部散文作品，20多部剧本，1500多幅美术作品和2000多首歌曲。这些作品激励过无数青年，被称为"精神生活的灯塔"。其中，歌曲《人民的意志》，在印度独立后被定为国歌。

## 高尔基

高尔基（1868~1936年），前苏联伟大的无产阶级作家，列宁说他是"无产阶级文学最杰出代表"。高尔基原名阿历克塞·马克西莫维奇·彼什科夫，1892年以马克西姆·高尔基（意为最大的痛苦）这个笔名，发表了处女作《马卡尔·楚德拉》。从此以高尔基为名开创了无产阶级文学的新纪元。

他早年丧父，寄居在经营小染坊的外祖父家。11岁开始独立谋生，其童年和少年时代是在旧社会的底层度过的。人间的苦难，生活的辛酸，磨炼了他的斗志。他在繁重劳动之余，勤奋自学不息。对社会底层人民痛苦生活的体验和深切了解成为他创作中永不枯竭的源泉。

高尔基早年的不平凡的经历在他著名的自传体三部曲《童年》、《在人间》和《我的大学》中作了生动的记述，代表作还包括长篇小说《母亲》、剧本《敌人》，及一系列政论、文学理论文章。高尔基组织成立了苏联作家协会，并于1934年主持召开了全苏第一次作家代表大会。

## 卡夫卡

卡夫卡（1883~1924年），生于奥地利，20世纪德语小说家。

1904年，卡夫卡开始发表小说，早期的作品颇受表现主义的影响。1912年的一个晚上，通宵写出短篇《教父》，从此建立起自己独特的风格。他与法国作家马赛尔·普鲁斯特，爱尔兰作家詹姆斯·乔伊斯并称为西方现代主义文学的先驱和大师。卡夫卡生前默默无闻，孤独地奋斗，随着时间的流逝，他的价值才逐渐为人们所认识，《审判》、《变形记》、《城堡》等作品引起了世界的震动，并在世界范围内形成一股"卡夫卡"热，经久不衰。

卡夫卡小说的卓越成就主要是表现出对现实世界的逃避，追求纯粹的内心世界和精神慰藉，表现客观世界在个人内心心理所引起的反映。而那种陌生孤独、忧郁痛苦以及个性消失、人性异化的感受，正是当时社会心态的反映。因而美国诗人奥登说："如果要举出一个作家，他与我们时代的关系最近似但丁、莎士比亚和歌德与他们时代的关系的话，那么人们首先想到的也许就是卡夫卡。"

卡夫卡的小说揭示了一种荒诞的、充满非理性色彩的景象，个人式的、忧郁的、孤独的情绪，运用的是象征式的手法。后世的许多现代主义文学流派如"荒诞派戏剧"、法国的"新小说"等都把卡夫卡奉为自己的鼻祖。

## 马尔克斯

加西亚·马尔克斯（1928~2014年），20世纪拉丁美洲魔幻现实主义文学的杰出代表。生于哥伦比亚马格达莱纳省阿拉卡塔卡镇。自小在外祖父家中长大。外祖父当过上校军官，性格善良、倔强，思想比较激进；外祖母博古通今，善讲神话传说及鬼怪故事，这对作家日后的文学创作有着重要的影响。1972年获拉美文学最高奖——委内瑞拉加列戈斯文学奖，1982年获诺贝尔文学奖和哥伦比亚语言科学院名誉院士称号。

加西亚·马尔克斯作品的主要特色是幻想与现实的巧妙结合，以此来反映社会现实生活，审视人生和世界。代表作为《百年孤独》。

## 印度两大史诗

《摩诃婆罗多》和《罗摩衍那》并称为印度古代两大史诗。

两大史诗是在长达数世纪的过程中，在民间口头流传的基础上发展起来的，因此，史诗中纳入了许多各具特色的诗篇，汇集了大量的民间口头创作。两大史诗在印度文学史上占有极重要的地位，它们是印度人民拥有的巨大而宝贵的精神财富，成为印度后世各类文学艺术创作汲取素材的一个重要来源。

印度传统认为，《摩诃婆罗多》是"历史传说"。《罗摩衍那》在印度则被称作"最初的诗"，成为后世诗歌的典范。

《摩诃婆罗多》全诗共18篇，约10万颂（颂是一种印度诗体，一颂两行诗，每行16个音）。相当于希腊荷马史诗（《伊利亚特》和《奥德赛》）总和的8倍，曾被认为是世界上最长的诗。中心内容是写婆罗多的后代堂兄弟之间的内部斗争。作品以倒叙手法，先让歌人唱出原诗的内容，中间插入"蛇祭缘起"作楔子，然后正式开篇。《罗摩衍那》全书都是诗体，约有两万颂。写的是罗摩与妻子悉多悲欢离合的故事，中间穿插了不少小故事，描写自然景色和打仗的场面占了相当大的篇幅。

## 荷马史诗

公元前11世纪到公元前9世纪的希腊史称作"荷马时代"，因荷马史诗而得名。荷马史诗是这一时期唯一的文字史料。

荷马史诗相传是由盲诗人荷马写成，实际上它是许多民间行吟歌手的集体口头创作。史诗包括迈锡尼文明以来数世纪的口头传说，到公元前6世纪才写成文字。它作为史料，不仅反映了公元前11世纪到公元前9世纪的社会情况，而且反映了迈锡尼文明的盛况。

荷马史诗记载了古希腊先民在同异民族的战争中和同大自然的斗争中所创造的英雄业绩。分为两部分：一是《伊利亚特》，叙述了古希腊人征服特洛伊人的经过；二是《奥德赛》，描写了参加特洛伊战争的希腊英雄奥德修斯在班师途中迷失道路、辗转漂流10年重返故乡的经过及其沿途所见所闻。这两部分内容，每部都长达万行以上：《伊利亚特》共有15693行，《奥德赛》共有12110行，各24卷。

荷马史诗的内容非常丰富，无论从艺术技巧或者从历史、地理、考古学和民俗学方面都有许多值得探讨的东西。它在西方古典文学中一直享有最高的地位。从公元前8世纪起，就已经有许多希腊诗人模仿它，公认它是文学的楷模。两千多年来，西方人一直认为它是古代最伟大的史诗。

## 《神曲》

"神曲"是由意大利诗人阿利盖利·但丁创作的长诗。它写于1307~1321年，原名为《喜剧》，后人为了表示对诗人的崇敬，冠以"神圣的"一词，成了《神圣的喜剧》，《神曲》是其简称。全诗分《地狱》、《炼狱》和《天堂》3部分，每部分有33个章节，加上序曲，共100章，14232行。

诗体采用中世纪梦幻文学的形式，讲述了诗人35岁时，在游历时迷途于一个黑暗的森林，并在黎明时来到一座洒满阳光的小山脚下。他正要向上攀，忽然有3只猛兽（分别是象征着淫欲、强暴和贪婪的豹、狮和狼）向他扑来。在万分危急的时刻，受他已故情人贝阿特丽采委托的古罗马大诗人维吉尔出现了。他引导着诗人走出迷途，并带领诗人游历了地狱和炼狱。《神曲》虽然描写的全是梦幻世界，却真实地反映和折射了当时的社会，具有强烈的政治倾向和爱憎情感。诗人由此悟出了"智"、"爱"、"德"三位一体的"最后真理"，也结束了他一周的梦游。

《神曲》的伟大历史价值在于，诗歌以极其广阔的画面，反映了意大利从中世纪向近代过渡的转折时期，现实生活和各个领域所发生的重大事件和社会变革，特别是它对宗教神学和教会势力的揭露和批判，更是从根本上动摇了中世纪封建统治的精神支柱，从而为彻底否定并清除旧思想和旧文化对人们的束缚、开辟人类光明未来奠定了坚实的基础。

## 《巨人传》

《巨人传》，是法国文艺复兴时期最重要的小说家和人文主义学者拉伯雷花了20多年时间写成的长篇讽刺小说。这部作品表面看来"无非是笑谈，游戏文学，胡说八道"，但在有关"宗教"政治形势和经济生活方面，却"显示出极其高深的哲理和惊人的奥妙"。

小说共分五部，取材于法国民间传说故事。第一部写卡冈都亚奇异的出生和成长经历。他因接受经院式的教育而变得愚钝，后来接受人文主义教育才使身心得以全面发展。他在约翰修士的帮助下打败了侵略者，并建立了德兼美修道院来报答约翰修士。第二部写卡冈都亚的儿子庞大固埃的出生与接受教育的经历，他在巴黎求学时遇到巴汝奇，后在巴汝奇帮助下，战胜了迪普索德。第三部写庞大固埃和巴汝奇为解决巴汝奇的婚姻疑问而到处漫游的故事。第四、五部分继续写他们为寻访神瓶到处漫游，最后找到了神瓶，得到的启示是一个"饮"字,就是要畅饮知识,畅饮真理,畅饮爱情。

《巨人传》全面反映了16世纪上半期法国的社会生活,表现了新兴资产阶级的思想意识,具有伟大的反封建意义,是拉伯雷人文思想的总结。

## 《十日谈》

《十日谈》是薄伽丘最优秀的作品。1348年,意大利的佛罗伦萨发生了一场可怕的瘟疫。病死的人达10万以上,昔日美丽繁华的佛罗伦萨城,如今坟场遍地,尸骨满野,惨不忍睹。这件事给当时意大利作家薄伽丘以深刻影响。为了记下人类这场灾难,他以这场瘟疫为背景,历时5年,写下了一部当时意大利最著名的短篇小说集《十日谈》。当时,《十日谈》被称为"人曲",是和但丁的《神曲》齐名的文学作品,也被称为《神曲》的姊妹篇。

《十日谈》中描写和歌颂了现世生活,赞美爱情是才智的高尚的源泉,歌颂自由爱情的可贵,肯定人们的聪明才智等。作品也揭露封建帝王的残暴,基督教会的罪恶,教士修女的虚伪等等。

## 《一千零一夜》

《一千零一夜》又译《天方夜谭》,是古代阿拉伯文学的宝贵遗产。

相传古代东方某国王山鲁亚尔残暴成性,因为王后与人私通,便将王后与其情夫一并杀死了。从此以后,他每天娶一女做王后,第二天早晨就将其杀死。国内已有许多女子惨遭杀害,老百姓苦不堪言,人心惶惶,生活不得安宁。许多尚未被害的女子都逃往异乡。宰相的女儿山鲁佐德看着于心不忍,便立志拯救自己的姊妹们,于是自愿嫁给国王。

山鲁佐德进宫后,她了解到国王对听故事很感兴趣,便用讲故事的方法引起国王的兴趣。每当故事讲到最动人的地方,天已亮了,国王急于上朝,就让她留到下一夜讲完故事,然后再杀掉。可是第二夜,她又把另一个故事讲到最精彩的地方停住了。这时,天又快亮了。国王被山鲁佐德的美妙的语言、生动的讲述、精彩的故事情节所吸引,总想听她再接着往下讲。就这样,山鲁佐德一直讲了一千零一夜。最后,国王终于被她感化,放弃了残酷的行为。

山鲁佐德这一千零一夜连续讲的故事,内容丰富,其中有冒险故事,有爱情故事,有历史故事,有寓言,有童话,等等。故事的背景也很广阔,有时在巴格达,有时在埃及,有时在法兰西,有时在中国。故事充满了瑰丽奇妙的想象,却又洋溢着现实生活的气息。故事的语言明白流畅,结构完整谨严,在叙述中穿插的一些抒情诗至今脍炙人口。

## 《伊索寓言》

《伊索寓言》是古希腊民间流传的以动物生活为主要内容的寓言集,相传为公元前6世纪时名叫伊索的被释奴隶整理而成。

《伊索寓言》绝大部分内容是关于做人的道德准则方面的,有宣扬诚实友谊之可贵的,有嘲讽和遣责出卖同胞、出卖祖国的行为的,还有关于父母教育孩子的等。

2000多年以来,《伊索寓言》已流传到世界各地,为广大人民群众所喜爱,已成为世界文学瑰宝。众多的政治家、作家、哲学家、艺术家都从中汲取营养,接受教益。如大哲学家苏格拉底被判死刑后,还在狱中把伊索寓言改成诗吟诵,以激励自己。

## 《吉檀迦利》

泰戈尔获诺贝尔奖的作品英译诗集《吉檀迦利》,是1912~1913年间泰戈尔本人从孟加拉语诗作《吉檀迦利》、《渡船》和《奉献集》里选择部分诗作用英文翻译而成。《吉檀迦利》的孟加拉语诗作是韵律诗,而翻译成英文之后变成自由诗。

《吉檀迦利》是一部最能代表泰戈尔思想观念和艺术风格的作品。这部宗教抒情诗集,是一份"奉献给神的祭品"。风格清新自然,带着泥土的芬芳。泰戈尔向神敬献的歌是"生命之歌",他以轻快、欢畅的笔调歌唱生命的枯荣、现实生活的欢乐和悲哀,表达了作者对祖国前途的关怀。

## 《源氏物语》

日本中古物语文学的典范作品《源氏物语》,是世界上最早的长篇小说之一。一般认为成书于11世纪初,作者是女作家紫式部。它对日本文学的发展产生过巨大的影响,被誉为日本文学的高峰。

紫式部在作品中描写了源氏一生政治命运的沉浮及其纵情声色的生活,反映了平安时代中期日本宫廷错综复杂的权势斗争和贵族糜烂的两性关系，从而展示了这一时期上层贵族的精神面貌。令人称道的是，书中竟有90余处引用中国唐朝诗人白居易的诗句，以及大量的中国典故、史实。因此，《源氏物语》不仅是日本古典文学的经典，而且也可视为中日两国古代文化交流的明证。

## 《唐吉诃德》

《唐吉诃德》是塞万提斯最负盛名的长篇小说，全名为《奇情异想的绅士唐吉诃德·德·拉·曼却》，作者称创作的目的"无非是要世人厌恶荒诞的骑士小说"。全书用"戏拟体"写成，借用骑士小说的体裁，写一个穷乡绅唐吉诃德因阅读骑士小说入迷，决心离家去冒险，他穿上曾祖留下的一身破烂的盔甲，提着长矛，骑上一匹瘦马，悄悄离家去冒险。他说服了一个农民桑丘·潘沙做自己的侍从，还选中临村一位姑娘做自己的钟情的"夫人"。小说描写了他3次游历中许多荒唐可笑的事，如把风车当巨人，把羊群当敌人，把旅店当城堡，还不断被人愚弄。最后，唐吉诃德败于"白月骑士"手下，病倒在床，临终悔悟自己的荒唐。小说以唐吉诃德企图恢复骑士道来扫尽人间不平的主观愿望和西班牙丑恶现实之间的矛盾为情节的基础，在充满笑料的情节中，塑造了一个悲剧性人物唐吉诃德，同时反映了16、17世纪之交的西班牙社会的现实，是读者最喜爱的世界名著之一。

## 《罗密欧与朱丽叶》

《罗密欧与朱丽叶》是莎士比亚早期创作的一部悲剧。写罗密欧与朱丽叶一见钟情，成为恋人。但却因两个家族是世仇而不能结合。在神父的帮助下，两人秘密举行了婚礼。一次罗密欧为替朋友复仇，刺死人而被流放。朱丽叶为了逃避父母的逼婚，喝下神父的药酒"假死"。由于报信人的耽搁，罗密欧误以为朱丽叶真的死去，在她身边自杀了。朱丽叶醒来，悲痛万分，也结束了自己的生命。这部作品反映了人文主义者的爱情理想与封建压迫之间的冲突，歌颂了自由的爱情，批判了不合理的婚姻制度。罗密欧与朱丽叶这两位主人公已经成为世界文学中争取爱情自由的著名典型。

## 莎士比亚四大悲剧

在莎士比亚的所有作品中，四大悲剧代表了其最高的艺术成就。这四大悲剧是：《哈姆雷特》、《奥赛罗》、《李尔王》和《麦克白》。

《哈姆雷特》通过对丹麦王子哈姆雷特为父复仇而遭毁灭的故事的描写，揭示了人文主义理想与英国黑暗现实之间不可调和的矛盾，是一曲悲壮的资产阶级人文主义的颂歌。《奥赛罗》是莎士比亚抨击新兴资产阶级极端利己主义的一部作品。《李尔王》的主人公李尔王是一个专制独裁的昏君，因刚愎自用遭受了一场悲剧。作者通过对李尔王的针砭，揭露了资产阶级在资本原始积累时的利己主义和对权势、财富的贪欲。《麦克白》则揭示了个人野心对人性的腐蚀，心理描写是这一作品的突出特色。

## 《鲁宾逊漂流记》

《鲁宾逊漂流记》是18世纪英国著名小说家丹尼尔·笛福的代表作，是笛福文学创作的里程碑，同时也是英国文学史上第一部现实主义小说。被誉为英国文学史上的第一部长篇小说。

鲁宾逊性喜冒险，富有开拓精神，他决心航海经商。在一次贩卖黑奴的途中，船在海上遇险，并漂流到一个荒岛上，只有鲁宾逊一人幸存。鲁宾逊在荒岛上搭帐篷，挖地窖，养羊，种麦子，造工具，做木舟，用兽皮做衣服，通过自己的努力与大自然抗争。在第25年，他救了一个土著人，收为仆人，取名为"星期五"。后来，一艘英国船经过荒岛，鲁宾逊帮船长制伏了闹事水手，坐船回到了英国。至此，他在荒岛共生活了28年。

小说以苏格兰水手塞尔柯克在荒岛上的真实经历为原型的。作者用生动逼真的细节把虚构的情景描画得使人仿佛身临其境，使故事具有强烈的真实感，表现了资产阶级强烈的进取精神和启蒙意识。

这部小说也为笛福博得了"英国和欧洲小说之父"的美誉。

## 《格列佛游记》

《格列佛游记》是英国作家斯威夫特创作的寓言小说。斯威夫特的叙事技巧和讽刺才能在这本书中发挥得淋漓尽致。英国著名作家乔治·奥威尔一生中读了不下六次，他说："如果要我开一份书目，列出哪怕其他书都被毁坏时也要保留的六本书，我一定会把《格列佛游记》列入其中。"

小说以外科医生格列佛的四次出海航行冒

险的经历为线索，由四部分组成。

第一部写格列佛由于海上遇险而到了小人国。那里的人只有六英寸高，但贪婪、残忍、钩心斗角。格列佛在这里受到大臣的忌妒，最后逃出了小人国。第二部写他到了大人国，向国王宣扬英国政体之完善，军力之无敌，武器之先进，但受到国王的批评。国王认为，造福百姓的人才是真正有贡献的人。第三部主要写他在飞岛国的见闻。那里的统治者住在飞岛上，对人民实行高压政策。人民稍有不驯，飞岛就降落其上。第四部写智马国。这里的马是有理性的居民和统治者，一种形似人类的动物"耶胡"则凶残贪婪，为智马所豢养。

《格列佛游记》的艺术特色主要体现在讽刺手法的运用上，尖锐深邃的讽刺是这部作品的灵魂。

## 《唐·璜》

《唐·璜》是19世纪浪漫主义诗人拜伦一部未完成的长篇诗体小说，是一部反映当时社会的讽刺性史诗。《唐·璜》的故事原型是15世纪的西班牙贵族唐·璜，他诱拐了一个少女，接着又把那个少女的父亲谋杀了。

长诗描写了贵族子弟唐·璜因与贵妇朱丽亚发生性关系，被母亲送往欧洲旅行的种种奇遇。通过唐·璜在海上旅途中遇险、与海盗女儿海黛相恋、加入俄军作战、出使英国等故事情节，作者不仅向读者展现了各国风光，而且也让大家看到了各国政权的种种弊端：苏丹宫廷的荒淫、俄国军队的残忍、英国上层社会的虚伪和势利等等。

作者在文中以机智的诗句议论哲学、宗教、艺术和科学方面的问题，嘲笑湖畔诗人的奴隶哲学，驳斥贝克莱的唯心主义。全诗以整个欧洲为广阔背景，诗人的笔锋驰骋其中，得心应手，嬉笑怒骂皆成文章。歌德称之为"绝顶天才之作"。

## 《少年维特之烦恼》

《少年维特之烦恼》是德国18世纪伟大的文学家歌德的代表作，这部作品一度风行各国，掀起一股"少年维特热"。它不仅是德国浪漫主义小说的代表作，同时也被称作德国心理分析小说的开创篇。

小说描写了一个感情脆弱，不能与生活中的苦恼作斗争，在守旧的环境里找不到出路的"反叛的受难者"（普希金语）的形象。维特爱上了一个已经订了婚的少女绿蒂，以致绝望、病狂，最后自杀而死。维特的烦恼是什么？是上流社会的污浊庸俗、沉瀣一气，人和人之间的相互倾轧、敌对和蔑视，门当户对的婚姻制度，不可跨越的等级制度，以及求自由而不得，求摆脱而不成的痛苦。这些烦恼表现了德国进步青年的觉醒和软弱，也是对当时德国封建制度的揭露和控诉。书信体和第一人称的写作手法，使主人公复杂和深刻的思想变化得以淋漓尽致地表现。

## 《浮士德》

《浮士德》是歌德花了60多年时间完成的一部诗剧，长达12111行，第一部25场，不分幕。第二部分5幕，27场。全剧没有首尾连贯的情节，而是以浮士德思想的发展变化为线索。这部不朽的诗剧以德国民间传说为题材，以文艺复兴以来的德国和欧洲社会为背景，表现了一个新兴资产阶级先进知识分子不满现实，竭力探索人生意义和社会理想的一生。是一部现实主义和浪漫主义结合得十分完美的诗剧。

歌德是将浮士德作为全人类命运的化身来加以塑造的。浮士德自强不息、追求真理，经历了书斋生活、爱情生活、政治生活、追求古典美和建功立业五个阶段。这五个阶段高度浓缩了从文艺复兴到19世纪初期几百年间德国乃至欧洲资产阶级探索和奋斗的精神历程。

歌德以深刻的辩证法意识揭示了浮士德人格中的两种矛盾冲突的因素，即"肯定"和"善"的因素同"否定"和"恶"的因素之间的复杂关系及其发展历程，更以乐观主义的态度表现了浮士德永不满足，不断地克服障碍、超越自我，"不断地向最高的存在奋勇前进"的可贵精神。"浮士德难题"其实是人类共同的难题，它是每个人在追寻人生的价值和意义时都将无法逃避的"灵"与"肉"，自然欲求和道德灵境，个人幸福与社会责任之间的两难选择。

## 《查泰莱夫人的情人》

劳伦斯（1885~1930年），英国小说家、诗人、戏剧家和画家，1928年私人出版了最有争议的最后一部长篇小说《查泰莱夫人的情人》，英美等国直到20世纪60年代初才解除对此书的禁令。

康妮嫁给了贵族地主查泰莱为妻，但不久查泰莱便在战争中负伤，腰部以下终身瘫痪。

二人的生活虽无忧无虑，但却死气沉沉。庄园里的猎场守猎人重新燃起康妮的爱情之火及对生活的渴望，她经常悄悄来到他的小屋幽会，尽情享受原始的、充满激情的性生活。康妮怀孕了，为掩人耳目到威尼斯度假。这时守猎人尚未离婚的妻子突然回来，公开了他们之间的私情。巨大的社会差距迫使康妮为生下孩子先下嫁他人，只能让守猎人默默地等待孩子的降生。

《查泰莱夫人的情人》是劳伦斯的最后一部长篇小说，此时的劳伦斯对人物及情节的刻画已经炉火纯青，对他所探索的两性关系也给出了更深思熟虑的答案。

## 《老实人》

《老实人》是伏尔泰最优秀的哲理小说。它是伏尔泰对柏林科学院1755年关于莱布尼茨的乐观主义的悬赏征文作的形象解答，也是对当时一种盲目乐观主义哲学的嘲笑。

老实人是一个男爵家的养子，从小接受家庭教师、"哲学家"邦葛罗斯的关于"一切皆善"的教育。后来因为邦葛罗斯及周围人的不幸遭遇，以及自己经受的磨难，老实人认识到这个世界并不完美，唯有"工作可以免除三大不幸——烦恼、纵欲和饥寒"。这样，老实人省悟了，告诫同伴"种我们的田地要紧"，小说就此结束。

小说就是这样把哲学争论带进了文艺领域，用离奇荒诞的情节、具有突出思想特征的人物形象、夸张和讽刺相结合的艺术手法来反映客观现实。它批判了盲目乐观主义思想，揭露了封建制度的腐朽和教会的反动。

## 《新爱洛伊丝》

《新爱洛伊丝》是法国著名思想家、文学家卢梭（1712~1778年）在文学史上奠定其地位的第一部重要作品。它借用12世纪青年女子爱洛伊丝与她的老师阿略卜的真实爱情故事，描写了贵族小姐尤丽和她的家庭教师圣·普乐之间的爱情悲剧。

普乐是个平民知识分子，在贵族家庭担任家庭教师，天长日久，与学生尤丽小姐产生了爱情。可仅仅因为他的出身，尤丽的父亲不同意这门婚事，普乐不得不离去，尤丽也被迫嫁给一个门当户对的贵族。多年后，普乐又被请来任尤丽子女的家庭教师。两人再度相逢，感情和义务使双方处于痛苦的矛盾之中，最后尤丽在这种痛苦中死去。

小说人物集中，情节简单而曲折有致。所采用的书信体裁便于抒写人物的内心世界，让人物尽情倾吐自己的内心情感、矛盾和心灵上的创伤。整个作品饱含反封建的激情，又充满感伤情调，犹如一首优美的抒情诗。

在描写人物内心世界时，卢梭加入了许多美妙的自然景物的描写，起到了情景交融的艺术效果，开创了欧洲浪漫主义文学的先河。

## 《人间喜剧》

文学大师雨果曾评价巴尔扎克："在最伟大的人物中间，巴尔扎克是名列前茅者；在最优秀的人物中间，巴尔扎克是佼佼者。"

《人间喜剧》生动、形象地反映了19世纪前期法国的社会史，特别是巴黎上流社会的现实主义历史，其社会历史内容可以归纳为：贵族衰亡、资产者发迹、金钱罪恶，因而被誉为"社会百科全书"。全书由90余部小说组成，共写了2400多个人物。其中著名的有《欧也妮·葛朗台》和《高老头》等。

## 《巴黎圣母院》

《巴黎圣母院》是雨果第一部大型浪漫主义长篇小说。它以对比手法写了一个发生在15世纪法国的故事：巴黎圣母院副主教克洛德引诱吉卜赛女郎爱斯美拉达不遂，便诬蔑她谋杀情人法比斯，判她绞刑。外貌极丑而心灵仁厚的教堂敲钟人加西莫多将爱斯美拉达救出。后来，吉卜赛人围攻钟楼。混乱中，克洛德又诱骗爱斯美德拉达，再次遭到拒绝后，他将爱斯美拉达送上了绞刑架。悲痛的加西莫多愤怒地将克洛德推下了钟楼。

《巴黎圣母院》艺术性地再现了400多年前法王路易十一统治时期的真实历史：宫廷与教会如何狼狈为奸压迫人民群众，人民群众怎样同两股势力英勇斗争。作者将可歌可泣的故事和生动丰富的戏剧性场面有机地连缀起来，使这部小说具有很强的可读性。

## 《悲惨世界》

《悲惨世界》是杰出的世界名著。它以真实的事件为蓝本而创作，是最能体现雨果人道主义思想的作品。

小说描写了穷工人冉阿让一生的故事。冉阿让因偷一块面包而坐了19年牢。出狱后，他改名行善，当上了市长。但为了解救被误认为是自己的流浪汉商马弟，他前去自首，又被逮捕。他再次逃出后，收养了一个女工的女儿珂赛特，继续行善。长期追捕他的沙威为他的崇高精神所感动，最终放了冉阿让，自己投水自杀了。

小说展示了一幅广阔而典型的19世纪法国社会的现实画面，以大量的笔墨描写了下层人民的穷困生活，对他们的遭遇倾注了无限的同情，同时也对社会的黑暗进行了控诉。整部作品充满了人道主义思想。

## 《红与黑》

《红与黑》是19世纪法国著名现实主义作家司汤达的代表作。

小说的主人公于连是一个木匠的儿子，年轻英俊、意志坚强、精明能干，从小希望借助个人奋斗跻身上流社会。去市长家当家庭教师是于连踏入社会的第一步，出于对市长的报复心理和试练自己胆量的冒险心态，于连和市长夫人产生了暧昧关系。事情败露后，于连进入贝桑松神学院，既而又随比拉尔院长来到巴黎，成为德·拉莫尔侯爵的秘书。凭借自己的聪明和个性，他不仅受到了侯爵赏识而且赢得了侯爵小姐的芳心。二人秘密结婚，拉莫尔先生对这门婚事虽暴跳如雷，但也无可奈何，于连也因此得到了骑士称号、中尉军衔和年收入两万零六百法郎的庄园。好景不长，正当于连踌躇满志之际，他却又陷入了贵族阶级和教会所设下的圈套，最终被送上了断头台。

《红与黑》在心理剖析的深度上远远超出了同时代作家所能及的层次。它开创了后世"意识流小说"、"心理小说"的先河，司汤达因此被称为"现代小说之父"。

## 《简·爱》

《简·爱》是19世纪英国女作家夏洛蒂·勃朗特的代表作，是一部具有自传色彩的爱情小说。它一问世，就震动了英国文学界。

简·爱是个孤儿，她心地纯正，感情真挚，善于思考，个性倔强。她敢于反抗各种卑鄙邪恶的行为，敢于表达自己强烈的爱憎，敢于捍卫自己独立的人格和尊严。作者通过对她少年时代寄人篱下的生活与寄宿慈善学校的不幸经历的描写，塑造了一个非贵族化的新型的平民阶级的形象。简·爱对贵族罗契斯特的爱，不是建立在金钱、名誉、地位之上，而是有着真挚热切的感情和思想上的共鸣。她冲破阶级鸿沟，蔑视社会习俗，勇敢大胆地爱上罗契斯特并与他结婚，尽管他此时已双目失明。

简·爱的个人奋斗史是对当时英国妇女受歧视、无地位的不合理制度的抗议，这在英国文学史上是一个创举，这也正是这部作品在当时的社会引起如此强烈反响的重要原因。

## 《呼啸山庄》

《呼啸山庄》是英国女作家勃朗特姐妹之一艾米丽·勃朗特的唯一一部小说，至今仍震撼人心。

这是一个爱情和复仇的故事。希剌克利夫被呼啸山庄的主人恩肖先生收养后，夺取了主人对亨德利和他的妹妹凯瑟琳的宠爱。主人死后，亨德利为报复把希剌克利夫贬为奴仆，并百般迫害，可是凯瑟琳跟他亲密无间，青梅竹马。后来，凯瑟琳受外界影响，转而爱上了画眉山庄的文静青年埃德加。希剌克利夫愤而出走，3年后致富回乡，凯瑟琳已嫁埃德加。希剌克利夫为此进行疯狂的报复，通过赌博夺走了亨德利的家财。亨德利本人酒醉而死，儿子哈里顿成了奴仆。希剌克利夫还故意娶了埃德加的妹妹伊莎贝拉，进行迫害。内心痛苦不堪的凯瑟琳在生产中死去。10年后，希剌克利夫又施计使埃德加的女儿小凯瑟琳，嫁给了自己即将死去的儿子小林敦。埃德加和小林敦都死了，希剌克利夫最终把埃德加家的财产也据为己有。复仇得逞了，但是他无法从对死去的凯瑟琳的恋情中解脱出来，最终不吃不喝苦恋而死。小凯瑟琳和哈里顿继承了山庄和田庄的产业，两人终于相爱，去画眉山庄安了家。

全篇充满强烈的反抗压迫的斗争精神，又始终笼罩着离奇、紧张的浪漫气氛，为读者所喜爱。20世纪30年代英国进步评论家福克斯称它是19世纪中后期"维多利亚时代"所产生的"三大巨著"之一，因为它代表着受压迫的下层人民对资本主义社会发出的强烈抗议。

## 《茶花女》

《茶花女》是法国作家小仲马根据自身的经历写成的，真实生动地讲述了一位外表与内心都像白茶花那样纯洁美丽的少女被摧残致死的故事。

玛格丽特是个农村姑娘，长得异常漂亮。她来巴黎谋生，不幸做了妓女。富家青年阿芒赤诚地爱她，唤起了她对爱情生活的向往。但是阿芒的父亲反对这门婚事，迫使她离开了阿芒。阿芒不明真相，便寻机羞辱她，终于使她在贫病交加之中含恨死去。作品艺术表达独特而新颖。组织情节时,用了追叙、补叙、倒叙等多种手法,生动有致。一个个悬念的设置,扣人心弦,使人不忍释卷。特别是作品洋溢着浓烈的抒情色彩和悲剧气氛,有感人至深的艺术魅力。

《茶花女》当时一经出版即轰动全国。尽管上流社会恼怒地批评道:渲染妓女生活,是"淫荡堕落"、"低级下流",但更多的人则为真切感人的故事所征服。1853年,四幕剧《茶花女》在巴黎上演,剧场爆满,万人空巷。

### 《包法利夫人》

1852年起,福楼拜花了4年多时间写成长篇小说《包法利夫人》。小说以简洁、细腻的笔触,再现了19世纪中叶法国的外省生活。女主人公爱玛在修道院度过青年时代,受到浪漫主义思潮的影响。成年后,嫁给平庸的市镇医生包法利。失望之余,为纨绔子弟罗道耳弗所惑,成了他的情妇。但罗道耳弗只是逢场作戏,不久便对她心生厌倦,远离而去。爱玛遂又成了赖昂的情妇。为了满足私欲,爱玛借高利贷,导致破产,最后服毒自尽。小说一问世便轰动文坛,福楼拜获得盛誉,但遭到当局控告,认为他诽谤宗教,有伤风化。

### 《羊脂球》

《羊脂球》是法国近代著名短篇小说家莫泊桑的代表作品,发表于1880年。

《羊脂球》讲述了1870年普法战争期间,有一辆法国马车在离开敌占区时,被一名普鲁士军官扣留。军官一定要车上一个绰号叫羊脂球的妓女陪他过夜,否则马车就不能通过。羊脂球出于爱国心断然拒绝,可是和她同车的有身份的乘客为了各自私利,巧言利弊,逼她为了大家而牺牲自己,羊脂球出于无奈而作了让步。可当第二天早上马车出发时,那些昨天还苦苦哀求她的乘客们却突然换了一副嘴脸,就好像她不存在一样。在缓慢前进的马车中,羊脂球忍不住流下了眼泪。

作家利用对比的手法,把民族危难之时不同阶层的态度活灵活现地刻画出来。卑贱者反倒有崇高的民族感情,"高贵"者心地却肮脏和卑鄙。这个短篇充分体现了莫泊桑的艺术才能。

### 《老人与海》

《老人与海》是海明威的代表作,也是一部象征性的小说。

这本书讲了古巴的一个名叫桑提亚哥的老渔夫,独自一个人出海打鱼,在一无所获的84天之后钓到了一条无比巨大的马林鱼。这是老人从来没见过也没听说过的比他的船还长两英尺的一条大鱼。鱼的劲非常大,拖着小船漂流了整整两天两夜,老人在这两天两夜中经历了从未经受的艰难考验,终于把大鱼刺死,拴在船头。然而这时却遇上了鲨鱼,老人与鲨鱼进行了殊死搏斗,结果大马林鱼被鲨鱼吃光了,老人最后拖回家的只剩下一副光秃秃的鱼骨架和一身的伤,却得到了人们的赞赏。

小说以写实手法展现了捕鱼老人桑提亚哥在重压下仍保持的优雅风度,"人可以被毁灭,却不可以被打败。"海明威在《老人与海》里所说的话,不仅打动了读者,也征服了评论者。

### 《哈克贝利·费恩历险记》

《哈克贝利·费恩历险记》是马克·吐温最成功的作品,也是美国文学史上一部划时代的作品。美国小说家海明威称颂它"是我们所有的书中最好的一本书"。

主人公哈克贝利·费恩忍受不了酒鬼父亲的毒打,偷逃到一个荒无人烟的小岛上,并在那里遇到同样出逃的黑奴吉姆。为了帮助吉姆逃脱追捕,哈克决定和吉姆乘木筏由密西西比河顺流而下,逃往废奴区。途中,他们遇上两个骗子。虽然哈克最终识破了骗子的阴谋诡计,可他们已把吉姆卖掉了。

小说通过白人小孩哈克跟逃亡黑奴吉姆结伴在密西西比河流浪的故事,不仅批判封建家庭结仇械斗的野蛮,揭露私刑的毫无人性,而且讽刺宗教的虚伪愚昧,谴责蓄奴制度的罪恶,并歌颂了黑奴的优秀品质,宣传不分种族地位人人都享有自由权利的进步主张。

### 《飘》

1900年11月8日,玛格丽特-米切尔出生于美国佐治亚州亚特兰大市的一个律师家庭。在南北战争期间,亚特兰大曾于1864年落入北方军将领舒尔曼之手。后来,这便成了亚特兰大居民热衷的话题。自孩提时起,玛格丽特就时时听到她父亲与朋友们,甚至居民之间谈论南北战争。当26岁的玛格丽特决定创作一部有关南北战争的小说时,亚特兰大自然就成了小说的背景。

《飘》(Gone with the wind)凝结了玛格丽特10年的心血,这是她生前唯一出版的一部小说,玛格丽特原意署名Tomorrow is Another Day,后出版商认为与此书名相似的书太多,建议玛格丽特想一个新名字,"飘"取自恩斯特·道森的诗:"I have forgot much, Cynara! gone with the wind"。

《飘》所讲述的是一个以美国南北战争为背景的爱情故事。美国南部塔拉庄园的千金小姐斯佳丽爱上了艾希礼却遭其拒绝,一气之下,匆忙出嫁并在战争中迅速成为寡妇。期间,她邂逅了风流富有的白瑞德,由此演绎出一串分分合合、恩恩怨怨的浪漫故事。当南方的美好生活随风而逝时,斯佳丽的美丽爱情也随风飘散,但不管怎么样,明天又是新的一天。

从出版至今,《飘》在全球的销售量早已超过3000万册,被奉为经典名著。

### 《尤利西斯》

《尤利西斯》是爱尔兰小说家乔伊斯的代表作,是公认的意识流经典作品。并被誉为20世纪一百部最佳英文小说之首。

小说以时间为顺序,描述了广告推销员利奥波德·布卢姆于1904年6月16日一昼夜之内在都柏林的种种日常经历。

乔伊斯选择这一天来描写,是因为这一天是他和他的妻子诺拉·巴纳克尔首次约会的日子。小说的题目来源于希腊神话中的英雄奥德修斯(拉丁名为尤利西斯),而《尤利西斯》的章节和内容也经常表现出和荷马史诗《奥德赛》内容的平行对应关系。利奥波德·布卢姆是奥德修斯现代的反英雄的翻版,他的妻子摩莉·布卢姆则对应了奥德修斯的妻子帕涅罗佩,青年学生斯蒂芬·迪达勒斯对应奥德修斯的儿子忒勒玛科斯。乔伊斯将布卢姆在都柏林街头的一日游荡比作奥德修斯的海外十年漂泊,同时刻画了他不忠诚的妻子摩莉以及斯蒂芬寻找精神上的父亲的心理。

小说大量运用细节描写和意识流手法构建了一个交错凌乱的时空,语言上形成了一种独特的风格。

### 《战争与和平》

托尔斯泰长篇小说的代表作之一,创作于1863至1869年之间。它以1812年的卫国战争为中心,反映了1805至1820年的重大历史事件,着重写了俄奥联军和法军的几次重大战役及国内进行的卫国战争。小说以包尔康斯基、别竺豪夫、罗斯托夫和库拉金四个贵族家庭作为主线,在战争与和平的交替描写中,展现了广阔的社会生活画面,提出了许多社会、哲学和道德问题。小说以贵族为主要描写对象,重点写了以安德烈·包尔康斯基和彼尔·别竺豪夫为代表的先进贵族艰苦的思想探索,探讨了贵族的地位和出路问题。另外,小说还提出了新的历史观,赞扬人民群众的爱国精神和英雄气概,反映了人民战争的宏伟规模,具有史诗的艺术风格。

### 《安娜·卡列尼娜》

列夫·托尔斯泰创作的《安娜·卡列尼娜》有着巨大的思想和艺术价值,一发表便引起巨大社会反响。它不啻是引起了"一场真正的社会大爆炸",它的各个章节都引起了整个社会的"跷足"注视,及无休无止的"议论、推崇、非难和争吵,仿佛事情关涉到每个人最切身的问题"。

彼得堡贵夫人安娜是皇室后裔,大官僚卡列宁的妻子。在火车站,安娜与近卫军军官渥伦斯基邂逅。安娜的高雅风姿和笑容中蕴含的一股被压抑的生气使渥伦斯基为之倾倒。此后,安娜和渥伦斯基在社交场合经常相遇,在一次宴会上渥伦斯基向安娜表白了爱情,从此她陷入情网而不能自拔。不久,安娜向丈夫承认她是渥伦斯基的情人,但卡列宁却要求安娜一切维持现状,只是不许在家里接待渥伦斯基。安娜的处境越来越糟,她怀了孕,分娩时又患产褥热,几乎死去,她向丈夫请求宽恕,并希望他与渥伦斯基和好,卡列宁出于基督徒的感情答应了她的要求。可是安娜病愈后又无法继续与丈夫生活下去,终于不等丈夫同意离婚,就与渥伦斯基一起到国外去了。得不到离婚许可,与渥伦斯基只能是非法结合,上流社会的大门对她紧闭,处处遭受冷遇。她只能孤独地住在渥伦斯基的庄园里想方设法消磨时间。当渥伦斯基一人外出时她就怀疑他另有新欢。在一次争吵后,安娜陷入绝望境地,一面写信发电报,一面追随渥伦斯基到了火车站。这时,她朦胧中想起他们第一次的相见以及当时一个工人被轧死的情景。这仿佛暗示了她的归宿。安娜向正在驶来的火车扑倒下去,生命的火焰熄灭了,她的痛苦也永远摆脱了。

## 《生命不能承受之轻》

昆德拉长篇小说的代表作，小说以"布拉格之春"前后为背景，从"永恒轮回"的讨论开始，在两条线索下展开，一是托马斯的故事，通过他和特蕾莎及其他情人之间的关系，通过"灵与肉"的两性关系探讨"轻与重"；另一条线索围绕托马斯的女友之一，画家萨比娜展开。布拉格事件后，她选择了在国外过着漂泊的生活，而她的情人弗兰茨则怀着满腔政治热情死在了曼谷街头。生活中沉重的负担压迫着我们时，也正是我们的生命贴近大地，显得真切实在之时；而当一切负担都缺失时，人就会变得比空气还轻。那么，面对生活和历史中的"轻"与"重"时，到底选择什么？小说意蕴深远，意义层次丰富，引人思考但并不枯燥。

## 《百年孤独》

被誉为"再现拉丁美洲历史社会图景的鸿篇巨制"的《百年孤独》，是加西亚·马尔克斯的代表作，也是拉丁美洲魔幻现实主义文学作品的代表作。

小说独创了从未来的角度回忆过去的新颖倒叙手法，以小村镇马贡多为背景，描写了布恩地亚家庭七代人的命运，从而折射出哥伦比亚乃至整个拉丁美洲一个多世纪的历史进程。小说弥满着奇迹描绘、鬼魂形象和荒诞不经的情节，神秘主义色彩浓重。作家以生动、富于幻想的笔触，勾勒出拉美丰富的自然与人文景观，反映了复杂、多变的社会生活，深入揭示了该地区人民的精神特征，小说因而成为一部气势恢宏的史诗性作品。

## 诺贝尔文学奖

根据瑞典化学家阿尔弗雷德·诺贝尔的遗嘱设立的诺贝尔奖中的一个奖项。诺贝尔在遗嘱中说，奖金的一部分应该"奖给在文学界创作出具有理想倾向的最佳作品的人"。诺贝尔文学奖由瑞典文学院颁奖，奖金约100万美元。享有诺贝尔文学奖获奖候选人推荐权的人员为：瑞典科学院和其他在体制与目的方面与它相似的科学院、研究所和学会的成员，大学和大学学院的文学和语言学教授，以前得过诺贝尔文学奖金的人，在本国文学创作界有代表性的作家协会的主席。首届诺贝尔文学奖于1901年颁发，获奖者是法国诗人苏利·普吕多姆，因为他的诗作《孤独与深思》是"高尚的理想、完美的艺术和罕有的心灵与智慧的实证"。此后，除1914年、1918年、1940~1943年因战争没有颁奖外，每年颁发一次。

## 茅盾文学奖

"茅盾文学奖"是中国第一次设立的以个人名字命名的文学奖，根据茅盾先生生前遗愿，将自己的25万元稿费捐献出来，鼓励优秀长篇小说的创作，于1981年设立，是中国长篇小说的最高文学奖项之一。

当时规定每三年评选一次，参与首评而未获奖的作品，在下一届以至将来历届评选中仍可获奖。首届评选在1982年确定，评选范围限于1977年至1981年的长篇小说。

## 爱尔兰都柏林文学奖

爱尔兰都柏林文学奖，即"国际IMPAC都柏林文学奖"。由爱尔兰都柏林市政府主办，都柏林市立图书馆承办，美国企业管理顾问公司IMPAC所赞助的世界性文学奖，成立于1996年，是世界上奖金最高的单一文学奖（得奖者可获10万欧元），只要是英语小说或任何语言有英译本的小说皆可角逐这个奖项。

都柏林文学奖拥有一套独特的评选体系：都柏林市图书馆和世界各地的一百多个公立图书馆都建立了联系，由它们负责推荐参选作品，每家每年最多可以推荐三部。参选的小说必须是英文的，且必须在颁奖年度的前一年内出版。如果是其他语种的作品，只要它在颁奖年度的前四年内出版了英文译本，那么也可以被推荐。

超过百部的入选作品名单将在每年的10月份或11月份公布，评委会从中筛选出复选作品（最多不会超过10部），将这一份名单在转年的三四月份公布，之后从中确定最终获奖者，于6月份中旬举行颁奖仪式。

## 毕希纳文学奖

毕希纳奖以德国历史上著名的革命者和剧作家格奥尔格·毕希纳（1813~1837年）的名字命名，由德国语言与文学学院创办于1923年，每年颁发给对当代德语文学作出优异贡献的一位作家或诗人，现在的奖金额为4万欧元。

1958年制定的章程中确定评奖标准为："该奖项颁发给用德语写作并表现突出的作家和诗人，获奖者本人要对现今德语文学界的发展起到巨大的推动作用。"正式颁奖仪式在德国语言文学科学院的所在地达姆施塔特举行。

## 芥川奖、直木奖

芥川奖正式名称为芥川龙之介奖，是为纪念日本大正时代的文豪芥川龙之介而设立的文学奖。

芥川奖是根据选拔委员的协议来决定候补及得奖人选。这些选拔委员从报章杂志上，新人作家或无名作家所发表的纯文学短篇作品中，挑选出最优秀的作品予以奖励，得奖者颁赠一百万日元的奖金和怀表一只。

直木奖是纪念日本作家植村宗一而设立的，他是芥川龙之介的好友。

直木奖的评选对象是杂志上公开发表的文章和单行本，每年第一次评奖的范围限定在前一年12月至转年5月里发表的作品，此后发表的将在第二次评奖时参选。

直木奖以其大众性著称，欣赏故事性强的作品，关注新人和不知名的作家，且获奖者一般只会得一次奖。它的奖金大约是两万元人民币，并不算很高，作家一旦获奖，可以依靠这个头衔轻松换来约稿和极高的报酬，因此也被视为文学青年的晋身之阶。

芥川奖是日本纯文学奖的代表奖项，而直木奖则是大众文学的代表奖项；芥川奖以鼓励新人作家为宗旨，直木奖则是给予已出书的大众文学作家一项荣誉的肯定。

## 塞万提斯奖

塞万提斯奖是西班牙文化部以小说《堂吉诃德》的作者塞万提斯命名，表彰在西班牙语文学领域做出突出贡献的西班牙和拉丁美洲作家的文学奖项。

每年12月评出年度得主，次年4月23日（塞万提斯逝世的纪念日）在塞万提斯故乡的阿卡拉大学由西班牙国王亲自颁授，是西班牙语世界的文学最高荣誉，有评论说本奖是西班牙语世界的诺贝尔文学奖。

## 龚古尔文学奖

龚古尔文学奖是法国文学奖。

龚古尔兄弟是法国自然主义小说家，弟弟茹尔·德·龚古尔于1870年去世后，哥哥埃德蒙·德·龚古尔在1874年7月14日立下遗嘱，为了纪念他的弟弟，要用遗产作为基金，成立龚古尔学院，即龚古尔文学奖评选委员会，并指定福楼拜、左拉、都德等10名友好作家为第一届院士。龚古尔学院于1902年成立，奖励当年出版的最佳长篇小说、最佳短篇小说集、最佳想象性散文。奖金虽然仅为50法郎，但其重要性已超过法兰西学士院的小说大奖。

为了保证院士们能不偏不倚地进行评选，遗嘱规定每位院士可享有一栋住宅和一份保障生活的年金。

## 国际安徒生奖

国际安徒生奖是全球儿童文学界的最高荣誉，素有"小诺贝尔奖"之称。为了纪念著名丹麦童话作家汉斯·安徒生，于1956年设立。它的创始人是莱普曼夫人。

莱普曼夫人生在德国，二战期间，被迫流亡国外。战后不久，她返回到成为一片废墟的祖国，深感应加强各国青少年之间的相互了解，也深深懂得优秀的读物是陶冶孩子们美好心灵和相互沟通的有力工具。她争取到洛克菲勒基金会和联合国教科文组织的资助，于1948年在慕尼黑首创了世界上唯一的新国际青少年图书馆；1951年，又创建了国际青少年读物委员会，总部设在瑞士。该委员会为提高青少年读物的艺术和文学水平而积极工作。1956年设立了国际安徒生奖，每两年评选一次。

# 哲学思想篇

## "哲学"一词的由来

"哲学"一词源于古希腊文,由"爱"和"智慧"两个单词所组成,意思就是"爱智慧",这是一门使人聪明、给人智慧的学问。黑格尔认为,古希腊哲学家毕达哥拉斯首次使用"哲学"一词。后来,哲学的"爱智慧"的含义在世界各国中得到广泛的认可和使用。

## 百家争鸣

从春秋末年到战国时期,是中国社会由奴隶社会向封建社会过渡的时期,从政治到经济都发生了剧烈的变化。这种变化带来了学术思想的空前活跃,不同阶段、不同阶层的各个学派,展开了激烈的论争,形成了百家争鸣的局面。

据记载,至汉代(前206~220年)初期,以著作形式表述自己学术观点的有一百八十九家。汉代史学家将它们分门别类,归为十家,即儒家、道家、名家、法家、墨家、阴阳家、纵横家、杂家、农家和小说家。在这十家之中,杂家、农家、小说家所讨论的问题很少涉及哲学。在这些学派中尤以儒、墨、道、法家四家影响最大。在这十家之外,对《周易》的研究当时已经形成了一种独特的哲学,可以称为易家;对军事和兵法的研究当时也已形成了一种含有丰富哲学思想的学说,可以称为兵家。

## 道家

道家是春秋战国时期最主要的学派之一。道家学派以春秋时期老子关于"道"的学说为理论基础,并以此说明宇宙及社会万象的本质、根源、构成及其变化。道家学说的核心内容,是以老子的"道法自然"为基点,主张人们在思想上遵循"生而不有,为而不恃,长而不宰"、"清静无为"的"道"理;政治上"无为而治"、"小国寡民"、"不尚贤,使民不争";伦理上主张"绝仁弃义",认为"夫礼者,忠信之薄,而乱之首";行为上主张顺乎自然、守雌守柔、以柔克刚。由于各自阐发重点不同,战国时期的道家分化成若干派,其中以杨朱学派、宋尹学派和黄老学派最为著名。道家学派对后世影响极深,并成为中国传统文化的基干之一。

## 儒家

儒家是春秋末期、战国时期的主要学派之一。其创立者为孔子,他以六艺为法,借助对传统伦理制度的发掘,推进人文精神文明建设,以大同社会为理想目标。学说核心以"仁"、"礼"为两端,反对偏执与极端,主张中庸与义、恕。强调教育的重要性,主张"有教无类",通过教育使全社会都成为道德高尚的人。据史书记载,孔子有弟子三千,身通六艺(礼、乐、射、御、书、数)的有七十二人。

## 法家

法家是战国时期诸子百家中重要的思想流派之一,法家的前期代表人物除了商鞅之外,还有李悝、申不害、慎到这三位思想家。法家后期的代表人物主要有两位:韩非和李斯。

法家主张以君主为核心,法制为手段,强调君主要用自己的力量控制臣民,推行耕战策略管治国家。对秦王朝的统治影响极大。

## 名家

名家也称辩者、察士或刑(形)名家。代表人物为惠施与公孙龙。名家分为两大派,一派是以惠施为首的合同异派,该派认为事物不论性质上的同异,都可在大同的基础上,不计小异而混合于一。另一派是以公孙龙为代表的离坚白派,该派认为事物的概念可以脱离事物本身而独立,有著名的"白马非马"辩。名家的学术活动,极大地促进了中国古代逻辑学的发展。

## 黄老学派

黄老学派是战国时期道家学派的一个分支，代表人物有慎到、田骈、环渊等。他们以老子天道自然、无为而治的道本体思想为立足点，融合儒家德治思想、法家法治思想，形成一种以清静无为、爱民惠民、刑名法术为核心的新学说体系。该学派奉黄帝为始祖，以老子为近祖，因而被称为黄老学派。

## 仁

中国古代一种含义极广的道德范畴。孔子把"仁"作为最高的道德原则、道德标准和道德境界。形成了以"仁"为核心的伦理思想结构，它包括孝、弟（悌）、忠、恕、礼、知、勇、恭、宽、信、敏、惠等内容。

## 礼

礼是社会的典章制度和道德规范。夏、殷、周三代之礼，因革相沿，到周公时代的周礼已比较完善。孔子主张"道之以德，齐之以礼"的德治，荀子在《礼论》中，论证了"礼"的起源和社会作用，认为礼使社会上每个人在贵贱、长幼、贫富等的等级制中都有恰当的地位。

## 忠恕

儒家处理人际关系的基本原则之一。忠者，心无二心，意无二意；恕者，了己了人，明始明终。忠恕之道简言之即将心比心，推己及人。最早将忠恕联系起来的是曾子，他在解释孔子"吾道一以贯之"时说："夫子之道，忠恕而已矣。"

## 智

"智"是理智、理性、智慧，儒家实现其最高道德原则"仁"的重要条件之一。孔子认为，有智慧的人才能认识到"仁"对他有利，才能去实行"仁"。他们要实现"达德"，而要实现"达德"必须经过博学、审问、慎思、明辨、笃行五个步骤。

## 勇

儒家的伦理范畴，指果断、勇敢。儒家认为"勇"是施"仁"的条件之一。"勇"必须符合"仁、义、礼、智"，而且不能"疾贫"，才能成其为勇。《论语》有云："知者不惑，仁者不忧，勇者不惧。"

## 孝悌

历朝历代统治者都"以孝治天下"，"孝悌"之道成为封建伦常名教体系以及宗法家族制度的重要内容。孝，指对父母还报的爱；悌，指兄弟姊妹的友爱，也包括了和朋友之间的友爱。儒家非常重视孝悌，认为孝悌是做人、做学问的根本。

## 三不朽

"三不朽"，是中国仁人志士孜孜以求的一种凡世的永恒价值，是中国伦理思想史上的一个命题。由春秋时鲁国大夫叔孙豹首先提出，他称"立德"、"立功"、"立言"为"三不朽"。"立德"，即树立高尚的道德；"立功"，即为国为民建立功绩；"立言"，即提出具有真知灼见的言论。

## 内省

在内心省察自己的思想、言行有无过失。儒家很注重内心的道德修养，孔子要求人们"内省"、"自论"。孟子则提出"存心"，也叫"求放心"。宋明理学家程颐的修养方法为"诚敬"、"致和"、"集义"。王守仁则为"致良知"。

## 内圣外王

"内圣外王"一词最早出现在《庄子·天下篇》，"是故内圣外王之道，暗而不明，郁而不发，天下之人各为其所欲焉，以自为方。"指的是个人修养与政治主张。"内圣"是指将道藏于内心、自然无为；"外王"指道显于外，推行王道。两者合一即是内有圣人德，外施王者之政的意思。

## 慎独

"慎独"是儒家的自我修身方法。指的是人们在独自居处的时候，也能严于律己，谨慎地对待自己的所思所行，防止有违道德的欲念和行为发生，从而使道义时时刻刻伴随主体之身。

## 四端

"四端"说是孟子思想的一个重要内容。他认为这是人应有的四种德行，即恻隐之心，仁之端也；羞恶之心，义之端也；辞让之心，礼之端也；是非之心，智之端也。

## 中庸

"中庸"是中国古代哲学思想上的一个重要内容。

关于"中庸"的含义，朱熹引用程颢"不偏之谓中，不易之谓庸。中者，天下之正道，庸者，天下之定理"之观点解释。

"中庸"之道主要是教育人们自觉地进行自我修养、自我监督、自我教育、自我完善，把自己培养成为具有理想人格，达到至善、至仁、至诚、至道、至德、至圣、合外内之道的理想人物，共创"致中和天地位焉万物育焉"的"太平和合"境界。

《中庸》中的"天命之谓性，率性之谓道，修道之谓教"，这句话言简意赅地揭示了"中庸"之道的核心是自我教育。"天命之谓性"是指人的天性是善良的。"率性之谓道"是说人们自我教育之道就是按照人们的善良的天性办事情。"修道之谓教"是说自我教育就是按照人道原则去进行修治。作为标准的"中"不是一成不变的，而是随着时间和条件的变化而变化。

## 义利之辩

中国哲学史上关于道义和功利相互关系的争论。

孔子、孟子认为义和利是矛盾的，强调要贵义贱利；荀子则主张先义后利。而墨子主张义和利是一致的。西汉董仲舒概括孔孟的义利观，强调道义和功利不能并存。程颢、程颐、朱熹等坚持董仲舒的观点，认为道义和功利是互相排斥的。陈亮、叶适则认为道义和功利并不矛盾，功利体现在道义之中，离开功利就无所谓道义。

## 礼义廉耻

古人认为礼定贵贱尊卑，义为行动准绳，廉为廉洁方正，耻为有知耻之心。

春秋时的管仲把礼义廉耻称为国之"四维"。他认为"礼"就是不能越出应有的节度，即思想行为不能超出道德规范；"义"，就是自己不推荐自己，即使自己的思想行为符合道德标准；"廉"，就是不隐瞒自己的缺点错误；"耻"就是不与不正派的人在一起，即要知羞耻。他认为"礼、义、廉、耻"比法更为重要，把它们认作支撑国家大厦的四根柱子。

## 八卦

八卦，也称"经卦"。共有乾、坤、震、巽、坎、离、艮、兑八卦。《易经》六十四卦皆由八卦两两相重组成。八卦起源于原始宗教的占卜。《易传》中八卦主要象征天、地、雷、风、水、火、山、泽八种自然现象，每卦又象征多种事物，并认为"乾"、"坤"两卦在"八卦"中占特别重要的地位，是自然界和人类社会一切现象的最初根源。

## 阴阳

阴阳，是对自然状态的一种描述，对世界的一种看法，它是古人在观察天文气象、时节变化的基础上生发总结的。周人用两种不同性质的气，即阳气和阴气来解释四季的变化和万物的繁茂与凋衰。他们认为在冬去春来之际，气从地下向上蒸发，万物便出苗生长；如果沉滞不能蒸发，农作物便不能茁壮成长。阴气的性质是沉滞下降的，阳气的性质是蒸发上升的，阴阳二气若相互协调、配合有序、流转正常，就风调雨顺，否则就要发生灾难。周幽王时的伯阳父，曾用阴阳二气的失调来解释当时发生的地震现象。他认为阴阳二气的流转是有一定秩序的，如果秩序紊乱，阴阳二气就各失其位，就要发生地震。

后来，古人对各种现象进行抽象概括，以阳代表天、日、昼、暑、刚、强、前、男等，以阴代表地、月、夜、寒、柔、弱、后、女等，认为两种势力相互对立和依赖，是事物固有的属性，是引起事物变化发展的原因。

## 五行

五行说是讲宇宙构成的元素的，即认为世界万物是由水、火、木、金、土五种物质元素构成的。随着这五个要素的盛衰，而使得大自然产生变化，不但影响到人的命运，同时也使宇宙万物循环不已。把土与金、木、水、火杂和起来，才能生成百物的观点，突出了土的作用，既反映了重视农业的思想，也是对五行并列观念的修正。

## 太极

"太极"一词最早见于《易·系辞上》："易有太极，是生两仪（天地或阴阳），两仪生四象（四季或日月星辰），四象生八卦。"这一概念影响了儒学、道教等中华文化流派。

北宋周敦颐提出"无极而太极"的哲学命题，认为"太极"即"无极"，它无形无象，至高至妙，是开始，也是一种无限。在他的观点中，"一动一静"是关键：太极动而生阳，动极而静，静而生阴，静极复动。一动一静，互为其根。若要再细究，那么一切就都归于"太极"的本性了。周敦颐的思考是一种进步，充满了形而上的哲学意味。

## 有无

关于宇宙本原的哲学范畴。"有"指事物有形、有名，是一种存在；无，指无形无象的虚无，最早提出的是老子，他认为"天下万物生于有，有生于无"，无比有更根本。

庄子把"无"解释为虚无，提出"万物出于无有"，以无为万物的本原；魏晋南北朝时期，王弼提出"以无为本"，主张"崇本息末"；裴頠认为"夫至无者，无以能生，故始生者，自生也。自生而必体有……"反对贵无论；郭象的独化论既反对"无中生有"，又反对有产生有，认为有皆自生；僧肇提出非有非无说，强调有与无的统一。

## 气

"气"是关于宇宙万物构成的哲学范畴，是抽象的，是不可数的整体，是中国古代先哲根据天气变化所设想出的一种原初物质。古人认为，"气"充斥于混沌空间，其大无外，其细无内，化生万物，是构成宇宙万物的本原。东汉王充云："万物之生，皆禀元气。"这里的"混沌""化生"就是对"气"特点的精炼概括。

## 道

道是关于宇宙本原或规律的哲学范畴。

儒家的"道"主要是指宇宙和社会的天然秩序，如董仲舒所言："道之大原出于天，天不变，道亦不变。"宋儒则将道说成"天理"，使"道"成为儒家哲学的核心范畴。

道家的道在《道德经》云："道可道，非常道"，"道生一，一生二，二生三，三生万物"，"人法地，地法天，天法道，道法自然。"这里的"道"有两层意义，一是宇宙本原，二是自然规律。"道"为宇宙人生的真谛。

庄子则说"大道不称，大辩不言"，"有情有信，无为无形，可传而不可受，可得而不可见；自本自根，未有天地，自古以固存；神鬼神地，生天生地；在太极之先而不为高，在六极之下而不为深，先天地生而不为久，长于上古而不为老"。庄子的"道"是一种天人合一的神仙境界。

## 形而上、形而下

出自《易经·系辞上》："形而上者谓之道，形而下者谓之器。"是描述抽象和具象两种性质的哲学范畴。

具体来说，"形"指形体、形迹，"形而上者"即无形迹的抽象存在，就是"道"；"形而下者"为有形迹的具体存在，即"器"。清代王夫之认为，"形而下"产生"形而上"，"器而后有形，形而后有上"，"形而上"不可能脱离"形而下"独自存在。

## 无为而治

"无为"是老子提出的政治思想，主要是针对政治上的"有为"而言的。在他看来，"有为"政治带来的祸害非常严重。防禁越多，人民越陷入贫困；法令越森严，盗贼越增加。统治者征收大量赋税，造成人民饥饿；统治者越是强作妄为，人民越是难以管理。

老子对"有为"政治进行了激烈的批判。他说道："大路很平坦，君主却喜欢走斜径。朝政腐败了，弄得农田全都荒芜，仓库十分空虚；统治者还穿着锦绣的衣服，佩带锋利的宝剑，吃厌了精美的饮食，搜刮更多的财货。"怎样解决这个问题呢？老子提出统治者应该"无为而无不为"。"无为"指的是，统治者在表面上应该少一点欲望，少一点作为，对人民顺其自然，这样做，统治才能得到巩固。

## 小国寡民

小国寡民是老子思想中理想的社会和国家形态。他认为社会之所以混乱、互相争夺，原因就在于人们欲望的过分、法令的繁多，对知识的追求和讲究虚伪的仁义道德等。他认为社会发展分为五个阶段，即"道"、"德"、"仁"、"义"、"礼"。人类社会的最初发展阶段是由"道"统治的，一切纯任"自然"，是完全"无为"的。以后的社会分别由德、仁、义、礼统治。

老子的理想一定程度上反映了春秋战国时期，战争频繁，人民生活动荡不安，统治阶级对人民进行残酷剥削的背景下，人民迫切要求安静休养和减轻剥削的愿望。

## 谶纬

"谶纬"是流行于中国两汉时期的一种学说。主要以古代河图、洛书的神话、阴阳五行学说及西汉董仲舒的天人感应说为理论依据，将自然界的偶然现象神秘化，并视为社会安定的决定因素。它适应了当时封建统治者的需要，故流行一时，在东汉被称为内学，尊为秘经。魏晋后日渐衰落，刘宋后谶纬之书亦受到历朝查禁，所存仅少量残篇，有明《古微书》、清《七纬》等辑本存世。谶纬之书除其中包含的迷信成分外，还含有某些古代自然科学知识。所谓的"谶纬"，其实是"谶"与"纬"的合称。"谶"是用诡秘的隐语、预言作为上天的启示，向人们昭示未来的吉凶祸福、治乱兴衰。谶有谶言、图谶等形式，如"亡秦者胡也"即为秦代的一句谶言。"纬"即纬书，是汉代儒生假托古代圣人制造的依附于"经"的各种著作。东汉时流传的"七纬"有《易纬》、《书纬》、《诗纬》《礼纬》、《乐纬》、《孝经纬》和《春秋纬》，皆以迷信方术、预言附会儒家经典。谶大概起源于先秦时期，《左传》中就有一些谶语的记载。纬则较为晚出，通常认为出现在西汉。后来谶、纬逐渐合流。

## 贵无论

王弼的哲学思想"贵无"即以无为本。"无"是其哲学思想的基本范畴。王弼"以无为本"思想的基本意义有两个方面。一是宇宙观意义，"无"是宇宙万物赖以化生和形成的根本；一是社会政治意义，"无"是社会政治生活的支配力量和决定因素，人类社会的一切事功业绩皆靠"无"得以完成，一切个人皆以"无"得以安身立命。王弼的"贵无论"对后世宋明理学影响很大，对佛教本土化也起了重要作用。

## 道统说

道统，是儒家之"道"的正宗传授系统。唐代韩愈提出的哲学观点。他认为，儒"道"由圣王传授下来，从尧开始，历经舜、禹、汤、文王、武王、周公、孔子、孟子，自己要继承孟子，不使道统中断。

同时，韩愈相信天命，他认为天有意识，可以决定世人的贵贱祸福。但人的作为也并非没有意义，君子不能放任自己的行为。

他还认为人性有上、中、下三品之分，上品之人天生为善，下品之人天生为恶，中品之人可引导至善或恶。但在《师说》中，又以为"人非生而知之者"，并提出"弟子不必不如师，师不必贤于弟子"之合理见解。他的道统说给儒家思想提供了一个新的理论框架，经其门生李翱的补充完善，为宋代道学正式建立奠定了一块基石。

## 天人相分

天人相分体现了柳宗元朴素的唯物论哲学思想，这种思想主要集中在《天说》、《天对》、《非国语》、《封建论》中。他否定神秘的天，认为宇宙是混沌的，由运动的元气构成，所谓的天其实是大自然构成的，根本不存在至高无上可以支配人的命运的天。天地万物的变化都是元气运动的结果，不存在神秘的外在力量。他还提出天人不相预说。他认为天和人是互相不干涉的，主张重视人事而不空谈天命鬼神。对鬼神迷信从认识论的根源上做出了解释，人们迷信鬼神是自身力量弱的表现。如果人们掌握了规范和规律，人力足以支配自然，就不会相信鬼神了。他还提出天地、元气、阴阳不能"赏功而罚祸"，反对当时流行的因果报应思想。

## 知行合一

"知行合一"是王守仁的哲学观念，明武宗正德三年（1508年），王守仁在贵阳文明书院讲学时首次提出"知行合一"的说法。王守仁所讲的"知行合一"，指的并不是实践与认识相符合的含义，这里的"知"，是一种良知，也就是指人的道德意识和思想理念，而"行"，是指人的道德践履。王守仁指出，"知"与"行"二者之间，互为表里，不可分离，知必然要表现为行，不行不能算真知。而良知，无不行，自觉的行，也就是知。在王守仁看来，知决定着行，道德意识是人之行为的指导思想，按照道德的要求去行动就是达到良知的工夫，在道德指导下产生的良知是行为的开始，符合道德要求的行为则是良知的完成。

## 魏晋玄学

汉末黄巾之乱，中央集权瓦解，儒家经术也随之衰落。乱世之中，老庄思想抬头，加上曹操等人崇法术刑名，便产生了尚论玄理的玄学。这一时期的学者，大多从老子、庄子的学说，甚至从《周易》的理论中，寻找"玄"的道理，从而促成玄学的流行。魏晋玄学寻求顺时应变的处世之道，在乱世中保存自己，甚至重建或再创社会秩序。

魏晋玄学的主要代表人物有何晏、阮籍、嵇康、王弼、向秀、郭象等。

它的发展经过四个时期：第一是曹魏正始时期。玄学家以何晏、王弼为代表，以《易经》、《老子》为理论论据，盛倡"贵无"，鼓吹"言不尽意"，主张"名教出于自然"。第二是西晋初至元康时期。玄学家以竹林名士阮籍、嵇康为代表，思想上与何王学派对立，主张"越名教而任自然"。第三是晋元康时期。玄学家以裴頠为代表，提倡"崇有论"，反对"贵无论"。第四是晋永嘉时期。玄学家以向秀、郭象为代表，是玄学的综合和完成时期。

## 名教与自然

名教，指以孔子的正名思想为主要内容的封建礼教。自然，则是指天道自然，顺应万物的本性。以孔子为代表的儒家重名教，以老子为代表的道家贵自然。名教与自然的关系问题被广泛关注与争论是在魏晋时期。

魏晋玄学对于名教与自然的关系主要有三种主张：王弼将名教与自然融入其"以无为本"的思想体系中，认为自然和名教的关系是本与末的关系，从而以自然统御名教。嵇康等人则提出"越名教而任自然"。郭象认为名教即自然，任自然即任名教。

## 程朱学派

北宋二程（程颢、程颐）和南宋朱熹理学派别的合称。又称"程朱理学"。首创者为北宋程颢、程颐，集大成者为南宋朱熹。

他们提倡性理，认为理为宇宙之本原，人性为理的体现。主张为学之道在"穷天理，去人欲"，其方法为"居敬穷理"，既作"敬"的修养功夫，又穷天下万物之理以致知。

## 永康学派

中国南宋以陈亮为代表的学派。因陈亮为婺州永康（今属浙江）人，故有此称。此学派哲学上承认客观规律之实在，强调道存在于实事实物之中。反对道学家空谈义理，以为道义不能脱离功利。陈亮弟子喻侃、喻南强均严守师说。

## 鹅湖之会

南宋淳熙二年（1175年）在信州（今江西上饶）鹅湖寺举行的一次著名的哲学辩论会。吕祖谦为了调和朱熹"理学"和陆九渊"心学"之间的理论分歧，使两人的哲学观点"会归于一"，于是出面邀请陆九龄、陆九渊兄弟前来与朱熹见面。实质上是朱熹的客观唯心主义和陆九渊的主观唯心主义的一场争论。

## 理学

理学是宋元明清时期的哲学思潮。又称道学。它产生于北宋，盛行于南宋与元、明时代，清中期以后逐渐衰落，但其影响一直延续到近代。广义的理学，泛指以讨论天道性命问题为中心的整个哲学思潮，包括各种不同学派；狭义的理学，专指程颢、程颐、朱熹为代表的，以理为最高哲学范畴的学说，即程朱理学。理学是北宋以后社会经济、政治发展的理论表现，是中国古代哲学长期发展的结果，特别是批判佛、道哲学的直接产物。

理学讨论的问题主要有：本体论问题，即世界的本原问题；心性论问题，即人性的来源和心、性、情的关系问题；认识论问题，即认识的来源和认识的方法问题。

理学流派纷纭复杂，尽管这些学派具有不同的理论体系和特点，但按其基本观点和影响来分，主要有三大派别，即张载为代表的气元论哲学；二程、朱熹为代表的理元论哲学；陆九渊、王守仁为代表的心元论哲学。

## 三玄

三玄是魏晋时对《老子》、《庄子》、《周易》三部书的合称。《易经》（《周易》）为群经之首，光耀千古；《道德经》（《老子》）神随其后，直源易经，"一部老子道德经乃易经之注文"；《南华经》（《庄子》）"其学无所不窥，然其要本归老子之言"。三经一脉相承，浑然一体，南朝宋时，成为玄学经典。

## 《周易》

《周易》也叫《易经》，中国古代儒家学派的经典著作之一。"周易"的"周"指周代，"易"是变化的意思，按照古书记载，易有"三易"：《连山》、《归藏》、《周易》。春秋时代，《周易》作为占筮书流行，不断有人对它进行解释和研究，其中包括孔子。到战国时，便出现了《易传》七种十篇，称为"十翼"，用来解释《周易》。后来《易传》被编入《易经》，就成了今天所见到的《周易》。

## 河图洛书

河图与洛书是中国古代流传下来的两幅神秘图案，历来被认为是河洛文化的滥觞，被称为"宇宙魔方"。

《易·系辞上》记载："河出图，洛出书，圣人则之"。相传，上古伏羲氏时，洛阳东北孟津县境内的黄河中浮出龙马，背负"河图"，献给伏羲。伏羲依此而演成八卦，后为《周易》来源。又相传，大禹时，洛阳西洛宁县洛河中浮出神龟，背驮"洛书"，献给大禹。大禹依此治水成功，遂划天下为九州。又依此定九章大法，治理社会，流传下来收入《尚书》中，名《洪范》。

## 十三经注疏

儒家的经典十三经，汉朝及其后的学者们做了大量的注释工作，人们称之为注或笺。唐宋时期，由于时间久远，人们对汉代的注释也难于理解了，于是一些学者不仅注解经传的正文，而且对前人的旧注也进行解释和阐发，习惯上就称之为"疏"或"正义"。南宋以后，有人把十三经以及比较好的注、疏、正义合刻在一起，形成一整套经书及其注文，称为《十三经注疏》。

这十三部经书的注疏作者分别如下：

《周易》（魏）王弼、（晋）韩康伯注，（唐）孔颖达等正义。

《尚书》（汉）孔安国传，（唐）孔颖达等正义。

《诗经》（西汉）毛亨传，（东汉）郑玄笺，（唐）孔颖达等正义。

《周礼》（东汉）郑玄注，（唐）贾公彦疏。

《仪记》（东汉）郑玄注，（唐）贾公彦疏。

《礼记》（东汉）郑玄注，（唐）孔颖达等正义。

《春秋公羊传》（汉）何休注，（唐）徐彦疏。

《春秋谷梁传》（晋）范宁注，（唐）杨士勋疏。

《春秋左氏传》（晋）杜预注，（唐）孔颖达等正义。

《论语》（魏）何晏集解，（宋）邢昺疏。

《孝经》（唐）玄宗注，（宋）邢昺疏。

《孟子》（汉）赵岐注，（宋）孙奭疏。

《尔雅》（晋）郭璞注，（宋）邢昺疏。

## 《资政新篇》

洪仁玕（1822~1864年），中国太平天国后期主要领导者。洪秀全族弟，太平天国干王。

清咸丰九年（1859年），洪仁玕提出带有资本主义色彩的改革方案——《资政新篇》。它的主要内容是：政治上强调"设法用人"。"设法"也即制定法律、制度，反对结党联盟，主张加强中央统一领导。经济上，主张效法西方资本主义国家，发展交通运输事业，制造火轮车、火船、汽船，以坚固轻捷为妙；发展制造、开采、冶炼业，业主享有专利，国家予以保护，凡金、银、铜、铁、锡等矿物，探出者受赏，并允其招民开采；发展金融、邮政事业，国家设立邮亭，传递朝廷文书，民间可办书信馆，以通各色家信，并准许私人创办银行。文化教育上主张开办学馆，学习西方科学知识，认为文化遗产并非一无可取，但反对骄奢之习。社会改革上，严禁鸦片，取缔迷信，禁止溺婴和蓄奴，兴办医院、跛盲聋哑院、鳏寡孤独院、育婴堂等社会福利事业。外交上，反对闭关态度，主张同资本主义国家自由通商，进行文化交流，但外国人不得触犯太平天国的国法，不得干涉天国内政。

《资政新篇》是近代中国第一个比较完整的资本主义建设方案，具有明显的进步意义。代表少数接受西方资本主义思想影响的知识分子对社会发展的规划。

## 周公

周公姓姬，名旦，又称叔旦，因以周地（今陕西岐山北）为其采邑，故又称周公。生年不可考，卒年约为公元前1095年。他是周朝的创立者武王姬发的弟弟，周公是西周初期的政治家和思想家，可以说是中国古代的第一位哲学家。

孔子非常推崇周公，认为他是古代最伟大的圣人。孔子反复说："如有周公之才之美，使骄且吝，其余不足观也已。"孔子到了晚年，还感叹："甚矣吾衰也！久矣，吾不复梦见周公！"后来的儒者也和孔子一样，把周公奉为古代最伟大的圣人。

## 老子

老子（约前580~前500年之后），姓李名耳，字聃，春秋时期楚国人，道家学派创始人。曾在东周国都洛邑（今河南洛阳）任守藏史（相当于国家图书馆馆长）。他博学多才，晚年乘青牛西去，在函谷关前写成《道德经》。

老子主张"无为而治"，他的理想政治境界是"邻国相望，鸡犬之声相闻，民至老死不相往来"。"道"是老子哲学思想的理论基础，是由人生论、社会论和政治论上升到本体论的高度概括。"德"则是道的展开，以及在人生、社会与政治生活中具体的指导和应用。

老子认为"道"是无状之状、无物之象，独立于任何其他东西之外。而且，它不断地发生变化，周而复始。道不仅创生万物，使万物发育成长，还对其进行爱护调养、使其开花结果。并且不据为己有，不自恃己能，不为其主宰，强调复初、归根、守静、复命。

"德"最本初的意义似乎是一套重大的政治行为，是道的显现，道的作用。"道"和"德"是体与用之间的关系。道是指未曾渗入一丝一毫人为因素的自然状态，德是指参与了人为的因素而仍然返回到自然的状态。

## 孔子

孔子（前551~前479年），名丘，字仲尼。鲁国陬邑（今山东曲阜）人，祖先为殷商后裔。春秋末期思想家、政治家、教育家，儒家学说创始者。

孔子曾任司寇，摄行相事，后率弟子周游列国。晚年在鲁国致力于教育事业，并编订《诗》、《书》、《易》、《礼》等文献。孔子及其弟子的言行被编录为《论语》一书。

孔子思想以"仁"为核心，认为"仁"即"爱人"。他提出"己所不欲，勿施于人"、"己欲立而立人，己欲达而达人"等论点，提倡"忠恕"之道，又以为推行"仁政"应以"礼"为规范，"克己复礼为仁"。政治上主张"正名"，以为"君君、臣臣、父父、子子"，都应实副其"名"。自西汉以后，孔子学说成为中国两千余年封建社会的文化正统，影响极大。

## 墨子

墨子（约前468~前376年），名翟，战国时期著名的思想家、教育家、军事家，墨家学派的创始人。墨家学派创建了中国第一个逻辑思想体系。

墨子的主要哲学观点是"实"与"名"，主张"实"是第一性，"名"是第二性，他以"耳目之实"的直接感觉经验为认识的唯一来源。这一观点是人类认识发展史上一个很大的进步。他认为，判断事物的有与无，不能凭个人的臆想，而要以所看到的和所听到的为依据。从这一朴素唯物主义经验论出发，墨子提出了检验认识真伪的标准，即三表："上本之于古者圣王之事"，"下原察百姓耳目之实"，"废以为刑政，观其中国家百姓人民之利"。墨子把"事"、"实"、"利"综合起来，以间接经验、直接经验和社会效果为准绳，努力排除主观成见。在名实关系上，他提出"非以其名也，以其取也"的命题，主张以实正名，名副其实。

## 孟子

孟子（前372~前289年），山东邹城人。名轲，字子舆，战国时期儒家代表人物之一。有"亚圣"之称，与孔子并称为"孔孟"。其言行以及政治主张集中于《孟子》一书。

孟子继承和发展了孔子的"仁"的思想，提出了"仁政"学说。"民为贵，社稷次之，君为轻"。

孟子"仁政"学说的一个重要的理论基础就是"性善论"。他认为"恻隐之心，人皆有之；羞恶之心，人皆有之；恭敬之心，人皆有之；是非之心，人皆有之。恻隐之心，仁也；羞恶之心，义也；恭敬之心，礼也；是非之心，智也。仁义礼智非由外铄我也，我固有之也。"性善可以通过每一个人都具有的心理活动加以验证。既然这种心理活动是普遍的，因此性善就是有根据的，是出于人的本性、天性的，孟子称之为"良知"、"良能"，也就是肯定人性生来是善的。

在主客观作用方面，他强调人的主观精神作用，断言"万物皆备于我"，在儒家哲学中形成一个唯心主义的理论体系，对宋儒影响尤深。

## 庄子

庄子（约前369~前286年），名周，战国时期宋国蒙（今安徽省蒙城县）人，道家学派的代表人物，老子哲学思想的继承者和发展者，后世将他与老子并称为"老庄"，他们的哲学称为"老庄哲学"。

庄子认为"道"是"先天地生"的,强调事物的自生自灭。他认为,儒家所宣扬的仁、义、礼、智恰恰是违背"民之常性",即人的自然本性的,应当全部抛弃,以使人们能按本性生活。庄子在《逍遥游》中描述了超越"有所待",不为俗累,宛若大鹏神鸟,遗世独立,飘然远行,背云气,负苍天,翱翔太虚样的人生境界。

## 荀子

荀子(约前313~前238年),名况,战国时儒家重要代表人物之一。荀子五十岁时游学于齐,曾三任祭酒。后赴楚国,任兰陵令,著书教学。韩非、李斯均为其学生。著有《荀子》一书。其学说总结先秦诸子学术思想,对古代唯物主义的发展起到了重要作用。

荀子认为"天"就是客观存在的自然界,自然界具有不以人的意志为转移的规律性,"天行有常,不为尧存,不为桀亡",从而进一步提出了"天人相分"的观点,在主张尊重自然规律的基础上,提出发挥人的主观能动性,征服自然的思想。

荀子反对神秘主义思想,重视人为的努力。重视社会秩序以及人的行为规范,提出"礼"的主张。他认为人与生俱来就想满足欲望,若欲望得不到满足便会发生争执,因此主张人性本恶,须要由圣王及礼法的教化来"化性起伪",使人格提高。他重视环境和教育对人的影响,把道德意识、道德行为看作是后天人为的结果,要有"师法之化,礼义之道",才可以为善。

## 韩非子

韩非子(约前280~前233年),战国晚期韩国人,出身贵族,法家思想的集大成者。他不善言谈,而善于著述。韩非与李斯同是荀卿的学生,他博学多能,才学超人。他多次向韩王提出富强的计策,但未被韩王采纳。公元前234年,韩非作为韩国的使臣来到秦国,上书秦王,劝其先伐赵而缓伐韩。李斯妒忌韩非的才能,进谗加以陷害,韩非被迫服毒自杀。

韩非子"喜刑名法术之学",并"归本于黄、老"。他认为历史是不断发展进步的,主张"不期修古,不法常可"、"世异则事异"、"事异则备变",要根据今天的实际来制定政策。

韩非子主张"法治",并提出了"法、术、势"相结合的封建君主统治术,为封建中央集权奠定了理论基础。

## 董仲舒

董仲舒(前179~前104年),西汉哲学家。曾任博士、江都相和胶西王相。

董仲舒非常重视天人关系的问题。在他看来,天人并非不相干,而是相互交涉、相互影响的,阴阳五行、自然现象及人类社会都是根据天意构成的一个相互制约、动态协调的大系统。

为了论证一统专制的合理性,董仲舒把君主说成"天命"或"天意"的执行者。他认为一个人成为君主,并非人力所能决定,而是自然如此的,这就表明那个人是由于禀受了天命才成为君主;君主执掌生杀大权,发号施令,统治天下,他的权力是"天意之所予";君主居于上天和人民之间,上天的意思通过君主而贯彻到人间;君主号称为"天子",上天与天子就如同父亲和儿子,儿子遵从父命,君主服从天命;君主和人民的关系也是一样,天下之人都要服从于君主,这就好比孩子归顺父母。这种"君权神授"的思想成为中国封建社会的正统思想,影响中国两千多年。

## 王充

王充(27~99年),字仲任,东汉上虞人,唯物主义思想家和哲学家。他倾毕生精力写成巨著《论衡》。全书85篇,共20余万字,内容涉猎天文、物理、史地、文学艺术等各个方面。王充是一个富有批判精神的思想家。在东汉前期谶纬神学猖獗的年代里,他以"重效验"、"疾虚妄"的求实精神,对"天人感应"、谶纬神学等迷信思想进行了尖锐的揭露和抨击。在哲学上,他提出了以"天道无为自然"为基本特征的一系列唯物主义的观点,根据客观事物的真实情况和当时自然科学研究的成果,否定了天有意志,揭露了封建统治阶级宣扬的"天人合一"的欺骗性。他还抨击了"人死为鬼,有知,能害人"的迷信邪说,对后世产生了很大的影响。

## 范缜

范缜(约450~约515年),字子真,南乡舞阴(今河南泌阳)人。南朝齐梁间著名哲学家、思想家。他出身寒微,幼年丧父,少孤家贫，却养成了朴实直爽、"好危言高论"、不畏权贵的品格。他曾同佛教有神论者进行了两次公开的论战，并著有《神灭论》。

范缜反对佛教的因果报应，认为因果报应是虚构的，人生的富贵贫贱完全是一种偶然的遭遇，同善恶没有必然联系。

范缜认为，形神不能分离，"神即形也，形即神也"。因此，形和神是同一实体的不同表现。也就是说，形与神是既相区别又相联系的不可分离的统一体。"形存则神存，形谢则神灭"。这就明确肯定了形体是第一性的，精神是第二性的，属于唯物的形神一元论，这是范缜"神灭论"的出发点。

他还说"形者神之质，神者形之用"，就是说，形是实体，而神只是实体的作用，不能离开实体而独立存在。精神不是实体，但又依赖于形体，不能脱离形体这个物质实体而存在。"形质神用"的观点是中国唯物论无神论发展的重大成就。

## 朱熹

朱熹（1130~1200年），字元晦，号晦庵，别称紫阳，世称朱子，徽州婺源（今属江西）人。他是南宋最博学的哲学家、教育家和学者，是程朱理学最有代表性的人物。

朱熹专心儒学，成为程颢、程颐之后儒学的重要人物。他的学问渊博，于学无所不窥，在先秦诸子、佛道思想、史学文学、天文地理、文字音韵、训诂考据、典章乐律乃至自然科学等许多方面，都有相当深入的研究及不小的成就。朱熹哲学发展了程颐等人的思想，集理学之大成，构建起了一个规模庞杂而又不失缜密的思想体系。他认为"理"、"气"不相离，但"理在先，气在后"，"理"是物质世界的基础和根源。

## 陆九渊

陆九渊（1139~1192年），字子静，号存斋，南宋金溪县人。理学家、教育家，曾讲学于象山（今贵溪县南），人称"象山先生"。

陆九渊在哲学上，提出"心即理"的命题，断言天理、人理、物理只在吾心中，心是唯一实在，"宇宙是吾心，吾心便是宇宙"。认为心即理，是永恒不变的，把心和理、心和封建伦理纲常等同起来。陆九渊的思想经后人充实、发挥成为明清以来的主要哲学思潮，一直影响到近现代中国的思想界。

## 王守仁

王守仁（1472~1529年），浙江余姚人，因为他曾经筑室于绍兴阳明洞中，后又创办阳明书院，所以被称为阳明先生，是明代著名哲学家、教育家，集心学之大成。

他提出"心外无物"，认为，人心是一切事物的本源，没有人的意念活动，就没有客观事物。他说："心之所发便是意"，"意之所在便是物"。他还提出"心外无理"的命题。在他看来，事物的"理"，不存在于客观事物之中，而是存在于人们的心中，所以说"心即理"。比如，封建的伦理道德观念，原是封建社会的产物，而他却认为是人们心中所固有的，这就是他所谓的"良知"。他主张，要认识"理"，即所谓"知良知"，其途径不是通过实践，而是到心中去体会先验的伦理道德观念。

## 戴震

戴震（约1724~约1777年），字东原，清代思想家。

戴震认为物质的气是宇宙本原，阴阳、五行、道都是物质性的气。认为理是事物的条理，是事物的规律，不能脱离具体事物而存在。在认识论方面，他提出"血气心知"说，"血气"指活的身体，是人的认识能力得以产生的基础。他认为人的认识能力是"天地之化"，通过耳目鼻口之官接触外物，心就能发现外物的规则，格物致知就是对事物进行考察研究，只有经过观察和分析，才能认识事物的道理。

在伦理思想方面，认为人"有欲、有情、有知"，这是人的本性，否定情欲，也就否定了"人之为人"。认为私是"欲之失"，不能"因私而咎欲"。要"理存乎欲"，使人的自然情欲得到合理的满足，而不能只"存理灭欲"。他还提出"以情洁情"的主张，反对道学家"以理杀人"的伪善。

## 黄宗羲

黄宗羲（1610~1695年），字太冲，号南雷，晚年自称梨洲老人。浙江余姚人。明末清初思想家。

黄宗羲学问极博，思想深邃，著作宏富，与顾炎武、王夫之并称明末清初三大思想家；与弟黄宗炎、黄宗会号称浙东三黄；与顾炎武、方以智、王夫之、朱舜水并称为"清初五大师"。他的政治理想主要集中在《明夷待访录》一书中。

"明夷"为《周易》中的一卦，其爻辞曰："明夷于飞垂其翼，君子于行三日不食。人攸往，主人有言。""待访"是等待贤者来访，让此书成为后人之师的意思。该书通过抨击"家天下"的专制君主制度，向世人传递了光芒四射的"民主"精神。

## 顾炎武

顾炎武（1613~1682年），字忠清，尊称为亭林先生，明末清初著名的思想家。曾参加抗清斗争，后来致力于学术研究。顾亭林学术的最大特色，是反对宋明理学的唯心主义玄学，而强调客观的调查研究，开一代之新风，提出"君子为学，以明道也，以救世也。徒以诗文而已，所谓雕虫篆刻，亦何益哉？"强调做学问必须先立人格，提倡"天下兴亡，匹夫有责"。

## 王夫之

王夫之（1619~1692年），湖南衡阳人。晚年居衡阳之石船山，世称"船山先生"。明末清初杰出的思想家。

明亡后，王夫之举兵抗清，战败后回到家乡衡阳潜心治学，在石船山下筑草堂而居，撰写了许多重要的学术著作。

哲学上，王夫之总结并发展了中国传统的唯物主义。认为"尽天地之间，无不是气，即无不是理也"，以为"气"是物质实体，而"理"则为客观规律。在知行关系上，强调行是知的基础，反对陆王"以知为行"的观点。

## 魏源

魏源（1794~1857年），名远达，字默深，清代著名学者，中国近代启蒙思想家。主张"经世致用"的哲学思想。他继承了法家的传统，认为世界是不断向前发展的，并主张通过改革来发愤图强。

《海国图志》一书就集中体现了他"经世致用"的思想。该书于1852年完成，共一百卷。它是近代第一部由中国人自己编的介绍世界各国国情的著作，包括政治、经济、军事、历史、地理、文化等方面。而且在书中，魏源还重点介绍了自己抵抗侵略、民族自强的重要思想。后来这本书传到日本，备受重视，成为日本近代抵抗西方殖民者的重要参考资料。

## 米利都学派

米利都位于爱琴海东岸，是希腊人在亚细亚殖民地的一个城市。大约公元前6世纪，这个城市孕育的一批哲学家以及他们的哲学思想，被称为米利都学派。

米利都学派的主要代表人物有泰勒斯、阿那克西曼德和阿那克西米尼。

他们把自然作为研究对象，探索宇宙万物的本原。把某种有形体的东西，如水、气作为万物的始点，宇宙之本原。自然中的一切东西，软的、硬的、冷的、热的，都是通过转化从同一个本原中派生出来的。他们第一个提出宇宙本原问题，所以他们不仅是古希腊哲学中的第一个学派，而且也被公认为西方第一代哲学家。

## 毕达哥拉斯学派

毕达哥拉斯（约前572~约前500年）是古希腊著名哲学家，古代作家常把他描绘成一个半人半神的形象。他在南意大利学派招收门徒，成立了一个集哲学、宗教和政治于一体的团体，被称为毕达哥拉斯学派，亦称"南意大利学派"。

毕达哥拉斯学派的主要哲学思想是数本原说和灵魂不死论。他们认为一切皆源于"数"，一切可以认识的事物都包含着数，没有数，任何事物都不可能被思考或被认识。

他们还认为，灵魂是一种永恒运动的自动的实体，所以它是不朽的，并类似于神，而且灵魂能够转移到其他生物体中。当人的肉体死亡后，他的灵魂则进入正在此时降生的另一人体内。另外，毕达哥拉斯学派还是西方美学史上最早探讨美的本质的学派。

毕达哥拉斯学派的影响广泛而久远。毕达哥拉斯之后，该学派分为数理派和信条派。

## 麦加拉学派

创立者为麦加拉人欧几里得。该派深受苏格拉底和爱利亚学派的影响，认为善是唯一的存在，是永恒不变的"一"，除此之外都是非存在。"善"就是美德。该派长于辩论，提出了"说谎者"（一个说谎的人说"我在说谎"，他是在说谎还是说真话？）、"秃头"（拔去一两根头发不能为秃头，拔多少根可以是秃头？）、"谷堆"（一两粒谷不能成为堆，多少粒可以？）3个著名的悖论，从中揭示了事物内在的矛盾性。

## 学园派

以古希腊柏拉图所创办的学园为中心而形成的唯心主义哲学学派。该学派的发展大体可以分为3个时期。

1.老学园派（约前347~前247年），主要代表是斯彪西波，其特点是重视柏拉图学说中的毕达哥拉斯主义因素。

2.中期学园派（约前247~约前81年），主要代表是阿尔克西劳，其特点是引入皮浪派的怀疑论。

3.新学园派（约前81~529年），主要代表是普鲁塔克，其特点是提倡新柏拉图主义。

## 斯多阿学派

约于公元前300年，由基底恩的芝诺创立于雅典城内的斯多阿画廊，故称斯多阿学派。主要是宣扬服从命运的泛神论思想，带有浓厚的宗教色彩。

该学派早期在哲学认识论等方面带有唯物主义倾向；中期注重道德等方面的实际问题和宗教问题；晚期则只重视伦理学，宣扬服从命运，完全成了道德说教的学派。

## 理念论

理念，即各种具体事物的一般形式。柏拉图把这种存在于人们主观世界的一般的东西称为理念。理念论是柏拉图哲学的核心，是他研究一切哲学问题的出发点。

他认为只有理念才是真实的存在，因为它独立于人们的认识和事物之外，构成了一个客观独立存在的理念世界，任何个别事物只是理念的"分有"。它们之所以存在，是因为它们分享了理念，是理念的"影子"，是"分有"理念的结果。其主要特征有：第一，绝对实在。只有理念是真实存在且不变的。第二，多中之一。理念是许多个别事物之共同本质。第三，事物的目的。理念是绝对完满的、纯粹的，是具体事物追求的目标。第四，知识的对象。具体事物是感官的对象，从中只能获得意象，只有从理念中才能获得知识。第五，真理的标准。事物真实性的评判视距离理念的远近而定。越近者越真实，越远者越虚幻。

## 柏拉图主义

柏拉图主义是古希腊哲学家柏拉图建立的以其"理念论"为基础的哲学思想。

其基本理论是：

1.理念是独立于个别事物和人类意识之外的实体。

2.各种理念构成客观上独立存在的理念世界。

3.具体事物构成的现实世界是理念世界的"影子"或"摹本"。

4.人性由各有其德行的三个部分组成，即情欲、意志和理性。

5.为了不使这三个部分互相冲突，需要有正义的美德在意志的作用下控制情欲，这也是受教育者应该具有的基本禀性。

## 犬儒主义

"犬儒主义"一般认为是苏格拉底的弟子安提斯泰尼创立的，另一人物第欧根尼则因为住在木桶里的怪异行为而成为更有名的犬儒主义者。当时奉行这一主义的哲学家或思想家，他们的举止言谈、行为方式甚至生活态度与狗的某些特征很相似，他们旁若无人、放浪形骸、不知廉耻，却忠诚可靠、感觉灵敏、敌我分明、敢咬敢斗。于是人们就称这些人为"犬儒"，意思是"像狗一样的人"。至于这个称谓是不是肯定来源于此，学界的观点并不一致。

犬儒学派的主要教条是，人要摆脱世俗的利益而追求唯一值得拥有的善。犬儒学者相信，真正的幸福并不是建立在稍纵即逝的外部环境的优势。每人都可以获得幸福，而且一旦拥有，就绝对不会再失去。人无须担心自己的健康，也不必担心别人的痛苦。犬儒学派对之后的斯多噶学派产生了深远的影响。

## 怀疑论

希腊哲学的一个流派，大约创立在公元前3世纪初。

怀疑论对人能否发现真理既不加以肯定，也不加以否定，而是持一种怀疑的态度。所以怀疑论是对客观世界和客观真理是否存在、能否认识表示怀疑的学说。18世纪英国哲学家休谟怀疑知觉是由外物引起的，德国哲学家康德怀疑人能够认识物自体。现代西方的怀疑论者承袭休谟和康德的思想，拒绝研究感觉之外的实在。

## 原子论

原子论是古希腊早期自然哲学的最高成

就。它认为万物的本原是原子和虚空,通过具有不同形体的不可分割的原子和虚空的组合,解释自然现象的五光十色和千变万化,是西方哲学史中唯物主义观点的最早代表。原子论的奠基人分别是留基伯和德谟克利特。

原子论者认为充实和虚空是本原。充实是存在,虚空是不存在的。这二者一起构成了万物的质料因。原子间的区别是生成不同事物的原因。这种区别共有三种,即形状、次序和位置。原子非常小,以至于它们不能为感官所感知。它们在数量上是无限的。

## 无神论

在古希腊无神论哲学家伊壁鸠鲁证明神的不存在之前,整个世界早期人类的思想几乎都被有神论支配着。

伊壁鸠鲁认为:神或是愿意但没有能力除掉世间的丑恶;或是有能力而不愿意除掉世间的丑恶;或是既有能力又愿意除掉世间的丑恶。如果神愿意而没有能力除掉世间的丑恶,那就不算是万能的,而这种无能力是和神的本性相矛盾的。如果神有能力而不愿意除掉世间的丑恶,那么这就证明神的恶意,而这种恶意同样是和神的本性相矛盾的。如果神愿意又有能力除掉世间的丑恶(这是唯一能够适合于神的本性的一种假定),那么为什么在这种情况下世间还有丑恶呢?因此,神根本不存在。

## 逍遥学派

公元前335年,亚里士多德在雅典创办了一所学校,从事教学十多年。他常和学生一起在林荫道上边散步边讲学,因此被称为"逍遥学派"。因该学派为亚里士多德所创立,因此又称亚里士多德学派。

亚里士多德死后,其学生继承了他的思想,其中许多人能够独立思考,"逍遥学派"兴盛一时。公元前269年,吕科接替斯特拉图作为领导人以后,"逍遥学派"失去了重要地位,亚里士多德的著作被人忽视。到公元前1世纪,该派继承者安德罗尼科重新开始了对亚里士多德学说的研究,对亚里士多德著作进行校勘、整理、编纂和注释。6世纪初,拜占庭皇帝尤斯底年下令禁止亚里士多德学说的传播,该派因而瓦解。

## 因信称义

因信称义是德国宗教改革运动领袖马丁·路德提出的反对中世纪教会神学的宗教哲学。他认为上帝是信仰的唯一对象,而不是理性的对象,上帝的旨意是超越理性的,只能信仰,不能理解。他反对天主教对个人信仰的干预,强调信仰必须以个人的内在心灵为基础。在他看来,每个基督教徒都可以直接与上帝交往,用不着以教会和僧侣为中介,也不必经过那些烦琐的宗教仪式,这就是所谓的"因信得救,不靠事功"。

马丁·路德还把《圣经》作为最高的权威,主张每个信徒都有权阅读和解释《圣经》。他认为对《圣经》的解释,应完全以个人的理解为基础,任何人,无论是王公贵族还是主教教皇,都无权把自己对《圣经》的理解强加于人。他强调个人信仰高于一切,宣扬信仰自由。

## 四假相

四假相是培根反对经院哲学而提出的理论学说,其主要内容是:

种族假相。这是人类天性中共有的缺陷。人在认识自然时,不是以自然为尺度,而是以人的主观性为依据。这就使得人类往往把自己的特征、天性附加于自然之上,于是就出现了拟人观、目的论等思想。

洞穴假相。每个人都有他自己的"洞穴",使自然之光发生曲折和改变颜色,即每个人都从自己所特有的性格、爱好、环境出发来观察事物,带有个人偏见。

剧场假相。这是由各种哲学教条以及错误的证明法则移植到人心中的,人们未经批判而盲目顺从传统的或当时流行的权威而造成的错误。流行的哲学体系就像舞台上演出的戏剧,它们以一种不真实的幻景来表现哲学家自己创造的世界。

市场假相。这是人们在交往中,由于语言概念上的不确定、不严格而产生的思维混乱,就如同市场上的叫卖者以假乱真。

## 科学归纳法

科学归纳法是培根在亚里士多德"三段论"基础上提出的认识自然的新工具,是近代归纳逻辑的主要代表。其主要内容为:

第一步,尽可能充分地搜集事实材料。

第二步,对材料进行整理,用"立表法"对它们进行排列,即具有表用以罗列具有被研究性质的实例;缺乏表用以罗列不出现被研究性质的实例；程度表用以罗列被研究性质出现变化的实例。

第三步，排斥法，排除掉表上罗列的实例中的不相干因素，剩下的唯一因素被断定为是被研究性质的形式即原因。

第四步，归纳，发现罗列实例中本质的、共同的、必然的东西。

## 唯理论

唯理论又称理性主义。一种认为唯有理性才可靠、片面强调理性认识作用的哲学学说。它强调理性作用，这主要表现在认识的起源和可靠性问题上。

唯理论不承认经验论者所主张的一切知识都起源于感觉经验的原则，他们认为具有普遍必然性的可靠知识，不是、也不可能来自经验，而是从先天的、无可否认的"自明之理"出发，经过严密的逻辑推理得到的。他们往往把这种"自明之理"，如欧几里得几何学的公理，以及传统的形式逻辑的同一律、矛盾律、排中律等，说成是人心中与生俱来的"天赋观念"。

唯理论认为，只有依靠理性直接把握事物本质的那种"理性直观知识"，或依据理性进行逻辑推理得来的知识即理性认识，才是可靠的，依靠感觉经验得来的感性认识是不可靠的，往往是错误认识的来源。

唯理论强调理性认识的重要性，认为认识不能停留在感性阶段，必须上升到掌握事物本质、规律的理性认识，才具有真理性，这种否认认识源于经验的倾向导向了唯心主义。法国哲学家笛卡儿是西方近代唯理论的开创者。

## 我思故我在

"我思故我在"是笛卡儿形而上学的理论基础。

笛卡儿认为，只要不违反逻辑，一切都是可怀疑的。但是怀疑本身已表明了一条无可怀疑的真理，即"我在怀疑"这个事实本身是不可怀疑的。我在怀疑即是我在思考，因此"我在思想"是一个毋庸置疑的事实。"我在思想"必须有一个有思想的"我"存在，因为有思想而无思想者的说法在逻辑上是矛盾的，怀疑必定是怀疑者的怀疑，思想必定是思想者的思想，这不说自明的道理表明，即便把一切都想象为假的，而这个想象着的"我"却不可能是假的。因此，"我思故我在"乃是一条确实可靠、不可怀疑的真理。

笛卡儿这一命题中的"我"指的是一个不依赖任何物质，甚至也不依某人的身体的独立精神实体，他称之为"心灵"，而并非指人的身体。

## 自因

"自因"是西方哲学史中表明自身是自身存在原因的哲学概念。最先由笛卡儿提出，后来荷兰哲学家斯宾诺莎批判地继承和发展了他的思想，把自因作为他的哲学体系中的一个重要范畴。

斯宾诺莎指出：一个实体不能是另一个实体的原因，或者一个实体不能为另一个实体所产生，所以实体是自因，即它的本质便包含着存在。它是它自身的原因，不依赖任何其他的东西，当然也不是上帝创造的。因此，自然界作为一个无限的实体，是不生不灭的独立存在，它就是自己存在的原因，自然界中的一切事物互为因果，相互作用，处于无尽的因果联系链条中。

"自因"学说对后世哲学，特别对黑格尔的辩证法思想影响极大。

## 社会契约说

"社会契约说"是一种主张国家和法起源于社会契约的政治学说，解释了国家的起源，规定了统治者及被统治者相互间的权利和义务。

社会契约的学说可以追溯到古希腊哲学，近代自然法学派的一些思想家详尽地论述了社会契约说，其代表人物有霍布斯、洛克、卢梭。其中，尤以卢梭最为著名。他在《社会契约论》中认为，国家及公共权力起源于人们的契约。在自然状态中，人人平等，社会上并不存在国家或其他公共权力。后来随着社会生产技术的发展，生产力的提高，社会出现了剩余财产，进而出现了私有制和不平等，人类脱离自然状态而展开激烈竞争与倾轧。人们为了维护各自的利益和社会秩序就缔结契约，制定法律，把自己权利中的一部分交给集体或公共部分，组成公共权力以换取对个人权利的保障，这样就产生了国家，出现了权力集中的君主和平等享有权益的臣民，社会由此走上了文明的道路。

"社会契约说"是针对"君权神授说"而提出的，并主张"从理性和经验中而不是从神学中引申出国家的自然规律"，对后来的资本主义政治思想影响极大。

美国的《独立宣言》和法国的《人权宣言》及两国的宪法均体现了《社会契约论》的民主思想。

## 唯意志论

唯意志论是一种主张意志是宇宙的本体，意志高于理性的唯心主义和非理性主义哲学。19世纪20年代由德国的叔本华最先提出。

叔本华用"意志"代替了康德的"物自体"，认为意志是整个世界的基础，是终极的实在，一切事物都是意志的表现，思想也是意志的派生物。这个意志无所不在，永恒存在。唯意志论用意志解释宇宙万物，完全否定了自然界和人类社会独立于主观意志之外的客观存在及其规律性，同时也否定了理性思维认识世界的可能性。叔本华认为意志不仅是万物产生的根源，也是世上一切罪恶和痛苦的根源，所以痛苦也永无终结。

唯意志论中的非理性主义倾向，对19世纪末20世纪初流行于德、法等国的生命哲学和历史哲学，尤其是柏格森的直觉主义，以及存在主义和实用主义等都产生了极大影响。

## 一元论

"一元论"一词是德国唯心主义哲学家C.沃尔夫创造的。19世纪末德国动物学家、哲学家E.H.海克尔开始将它作为哲学用语。他把基于物种保存原则和进化论的世界观称作一元论，并著有《作为宗教和科学之间的纽带的一元论》一书。

一元论有两大类：凡肯定这种本原是物质的，是唯物主义的一元论，凡肯定这种本原是精神的，是唯心主义的一元论。

## 二元论

一种企图调和唯物主义和唯心主义的哲学观点，认为世界的本原是意识和物质两个实体。哲学史上典型的二元论者是17世纪法国哲学家笛卡儿。他认为，意识和物质是两种绝对不同的实体，意识的本质在于思想，物质的本质在于广袤；物质不能思想，意识没有广袤；二者彼此完全独立，不能由一个决定或派生另一个。

## 多元论

主张世界是由多种本原构成的哲学学说。希腊恩培多克勒以"四根"即水、火、土、气的结合与分离说明万物的产生和消灭；中国古代哲学家将万物的本原归结为"五行"，即金、木、水、火、土。这是唯物主义的多元论。近代德国的莱布尼茨认为世界由无数独立的精神性的"单子"所组成，是无数单子的和谐的体系。这是唯心主义的多元论。

## 感觉论

强调感觉是认识的唯一来源的学说。唯物主义感觉论者，肯定感觉的内容来自客观物质世界，是外界事物作用于人的感官而引起的结果。唯心主义的感觉论者则认为感觉是主观自生的，否认感觉内容的客观性。

## 自然神论

自然神论是出现于17到18世纪的英国和18世纪的法国的一个哲学观点。

自然神论者推崇理性原则，反对蒙昧主义和神秘主义，否定迷信和各种违反自然规律的"奇迹"；认为上帝不过是"世界理性"或"有智慧的意志"；上帝作为世界的"始因"或"造物主"，它在创世之后就不再干预世界事务，而让世界按照它本身的规律存在和发展下去；主张用"理性宗教"或"自然宗教"代替"天启宗教"。17世纪英国思想家赫尔伯特被誉为"英国自然神论之父"。著名代表有托兰德、哈特利、普里斯特利等。

## 泛神论

认为整个宇宙本身具有神性，万物存在于神内，神是万物的内因。这个神不同于基督教信奉的人格神，也不同于自然神论者所主张的第一因的神，它没有类似人的属性，不是凌驾于世界之上，而是存在于世界之内。

最早提出并使用"泛神论"一词的是17世纪英国哲学家托兰德。

## 价值论

价值哲学形成于19世纪末20世纪初。首先明确采用价值哲学这个术语的是法国哲学家拉皮埃和德国哲学家哈特曼，他们认为，诸如愿望、目的、效用、善、正义、德行、道德判断、审美判断、美、真理等等，都同价值或应当是什么有关，因而可以建立起包括经济学、伦理学、法学、美学、认识论甚至神学等领域的价值在内的一般价值理论。这种一般价值理论叫作价值哲学。

## 快乐主义

又称享乐主义。源于古希腊哲学家德谟克利特的道德哲学，伊壁鸠鲁将其发展为理论体系。该学说倾向于用纯粹生物学的或心理学的观点来解释人的行为与需要，认为人们以求得快乐为生活目的，快乐包括肉体与心灵的快乐。趋乐避苦、追求快乐是道德的基础和内容，是人类一切行为的动因，也是人生的目的。

## 禁欲主义

禁欲主义是要求人们严酷节制肉体欲望的一种道德理论。那些实践禁欲主义生活方式的人，通常会感到他们的所作所为具备高尚的道德情操，他们不断地追求这种生活，以达到更高的精神层次。

禁欲主义源于古代人忍受现世生活困苦的宗教教义和苦行仪式，公元前6世纪后，通过东西方的宗教教义和道德哲学的概括逐渐形成为一种理论。认为人的肉体欲望是罪恶之源，强调节制肉体欲望和享乐，甚至弃绝一切欲望，如此才能实现道德的自我完善。

## 人道主义

人道主义是起源于欧洲文艺复兴时期的一种思想体系，提倡关怀人、爱护人、尊重人，做到以人为本、以人为中心的这样一种世界观。

人道主义主张每一个人是一个独立的实体，尊重个人的平等和自由权利，承认人的价值和尊严，把人当作人看待，而不把人看作人的工具。在反封建中起过巨大的进步作用。

## 个人主义

个人主义是一种道德的、政治的和社会的哲学，强调个人自由和个人的重要性，是自由主义的基础。个人主义反抗权威以及所有试图控制个人的行动，尤其是那些由国家或"社会"施加的强迫力量。

## 利己主义

"利己主义"一词源于拉丁语ego，意为"我"。利己主义的基本特点是以自我为中心，以个人利益作为思想、行为的原则和道德评价的标准。

近代西方资产阶级革命时期，利己主义被发展成为一种系统完整的道德学说。资产阶级的思想家霍布斯、孟德维尔、爱尔维修等人，从抽象的人性论出发，把"人不为己，天诛地灭"的道德观念，看作是人的不变的利己本性，并作为一种普遍的道德原则。

## 利他主义

利他主义泛指把社会利益放在第一位，为了社会利益而牺牲个人利益的生活态度和行为原则。

19世纪法国哲学家和伦理学家孔德首先把这个概念引进道德理论，并以它作为伦理学体系的基础。孔德认为，人类既有利己的冲动，又有利他的冲动。所谓道德，就是使前者从属于后者。利他又必然以利己为基础。

## 弗洛伊德主义

弗洛伊德主义产生于19世纪末20世纪初，创始人是奥地利的精神病学家弗洛伊德。在心理学界，这个理论是指精神分析和无意识心理学体系，也称为精神病学和深蕴心理学。

弗洛伊德认为，在人的正常意识背后，还隐藏着另外一种强有力的心理能量，因而，人的心理结构是由意识、前意识、无意识三个不同的层次构成的。

无意识是人类精神中最原始的因素，是先天的本能、欲望，总是按照"快乐原则"寻求发泄的出路以满足自身。因此，它是人类行为最根本的动力和源泉，这种强大的内驻力决定着人的全部精神生活。

从根本上说，无意识的心理能量是性的本能冲动，人体内与生俱来的"利比多"（性冲动）随着人的成长而发展。如果"利比多"在某一发展阶段上遇阻受挫，出现停滞或倒退，就会引起性变态，这就是歇斯底里的病因。但是人类为了维持社会的稳定发展，又不得不对个人的本能欲望施以限制以至于压抑。如果被压抑的性本能转变为科学文化领域中的创造力，就表现为社会所能接受的方式——升华。

精神分析学说对无意识的探讨，开拓了一个全新的认识领域。尤其是从个体心理发展史的角度对世人讳莫如深的性心理活动的研究，对精神科学和实用医学都是有价值的。

## 新康德主义

新康德主义产生于19世纪60年代的德国，是从康德哲学体系的内在矛盾出发向右转的，是一种主观唯心主义的哲学派别。70年代以后，发展为许多学派，其中最主要的是马堡学派和弗赖堡学派。

新康德主义的主要特征是打着"回到康德那里去"的旗号，利用当时数学、物理学、神经心理学等自然科学的成果，从先验的"心理—生理"、"先验逻辑"或先验的"普遍价值"等角度对康德哲学进行诠释，使其彻底唯心主义化。

## 物竞天择

"物竞天择"是英国著名生物学家达尔文的进化论观点。物竞天择、适者生存是自然和人类社会共同的规律。"物"是指各种生物，"天"是指自然界。达尔文认为，自然界的各种动植物为了自身生存，势必争夺生存必需的空间、阳光和食物。在种与种、群与群的相互竞争中，优胜劣汰，具有良好品质的、适应自然环境的物种得以生存繁衍，反之则被淘汰，直到灭绝。

"物竞天择"不仅是生物进化的规律，而且适用于人类社会。在世界各国、各民族之间同样存在竞争和淘汰，同样是适者生存。

## 结构主义

结构主义源于瑞士语言学家索绪尔的结构主义语言学派，其典型代表是法国的人类学家列维·斯特劳斯。兴起于20世纪60年代的法国。

结构主义者一般都是先验主义者。他们认为，决定社会生活现象性质和变化的内部结构不是客观社会生活自身固有的，而是由人的心灵无意识地投射于社会文化现象之中的，因而人的心灵的构造能力是第一性的，社会生活的内在结构或秩序是第二性的。

## 分析哲学

分析哲学的创建者是英国的穆尔。"分析学派"又称为"牛津学派"，因为分析哲学的主要代表人物莱伊尔、敖姆森、瓦诺克等均任教于牛津。

分析哲学家们的主要主张是：

1.哲学的任务在于"清思"，用尽可能客观的方法对语言进行逻辑分析并阐明其意义。

2.过去许多所谓的"哲学问题"根本就不是问题，主要是由于它所运用的语言同语言的"通常用法"发生了"出入"和"偏差"所致。

3.哲学的正当职责是将传统的哲学化为乌有，唯一的任务是解决由混乱的语言所引起的困惑。

4.哲学家对世界不必下任何断语，对伦理、宗教等问题要保持一种"中立的态度"，因为这些都不在哲学家的"势力范围"之内。

## 实证主义哲学

实证主义哲学的创始人是法国哲学家孔德。他的基本主张是：从事实或曰"实证的东西"出发，从哲学中把给定的东西的本质问题即原因问题当作无用的问题排除出去。

孔德从上述观点出发所创立的三阶段规律是：

1.神学的或虚构的状态。

2.形而上学的或抽象的状态。

3.科学的或实证的状态。

穆勒、斯宾塞、哥德尔、门格尔、考夫曼等哲学家接受并发展了孔德实证主义哲学的观点。

## "新实在论"哲学

"新实在论"哲学流派的形成受到了苏格兰学派以及迈农、马赫、罗苏的影响。最早表述"新实在论"理论的是穆尔的《驳唯心主义》。

"新实在论"批判的重点是：

1.把现实归结为主体意识的主观唯心主义。

2. 把现实和世界意识混为一谈的绝对唯心主义。

3. 把主体和客体彼此对立起来的"二元论"的唯物主义。

"新实在论"的主张是：

1.存在既不具有唯物主义性质，也不具有唯心主义性质。

2.存在是"中性元素"的总和。

3.这些元素视情况而异，或者具有物理意义，或者具有心理意义。

4. "中性的"客体直接进入主体的意识，就变成了"心理的"客体。

5.当客体不包括到认识论的情况之中时，便作为"物理的"客体表现出来。

## 存在主义

存在主义哲学认为哲学的基本问题是个人

的生存问题。哲学研究的出发点是,"存在"而非"本质",因为"存在先于本质"。

存在主义的主要观点是:

1.真正的知识通过直觉来源于个人的情感。

2.真理不是人们的发现,而是个人选择的结果。

3.知识的可靠性不能用一般概念加以衡量。

4.做人就是谋求自由,也就是进行选择。

5.人在他自己的选择中变成他自己,从而获得人的价值。

6.因为人自由地进行选择,所以他从属或生活于某一团体,而仍不失为一个个体的真正的自我。

存在主义道德哲学的主要代表人物有:德国的海德格尔、雅斯贝尔斯,法国的萨特、马塞尔、加缪等。

## 经验主义

经验主义又称经验论,它是认识论学说,与理性主义相对立。

恩培多克勒是历史上的第一位经验论者,他认为,理性主义者所谓人为自身心灵的神秘内涵所吸引而进行实质为记忆的学习,并通过这种学习而获得知识的天赋主张,难以成立。经验主义哲学的核心思想是:认为感性经验是知识的唯一来源,一切知识都是通过经验而获得的。

经验主义还分为唯物主义的经验论和唯心主义的经验论。

## 人本主义

人本主义通常是指人本学唯物主义。它是一种把人生物学化了的形而上学唯物主义学说。其主要代表人物是:德国哲学家费尔巴哈。

其主要哲学观点是:

1.反对宗教神学和思辨哲学,把自然和人看作是由某种神秘的、虚幻的和超自然的力量所支配,要求恢复人和自然的真面目。

2.人是自然的一部分,心灵不能脱离肉体而存在。

3.人是生物学意义上的人,而不是社会学意义上的人。

## 实用主义

实用主义哲学起源于美国。它的主要哲学观点是:

1.客观经验与现实等同。

2.任何事物都处于变化的过程中。

3.事物变化并非向着预定的遥远的目标,而是向着切近的目的,而它又将成为下一个切近目的的手段。

4.目的是完成了的手段,手段是未完成的目的。

实用主义的代表人物有皮尔士、詹姆士、杜威等。

## 马克思主义

马克思(1818~1883年),辩证唯物主义和历史唯物主义的创始人。马克思主义是马克思、恩格斯在19世纪工人运动实践基础上创立的理论体系,以唯物主义角度编写而成。包括3部分:马克思主义哲学、马克思主义政治经济学、科学社会主义。

## 《共产党宣言》

《共产党宣言》是马克思和恩格斯为共产主义者同盟起草的纲领,它于1847年12月至1848年1月写成,1848年2月在伦敦正式出版发行。国际共产主义运动的第一个纲领性文献,马克思主义诞生的重要标志。

## 折衷主义

折衷主义(Eclecticism)源于希腊文,意为"选择的","有选择能力的"。后来,人们用这一术语来表示那些认同某一学派的学说,又接受其他学派的某些观点,表现出折衷主义特点的哲学家及其观点。

在西方哲学史上,第一个明确把自己的哲学称作折衷主义的是亚历山大里亚人波大谟。19世纪法国哲学家库桑也称自己的哲学体系为折衷主义,声称一切哲学上的真理已为过去的哲学家们阐明了,不可能再发现新的真理了,哲学的任务只在于从过去的体系中批判地选择真理。

## 苏格拉底

苏格拉底(前469~前399年),出生于雅典一个普通公民的家庭,他早年继承父业,从事雕刻石像的工作,后来研究哲学。在欧洲文化史上,他一直被看作是为追求真理而死的圣人,几乎与孔子在中国思想史上所占的地位相同。

苏格拉底可以说是古代希腊哲学的一个分水岭。在他之前,古代希腊的哲学家都偏重对宇宙起源和万物本体的研究，如泰勒斯、毕达哥拉斯等，对于人生并不多加注意。苏格拉底扩大了哲学研究的范围，他将哲学引到对人心灵的关注上来。他引用德菲尔阿波罗神庙所镌刻的那句神谕来呼吁世人"认识自己"，旨在希望人们能通过对心灵的思考关怀而追求德行。可以说，苏格拉底把哲学的领域扩展了，对后来的西方哲学和宗教，乃至社会和民主制度的发展产生了不可磨灭的影响，也为基督教的欧洲化奠定了人文基础。

## 亚里士多德

亚里士多德（前384~前322年），古希腊思想家。马克思和恩格斯曾称他为"最博学的人物"、"古代最伟大的思想家"。他在柏拉图的学院里潜心学习了20年，在吸收和批判了苏格拉底和自己的导师柏拉图的思想基础上，形成了自己的理论体系。

代表作有《工具论》、《物理论》、《形而上学》、《伦理学》、《政治学》等。

## 伊壁鸠鲁

伊壁鸠鲁（前341~前270年），古希腊哲学家、无神论者，伊壁鸠鲁学派的创始人。伊壁鸠鲁从小就对世界的起源有着浓厚的兴趣，一生致力于探求世界的本原。他认为，世界上不存在混沌或者虚无的东西，世界是由原子组成的，而原子是不能被分裂成更小粒子的物质性微粒。宇宙中除了我们这个世界外还存在着其他世界，那些世界和地球一样，也有着自己美丽的大海和高山，有着自己的人类和飞禽走兽。

## 西塞罗

西塞罗（前106~前43年），古罗马著名政治家、雄辩家和哲学家。出身于古罗马的奴隶主骑士家庭，从事过律师工作，后进入政界。从政开始时期倾向平民派，以后成为贵族派。

他的哲学主张综合各派的学说，因此被认为是古代折衷主义最典型的代表。在政治上，他认为国家是人民的事务，是人们在正义的原则和求得共同福利的合作下所结成的集体；君主、贵族和民主三种政体都是单一政体，理想的政体应是"混合政体"，即以当时罗马元老院为首的奴隶主贵族共和国。

## 奥古斯丁

奥古斯丁（354~430年），古罗马帝国时期基督教思想家，欧洲中世纪基督教神学、教父哲学的重要代表人物。

奥古斯丁生于罗马帝国，幼年时即加入基督教。387年复活节，他接受安布罗斯洗礼，正式加入基督教。395年升任主教。在任职期间，他以极大的精力从事著述、讲经布道、组织修会、反驳异端异教的活动。其思想体现在《忏悔录》、《上帝之城》等著作之中。

奥古斯丁把哲学用在基督教义上，使哲学与宗教结合，创立了基督教哲学，后来成为经院哲学依据的权威。

## 爱留根纳

爱留根纳（约800~877年），爱尔兰人，是"加洛林朝文化复兴"时期最著名的学者，经院哲学的先驱，他建立了中世纪第一个完整的唯心主义体系，为经院哲学全盘时期的到来奠定了基础，被尊为"中世纪哲学之父"。黑格尔认为，这个时期真正的哲学是从爱留根纳开始的。

爱留根纳是基督教内部第一个明确指出信仰应该服从理性的哲学家。他主张信仰与理性的统一，神学与哲学的统一；认为启示和理性都是真理的来源，宗教和哲学具有同等的权威，理性和启示不可能互相矛盾。但他认为理性和启示一旦出现了矛盾，那就应当采取理性。

爱留根纳对中世纪哲学产生了深远影响，他关于理念是万物的原形、事物是理念的实在化的观点，后来发展为经院哲学中的实在论。而他的泛神论，如崇尚理性、反对权威的思想，则成了后来反正统经院哲学异端思潮的一个重要理论来源。

## 哥白尼

哥白尼（1473~1543年），出生于波兰维斯杜拉河畔的托伦市一个富裕家庭。他从小丧父，由担任教士的舅父抚育长大。公元1506年，哥白尼大学毕业回国，被批准加入了教士团。这使他享有了一定的社会地位和物质保障，并获得充裕的时间来从事自己最喜欢的天文学研究。在长期的科学观测和研究过程中，哥白尼发现了教会所宣扬的"地心说"（即地球是整个宇宙的中心）存在着无法解释的疑问。他用了大量时间来进行科学实践活动，并整理自己的研究成果，终于写成了长达6卷的天文学巨著——《天体运行论》，大胆地提出，地球是围绕太阳转动的，太阳才是宇宙的中心。这就是著名的"日心说"。

哥白尼的学说不仅改变了那个时代人类对宇宙的认识,而且从根本上动摇了欧洲中世纪宗教神学的理论基础。正如恩格斯所说的,"从此自然科学便开始从神学中解放出来","科学的发展从此便大踏步前进"。

## 布鲁诺

布鲁诺(1548~1600年),意大利思想家。他出生于那不勒斯附近的诺拉镇。17岁进入圣多米尼加修道院,但他非常拥护哥白尼的"天体运行论"。28岁时,因反对罗马列教会的腐朽制度而离开修道院,流亡西欧,曾用演讲、讲课、文章等不同形式反对"地心说",宣扬新思想。他认为:"为真理而斗争是人生最大的乐趣。"1592年,布鲁诺被骗到威尼斯并遭逮捕,在囚室八年中他英勇不屈。据1599年10月21日的档案记载,布鲁诺宣布无可招供,他没有做任何可以反悔的事情。他说:"在真理面前,我半步也不退让!"最后以"异端分子和异端分子的老师"的罪名,于1600年2月17日被烧死在罗马鲜花广场。后人为纪念这位坚强不屈的学者,于1889年在鲜花广场上塑起布鲁诺铜像。

## 培根

弗兰西斯·培根(1561~1626年),近代英国唯物主义哲学家。培根出生于伦敦一个新贵族家庭,12岁时便进入剑桥大学学习,学业完成后被任命为英国驻法使馆随员。1582年,培根在获得律师职务的同时被选为国会议员,此后又接连担任副检察长、检察长、掌玺大臣等职。由于被指控受贿,他不得不辞职,随后致力于哲学与科学研究。培根研究的主要内容是认识论,在唯物主义基础上,他创立了经验论,提出了经验论的基本原则和方法,对科学研究的发展产生了很大的影响。被马克思称为"英国唯物主义和整个现代实验科学的真正始祖"。

## 霍布斯

霍布斯(1588~1679年),早期著名的启蒙思想家,代表了英国资产阶级革命期间资产阶级上层的利益。他认为世界上本没有神,宗教不过是人类无知和恐惧的产物,但有助于维持社会秩序。

霍布斯的代表作是《利维坦》,开宗明义宣布了彻底唯物主义自然观,声称宇宙是由物质的微粒构成,物体是独立的客观存在,物质永恒存在,既非人所创造,也非人所能消灭,一切物质都处于运动状态中。

## 约翰·洛克

约翰·洛克(1632~1704年)是英国经验主义的创始人,同时也是第一个全面阐述宪政民主思想的人。

洛克认为世界是由物质构成的,人类所有的思想和观念都来自或反映了人类的感官体验,主张感官的性质可分为"主性质"和"次性质"。

洛克的哲学思想对后来的哲学家产生很大的影响,贝克莱、休谟等人继续发展了他的理论,使其成为欧洲的主流哲学思想。

## 斯宾诺莎

斯宾诺莎(1632~1677年),荷兰哲学家,西方近代哲学史重要的理性主义者。

斯宾诺莎认为宇宙间只有一种实体,即作为整体的宇宙本身,而上帝和宇宙就是一回事。因此,斯宾诺莎提出我们应该"在永恒的相下"看事情。

在伦理学上,他认为,一个人只要和上帝达成一致,就能获得相对的自由,从而摆脱恐惧,否则就要受制于外在的影响,处于奴役状态。同时他还主张无知是一切罪恶的根源。代表作是《几何伦理学》(即《伦理学》)。

## 孟德斯鸠

孟德斯鸠(1689~1755年),出生于法国波尔多附近的拉伯烈德庄园的贵族世家。不仅是18世纪法国启蒙时代的著名思想家,也是近代欧洲国家比较早的系统研究古代东方社会与法律文化的学者之一。1728年任法兰西文学院院士。

孟德斯鸠的哲学思想承认物质世界的存在与运动有其自身的规律,它既不以人的意志为转移,也不受上帝的干预。但他又认为上帝是物质运动的最后根源。在政治思想上,他提出"三权分立"学说,主张开明的君主立宪制与信仰自由,要求宗教改革,对封建制度和天主教会进行了激烈批判。他还提出地理环境决定政治制度的理论。代表作有《波斯人的信札》、《论法的精神》。尤其是《论法的精神》这部集大成的著作,奠定了近代西方政治与法律理论发展的基础。

## 伏尔泰

伏尔泰（1694~1778年），法国启蒙思想家、哲学家，有"法兰西思想之王"、"法兰西最优秀的诗人"、"欧洲的良心"之称。他提倡天赋人权，认为人生来就是自由和平等的，人人都具有追求生存、追求幸福的权利，这种权利是天赋予的，不能被剥夺，这就是天赋人权思想。雨果曾评价说："伏尔泰的名字所代表的不是一个人，而是整整一个时代。"代表作有《哲学辞典》、《形而上学论》等。

## 休谟

休谟（1711~1776年），18世纪英国哲学家。

休谟的哲学受到经验主义者约翰·洛克和乔治·贝克莱的深刻影响，首倡近代不可知论，对感觉之外的任何存在持怀疑态度，对外部世界的客观规律性和因果必然性持否定态度。在伦理观上，主张功利主义，认为快乐和利益是一致的。代表著作有《人性论》等。

## 卢梭

卢梭（1712~1778年），法国著名启蒙思想家、哲学家、教育家、文学家，是18世纪法国大革命的思想先驱，启蒙运动最卓越的代表人物之一。在哲学上，卢梭主张感觉是认识的来源，坚持"自然神论"的观点；强调人性本善，信仰高于理性。在社会观上，卢梭坚持社会契约论，主张建立资产阶级的"理性王国"；主张自由平等，反对大私有制及其压迫；提出"天赋人权说"，反对专制和暴政。在教育上，他主张教育的目的在于培养自然人；反对封建教育戕害、轻视儿童，要求提高儿童在教育中的地位；主张改革教育内容和方法，顺应儿童的本性，让他们的身心自由发展，反映了资产阶级和广大劳动人民从封建专制主义下解放出来的要求。主要著作有《论人类不平等的起源和基础》、《社会契约论》、《爱弥儿》、《忏悔录》等。

## 狄德罗

狄德罗（1713~1784年），18世纪法国唯物主义哲学家，百科全书派代表。

狄德罗把世界设想为一个大系统，认为其中存在的只有时间、空间与物质；物质本身具有活力，能够自行运动，不需要它以外的神秘力量参与。同时强调感觉论，认识出现在理智之中的，必然首先导源于感性认识，主张感性认识与理性认识两条轨道相辅相成，共同推进人类认识。其代表作有《哲学思想录》、《论盲人书简》等。

## 康德

伊曼努尔·康德（1724~1804年），启蒙运动时期最重要的思想家之一，德国古典哲学创始人，著有一系列涉及广阔领域的有独创性的伟大著作，如《纯粹理性批判》、《实践理性批判》、《判断力批判》等。

在《判断力批判》中，康德把人理解为"完整的生命"，并由此出发把人的"理论理性"和"实践理性"通过审美判断联结起来。在审美鉴赏中，"事物自身"向鉴赏者"显现"出"自己"的意义，鉴赏者在"现象"中"看"到"本质"，从经验中的"有"中"看"到了"无"，召唤那个"无—本体—事物自身"到我们面前来。"无—非存在"并非人主观强加给"自然"的，"世界"作为"整体"存在于"作为整体的自然"之中，世界有一个"无""在"。哲学正是在"整体"尚未"完成"时，"看"到了"整体"，提前进入"整体"。"整体论"可以理解为哲学的目的论，它使世界万物有始有终，有"自己"。"理性"将"自然"作为人们"生活世界"的有机组成部分，使它不仅仅是我们的工具，而且将其"评鉴"为"事物自己"。"自己"就是"自由"，"自由"的意义只向"人""开显"。人必须是理性者，是自由者，是目的。

## 费希特

费希特（1762~1814年），德国唯心主义哲学的主要奠基人之一。

在《自然法学基础》中，他认为自我意识是一种社会现象。任何客体的自我意识，其必要条件是所有其他理性的客体存在。这些客体共同影响并召唤起每个单个个体其自身的自我意识。这一观点最终发展成了费希特绝对自我，自我设定自己本身的认识论。

## 黑格尔

黑格尔（1770~1831年），德国著名哲学家，古典唯心主义哲学的最杰出代表。黑格尔在康德哲学思想的基础上，发扬并创立了庞大的客观唯心主义哲学体系。

他的哲学体系第一次对辩证法的基本内

容进行了全面系统的阐述,其中以矛盾学说为核心。他认为辩证法贯穿于每一个研究领域,并认为整个自然、历史和精神的世界为一个过程。在这种学说的基础上,最后得出了逻辑学、认识论和辩证法三者统一的基本结论。黑格尔以"绝对精神"为标准,将哲学分为逻辑阶段、自然阶段和精神阶段三个由浅入深的阶段,认为它是一个肯定、否定、否定之否定的辩证发展过程,这种理论成为黑格尔哲学的顶点。

黑格尔一生著述颇丰,其代表作品有《精神现象学》、《逻辑学》、《哲学全书》、《法哲学原理》、《哲学史讲演录》、《历史哲学》和《美学》等。

## 谢林

谢林(1775~1854年),德国古典哲学的主要代表。在早期,谢林把康德与费希特的主观唯心主义转变为客观唯心主义,把他们的主观辩证法推广到外部世界,为黑格尔哲学体系的建立创造了条件;晚期的思想则走向天主教神学。

代表作《自然哲学体系初稿》、《先验唯心论体系》,作为"同一哲学"的两个部分,确立了他作为德国古典哲学改造者的历史地位。

## 叔本华

叔本华(1788~1860年),悲观主义代表,诞生于德国但泽。1819年发表重要哲学著作《作为意志和表象的世界》。

叔本华在《作为意志和表象的世界》一书中,开篇就宣称:世界是我的表象。这是一个真理,是对于任何一个生活着和认识着的生物都有效的真理;不过只有人能够将它纳入反省的、抽象的意识。他认为人们不能把精神归于物质,只能通过精神认识物质。人类不能靠先考察物质,再考察思想来发现现实的奥秘。人类绝不能从外面得到事物的真正本质,只能得到印象和名称。探索心灵的深处,才可能获得开启外部世界的钥匙。因为凡已属于和能属于这个世界的一切,都无可避免的带有以主体为条件的性质,并且也只是为主体而存在。世界即是表象。

## 费尔巴哈

费尔巴哈(1804~1872年),德国旧唯物主义哲学家。费尔巴哈批判了康德的不可知论和黑格尔的唯心主义,恢复了唯物主义的权威;肯定自然离开人的意识而独立存在,时间、空间是物质的存在形式,人能够认识客观世界。他认为,认识的唯一对象是自然界,认识就是思维对客观对象的反映。主张思维与存在具有同一性,客观世界是可知的。在感性认识与理性认识关系上,认识始于感觉,但不能停留在感觉上,而必须从感觉上升到理性思维,但他又未区分开感性与理性之间质的差别。

## 尼采

尼采(1844~1900年),德国著名哲学家。西方现代哲学的开创者。他最早开始批判西方现代社会,然而他的学说在当时却没有引起人们重视,直到20世纪,才激起深远的、调门各异的回声。后来的生命哲学、存在主义、弗洛伊德主义、后现代主义都以各自的形式回应尼采的哲学思想。其代表作有《查拉图斯特拉如是说》、《权力意志》、《悲剧的诞生》。

《悲剧的诞生》是尼采第一部较为系统的美学和哲学著作,写于1870~1871年间。从书名来看,本书是对作为文学形式之一的悲剧的探讨,但实际上包含着比较丰富的内容,阐述了作者的许多哲学思想,因而可说是他的哲学的诞生地,是一本值得重视的著作。

《悲剧的诞生》一书的主要目的不在于对悲剧进行纯理论的探讨,而是从人生哲学的角度探讨了悲剧与人生的关系,提倡一种审美的人生态度,建立起一种悲剧人生观。

## 马赫主义

马赫主义又称经验批判主义,因其创始人是马赫而得名。是19世纪70年代至20世纪初产生并流行的唯心主义哲学流派。

马赫主义强调经验的重要性,把感觉经验看作是认识的界限和世界的基础,认为作为世界第一性的东西既不是物质也不是精神,而是感觉经验。从这一立场出发,强调一切科学理论都不过是假说,它们只有方便与否之分,没有正确与错误之别。

## 杜威

杜威(1859~1952年),近代美国教育思想家、实用主义哲学家。他的思想,不仅形成了美国继实用主义之后兴起的实验主义哲学体系,而且也间接影响到进步主义教育的实施与理论。同时杜威积极推动社会改革,倡言民主政治理想。

## 罗素

罗素（1872~1970年），20世纪英国最有影响力的哲学家、数学家和逻辑学家之一，同时也是活跃的政治活动家，并致力于哲学的大众化、普及化。他在多方面的建树深刻地影响了西方哲学。

在数理逻辑方面，罗素提出了罗素悖论，1910年，他和老师怀海德一起发表的《数学原理》，对这一概念做了初步的系统整理。

哲学上罗素最大的贡献是与摩尔、弗雷格、维特根斯坦和怀特海一起创立了分析哲学。分析哲学始终强调现代逻辑学和科学的重要性，批判唯心论。

## 海德格尔

海德格尔（1889~1976年），德国哲学家，曾求学于弗赖堡大学，后成为胡塞尔的学生。海德格尔在哲学上的成就是对亚里士多德哲学的创造性解释。在对死的认识上，海德格尔认为，要深入研究关于死的本体论，分析死在人生中的地位、作用和影响这一贯穿人生始终的问题。海德格尔的代表作有《存在与时间》等。

## 维特根斯坦

路德维希·维特根斯坦（1889~1951年），出生于奥地利，后入英国籍。哲学家、数理逻辑学家。20世纪最有影响的哲学家之一。

维特根斯坦1911年到剑桥，跟随罗素学逻辑。在罗素的推荐下，他的《逻辑哲学论》于1919年出版，在哲学界引起轰动。1928年他重返剑桥任教。

维特根斯坦的哲学主要是研究语言，他主张哲学的本质就是语言。他想揭示当人们交流时，表达自己的时候到底发生了什么。他认为语言是人类思想的表达，是整个文明的基础，哲学的本质只能在语言中寻找。他的主要著作是《逻辑哲学论》和《哲学研究》。

# 历史考古篇

## 中国统一疆域的最终形成

中国现代疆域统一的轮廓是在清朝时期逐步形成的。

建立清朝的爱新觉罗家族是东北女真部落的一支，属于明朝建州卫的一部。努尔哈赤1616年在赫图阿拉（今辽宁新宾东）称汗，建大金，史称后金。后迁都沈阳，称盛京。

崇德元年（1636年），皇太极登位，改国号为清，到崇德八年，清朝的疆域已经扩大到明长城以北，包括今内蒙古、东北和境外兴安岭以北、东至萨哈林岛（库页岛）间的地区。

明崇祯十七年（1644年）五月，清军占领北京。九月，皇太极之子福临到达北京，十月即皇帝位，改元顺治，北京成为清朝首都。顺治十六年（1659年）清军占领云南，南明桂王（永历帝）逃往缅甸。康熙二十二年（1683年），清军进攻台湾，郑成功之孙投降。次年，清朝在台湾设府、县、总兵等官，隶属于福建省。从此，长期由当地人民自治的台湾岛由大陆政权设置了正式政区。

康熙二十九年（1690年），清军在乌兰布通（今内蒙古赤峰西北）大败准噶尔首领葛尔丹。三十五年，康熙帝再次亲征，大破葛尔丹军，收复了蒙古高原，喀尔喀三部回到漠北。至此，内外蒙古完全统一于清朝。

顺治四年（1647年），清朝派官员到西藏，册封班禅为金刚上师。九年，达赖到达北京朝见清世祖，次年受清朝册封为"达赖喇嘛"。康熙四十八年（1709年），派侍郎赫寿入藏协助拉藏汗管理地方事务。五十二年，五世班禅被封为"班禅额尔德尼"。

雍正六年（1728年），清朝在西藏设置了驻藏办事大臣衙门，统率驻藏官兵，督导地方行政。乾隆十六年（1751年）设立西藏地方政府——噶厦，规定凡重大行政事务及藏官的任免、藏军的调动等均应由噶厦请示达赖和驻藏大臣办理。

乾隆二十四年（1795年），攻下喀什噶尔和叶尔羌，企图割据自立的大小和卓逃往巴达克山部后被杀，天山南麓也告平定，清朝统一中国的大业至此完成。

中国终于形成了一个北起外兴安岭、额尔古纳河，南至南海诸岛，西起巴尔喀什湖、帕米尔高原，东至库页岛，拥有一千多万平方千米国土的空前统一的国家。

## 中国主要朝代名称的由来

夏：禹原为夏后氏部落首领，因此，禹的儿子启建立的奴隶制国家叫"夏"。

商（殷）：契是商部族的始祖，曾居于商（河南商丘），所以在灭夏后以"商"为国名。又因盘庚将都城迁到殷（今河南安阳），所以商朝也叫殷朝。

周：因太王（古公亶父）居于岐山下的周原，所以武王克殷后，以"周"为国名。

秦：周孝王赐非子"嬴"姓，并封"秦"（今甘肃天水）地，以后立国就以"秦"为国号。

汉：刘邦原被项羽封为汉王，后国号称"汉"。

三国：分别为魏、蜀汉、吴。魏，曹操在汉献帝时封爵为魏王。他的儿子曹丕称帝后以"魏"为国号。蜀汉，刘备在成都称帝时，国号"汉"，因都城在蜀，故称蜀汉。吴，孙权建都建邺（今南京），为古吴地，所以称"吴"。

晋：司马昭在魏国先封爵为晋公，后为晋王。他的儿子司马炎为帝，国号"晋"。

隋：杨坚原为后周之随王，后废周帝改"周"为"隋"，因讳"随"有走义，故省"辶"为"隋"。

唐：李渊在西魏时，被封为唐国公。李渊

称帝后建立了唐朝。

宋：赵匡胤在周朝时，被封为宋州节度使。因发迹于宋州，所以国号称"宋"。

元：本无国号，称蒙古。世祖忽必烈始建国号叫"大元"，取《易》中"大哉乾元"之义。

明：出于明教，明教有明主出世的传说。

清：努尔哈赤建立政权后，国号大金。皇太极继位后，为了避免汉族对历史上金国侵略的民族仇恨，改"金"为"清"（清即金的音转）。

## 中国皇帝之最

最长命的皇帝是清高宗乾隆皇帝爱新觉罗·弘历，享年88岁。

最短命的皇帝是东汉殇帝，不到1岁即夭折。

即位时年龄最小的是东汉殇帝，刚过100天。

即位时年龄最大的是女皇帝武则天，67岁即位。五代十国的荆南王高季兴即位时也是67岁。

在位时间最长的是清康熙皇帝，跨62个年头。

在位时间最短的是金末帝完颜承麟，仅仅1天即战死。

嫔妃最多的是晋武帝，后宫佳丽达10000多人。

子女最多的是清康熙皇帝，有男孩36人，女孩20人。

## 中国历史上第一个女皇帝

北魏时，中国出现过一个女皇帝，她就是北魏孝明帝的女儿元姑娘。元姑娘的登基完全是她的祖母——北魏宣武帝之妃、孝明帝之母胡太后一手导演的。

北魏孝明帝登基后，其母胡氏被尊为太后，因孝明帝年幼而临朝听政，胡太后政治上恣意专权，生活上十分淫乱，结果被大臣幽禁于北宫。

适逢元翊之妃潘滨生了个女孩，为了重新掌权，胡氏假称潘滨所生是个男孩，大赦天下，改年号"孝昌"为"武泰"，接着暗下鸩毒，将孝明帝毒死。孝明帝死后，胡太后便奉元翊的女儿——元姑娘当皇帝，言太子即位，中国历史上第一个女皇帝就这样登基了。这一年是公元528年。但元姑娘在位时间极短，历史上连她的名字也未留下。

## 中国历史上四次民族大融合

中国历史上四次民族大融合发生于以下四个时期：

1.春秋战国时期。特点是在中国腹心地区进行的，形成中华民族的主体民族——汉民族。

2.魏晋南北朝时期。特点是民族迁徙出现对流，一部分汉族往周边去，周边少数民族也往内地来。

3.宋辽金元时期。特点是在边疆地区进行的，不仅少数民族融入汉族，而且大量的汉族融合少数民族。

4.清代。这一时期奠定了现在中国疆域和以汉族为主体的中华民族的基础。

## 中国历史上的七次和亲政策

和亲是中国历史上一个独特而又普遍的现象，它作为一种历史现象出现于西汉，并成为统治阶级的一种政治策略。和亲的实施在一定程度上避免了战争，促进了两国关系。为国内的经济发展创造一个安定的环境。中国历史上曾出现过七次重大的和亲。

1.江都公主出使乌孙。张骞出使乌孙之后10年，即公元前109年，当时居住在新疆伊犁河流域一带的乌孙王昆莫为了结好汉朝，以良马千匹为聘，迎娶西汉江都王刘建之女细君。不几年，乌孙王昆莫老去，又将江都公主，即细君嫁与其孙岑为妻，这虽不合汉习俗，但为了民族团结的大义，公主最终与岑结成夫妻。两国继续保持友好关系。

2.解忧公主出使乌孙。江都公主病故后，楚王戊的女儿解忧公主赴乌孙，与岑结合。解忧公主的长女后来成为龟兹王绛宾的夫人，曾数次进中原学习先进科技文化。两位公主的联姻，使汉与乌孙的关系日趋亲密。

3.王昭君出塞。昭君，名嫱，汉时为与匈奴通好，被选出嫁塞外。其夫呼韩邪单于得昭君十分欢喜，上书汉元帝，保证上谷至敦煌一带的安全，世代传下去，永远如此。至此，汉匈边境真正出现一派和平景象。

呼韩邪单于死后，其子雕陶莫皋即位，复收昭君为妻，育二女。王昭君为汉匈和解、边境安宁作出了很大贡献。她的事迹直到今天还在汉蒙两族人民中广为传颂。

4.文成公主进藏。贞观十五年，唐太宗将文成公主嫁与吐蕃君主松赞干布。礼部尚书江夏郡王道宗负责护送公主到吐蕃。文成公主从长安大明宫出发后，沿丝绸之路西行至西宁，折而向南，过黄河源头，至拉萨，这是丝绸之路的一条新的支线。此后不少人通过这条线前往尼泊尔、印度。

文成公主入藏时，带去了大批谷物种子、书籍和能工巧匠，把先进的生产技术带到了西藏高原，为西藏的经济文化发展作出了卓越的贡献。

5.弘化公主远嫁吐谷浑。弘化公主，唐宗室女，贞观十四年，奉唐太宗李世民之命，入吐谷浑与国王诺曷钵完婚。这次和亲促进了唐与吐谷浑人民的友好关系，后弘化公主又鼓励自己的儿子与唐联姻，结成了世代亲戚关系。

6.金城公主入蕃。唐高宗永徽元年（公元650年），唐宗室女金城公主入西域，与苏度摸末完婚。苏度摸末乃弘化公主与吐谷浑王诺曷钵长子，此后，唐高宗封苏度摸末为左领军卫大将军。

7.金明公主入蕃。苏度摸末死后，弘化公主次子闼卢摸末来唐朝求婚，高宗又将宗室女金明公主下嫁给他，并封闼卢摸末为左武卫大将军梁汉王。多次联姻维持了丝绸之路河西走廊这一段的畅通，唐与吐谷浑的关系也得到进一步发展，这对于唐王朝西北边疆的安全，具有极其重要意义。

## 三皇五帝的传说

关于三皇五帝都有谁有三种不同的说法：

1.中国古书上，把伏羲、女娲、神农称为"三皇"，把太皞、炎帝、黄帝、少皞、颛顼称为"五帝"。

2.中国最早的古史系统，有很多种说法。《尚书大传》：燧人、伏羲、神农。《五帝德》：黄帝、颛顼、帝喾、尧、舜五人。三皇所指诸人，是中国处于史前各个不同文化阶段的象征，燧人、伏羲分别代表蒙昧时期的中高阶段，神农代表野蛮时代的低级阶段；五帝所指主要是父系家长制的联盟盛期及其解体时或原始社会末期所实行军事民主制时期的一些部落酋长或军事首长人物。

3.以为他们是古代传说中的帝王。汉代伪《尚书序》以伏羲、神农、黄帝为三皇，少皞、颛顼、帝喾、尧、舜为五帝。

## 家天下

禹品德高尚，治水有功，深得万民的拥护。舜去世后，禹便正式成为部落联盟的领袖，这就是夏朝的开始。夏朝是中国历史上第一个朝代，大禹是夏朝的第一个国君。等到禹死后，启凭借权势杀死了继承人伯益，夺取了天下。于是，夏启也就成为中国历史上由"禅让制"变为"世袭制"的第一人。从此，在中国历史上出现了以"子承父位"为特征的"家天下"制度。这一制度在中国实行了3900多年，直到1912年清王朝被推翻为止。

## 盘庚迁殷

汤建立商朝时，定都于亳（今河南商丘）。商朝因政治动乱和水患等原因，多次迁都。至公元前14世纪，第20代王盘庚将都城自奄（今山东曲阜）迁于殷（今河南安阳小屯村一带），这是第四次迁都。盘庚迁都时对臣民训诰，继续行汤之政，使百姓安定，商朝复兴，故商朝又史称为殷朝、殷商。

## 正史

正史，就是被官方认定为正宗和正统的史书，最早将正史作为史籍类名的是《隋书·经籍志》。正史有确定的范畴，宋代时有十七史，就是《史记》、《汉书》、《后汉书》、《三国志》、《晋书》、《宋书》、《南齐书》、《梁书》、《陈书》、《魏书》、《北齐书》、《周书》、《隋书》、《南史》、《北史》、《新唐书》、《新五代史》；到明代，增加了《宋史》、《辽史》、《金史》和《元史》，成为二十一史；清代又增加《旧唐书》、《旧五代史》和《明史》，遂成二十四史，二十四史是正史最为通行的说法；民国时，增列《新元史》，而有的地方则是将《清史稿》列入，于是又有二十五史之称，如果将这两部书都加进去，就是二十六史。在唐代以前，正史一般为私人撰写，如《史记》为司马迁所著，《汉书》为班固所著，《后汉书》为范晔所著，《三国志》为陈寿所著。自唐代以后，正史就开始由官方组织编写，如《晋书》，由房玄龄、褚遂良、许敬宗监修，编者共有21人；再如《隋书》，先由魏徵监修，后由长孙无忌接续，编写者则有孔颖达、许敬宗、于志宁、颜师古等一大批知名的学者；唐代以后的正史中，私修的仅有欧阳修的《新五代史》等很少数的几部。官修的正史往往由当朝宰相担任主编，因为其中涉及到的一些敏感的政治问题，宰相依凭自己的身份可以进行裁夺。虽然正史中难免存有部分曲笔和隐讳，但是它的权威性仍是其他史书所无法比拟的。正史的撰写所依据的资料是最原始的，也是最全面的，而且正史的编撰者一般是当时第一流的学者和史学家，所以在历史研究中，正史占有基本性的地位。

## 杂史

杂史的提法，最早见于《隋书·经籍志》。杂史之杂，体现在两个方面：在形式上，杂史的体例不像正史和别史那么严谨，往往不同于正史和别史常用的纪传、编年、典志等体例；在内容上，杂史不限于以一朝一代或者某一历史阶段的政治大事为主，而是涉及得非常广泛，包括学术史、科技史、方域史、地理志等多种具有专属领域的史著。杂史或者因为在体例上和内容上都较为随便，有着更大的灵活性，从而记录了许多不见于正史和别史的珍贵资料，或者因为有着专攻的对象，而比正史和别史中相关方面的内容记载、讲述得更加细致，由此体现出自身独特的价值。《国语》、《战国策》、《竹书纪年》、《逸周书》、《越绝书》、《吴越春秋》、《列女传》、《大唐西域记》、《明儒学案》、《大清一统志》等都是非常著名的杂史。

## 别史

别史，指的是官定的正史之外有体例、有系统、有组织的史书。"别史"之称最早由南宋的陈振孙在《直斋书录解题》中提出，别史与正史区分的标志就是是否经过官方的命定，例如，在清朝乾隆皇帝钦定二十四史之前，《旧唐书》和《旧五代史》只能算别史，而经过乾隆的谕旨，这两部书则跻身于正史之列。至于别史与杂史的区别，张之洞在《书目答问》中说："关系一朝大政者入别史，私家记录中多碎事者入杂史。"正史的体裁均为纪传体，而别史的题材则较为多样，如《续汉书》为纪传体，《资治通鉴》为编年体，《通典》为典志体，《宋史纪事本末》为纪事本末体，《明实录》为实录体，《唐会要》为会要体等。

## 野史

野史是一种习惯的称谓，并非史籍中正式的分类，一般指私家所撰的涉及史实记录的笔记、史传、杂录等。野史的内容，大多为作者耳闻目睹或者道听途说的逸闻趣事，往往不见于正宗的史籍，虽然野史的记载充斥着相当多的讹误和谬传，但是这并不能掩盖其所反映出的历史真实的一面，其中蕴藏着大量正规史书中难以见到的方方面面的社会生活的细节，可以为后人了解历史提供另一种角度的观照，因而自有其不凡的价值。鲁迅先生就非常看重野史，甚至认为若要正确地了解中国历史的真相，是非得读一读历代的野史不可的。

## 纪传体

纪传体，是以人物传记为中心来反映历史情景的史书体裁，首创于司马迁的《史记》。司马迁将先秦时期的史书所具的各种体裁融于一书，分作"本纪"、"表"、"书"、"世家"、"列传"5个部分，其中"本纪"、"世家"和"列传"构成书的主体，"本纪"以历代帝王为中心，是全书的总纲，"世家"记载的是诸侯和一部分虽然不是诸侯但在历史上有着特殊地位和特殊影响的人物（如孔子、陈胜），"列传"又分为专传和类传，记载历代名人、三教九流的事迹，并且涉及到民族关系和中外关系方面的内容。班固作《汉书》，沿用了《史记》的体例，而又有所改造，将"本纪"改称为"纪"，取消"世家"，将"列传"改称为"传"，将"书"改称为"志"，于是形成了"纪"、"传"、"表"、"志"为历代正史所遵循的史书体例。

## 编年体

编年体，是一种以时间为线索的史书体裁。相传为孔子编写的《春秋》就是鲁国的一部编年史。编年体起源很早，而且历代延续，是许多重要的别史所采用的体例，如最为著名的《资治通鉴》。编年体具有时间连续的优点，给人一种清晰的历史时序感，但是也容易造成对一些具有前后相续性质的历史事件的分割，因此相关事件的原委也难以叙述完整，而这方面正是纪传体的长处所在，所以历代正史采用的不是编年体，而是纪传体。当然，纪传体也有缺点，可以说编年体与纪传体在优缺方面恰为互补。

## 纪事本末体

纪事本末体，是一种以历史事件为纲的史书体例，首创于南宋袁枢的《通鉴纪事本末》。《通鉴纪事本末》，就是将《资治通鉴》中分年记载的一个体系的事迹集中在一起，自成一个单元，以显事情的本末。这样一来，就消除了《资治通鉴》原书中记事不连贯的缺点，而体现出鲜明的条理性，这也就是纪事本末体的优长之处。袁枢撰写《通鉴纪事本末》，在内容上并没有进行增改和修订，可是他所创造的这种新的史书体裁问世之后却备受欢迎，此后，纪事本末体的史书蔚为大观，基本上各代的历史都有与其相对应的纪事本末体的史书出现。

## 典志体

典志体，是以典章制度为中心的史书体裁。司马迁创作的《史记》中有"八书"，其中就有典章制度方面的记录；班固著的《汉书》中有"十志"，记载的内容与《史记》中的"八书"基本上是相对应的。东汉以后，出现了典章制度的专史，如应劭的《汉官仪》、丘仲孚的《皇典》、何胤的《政礼》等。唐代前期出现了很多典志方面的书籍，如李林甫的《唐六典》、王颜威的《唐典》、刘秩的《政典》等。但这些都是关于某一朝代的典章制度的记叙，从单独的某部书中并不能窥知历代典章制度的发展和演变的情况。中唐时期杜佑在刘秩《政典》的基础上进行扩展，编成了一部上起黄帝、下至唐代宗的典章制度的通史——《通典》，这是典志体正式创立的标志。南宋郑樵又编纂了一部纪传体的《通史》，后改名为《通志》。尽管《通志》并非典章制度的专史，但是其中作者用力最多也是最受人看重的精华部分是反映历代典章制度的"二十略"，因而史学家们将其与《通典》和《文献通考》这两部专史合称为"三通"。《文献通考》是元代马端林所撰写的又一部通史式的典章制度的专史，其创新之处在于采取了"文"（历史资料）、"献"（史家评论）、"注"（编者注解）三结合的方法。清朝乾隆年间组织学者续编"三通"，纂成"续三通"，而后又有《清通典》、《清通志》和《清文献通考》这"清三通"，共成为"九通"，再加上民国时刘锦藻编写的《清朝续文献通考》，就是学界习惯称谓的"十通"。

## 会要体

会要体是典志史书的一种题材，"会要"就是会聚朝廷典章制度之要的意思。会要体创始于唐德宗年间苏冕编纂的《会要》。《会要》记载了唐高宗到唐代宗这一段历史时期的典章制度。唐宣宗时，崔铉等人又奉诏编写《续会要》，续增了唐德宗到唐宣宗时期的相关内容。北宋初年，王溥在这两部会要的基础上，编成《唐会要》，后来又编写了《五代会要》，使得会要体史书趋于完善。宋代以后，官方都要组织学者编纂当朝的会要，如《宋会要》（原本已佚，清代学者徐松从《永乐大典》中辑录出《宋会要辑稿》）、《元经世大典》、《明会典》、《清会典》等。另外，一些学者又私下编写了此前历代的会要，如南宋徐天麟的《西汉会要》和《东汉会要》、明代董说的《七国考》、清代姚彦渠的《春秋会要》、孙楷的《秦会要》，等等。会要体史书，基本上是以15个左右的门类再具分为300余个子目，记载政治、经济、军事、外交、法律、教育、礼乐、文化等各方面的制度及其沿革情况，兼有工具书和资料汇编的功能。

## 学案体

学案体，是一种记述学术源流的史书体裁，是继编年体、纪传体、纪事本末体、典志体等主要史书体裁之后出现的又一新的史书体例。始创于明末清初，黄宗羲撰写的《明儒学案》即为学案体的代表作品。学案体例大致为：每学案前先设一表，详细地列举该学派的师友弟子，标明学派的渊源及其传授系统；每一案主均立小传，叙述其生平概况及学术宗旨；对案主的学术论著，均一一注明出处，并且材料的采选非常广泛；案主小传后，另有附录，记载其趣闻逸事；还附有时人及后学的相关评论，备录其短长得失，以供后来的学者自行做出判断。学案体史书是学术思想史的专著，为学者研究学术思想的沿革提供了翔实可靠的文献资料。

## 起居注

起居注，是由史官撰写的关于皇帝的日常言行与生活的记录。《汉书·艺文志》记载："古之王者，世有史官，君举必书，所以慎言行，昭法式也。左史记言，右史记事，事为《春秋》，言为《尚书》。"这段话可以看作是对起居注的说明。完善的起居注始于汉武帝时期，到北魏时，正式设立专官，称"起居注令史"，专门负责撰写皇帝的起居注，后代沿袭了这一制度。起居注并不是严格意义上的史著，但却是最原始的历史资料。皇帝驾崩之后，就由史官根据起居注来撰写实录，实录写成，起居注就被焚毁，也即是说起居注是不予保存和流传的，在当时是绝密的，甚至连皇帝也见不到，这是为了保证起居注的真实性。可是宋代以后，皇帝本人开始过目起居注，相应的，史官的笔讳也就多了起来，从而影响到起居注的本真价值。

## 实录

实录，是历朝皇帝的编年大事记。史官在皇帝死后，会根据起居注、时政记等资料，按时间顺序编写这位皇帝的"实录"。实录出现于南北朝时期，《隋书·经籍志》著录有《梁武帝实录》、《梁元帝实录》等，现存最早的一部完整的实录是唐代韩愈编纂的《顺宗实录》。唐代开始，为前君纂写实录成为定制，但是明代以前的历代皇帝的实录大多都已佚失。因为实录只有抄本存于宫中，并不刊刻，也不公布，现在流传下来的较为完整的只有《明实录》和《清实录》。但是由于皇帝的顾忌较多，故所谓的实录也有诸多的不实之处，例如，永乐时期就曾多次修改《明太祖实录》，为朱棣的篡位进行讳饰。当然，尽管如此，实录中所记载的历史资料仍是相当宝贵的，而且一些正史中的很多内容就是依照实录写成的。

## 方志

方志，又称地方志，是记载地方情况的史书，因为内容专对地方，所以记叙详备，是深入了解地方历史的重要资料。先秦时期的《尚书·禹贡》和《山海经》就具有方志的特点。汉代以后，方志开始大量出现，既有官修，也有私修的。方志依记载范围的不同，可以分为总志、省志、府志、州志、县志等，另外也有专门记载一处山川，或名胜，或寺庙等更为专一的方志。

## 类书

类书是分类编排各种资料以供检索的工具书，类似于后来的"百科全书"。魏文帝曹丕使诸儒撰集的《皇览》被认作是类书之祖，但是此书早已佚失。南北朝时期，编纂类书开始风行，出现了《古今注》、《集林》、《四部要略》、《类苑》、《北堂书钞》等一批类书，这些类书大多也都没有流传下来。唐代开始，官方组织编写类书成为一种惯例，如唐代有《艺文类聚》、《初学记》，宋代有《太平御览》、《太平广记》、《册府元龟》，明代有《永乐大典》，清代有《古今图书集成》。这些官修的类书大多编纂于一个朝代立国之初并逐渐走向兴盛的时期。《永乐大典》是历史上规模最大的一部类书，可惜的是在清末八国联军入侵的时候被洗劫焚毁，仅余下少量残卷，另有部分残卷散佚于多个国家。现存的最大的一部类书是清代康熙年间编成的《古今图书集成》。类书与丛书不同，并不是对书籍的全部内容的辑录，而是分门别类地选取其中相关的部分内容辑入，但是有的资料在类书中体现得较为完整，使得从中提取已经佚失的书籍成为一种可能。乾隆年间编纂《四库全书》时就从《永乐大典》中辑录了多部佚书，后《永乐大典》被毁劫，这次辑录工作算是意义重大。

## 丛书

丛书，就是各种书籍的汇集和丛编。编刻丛书始于南宋后期，现在已知最早的丛书是宋宁宗嘉泰元年（1201年）俞鼎孙及其兄俞经编辑的《儒学警悟》，收有宋代的著作六种，但是此丛书在当时并没有刻本，宋度宗咸淳九年（1273年）左圭辑刊的《百川学海》是中国最早刻印的丛书。明代的时候，"丛书"的名称正式出现，而编刻丛书的高峰是清代，乾隆年间官修的《四库全书》是一部规模最大的丛书，同一时期私家汇刻的丛书也非常之多。丛书的编辑，一方面给学者的学习和研究提供了方便，一方面也使许多古籍得以保存和流传，不至佚失。1959年，上海图书馆编写的《中国丛书综录》，成为读者使用丛书的得力助手。

## 二十四史

"二十四史"是乾隆皇帝钦定的24部纪传体正史的总称。这些史书记载了上起黄帝时代，下到明朝崇祯十七年（1644年）4000多年的历史。"二十四史"共3213卷，约4000万字，使用统一的本纪、列传的纪传体的形式编写。它们分别是：《史记》（西汉·司马迁）、《汉书》（东汉·班固）、《后汉书》（南朝宋·范晔）、《三国志》（西晋·陈寿）、《晋书》（唐·房玄龄等）、《宋书》（南朝梁·沈约）、《南齐书》（南朝梁·萧子显）、《梁书》（唐·姚思廉）、《陈书》（唐·姚思廉）、《魏书》（北齐·魏收）、《北齐书》（唐·李百药）、《周书》（唐·令狐德棻等）、《隋书》（唐·魏徵等)、《南史》(唐·李延寿)、《北史》(唐·李延寿)、《旧唐书》(后晋·刘昫等)、《新唐书》(宋·欧阳修、宋祁)、《旧五代史》(宋·薛居正等)、《新五代史》(宋·欧阳修)、《宋史》(元·脱脱等)、《辽史》(元·脱脱等)、《金史》(元·脱脱等)、《元史》(明·宋濂等)和《明史》(清·张廷玉等)。这些史书勾勒出中国历史的主干,是中国古代史的权威读本。

## 三通四史

三通指的是《通典》、《通志》和《文献通考》,四史是《史记》、《汉书》、《后汉书》、《三国志》4部史书的合称。三通四史是中国史学的典范,是历史著作中的代表作。

《通典》是中国第一部典章制度通史,唐朝杜佑撰。它讲述了历代典章制度的沿革变迁,上起黄帝,下到唐玄宗天宝末年。《通志》是宋朝郑樵所撰,它是继司马迁之后纪传体通史的续作,对封建时代史学的发展产生了重大影响。《文献通考》由宋元之际的马端临所撰,是记载历史典章制度的巨著,记事上起远古传说时代,下至南宋宁宗嘉定年间。

《史记》作者是西汉司马迁,记载了上自黄帝时代,下至汉武帝元狩元年的历史,是中国第一部纪传体通史。《汉书》作者是东汉班固,记载了刘邦起义反秦,到王莽地皇四年(公元23年)的历史。《后汉书》作者是南朝宋范晔,是一部记载东汉历史的纪传史书,记载了从王莽到汉献帝共195年的史实。《三国志》由晋陈寿撰,南朝宋裴松之注,是一部记载魏蜀吴三国历史的纪传体史书。

## 《国语》

《国语》是先秦时代的古史,属于史书中的"杂史"。该书的作者没有确切的记载,相传为春秋末年的鲁国史官左丘明所作。《国语》在记述历史的手法上,以时间为横线,以并列的国家为纵线,开创了中国用国别体记述历史的先河,是中国历史上最早采用国别体编写的史书。全书共21卷,分别为:《晋语》9卷、《国语》3卷、《鲁语》2卷、《楚语》2卷、《齐语》1卷、《郑语》1卷、《吴语》1卷和《越语》1卷,共计7万余字,所记历史自周穆王伐大戎开始,直到韩、赵、魏三家灭智伯结束。书中主要记载了西周末年及春秋时期西周与各国的史实,特别是对春秋时期的各国史实记载比较详细。《国语》一方面记载了当时各国的政治、军事及外交活动;另一方面记载了当时各国贵族的一些言论。

《国语》对后人研究春秋时期各国的历史有宝贵的价值,因该书可以和《左传》互相参证,所以并称为"春秋外传"。

## 《战国策》

《战国策》,又名《国策》,此书是战国时期纵横家言论的汇编,是战国时期的谋士游说的活动记录。关于其作者,一直以来颇有争议,至今尚无定论。今人普遍认为该书非成于一时一人之手。《战国策》最后的整理工作是西汉刘向完成的,因为刘向认为书中内容主要是"战国时游士辅所用之国为之策谋",故取名《战国策》。《战国策》共33篇,其中,西、东周各1篇,秦5篇,齐6篇,楚、赵、魏各4篇,韩、燕各3篇,宋、卫各1篇,中山1篇。《战国策》全书的思想是肯定战国时期谋臣策士追求个人名利的利己主义人生观,以"士"的言论为主要内容。书中通过记载言论来塑造出一个个鲜活的人物形象。但《战国策》在记事时不注年月,缺少完整的结构,记言记事时也缺乏严谨,有时为了塑造某一人物形象或为加强语言的文采,有言过其实之处,甚至有虚构加工。《战国策》中记载的很多历史是其他史书没有记载或记载有误的,对于研究战国时期的历史具有宝贵的史料价值。

## 《史记》

《史记》,又名《太史公书》,"正史"之首,二十四史之一,中国第一部纪传体通史。其作者是西汉时期著名史学家、文学家司马迁。《史记》共130篇,含8书、10表、12本纪、30世家、70列传,共52万余字,记事上起黄帝,下至汉武帝年间,共计3000多年。《史记》以"究天人之际,通古今之变,成一家之言"为宗旨,所记载之人物众多、庞杂,既有王侯将相,又有奇人义士及平民百姓;既有中原地区的人物,又有边疆少数民族的人物。《史记》不仅是一部不朽的史学巨著,也是一部杰出的文学著作。《史记》将史学与文学结合起来,语言生动,情节引人入胜,塑造人物形象鲜明,具有很高的文学价值。《史记》在中国历史上有着极其重要的地位,书中所载史实大都翔实可靠,对我们研究汉代及其以前的历史具有很高的价值。同时,它开创了中国采用纪传体手法记载历史的先河，为后代史书的撰写奠定了基础，鲁迅赞之为"史家之绝唱，无韵之离骚"。

## 《汉书》

《汉书》是中国第一部纪传体断代史，二十四史之一。作者班固，字孟坚，扶风安陵（今陕西咸阳市东北）人，东汉著名史学家、文学家。

《汉书》共100篇，120卷，包括12帝纪、8表、10志以及70列传，其体例与《史记》基本相同，只是将"书"改为"志"，所记历史自汉高祖元年开始，直到王莽被诛结束，共计230年。该书记事系统详细，以为汉家王朝歌功颂德为基本出发点，以儒家思想作为标准来评价历史人物。书中所记汉初至武帝中期的历史，基本取自《史记》，只是稍加改动，而武帝之后至东汉以前的历史则为班固新作。班固死时，全书并未真正完成，书中的部分表以及"天文志"是由班固的妹妹班昭补撰的。《汉书》在中国史学和文学史上都占有极其重要的地位。书中虽有明显的倾儒和颂德，但依然是我们研究西汉历史的重要资料。《汉书》还开创了用纪传体来写断代史的先例，对后人撰写历史影响颇深。

## 《后汉书》

《后汉书》，纪传体史书，东汉断代史，二十四史之一。作者范晔，字蔚宗，南朝宋时期史学家，顺阳（今河南淅川）人，出身官僚世家，分别在东晋和南朝宋做官。后来，范晔因政治不得志，转而撰写史书。公元445年，因政治原因被杀，今仅存所著《后汉书》。

此书所记之事自汉光武帝建武元年（公元25年）开始，直到汉献帝建安二十五年（公元220年）结束，共计196年。全书共有90卷，其中，本纪10卷，列传80卷。因范晔在编写出书的过程中被杀，因此，他所作的"志"未能收入《后汉书》。我们今天看到《后汉书》加入了司马彪所撰的《续汉书》的8志，分为30卷，故今本为130卷。《后汉书》在"传"上，首创了《党锢》、《宦者》、《逸民》、《方术》、《文苑》、《独行》以及《列女》7传，符合东汉时期的历史特点。《后汉书》在中国史学界有着极高的地位，对中国研究东汉时期的历史具有很高的参考价值。

## 《三国志》

《三国志》是一部纪传体国别史书，二十四史之一。作者陈寿，字承祚，巴西安汉（今四川南充）人，蜀灭后，入晋为官。《三国志》以曹魏为正统，记载三国时期魏、蜀、吴三国的历史。在它以前，虽然有写三国历史的，但大都只是局限于写某一国。而陈寿打破了这种局面，以三国形成的历史期限作为断史的依据，所记历史自东汉灵帝光和末年（公元184年）开始，直到晋武帝太康元年（公元280年）结束，共计100余年。全书共65卷，其中《魏志》30卷、《蜀志》15卷、《吴志》20卷。在记载魏、蜀、吴三国时，该书所采用的风格各不相同。其中，《魏志》记载较详细；《蜀志》虽简明，但所记之事较多，并且叙述得体；《吴志》则比前两个差一些。《三国志》在叙事手法上以"简明扼要"为主，体例只采用纪传，这两点使《三国志》在文学性和体例完整性上存有缺陷。《三国志》所记载之史料较为翔实可靠，是研究三国历史的重要文献。

## 《晋书》

《晋书》是一部唐代官修的纪传体晋代史，二十四史之一。旧题为唐太宗御撰，实际上是唐太宗钦命，房玄龄等人共同编写的。《晋书》包括帝纪10卷、志20卷、载记30卷、列传70卷，共计130卷。书中所记历史自西晋武帝泰始元年（公元265年）开始，直到东晋恭帝元熙九年（公元420年）结束，共计156年。《晋书》中的10卷帝纪中所记的人物包括晋建国前的司马懿、司马昭和司马师，共记18人；20卷志共分10类，分别是：《天文志》、《地理志》、《乐志》、《礼志》、《律历志》、《刑法志》、《职官志》、《五行志》、《舆服志》、《食货志》；70列传中共收录了772人，增加了《叛逆》、《忠义》、《孝友》3类；30卷载记则是《晋书》首创，用于记载晋时期的五胡十六国。《晋书》所记载的史实具有很高的价值，是我们研究魏晋历史的重要历史著作。

## 《宋书》

《宋书》是一部纪传体南朝宋史，二十四史之一。作者沈约，字休文，吴兴武康（今浙江德清）人，南朝著名文学家、史学家。《宋书》所述历史，自宋武帝永初元年（公元420

年）起，直到宋顺帝升明三年（公元478年）结束，共计60余年。全书共100卷，分为"本纪"、"志"、"列传"。其中，帝王本纪10卷，记载了南朝刘宋的8个皇帝；志为30卷，卷首附有"序"1篇，余下则包括《律历志》、《百官志》、《册郡志》、《乐志》、《符瑞志》和《礼志》等；列传则为60卷。《宋史》首列了《恩幸传》和《索虏传》，且在"传"的写作手法上，将没有"传"的人放在有"传"之人中叙述出来，手法具有开创性。但书中也有一定的不足，比如"志"的部分缺少刑法和食货两志，很多地方有对刘宋王朝讳忌溢美之处，使某些记载失实。《宋书》保存了很多珍贵的史料，是我们研究南北朝时期的重要历史依据。

## 《南齐书》

《南齐书》是一部纪传体南朝齐国史，二十四史之一。作者萧子显，字景阳，南朝梁时期皇宫贵族，齐高帝之孙，豫章王之子。齐灭后，萧子显入梁为史官，著有多部史书。

《南齐书》今存本为59卷。《南齐书》记载了从齐高帝萧道成建国，至齐和帝萧宝融被废这29年短暂的南朝齐国史。全书共记载了齐政权的7个统治者，分8卷，又含"志"11卷。同时，书中设有《文学传》，共收录文学家10人。《南齐书》中对历史的记载基本上客观真实，但由于萧子显是南朝齐政权的后裔贵族，因此在记述历史时难免会融入个人感情色彩，有时为了美化齐政权的统治者，甚至有歪曲历史的失真之处。另外，《南齐书》中还大肆宣扬因果报应、宿命论等唯心主义思想，其中夹杂了对佛教思想的宣传。《南齐书》是最早记载有关南齐历史的史书，因其成书年代距南齐时期非常近，所以成为后人研究南齐历史的主要依据。

## 《梁书》

《梁书》是一本纪传体南朝梁史，二十四史之一。作者姚思廉，本名简，思廉是他的字，雍州万年（今陕西西安）人。其父姚察曾任梁、陈、隋三朝官员。《梁书》是姚思廉在贞观年间奉唐太宗之命，在他父亲所撰写的梁陈史书的基础上编撰而成的。

书中包括本纪6卷，列传50卷，共56卷，所记历史自南朝梁建立（公元502年）开始，直到梁灭亡（公元557年）结束，共计56年。本纪6卷中共记载了南朝梁的4位皇帝，其中梁武帝3卷，其他三帝每帝各1卷。列传50卷分《皇后传》、《太子传》、《诸王传》、《大臣传》、《良吏传》、《止足传》、《儒林传》、《文学传》、《处士传》、《孝行传》、《诸夷传》、《侯景传》共计12类，其中《止足传》是《梁书》首创的。另外，《梁书》中的《文学传》有2卷，包括了25位南朝梁时期的文人。《梁书》文字简洁朴素，力戒辞藻的华丽与浮泛，在南朝诸史中是比较优秀的。

## 《陈书》

《陈书》是一本纪传体南朝陈史书，是二十四史中卷数最少的一部史书。《陈书》是姚思廉继承其父姚察的遗志，奉唐太宗之命编写而成的。《陈书》的内容主要是取自姚察所写南朝陈史的资料，也融汇了他人所作的史料。《陈书》中包括本纪6卷、列传30卷，共36卷，所记历史自南朝陈霸先建国（公元557年）开始，直到隋灭陈（公元589年）结束，共计33年。其中，6卷本纪中共记载了南朝陈的5位皇帝，其中陈武帝2卷，其他4帝则是每帝各1卷；30卷列传分为《王子传》、《皇后传》、《宗室传》、《诸臣传》、《儒林传传》、《文学传》、《孝行传》，共计7类。《陈书》比较翔实地记载了有关南朝陈的历史，但是，书中也存在很多避讳和溢美的言辞，使很多有关历史的记载存在失实之处。《陈书》一书由于内容存在为统治阶级歌功颂德的地方，因此史学界历来对它的评价不高。

## 《魏书》

《魏书》，纪传体史书，北魏断代史。作者魏收，字伯起，北齐巨鹿人，少能文，才华卓著，先后在北魏、东魏、北齐三朝担任官职。因在北魏、东魏所任官职与文书历史有关，所以，北齐王朝授命他撰写魏史。《魏书》记载了公元4世纪末至6世纪中叶北魏王朝100多年的历史。全书共124卷，其中本纪12卷，列传92卷，志20卷。《魏书》记述了北魏拓跋氏兴起的历程，是中国历代"正史"中第一部专记少数民族政权史事的著作，具有开创意义。《魏书》还新增了《官氏志》、《释老志》两篇，说明作者在自觉地反映历史的时代特点。后人评价此书说，"追踪班马，婉而有则，繁而不芜，持论序言，钩沉致远"，这是比较中肯的。

## 《北齐书》

《北齐书》，二十四史之一，是一部纪传体北朝齐史，原名《齐书》，后为了和萧子显的《南齐书》区别开，改名《北齐书》。作者李百药，字重规，定州安平（今河北安平）人。其父李德林曾任齐、周、隋三朝官员。《北齐书》是李百药在贞观元年（公元627年）奉唐太宗之命，在他父亲所撰写的北齐史的基础上编撰而成的。

全书包括帝本纪8卷、列传42卷，共计50卷，所记历史自北魏分裂为东西魏（公元534年），高洋操纵北魏政权开始，直到高氏政权被北周所灭（公元577年）结束，共计44年。《北齐书》在记事上比较尊重史实，书中记载了大量反映北齐政权黑暗统治的史实。另外，书中还对当时的科学技术水平有很多的记载。但是，《北齐书》贯彻了封建正统迷信思想，在写每位皇帝时都要写一些所谓的征兆，希望以此来为封建统治寻找根据。

## 《周书》

《周书》，纪传体史书，北周断代史，二十四史之一。作者令狐德棻，宜州华原（今陕西耀县）人，唐朝初期史学第一人。唐贞观三年（公元629年），他奉唐太宗之命编写五朝史，并和岑文本一起负责《周史》的撰写，唐贞观十年成书。《周书》包括本纪8卷、列传42卷，共计50卷。书中所记历史起于西魏文帝大统元年（公元535年），到隋文帝杨坚灭周建立隋朝（公元581年）结束，共计47年。《周书》本来应该是记载"北周历史"，但因为早在西魏时期，作为北周建国奠基人的宇文泰就已经操纵了西魏政权，因此，《周书》记事从西魏时期开始，并为宇文泰作了"纪"。书中有藐视农民起义，为唐初的"功臣"歌功颂德之处。《周书》所记历史比较翔实，补充了其他史书的不足，是后世研究北周史的重要文献。

## 《南史》

《南史》是一部纪传体南朝史，二十四史之一，由李延寿继承其父李大师遗志而撰写，该书和《北史》一起于公元659年完成。全书包括本纪10卷，列传70卷，共计80卷，记载了南朝的4个国家（宋、齐、梁、陈）的兴亡史，共计170年。《南史》的10本纪包括：宋本纪3卷、齐本纪2卷、梁本纪3卷、陈本纪2卷。《南史》一书的撰写材料，一部分是来自李延寿父亲所写的南朝历史稿件；另一部分则来自当时已成书的《宋书》、《南齐书》、《梁书》、《陈书》。但是，在编写《南史》的过程中，李延寿打破了前四书"各自为政"的局面，将四朝历史融汇一起，合成"南朝史"。在记载人物时，《南史》突出门阀士族地位，采用家传形式。另外，由于《南史》成书于唐朝，因此书中的避讳和溢美之词与前四史比较起来要少得多。《南史》中很多史料对《宋书》、《南齐书》、《梁书》、《陈书》中记载的不足和失实有补充订正的作用。

## 《北史》

《北史》，二十四史之一，是一部纪传体北朝史。作者李延寿，字遐龄，唐朝初年相州（今河南安阳）人。李延寿继承其父遗志，于贞观十七年（公元643年）开始写史，奋笔疾书16年，终于在唐显庆四年（公元659年）完成《南史》、《北史》两部著作。《北史》包括本纪12卷，列传88卷，共计100卷，所记历史自北魏道武帝建国开始（公元386年），直到隋恭帝义宁二年（公元618年）结束，共计233年。书中主要记载了北魏、东魏、西魏、北齐、北周、隋这几个朝代的兴衰。《北史》的12卷本纪包括：魏本纪5卷、齐本纪3卷、周本纪2卷、隋本纪2卷。另外，在记载北魏分裂后的历史时，尊东魏为正统，对西魏历史记载很少。《北史》的很多史料印证和补充了《魏书》、《北齐书》、《周书》、《隋书》的不足，具有很大的价值。

《南史》和《北史》打破朝代限制，全景式地展现南北朝的历史，叙事简明精当，规避了《魏书》等断代史的繁芜，深受后世读者喜爱；再加上李延寿博采杂史，文笔生动，故而具有极强的可读性。宋史学大家司马光曾评价《南史》、《北史》，誉为"近世之佳史"。

## 《隋书》

《隋书》，纪传体史书，隋朝断代史，二十四史之一。此书旧题为魏徵所撰，实际上是合众人之手共同编写。因此，此书为中国第一部官修的出自史馆的史书。《隋书》初成时包括本纪5卷、志50卷、共为55卷。后来唐太宗令长孙无忌、于志宁等编撰《五代史志》，成书后将它收入《隋书》，成为"隋志"，共计30卷。所以，《隋书》实际上是85卷。《隋书》所记历史自隋文帝开皇元年（公元581年）开始，直到隋恭帝义宁二年（公元618年）结束，共计38年。《隋书》贯穿了以史为鉴的思想，编撰的目的就是让唐的统治者借鉴隋灭亡的原因，从而巩固唐的统治，因此书中着重论述了隋朝两代皇帝的功过得失，尤其重于隋炀帝的荒淫无道。与其他同类史书相比，《隋书》较少隐讳，叙事真实可靠。

《隋书》史志部分分10类30卷，分别为：《律历志》、《天文志》、《地理志》、《百官志》、《刑法志》、《仪礼志》、《音乐志》、《经籍志》、《食货志》、《五行志》。它保存了南北朝以来大量的典章制度，为后人研究隋代以及前几朝的政治、经济、文化制度保留了丰富的资料。其中的《经籍志》是继《汉书·艺文志》之后对中国古代书籍和学术史进行重要总结的一部十分重要的书，是了解唐朝以前典籍的必读目录。它将各类书籍标出经、史、子、集四大类，为中国以后的四部图书分类奠定了基础，是对中国文化的重要贡献，为后世遵用上千年。

## 《旧唐书》

《旧唐书》是一部纪传体唐史，二十四史之一。《旧唐书》是五代后晋的官修史书，因为它是由当时的宰相刘昫监修编纂的，所以旧时题为刘昫撰。《旧唐书》中包括本纪20卷、列传150卷、志30卷，共200卷，所记历史自唐高祖武德元年（公元618年）开始，直到唐哀帝天祐四年（公元907年）结束，共计290年。《旧唐书》初成书时题名为《唐书》，但自北宋欧阳修等编写的《唐书》问世后，就在原书的名字前加上"旧"字，以示区别。

《旧唐书》开始编写的时间因为距离唐王朝的灭亡很近，所以在搜集史料时比较方便。该书所引的资料基本是抄录唐时的文献，特别是以《国史》为主，因此在史料的可靠丰富方面，有着不可替代的价值。在记事上，《旧唐书》有着明显的特点：因为唐前期的史料比较丰富，所以对唐前期历史的记载比较详细，而唐后期历史记载则较简略。《旧唐书》出自乱世，编者众多，编写时间短暂，因而漏缺粗率之处颇多。同时，该书转抄的痕迹十分明显，烦琐芜杂，甚至还有某些人物同时并列两传的现象。

## 《新唐书》

《新唐书》是一部纪传体唐史，二十四史之一，原名《唐书》。因为在它成书以前，已有五代后晋时期所修的《旧唐书》，所以称为《新唐书》，用来和《旧唐书》相区别。《新唐书》的编写起因，是宋仁宗觉得《旧唐书》有很多不足之处，需要重新修订一本翔实的唐朝史书，于是下诏，命欧阳修、宋祁重修唐史。此书自宋仁宗庆历四年（1044年）开始撰写，直到嘉祐五年（1060年），历时17年完成。《新唐书》全书共225卷，包括本纪10卷、志50卷、表15卷、列传150卷，是宋代以前，体例最完备的正史。其中，本纪、志、表是由欧阳修撰写的；列传是由宋祁撰写的。书中的资料以《旧唐书》为底本，同时也吸收了很多其他史料。在体例上，《新唐书》同以前的史书相比较有所创新：在"志"中，首创了《兵志》、《仪卫志》和《选举志》。但《新唐书》中也存在一些缺点，比如在记载历史事件发生的时间时有模糊之处。

## 《旧五代史》

《旧五代史》，二十四史之一，原名《梁唐晋汉周书》，后称《五代史》，是一部纪传体五代史。《旧五代史》为官修的五代历史，后欧阳修所编《新五代史》问世，为加以区别，改名为《旧五代史》。

《旧五代史》从宋太祖开宝六年（公元973年）开始编写，第二年即告完成。当时，宰相薛居正奉命监修，因此题名为薛居正所编。全书共150卷，记载了五代时期后梁至后周年间的50多年历史。该书的编写目的就是为了总结五代时期各个政权"短命"的原因，从而为宋朝统治者提供借鉴。《旧五代史》中包括本纪61卷、列传77卷、志12卷，其中《梁书》24卷、《唐书》50卷、《晋书》24卷、《汉书》11卷、《周书》22卷、《世袭列传》2卷、《僭伪列传》3卷以及《志》12卷。《旧五代史》一书保留了很多珍贵史料，尤其是它所引用五代时的历史文献今基本都已散佚，因此其文献价值更为突出。

## 《新五代史》

《新五代史》是一部纪传体五代史，二十四史之一，由北宋大文豪欧阳修所撰。此书是宋代以后唯一一部私家撰写的正史。这部书撰成之时名为《五代史记》，但为了和以前的官修《旧五代史》相区别，故名曰《新五代史》。《新五代史》中包括本纪12卷，列传

45卷，考3卷，世家10卷，世家年谱1卷，四夷附录3卷，共74卷。这部史书所载，起于后梁开平元年（公元907年），迄于后周显德七年（公元960年），共53年的历史。作为私家著史，《新五代史》有自己独到的东西，其一：仿效孔子，采用《春秋》笔法，于字里行间褒贬人物；其二，仿效司马迁，采用通史写法，并恢复了久已不用的"世家"，记述五代时期十国的历史。欧阳修注重借史传达自己的道德观念和历史观，目的是以乱世之史惩戒"乱臣贼子"。欧阳修在书中多有评论，并具以"呜呼"开头，故此书有"呜呼传"之戏称。由于过度重视史书的批判教育功能，书中某些记载有失实之处，故史料价值不如《旧五代史》。

## 《宋史》

《宋史》是元朝官修的一部纪传体宋朝史书，二十四史之一，也是二十四史中篇幅最长的一部书。它和《金史》、《辽史》一样，也是早就拟定编修，也准备了较为充足的资料，但由于"正统之争"而始终未能进行，直到元顺帝至正三年（1343年），才开始编修。此书的编写由丞相脱脱主持，于元顺帝至正五年（1345年）编修完成，历时两年半。

全书共496卷，包括本纪47卷、志162卷、表32卷、列传255卷。书中所载，起于宋太祖建隆元年（公元960年），终于南宋赵昺祥兴二年（1279年），共计320年的历史。这部史书，包含北宋和南宋的全部历史。《宋史》篇幅浩繁，但成书时间很短，其中一个重要的原因就是宋朝政府十分重视对历史的编修，当时宋政府设立的编写史书的机构也非常完善，因此保留到元朝时的史料极其丰富。《宋史》在编修过程中，很多资料都是从宋朝的史料中原文摘取的。《宋史》因为成书时间短，因此显得比较粗糙，再加上文字水平较差，历来受到很多非议。但它对我们研究宋王朝的整个历史有着极其重要的史料价值。

## 《辽史》

《辽史》是元代官修的纪传体辽朝史，二十四史之一。它是二十四史中成书时间较短，也是缺陷比较明显的一部。此书由元顺帝时期的宰相脱脱主持编修，成书于元顺帝至正四年（1344年）。《辽史》全书共160卷，包括帝本纪30卷、志32卷、表8卷、列传45卷，另附有《国语解》1卷。全书记载了辽朝200多年的历史，在"志"中，《辽史》首创了《营卫志》。《辽史》在编写时，主要参考了辽耶律俨编写的《辽实录》以及金陈大任编写的《辽史》。在编写《辽史》的同时，《宋史》和《金史》也在进行同步编写，史料可以相互印证。

在编写思想上，该书打破了以前史书中将一方尊为正统，另一方称为叛逆的"正统修史思想"，而采用让"三国各为正统"的写史方法，消除了"正统之争"。因为有关辽朝的历史文献流传至今的很少，所以，《辽史》对我们研究辽朝的历史有很重要的参考价值。

## 《金史》

《金史》是元朝官修的一部纪传体金朝史书，二十四史之一。早在元世祖时期该书就已开始拟定修撰，但由于"正统之争"而未能完成。后来脱脱打破"正统"观念，该书于元顺帝至正四年（1344年）编修完成。

《金史》所记历史自女真族的兴起开始，直到金朝灭亡结束，共计120余年。全书共135卷，包括本纪19卷、志39卷、表4卷、列传73卷，书末另附有《金国语解》一篇。其中，"志"为14类，分别为天文、历、五行、河渠、地理、祭祀、礼乐、舆服、仪卫、选举、百官、兵、刑及食货等；"表"为2类，分别为宗室和交聘。《金史》在编写过程中所引用的史料大都直接取自金朝时期的各种历史文献，因此书中记载的历史较翔实可靠。同时，《金史》是元朝官修的3部史书中评价最好的一部，是我们研究金朝历史的必备文献。

## 《元史》

《元史》是一部纪传体元朝史书，二十四史之一。它是在明朝建立初期，明太祖朱元璋命宋濂、王祎等编著的。该书的编撰时间起于洪武元年（1368年），最终成书于洪武三年（1370年）。《元史》全书共210卷，其中本纪47卷，共记载了元朝14位皇帝；志58卷，分天文、历、五行、河渠、地理、祭祀、礼乐、舆服、选举、百官、兵、刑及食货，共13类；表8卷，分后妃、宗室世系、诸王、诸公主、三公、宰相，共6类；列传97卷，共收录人物1200多人。《元史》成书时间距离元朝灭亡的时间很短，因此书中所引用的写史资料很多都直接借鉴元朝流传下来的文献资料，因此保留了很多珍贵史料；同时，由于参加编写的史官都经历过元朝的统治，还有很多人曾在元朝为官，因此可以作为元朝历史的见证人。但是，由于朱元璋急于成书，再加上宋濂等人并非历史学家，所以《元史》错讹漏误颇多，或人物排列失时，或为一人立两传，不一而足。所以，此书虽有很高史料价值，但因其太过草率，故后人对此书多有修补。

## 《明史》

《明史》是清朝官修的一部纪传体明朝史，题为张廷玉所做，实际上是清朝史官合作。此书为二十四史的最后一部正史。《明史》自清顺治二年（1645年）开始编修，直到雍正十三年（1735年）才编纂完成，历时90多年，是二十四史中编修时间最长，用力最深，并且得到评价较好的一部史书。《明史》全书共332卷，其中包括本纪24卷、志75卷、表13卷、列传220卷，所记历史自明太祖洪武元年（1368年）开始，直到明崇祯十七年（1644年）结束，共计270多年。全书在编写上体例严谨、叙事简洁，而且根据明王朝的特点在记事上有所创新，比如增设了《阉党传》、《土司传》、《流贼传》等。《明史》最大的价值有两点：一是在取材上翔实谨慎；二是在对明朝人物评价上较客观公正。但是，书中也存在避讳清朝是外族而统治中原，蔑视农民起义等缺点。

## 《清史稿》

《清史稿》是一部纪传体清朝史书，是历代正史中篇幅最大的史书。它是1914年北洋政府召集赵尔巽等60余位当时文史专家共同编修的。1912年时初稿已成，但杂乱无序，后重订，于1927年刊印，但那时此书尚未完成修订，故仿《明史稿》先例，取名为《清史稿》。《清史稿》全书共529卷，书中所记，起于努尔哈赤开国（公元1616年），迄于溥仪颁布退位诏书（公元1911年），共计296年的历史。其中，本纪25卷、志135卷、表35卷、列传313卷。书中所采资料大都是出自清代官方文献，并主要参考了清代历朝的实录以及其他一些志、传等史料，保留了很多史料。但是，此书缺陷颇多，一是参与编纂的成员过多，对全书的资料也没有系统地进行整理，使资料杂乱无章；二是编纂者站在清王朝的立场上，历史观存在问题。虽然存在很多弊端，但《清史稿》具有珍贵的文献价值。

## 《竹书纪年》

《竹书纪年》是战国时期魏国编写的一部编年体史书，出自汲郡（今河南汲县西南）魏襄王墓。该书本名为《纪年》，因它是用竹简书写而成的，所以后人把它称为《竹书纪年》。

《竹书纪年》全书共13篇，记载了夏、商、西周、春秋时的晋国以及战国时的魏国的历史，按年编次。《竹书纪年》不以儒家的"仁义道德"为指导思想，而是把王室争权夺利的斗争作为全书核心，大量记载古代"放杀"的历史，比如书中记载了启杀益、太甲杀伊尹等事件。此外，书中很多事件的记载也和其他史书的记载颇有出入。比如：书中记述，自周受命直到周穆王时应该是100年，而并不是周穆王100岁等。《竹书纪年》因其写作的思想和所记内容与正统的儒家思想大相径庭，受到后世儒家贬斥，该书的学术地位日渐下降，甚至被称为"荒诞"之书。但是，现在的历史学家对《竹书纪年》仍十分重视。

## 《汉纪》

《汉纪》是由东汉荀悦所著，是中国古代第一部编年体断代史书，又称《前汉纪》，所记之事自秦二世元年（公元前209年）开始，直到王莽地皇四年（公元23年）结束，共计240年。《汉纪》全书共30卷，记载西汉王朝各代帝王为主，包括高祖、惠帝、吕后、文帝、景帝、武帝、昭帝、宣帝、元帝、成帝、哀帝、平帝等。《汉纪》的撰写目的就是通过对历史的总结，以史为鉴，巩固封建统治。作者在《汉纪》提出撰写史书应遵循的5条原则，即达道义、彰法式、通古今、著功勋、表贤能。实际上，每一条原则都是在说，写史的目的就是为封建统治者服务。《汉纪》与《汉书》相比，叙事较简单，略显逊色，但由于《汉纪》符合当时统治者的需要，深受推崇，与《汉书》齐名。同时，由于《汉纪》中所记历史有些是《汉书》中所没有的，因此具有很高的史料价值。

## 《后汉纪》

《后汉纪》是仿照荀悦所作的《汉纪》编写的一部编年体断代史。作者袁宏，字彦伯，陈郡阳夏（今河南太康）人，东晋时期文学家、史学家。他善作诗赋，且文章华美，史称"一时文宗"。书中以名教思想为主线，以"夫史传之兴,所以通古今而等名教"为宗旨,记载了自光武帝起(公元23年),直到建安二十五年(公元220年),共200余年的东汉兴衰史。书中共记载了世祖、明帝、章帝、和帝、殇帝、安帝、顺帝、冲帝、质帝、桓帝、灵帝、献帝等12位东汉皇帝,最后以曹丕废汉献帝,刘备于蜀中自立为帝结束。《后汉纪》撰写的目的是要编写一部较《汉纪》简明,便于后人阅读了解的东汉断代史。在取材上,《后汉纪》超出了《汉纪》,以《汉书》为底本,搜罗各家资料编写而成。《后汉纪》在中国史学界有着极其重要的地位,特别是它严肃的写作态度、广泛的取材,对后世影响颇大。

## 《资治通鉴》

《资治通鉴》是中国古代史书中一部规模空前的编年体通史。作者司马光,字君实,号迂叟,世称涑水先生,谥号文正,陕州夏县(今山西夏县)人,北宋著名史学家和杰出的政治家。《资治通鉴》共294卷,另有《目录》、《考异》各30卷,约300多万字。《资治通鉴》所记之事,自周威烈王二十三年(公元前403年)开始,直到后周显德六年(公元959年)结束,共记载了从战国到五代末年共计1362年的历史。《资治通鉴》名字的意思是"鉴于往事,有资于治道",其著书宗旨是"叙国家之兴衰,著生民之休戚,使观者自择其恶得失,以为劝诫"。也就是说该书的编撰目的是为封建统治者提供历史的借鉴。全书所选史料极其丰富,在编写过程中的治史态度也十分严谨,记述历史时文笔优美,可读性很强。更重要的是,《资治通鉴》在一定程度上对封建社会的黑暗统治给予了揭露。

《资治通鉴》在中国史学界和文学界有着很高的地位,问世后得到极高的评价,被认为是撰写历史不得不读的史书。同时,后人又有很多在它基础上撰写的"续"史。宋神宗曾评价它说:"前代未尝有此书,过荀悦《汉纪》远矣。"

## 《续资治通鉴》

《续资治通鉴》,原名《宋元编年》,是一部纪传体史书,记载了宋、辽、金、元四代历史。作者毕沅,字纕蘅,又字秋帆,号灵岩山人,江苏镇洋(今太仓人)人,曾历任清政府官吏,好治学,涉猎范围非常广,一生所著作品颇丰。

这部史书共220卷,纪事接《资治通鉴》,自宋太祖建隆元年(公元960年)开始,到元顺帝至正二十八年(1368年)结束,共记载了400多年的历史。先前已经有人为《资治通鉴》作"续",但成就均不高。毕沅纠集门下学者,搜罗四库馆中所藏的资料,对前人所作的"续"进行了极大的补充。该书与以往的"续《资治通鉴》"相比有很大的区别:一是全书没有评论部分,只是对史实加以记载;二是全书对辽、金的历史也有较详细的记载。《续资治通鉴》在史学界虽无法和《资治通鉴》地位相平,但被后人看成唯一能做《通鉴》续的一部书,后人将两部书合并,称为《正续资治通鉴》。

## 《东华录》

《东华录》是一部记载清朝前期历史的史书。作者蒋良骐,字迁之、赢川,广西全州人,乾隆年间进士,博学多闻,多次任清朝官吏。乾隆三十六年(1771年),重开国史馆,蒋良骐入内供职,为纂修官。

该书的成书时间是在蒋良骐任国史馆纂修官期期间,因当时的国史馆设立于京城东华门内,因此取名为"东华录"。全书共32卷,以《清实录》为参照,同时也采用了其他材料,所记历史始于后金的传说,结束于清雍正帝十三年(1735年)。该书最大的价值在于它保留了很多有关清朝前期历史的原始资料。特别值得一提的是,由于后来《清实录》被多次重修校订,很多"历史事件"大变容貌,而《东华录》则保留了很多未加修改的资料。全书在纪事上比较简单,后来有人仿照它的体例进行续作,但均无法超越它的水平与价值。

## 《明实录》

《明实录》,又名《大明实录》、《皇明实录》。《明实录》是一部明代官修的编年体历朝史书,书中所记自明太祖朱元璋起,到明熹宗朱由校结束,共计明朝15代皇帝的历史。

全书共13部,含2909卷,包括《太祖高皇帝实录》257卷、《太宗文皇帝实录》130卷、《仁宗昭皇帝实录》10卷、《宣宗章皇帝实录》115卷、《英宗睿皇帝实录》361卷、《宪宗纯皇帝实录》293卷、《孝宗敬皇帝实录》224卷、《武宗毅皇帝实录》197卷、《世宗肃皇帝实录》566卷、《穆宗庄皇帝实录》70卷、《神宗显皇帝实录》594卷、《光宗贞皇帝实录》8卷、《熹宗悊皇帝实录》84卷。此外,书中将"建文实录"附于《太祖实录》中,"景泰实录"附于《英宗实录》中。《明实录》中存在着大量为明王朝统治者歌功颂德之词,有时甚至歪曲历史事实,但是,它对我们研究明王朝历史仍有很高的史料价值。

## 《清实录》

《清实录》是一部清代官修的编年体清朝历史,记载了自清太祖努尔哈赤起到清德宗(即光绪皇帝)共计11个清朝皇帝的历史。《清实录》全书分12部,共4304卷,其中包括《满洲实录》8卷、《太祖实录》10卷、《太宗实录》65卷、《世祖实录》144卷、《圣祖实录》300卷、《世宗实录》159卷、《高宗实录》1500卷、《仁宗实录》374卷、《宣宗实录》476卷、《文宗实录》356卷、《穆宗实录》374卷、《德宗实录》597卷。其中,《满洲实录》就是后金天聪年间修成的《太祖实录》,主要介绍满洲兴起以及努尔哈赤一生的功绩。该书和《明实录》有着同样的缺点,即在编写时对清朝皇帝存在大量的溢美之词,特别是《太祖实录》、《太宗实录》和《世祖实录》,更是经过多次"校订重修",存在很多失实之处。

## 《大唐创业起居注》

《大唐创业起居注》是唐朝一部重要的起居注类史著。作者温大雅,字彦宏,太原祁(今山西祁县东南)人,曾在隋为官,李渊起兵反隋后,任大将军府记室参军,经历了李渊由起兵到称帝的整个过程。李世民即位后,温大雅受到重用,被封为黎国公。

全书共分3卷,所记之事自隋朝末年李渊在太原起兵开始,直至隋朝宇文化及发动政变,李渊称帝建立唐王朝结束,共计357天。温大雅所记史事,都是他亲身经历或是耳闻目睹的。同时,由于此书成于唐初期高祖年间,因此在撰写历史时避讳之处较少,比较真实可靠。特别是书中关于唐太宗李世民的历史记载,与后来的《旧唐书》和《新唐书》出入较大。但由于后两书成书于唐期以后,故不免对李世民多溢美之词,而《大唐创业起居注》中所记历史则比较公正客观。

## 《通鉴纪事本末》

《通鉴纪事本末》是中国第一部纪事本末体史书。作者袁枢,字机仲,南宋建州建安(今福建建瓯)人,历任南宋官吏,为人刚直不阿,著有《通鉴纪事本末》、《易学索引》、《易传解义》、《周易辩异》等。

这部纪事本末体史书,以北宋司马光编写的《资治通鉴》为基础,书中内容完全抄录《资治通鉴》,甚至对历史的评价都是直接摘抄司马光的《资治通鉴》。全书的编写目的和《资治通鉴》一样,也是为统治者提供借鉴;书中所选事件的侧重点也是以政治军事类为主。但是,此书在编写体例上,完全不同于编年体、纪传体,而是采用了以记载历史事件为中心的新写法,开创了纪事本末的新体例。全书共42卷,所收《资治通鉴》中的历史事件239件,记载了自三家分晋开始,直到周世宗征淮南结束,共计1300多年的历史。《通鉴纪事本末》在中国史学界有着很高的地位,开创了"纪事本末体"的写史体例,被称为是"史学入门之书"。

## 《唐会要》

《唐会要》是一部会要体唐代典章制度史,也是现存中国最早的会要体史书。作者王溥,字齐物,并州祁县(今山西祁县境内)人,熟悉各种典章制度,曾在五代后汉、后周任官吏。入宋后,王溥任宰相,著有《唐会要》、《五代会要》等。

《唐会要》实际上经历了3次编写。其中,最早的一次是在唐德宗时期,苏冕编写了40卷《会要》,后至唐宣宗时又编成40卷《续会要》。王溥的《唐会要》是在总结前两部书的基础上编写而成的。全书共100卷,分13类,529目。其中,13类分别为:帝系、礼、乐、刑、封建、官制、宫殿、舆服、佛道、释惑、历象、学校、四裔。书中主要是论述唐代的政治、经济、军事以及文化制度等的发展变化。《唐会要》对后世影响很大,书中保留了很多极具价值的唐史料,对我们研究唐的制度史有很高的参考价值。

## 《明会典》

《明会典》是一部明代官修的以行政法为主要内容的典章制度集。其成书非出自一时一人之手,共经3次编修。第一次为明孝宗弘治十年(1497年)开始,至弘治十五年(1505年)成书,当时称《大明会典》。明武宗正德四年(1509年)重校刊行,共180卷。第二次为明世宗嘉靖二十八年(1549年)修成的《续大明会典》。最后一次为明神宗万历四年（1576年）重修，历时11年，称《重修会典》，共228卷。今人多引万历年本。

《明会典》在论述各行政机构的职掌和事例时，以六部官制为纲领，主要参考了明代官修《皇明祖训》、《大诰》、《洪武礼制》、《宪纲》、《大明律》、《大明令》、《大明集礼》、《稽定制》、《孝慈录》、《礼仪定式》、《教民榜文》、《军法定律》等书编修而成，对后世研究明代的典章制度具有很高的文献价值。

## 《大清会典》

《大清会典》是清朝官修的一部典章制度史。该书并不是出自一人一时之手，初成书时间是康熙二十九年（1690年），后来又经雍正、乾隆、嘉庆、光绪四朝重修，最后一次于光绪二十五年（1899年）完成。《大清会典》，又名《钦定大清会典》、《清会典》。全书共3312卷，在编纂体例上仿照《明会典》，以六部官制为统筹纲领，分别记载政府各个行政机构的职掌和事例。其中，总理事务衙门是书中增设的。《大清会典》与《明会典》最大的区别就在于它增设了"则例"。康熙、雍正时期所修《会典》均是将实行的事例附在法典条目之下的。而自乾隆开始，编修《会典》时则是将法典条目和事例分开，另设"则例"一目。此外，《大清会典》中还包括了用来说明礼、乐、天文等方面的图示，称为"会典图"。《大清会典》是我们研究清朝典章制度的重要资料，也有人称之为"清朝宪法"。

## 《山海经》

《山海经》是中国古代地理名著。关于其作者和成书时间，今已无可考。一般认为，该书非出自一人一时之手，初成书时约为战国时期。

《山海经》一书内容庞杂，涉及古代山川、物产、祭祀等多方面内容，可看作上古时代的百科全书。书中主要以记载各地地理为主，所记范围非常之广，涉及中国以及东亚和中亚等地区。今本《山海经》共18卷，含39篇。其中，《五藏山经》5卷，包括中、南、西、北、东经各1卷，含26篇；《海经》8卷包括海外南、西、北、东经各1卷，海内南、西、北、东经各1卷，含8篇；《大荒经》4卷，包括东、南、西、北经各1卷，含4篇；另有《海内经》1卷1篇。《山海经》中保留了大量的远古神话，是先秦古籍中保留神话最多的一部。《山海经》包罗万象，对各地的地理、历史、文化、风俗民情、神话、物产等都有记载，是研究中国的地理保贵资料。书中有关各地矿产的记叙，是世界上最早的有关矿物和矿物学分类的地理文献。

## 《华阳国志》

《华阳国志》是一部历史学名著，作者常璩，字道将，蜀郡江原（今四川崇庆东南）人，曾在成汉李氏政权中任职，后来桓温灭李氏，常璩被拜为参军，于是来到建康。

《华阳国志》全书共为12卷，依次为《巴志》、《汉中志》、《蜀志》、《南中志》、《公孙述刘二牧（刘焉、刘璋）志》、《刘先主志》、《刘后主志》、《大同（晋统一）志》、《李特雄期寿势志》、《后贤志》、《先贤士女总赞》、《序志并士女目录》。《华阳国志》以记载巴蜀地区的历史和地理为主要内容。在写作手法上，《华阳国志》将编年史、人物志以及地理志三者结合起来，记载了公元4世纪以前的以益州为中心的西南地区的历史地理状况，开创了后世撰写地方志的体例先河。《华阳国志》在中国有着重要的地位，书中记载的许多内容可对正史记载不足进行补充，是我们研究西南地区历史和地理的重要资料。

## 《水经注》

《水经注》是一部综合性地理著作。作者郦道元，字善长。范阳涿鹿（今河北涿州）人，北魏时期著名地理学家、散文家。博览群书，爱好游览，曾任官吏。《水经注》是他参考大量地理资料，并结合实地调研写成的。全书共40卷，书名虽为对《水经》所作之注，实际上是自成一作。《水经》一书简要记载137条主要河流的水道情况，仅1万多字，记载简略，缺乏系统性。而《水经注》约30万字，书中不仅记述了1252条河流的发源地点、流经地区、支渠分布以及河道历史上的变迁等情况，还记载了水道流经各地的山陵、城郭、农田水利、土地物产乃至于风俗习惯。《水经注》对我们研究古代的河道地理具有很高的文献价值，其山水散文的艺术成就对后世也有很大影响。

## 《大唐西域记》

《大唐西域记》，简称《西域记》，是玄奘根据自己的亲身经历编著的一部佛教游记著作。作者玄奘，俗姓陈，名祎，洛州缑氏（今河南偃师县南缑氏镇）人，出生于官宦家庭，出家后法名玄奘。因玄奘的名气很大，所以人们又称他为"唐僧"，尊称为"三藏法师"。

唐贞观元年（公元627年），玄奘为取"真经"，从长安出发，历时19年，经100多个国家，最后到达印度。回国后，经他自己口述，由辩机整理成《大唐西域记》。全书分12卷，共10万余字。书中记载的既有玄奘亲身经过的西域及天竺的110个国家，也有他听闻的28个国家，同时还有附带提及的12个国家。书中记载了玄奘在取经途中所见国家的都城、疆域、政治、历史、地理、语言、文化、物产、气候、宗教信仰以及风土人情等状况。《大唐西域记》在世界史学界有着很高的地位，是我们研究古代中亚及印度历史的重要史料。

## 《徐霞客游记》

《徐霞客游记》是一部地理学名著，作者徐霞客，原名徐宏祖，字振之，别号为霞客，江阴（今江苏江阴）人，明代著名旅行家、地理学家。徐霞客自幼喜读古今地志，一生未入仕途，游历祖国大江南北。他被李约瑟称为"千古奇人"。

徐霞客根据30多年的实地考察，以自己的见闻编写了这部日记体游历记录。全书共计约60余万字，所含内容十分丰富广泛：既有对山川河流渊源、地形地貌特征的考察，又有对岩石洞穴、奇峰瀑布的探索；既有对各种矿产、手工业、农业乃至城市建制、风土人情、民俗状况的记载，又有对各种动植物品种的比较。同时，书中还对当时处于边陲的中国西南少数民族地区的状况有所记载。全书在记写地理时，融入了作者强烈的爱国主义思想感情。《徐霞客游记》对后世影响很大，李约瑟评价道："他的游记读来并不像是17世纪的学者所写的东西，倒像是一部20世纪的野外勘察记录。"

## 《洛阳伽蓝记》

《洛阳伽蓝记》与《水经注》、《齐民要术》并称为北魏时期3部杰作。作者杨衒之，北平郡（今河北保定地区）人，精通佛教经学，北魏末期为奉朝请、书监，东魏时任期城郡太守、抚军府司马。因见战后洛阳由皇帝斥巨资所建之佛寺都残破不堪而有感，撰《洛阳伽蓝记》，记述北魏首都洛阳佛寺的兴衰与改革。全书按照地理次序分城内、城东、城南、城西、城北，共记载了北魏时期首都洛阳的40多所寺院，提供了关于北魏迁都洛阳40年间的佛教史料。另外，书中的《宋云、惠生使西域行记》、《京师建制及郭外诸寺》两篇文章记载了宋云去天竺的情况以及印度地区的佛教情况。同时，《洛阳伽蓝记》从另一个侧面反映了当时的社会经济文化，对我们研究北魏历史有很高的史料价值，对于我们研究中印交通史也具有很高的文献价值。

## 《贞观政要》

《贞观政要》是一部有关唐太宗时期君臣议政内容的言论集。作者吴兢，唐汴州浚仪（今河南开封）人。他年轻时就立志研究历史，武则天时开始担任史官，任职期间，曾撰写《则天实录》、《睿宗实录》等史书，后因所修《则天实录》内容不受张说接受而被贬。晚年潜心著述，著有梁、齐、周史各10卷，陈史5卷及隋史20卷。

全书10卷40篇，8万余言，撰写时间在唐开元、天宝年间，这也是唐王朝由盛而衰的转变开始。吴兢看到当时的现状，想要向唐玄宗进谏，希望起到"亡羊补牢"的作用，于是写作此书，希望能给最高统治者以警示。《贞观政要》的内容虽是贞观年间唐太宗李世民与臣下魏徵、王珪、房玄龄、杜如晦等40余位大臣论政言论以及一些大臣的谏议和劝谏奏疏，但实际上是吴兢政治思想的体现。《贞观政要》被后世的政治家视为从政指南，同时它也是我们了解唐朝贞观年间历史的重要依据。

## 《史通》

《史通》是中国第一部史学评论专著。作者刘知几，字子玄，唐徐州彭城（今江苏徐州）人。他自幼爱好文史，自武则天长安二年（公元702年）起，开始担任史官，中宗景龙二年（公元708年）辞去史官职务，私撰《史通》，以见其志。

全书共20卷，包括内篇39篇、外篇13篇。其中，内篇的《体统》、《纰缪》、《弛张》三篇今已失传，今本为49篇。《史通》是针对唐以前的写史所采用的主要体例——编年体和纪传体进行了总结，将采用这两种体例编写的史书称为"正史"，并对这两种体例的编写特点和得失进行评论。书中认为必须沿袭这两种体例，而以后写史的主要体例则是断代体。《史通》既论述了有关史书的体裁体例、史料采集、表述要点和作史原则，也论述了史官制度、史籍源流以及杂评史家得失。《史通》在中国史学界有着很高的地位，它具有划时代的意义，对后世史书的编写方式产生很大的影响，对中国历史学的发展有着不可估量的作用。

## 《通典》

《通典》是中国第一部典章制度通史。作者杜佑，字君卿，唐京兆万年（今陕西西安）人，自唐天宝年间起入士为官，是唐代著名的史学家、政治家。杜佑从30岁起开始编写此书，直到65岁才编成进献，历时35年。全书的编写以"实采群言，征诸人事，将施有政"为宗旨，记述唐天宝以前的历代经济、政治、礼法、兵刑等典章制度。共分9门，200卷，其中，食货典12卷、选举典6卷、职官典22卷、礼典100卷、乐典7卷、兵典15卷、刑典8卷、州郡典14卷、边防典16卷。这部著作堪称古代典章制度的百科全书。在典章的记述上，有略于古而详于"今"的特点。《通典》中引用了大量的史料文献，对我们研究古代的典章制度有着极其重要的文献价值。

## 《通志》

《通志》是继《史记》以后的又一部纪传体通史名著。作者郑樵，字渔仲，南宋莆田人。郑樵博览群书，天文地理、经史子集无所不通，一生著作颇丰，达1000多卷，但流传下来的不多。

所谓"通志"，也就是通史的意思。在编写体例上，《通志》实际上是继承了《史记》，只是将《史记》中的"表"改为"谱"、"志"改为"略"。此书所记历史自上古时期开始，直到唐朝结束，但是具体断代又有所不同。书中包括本纪、世家、列传、二十略、四夷传、年谱、载记7大部分，共500多万字。《通志》中最精华的部分就是它的二十略，这二十略包括如氏族略、六书略、七音略、天文略、地理略、都邑略、礼略、谥略、器服略、乐略、职官略、选举略、刑法略、食货略、艺文略、校雠略、金石略、图谱略、灾祥略、昆虫草木略。其中氏族略、校雠略、金石略、六书略、七音略、都邑略、图谱略、昆虫草木略等都是郑樵首创。对于这些创新，郑樵本人也很清楚，他在《通志·总序》中说：二十略中，礼、职官、选举、刑法、食货五略，"汉、唐诸儒所得而闻"，它们"虽本前人之典，亦非诸史之文"；其余十五略，则"汉、唐诸儒所不得而闻也"。郑樵打破了旧史传统，勇于创新，为历史编纂学作出了贡献。另外，《通志》还体现了他的著史思想，即推崇通史，反对采用断代手法写史。

## 《文献通考》

《文献通考》是上古到南宋时期的典章制度史。作者马端临，字贵与，号竹洲，饶州乐子（今江西乐平）人，宋末元初杰出的史学家。《文献通考》是他历时20余年写成的。《文献通考》以《通典》为蓝本，并对它进行了补充和发展。全书共为348卷，分田赋、钱币、户口、职役、征榷、市籴、土贡、国用、选举、学校、职官、郊社、宗庙、王礼、乐、兵、刑、经籍、帝系、封建、象纬、物异、舆地、四裔，共24门，每门之下又分若干子目。其中，经籍、帝系、封建、象纬、物异是该书的首创。书中记载了自上古时期到宋宁宗期间的典章制度发展史，尤其是有关宋朝典章制度的记载更为翔实。书中还体现了作者把经济放在政治、文化之前的新的学术思想。在这部史书里，马端临采用文（叙事）、献（议论）、注（考证）相结合的手法著史，是历史学的独创。《文献通考》具有很高的文献价值。它补充了《宋史》中"志"的不足，是我们研究古代典章制度发展史的重要资料。故而，史学界将此书与杜佑的《通典》、郑樵的《通志》并称为"三通"。

## 《列女传》

《列女传》是古代妇女的传记。作者刘向，本名更生，字子政，沛（今江苏沛县）人，西汉著名学者，著有《别录》、《说苑》、《新序》等书。《列女传》记载了自上古传说时代的有虞二妃开始，直到西汉时期的妇女。该书的撰写目的是为了讽谏当时汉成帝宠信赵飞燕姐妹而疏于朝政的情况。全书共分7卷，每卷记15人，共计105人。书中将所记妇女分为7类，分别为：母仪、贤明、仁智、贞顺、节义、辨通以及孽嬖，且每写一人，后面都附有"颂"，用来对人物进行赞扬评价。书中又有《续列女传》1卷，共计20人，但无"颂"。该书的主旨是在宣扬封建伦理道德纲常，除"孽嬖"外，其他6类都是封建伦理道德的坚决"执行者"。此外，该书也从另一个方面对中国古代妇女的生活风貌有所反映。《列女传》一书较之其他古代史籍传记影响较小，但是该书毕竟是在当时男尊女卑的社会环境中为妇女作传的，具有一定的进步意义。同时，该书也为后人写史设"妇女传"做了榜样，具有首创精神。

## 《蒙古秘史》

《蒙古秘史》是一部最早的有关中国蒙古族历史的史学著作，原名为《忙豁仑·纽切·脱卜察安》（蒙古语），又名《脱卜赤颜》、《元朝秘史》，成书于13世纪中叶的窝阔台时期。

《蒙古秘史》是一部采用畏兀儿体蒙文撰写的编年体蒙古史书。书中记载了自8世纪中叶蒙古的兴起开始，直到13世纪中叶蒙古大帝国形成结束，共计500多年的蒙古历史。全书共12章，分两部分，共282节。其中，前10章为一部分，共246节，记载了有关蒙古族起源和成吉思汗的一生事迹。书中对成吉思汗进行神化，说他统治蒙古是顺应"长生天"的意志，他所指挥的每次战争都是奉了"长生天"的旨意，反映了全书的唯心主义历史观。后两章为续集，共36节，记载了成吉思汗死后，其子窝阔台继承汗位以后的事件。此书较全面地反映了蒙古族早期的历史，是我们研究元朝初期以及蒙古建国以前的历史的重要资料。

## 《二十二史札记》

《二十二史札记》是一部正史考证著作。作者赵翼，字云崧，号瓯北，江苏阳湖（今常州）人，清代著名学者、史学家。赵翼曾入朝为官，后借故辞官回家，闭门著述。书名中的"札记"是作者考史和评论历史所用的形式；"二十二史"指自《史记》到《明史》的22部史书，由于将《新唐书》与《旧唐书》、《新五代史》与《旧五代史》看为两部史书，因此《二十二史札记》实际上是考证了24部正史著作。全书共36卷，附有补遗1卷，可分为两大部分：第一部分为考史部分，主要是对24部史书的文字错误、史实错误、评论错误等进行考证；第二部分为评史部分，以"经世致用"为指导思想，选择前代历史中影响国家兴衰的关键事件进行评论，抒发作者的史学和政治观点。《二十二史札记》对考史著作的发展产生了很大的影响。

## 母系氏族时期

氏族社会的早、中期为母系氏族，即建立在母系血缘关系上的社会组织。母系氏族实行原始共产制与平均分配劳动产品。早期母系氏族就有自己的语言、名称。同一氏族有共同的血缘，崇拜共同的祖先。氏族成员生前共同生活，死后葬于共同的氏族墓地。随着原始农业及家畜饲养的出现，作为其发明者的妇女在生产和经济生活中、在社会上受到尊敬，取得主导地位和支配地位。

由于全体成员只能确认各自的生母，所以成年的妇女一代一代地成为确定本氏族班辈世系的主体。成年的男子则分散到其他氏族寻求配偶，实行群婚。每个氏族公社内部，存在着按性别和年龄的不稳定分工。壮年男子担任打猎、捕鱼和保护集体安全等需要较大体力的事务，而采集食物、看守住地、烧烤食物、缝制衣物、养老育幼等繁重任务，落在妇女的肩上。她们是氏族公社原始共产制经济的主持者，又对确定氏族的血亲关系起着主导作用。母系氏族公社经历了漫长的发展过程，在全盛时期普遍形成了人口较多、规模较大的长期定居的村落。

## 父系氏族时期

母系氏族公社经历了全盛时期，社会生产力的发展日渐加速，男子在农业、畜牧业和手工业等主要的生产部门中逐渐占据主导的地位，于是母权制自然过渡为父权制。父系氏族公社逐渐形成了。从此，以父权为中心的个体家庭成为与氏族对抗的力量，原始社会逐渐趋于解体。男子依靠经济上的优势，在社会生产和生活中占据了统治地位。他们必然要求按照男系计算世系、继承财产，母权制的婚姻秩序被打破了，原来对偶婚制下的从妻而居的传统，为一夫一妻制所取代。在一夫一妻制下，妇女的劳动局限在家庭之内，以家务劳动和家庭副业为主，女子在家庭经济中退居于从属地位。最初，这种小家庭依附于父系大家庭。生产进一步发展后，小家庭便有了更多的独立性和自主性。氏族社会走到了瓦解的边缘。

## 半坡遗址

半坡遗址位于陕西省西安市东郊灞桥区浐河东岸，是黄河流域一处典型的原始社会母系氏族公社村落遗址，处于母系氏族社会的繁荣期。半坡遗址是中国首次大规模发掘的一处新石器时代村落遗址。根据居住区的布局和墓地的葬式分析，半坡聚落是一个由母系血缘为纽带而组成的氏族整体。在聚落内部，氏族成员之间的地位是平等的，共同拥有氏族的财产。半坡人生产的陶器主要用于定居后的日常生活，陶质、造型、装饰和焙烧技术，均达到相当成熟的水平。半坡聚落遗址为了解母系氏族社会生活提供了珍贵的实物资料，它也是仰韶文化的一个类型。

### 元谋人遗址

元谋人遗址位于云南省元谋县大那乌村北约500米的山腰，距县城7千米。它是迄今为止所发现的中国人最早的老祖先的遗址。

1965年5月1日，地质工作者在大那乌村北从事第四纪地质考察时，偶然发现两颗呈浅灰色，石化程度很深的猿人牙齿化石。经研究分析，同属一个男性成年人个体，形态特征与"北京猿人"相似，但较粗壮，具有明显的原始性状。经中国科学院古脊椎动物古人类研究所用古地磁测定，生存年代距今约170万年，为亚洲最早的原始人类。

### 蓝田人

西安最早的居民，是旧石器时代的蓝田人。由于他们最初是在西安附近的蓝田县被发现，所以被命名为"蓝田人"。他们大约生活在80万至60万年前。当时蓝田人的生活地区内，草木茂盛，多种远古动物栖息其间，包括东方剑齿象、葛氏斑鹿等素食动物，以及凶猛的剑齿虎。蓝田人使用简单粗糙的打制石器，在自然环境中挣扎求存。他们捕猎野兽，采集果实、种子和块茎等作为食物。

### 仰韶文化

仰韶文化是黄河中游地区重要的新石器时代文化。仰韶文化1921年在河南省三门峡市渑池县仰韶村被发现，它的持续时间大约在公元前5000年至3000年。它分布在整个黄河中游从今天的甘肃省到河南省之间。仰韶文化的面貌是：经营农业，饲养家畜，烧制陶器，有定居的村落和集中的墓地。出土的红陶器上绘有几何形或动物形花纹，是仰韶文化最明显的特征。

### 山西丁村人

山西丁村人是中国北方的早期智人化石之一。包括1954年发现的3枚小孩牙齿和1976年发现的一块小孩顶骨残片。丁村遗迹在山西省襄汾县南约5千米丁村南同蒲铁路两侧。1954年进行大规模发掘时在汾河东岸共发现十个石器地点，1976年又在汾河西岸发现了新的石器地点。山西丁村人化石的齿结构具有原始特征，而齿冠和齿根较北京猿人细小，与现代黄种人已较接近。同时出土有大量石器和伴生动物化石。科学家把丁村人和广东发现的马坝人、湖北发现的长阳人都称作早期智人，生活的年代距今约10万年左右。

### 大汶口文化

大汶口文化是新石器时代后期父系氏族社会的典型文化形态。以泰山地区为中心，东起黄海之滨，西到鲁西平原东部，北至渤海南岸，南及今江苏淮北一带，安徽和河南省也有少部分这类遗存的发现。因首先发现于大汶口，人们遂把以大汶口遗址为代表的文化遗存，命名为"大汶口文化"。大汶口文化的发现，使黄河下游原始文化的历史，由4000多年前的龙山文化向前推进了2000多年。在大汶口文化的后期墓葬中，出现了夫妻合葬和夫妻带小孩的合葬，它标志着只知其母不知其父的母系社会的结束，开始或已经进入了父系氏族社会。

大汶口文化的遗存十分丰富。经考古发现有墓葬、房址、窖坑等，墓葬以仰卧伸直葬为主。有普遍随葬獐牙的风习，有的还随葬猪头、猪骨以象征财富。出土生活用具主要有鼎、豆、壶、罐、钵、盘、杯等器皿，分为彩陶、红陶、白陶、灰陶、黑陶几种，特别是彩陶器皿，花纹精细匀称，几何形图案规整。生产工具有磨制精致的石斧、石锛、石凿和磨制骨器，骨针磨制十分精细，体现了极高的制作技术。大汶口文化的发现为山东地区的龙山文化找到了渊源，也是研究父系氏族时期社会状况的重要文化遗存。

### 河姆渡文化

河姆渡文化是中国长江流域下游地区古老而多姿的新石器文化，第一次发现于浙江余姚河姆渡，因而命名。它主要分布在杭州湾南岸的宁绍平原及舟山岛。河姆渡文化是长江下游以南的一种较早的新石器时代母系氏族文化。河姆渡文化的社会经济是以稻作农业为主，兼营畜牧、采集和渔猎。

在河姆渡文化遗址中发现了大量的稻谷、谷壳等遗存，其时间约在7000年以前，还有其他大量动植物的遗存，这证明当时的社会经济已经比较活跃。这一时期人们的居住地已经形成大小各异的村落。在村落遗址中有许多房屋建筑基址，其建筑形式和结构与中原地区和长江中游地区发现的史前房屋有着明显的不同。其生活用器以陶器为主，陶盆上印有稻穗的图案，此外还有少量的木器。

## 良渚文化

良渚文化是中国长江下游太湖流域一支重要的古文明，是铜石并用时代文化，因发现于浙江余杭良渚镇而得名。

良渚文化属于石器文化，距今约5200~4000年，主要分布在环太湖地区。良渚文化在农业、纺织、制玉和制陶等方面都取得了很高的成就。这一时期的农业已经相当发达，并且开辟了养蚕和生产丝织品的新领域。良渚文化的陶器以黑陶为主，三足器十分普遍。墓葬中时常可以见到玉制品随葬，显示出贫富分化的迹象。

## 红山文化

红山文化遗址主要分布在内蒙古东南部、辽宁西部和河北北部，年代约为公元前4000~公元前3000年。红山文化的居民主要从事农业，还饲养猪、牛、羊等家畜。红山文化的陶器最大特色是外壁刻有一些"之"字形纹和直线纹。此外，玉雕工艺水平也相当高。

考古学家在一座小土山上发现了一座圆锥形土堆，外裹石块。经过发掘以后，发现这座土山是全部用人工夯筑起来的，地上部分夯土堆直径近40米，高16米，外包巨石，内石圈的直径为60米，外石圈的直径约为100米。整座土山呈圆锥形状，平顶，顶部砌着非常整齐的石块。考古学家们在其顶上发现了许多纹彩陶片和冶铜坩埚片。还发现了许多完整的炼红铜的坩埚，每一坩埚约有1尺多高，锅口约有30厘米，像现代人用的水桶一般大小。另外，在土堆周围的山头上，考古学家们还发现了30多座小土堆。

## 龙山文化

龙山文化泛指中国黄河中下游地区，属新石器时代晚期的一类文化遗存。铜石并用时代文化，因首次发现于山东章丘龙山镇而得名。龙山文化经过测定其年代约为公元前2800年~公元前2300年，属于氏族公社时期。龙山文化分布于黄河中下游的山东、河南、山西、陕西等省。大汶口文化出现的快轮制陶技术在这一时期得到普遍采用，磨光黑陶数量更多，质量更精，烧出了薄如蛋壳的器物，表面光亮如漆，是中国制陶史上的顶峰时期。

## 北京人化石

1929年12月2日，中国考古学者裴文中在周口店发现了第一个完整的北京人头盖骨，从此以后，周口店就以中国"猿人之家"闻名全球。1933年，在北京龙骨山山顶洞发现了生存在18000年前的山顶洞人的遗址。北京人遗址及化石的发现，奠定了北京人在科学上的坚实基础，是世界古人类学研究史上的大事，为人类发展史提供了重要的证据。迄今为止，还没有哪一个古人类遗址像周口店北京人遗址这样拥有如此众多的古人类、古文化、古动物化石和其他资料。北京人的发现，为中国古人类及其文化的研究奠定了基础。北京人的发现，为人类进化理论提供了有利实证，是中国科学家为世界考古史做出的伟大贡献。

## 殷墟

殷墟是中国商代晚期的都城遗址，横跨安阳洹河南北两岸，现存有宫殿宗庙区、王陵区和众多族邑聚落遗址、家族墓地群、甲骨窖穴、铸铜遗址、制玉作坊、制骨作坊等众多遗迹，是中国历史上第一个有文献可考、并为甲骨文和考古发掘所证实的古代都城遗址，距今已有3300年的历史。

"司母戊"大方鼎，是商王祭祀母亲"戊"用的祭器。这件珍品是从河南安阳武官村殷王陵墓发掘出来的，它的出现可以证明商朝青铜器的制作技术已经达到比较纯熟的地步，标志着中国古代青铜制造工艺的高峰。

## 人祭和人殉

商朝的社会是由贵族、平民和奴隶构成。奴隶处在社会的最底层。贵族不仅无偿占有奴隶的劳动，而且可以随意地施以杀戮。最为典型的杀戮就是杀人祭祀和活人殉葬。商王和贵族在祭祀天帝、祖先、鬼神和山川河流的时候，除了宰杀猪、牛、羊等牲畜之外，还经常屠杀战俘和奴隶。此外，统治者死后，都要用活人殉葬，少者一两个人，多的有数十人或数百人，他们企图在所谓的"阴间"继续奴役这些奴隶为其服务。人祭和人殉在整个商朝都非常普遍，数量之多，手段之残忍，令人发指。

## "后母戊"大方鼎

"后母戊"大方鼎呈长方形，长110厘米，宽78厘米，高133厘米，重875千克。这个巨型的青铜器，造型雄伟，花纹华丽，结构复杂。大鼎腹部铸有蟠龙纹和饕餮纹，脚部刻有蝉纹。整个鼎的神秘感非常强烈。

在目前出土的数千件商代青铜器中，"后母戊"大方鼎是最大的，也是世界古代青铜器史上绝无仅有的。

## 秦始皇陵兵马俑的发现

1974年，在陕西省临潼发现了被誉为"世界奇迹"的秦始皇兵马俑。这个让人为之震撼、感叹的历史文化瑰宝，有着难以估量的价值。它所折射的历史层面既多又广，无论是建筑史、服饰史还是王陵制度史，都值得人们去探究。1979年10月，位于西安市区42千米处的秦始皇兵马俑博物馆正式对外开放。

## 三星堆

三星堆遗址距成都40千米，是中国迄今为止已发现的历史最早、规模最大的古蜀都城遗址。因有三座突兀在成都平原上的黄土堆而得名。发掘出的珍贵文物前所未闻，不少属国家级珍品，迥异于我们熟知的任何古代中原文明：高鼻深目、阔嘴大耳、神态诡异的大型青铜纵目面具，与真人头部大小相似的青铜人头像，高260厘米、重达300余斤的大铜人立像，雕有精美纹饰、长142厘米的纯金杖，等等。三星堆是远古人类最大最辉煌的都城，遗址面积为350万平方米，比它晚修建1500年的古希腊荷马时代的名城——迈锡尼，其面积仅为三星堆古城的百分之一。三星堆目前尚未完全发掘，在族属来源、文化渊源、文明起源与国家形成等方面，深藏无数待破之谜，一旦揭开，将是空前的"文化原子弹"大爆炸。

## 马王堆汉墓

20世纪70年代，中国南部长沙马王堆汉墓的发掘，震惊了中国乃至全世界。该墓在湖南长沙市东郊五里牌，据地方志记载为五代时期楚王马殷家族的墓地，故名为马王堆。1972~1974年相继发掘，先后出土3座墓葬。其墓葬结构非常宏伟复杂，其中一、三号墓棺椁葬具保存完好。一号墓由墓顶至椁室深达20米。椁室构筑在墓坑底部，由三椁（外椁、中椁、内椁）、三棺（外棺、中棺、内棺），以及垫木所组成。棺内女尸一具，保存十分完整，为国内所仅见。随葬物品非常丰富，达3000余件，有丝织品、帛书、帛画、漆器、陶器、竹简、竹木器、木桶、农畜产品、中草药等。其中覆盖在内棺上的一幅彩绘帛画，花纹鲜艳，色彩绚丽，画面内容想象丰富，是中国现存2100多年前的丝织品绘画珍品。

马王堆汉墓的发掘，对中国的历史和科学研究均有巨大价值，其出土文物异常珍贵。如从三号墓中出土的帛书《五十二病方》是中国现在所能看到的最早的方剂。它的发现，补充了《内经》以前临床医学的内容，是一份非常珍贵的医学遗产。

## 乾陵

乾陵是唐王朝第三代皇帝高宗李治和女皇帝武则天的合葬陵，位于咸阳市区向西北方五十千米的梁山上。乾陵修建于公元684年，经过23年的时间，工程才基本完工。

1966年至1971年，中国考古学家曾多次对此墓进行勘察。史书记载，陵墓原有内外两重城墙，4个城门，还有献殿阙楼等建筑。勘探表明，内城总面积240万平方米。在中国历史上，陵前石刻的数、图、种类和安放位置从乾陵开始有了固定制度。

## 湖北云梦睡虎地秦墓与龙岗秦墓

睡虎地秦墓是一处战国末期至秦代的墓葬群，现已发掘了其中的12座。墓葬中出土秦代的竹简1100余枚，以及毛笔、石砚、墨块等文房用具。竹简上的秦代隶书，反映了篆书向隶书转变阶段的情况，其内容记载了有关秦代法律、医学等诸多内容，为研究中国书法、法律、医学等方面的发展历史提供了翔实的资料，具有十分重要的学术价值。

龙岗秦墓是一处战国末期至秦代的墓葬群，现已发掘了其中的9座。出土秦代竹简283枚及木牍1方。内容记载了秦代法律等方面的内容，具有较高的学术价值。

## 法门寺地宫

地宫，是中国佛塔构造特有的一部分，用以瘗藏佛舍利、佛的遗物、经卷等法物的密室，与中国古代的深藏制度结合。因系盛唐皇家寺院，法门寺地宫，又与帝王陵寝的地下宫殿相仿。

法门寺始建于北魏时期（公元499年前后），西安法门寺地宫，打开了佛教和盛唐王朝的宝藏，是世界上迄今为止发现的年代最久远、规模最大、等级最高的佛塔地宫，面积仅31.48平方米。地宫出土文物2499件，其中还有目前世界上有文献记载和碑文证实的释迦牟尼佛真身舍利。

## 楼兰古国

在中国的西部，有一片浩瀚无垠的沙漠戈壁，这就是有名的塔克拉玛干沙漠。在塔克拉玛干的沙漠深处，考古学家发现了闻名世界的楼兰古城。

楼兰古城遗址在罗布泊附近，考古学家们推测，在几千年前，包括罗布泊在内的楼兰是一个生机勃勃的绿洲城市。那时候，这里烟波浩渺，碧水万顷，水鸟嬉戏，渔歌悠扬，一派兴旺繁荣景象，可惜后来楼兰古城神秘地失踪了。

楼兰怎么会从文明的巅峰突然消失得无踪无影呢？

对于这个问题，100年来，人们有过各种各样的猜测和解释：有人说楼兰是因为外族人入侵引起的战争毁灭的；也有人说，由于魏晋以后"丝绸之路"的改道，过往的商队不再从楼兰经过，造成了楼兰的萧条以至荒芜。但这些说法都因为拿不出强有力的证据而难以让人信服。

## 世界十大古文明

苏美尔文明：位于底格里斯河和幼发拉底河之间（现在伊拉克境内）。持续时间是公元前3500~前2000年。主要成就是在公元前3000年以前最早发明楔形文字（写于泥块之上）。

埃及文明：位于尼罗河沿岸。持续时间是公元前3100~前525年，主要成就是用石块建大庙宇和金字塔，发明象形文字。

巴比伦文明：位于底格里斯河和幼发拉底河之间（现在伊拉克境内），持续时间是公元前1900~前538年。主要成就是制定法律，《汉谟拉比法典》是最古老的书面法律之一；最早以60进制计算分和秒。

腓尼基文明：位于地中海东海岸。持续时间是公元前1100~前842年。主要成就是发明一种字母系统（以后希腊字母即是根据腓尼基字母编成的）。

希伯来文明：位于现在以色列和约旦境内。持续时间是公元前1000~前587年。主要成就是创造了伟大的文学，最重要的是《圣经》中的《旧约全书》，大约写于公元前900~前150年之间。

亚述文明：位于现在伊拉克境内的底格里斯河流域，持续时间是公元前800~前612年。主要成就就是组建使用铁器的最伟大军队。

希腊文明：位于现在希腊的南部地区。持续时间是公元前800~前197年。主要成就是建造许多雄伟壮丽的建筑物；写出了许多伟大的诗歌和戏剧；产生了许多杰出的科学家和哲学家；首创民主概念。

波斯文明：位于从印度河到爱琴海这广阔地域（在帝国最强盛时期）。持续时间是公元前700~前331年。主要成就是用泥、砖和石块建了许多雄伟的大宫殿；在他们的壁画品中出现了许多传说中的野兽；创立了用小马快递的邮政制度。主要城市是波斯波利斯。

罗马文明：位于从罗马往西到英格兰和往东到美索不达米亚这十分辽阔的土地上，在古罗马的鼎盛时期，罗马文化遍及地中海周围的所有国家，持续时期是从公元前735年到公元前476年。主要成就是培养出许多优秀的行政官员；首创从中心突破，从而控制周围地区的战略战术。

除了以上九大古文明，还包括中国古文明。

## 世界四大文明古国

四大文明古国是世界古代历史上最早进入文明社会的4个国家。依顺序分别为古巴比伦、古埃及、古代中国、古印度。

四大文明古国都是建立在容易生存的河川附近。在北半球的两河流域、尼罗河、黄河和长江流域，以及印度河、恒河流域相继产生了世界四大文明古国。

四大文明古国都有自己的历法，一年都分12个月并且有闰月。各个文明都创造了自己的文字。印度河、黄河、两河流域的文明都使用陶轮制陶，埃及和两河流域都计算了圆周率，巴比伦和中国都发现了勾股定理，印度则发明了阿拉伯数字。

## 普那路亚群婚

"普那路亚"是夏威夷语，意思是"亲密的伙伴"。普那路亚群婚是借用来形容原始社会原始人的一种婚姻状态。

在远古时代，人类还没有婚姻的明确概念，原始人只是为了繁衍生存而出现婚姻形式的。原始人第一种婚姻家庭形式是族内婚，就是亲族内同辈的男女既是兄弟和姐妹的关系，又是丈夫和妻子的关系。

随着文明的进一步发展，生活和劳动领

域的开阔，同时也为了寻求人类自身的健康发展，族外婚出现了。族外婚也称"普那路亚"群婚。这种婚姻形式禁止了同亲族内人员之间的婚姻关系，实行族外通婚制，这样出现了父方和母方的概念，形成了夫方与妻方的新的称谓制度。普那路亚婚姻逐渐产生出了原始社会的氏族组织，即以血缘为联系的婚姻集团。在最初的母系社会，"普那路亚"仍属于群婚，后来随着生产力的不断发展，人类的婚姻形式也不断演变，普那路亚群婚逐渐向对偶婚转变，对偶婚又不断向个体婚变化，最后才演化为今天被广泛采用的一夫一妻制婚姻形式。

## 欧洲旧石器时代

欧洲旧石器时代的考古工作开展得早，发现遗址多，研究也深入，19世纪以来已建立起旧石器文化分期的序列。欧洲旧石器时代早期文化可分为两大系统，一是手斧文化系统，包括阿布维利文化和阿舍利文化；一是没有手斧的石片石器文化系统，如克拉克当文化。两者大体是平行发展的。旧石器时代中期以莫斯特文化为代表，其主要特征是修理石核技术（勒瓦娄哇技术和盘状石核技术）有了很大的发展，典型器物是比较精致的刮削器和尖状器。旧石器时代晚期有奥瑞纳文化、梭鲁特文化和马格德林文化。这一时期的特点是石器主要用石叶制作，有端刮器、雕刻器和钝背刀等；骨角器很发达，出现了渔叉、骨针、标枪、投矛器等新工具；还出现了装饰品和绘画、雕塑等艺术品。

## 西亚旧石器时代

西亚是欧亚非三大洲的接触地带，地理位置十分重要，早期人类可能正是通过西亚跨洲迁徙的。西亚与欧洲、非洲在文化上的关系很密切，石器的分类和命名多采用欧洲的标准。这一地区的旧石器时代早期文化以砾石砍斫器和手斧为主要特征。有类似奥杜韦文化的类型和阿舍利文化。中期以石片石器文化为主要特征，广泛使用勒瓦娄哇技术，与欧洲莫斯特文化接近，称为勒瓦娄哇-莫斯特文化。晚期遗存主要是石叶文化，与欧洲的奥瑞纳文化和格拉韦特文化比较相似，最后出现了细石器。

## 非洲旧石器时代

非洲旧石器时代考古在世界上占有重要地位。这里不仅发现了迄今为止年代最早的人类化石和石器文化，而且是世界上已知的人类各发展阶段没有缺环、年代前后相继的地区。迄今所知最早的石器发现于东非肯尼亚的科比福拉，以及埃塞俄比亚的奥莫和哈达尔地区，年代距今约250万~200万年。旧石器时代早期在非洲存在两大石器文化传统：奥杜韦文化和阿舍利文化。旧石器时代中期，在北非有莫斯特文化和阿替林文化；在撒哈拉以南地区，有中非的石核斧类型文化，如山果文化和卢本巴文化，南非的彼得斯堡文化、奥兰治文化、斯蒂尔贝文化和班巴塔文化。旧石器时代晚期，非洲气候极为干旱，发现的遗存数少，在北非有与欧洲石叶文化相似的代拜文化，在撒哈拉以南地区则有奇托利文化等。

## 东南亚旧石器时代

考古学家一般把东南亚地区的旧石器文化称为"砾石和石片石器传统"或"砍斫器传统"。在这个传统之下，又可分出若干地方类型，如分布于缅甸伊洛瓦底江流域的安雅辛文化，分布于泰国西部芬诺河流域的芬诺伊文化，发现于马来西亚西北部霹雳河流域哥打淡地方的淡边文化，分布于印度尼西亚中爪哇南部海岸巴索卡河河谷的巴芝丹文化，分布于菲律宾巴拉望岛西南海岸的塔邦文化等。目前，这一地区的旧石器材料，虽然从早期到晚期都有，但很不完备，存在许多地区和时间上的空白，不少遗址缺乏可靠的年代学证据。人类化石的发现也不平衡，除印度尼西亚的爪哇岛外，其他地区十分稀少。

## 古巴比伦文明

大约在公元前19世纪（中国夏朝的时候），底格里斯河与幼发拉底河流域的美索不达米亚就孕育了人类有史以来最早的文明之一——古巴比伦文明。底格里斯河和幼发拉底河中间的地方叫"美索不达米亚"，意思就是"两河之间"。每年春天，高原地区的积雪融化，这两条河就在美索不达米亚泛滥成灾。特别是下游一带，地势低凹，几乎全被淹没。

巴比伦人在和洪水斗争中，学会了修堤筑坝，开渠造河。当洪水被制服以后，他们和埃及人一样，也享受到了河流定期泛滥的好处。泛滥的洪水带来大量淤泥，使两岸的土壤变得十分肥沃。再加上这里阳光强烈，水量充足，庄稼年年丰收。据说，小麦最早就是生长在巴比伦的。古巴比伦王国时的农业、手工业、商业都较发达。

公元前689年，巴比伦王国被亚述所灭。公元前605年，新巴比伦王国灭掉了亚述。后来，神庙祭师集团当权，公元前538年，被位于伊朗高原的波斯所灭，古代两河流域的文明作为一个独立的整体宣告结束。

## 古代埃及文明

埃及位于非洲东北部尼罗河中下游地区的一段时间跨度近3000年的古代文明，开始于公元前32世纪左右时美尼斯统一上下埃及建立第一王朝，终止于公元前343年波斯灭亡埃及。埃及是世界文明古国之一，受宗教影响极大，举世闻名的金字塔就是古埃及人对永恒观念的一种崇拜产物，也是法老王的陵墓，目前埃及共有80余座金字塔，其中最大的一座是胡夫金字塔。除了金字塔以外，狮身人面像、木乃伊也是埃及的象征。

## 尼罗河流域文明

尼罗河流域文明是世界上发展较早和对世界文化影响较大的一个文明。每年，尼罗河水的泛滥，给河谷披上一层厚厚的淤泥，使河谷区土地极其肥沃，庄稼可以一年三熟。从事农业生产就要准确地预测泛滥时间，所以很早尼罗河流域居民就能准确地观察、研究天文现象。从植物每年的死亡复生现象中产生了死而复活的神话。

尼罗河流域文化为人类制定了第一部每年365日的历法；发明了复活和末日审判的神话；创立了世界上第一个大帝国；建立了在几千年内都是世界上最高的人工建筑物——大金字塔；留下了不可计数的木乃伊和纸草书文献。

## 美洲古代文明

美洲是世界古文明的重要发祥地之一。美洲古代文明大致可分为3个时期：前古典时期（前2000年左右~250年左右），古典时期（250年左右~900年左右），后古典时期（900年左右~1500年左右）。

美洲古代印第安文明发展水平最高的为两大地区：一个在中部美洲，包括今墨西哥和中美洲国家，被称为"中部美洲文明"。另一个在南美洲安第斯高原及太平洋沿岸一带，被称为"安第斯文明"。在此基础上最后形成了3个主要文明中心：以现今墨西哥尤卡坦半岛和中美洲危地马拉、洪都拉斯等国为中心的古代玛雅文明；以墨西哥高原盆地为中心的古代阿兹特克文明和分布在南美洲安第斯地区的秘鲁、玻利维亚和厄瓜多尔等国广大地区的古代印加文明。

## 印加文明

印加文明分布在南美洲安第斯地区的秘鲁、玻利维亚和厄瓜多尔等国的广大地区，形成于13世纪，15世纪末是它的鼎盛时期，1532年西班牙殖民者侵入印加国，占领首都库斯科，1533年杀害印加王阿塔瓦尔帕，印加国灭亡。

印加王被称为"太阳之子"，国王在政治、宗教和军事上都拥有至高无上的权力，其下有贵族、祭司充任各级军政、宗教职务，组成严密的行政体系和统治机构。印加社会的基层结构是"艾柳"，相当于氏族公社。古代印加人有发达的农业，培育了玉米、马铃薯等40多种作物。印加人在深谷陡壁、气候干燥的安第斯山区修建了庞大的梯田系统和引水工程；用巨石建成雄伟的宫殿和城堡，石块之间结合紧密，以致刀片也难以插入。此外，在冶炼浇铸、纺织制陶、天文历法、外科医术、文学音乐等多个领域，印加人都取得了杰出的成就。印加人还创造了被称为"基普"的结绳记事法。

## 奥尔梅克文明

奥尔梅克文明是中北美洲公认的最早的文明。大约出现于公元前1500年左右，开始于紧靠墨西哥湾的维拉克鲁兹沼泽凹地的一群村落中。约公元前1200年，村落发展为大型聚落，聚落中建有市政建筑物，其侧面有礼仪中心，并建有住宅和商店。该文明的一个中心是拉文塔，位于海港附近，盛产农作物和盐，主要居民是渔民、农民、商人和能工巧匠。他们住在盖有支柱及遮盖的住房里，玉米、鱼类和海龟是他们的主要食物。

## 帕拉卡斯文化

公元前550~前200年，帕拉卡斯文化在秘鲁利马南部发展起来。帕拉卡斯人已掌握了不少耕种技术，能够种植玉米、豆类、花生、甘薯和丝兰等。在手工业方面，帕拉卡斯人是刺绣和织布的能手，使用了其他地方还不知道的先进技术。刺绣图案无所不包。在2000多年后发现于此地的衣服上，人们还可以分辨出大约100种颜色。帕拉卡斯人死后都被制成木乃伊。经过晾干和熏制处理的遗体，与纺织品、假头颅和陶器等一起被安置在墓中。

## 摩羯文化

约公元100年左右，摩羯文化出现在南美洲培尔北部的广大土地上。当时这里的居民都是技术娴熟的农民。他们挖渠灌溉田地，用鸟粪做肥料。他们修建了金字塔式的建筑，称为"华卡"。其中最大的是华卡，高达41米以上，另有一个华卡修建在希班海岸。摩羯人还是伟大的艺术家，他们是南美最高明的陶工。他们印刻在陶器上的文字，与迄今为止所发现的任何一种文字都不相似。当时的金属冶炼技术也非常发达。

## 古代印第安文明

早在哥伦布发现新大陆之前的许多世纪，拉丁美洲辽阔的土地上繁衍生息着为数众多的各族印第安人。至15世纪形成了3个文化中心：玛雅文化（今洪都拉斯、危地马拉和尤卡坦半岛一带）、阿兹特克文化（今墨西哥中南部一带）以及印加文化（今秘鲁、玻利维亚和厄瓜多尔一带）。这些文化发达、人口集中的印第安民族，在西班牙征服者到来之前，已经创造了丰富的物质财富和精神文明，其中有多种形式的文学作品，如反映本民族历史的神话传说、颂扬英雄事迹的戏剧、敬神的诗歌和抒情诗等，但大多已经失传。这主要因为印第安人的语言种类纷繁，没有发展完备的文字，而西班牙入侵者对印第安文化又进行了摧残破坏。

## 阿兹特克文明

阿兹特克文明以墨西哥高原盆地为中心，它形成于14世纪初，1521年为西班牙人所毁灭。阿兹特克人有比较发达的农业，主要作物有玉米、豆类、南瓜、马铃薯、棉花、龙舌兰等。阿兹特克人利用特斯科科湖等湖泊发展人工灌溉系统。他们使用太阳历与圣年历，一年为365天，每逢闰年补加一天。医学方面，他们懂得利用各种草药治病，并已使用土法麻醉。阿兹特克人的陶器和绘画均极精致，建筑和艺术也达到相当高的水平。

## 玛雅文化

玛雅文化是世界上重要的古文化之一，更是美洲重大的古典文化。5000年前，玛雅人就出现在墨西哥合众国和中美洲危地马拉的太平洋海岸，在美洲远古的石器时代就开始了他们的生产活动，所以和世界上的其他人类一样，他们的古代史经历了采集、渔猎向农耕过渡的发展阶段。玛雅文明的孕育、起源和发展是在今墨西哥合众国的尤卡坦半岛、恰帕斯和塔帕斯科两州和中美洲的一些地方，包括今天的伯里兹、危地马拉的大部分地区、洪都拉斯西部地区和萨尔瓦的一些地方。这一地区的总面积达32.4万平方千米。

公元前2000年左右，玛雅人进入了定点群居时期，并从采集、渔猎时期进入了农耕时期。玛雅文明从此开始了。

如今研究玛雅文明的学者有很多，对玛雅文明比较公认的历史分期是：从公元前1500年到公元317年为玛雅文明发展的前古典时期，从公元317年到公元889年为古典时期，从公元889年到1697年为后古典时期，也被叫作早期阶段、中期阶段和晚期阶段。

前古典文明出现在危地马拉的太平洋沿岸和高原地带。这时，玛雅文化的主要特点是在出现的城市广场上建立了许多大型的石碑，石碑上雕刻有历朝历代的统治者形象。因为在公元1~2世纪时出现了象形文字，所以石碑上就有了记述统治者历史的文字。此外，城市里还出现了大型石料建筑物（如金字塔和城市的卫城）。大型石铺广场和堤道反映了这时候的建筑已有了一定的规模和水平。前古典时期的文明中心在中美洲的纳克贝和埃尔米拉多尔。古典时期文明发展的中心在危地马拉一带的蒂卡尔、帕伦克、博南帕克和科潘等地。这时的文化特征主要反映在建筑、雕刻和绘画上，其中博南帕克壁画是世界有名的艺术宝库。位于中美洲的玛雅古典文明中心，到9世纪时衰落了，原因不为人知。此后，玛雅文化北移到了墨西哥合众国的尤卡坦半岛，在那里进入了后古典文明时期。玛雅的后古典文明有奇钦伊察、乌斯马尔和玛雅潘三大中心。

## 迈锡尼文明

迈锡尼文明是希腊青铜时代晚期的文明，它由伯罗奔尼撒半岛的迈锡尼城而得名。约公元前2000年左右，希腊人开始在巴尔干半岛南端定居。从公元前16世纪上半叶起逐渐形成一些奴隶占有制国家，出现了迈锡尼文明。在伯罗奔尼撒半岛的迈锡尼、梯林斯、皮洛斯，中部希腊的忒拜、奥尔霍迈诺斯、格拉斯和雅典以及帖撒利亚的约尔科斯等地陆续出现过卫城、宫殿和规模宏大的圆顶墓；其中尤以迈锡尼的这类建筑最为雄伟，它的卫城入口是著名的狮子门。

## 古印度"哈拉巴文化"

20世纪90年代，印度考古学家在印度河下游的摩亨佐·达罗土丘，发现了沉睡了几千年的古城遗址。后来，学者们在印度河上游的哈拉巴又发现了一座同时代的古城。两座古城的城址设计复杂，里面的文物宛如一幅幅迷人的画卷，使人们看到了作为世界文明发源地之一的古代印度高度发展的文化。这些古城文化被称为"哈拉巴文化"。

哈拉巴文化的中心是雄伟、庄严的哈拉巴和摩亨佐·达罗两座城市。它们是上古印度文明的见证。哈拉巴城址位于旁遮普地区拉维河（印度河的支流）的左岸。摩亨佐·达罗城址位于信德省（今巴基斯坦境内）的拉尔卡纳县，靠近印度河的右岸。两城所保留下来的文化遗物丰富多彩，在这里，既有刻有文字、图画的精美印章，也有计量重量的石头砝码、计算长度的介壳尺和青铜杆尺，还有金银珠宝、象牙装饰，以及各种青铜工具、武器等。这些令人惊叹的文物，显示出上古印度人民高度的创造才能。

光辉灿烂的哈拉巴文化是举世罕见的，它表明印度河流域当时已经具有高度的文明。然而，就是这样灿烂的文化在兴旺发达了几个世纪后，到公元前1750年，却突然衰落，有些地区还遭到了巨大的破坏。从此，印度河流域哈拉巴文明之光熄灭了。

## 犹太王国

公元前12世纪，从事游牧的希伯来人进入巴勒斯坦，形成部落联盟。后来北方各部落统一为以色列王国，南方各部落统一为犹太王国。大约公元前10世纪，犹太国王大卫统一两王国，建立以色列犹太国家，定都耶路撒冷。这是最早的犹太王国。大约公元前935年，国王所罗门死后，又分裂为两个国家，北部独立为以色列王国，南部由所罗门继承者统治，称犹太王国。公元前722年，以色列王国被亚述所消灭。公元前597年，新巴比伦和犹太之间的战争爆发。公元前586年，犹太王国灭亡。

## 日耳曼人大迁徙

日耳曼人居住在古罗马帝国的北部地区，有20多个分支，其中比较有名的有哥特人、汪达尔人、法兰克人、盎格鲁—撒克逊人，等等。纪元初年，这些日耳曼人散居在多瑙河以北、北海和波罗的海以南、莱茵河以东、维斯瓦河以西的大约50万平方千米的土地上。大约从公元4世纪下半期开始，这些被罗马人称为"蛮族"的日耳曼人的各个部落纷纷进入罗马帝国的境内，掀起了民族大迁徙的浪潮。日耳曼人大迁徙运动波及中欧、西欧、南欧和北非等广大地区，前后绵延200多年。

## 波斯帝国

波斯位于今伊朗高原的西南部，波斯帝国曾是古代西亚地区的奴隶制国家。波斯商人的足迹遍及亚、欧、非三大洲。

在波斯帝国兴起前，伊朗高原先后出现过巴比伦和米堤亚两个国家。公元前558年，居鲁士二世统一了波斯各部落，打败了米堤亚王国，建立起了阿契美尼德王朝。公元前550年，居鲁士二世成为波斯王。公元前538年，波斯攻陷巴比伦，统一了整个西亚地区，同时不断对外扩张，波斯帝国在大流士一世统治时期达到极盛。它的疆域东起印度河，西至爱琴海，北达里海，南到埃及，成为当时地域空前的大帝国。

## 马其顿帝国

公元前5世纪至前4世纪，位于希腊北部的马其顿逐渐形成了统一的奴隶制王国。马其顿在腓力二世统治时期成为军事强国。公元前337年，腓力二世在科林斯召开希腊会议，确立了马其顿在希腊的霸权。后来在亚历山大当政期间，马其顿又先后消灭了波斯帝国，攻占埃及，远征印度，建立起了马其顿大帝国。公元前323年，亚历山大病逝，帝国随即分裂，埃及建立了托勒密王朝，西亚建立了塞琉西王朝，马其顿本土建立了安提柯王朝。

## 神圣罗马帝国

公元814年，被称为"罗马人的皇帝"的查理曼帝国国王查理大帝死了。30年后，他的3个孙子在凡尔登缔结了三分帝国的和约，莱茵河以东地区划归日耳曼路易，称东法兰克王国。公元919年，萨克森公爵亨利一世取得了东法兰克王国的政权，正式建立了德意志王国，开始了萨克森王朝在德意志的统治。公元961年，他出兵帮助教皇约翰十二镇压了反抗教皇的运动。教皇于公元962年加冕他为皇帝，并宣布新帝国为"神圣罗马帝国"。

## 卡叠什之战

公元前1299年，古埃及和赫梯为了争夺对西亚的控制权，在卡叠什展开的一场大战。卡叠什之战是历史最早的有记载的战争之一。

公元前1299年，埃及法老拉美西斯二世率领4个军团（共2万人）远征叙利亚。赫梯国王牟瓦塔尔也组织了约2万人的军队，埋伏在军事重镇卡叠什（今叙利亚首都大马士革东北）周围，然后派出奸细，诱使法老孤军深入。结果拉美西斯二世在卡迭石附近陷入了重围之中。

赫梯人以数倍的优势兵力对埃及军队发起了猛攻。拉美西斯二世一面派人去求援，一面组织人员拼死抵抗。不久，埃及援军赶到，拉美西斯二世将埃及军队排为三线：一线是战车，并有步兵配合；二线是步兵；三线战车和步兵各半，发起反攻。赫梯军队动用了后备的步兵和战车，并命令卡叠什中的8000守军也出城参战。双方杀得难分难解，最后赫梯军队退守卡叠什，埃及军队撤走。公元前1283年，双方签定了《卡叠什合约》，这是历史上第一个合约。

## 亚述的征服

亚述战争指的是公元前8~前7世纪，西亚强国亚述发动的一系列对外扩张战争。

公元前745年，亚述王国进行了一系列的军事改革，亚述的军事力量迅速强大起来。亚述军队不仅装备了当时先进的铁制兵器，而且建成了一支兵种齐全的军队。

公元前744年，亚述军队征服了死敌乌拉尔图的东北同盟者米底部落。公元前736年，亚述军队南下围攻乌拉尔图的首都，但没有攻克。公元前714年，亚述军队攻陷乌拉尔图的宗教中心穆萨西尔，大肆掠夺，乌拉尔图元气大伤，再也无力与亚述抗衡，成为亚述的一个附属国。

为了争夺富饶的两河流域，亚述又将矛头指向了占据巴比伦城的迦勒底人。公元前649年，亚述军队苦战3后，终于击败了巴比伦和埃兰联军。公元前639年，亚述攻入埃兰首都苏萨，埃兰沦为亚述属地。不久，亚述再次攻陷巴比伦。后来，亚述又击败了埃及，国力达到极盛。

由于亚述对西亚民族实行残暴的统治，激起了他们的强烈反抗。公元前614年，亚述被米底和迦勒底联军所灭。

## 阿克苏姆帝国

阿克苏姆帝国建于公元2世纪，它位于非洲东北部红海岸边。到4世纪时，阿克苏姆王埃扎纳统一了埃塞俄比亚北部，征服了苏丹的麦罗埃王国，成为东非和红海地区的统治者。阿克苏姆国盛行基督教，在埃扎纳统治时期，兴建了许多高大的独石柱尖顶塔。公元570年，萨珊波斯侵占了阿克苏姆部分海岸属地和通商城市。7世纪以后，阿拉伯国家兴起，东、西方贸易商路北移，红海贸易趋于衰落。再加上北方游牧民族贝扎人的侵扰，阿克苏姆国势日衰。1000年左右，阿克苏姆国灭亡。

## 特洛伊战争

公元前1500年左右，希腊人的一支阿卡厘人在南希腊建立一些城邦，其中以迈锡尼最强。公元前12世纪初，迈锡尼联合其他城邦出征特洛伊城，特洛伊人顽强抵抗。该战争持续了10年，最后在"木马计"中结束。希腊人获胜后，毁灭了特洛伊城并大肆掳掠。希腊人虽胜，但也消耗了自己的力量，从此，迈锡尼诸城邦走向衰落。不久，另一支希腊人——多利亚人南下，征服了迈锡尼诸城邦。

## 波希战争

波希战争是古代波斯帝国为了扩张版图而入侵希腊的战争，战争以希腊获胜、波斯战败而告结束。

公元前492年，大流士一世率陆海大军远征希腊，但是海军在阿索斯海角遇到大风暴，陆军也遭到色雷斯人的袭击，出师不利，只好退回小亚细亚。公元前490年，大流士一世第二次入侵希腊，在马拉松会战中被击败。之后，双方积极扩军备战。公元前480年，大流士一世之子薛西斯一世率军第三次出征希腊，虽然人数之多、规模之大与前两次相比有过之而无不及，但是仍然惨遭挫败。波斯军第三次远征失败后，以雅典为首的希腊联军乘胜展开反攻。公元前478年，雅典联合爱琴海沿岸各城邦成立提洛同盟，之后连连挫败波斯军队。公元前449年，希波双方媾和，签订《卡利亚斯和约》，长达40余年的波希战争至此结束，雅典成为爱琴海地区的霸主。战争结束后，希腊进入奴隶社会繁荣时期，提洛同盟盟主更是进入了强盛时期。

希腊在波希战争里取胜，使得西方世界的

中心由两河流域向地中海地区推移，希腊文明得以保存并发扬光大，成为日后西方文明的基础。而且希腊战胜亦确保了希腊诸城邦的独立及安全，使得希腊继续称霸东地中海数百年。波斯在这场战争里战败，使其对外扩张的气焰受挫，并逐渐走向衰落，最后被马其顿的亚历山大大帝所灭。

## 布匿战争

公元前264~前146年，古代罗马与迦太基之间爆发了3次大规模的战争。因罗马人称迦太基人为"布匿"，所以这3次战争都被称为布匿战争。第一、二次布匿战争是交战双方为争夺西部地中海霸权而进行的扩张战争，第三次布匿战争则是罗马以强凌弱的侵略战争。

公元前3世纪时，迦太基是地中海西部强大的奴隶占有制国家。罗马于公元前3世纪上半叶统一意大利后，与迦太基形成对峙之势。两国因争夺西西里岛，引发第一次布匿战争爆发。公元前219年，汉尼拔攻击罗马在西班牙的盟友，罗马出面干涉，迦太基不肯退让。于是，第二次布匿战争爆发。

公元前216年，罗马选出了两位新的执政官——包路斯和瓦罗，他俩是主战派。这年8月，两位主帅与汉尼拔在坎尼决战。结果，罗马军大部分阵亡，被俘万余人，溃散逃脱者极少；汉尼拔损失仅6000人。这是西方军事史上的一个经典战例，充分体现了汉尼拔的天才。然而，罗马没有崩溃，他们一面紧急征召新的兵员（甚至包括奴隶），一面避开汉尼拔的锋芒，全力打击那些敢于投靠汉尼拔的意大利盟邦，连续毁灭了几个城市。汉尼拔不积极支持盟友，使他声名大损，整个意大利又倒向罗马。

公元前210年，罗马名将西庇阿使出釜底抽薪之计，直扑西班牙，占领了汉尼拔的基地。公元前204年，西庇阿又率军登陆北非，攻击迦太基本土，汉尼拔被迫撤离待了15年的意大利，率军回援。公元前202年，两军展开决战，汉尼拔战败并投降。第二年，双方签署合约，迦太基失去了军队，丧失了北非以外的所有领土，欠下了一笔分50年还清的巨额赔款。更屈辱的是，条约规定汉尼拔任凭罗马处置，汉尼拔被迫自杀。

尽管如此，罗马人仍然不愿放过迦太基，他们念念不忘的，就是彻底毁灭这个敌人。公元前149年，第三次布匿战争爆发，罗马人的刀锋直指迦太基城。已经没什么军力的迦太基人仍然奋勇抵抗了2年。第三年，瘟疫降临，迦太基人口锐减，罗马军队破城而入。经过六天六夜的巷战，迦太基陷落了，8.5万人殉国。战后，60万迦太基人中的5万幸存者沦为奴隶，城市被夷平。

至此，一个伟大的文明古国、一座辉煌数百年的名城、一群勤劳智慧的人民，便不复存在了。

## 斯巴达克起义

斯巴达克起义是公元前73年罗马爆发的一次奴隶大起义，是世界古代史上最大的一次奴隶起义。

斯巴达克是色雷斯（今保加利亚一带）人，在战斗中被罗马人俘虏，被卖到卡普亚城一所角斗士学校当角斗士。斯巴达克不堪忍受角斗士学校里非人的待遇，率领70多名角斗士发动起义，逃往维苏威山区。周围许多逃亡奴隶和破产农民都纷纷前来投奔，起义队伍不断发展壮大，多次击败罗马人的军队。

斯巴达克希望率领起义军北上翻越阿尔卑斯山，返回家园。但在翻越阿尔卑斯山时遇到了困难，斯巴达克改变计划，挥师南下，希望前往西西里岛。但由于缺乏船只也只好作罢。在阿普里亚省南部，起义军和罗马军队展开了总决战。由于寡不敌众，斯巴达克战死，起义失败。

斯巴达克起义军在战斗中能组织好步兵和骑兵的协同进攻，力求夺取和掌握主动权。行军时隐蔽迅速，设置埋伏，实施突袭，对敌人实行各个击破战术，多次打退罗马精锐部队，对后来的奴隶起义提供了许多宝贵的经验。

## 英法百年战争

自从1066年法国诺曼底公爵征服英国成为英国国王以后，英法两国的封建主在王位继承和领地归属的问题上分歧不断，最终引起了一场持续100多年的战争，史称"百年战争"。

英国王室在法国占有大量的领土，法国国王在12、13世纪逐渐夺回一部分，但英国仍占据法国南部部分地区，成为阻碍法国政治统一的最大障碍。另外，富庶的佛兰德尔是当时欧洲商业和手工业最发达的地区，也是两国争夺的焦点。

1337年，法王腓力六世宣布收回英王在法国的领地，而英王爱德华三世也以法王腓力四世外孙的资格，争夺法国王位，战争由此爆发了。

1428年，英军再度入侵法国，席卷法国北部，包围了通往南方门户的奥尔良。就在这时，法国民众在女英雄贞德的率领下奋起抗战。在贞德率领的农民军的支持下，查理七世转败为胜，于1436年收复巴黎。1453年，英法两军在波尔多附近决战，法国大获全胜。英国在法国的领地除加来港外全部被法国收回，英法百年战争结束。

百年战争，不论对英国还是法国人民来说都是一场灾难，当时又是黑死病流行的时代，在战争和疫病的双重打击下，英法两国的经济大受创伤，民不聊生。百年战争结束之年也被认为是中世纪结束的标志之一。

## 普奥鲁腾之战

18世纪的普鲁士，在地理上处于法、奥、俄、瑞等欧洲列强的包围之中。1740年5月，新国王腓特烈总想改变这种战略上的不利态势，便派兵夺取了奥国的西里西亚。以奥为首的5国迅速组成联盟，出动50万大军，从各方面围剿普鲁士。在奥地利的鲁腾，腓特烈指挥有方，以劣势兵力，歼灭了3倍于自己的奥军，重新获得了西里西亚，也彻底瓦解了联军的战略包围，拯救了危亡中的普鲁士。这一战唤起了普鲁士人的德意志民族意识，增强了他们的民族凝聚力，从此，普鲁士走上了统一的建国之路。

## 美国南北战争

美国的南北战争是1861年4月到1865年4月，美国南方与北方之间进行的战争，又称美国内战。在南方，坚持战争的只是种植场奴隶主，他们进行战争的目的是把奴隶制度扩大到全国，而北方资产阶级的目的在于打败南方，以便恢复全国的统一。

19世纪中叶，美国北部自由劳动制度与南部奴隶制度之间的矛盾发展到不可调和的地步，南部奴隶制度成为美国社会经济发展的主要障碍，南北之间的斗争在西部土地的争夺中表现得最为激烈。

林肯就任总统后，曾试图同奴隶主谋求和解，劝告不要破坏联邦的统一，但是南方人不愿做任何妥协。1860年4月12日，南部同盟开炮轰击塞姆特要塞，公开挑起内战。1861年4月15日，林肯发布宣言，宣布南部各州叛乱，号召人民为恢复联邦的统一而战。

战争分为两个阶段，第一阶段由于南方军事准备比较充分及北方的轻敌，南方奴隶主控制着战局的主动权。第二阶段由于林肯政府采取了解放奴隶、实施《宅地法》等一系列革命性措施，战局向有利于北方的方向发展。1865年4月3日，北方攻占南部同盟的首都里士满，9日，南军总司令李将军在弗吉尼亚州的阿波马托克斯法院小村向格兰特将军投降。历时4年之久的南北战争宣告结束。

南北战争是美国历史上的第二次革命，扫除了奴隶制障碍，美国完全确立了资本主义制度的统治地位。从此，美国资本主义经济以前所未有的速度发展起来，逐渐成为世界上经济力量最强大的国家。

## 巴黎公社

1871年3月18日巴黎工人起义，夺取了政权，梯也尔政府逃往凡尔赛。26日进行了巴黎公社委员会的选举，28日正式成立巴黎公社。布朗基派、新雅各宾派（多数派）和蒲鲁东派（少数派）掌握公社委员会的领导权。公社砸碎资产阶级军事官僚机器，废除征兵制，取消旧的警察机构、法院、旧官僚制度等；建立了公社委员会及其分工领导的10个委员会作为无产阶级自己的政府，兼管立法与行政权。公社颁布一系列法令保护工人利益，重视发展人民的文化教育事业。5月27日，凡尔赛反革命军在普鲁士军队的帮助下，攻入巴黎。经过激烈的巷战，28日公社失败。巴黎公社在工人运动和共产主义运动史上占有极其重要的地位，为国际共产主义运动留下了极宝贵的经验。

## 十月革命

1917年11月7日，随着"阿芙乐尔"号的一声炮响，攻打冬宫这座沙皇专制统治的堡垒的战斗开始了，十月革命爆发。

攻占冬宫是一场非常艰苦的战斗。从11月7日清晨起，守卫冬宫的2000多人，用成垛的木头排成坚固的街垒，街垒里布置着机枪巢，堵住了冬宫的全部出入口。但攻打冬宫战役的指挥官安东诺夫不惧危难，亲自率领起义部队，冲进广场，冲向宫门。经过激战，起义部队终于攻占了冬宫。

11月8日晚上9点钟，苏维埃代表大会第二次会议在斯莫尔尼宫开幕。代表大会通过了列宁起草的《和平法令》和《土地法令》，发表了《告工人、士兵和农民书》，庄严宣告俄国一切政权归苏维埃。列宁当选为苏维埃政府——人民委员会主席。斯大林、安东诺夫等被选为人民委员。十月革命取得了胜利，人类历史上第一个工农政府诞生了。

## 第一次世界大战

第一次世界大战是一场主要发生在欧洲但波及到全世界的世界大战。当时世界上大多数国家都卷入了这场战争。

战争过程主要是同盟国和协约国之间的战斗。德意志帝国和奥匈帝国是同盟国，英国、法国、意大利、俄罗斯帝国和塞尔维亚是协约国。在1914年至1918年间，亚洲、欧洲和美洲的很多其他国家都加入了协约国。战场主要在欧洲。值得注意的是意大利虽是同盟国，但是后来英国、法国及俄国与意大利签订密约，承诺给予意大利某些土地，意大利也加入了协约国对抗同盟国。

这场战争是欧洲历史上破坏性最强的战争之一。大约有6500万人参战，1000万人失去了生命，2000万人受伤。

战争的导火索是1914年6月的萨拉热窝事件，战线主要分为东线（俄国对德奥作战）、西线（英法比对德作战）和南线（又称巴尔干战线，塞尔维亚对奥匈帝国作战）。其中西线最惨烈，著名的战役有马恩河战役、凡尔登战役和索姆河战役。

## 第二次世界大战

1939年8月31日，一队化装成波兰军队的德国法西斯党卫队队员，袭击并"占领"了德国自己的格兰茨电台，于是，希特勒宣称波兰侵略了德国。9月1日凌晨4时45分，德国出动大军——62个师、2800辆坦克、2000架飞机和6000门大炮，袭击波兰。希特勒的"闪电"战术，使波兰军队措手不及，波兰陷入一片混乱。9月底，波兰军队全军覆没，德军占领波兰。

英、法是波兰的盟国，两国政府要求德国停止军事行动，遭到拒绝后，不得不于9月3日对德宣战。第二次世界大战爆发，直至1945年8月15日法西斯的投降才宣告结束。

第二次世界大战是一场规模空前的战争，给全世界人民带来了空前的巨大灾难。据统计，全球60%的国家、4/5的人口卷入战争，战火遍及亚洲、欧洲、美洲及大洋洲，大战造成约6000万人死亡，物资损失超过40000亿美元。但最终，正义战胜邪恶，横扫一时的德、日、意三个法西斯国家被彻底打败，人类文明得以拯救，世界恢复了和平。从此，世界历史进入一个新阶段。

## "冷战"

"冷战"指西方资本主义集团对社会主义国家进行的封锁等非武装的对抗行为，后来逐渐发展成为苏联、美国两个超级大国的争霸。第二次世界大战结束后不久，以美国为首的西方政治集团，竭力想颠覆新生的社会主义国家。他们不仅通过战争，即所谓"热战"，还依靠除军事对抗形式之外的一切形式反对社会主义的活动，其表现为组建军事集团、进行军备竞赛、在国外建立军事基地、干涉他国内政、扶植代理人进行局部战争等。"冷战"成为特定历史条件下的一种状态，与"热战"一词相对应。

"冷战"这个词起源于1947年4月16日伯纳德·巴鲁克在南卡罗纳奇伦比亚的一次演说。此外，1946年丘吉尔访问美国，在这次访问中他发表了著名的"铁幕"演说："从波罗的海边的什切青到亚得里亚海边的里维斯特，一幅横跨欧洲大陆的铁幕已经拉下。"由此间接表示"冷战"的开始。

到20世纪90年代苏联解体、东欧剧变之后，国际社会几乎一致认为"冷战"时期已基本结束。

## 东欧剧变

自20世纪80年代年起，东欧局势发生剧烈的动荡，各国的共产党和工人党在短短的时间内纷纷丧失政权，社会制度随之发生了根本性变化。

东欧各国的剧变大体经历了3个阶段：一是执政的共产党和工人党由于内部和外部的原因，在经济上和政治上面临着严重的困难，党内出现了反对派。二是执政党在国内外的压力下，不断对反对派妥协退让，放弃社会主义原则，实行政治多元化、多党制，反对派势力扩大。三是反对派通过不断制造动乱，施加压力，使执政党陷入困境，然后取得政权。个别国家甚至通过武装冲突，实现政权更迭。

1989年1月，波兰统一工人党提出实行政治多元化。1989年2月6日到4月5日，包括团结工会在内的第一次圆桌会议在华沙举行。政府当局和团结工会达成了政治、经济改革方案，并且修改宪法，实行总统制。4月17日，华沙法院宣布团结工会为合法组织。在6月4日的大选中，团结工会获胜，统一工人党惨败。12月29

日，波兰议会通过宪法修正案，取消了关于波兰统一工人党在国家中起领导作用和实行社会主义制度的条款，改波兰人民共和国为波兰共和国。

1990年1月，波兰统一工人党通过《关于波兰统一工人党停止活动的决议》，决定结束党的存在。1990年5月，国会通过了政党法，禁止各党派在工厂、军队和国家机关中从事党派活动。12月9日，瓦文萨当选总统。由此，波兰进入了多党角逐时期。

1988年5月，匈牙利社会主义工人党提出实行社会主义多元化，加速改革。1989年2月，社会主义工人党重新评价了1956年的匈牙利事件，认为这是一次"真正的起义——人民起义"，并通过了实行多党制的决议，认为政治体制多元化可以在多党制范围内实现。1989年10月，社会主义工人党将党的名称改为社会党，并把党的奋斗目标定为民主社会主义。原党中央总书记格罗斯不同意这一决定，改组社会主义工人党。社会主义工人党宣称长远目标是建设社会主义社会，当前目标是阻止资本主义复辟。1990年10月18日，国会通过了宪法修正案，改匈牙利人民共和国为匈牙利共和国。

1986年，保加利亚共产党提出了对社会主义的经济、政治、文化和生活方式等一切领域进行根本性的变革。1989年5月29日，保加利亚开放边界，引起31万保加利亚人大出逃，造成国民经济的停顿。1989年11月10日，姆拉德诺夫任保共中央总书记，他极力倡导政治多元化。12月，党的领导机构大改组，30多名中央委员被开除或解职。

1990年1月30日至2月2日，保共中央召开第14次特别代表大会，通过了《保加利亚民主社会主义宣言》和新的党章，正式放弃原来的奋斗目标，政治上主张建设民主与人道的社会主义社会，实行多党制、三权分立；经济上实行所有制多元化和市场经济。4月3日，保共改称保加利亚社会党。1990年4月，国民议会通过宪法修改法、政党法和选举法，姆拉德诺夫当选为总统。1990年6月10日，保加利亚举行政治多元化后的首次选举，社会党获得多数席位，成为执政党，组成新政府。此后，各派政治力量之间的斗争仍然非常激烈，社会仍处于动荡不安之中。

1968年布拉格之春事件后，捷克斯洛伐克一直陷入僵化和停滞状态之中。1989年春，捷克斯洛伐克围绕如何评价布拉格之春事件，爆发了一场政治风暴。各地发生大规模游行。11月19日，以哈维尔为首的公民论坛成立。11月29日，捷议会批准宪法修正案，取消了捷共的领导地位。11月30日，捷共中央主席团举行会议，宣布苏联1968年出兵捷克是错误的。12月20日到21日，在捷共非常代表大会上通过了《在捷克斯洛伐克实现民主社会主义》的行动纲领。12月28日，联邦议会选举刚被恢复名誉的杜布切克为捷共主席；29日，选举哈维尔为总统。至此，捷克斯洛伐克的国家领导职务已不在捷共手中，捷共成为在野党，失去了执政党的地位。

1991年4月，捷克斯洛伐克国名改为捷克和斯洛伐克联邦共和国。1992年6月5日到6日，在新的议会选举中，捷克主张维持联邦制，斯洛伐克主张独立，双方意见相左。1993年1月1日，捷克斯洛伐克联邦共和国分裂为捷克共和国和斯洛伐克共和国两个独立的主权国家。

1989年12月，罗马尼亚西部城市蒂米什瓦拉，因抗议解除一名持不同政见的神父职务举行的群众示威，演变成骚乱。不久，布加勒斯特也开始了骚乱，军队倒戈。党和国家领导人齐奥塞斯库被捕，并被秘密处决。12月27日，罗马尼亚社会主义共和国改名为罗马尼亚。1990年5月20日，罗马尼亚举行全国大选，伊埃利斯库当选总统，救国阵线获得议会多数席位，组成新政府。

铁托逝世后，南斯拉夫民族矛盾加剧。境内的不同种族中，塞尔维亚人占人口的36%，克罗地亚族占19.8%，穆斯林人占9%，斯洛文尼亚人占8%，此外有马其顿、黑山、阿尔巴尼亚等。1990年5月26日，南共联盟宣布解散，各共和国的共盟分别改称社会党、社会民主党或民主改革党。

1990年4月到5月，各共和国先后进行了选举，克罗地亚和斯洛文尼亚的原共盟失去了执政党的地位。1991年6月25日，克罗地亚共和国和斯洛文尼亚共和国分别宣布独立。南人民军进行干预，发生了流血冲突，国际社会介入调解。1991年10月8日，克罗地亚和斯洛文尼亚正式脱离南斯拉夫独立，并得到国际社会的承认。1992年3月，波斯尼亚-黑塞哥维那宣布独立，但境内塞族反对，自行成立塞尔维亚波黑共和国。1992年4月，双方冲突演变为武装冲突，发生了迄今为止欧洲规模最大、时间最长的波黑战争。由于欧共体、美国、俄罗斯的介入，波黑战争不仅旷日持久，而且越来越复杂。1992年4月27日,南联邦议会通过了成立由塞尔维亚共和国和黑山共和国联合组成的新南斯拉夫联盟共和国。1945年以来成立的南斯拉夫联邦共和国不复存在。

东欧发生的这场剧变,其性质绝非是社会主义完善自身的改革,而是社会主义向资本主义的演变。

## "9·11"事件

2001年9月11日,纽约市世贸中心双塔摩天大楼被恐怖分子劫机撞毁,共有2823人遇难,另外还有105人失踪,直接经济损失高达1000亿美元,间接经济损失难以估算。这就是人们谈之色变的"9·11"事件。这一事件直接导致美国华尔街股市休市一周,欧洲和拉美股市、亚洲股市都遭受巨大冲击。"9·11"事件后,美国经济全面衰退。

当地时间早上8时51分,一架飞机撞向世界贸易中心的其中一座大楼。大楼随即发生爆炸,滚滚浓烟从上部冒出。18分钟后,在当地电视台进行现场直播时,一架小型飞机从相反的方向高速而精确地撞向世界贸易中心的另一座大楼。大楼随即也发生巨大爆炸。世界贸易中心的两座"双子星"大楼上端各出现了一个硕大的黑洞。世贸中心被撞击后不久,美国国防部五角大楼也遭到了袭击。一架飞机在早上9时47分撞向美国国防部所在地五角大楼,并造成大火。与此同时,美国国务院门外也发生一起汽车炸弹爆炸事件。

由于美国世贸中心和五角大楼遭到恐怖分子袭击,美国纽约证券交易所、那斯达克市场、芝加哥期货交易所和芝加哥商品交易所等各大证券交易所均停止交易。在东部时间上午9时32分,美国股市宣布停市,外汇市场也出现了大幅的震荡。受它的影响,欧洲股市遭到重挫;不久,拉美股市也全部停盘。

一连串事件发生后,美国进入戒备状态,政府下令所有机场暂时关闭,飞机停飞,华尔街股市停市,白宫和国防部均紧急疏散。美国总统布什发表声明,称这是一起明显的针对美国的恐怖袭击事件。布什发誓要追查到底,严惩元凶,要开展一场打击恐怖主义的全球战争。世界各国领导人也很快发表讲话,严厉谴责这一恐怖袭击事件,并对美国人民表示同情。

"9·11"事件后,国际安全形势中的不确定性因素明显增大。外交上,反恐成为现阶段国际关系特别是大国关系的重要粘合剂。主要大国不同程度地调整了安全战略,导致国际反恐合作与传统军事竞争同步发展。

# 风俗礼仪篇

## 贴春联

大年三十这天,家家户户都会贴春联、敬门神、挂年画,以此增加过年的气氛。春联,也叫对联、门对、门贴。

春联源于古代的桃符。桃符是挂在大门两旁的长方形的桃木板。上面写上"神荼","郁垒"二神名,以驱鬼避邪。每逢春节,人们总要用新桃符替换旧挑符。王安石"千门万户曈曈日,总把新桃换旧符"的诗句,说的就是这件事。

公元964年,后蜀主孟昶先是叫学士辛寅逊在桃板上题词,又嫌他写得不工稳,便自己动手写了"新年纳余庆,佳节号长春"。从此,题桃符便演变成写春联了。后来,由于纸张大量生产,人们逐渐用纸代替桃木板。这便是贴春联的开始。

春联普及盛行于明朝。据《簪云楼杂说》载:"春联之设,自明太祖始。帝都金陵,除夕忽传旨,公卿士庶门上须加春联一副。太祖微行出观,以为笑乐。"由于皇帝身体力行,再加上文人墨客的喜爱,广大群众的传播,春节贴春联便作为风俗习惯流传下来。

## 贴门神

门神的前身是桃符,又称"桃版"。古人认为桃木是五木之精,能制百鬼。门神传说是能捉鬼的神荼、郁垒。

班固《汉书·广川王传》中记载:广川王的殿门上曾画有古勇士成庆的画像,短衣大裤长剑。到了唐代,门神的位置便被秦叔宝和尉迟敬德所取代。

据说,唐太宗李世民在玄武门事变中,杀了自己的亲哥亲弟,心里总是疑神疑鬼的,整夜不得安宁。为消除李世民心中的恐惧,秦叔宝和尉迟敬德二人披盔带甲,连续几夜站在宫门外守护。李世民心里踏实了,便安心地入睡。

这使李世民满心欢喜,称赞秦叔宝和尉迟敬德说:"两位将军真是门神啊!"

随后,又找来画师给他们画像,并把画像悬挂在宫门左右。于是,这一习俗开始在民间广为流传。

## 守岁

除夕不睡的习俗名叫"守岁"。人们为什么要"守岁"呢?

"守岁"又叫"熬年"。相传,古代有种叫"年"的怪兽,每到年三十晚上它都要出来作祟。原本辞旧迎新的喜庆日子,成了人们最不愿意过的时间。到了年三十,家家户户早早地料理完家务,门窗紧闭。因为害怕年来为祸,所以没有人敢睡觉。为了消除"年"即将到来的恐惧,人们便准备出一年里最丰盛的晚餐,一家人齐聚餐桌前,说笑逗乐,畅想未来美好生活,借此挨到天明。三十晚上一过,人们便张灯结彩,燃放鞭炮,庆祝自己躲过"年"的毒手,熬过了"年"关。后来,民间

**写春联 清**
《燕京岁时记·春联》载:"自入腊以后,即有文人墨客,在市肆檐下书写春联,以图润笔。"

就逐渐形成了除夕守夜的习俗。

早在西晋，就有文献记载有关守岁的事宜。《风土志》中说，除夕晚上，大家互相赠送礼物，预祝对方新的一年财运当头，讨个好彩头，这叫"馈岁"；准备丰盛的酒席，祭神祈福，这是人们告别旧的一年的方式；一家人其乐融融地聚在餐桌前，互相沾点福气，这是所谓的"分岁"；彻夜不眠，欢声笑语一直到天明这就是"守岁"。

俗话说"一夜连双岁，五更分二年"。也就是说，除夕这天晚上，人们不仅要告别旧的一年，辞旧迎新，同时，人们年龄也要再长一岁，所以就有了"此夜守岁惜年华"的说法。

## 压岁钱

相传，古代有种叫祟的小怪兽，性情十分古怪，专喜欢在过年的时候摸小孩子的头，偷取他们的思想。八仙听说了，便化身为八枚铜钱来到人间，此时恰逢年关。

有一家穷人，夫妻俩老来得子，喜欢得不得了。除夕这天，老两口怕祟来偷孩子的思想，便哄着孩子玩，不让他睡。孩子小，困了便要吵，夫妻俩实在没办法了，便将家里仅有的八枚铜钱，拿出来给孩子当玩具玩。夜深了，孩子玩累了攥着铜钱睡着了，夫妻俩也不知不觉地进了梦乡。

祟看见这家人都睡了，便偷偷地溜进他们的家。它伸出手刚想去摸孩子的头，便被八束金光击得连连后退。从此，祟再也不敢来偷小孩的思想了。原来，夫妻俩给孩子的这八枚铜钱正是八仙所化。

后来人们听说，只要在孩子手里放些钱，祟就不敢靠近孩子了，便纷纷效仿。于是，民间就流行起了过年给孩子压"祟"钱的习俗。压祟，意味着辟邪、避晦气。渐渐地，"压祟钱"谐音作"压岁钱"，成了老人们表达对小辈们祝福的一种形式。

据史料记载，最早的压岁钱，并不是普通的流通货币，而是一种专门铸造出来，用以压鬼辟邪的钱形佩饰品。在汉代出土的文物里，一些钱币形状的佩饰上，刻有龙凤、斗剑、双鱼等吉祥图饰；有的佩饰上甚至还印有诸如"去殃除凶"的字样，人们把这种压岁钱称为"压胜钱"。

还有一种说法认为，压岁钱认为由古代的春日散钱风俗演变而来。据《燕京岁时记》记载，在民间，人们通常会用彩线将铜钱串联起来，再编成龙形，将这种东西放在床角，作为护身符。这种钱串，俗称压岁钱。一般情况下，长辈会直接把编好的铜钱给晚辈，希望压岁钱能给孩子带来一年的平安吉祥。这种做法，在明清时期最为盛行。

到了近代，压岁钱逐渐地成了人们表达美好祝愿，祈愿大吉大利的一种形式。比如，送小孩子几张新的连号纸币，意为"连连发"；晚辈给长辈包个红包，意为压岁，"长命百岁"。压岁钱也就成了另一种文化内涵的载体。

## 做满月

婴儿出生一个月叫满月，在民间，庆贺满月的仪式和活动多种多样，丰富多彩。其中，喝满月酒和剃满月头是延续至今最为重要的。

婴儿满月的礼俗流行于唐朝。到了南宋，几乎所有官宦和富有的人家要为婴儿举办"洗儿会"，这是一种很隆重的风俗。主人家要在婴儿出生满一个月的日子发请贴宴请亲友，亲朋好友会在这一天携带各种礼品前来向婴儿表达祝福。到了近代，婴儿满月时的庆祝方式有了不同，满月时外婆要为婴儿准备一份丰盛的礼物，包括面条、粽子、馒头和一只活鸡，有的还会送婴儿用的帽、鞋、袜、衣服等，俗称"拿满月"。中午时分，亲朋好友聚在一起，觥筹交错，祝福声此起彼伏。这种情景就是历代相沿的"满月酒"。

"剃满月头"是婴儿满月的另外一项重要仪式，在民间也叫落胎毛。在中国，不同的地方剃满月头的习俗是不一样的，有不同的说法和讲究，但其中有一个共同点是胎毛不能剃光。一般情况下是在头顶心或近脑门处留下一撮，俗称桃子头、桶盖头、米囤头等。另外，还有一些地区的习俗是把落胎毛的仪式放在婴儿出生满百天时举行，称为剃百日头，留一撮毛和郑重处理落发的习俗与剃满月头基本一致。

关于珍藏剃下胎毛的意义，也有众多讲法。有些地方的风俗是将其搓成一个圆球挂在床檐正中，意在孩子长大离家后，胎发团还挂在母亲的床上，可以永远受到母亲的护佑；有些地区的习俗是用线绳将胎发吊在窗台上牢牢系住，说这样就可以使小孩经受风吹雨打，有利于小孩的成长；有的地方则是将胎发盛入金银小盒，或用彩色的线结成绦络，认为这样做可以起到辟邪的作用；还有的地方是将胎发用红布包起来，缝进小孩儿的背心或夹袄中，认为如此便能使小孩儿顺利成长。

## 抓周

婴儿出生满一年，古称"周"，现称周岁。周岁这天，全家人不仅要庆贺，而且还要举行隆重的抓周仪式。抓周，也叫试儿、试周、揸生日。它是周岁礼中一项很重要的仪式，最早见于南北朝时期的古俗，在民间流传至今。

在我们熟悉的古典名著《红楼梦》里，也曾写到过"抓周"这个礼仪。贾宝玉在周岁那天抓了胭脂钗环，因为这些都是妇女用品，所以父亲很不高兴，还说他将来一定不会好好读书，是一个酒色之徒。

民间的"抓周"仪式一般都在中午吃"长寿面"之前进行。在古代，讲究一些的富户都要在床（炕）前陈设大案，摆上一些代表各种职业的器具，比如笔、墨、纸、砚、印章、算盘、账册、首饰、花朵、吃食、玩具等，如果过生日的是女孩，则还要加摆勺子（炊具）、剪子、尺子（缝纫用具）、绣线，等等。然后在没有任何诱导的情况下，小孩由大人抱着来选这些东西，家长根据小孩先抓什么，后抓什么，来测卜孩子的志趣、前途以及未来要从事的职业。比如小孩先抓了文具，则意味着长大以后必定是个文人；先抓了印章，则意味着长大以后可以官运亨通；如果小孩抓到的是算盘，则说明他长大后善于理财，是个生意人。如果女孩先抓剪、尺之类的缝纫用具或勺子之类的炊事用具，则说明她长大后心灵手巧，善于料理家务。反之，假如小孩先抓了吃食、玩具，众人千万不能当场斥之为"好吃"、"贪玩"，而是把它圆成一个美好的祝愿，比如说成"孩子长大之后，必有口福，善于享受生活"，等等。总之，长辈们对小孩的前途寄予厚望，在一周岁之际，对小孩祝愿一番而已。

## 长命锁

长命锁又名"寄名锁"。它是一种挂在儿童脖子上的装饰物，在明清时尤为流行。按照迷信的说法，只要佩挂上这种饰物，就能帮小孩避灾祛邪，"锁"住生命。所以许多小孩从出生不久就挂上了这种饰物，一直挂到成年。

长命锁是由"长命缕"演变而来的。佩戴长命缕的习俗最早可追溯到汉代。在汉代，每逢五月初五端午佳节，家家户户都在门楣上悬挂五色丝绳，取辟邪纳福之意。到了魏晋南北朝时，这种丝绳被许多妇女戴到手臂上，逐渐成为妇女和儿童的一种臂饰。当时由于战争频繁，瘟疫、灾荒不断，广大人民渴望平安，所以就采用这种佩戴五色彩丝的方式来辟邪去灾、祛病延年。这种彩色丝绳，就是我们所说的"长命缕"。到了宋代，这种风俗不仅流行在民间，还传入宫廷，除妇女儿童之外，男子也可佩戴。"长命缕"的制作也渐渐变得复杂，除丝绳、彩线外，有的还会穿上珍珠等物。到了明代，由于风俗变迁，成年男女佩戴"长命缕"的风俗渐弱，通常只有儿童佩戴，于是"长命缕"渐渐演变成为一种只为儿童佩戴的颈饰——长命锁。

长命锁一般多用金银宝玉制成，它的造型多被做成锁状，锁面上常镂有"长命富贵"、"长命百岁"、"玉堂富贵"等吉利的祝福，另一面则雕有"麒麟送子"、"五子登科"等中国的传统图案。按老规矩，小孩佩戴的长命锁，要等到结婚时才能取下来。

## 取名

姓名学是中国的国粹，渊源于中国古代诸多先贤的哲学思想。孔子曾说，"名不正则言不顺"，苏东坡也说，"世间唯名实不可欺"，都道出了姓名对人的重要性。因此，取名之事实乃人生之大事，轻视不得。所以，在民间流传着多种多样的关于取名的传统习俗。

主要的取名习俗有以下几种：

节令法：根据孩子出生时的节令与花卉取名。如春花、夏雨、兰贞、雪梅等，常见于女性。

地名法：比如沈申（上海）、袁晋（山西）、黄云生（云南）等。也有从祖籍及出生地中各取一字，缀联成名，主要是以纪念为主。

盼子法：父母连连产下女婴，盼子心切，便会在为女儿取名时用一些谐音字，如根（跟）弟、玲（领）弟、招弟、盼弟等。

抱子法：夫妇膝下无子，从外地或外姓抱养一个孩子。此类孩子的名字中，常有一个"来"字，如来宝、来娇等。

体重法：鲁迅的小说《风波》中描绘："这村庄的习惯有点特别，女人生下孩子，多喜欢用秤称了轻重，便用斤数当作小名。"如"九斤老太"，这是流行于浙东民间的一种特殊取名风习。

排行法：兄弟双名，其上字或下一个字相同，叫排行。如我们熟悉的《水浒传》中的阮氏三兄弟：阮小二、阮小五、阮小七。

五行法：根据五行缺行取名。旧时民间取名，要请算命卜卦者推算小孩的"五行"和"八字"。假如某人命中五行缺少某一行或二行，那就得用缺行之字，或用缺行作偏旁的字取名补救，否则孩子会命运多舛。如鲁迅小说《故乡》中闰土名字的由来：因为他是"闰月生的，五行缺土，所以他的父亲叫他闰土"。

## 百日礼

"百日礼"，又称"百岁礼"、"过百天"，指的是在婴儿出生100天的时候所举行的一种纪念仪式。100天是孩子出生后的一个非常重要的日子，在这一天父母会邀请亲朋好友会聚，一同为小儿祝福，而婴儿在这天则要穿"百家衣"、戴"百岁锁"。百家衣是由各种色彩的小布块缀成的，样子仿佛僧人所穿的一拼一块的百衲衣，而用来做衣服的布块、布条则是由多个亲戚朋友凑成的。在众多的颜色中以紫色最为贵重，也最难寻，因为"紫"与"子"同音，人们一般不愿把"子"送给别人。孩子穿百家衣有着两种蕴意：一是象征长命百岁，一是象征先苦后甜。百岁锁，又叫"长命锁"、"百岁链"，常常是姥姥家或舅舅家送的，也有的是父母购置的，一般是用银做成的，外面镶金，少数有钱人家会用纯金的，锁的两面分别刻有"长命百岁"、"富贵平安"等吉祥语。戴长命锁的寓意是把婴儿的生命给"锁"住，这样妖魔就抢不走了，孩子就会平安。有时百岁锁并不是姥姥家送的或自己家买的，而是要"凑份子"，也就是孩子的父母将白米、茶叶、枣、栗子等含有吉祥蕴意的食品取少许包在红纸包里，要包很多包，最好是能够达到一百包，然后将这些红纸包分送至亲戚朋友家，而对方在接受后则在红纸里放上若干钱返还回来，父母再用这些凑起来的零钱到金银匠那里铸制"长命锁"，人们认为这样得来的锁是最吉祥的。

## 成年礼

成年礼是为承认年轻人具有进入社会的能力和资格而举行的人生仪礼。中国传统成年礼称为冠礼、笄礼，早在周朝就有了。

男子行加冠礼，即在男子20岁时，由主持仪式者为男子戴3次帽子，称为"三加"，分别为"缁布冠"、"皮弁"、"爵弁"，象征冠者从此有了治人的权利、服兵役的义务和参加祭祀活动的资格。传统冠礼中还有"命字"，即由嘉宾为冠者取新的字号，冠者从此有了新的名字。女子在15岁时要行笄礼，但是规模比冠礼要小得多。主要是由女性家长为行笄礼者改变发式，表示从此结束少女时代，可以嫁人。

举行成年礼，地点选在宗庙神圣之地，日子需经卜筮而定。行礼当天，主人须邀请亲朋好友来观礼才算正式。秦汉以后的成年礼仪，大多遵守《仪礼》的规范进行，唐宋以后，成年礼已逐渐式微，部分成年礼仪式举办大多依附着民间信仰。

在世界上许多原始民族中，成年礼是一个人由个体走向社会的一道必不可少的程序，有的过程十分隆重而且带有考验的性质，中国一些少数民族的成年礼仪也有着比较明显的保留。比如，穿裙子、穿裤子是云南永宁的纳西族、普米族的成年礼。男女在13岁以前只穿麻布长衫，到了13岁方可穿裙子、裤子。女孩由母亲穿裙子，男孩由舅舅穿裤子。穿完以后，长辈向他们赠送礼物，表示祝贺，从此他们可以参加各种社交活动，同时也要下地劳动了。此外，不同少数民族的成年礼的仪式各有不同。比如黎族、高山族是黥面文身，在面部或身体的一些部位用骨针之类刺上花纹，涂上颜料。而布朗族、傣族等则是以染牙齿作为成年的标志。

## 十二生肖

十二生肖或十二属相，是中华民族特有的民俗文化，世代相传。十二生肖就是人们出生年份的属相，以12种动物与十二地支相搭配，每12年循环一次。即：子鼠、丑牛、寅虎、卯兔、辰龙、巳蛇、午马、未羊、申猴、酉鸡、戌狗、亥猪。这是民间推算年龄的方法，除了龙，其他的都是常见动物。

1975年在湖北省云梦县发掘出土的秦墓竹简，证明了公元前3世纪或更早的时间，中国就开始使用十二生肖。结合考古学、历史学、民族学的研究成果，学者们推测：中华民族的祖先选择这12种动物作为自己的象征，显然是因为它们与人类有密切关系；龙、虎、蛇，是远古氏族的图腾，而马、牛、羊、鸡、狗、猪则是先民所饲养的家畜，即古人说的"六畜"。中国许多少数民族如蒙古、壮、部分彝族的十二生肖受汉族影响，与汉族基本一致。但有的民族在接收汉族生肖文化的同时产生了一些变异，比如哀牢山彝族同胞在十二生肖系列中，以穿山甲占据了龙的位置；新疆柯尔克孜族十二生肖中以鱼代龙，以狐狸代猴；海南黎族同胞以十二生肖纪日，其次序以鸡起首，猴煞尾；生活在西双版纳地区的傣族以黄牛代替牛，以山羊代羊，亥的属相不是猪而是象。

从以上变化中我们大致可以看出，各民族在选择十二生肖动物时，由于生存环境的不同、物种的不同，选择了最亲近的动物作为生肖动物，从而给生肖文化带来了一定的差异。除了在生肖动物选择上有所变异外，少数民族还形成各自不同的纪年、纪日方法，同时产生了许多与生肖有关的民风民俗。

## 三书六礼

三书六礼指的是中国古代婚嫁礼仪的程序。三书指的是聘书、礼书和迎亲书。聘书就是订亲书，即男女双方正式缔结婚约，纳吉（过文定）时用。礼书就是过礼之书，即礼物清单，书中详列礼物种类和数量，纳征（过大礼）时用。迎亲书指迎娶新娘之书，用于结婚当日（亲迎）接新娘过门时。

六礼指的是纳采、问名、纳吉、纳征、请期和亲迎。纳采，男方家请媒人去女方家提亲，女方家答应议婚后，男方家备礼（通常以活雁作礼，表示忠贞不二）前去求婚。问名，俗称"合八字"。即男方家请媒人问女方的名字和出生年月日，并将女方的生辰八字放在祖先灵案上观察。如果家中平安无事，就把男方生辰八字送给女方。女方家把男方的生辰八字放置在佛像前。如果三日家中无事，就同意缔结婚姻。纳吉，又称小定或文定，也就是订婚。男女双方家平安无事后，男方备礼通知女方家，告知决定缔结婚姻，送给女方金戒指。纳征，又称纳币，大聘或完聘，即男方家送聘礼给女方家。请期，又称择日。即男家择定婚期，并征得女方家同意。亲迎，即新郎到女家迎娶新娘。

## 说媒

"说媒"是自古代流传下来的一种民俗，到今天依然在一些地方存在。封建社会曾有这样的俗语：男女授受不亲，它所强调的就是"天上无云不下雨，地上无媒不成亲"。男女双方若要"结丝罗"、"谐秦晋"、"通二姓之好"，一般都要经人从中说合。这种说合，就叫"说媒"。新中国成立之后，"说媒"曾一度改称为"做介绍"，做这种工作的人，通常被人们雅称为"月老"，俗称"媒人"，后来改称为"介绍人"。

"月老"是"月下老人"的简称。关于月下老人，流传着这样一个故事：古代有个叫韦固的读书人夜行经过宋城，碰上一位老人靠着一个大口袋坐在路边休息，在月光下翻看一本大书。韦固很好奇，就问老人看的是什么书。老人回答说，这本书是天下人的婚姻簿。韦固又问老人那大口袋里装的是什么，老人告诉他："口袋里装着红绳，是用来系男女的脚的，只要把一男一女的脚系在一根红绳上，他们会结成夫妇，即使远隔千里之外。"这就是我们常说的"千里姻缘一线牵"的来由。

"红娘"是媒人的另一个雅称。在唐代元稹的《莺莺传》中，塑造了一个聪明活泼的婢女红娘的形象。她巧设机谋，最终撮合成了张生与莺莺小姐的婚事。在元代王实甫根据这个故事写成的《西厢记》中，我们发现其中的红娘被塑造得更加聪明可爱。后来，人们便以"红娘"代称媒人，这一称呼明显能够感受到人们对媒人的重视和友好。

媒人在说成一桩媒后是可以得到一些钱财的，这些钱财被称为"谢媒礼"，通常用红包包好，称为"红包"或"包封"，这笔钱一般由男方支付。在成亲的前一天，这笔钱连同送给媒人的谢礼，比如鞋袜、布料、鸡、肘子、物品等，一起送到媒人家。媒人在第二天就要去引导接亲，这就是我们通常所说的"圆媒"或"启媒"、"发媒"。

在旧式婚礼中，媒人还被称为"伐柯人"，说媒则叫作"执柯"。在男女两家对婚事取得基本一致的意见之后，媒人要引导男方去相亲，代双方送换庚贴，带领男方过礼订婚，选择成亲吉日，引导男方接亲，协办拜堂成亲事宜，直到"新人进了房"，才把"媒人抛过墙"。

## 相亲

"相亲"俗称"看亲情"。指的是男方正式向女方提亲之后，男方父母亲就要到女方登门"看厝相亲"。以前，男女结婚首先要经过"相亲"这一道程序。虽然现在提倡自由恋爱，但"相亲"还是作为一种民俗流传了下来，并且在不同的地方、不同的民族有着不同的特点和风格。

相亲的仪式，在较偏僻的乡间较为简单。男方选择个吉祥之日，由媒人告知女方父母，在相亲的吉日，让女儿加扮打扮，并进行家务之事，如洒扫庭院，或在田间耕作，或作女红，或躲在门后探头侧面观看客人的言笑容貌，男子及其父亲只观察其外貌而已。如认为容貌不丑，体态确为少女的风姿，其他方面则单凭媒人说项，男方认为满意即可。

男方按所选择的吉祥之日，到女方"看厝相亲"。女方家要给每一位客人准备一碗煮熟的鸡蛋，俗称"月老蛋"。一则表示对客人的欢迎和尊重，再则也有借此观察对方的用意。"月老蛋"是由女子亲自敬送，如果男子或男方尊长对女子感到满意，便可以吃下"月老蛋"；如果不中意，就不动这碗"蛋"。以这种曲折委婉的方式表达当事人的心意，避免因为言语而造成不愉快，比较有人情味。

在一些地方也有女家往男家"相亲"的习俗。招待的点心可以是长寿面，象征将要永结长久的美意。女方亲友如果对男子感到比较满意，便吃下长寿面，否则不吃。但无论如何，在收面碗时，务必要记得在碗底放一个较厚的红包，敬"月老蛋"的也要如此。经过了"看亲情"，男女双方以至双方家长都无反对意见，这门婚姻基本上就不成问题了。

## 过礼

过礼是指"看亲"之后，要履行订婚手续。第一步，由媒人把男方的生辰八字送到女方，女方的生辰八字送到男方。然后双方把生辰八字放到祖先排位或佛像前，如果3天内双方家里没有发生盗窃、生病之类的事，就同意婚事。有些迷信的父母，会拿着双方的生辰八字请算命先生推算，看看是否冲突。如果不冲突，就同意婚事，如果冲突，就立即回绝。

"换帖"、"合八字"之后，媒人要选个吉日，带男方去"过礼"订婚。"过礼"是大事，男方要给女方送一笔重礼，礼物至少包括猪肘子一个，酒一对，鸡鸭各一只，对方父母的衣料各一套，鞋袜各一双，包封一个，给女方的东西若干等。至于包封里钱数的多少、给女方的订婚礼物，都要在事先由媒人同双方协商好，不能由男方单独决定。同时，女方父母也应替对方着想，力求节俭，少收聘礼。过礼之后，双方就开始正式商议结婚事宜了。

## 择吉

择吉就是选择吉日。按照传统婚姻的程序，过礼之后，男方及其父母会选择迎娶的良辰吉日，由媒人通知女方家，准备迎娶。这被称为"择吉"和"送日子"。择吉一般是请教算命先生办理，也可以自己根据《通书》（雅称"历书"、俗称"家家历"、"皇历"）择吉日。一般只要"六合"相应，就是好日子。吉日选定后，双方确定了结婚日期，就会向亲戚朋友发出婚宴请柬，请他们来参加婚礼。

请柬一般由男方或其父母亲自送到亲友手中。亲友们接到请柬后，除特殊情况只送礼不参加以外，都要亲自参加、道贺。道贺时，亲朋好友送礼物。礼物的多少和贵重程度视各人与男方关系的亲疏、交谊的深浅、本人的经济条件而定。一般都付现金、用红纸打"包封"。包封签子上要写上表示祝贺的话。送给女方的礼物大多是实物，也有用红包替代的，称为"助嫁"。送女方礼物的亲友们并不等请柬来了再送，而是闻讯主动送去，因为女方父母要以送礼人的多少决定"出嫁酒"的规模。

## 迎娶

结婚佳期在即，男女两家都会杀猪宰鸡，准备喜宴，请好厨师、傧相、伴娘、轿夫、账房以及勤杂人员。按照传统婚礼，在婚礼那天，一般是女家早晨摆"出嫁酒"，男家中午摆喜筵。早晨，男家鸣炮奏乐，发轿迎亲。媒人、新郎、伴娘、花轿、乐队、礼盒队等一齐前往女方家。女家在花轿到来之前，要准备好喜筵。女方要由母亲或姐姐梳好头，化好妆，用丝线绞去脸上的绒毛，称之为"开脸"，然后戴上凤冠霞帔，蒙上红布盖头，等待花轿。

花轿一到，女家奏乐鸣炮相迎。新郎叩拜岳父岳母，并呈上写好的大红迎亲简贴。随后女家动乐开筵。早宴之后，新郎新娘向新娘的祖宗牌位和长辈行过礼后，伴娘就搀着新娘上花轿了。上轿时，新娘应放声大哭，以示对父母家人的依恋。新娘上轿后，奏乐鸣炮，迎亲队伍回新郎家。乐队在前，乐队后面是骑马的新郎，接着是花轿和送亲的人员。迎亲队伍快到新郎家门口时，要鸣炮动乐相迎。花轿停在新郎家的堂屋门前，伴娘上前掀起轿帘，将新娘搀下轿来，宾客向新郎、新娘身上散花。

## 哭嫁

古时候，新娘在出嫁前几天要"哭嫁"，母亲、姐妹、亲属要陪着一起哭，而且哭得越伤心越好，以示不忘父母的养育之恩。如果出现嫁而不哭，新娘就会被四邻认为没有教养，传为笑柄。有些地区甚至会把哭嫁当作衡量女子才智和贤德的标准，要是新娘在出嫁时不哭，就会被认为是才德低劣，被人瞧不起。有的出嫁姑娘不哭还会遭到母亲的责打。哭嫁风俗不知起源于何时。据古籍记载，战国时期赵国公主嫁到燕国去作王后，临别时，公主的母亲赵太后"持其踵，为之泣，祝曰，必勿使返"。

在一些地区和民族，哭嫁非常流行。海岛洞头人家的传统婚礼，除了坐花轿、拜堂外，新娘还要在出嫁时以哭嫁贯穿始终。新娘从梳头开始哭和唱哭嫁歌，一直到辞别家人，坐上花轿，还哭唱个不停。土家女子婚前要唱哭嫁歌，在婚前半月至一月就开始哭唱。哭嫁的形式有一人哭、二人对哭、多人一起哭。哭唱的内容大多是感谢爹妈的养育之恩，兄嫂、姐妹的离别之情。

婚宴 清 选自《清人嫁娶图》

## 拜堂

拜堂又称拜高堂、拜花堂、拜天地，是古代婚礼仪式之一，婚礼的高潮阶段。迎娶之日，男家发轿之后，男家堂屋布置好拜堂的场所。家堂上燃放香烛，陈列祖先牌位，摆上粮斗，里面装着五谷杂粮、花生、红枣等，上面贴双喜字。当接新娘的花轿停在堂屋门前，伴娘站到花轿前时，仪式就已经开始。喜轿进入院子，要从火盆上抬过，寓意为烧去不吉利之物，今后的日子红红火火。新娘从轿中出来，脚不着地，踏着"传席"进入男方堂屋。之后，傧相二人分别以"引赞"和"通赞"的身份出现，新郎新娘在引赞和通赞的赞礼中开始拜堂。拜堂前，燃烛焚香、鸣爆竹奏乐。拜堂的"三拜"分别是："一拜天地，二拜高堂（双亲），夫妻对拜"，最后"新郎新娘入洞房"。拜堂仪式到此结束。

拜堂风俗始于唐朝。唐朝时，新娘见舅姑（公婆），俗称拜堂。北宋时，新婚夫妇先拜家庙，行合卺礼。第二天五更，新娘把镜台镜子摆在一张桌子上，进行下拜，称为拜堂。南宋时，拜堂改在新婚当天。新婚夫妇到中堂先揭开新娘的盖头，然后"参拜堂，次诸家神及家庙，行参诸亲之礼"。后世沿用南宋风俗，一般在迎娶当天先拜天地，然后拜堂。清代和民国都将拜天地和拜祖先统称为拜堂。

## 喜宴

旧时拜堂之后，新娘在新房中不再出来。而新郎要走出新房去招待宾客。喜宴要按宾客的尊卑长幼排座位，称为"请客"或"清客"。排座位的原则是上尊下卑，右尊左卑，客人按长幼尊卑，身份、地位从高到低入席。

主席要摆在堂屋正中，男方请"上亲"坐上首右边席位，由新郎的父亲或舅父坐上首左边席位作陪，其余宾客按尊卑长幼对号入座。除正席外，次尊贵的一席摆在新房中，新娘的母亲坐在首位，新郎的母亲或舅母作陪，其余宾客也按长幼尊卑次序排定。宾客入席后，傧相便宣布动乐鸣炮开宴。新郎要先到首席敬酒，说表示感谢的话祝酒。然后，厨房开始上菜，喜宴开始进入高潮，各席的酒菜都一样，只有"男上亲"和"女上亲"的酒席必须有一个清蒸猪肘子，而且新郎要守候在桌边，为"上亲"斟酒等，以示尊敬。喜宴结束后，"上亲"先到堂屋休息，吃点心，由男方尊长陪着说些客套话。过一会儿，上亲起身告辞。临走时，男家要送红包、衣料、鞋袜之类。"送上亲"时，男家所有体面的人都要送到门口，鸣炮动乐，以示敬重。

## 入洞房

拜堂之后，新娘新郎要入洞房了。首先，新郎手持"合欢梁"，也就是一根彩绸，牵着新娘，与新娘面对面，倒行着把新娘引入洞房。随后的礼俗是"坐帐"，即新娘坐在床沿上，新郎用自己的左衣襟压住新娘的右衣襟，表示男人压住女人，这是古代男尊女卑的体现。这个仪式后，新郎要揭去新娘的红盖头，而首次面对婆家众人的新娘子，则会羞涩地以伞遮面，此谓"遮伞"。此时的新娘娇羞不已，便会引来阵阵欢声笑语。之后，入洞房进入最重要的一个仪式——合卺。合卺就是新婚夫妻共同饮酒。古时候，卺是由一个葫芦或瓠剖开的瓢，合卺则是喝完酒后把两个剖开的瓢用线拴在一起，象征着夫妻本是一体二分，如今合二为一。唐宋以后，合卺演变成喝交杯酒的形式。交杯酒就是用彩线把两个杯子连起来，新婚夫妇对饮，或各饮半杯，然后交换饮尽。喝完酒后，还要把杯子扔到地上，最好成一仰一俯，象征阴阳和谐。

合卺之后，新婚夫妻还有结发仪式，也就是新郎把新娘的头发解开，然后把两人的头发象征性地扎在一起。人们之所以把元配夫妻呼为结发夫妻，其源盖出于此。

接下来还有闹洞房。传统闹洞房最精彩的是撒喜床，这个活动具体是，在闹洞房的时候，由新郎的嫂嫂手托盘子，盘内放上栗子、枣、花生、桂圆等物（寓意为早生贵子，多子多福），抓起这些果物，撒向坐在床上的新娘，且边撒边唱。众人随声附和，洞房中嬉笑打闹，欢声笑语彻夜不断。这个游戏人人参与，而嫂嫂则是主角。所以，嫂嫂的人选必须是个"吉祥人"，首要的条件是儿女双全；其次还要能唱能跳，口齿伶俐，擅长逗乐搞笑。据唐宋时古书记载，闹洞房实为陋俗。但是，由于闹洞房不仅能增加婚礼的喜庆热闹气氛，还可以让新娘与男方亲朋好友熟络，所以一直为民间传承。

## 回门

回门是旧时汉族婚姻风俗。婚后三、六、七、九、十日或满月，新郎新娘携礼品，随新娘返回娘家，拜新娘的父母及亲属，称"回门"。这是一种必不可少的礼节，是婚事的最后一项仪式。回门一般在上午九、十点钟动身，新郎新娘要购买新娘家人喜欢的礼品，礼品一般为四件。回到娘家，新郎新娘首先要问候老人。这时新郎就应改口，跟新娘一样，称岳父岳母为父亲、母亲。女家设宴款待，新郎入席上座，由女方尊长陪饮。就餐时，新郎新娘一一向父母、亲友和邻里敬酒。饭后，新郎新娘陪父母聊天，听听他们的教诲，然后告辞回家，并要主动邀请岳父岳母和兄弟姐妹到自己家里做客。有的地区也可小住几日。这种风俗起源于上古，称"归宁"，意为婚后回家探视父母。后世名称不一，宋代称"拜门"，清朝时北方称"双回门"，南方称"会亲"。河北地区称"唤姑爷"，浙江杭州称"回郎"。

## 做寿

做寿也叫"祝寿"，是中国一种庆贺老人生日的活动。中国民间以50岁以下为"做生日"，50岁以上为"做寿"。民间做寿的形式大同小异，一般根据家境贫富而酌情定之。在家中做寿时，正厅要设寿堂、贴寿字、结寿彩、燃寿烛，重要的一项就是宴请宾客，大家欢聚一堂，共同庆贺。宴请酒食中的面条，称为"寿面"，是必不可少的，取其福寿绵长之意。亲戚前来祝贺，所执贺品多为寿桃、寿幛、寿联。受贺者穿着新衣端坐堂中，接受贺者的两揖之拜及贺礼；如遇平辈拜寿，受贺者应起身请对方免礼；若遇晚辈中小儿叩拜，受贺者须给些赏钱。如果是父母的寿日，出嫁的女儿要回来祝贺。在一些地区，出嫁的女儿会为做寿的长辈送上自己亲手做的鞋，还有衣料、寿面、寿酒，等等。如果父母都在，不论他们是否同庚，皆为双寿，所以送礼该送双份。

在中国民间，祝寿多重"九"和"十"。"九"是数中之极，意味着至极；"九"又与"久"谐音，取其"天长地久"之意，因此，岁数逢九或九的倍数，就要举行大典，称之为"庆九"。其中"花甲寿"和"八十寿"是最重要的。中国以60岁为一个花甲子，所以有些地方认为人只有活满60岁才能称"寿"，因此60岁的生日一定会办得很隆重；80岁就可被誉为"老寿星"了，所以"八十寿"又称为"做大寿"，要比60岁时的更为隆重。

## 丧礼

丧礼是古代凶礼的一种，指的是安葬和悼念死者时所必须遵循的一整套礼仪制度。中国汉族丧礼，根源于上古社会的丧葬习俗，与灵魂不灭的观念有关。由秦汉及隋唐，丧礼臻于完备。主要包括丧葬仪规、丧服制度、祭祀活动3个方面。

汉族丧礼的传承，由于时代的不同、地域的差异而有所变化，加上宗教等因素的影响，因而产生无数多姿多态、风格各异的丧葬习俗，反映出不同的文化心理。出殡是汉族丧礼最后一项重要仪式，其时间一般人家是在"大殓（即将死者放入棺材）"的次日或人死后的第七日，而官宦富贵之家则在"七七"（49天）以后甚至更长时间，才在事先择定好的日子出殡。出殡前一天晚上，死者至亲好友都来到丧家，晚饭后祭奠烧纸，称为"辞灵"，而且整夜留在丧家，俗称"伴宿"或"守夜"。次日清晨，撤去灵前所供诸物，"孝子"将"丧盆"摔碎，执领魂在他人搀扶下前导，灵柩随后起行，还要带上一只公鸡，到墓地后释放，给死者"引路"。出殡的规模一般没有固定标准，因贫富而异，少则二三十人，多则百人以上。按规矩，棺材必须用人抬步行，而不能用车拉。抬棺材的人在农村多是由亲友帮忙，而在城市可以雇人。出殡的队伍中还要有相应的"仪仗"，包括铭旌、纸制冥器和用柳枝糊白纸做成的"雪柳"和祭幛等，以及沿途吹打的鼓乐班子，边走边撒纸钱。

归葬之处，一般都是在本家族的墓地。棺入穴后，先由孝子用衣襟捧土覆盖，然后众人填土成坟，于坟前焚烧冥器摆供祭奠后返回。下葬后第三天，家人要到墓地给新坟填土、祭奠，称为"圆坟"。死者去世后每隔七天都要有祭奠仪式，俗称"办七"或"烧七"，一般至七七而止。死者去世后第一百天、周年、二年、三年的"整日子"也要祭奠。另外，清明、七月十五、十月初一以及除夕等，都是民间烧纸上供、祭奠亡灵的日子，一直延续至今。

## 挽歌和挽联

挽歌就是哀悼死者的歌。在古代，送葬时"孝子"在前执绋，挽柩者唱挽歌。上古时期没有挽歌，《礼记·曲礼上》："适墓不歌，哭曰不歌，临丧前则必有哀色，执绋不笑。"《左传·哀公十一年》记载："公孙夏命其徒歌《虞殡》。"（《虞殡》即送葬的挽歌。）此后挽歌逐渐流行。《晋书·礼志中》记载："汉魏故事，大丧及大臣之丧，执绋者歌。"在古代，不同的等级送葬时也要唱不同的挽歌。汉武帝命音乐家李延年作两首挽歌《薤露》和《蒿里》。《薤露》是在送王公贵族时唱的，《蒿里》是送士大夫和庶人时唱的。一般来说，挽歌都是死者的亲友写的，但也有的死者在生前就为自己写好了挽歌，嘱咐亲友在为他送葬时唱。比如大诗人陶渊明在自己临死前三个月就写了三首挽歌。在当时，有很多文人都在生前为自己写挽歌，以示对死亡的大彻大悟。

挽联则是哀悼死者、治丧祭祀时专用的对联。内容主要是概括死者的一生功绩，对死者进行评价，诉说自己与死者的友谊，对死者的去世表示哀悼等。

## 收继婚

收继婚，是中国旧时婚俗的一种，在汉族和少数民族中都有存在，指的是兄弟亡故之后收其寡妻为自己妻子的现象，也包括父死子娶庶母、叔死侄娶婶母的情况。收继婚最早起源于群婚时期兄弟共妻的风俗，进入父系社会以后，父亲的妾也成为嫡子所继承的遗产的一部分，于是往往会有子娶庶母的情况，这在某些部族甚至成为一种定制，《史记·匈奴列传》即记载："父死，妻其后母；兄弟死，皆取其妻妻之。"出塞的王昭君在匈奴呼韩邪单于死后又嫁给了其长子复株累若单于。后来这一风俗为人们所摒弃，明、清两代更是用法律来禁止收继婚的行为，如《明律集解·附例·户婚》声明："兄亡收嫂、弟亡收妇者，各绞。"但是在广大民间，兄收弟妻、弟继兄妻的事情依然经常发生，原因是一些家庭由于经济条件的限制而承受不起另娶的花费，所以就有鳏寡两相将就之事。

## 童养媳

童养媳，指女子在幼小的时候被婆家收养而待到成年时结婚的现象，这一称谓最早出现于宋代，但是作为一种社会情形则早已有之。周代有所谓媵制，就是姐姐在出嫁的时候，妹妹也陪同一起嫁过去，或者是侄女陪同姑姑一起出嫁。与作为正妻的姐姐或姑姑相应，妹妹或侄女就成为夫家的媵。媵的地位要高于妾，妾往往归为奴仆的一类，而媵则属于主人。有时陪同出嫁的妹妹或侄女尚未成年，这也就意味着要在夫家长大。媵制主要流行于诸侯和贵族之间，是血亲观念和一夫多妻制度相结合的产物。秦汉以后，一些贵戚的女儿在年幼时被选入宫中，成年后就作为帝王的妃嫔，或者被赐予皇族子弟做妻妾。这就是童养媳的早期形式。后来，童养媳的现象逐渐从宫廷和贵族延至民间与平民之中，并且一度十分盛行。童养媳现象在社会上流行的原因主要是百姓生活贫穷，加之古代的婚姻制度是女嫁从夫，女儿不被视为自己家里的人，在养育子女发生困难的时候就将还很小的女儿送给富裕一些的人家，等长大了就自然地成为人家的媳妇。于夫家来说，与童养媳结婚和正常的大娶相比也可以节省很大的一笔费用。另外，古代曾有用结婚来"冲喜"一说，也就是在公婆或者丈夫发生重病的时候，提前娶亲，用喜气来冲掉灾气，有时男子的年龄还很小，也就找童养媳来娶亲。童养媳由于家庭贫穷，所以到夫家之后常常受轻视，而且年龄幼小，不能给自己做主，生活往往很凄苦。

## 男女授受不亲

"男女授受不亲"，语出《孟子·离娄上》："淳于髡曰：'男女授受不亲，礼与？'孟子曰：'礼也。'"这句话表达的是古代的一种礼法观念，概言男女之间不应当发生亲密的动作和交往。《礼记·曲礼》说："男女不杂坐，不同施枷，不同巾栉，不亲授。嫂叔不通问……外言不入于，内言不出于。女子许嫁，缨，非有大故，不入其门。姑姊妹女子，子已嫁而反，兄弟弗与同席而坐，弗与同器而食，父子不同席。男女非有行媒，不相知名；非受币，不交不亲。"这些内容是对男女之间交往所应当遵守之礼节的详细而严格的规定，非夫妻关系的男女之间是断不允许发生直接的接触和交往的，但这只是一些学者书面的提倡，就实际而言，这种礼法观念主要是在贵族阶层之间执行的，社会上男女之间的来往还是普遍较为自由的，而且就"男女授受不亲"这句话本身而言也是有所变通的，淳于髡问孟子"嫂溺则援之以手乎？"孟子回答说："嫂溺不援，是豺狼也。男女授受不亲，礼也；嫂溺援之以手者，权也。"也就是说虽然"男女授受不亲"是礼法的要求，但是在特殊情况下也是应当有所权变的。自宋代之后，男女之间的自由交往开始被严格限制，司马光在《涑水家仪》中说："凡为宫室，必辨内外，深宫固门内外不共井，不共浴室，不共厕。男治外事，女治内事。男子昼无故，不处私室，妇人无故，不窥中门。男子夜行以烛，妇人有故出中门，必拥蔽其面。男仆非有缮修，及有大故，不入中门，入中门，妇人必避之，不可避，亦必以袖遮其面。女仆无故，不出中门，有故出中门，亦必拥蔽其面。铃下苍头但主通内外官，传致内外之物。"这就明确地将妇女的活动空间局限在家门之中，体现出强烈的男权色彩。

## 男主外，女主内

"男主外，女主内"，是中国传统的性别观念，意为男性主导家外的事务，而女性负责家内的事情。《周易》第三十七卦曰："家人，利女贞。"解释卦义的象辞说："女正位乎内，男正位乎外。"据《周易正义》，王弼注云："家人之义，各自修一家之道，不能知家外他人之事也。统而论之，非元亨利君子之贞，故利女贞，其正在家内而已。"又孔颖达疏云："家人之道，必须女主内，男主于外，然后家道乃立。"这些讲的都是"男主外，女主内"方才是持家的正道。出于两性天然的特点，幼小的子女需要由母亲来照顾，这样，出外谋生的任务就主要落在了父亲身上，作为父亲的男性也就因而掌握了经济权力。在母系社会时期，由于人们群居而不知其父，所以女性处于主导地位，进入父系社会后，群婚现象瓦解，男性开始承担起主要的角色，因之而形成了男尊女卑的观念。如此一来，"男主外，女主内"虽然原本只是一种正常的性别角色分工，但是在既有性别歧见的影响下则转变为一种限制女性自由参与社会活动的理论，将女性的活动空间严格地束缚在闺阁之内，使得女性成为纯粹的"内人"。

## 节妇烈女

"节妇"，指坚守贞节绝不改嫁的女子；"烈女"，指为了免受侮辱而自杀殉节的女子。自南宋之后，"节妇烈女"尤为社会所颂扬，"节妇"、"忠臣"和"孝子"共同成为人们所当遵奉的楷模，而这三者正是与"君为臣纲，父为子纲，夫为妻纲"相对应的。到明清时期，社会上的节烈观发展到极端，以致各地争相以树立贞节牌坊为荣，这也为官方所大加鼓励。清代《礼部则例》规定，"节妇"为"自三十岁以前守至五十岁，或年未五十而身故，其守节已及十年，查系孝义兼全厄穷堪怜者"，以及为夫守贞的"未婚贞女"；"烈女"包括"遭寇守节致死"，"因强奸不从致死，及因为调戏羞忿自尽"，以及"节妇被亲属逼嫁致死者，童养之女尚未成婚、拒夫调戏致死者"，等等。每年各地方的族长、保甲长都要向官府公举节妇烈女，而各级官府也都要给予相应的表彰。京师、省府和州县都修建有矗立大牌坊的"节孝祠"，被旌表的妇女被题名于坊上，死后设位于祠中，每逢春秋供人祭祀。官府还特别发给本家三十两"坊银"为其建坊。节妇烈女的名字还会被列入正史和地方志，而其节烈事迹特别突出的，甚至会得到皇帝的"御赐诗章匾额缎匹"。当时所盛行的《女学》、《教女遗规》、《女学言行录》、《女范捷录》等教育女子的书籍中也大肆宣扬贞节观念。这些举措把对节妇烈女的崇尚推至了极点，成千上万的妇女或自愿、或被迫地终生寡居，甚至以身殉夫。

## 跪拜礼

跪拜礼的产生源于古人席地而坐的方式，因为汉代以前，并没有专供坐用的椅、凳之类，人们坐的时候是两膝着席，将臀部压在脚后跟上。以这种方式而坐，遇到需要向他人表示敬意或致谢的时候，就将臀部抬起来，也即是呈现跪的姿态，然后再俯身向下，这也就是跪拜礼的由来和其基本形式。原始的跪拜礼很简单，后来成为一种正式的礼节之后则变得繁复起来，并且发展出了诸如"九拜"等多种跪拜方法，应用范畴也扩及到生活中的方方面面。

## 九拜

"拜"，是中国古代的一种表达崇高敬意的礼节。所谓的"九拜"，并不是指叩拜九次，而是指九种不同的叩拜礼仪，不同的人依据其各自的等级和身份在不同的场合使用相应的叩拜方式。《周礼·春官·太祝》记载："辨九拜，一曰稽首，二曰顿首，三曰空首，四曰振动，五曰吉拜，六曰凶拜，七曰奇拜，八曰褒拜，九曰肃拜。"

各自的具体做法是：稽首，为屈膝跪地，左手按右手，拱手于地，头缓缓贴近地面，而且头在地面上须停留一段时间，手在膝前，头在后，这是拜礼中最为庄重的一种。顿首，其他方面与稽首相同，只是头一碰到地面就抬起来，因为头接触地面的时间很短，所以称作顿首，其庄重性仅次于稽首。空首，是两手拱地，引头至手而不着地，这是拜礼中的较轻者。振动，是两手相击，振动其身而拜，有捶胸顿足之意，表达极度的悲哀之情。吉拜，是先空首，再顿首。凶拜，是先顿首，再空首。奇拜，"奇"是单数的意思，为先屈一膝而拜，又称"雅拜"。褒拜，是行拜礼后为回报他人行礼再拜，也称"报拜"。肃拜，推手为"揖"，引手为"肃"，肃拜实际上是一种揖礼，并不下跪，而是俯身拱手行礼，但其表达的是拜的含义。

"九拜"之中，前三种是正式的拜礼，后面的几种则是正拜的变通。这些拜礼的应用范畴大体是：宗庙祭祀拜祖先，郊祀拜天拜神，以及臣拜君，子拜父，学生拜老师，新婚夫妇拜天地、拜父母，都行稽首礼；平辈和同级之间，行顿首礼；对于卑者的稽首礼，尊者以空首礼答拜；振动礼为丧仪中所用；吉拜礼行于各种祠祭；凶拜礼是服3年之丧时所用；肃拜礼为女子所用，因为女子佩戴的首饰较多，不便于跪拜，另外也用于军人之中，原因是军人身披甲胄，行动有所不便。

## 拱手

拱手是中国古代一种常行的礼节，在上古时期就已产生，做法是双手抱拳前举，近似于带手枷的奴隶，原初的含义为表示愿做对方的奴仆，以表示一种相当的尊敬。清代学者阎若璩在对《论语》的注释中提到："古之揖，今之拱手。"但是拱手与作揖并不完全相同，拱手仅仅是双手抱拳前举而已，作揖则还要配合两臂的上下左右等方向性的动作，正式的作揖还要鞠躬，后来揖礼简化，在行用的时候常常变成了拱手，而拱手与作揖这两个概念也就时常混用。

## 作揖

作揖是中国古代的一种表示敬意的礼节行为，至今仍在行用，其方式为双手抱拳前举，同时身体略弯，也有很多时候仅仅是举手而已。作揖起源很早，相传在夏代就已经出现，在西周时期就很为流行了。据《周礼》记载，根据双方的地位和关系，作揖的种类有土揖、时揖、天揖、特揖、旅揖、旁三揖等。土揖是拱手前伸而稍向下；时揖是拱手向前平伸；天揖是拱手前伸而稍上举；特揖是一个一个地作揖；旅揖是按等级分别作揖；旁三揖是对众人一次作揖三下；此外，还有一种表示特别敬意的长揖，即拱手高举，自上而下向人行礼。一般而言，作揖是恭敬之心的一种表达，但在个别时候却有着反面的含义，《汉书·高帝纪》记载郦生见刘邦的时候不拜而长揖，表达出一种不敬服的心态，当然，这并非是作揖本身的含义，而是说按照礼节，本应当致以更为尊贵的行礼方式，这时如果用作揖来代替的话反而显得不敬了。严格来讲，作揖抱拳的通常方式是右手握拳，左手成掌，包住或者盖住右手，这称为"吉拜"；反之则为"凶拜"，也就是左手握拳，右手成掌，这种作揖方式一般用于丧礼的场合。这一区别的源起为一种诚意的表示，因为大多数人右手为主手，在攻击他人的时候主要用的是右手，作揖时左手在外，而将用于攻击的右手盖在里面，是一种友好的表示与真诚的传达。

## 坐、跪和长跪

坐，是人体态势的一种，泛指将臀部依靠在可以支持身体重量的物体上，用臀部来代替两脚着力的姿势，当今一般指将臀部放在椅、凳之类的坐具上，古时因为没有椅子，人们坐的方式与现代有所不同，在正式的场合是席地而坐，两膝着地，臀部压在脚跟上，这种方式腿部受到的压迫很严重，日常生活中并不全都如此，只是因为其姿势较为美观，而成为一种表示庄重的正坐。跪的姿势是两膝着地或着席，直身，臀部不着脚跟，是一种对地位高者表示尊敬的姿势，古人席地而坐，在有急要之事或谢罪之时，也会采取跪的方式，有时单膝着地也称之为跪。长跪是跪的一种最为郑重的方式，特点是挺身直立，用膝盖和脚趾来支持身体，拜跪时习惯上以先下右膝为礼。

## 避席

避席，是古代的一种表示尊敬的行为，古时没有椅子，人们席地而坐，在需要的时刻离开席子站立一边，也就是避席。《孝经》中记载了曾子在听孔子讲课的时候接到提问即避席而立的故事，颇为传诵，引为美谈。避席最初只是个别行为，后来则为人效仿，成为社会上通行的一种礼节。魏晋时期，椅子由少数民族传入中原，人们逐渐不再习惯于坐在席子上，避席之礼也就无从谈起，但并没有消失，而是转化为新的"避席"方式，当今通常的离座起立以表敬意的礼节也就是古代避席之礼的转化。

## 投刺

刺，指的是古时所用的一种写有姓名的简牍，相当于现在的名片，清代赵翼在《陔余丛考》中说："古者削木以书姓名，故谓之刺；后世以纸书，谓之名帖。"投刺也就是将写有自己名字的刺或名帖投递给想要求见的人，以期其对自己事先有一个基本的了解。唐代之后，投刺成为一种普遍的风习，而刺的形制也多了起来，因为主人身份的差异和传达目的的不同等都有着各自的区分，例如，位尊者（如亲王）可以使用红色的名帖，向别人传达丧事的时候要在名帖的四周卷上黑框。古代的刺或名帖都是亲笔书写的。

## 古人的见面礼

见面礼，即见面时所行用的礼节。古人常用的见面礼有揖、拱和拜等。揖是古人相见的最常用的礼节，具体又分为三种：没有婚姻关系的异性之间，行礼时推手微向下；有婚姻关系的异性之间，行礼时推手平而致于前；一般的同性宾客之间，行礼时推手微向上。另外还有长揖，是一种不分尊卑的相见礼，拱手高举，自上而下，较普通的揖程度更深一些。拱，是两手在胸前相合以表示敬意，《论语》中记载一次子路见到孔子时"拱而立"，就是行用的拱礼。拜，古人见面时最为庄重的一种礼节。早时的拜，只是拱手弯腰而已，两手在胸前合抱，头向前俯，额触双手。《孔雀东南飞》中的"上堂拜阿母"，指的就是焦仲卿对母亲所行的这种拜礼。后来拜则主要指跪拜，臣民在面见皇帝的时候都要行跪拜礼。

## 座次的讲究

古时座次有着严格的尊卑之分。在筵席上，最尊的座次是坐西面东，其次是坐北向南，再次是坐南面北，最卑是坐东向西。《史记·项羽本纪》中载有："项王、项伯东向坐，亚父南向坐，……沛公北向坐，张良西向侍。"其中，项王的座次最尊，而张良的座次最卑。在举行朝会的时候，则是背北面南为尊，所以称帝叫作"南面"，而为臣则叫作"北面"。另外，通常的看法是，右者为尊，因此遭受贬谪称为"左迁"，而在座次的排定上，地位次尊的人则居于最尊者的右边。

## 闹洞房

关于闹洞房习俗的来历，中国民间有两种说法。

一说源于驱邪避灾。相传，很早以前紫微星下凡，在路上遇到一个披麻戴孝的女子，尾随在一伙迎亲队伍之后，他看出这是魔鬼在伺机作恶，于是就跟踪到新郎家，只见那女人已经先到了，并且躲进洞房。当新郎、新娘拜完天地要进入洞房时，紫微星守着门不让进，说里面藏着魔鬼。众人请他指点除魔办法，他建议道："魔鬼最怕人多，人多势众，魔鬼就不敢行凶作恶了。"于是，新郎请客人们在洞房里嬉戏说笑，用笑声驱走邪鬼。果然，到了五更时分，魔鬼终于逃走了。可见，闹洞房一开始即被蒙上了驱邪避灾的色彩。

由于这一习俗以新娘为主要逗趣对象，故又称闹新娘、耍新娘，旧时还称为戏妇。

## 抢婚

抢婚，原始社会的一种婚俗。即由男子通过掠夺其他氏族部落妇女的方式来缔结婚姻。亦名"掠夺婚"。

现代抢婚的形式，非常具有民俗特色。男女双方经自由恋爱后，征得家长同意，决定成婚后，双方则约定抢婚日期。女方家中提前七日将新娘看管起来，不得出门，不得与外人相见。令新娘只着贴身内衣，双手反绑，双脚并捆，锁在自己的卧室之中，平时由特别挑选的四位已婚女子看护。婚前两三天，男方家在亲友中挑选精壮男子数人，由新郎的兄弟带领，赶上一头猪，抬一桶酒，多带绳索到女家去迎亲。这支队伍在女家要经受种种考验。新娘被抢走入门后，并不立刻解去绳索，而要先除去绣鞋，挠她的脚心，待她破涕为笑（表示应允婚事），才可解去捆束的绳索，行新婚之礼。

## 赘婚

赘婚，又称"入赘"、"招赘"，俗称"倒插门"。赘婚是一种男嫁女娶、夫以妻居的旧式婚姻。这是一种男子就婚于女家，以女家作为主体关系的婚姻形式。招赘一为延续子嗣，故夫改女姓；二为得一男劳力，支撑门户。

旧时，入赘之日，由女家备四人轿，并用行人执事，专迎新郎，俗称"抬郎头"。或先一日由女家接去，宿新房中，正日，花轿鼓吹，抬新娘兜喜神方一转，似男家迎娶，到门拜堂。

## 交换婚

一种相互交换的婚姻关系。起源于母系氏族社会的外婚制，即部落中两个半偶族的男女之间互相通婚。两家的子、女互换为夫、妻。进入父系制以后，则表现为双方的男子均以自己的姐妹或亲族中的女子和对方相互交换为妻。因为双方均以一个女子为代价进行交换，所以无需另外补偿。

民间称为"小姑换嫂"或"姐妹换妻"。方法有两种：一是同时交换马上兑现；二是成人者先行一步，同时为未成年的那一对预订婚约，待其成年之时择日完婚。

## 古代媵、妾制

古代婚姻制度的一种风俗。《尸子》曰："尧闻舜贤，征之草茅之中，妻之以媓，媵之以英。"则虽属姐妹同嫁，但姐姐是妻，妹妹是媵，即随嫁者。

周代，诸侯娶一国之女为夫人，女方须以侄（兄弟之女）娣（妹妹）随嫁，同时还须从另两个与女方同姓之国各请一位女子陪嫁，亦各以侄、娣相从，一共九人，只有夫人处于正妻地位，其余都属于贵妾。诸侯正妻如亡故或被休，不可再娶，应由众妾中依次递补，此种制度称为媵妾或媵婚制度。天子媵嫁，与诸侯相似，唯媵嫁数目更多，连正妻共十二人。

## "福"字倒贴

春节，在许多家庭院落的门窗上，往往会看到一些倒贴着的大红"福"字。据《梦梁录》记载："士庶家不论大小，俱洒扫门闾，去尘秽，净庭户，换门神，挂钟馗，钉桃符，贴春牌，祭祀祖宗。""贴春牌"即写在红纸上的"福"字。

"福"字倒贴的习俗，起源于清代恭亲王府。那年正值春节前夕，大管家为讨主子欢心，写了几个斗大的"福"字，叫人贴于库房和王府大门上。有一家丁因目不识丁，竟将大门上的"福"字贴倒了。为此，恭亲王福晋十分气恼，欲鞭罚惩戒。幸好大管家是个能说会道之人，他也怕福晋怪罪下来自己脱不了干系，慌忙跪倒陈述："奴才常听人说，恭亲王寿高福大造化大，如今大福真的到（倒）了，乃吉祥之兆。"恭亲王福晋一听大喜，遂即赏管家和家丁各五十两银子。后来，倒贴"福"字之俗由王府传入巷陌人家，贴过后都愿过往行人或顽童们念叨几句："福到了！福到了！"以图吉利。

## 寿桃

相传孙膑18岁离开家乡到千里之外的云蒙山拜鬼谷子为师学习兵法。一去就是十二年，那年的五月初五，孙膑猛然想到："今天是老母八十岁生日。"于是向师父请假回家看望母亲。师父摘下一个桃送给孙膑说"你在外学艺未能报效母恩，我送给你一个桃带回去给令堂上寿。"孙膑回到家里，从怀里捧出师父送的桃给母亲。没想到老母亲还没吃完桃，容颜就变年轻了，全家人都非常高兴。

人们听说孙膑的母亲吃了桃变年轻了，也想让自己的父母长寿健康，便都效仿孙膑，在父母过生日的时候送鲜桃祝寿。但是鲜桃的季节性强，于是人们在没有鲜桃的季节里，用面粉做成寿桃给父母拜寿。

**元宵节猜灯谜**

猜灯谜是中国传统的娱乐形式，尤其是元宵佳节，处处是灯谜盛会。

灯谜是从古代游戏中发展过来的。早在春秋战国时代，宫廷中就出现了"隐语"、"文义谜语"等文字游戏，这可以说是最早的灯谜。唐宋时代，制谜和猜谜的人多起来。宋朝文学家王安石、苏轼等，都是制谜语的能手。南宋时，每逢元宵佳节，文人墨客把谜语写在纱灯上，供人们猜测助兴。

**五服**

五服是古代的一种丧服制度。

"五服"中最重的叫"斩衰"。凡丧服，上衣叫"衰"，下衣叫"裳"。斩衰用最粗的生麻布斩布而制，不缝边。亲属中，子为父，父为长子，嗣子为嗣父，未嫁女为父，妻妾为夫，皆服之，丧期3年（实则25个月）。

"齐衰"次之，用粗熟麻布，缝边整齐。"齐衰"又分四等：父已去世而子为母，母为长子服之，丧期3年；父健在而子为母，夫为妻服之，丧期1年，且持丧杖，叫"齐衰杖期"；男子为叔伯父母、兄弟、长子以外众子、已嫁女为父母，媳妇为公婆，孙子孙女为祖父母服之，丧期1年，不持丧杖，叫"齐衰不持杖"；为曾祖父母服之，丧期5个月。

"大功"又次之，用中粗熟麻布，丧期9个月，凡为堂兄弟、未嫁堂姊妹、已嫁姊妹和姑母，又已嫁女为伯叔父、兄弟，为丈夫之祖母，又公婆为嫡子之妻，皆服之。

"小功"再次之，用较细熟麻布，丧期5个月，凡本宗为曾祖父母、曾伯叔祖父母、堂叔伯父母、未嫁祖姑、堂姑，已嫁堂姊妹，兄弟妻，从堂兄弟及未嫁从堂姊妹，又外亲为外祖父母、母舅、母姨等，皆服之。

"缌麻"最轻，用极细熟麻布，丧期3个月，凡本宗为高祖父母、曾伯叔祖父母、族叔伯父母、族兄弟及未嫁族姊妹，为外孙、外甥、岳父母等，皆服之。

**三从四德**

"三从四德"是中国古代社会对妇女的德行所做的规范。

"三从"出自《仪礼·丧服》："妇人有三从之义，无专用之道，故未嫁从父，既嫁从夫，夫死从子。""三从"在这里与后来习称的"三从四德"之中的含义并不一样，"三从"原本指的是贵族妇女为亲属服丧的仪制，"从"的意思是在仪制上的依从，而不是权力关系上的服从。

"四德"出自《周礼·天官》："九嫔掌妇学之法，以教九御，妇德、妇言、妇容、妇功。"据郑玄的注释，"妇德"指贞顺，"妇言"指辞令，"妇容"指修饰，"妇功"指纺织，这是王妃所应当学习的4种"妇道"。东汉才女班昭作《女诫》，将其称为"女人之大德"，并阐释说："清闲贞静，守节整齐，行己有耻，动静有法，是谓妇德；择辞而说，不道恶语，时然后言，不厌于人，是谓妇言；盥浣尘秽，服饰鲜洁，沐浴以时，身不垢辱，是谓妇容；专心纺绩，不好嬉笑，洁斋酒食，以奉宾客，是谓妇功。"这也就是"四德"所蕴含的具体内容。

"三从四德"开始时是作为贵族妇女的日常仪德而制定的，后来经过儒家的提倡，成为全社会所遵奉的"妇道"。"三从四德"对妇女所做的要求体现出明显的男权色彩，因而在"五四"新文化运动中备受抨击，尤为女性主义者所不容。

**三纲**

"三纲"，即所谓"君为臣纲，父为子纲，夫为妻纲"。"纲"的本义为提网的总绳，其比喻义为事物中占据支配和控制地位的关键成分。

"三纲"的提法并非出于儒家，而是始于韩非："臣事君，子事父，妻事夫，三者顺则天下治，三者逆则天下乱，此天下之常道也。"孔子对君臣关系的看法是："君使臣以礼，臣事君以忠。"而孟子则认为："君之视臣如手足，则臣视君如腹心；君之视臣如犬马，则臣视君如国人；君之视臣如土芥，则臣视君如寇仇。"可见，孔子、孟子所言的君臣关系是相互的、双向的对等关系，而韩非所言的君臣关系以及父子关系、夫妻关系则是单向的、一方对另一方具有控驭权的服从关系。韩非将君臣完全对立起来，倡扬权术和法制的重要性，而儒家则强调亲情和仁义是维持社会关系的根本。"三纲"的正式提出者是西汉时期的董仲舒，他在《春秋繁露》中说："君臣、父子、夫妇之义，皆取自阴阳之道：君为阳，臣为阴；父为阳，子为阴；夫为阳，妻为阴。"又言："阴者阳之合，妻者夫之合，子者父之合，臣者君之合。""合"，是配合的意思，也就是被支配的一方。这也就是后来统驭中国社会思想两千余年的"王道三纲"。"三纲"虽然打着儒家的旗号，但与孔孟之学相去甚远，实则是后来君主专制社会的思想家为迎合政治需要而制定的伦理规范。朱熹曾经说自孟子之后真孔学即失传，这表明后来在中国社会占据思想主导地位的儒家学说相较于儒学创始时期孔孟的思想言论发生了很大变异。

## 五常

"五常"，指仁、义、礼、智、信这5种精神信念与行为规范，是儒家伦理思想的核心。"五常"的定称，出于董仲舒《天人三策》："仁、义、礼、智、信五常之道，王者所当修饬也。"之所以将仁、义、礼、智、信称作"五常之道"，是因为"常"表达的是永恒不变之义。后来，"五常"与"三纲"常常并称，成为中国传统社会的最高伦理准则，但是实际上"五常"的观念比"三纲"早很多，在孔子之前就已经是社会上广为认同的德行规范，孔子继承了华夏文化的优秀传统，并将之发扬光大，泽于后世。可以说，"五常"作为一种思想理念，有着比"三纲"更为广泛的适应范围，当今虽不再有"五常"的提法，但是仁、义、礼、智、信这些基本理念仍在相当程度上影响着中国人的思想和行为。

## 父慈子孝

父慈子孝，指父母对子女慈爱，而子女对父母孝顺，语出《礼记·礼运》："何谓人义？父慈，子孝，兄良，弟悌，夫义，妇听，长惠，幼顺，君仁，臣忠。"父慈子孝，是儒家伦理思想中父子关系的规范，这与后来"三纲"中所谓的"父为子纲"的提法是有差别的。"父为子纲"强调的是子对父的绝对服从，父亲处于完全的支配地位，表达的则仅仅是对于子女的要求。而"父慈子孝"在重视"子孝"的同时也言明了"父慈"的一面，表达的是父子之间双向的对应关系，是对父与子的共同的要求。

## 裹脚缠足

缠足是中国古代的一种陋习，即把女子的双脚用布帛缠裹起来，使其变成又小又尖的"三寸金莲"。

一般认为裹脚大约始于五代末或宋初。五代南唐后主李煜在位期间，一味沉湎于声色、诗词、歌舞之中，整日与后妃们饮酒取乐。宫中有一位叫窅娘的嫔妃，原是官宦人家女儿，后因家势破败，沦为金陵歌妓。她生得苗条，善于歌舞，受李煜的宠爱。李煜诏令筑金莲台，高六尺，饰以珍宝，网带璎珞，台中设置各色瑞莲。令窅娘以帛缠足，屈上作新月状，着素袜舞于莲中，回旋有凌云之态。李煜看了，喜不自禁。此后，窅娘为了保持和提高这种舞蹈的绝技，以稳固受宠的地位，便常用白绫紧裹双足，久而久之，便把脚裹成了"红菱形"，其舞姿也更为自然，美不胜收。时人竞相仿效，五代之后逐渐形成风气，风靡整个社会。

## 生辰八字

生辰八字又叫八字，即取自古时"天干地支"中年、月、日、时所对应的八个字来记录的一个人的出生日期。八字其实是《周易》术语"四柱"的另一种说法。四柱即人出生时的年、月、日、时。由于在天干地支中，年、月、日、时均有相应的"干支"对应，如甲子年、丙申月、辛丑日、壬寅时等，每柱两字，四柱共八字，所以算命又称"测八字"。

"生辰八字"一说，是从唐朝开始的，当时在朝廷里有个叫李虚中的官员，他提出人的"命运"好坏，是由其出生时的年、月、日三个因素决定的。

到了宋朝，徐子平又对此进行了展开，"年、月、日"三个因素中又加入了"时"，并且每个因素用两个字做代表，比如："乙丑"代表年，"甲寅"代表月，"辛丑"代表日，"丁酉"代表时，这就成了"生辰八字"，即所谓"生辰八字"最初的由来。

## 民间各业崇拜的祖师

中国民间极其讲究尊师重道。其供奉祖宗牌位正户题名为"天地君师亲"，其中"师道"即为五尊之一。全国各行业均有供奉祖师爷的习俗，常见的有：

理发业祖师：吕洞宾
裁缝业祖师：轩辕氏
蚕丝业祖师：嫘祖
织布业祖师：黄道婆
火腿业祖师：宗泽
木匠业祖师：鲁班

竹匠业祖师：泰山
酿酒业祖师：杜康
中医业祖师：华佗
茶叶行祖师：陆羽
染坊业祖师：葛洪
豆腐业祖师：乐毅
造纸业祖师：蔡伦
中药业祖师：李时珍
铁匠业祖师：李老君
梨园祖师：李隆基
评话祖师：李敬亭
制笔业祖师：蒙恬
制伞业祖师：鲁班
茶水业祖师：三官
屠宰业祖师：桓侯
文具业祖师：文昌
烹饪业祖师：詹王
米店业祖师：王爷

## 藏族群众献哈达

献哈达是藏族群众表达友情及敬意的传统方式，洁白的哈达是藏族群众最珍贵的礼品。哈达在特定的环境下有特定的意义。佳节之日，人们互献哈达，表示祝贺节日愉快、生活幸福；婚礼上呈献哈达，意味着祝愿新婚夫妇恩爱如山、百年好合；迎宾时奉献哈达，表示一片虔诚，祈祷菩萨保佑；葬礼上献哈达，是表示对死者哀悼和对死者家属的安慰。

传说，远在黄教祖师宗喀巴时代，青藏高原就已经在形成了以互赠哈达表示敬意的习惯。还有一种说法，汉朝张骞出使西域路过西藏，向当地的部落首领献帛。藏族群众认为这是一种表示友好、祝福的礼节，而且是从中原兴盛之大邦传来的礼节，所以就沿用至今。

## 喝酒之前为什么要碰杯

人们在喝酒之前习惯先碰一下杯，这个习惯是如何产生的呢？

一说是古希腊人创造的。传说古希腊人认为，在喝酒时，人的鼻子可以嗅到酒的香气，眼睛可以看到酒的颜色，舌头可以辨别酒的味道，唯有耳朵被排除在外。因此，在喝酒之前，互相碰一下杯子，杯子发出清脆响声，耳朵也能分享到喝酒的乐趣。

另一说碰杯起源于古罗马。古代的罗马崇尚武功，常常开展角力竞技。竞技前选手习惯饮酒，以示相互勉励之意。为了防止有人给对方暗放毒药，双方各持自己的酒向对方的杯中倾注一下，这样，便逐渐发展为一种碰杯的礼仪。

## 正月不理发

中国大多数地方流传着"正月不理发"的习俗，据说"正月理发死舅舅"。那么，头发和舅舅有什么必然的关系呢？

清军入关后，为了维护"削平四周，留守中原"的治国主张，决定推行一种奇怪的发式：将头发从前部到脑顶剃去，再将四周的发际全部剃光，只留下中间集中的一块和一个长长的大辫子。

经历了无数次朝代更迭的汉人对于谁当皇上这样的事情并没有太多的关心，但是"身体发肤，受之父母，不敢毁伤，孝之始也"。清政府的政策遭到了中原的强烈抵抗，清政府便提出"留头不留发，留发不留头"。在清政府的高压下，一些文人士大夫就以"正月不剃头"来表达对明王朝的思念，实为"思旧"，为了掩人耳目，讹传为"死舅舅"。

## 寡妇年的由来

无立春的年份南方称为"盲年"，北方则叫"寡妇年"，这个名称怎么来的呢？

古人崇信阴阳。一年之中，根据测景之术，分出了日照时间最长的"夏至"和最短的"冬至"两个日子。以为"夏至"是阳气最盛之时，而"冬至"是阴气最盛之时。一年自冬至起，"一阳更始"，阳气慢慢回升，到"夏至"达极盛，而后阴气又慢慢滋长，到"冬至"达到顶点，一年年周而复始。

在古人的观念中，阳是天，是男；阴是地，是女。一年四季都与阴阳相配，春为少阳，夏为老阳，秋为少阴，冬为老阴。于人分别为少男、老父、少女、老母。天地万物的化育，与男女交媾生殖类同。春天阴阳平衡，就好比男女的和谐，正是生育季节。

无"立春"之年被称为"寡妇年"，与古人的上述认识有关。一年之中无"立春"，即无阳气来临。无阳为孤阴，不生。于人，无阳，即无男相配，自然就是寡妇。所谓"寡妇年"，来由在此。其实某年中无"立春"并非天道，而是历法人为的安排。"寡妇年"的说法纯属附会。

## 丁忧与夺情

古代官员因父、母亡故暂时辞官回乡守制

称作丁忧,又叫"丁艰"、"守孝"。该制度开始于汉代,古代官员遇到这种事,不管官职多大,都得告假回乡。但一个官员一旦辞官回乡,不但没有俸禄,更关键的是3年之后再回到朝廷,官场的变动也已经很大,自己的位子也早就被别人顶了。要想恢复原来的职务,自己还需要重新摸爬滚打一番才行。正因为此,不少官员都不愿意回乡丁忧,以至于瞒报自己父母的丧事。但这种情况一旦被发现,则惩罚十分严重。比如后唐明宗时的孟异因瞒报母亲丧事,最后被赐自尽。

因丁忧的时间长达3年,这必然经常会给朝廷的行政带来中断,尤其是身居要职者的丁忧。而夺情便是古代政府针对这个问题所制定的制度。古代官员遇到需要丁忧的情况,如果朝廷因为特殊情况,比如政治或军事方面的需要而要求官员不得回乡丁忧,而必须留在朝廷,或者官员已经回乡丁忧但期限未满,朝廷提前强令召回其出仕,这两种情况都叫作夺情。丁忧一旦遇到夺情,则必须屈从。因为在古代,君臣之义是大于父子之情的。一般情况下,只有担任中央朝廷要职的官员才会遇到夺情的情况。另外,也有官员因不愿离职而自谋夺情的。比如明万历年间的内阁首辅张居正,在接到父亲讣告时,正在推行改革,因不愿功亏一篑,他表面上屡次上书请求回乡丁忧,暗地里却通过太后让皇帝诏令他夺情。虽然不少反对派力图赶他回家丁忧而夺其权,但最终还是张居正取得成功。

## 入殓礼俗

入殓有"大殓"和"小殓"之分。

小殓是指为死者穿衣服。在民间的习俗里,入殓的衣服和被子忌讳用缎子,因为"缎子"谐音"断子",一般用绸子,"绸子"谐音是"稠子",可以福佑后代多子多孙。殓衣又忌讳用皮毛制作。用兽皮做被子的话,死者来世会转生为兽类的。替死者穿好衣服后,又拿一碗温和水,用一块新棉花,蘸这水,将亡人的眼睛擦洗擦洗,叫作开光,这也是孝子亲手做的事。

"大殓"是指收尸入棺。这就意味着死者与世隔绝,与亲人最后一别。收尸盛殓的棺材,是以松柏制作的,忌讳用柳木。松柏象征长寿。柳树不结籽,或以为导致绝嗣。大殓的时间是在小殓的第二天,就是人死后的第三天举行。当主人"奉尸殓于棺"时,家人要捶胸顿足、号啕大哭。

尸体、殉葬物放妥后,接着要钉棺盖,民间称为"镇钉"。镇钉一般要用七根钉子,俗称"子孙钉",据说这样能够使后代子孙兴旺发达。入殓后,雨打棺。否则,以为后代子孙会遭贫寒。入殓前后,停棺在堂,直至出殡。

## 守制

守制是古人对于死者儿子所单独做出的守丧制度,期限为3年。期间,该制度对于守丧者有一系列相当严苛的生活方面的要求。首先,孝子不能有任何享乐,不得饮食酒肉、瓜果菜蔬,只能吃粥;不得与妻妾同房;乃至不得洗澡、换衣服、剃头等。其次,守丧者不得嫁娶,不得有任何庆祝活动,不得在节日拜访亲友。最后,在汉代察举时代,守丧者不得被举荐;科举考试时代,守丧者则不得应考。而在外做官的官员,必须告假回家守制,称为丁忧。最理想的,便是守制期间,孝子在父(母)墓前搭建简陋草庐独居3年。可以看出,守制的所有规定全都做到恐怕是不太可能的,这只能是古人对于孝道所设想的一种理想化状态。但是,政府对于守制制度是相当严格的,如有士子在居丧期间前去应考,是要受到法律制裁的;另外,一些官员怕丁忧后官职难以恢复,会瞒报父母丧事,朝廷对这类情况也会严厉惩罚。

## 悬棺葬

中国古代葬式的一种。在四川、云南、贵州、广西、福建、台湾、湖北、湖南、江西等省区,均有此种葬俗。即人死后,亲属殓遗体入棺,将木棺悬置于插入悬崖绝壁的木桩上,或置于崖洞中、崖缝内,或半悬于崖外。往往陡峭高危,下临深溪,无从攀登。其俗流行于南方少数民族地区,悬置越高,表示对死者越

悬棺

是尊敬。

## 土葬

土葬，约产生于旧石器时代中期。在西欧，莫斯特期墓葬是所知最早的土葬。原始公社时期，各氏族均有固定的墓地。奴隶社会和封建社会，各家庭（宗族）亦有固定的墓葬场。

中国的土葬形式主要有：竖穴墓（土坑墓），旧石器时代晚期一直流行；大石墓、瓮棺葬，流行于新石器时代至汉代；石棺葬、砖石墓，战国时期以来一直流行；洞室墓，始于战国时期，盛行于六朝以至隋唐；木椁墓，始于商代，汉以后少见。

## 烧纸钱

每逢清明或一些纪念日，人们去祭奠已故的亲人时，尤其是祭奠老人们，总要烧一些纸钱。这种给死人烧纸钱习俗的由来，相传与一位秀才有关。

汉朝时期，有位名叫尤文一的秀才，苦读寒窗十几年，未能获取功名，便投在蔡伦的门下，学习造纸。尤秀才为人精明，不久蔡伦便把技术全部传授与他。

蔡伦死后，尤秀才继承蔡伦的造纸业，并且比蔡伦更胜一筹，造出的纸又多又好。但当时用纸的人很少，造出的纸卖不出去。为此，尤秀才茶饭不思，没几天，竟闭上眼睛死去了。

左邻右舍知道后，都过来帮助料理丧事。尤秀才的妻子哭着对大伙说："家境不好，没有什么可以陪葬，就把这些纸烧给他做陪葬吧。"

于是，专门派一个人在尤秀才的灵前烧纸。到了第三天，尤秀才突然坐起来，嘴里还不停地叫着："快烧纸，快烧纸。"

所有在场的人都被吓坏了。尤秀才却说："我真的活了，是烧的这些纸把我救了。这烧的纸到阴曹地府就变成了钱。我用这些钱还了债，赎了罪，阎王老爷就把我放了回来。"

这件事传出后，一位有钱的老员外对尤秀才说："我用金银陪葬，不比纸值钱得多吗？"

尤秀才说："金银只能在阳间使用，不能带到阴曹地府去。不信，打开棺材看一看，陪葬的金银保证分毫没动。"

员外听了点头称是，并买了尤秀才家大量的纸。于是，买纸的人一下子多起来，尤秀才的纸供不应求。

其实，这是尤秀才和妻子设下的一个计策，为了多卖一些纸，才上演了这出死而复生的戏。也就是这样，给死人烧纸的风俗便一直流传了下来。

## 姓氏的来源

在远古社会，人们以血缘关系结成一个个部落，每个部落都有一个标志性的称号，这就是"姓"。姓表示的是祖先的源起，天下同姓为一家，所以有同姓不通婚的说法。姓产生于母系氏族社会，这在字形的构成上有所反映，中国早期的很多姓也都是女字旁的，如姜、姬、妫、姒、嬴等。氏则较姓更晚产生，是姓的分支，一姓之下后来分化为许多氏。在上古时期，贵族才有氏，所以氏具有区别贵贱的作用。后来，人们逐渐将氏也作为姓来看待，到秦汉之后，姓与氏就合二为一了，只是在习惯用法上有所不同，一般口头多用姓字，而书面常常用氏字。

## 名和字

按古代的习俗，婴儿出生3个月的时候由父亲给取名，而男子到20岁行加冠礼的时候还要取字，女子则是到15岁结发加笄的时候取字。名和字一般都是有关联的，最常见的就是名和字为同义或近义的关系，例如，诸葛亮，字孔明，孔明就是非常明亮的意思；屈原，名平，而"广平曰原"（《尔雅·释地》）；秋瑾，字璇卿，瑾和璇都是美玉。也有少数名与字是成反义关系的，如唐代诗人王绩，字无功；孔子的弟子曾点，字子晳，点为黑点（点字繁体为点），而晳为白皙。

## 别号

古人在名和字之外，还有别号。别号与字的不同之处在于，字是父亲或其他尊长给取的，而别号则是自己取的，也有少数是后来别人赠与的。唐宋之后，人们取别号的情形非常普遍，如李白，字太白，号青莲居士；苏轼，字子瞻，号东坡居士；辛弃疾，字幼安，号稼轩。无论是否为自己所取，别号一般都反映出本人的某种经历或某方面的特点，十分常见的一种情况就是以居住地的名称或该地所具有的景物为别号，如王守仁，因曾居于家乡的阳明洞，故世称阳明先生；白居易因晚年长居洛阳香山而自号香山居士；欧阳修自号"六一居士"，蕴意是一万卷书、一千卷金石文、一张琴、一局棋、一壶酒，再加上他本人一个老翁，这体现出一种典型的文人雅趣。别号的应用非常广泛，以致对有些人来说后世在习惯上不再称他们的名或字，而是以号相称，例如苏东坡、郑板桥、齐白石、八大山人等，称的都是别号。

## 行辈

行辈，即排行和辈分，在古代，这不仅是亲族之中一种自然的排列关系，而且体现出鲜明的宗法色彩，在一个家族中，不同的行辈之间在取名用字上有着明确的规定，从而传达出特定的血缘关联。古时人们取名常常使用伯、仲、叔、季的字样，伯，表示的是排行中的第一位，即老大，而仲是老二，叔和季则表示幼者，并不一定就是老三和老四。在表示长幼之外，同一行辈的名字里还要有相同的成分，例如苏轼，字子瞻，苏轼的弟弟苏辙，字子由，轼与辙，都从车部，而字的前一个字也是相同的；在《红楼梦》中，贾敬、贾赦、贾政等都是文字辈，而贾宝玉一代则是玉字辈，如贾珍、贾琏等，再下一代就是草字辈，如贾蓉、贾兰（兰）。有的注重统绪的家族更是将很多代的行辈用字进行事先排定，最为人熟知的就是孔子和孟子后代的行辈，例如孔子后裔，从第56代起至第105代的行辈依次为：希言公彦承，弘闻贞尚胤，兴毓传继广，昭宪庆繁祥，令德维垂佑，钦绍念显扬，建道敦安定，懋修肇懿长，裕文焕景瑞，永锡世绪昌。这样，从名字上就可以看出辈分来。

## 称谓

古人的称谓有名、字、号等多种，不同种类的称谓在应用时有着不同的色彩意义。古人一般自称时说名，对别人则不直呼名，而是称字，以示尊敬，仅在作传和介绍的时候才直说名，不然直呼其名则有厌恶、轻视之意。号则既可用来自称，也可称对方。在此之外，人们在表达对某人的尊敬时，还往往以他的谥号、斋名、籍贯、郡望、官职、官地等来进行称呼，如范仲淹被称为范文正公，蒲松龄被称为聊斋先生，柳宗元被称为柳河东，韩愈被称为韩昌黎，杜甫被称为杜工部，刘备被称为刘豫州。

## 谦称

谦称，是对自己或自己一方所采用的带有谦虚意味的称呼。谦称既有泛称，也因某种独特的身份而有专称，例如皇帝谦称自己为"寡人"、"孤"等，官吏则称"下官"、"末官"、"小吏"、"卑职"等，读书人自谦为"后生"、"晚学"等，而"愚"、"仆"等字样则属于泛用的谦称。也有一些字是专门用来表示谦虚的，如向别人称呼自己家中辈分高和年纪长的亲属为"家某"，父亲为"家父"、"家严"，母亲为"家母"、"家慈"，以及家兄、家姊等；与"家"字相应的是"舍"字，用来称呼比自己小的亲属，有"舍弟"、"舍妹"等；"小"和"老"也常常用作谦称，像"小儿"和"老朽"就分别是年轻人和老年人表示自谦的称呼。

## 尊称

尊称，又叫作"敬称"，是向对方表示尊敬的称呼。很多时候，对于同样的人，也有很多种不同的尊称，例如对皇帝称"陛下"、"天子"、"圣主"等，对妻子的父亲称"岳父"、"泰山"等。尊称的运用是有规律的，一般是运用一些敬辞，例如，称对方的亲属时加"令"字，父亲为"令尊"，母亲为"令堂"，以及令兄、令妹、令郎、令爱等，而统称之为"令亲"；再如"惠"字，用于别人对自己的行为的称呼，称对方到自己这里来为"惠临"或者"惠顾"，称别人保存自己的赠品为"惠存"，以及"惠赠"、"惠允"，等等；还有"垂"、"赐"、"请"、"高"等字也都是用来表示尊敬的，相关的称呼如"垂询"、"赐教"、"请问"、"高足"，等等。

## 名讳

名讳，即对姓名的避讳，古时人们为了表示尊重而不直接提到对方的名字，这基本上是针对两种情况，一是为尊者讳，最鲜明的体现是要避讳皇帝的名字，还有避圣人讳，主要指避讳孔子的名字"丘"字；一是为亲者讳，就是避讳自己父亲和先祖的名字。避亲者讳，如司马迁在《史记》中把西汉的"赵谈"写成"赵同"，因为司马迁的父亲名司马谈。名讳在古代体现最突出的是避帝王讳，不仅要避全名，而且名字中的每一个字也都要避开，甚至连同音的字也不能够使用。如为避汉文帝刘恒讳而把"恒山"改称"常山"，为避唐太宗李世民的名讳而把"世"改称为"代"，把"民"改为"人"，为避清圣祖康熙玄烨的名讳而改"玄"为"元"。也有的时候避讳不是采取代字的方法，而是采用空字法或缺笔法，就是在原本该字的位置上空而不写，或者将该字少写一笔。

## 地望

东汉末年，社会上形成了一些非常有势力的门阀大族，魏文帝曹丕为了拉拢这些士族而实行"九品中正制"，也就是将官员分为9个品级，由"中正"来推荐和评定，而这一职位通常就是一地的望族，他们垄断了当地的选举权，他们的姓氏也因此与本地密切地联系起来，这样，他们在其郡县所拥有的特别的地位和声望就被称作这些士族的"地望"，又叫作"郡望"。如唐代段成式在《酉阳杂俎续集·支诺皋下》中说："韦斌虽生于贵门，而性颇厚质，然其地望素高，冠冕特盛。"

## 帝王赐姓

帝王赐姓是姓氏的主要来源之一。先秦时期的赐姓主要属于封建的性质，也就是说帝王将某地封赐给谁，谁也就因此而以国或邑名为姓，例如屈原，本为芈姓的后裔，鬻熊一代时被周文王封为子等爵位，之后就改为姓熊，在春秋初期，楚武王熊通的儿子被封在屈邑，因而改姓屈，名屈瑕，屈瑕就是屈原的先祖。秦代之后，赐姓不再具有封赏领地的含义，而只意味着一种精神上的褒奖，这是帝王进行政治笼络的一种手段。所赐之姓，可能为国姓，即皇帝的姓氏，也可能是其他姓氏。赐姓一般出于这样几种情况：1.安抚降将，例如唐初，幽州罗艺、石州刘孝真、江淮杜伏威、榆林郭子和、原窦建德部大将胡大恩等归顺唐朝的各路将领皆被赐以李姓。2.笼络外藩，如唐初契丹酋长窟哥、奚族酋长可度者、靺鞨酋长突地稽、黑水靺鞨酋长倪属利稽等率其部内附唐朝，也皆被赐以国姓李氏。3.褒奖功臣，如明代郑和，本姓马，小字三保，因为在靖难之役中协助燕王朱棣有功而得赐姓名为郑和。当然也有相反的情况，就是赐以恶姓来进行贬损，例如武则天夺得皇后之位后，将唐高宗的前皇后王氏和宠妃萧良娣分别改姓为蟒和枭，蟒意为大毒蛇，枭意为枭首，表达了十足的蔑毒之意。

## 礼炮为什么是二十一响

鸣礼炮二十一响作为最高礼仪的习俗起源于英国。17~18世纪，英国已成为"日不落"帝国，世界几乎每一块大陆都有它的殖民地。英国军舰驶过外国炮台或驶入外国港口时，蛮横地要求所在国向他们鸣炮致礼，以示对英国的尊重和臣服。作为回礼，英舰一般鸣礼炮七声。但是，英舰鸣一声礼炮，别国应报三声。这样二十一声礼炮的习俗就诞生了。

礼炮二十一响是最高规格，以下按单数逐级递减直到一响，用于较低的礼仪。

## 为什么是"男左女右"

据传说，中华民族的始祖盘古氏去世之后，他的身体器官化为日月星辰、四极五岳、江河湖泊及万物生灵。《五运历年纪》中认为：中华民族的日月二神是盘古氏双眼所化，日神是盘古氏的左眼所化，即伏羲；月神是盘古氏的右眼所化，即女娲。民间传说的"男左女右"习俗，就是由此而来。

除此之外，"男左女右"还与古代人的哲学观关系紧密。中国的古代哲学认为，宇宙中物质和人事的两大对立面就是"阴阳"。自然界的事物有大小、长短、上下、左右等。古人将其归类为大、长、上、左为阳，小、短、下、右为阴。阳者为刚强，阴者为柔弱。男子性刚强，属阳于左；女子性温柔，属阴于右。中医诊脉，男子取气分脉于左手，女子取血分脉于右手；小儿患病观察手纹，也取"男左女右"。这种区分法早在2000多年前的战国时期就已经有了。

## 正字计票法

清末民初，上海的戏园俗称茶园。它的舞台为正方形，楼上叫"花楼"座位，左右偏座称"包厢"。楼下正厅为达官贵人等预先包下，他们携带娇妻艳妾来看戏，不与"下里巴人"混杂。这些人的坐席前设有八仙方桌。下等坐席是条凳长桌，看客可边品茶边看戏。那时剧院还没有门票，由"案目"（服务员）在戏院门口招徕看客，每领满五位入座，司事（记账先生）便在大水牌（似黑板）上写出一个"正"字，并标明某案目的姓名。稍后，由案目负责计数、收费。到散场结账时，准确无错。

随着戏院门票的实施，这种记"水牌账"的方法废弃了，但它作为一种简明、易懂和便于众人监督的记数方法，一直流行于民间，并被引入选举计票中。

## 下半旗志哀

下半旗，是当今世界上通行的一种致哀方

式。当一个国家的重要人物逝世后，习惯上要把国旗升起后下降到离旗杆顶端一段距离（距杆顶1/3处），以表示对死者的哀悼。

下半旗表示哀悼的做法，据说最早出现在1612年。一天，一艘名叫"哈兹·伊斯"号的英国船徐徐地驶进泰晤士河，它的桅杆上飘半旗，象征船员们对已故船长的敬意。该船长是在北美北部海岸探寻通向太平洋的水道时不幸去世的。以后许多船只沿用了这种哀悼方式。

随着时间的流逝，用下半旗表示哀悼的做法便流传到陆地上，后来它被官方承认，并为世界各国所采用。

## 花圈

送花圈的习俗是从欧美传过来的。在中国古代，丧葬仪式以搭灵堂为主，四周饰以白布，并扎纸人、纸马来烧，另外还要打幡、撒纸钱等。

按照北欧的传说，一个人临死时带上花圈，天使就会把他的灵魂带到天堂。2000多年前的古罗马法律——《十二铜表法》中，《神圣法》第七条说："假如有人或者亲身，或者由于自己的马或奴隶在竞赛中获胜而得到花圈，那么在他死时，无论在他家里或在战场，都不禁止把花圈置于死者身上。同样，也允许他的亲属带花圈参加葬礼。"

既然花圈是胜利者和勇敢者才能得到的奖赏，难怪天使会把有花圈的灵魂带上天了。

## 叩指礼

叩指礼是从古时中国的叩头礼演化而来的，叩指即代表叩头。相传乾隆微服出巡时，在茶馆内喝茶时，为下属倒茶，下属不便以宫廷礼仪相回，便灵机一动以叩指谢恩，自此叩指礼便在民间流传开来。

主人斟酒时，客人可行"叩指礼"，表示感谢主人斟酒。行"叩指礼"时，客人把拇指、中指捏在一块，轻轻在桌上叩几下。

早先的叩指礼是比较讲究的，必须屈腕握空拳，叩指关节。随着时间的推移，逐渐演化为将手弯曲，用几个指头轻叩桌面，以示谢忱。

## 女士优先

"女士优先"的原则起源于欧洲中世纪的骑士之风，是传统欧美礼节的基础，后来成为国际社会公认的重要礼仪原则。它主要适用于成年的异性进行社交活动之时。

"女士优先"的含义是：在一切社交场合，每一名成年男子，都有义务主动自觉地以自己的实际行动，去尊重妇女、照顾妇女、体谅妇女、关心妇女、保护妇女，并且还要想方设法、尽心竭力地去为妇女排忧解难。倘若因为男士的不慎而使妇女陷于尴尬、困难的处境，便意味着男士的失职。人们一致公认，唯有尊重女性的男子，才会被视为具有绅士风度。反之，则会被认为是一个没有丝毫修养的粗汉莽夫。

## 吻礼

吻，在西方是较为流行的大众礼节。关于"吻"的由来，西方传说不一。

比较流行的看法认为，吻始于古罗马严禁妇女饮酒。当男子外出归来后，先要闻一闻妻子有没有饮酒，假如妻子无酒味，丈夫就要亲昵地吻上一口，这就是由"闻"到"吻"的过渡。

吻在非洲某些国家和地区，不只限于表示男女之恋，它还寄寓尊敬和关心之意。非洲土著居民视酋长为"父母官"，人们争相亲吻酋长走过的地面，以此表示祝福和对酋长的推崇。

古罗马时期，皇帝允许最高级的贵妇人和宠臣吻他的嘴唇，次者吻他的手，庶民只能吻皇帝的膝盖和脚背。

## 吻手礼

吻手礼由生活在8~10世纪的维京人发明，维京人有一种风俗，就是向他们的日耳曼君主"手递礼物"，"吻手礼"也就随之出现。当封建领主离开后，他走过的门、他摸过的锁和他碰过的门闩上，都要求臣民们亲吻，而且，对每样东西的吻都相应地被授予名称：门之吻、锁之吻、门闩之吻等。

吻手礼是流行于欧美上层社会的一种礼节。英法两国喜欢"吻手礼"，不过在英国和法国，行这种礼的人也仅限于上层人士。吻手礼的受礼者，只能是女士，而且应是已婚女士。

## 碰鼻礼

新西兰最早的主人毛利人，至今还保存着一种远古留传下来的独特见面问候方式：碰鼻礼。

如果有客人来访，毛利人必定要为来宾组织专门的欢迎仪式，安排丰盛的宴席。最让客人满意的是男女老幼，倾巢出动，一边引吭高歌，一边兴致勃勃地拉着客人手舞足蹈。这一切过去以后，一定要举行毛利人传统的最高敬礼——"碰鼻礼"。主人与客人必须鼻尖对鼻尖连碰两三次或更多次数。碰鼻的次数与时间往往标志着礼遇规格的高低；相碰次数越多，时间越长，即说明礼遇越高；反之，礼遇就低。

## 鞠躬礼

中国商代有一种祭天仪式"鞠祭"，祭品（猪、牛、羊等）不切成块，而将整体弯蜷成圆的鞠躬形，再放到祭处奉祭，以此来表达祭祀者的恭敬与虔诚。这种习俗一直保持到现在，不少地方逢年过节，祭拜祖宗天地时，人们总把整鸡整鸭蜷成圆形，或把猪头猪尾放在一起，表示其头尾相接。这就是由鞠祭演变而来的。

人们在现实生活中，逐渐援引这种形式来表达自己对地位崇高的人、长辈等的崇敬，于是，弯一弯腰，象征性地表示愿把自己作为鞠祭的一个牺牲品而奉献给对方。这就是"鞠躬"的由来。

## 生日吹蜡烛的由来

过生日吹蜡烛已为人们熟悉，这一习俗据说源于希腊。

在古希腊，人们都信奉月亮女神阿尔忒弥斯。在她的一年一度的生日庆典上，人们总要在祭坛上供放蜂蜜饼和很多点亮的蜡烛，形成一片神圣的气氛。后来，古希腊人在庆祝孩子的生日时，也总爱在餐桌上摆上糕饼等物，而在上面，又放上很多点亮的小蜡烛，并且加进一项新的活动——吹灭这些燃亮的蜡烛。他们相信燃亮着的蜡烛具有神秘的力量，如果这时让过生日的孩子在心中许下一个愿望，然后一口气吹灭所有蜡烛的话，那么这个孩子的美好愿望就一定能够实现。于是吹蜡烛成为生日宴上有着吉庆意义的小节目，以后逐渐发展成过生日吹蜡烛的习俗。

## 订婚戒指

有关订婚、结婚戒指的由来，据说是古代抢婚演绎的结果，当时，男子抢来其他部落的妇女就给她戴上枷锁。经过多年的演变，枷锁变成了订婚、结婚戒指。男子给女子戴戒指表示她已归我所有。

传说，世界上第一个把戒指当作订婚信物的人是奥地利王麦士米尼。1477年，麦士米尼在一次公开场合认识了一位叫作玛丽的公主。她的美丽容貌和优雅举止使麦士米尼为之倾倒。麦士米尼虽然知道玛丽早已许婚于当时的法国王储，但是为了赢得她的爱情，麦士米尼还是决定试试运气。他命人专门打造了一枚珍贵的钻石戒指，送给玛丽。面对这只精雕细刻、闪闪发光的钻石戒指和麦士米尼的热烈追求，玛丽终于改变了初衷，与麦士米尼幸福地结合了。从此，以钻石戒指作为订婚信物，便成为西方的一种传统。

## 婚纱的由来

穿婚纱的习俗可以追溯到公元前10世纪，当时两河流域就已盛行女子戴头纱。在古希腊，举行结婚仪式时不仅新娘要戴亚麻或毛织成的头纱，而且一对新人都要戴上花冠。到了罗马时代，不同宗教信仰的人要戴不同颜色的头纱以示区别。

婚礼虽是世界各国自古以来就存在的仪式，但新娘在婚礼上穿婚纱的历史却不到200年时间。新娘所穿的下摆拖地的白纱礼服原是天主教徒的典礼服。由于古代欧洲一些国家是政教合一的国体，人们结婚必须到教堂接受神父或牧师的祈祷与祝福，这样才能算正式的合法婚姻，于是，新娘便穿上白色的典礼服向神表示真诚与纯洁。

## 蜜月

新婚夫妻柔情蜜意，如胶似漆。新婚后的一个月内被称为"蜜月"。那么"蜜月"是怎样来的呢？

"蜜月"一词产生于公元前500年的英国。当时的英格兰还处于较原始的蛮荒社会。在多顿族中流行"抢婚"，即任何一个多顿青年男子都可以抢一个自己中意的姑娘为妻。为了避免这种尴尬，于是不少男子一将妻子抢到手，就迫不及待地携新人外逃，过一段隐居生活后再回来。

当时的英国野蜂窝随处可见，蜂蜜唾手可得，旅途中的人们纷纷吸吮蜜汁来充饥。这一发现逐渐被流传开来后，抢婚外逃进入山野的青年男女，便纷纷以蜂蜜充当食物，终生厮守。

到了公元前4世纪左右，多顿人"抢婚"的风习危及社会秩序，迫使多顿首领不得不作出规定：凡成婚30天以上者，不得卷入抢婚之列，并发给新婚对牌，以备查验。从此以后，外逃的新婚夫妇多在30天以后自动回到了家乡，过上平安的家庭生活。而他们在外面度过靠吸吮蜜汁为生的30天，久而久之就被人们称为"度蜜月"。

## 日本茶道

在日本，茶道是一种通过品茶艺术来接待宾客、交谊、恳亲的特殊礼节。茶道不仅要求有幽雅自然的环境，而且规定有一整套煮茶、泡茶、品茶的程序。

日本人把茶道视为一种修身养性、提高文化素养和进行社交的手段。待客人入座后，由主持仪式的茶师按规定动作点炭火、煮开水、冲茶或抹茶，然后依次献给宾客。客人按规定须恭敬地双手接茶，先致谢，尔后三转茶碗，轻品、慢饮、奉还。点茶、煮茶、冲茶、献茶，是茶道仪式的主要部分。饮茶完毕，按照习惯，客人要对各种茶具进行鉴赏，赞美一番。最后，客人向主人跪拜告别，主人热情相送。

## 武士道

日本武士道精神，起源于地主豪强为保护庄园的安全而抚养的家人。这些家人依照血缘关系和主从关系组成"弓马之家"，由称为"住久"的地方豪族任"旗头"。"弓马之家"的成员就是"武士"。为了加强武士的战斗力，武士集团的首领们经常制定出一些"家规"、"家法"来管教武士，在幕府成立后，全国封建武士的领袖——将军又进一步制定出各种法规条款"式目"，这样，逐渐形成了武士道德规范，也就是"武士道"。

"武士道"精神融合了儒教、佛教禅宗和神道的思想。在武士集团内部，上尊下卑，等级森严，为了维护这种上下关系，武士道精神强调"君道"和"臣道"。主君要庇护家臣，家臣对主君要保持"忠节"。家臣对主君必须做到绝对地、盲目地服从，要以能为主君献出自己的生命为荣。武士道精神还提倡"武勇"，武士应当以娴熟的武功，保卫主君。武士平时经常佩带日本刀，把它作为武勇的象征，关键时刻，要为主君殉死，或为了挽回战败的耻辱，保持武士的体面而牺牲自己的生命。

# 美术工艺篇

## 画品

画品,中国古代对画家及作品作出品评的文体。一般分品论述,鉴赏优劣得失。

画品盛于六朝、隋唐。南朝梁谢赫所著的《画品》是保存至今的最早一部著述。其序中提出的"六法"作为品评绘画的标准,对后世影响极大。唐朱景玄《唐朝名画录》分神、妙、能、逸四品,拓宽了画品囿于识鉴的程式。五代及宋刘道醇《五代名画补遗》、《圣朝名画评》,更以画家专擅分门别类,条缕清晰,形成评传风格。

## 书品

中国古代对书法家及其作品作出品评的著作。它或分品论述而第其高下;或不分品第而评其优劣,是早期书论中的一种体裁。

这种体裁是受魏晋时期士族阶层对人物进行识鉴、品藻的习尚影响而产生的,盛于六朝、隋、唐,元明之后著述渐为稀少。南梁袁昂所撰《古今书评》,凡列25人,各以简括语句评其风格,是为书品之发端。庾肩吾《书品》,载汉至齐梁能书者123人,冠以总序,效《汉书·古今人表》之例,分上中下品,每品中又分上中下,合而为九品,各系以论,体例严谨。

随着书法理论发展的深入,其后论书之著多不拘泥于品评一体,而渐融于内容更为广泛、繁富的书论之中。

## 装裱

装裱是装饰书画、碑帖等的一门特殊技艺。古代的装裱叫"裱背",亦称"装潢",又称"装池"。据明代方以智的一般装裱样式《通雅·器用》载,"潢"犹池也,外加缘则内为池;装成卷册谓之"装潢"。

中国的装裱工艺是伴随着中国绘画的历史而产生发展的,从现今保存的历史资料看,早在1500年前装裱技术就已经出现了。一般是先用纸托裱在绘画作品的背后,再用绫、绢、纸等镶边,然后安装轴杆成版面。传统的装裱成品按形制可分为挂轴、手卷、册页、折页四大类。画心的托裱是整个装潢工艺中的重要工序。明代周嘉胄的《装潢志》、清代周二学的《一角篇》,均是中国系统论述装裱的专门著作。

## 书法的起源

中国书法起源于春秋末期。当时传统文字的艺术化现象开始出现,为求视觉上的美观,原有笔画开始被加上圆点、波折或鸟形装饰等,成为后世"鸟篆"、"虫篆"或"缪篆"的起源。进入战国后,除了广泛应用的草篆,连同重要礼器上的铭文,都一改春秋之前的工整与刻板,普遍都进行了美化处理。

## 文房四宝

在中国历史文化长河中,很早就已有"文房"之称,笔、墨、纸、砚被誉为"文房四宝"。

"文房"之名起源于南北朝。当时所谓"文房",是指国家典掌文翰之处。唐宋以后,文房则专指文人书房而言。

南唐后主李煜,喜好文学,收藏甚丰,今见其所藏的书画皆押有"建业文房之印"。北宋雍熙三年,翰林学士苏易简以笔墨纸砚"为学所资,不可斯须而阙",撰《文房四谱》五卷,分笔谱二卷,砚、纸、墨各一卷。各卷分述:叙事、制造、杂说、辞赋诸事,博收约取,内容详赡。故文房从此有"四谱"之名。南宋初,叶梦得撰《避暑录话》谓"世言徽州有文房四宝",故"文房四谱"又称《文房四宝谱》,以笔、墨、纸、砚为文房之宝用。

四宝品类繁多，丰富多彩，名品名师，见诸载籍。长期以来，浙江湖州之湖笔，广东肇庆（隋唐时为端州）之端砚，安徽泾县（旧属宣城郡）之宣纸，歙县（旧为徽州府治）之徽墨，至今仍负盛名，被说成是"四宝"代表。

## 毛笔

2000多年以前的中国，就已经出现了毛笔。

据《史记》记载，"秦始皇命太子扶苏与蒙恬筑长城以御北方匈奴，蒙恬取山中之兔毛以造笔"，"文房四谱"上也记载，"昔日蒙恬造笔，以拓木为管，鹿毛为柱，兔毛为被，此乃谓苍毫也"，《博物志》云，"秦之蒙恬将军取狐狸毛为柱，兔毫为被以书"，因此，我们通常称蒙恬将军为毛笔的始祖。其实毛笔的发明权不能归功于蒙恬一人。

迄今虽然尚未见到西周以前的毛笔实物，但从原始社会时期的彩陶花纹、商代的甲骨文上可觅到些许用笔的迹象。东周的竹木简、缣帛上已广泛使用毛笔来书写。湖北省随州市擂鼓墩曾侯乙墓中出土的春秋时期的毛笔，是目前发现最早的毛笔。

## 墨

墨汁是中国古代书写、作画的必需品。关于墨汁的起源有这样一个传说。

传说在周朝时，有一个擅长诗画的人，名叫刑夷。一天，刑夷在河里洗手时，看见河面上漂着一件黑乎乎的东西，他怀着好奇心捞起来一看，原来是一块尚未燃尽的松炭，便又随手丢进了河里。刑夷突然发现，自己一双刚刚洗干净的手染上了一道黑黑的颜色。"松炭既能染色，是否可以用来写字呢？"刑夷不禁思忖道。他赶紧追到下游，把那块松炭捞了起来。

刑夷把松炭带回家，用砖头将它捣碎，研成粉末。

从此，刑夷便用松炭粉末调成的液体写诗作画，这种液体就是中国最原始的墨汁。

## 纸

纸起源于中国，是西汉时期发明的。到了东汉和帝时，蔡伦又对造纸技术进行了重大改进。

人们将树皮、破布、破旧渔网等加水蒸煮捣碎，直到成为均匀的纸浆，再把纸浆薄薄地倒在预先做好的筛网上，水渐渐流走了，筛网上便留下来薄薄的一层纸坯。将纸坯晾干，涂上一些苔胶，就制好了一张纸。

到了公元3世纪，造纸技术有了很大进步，并且发现植物纤维可用作造纸原料。这种造纸的基本原理和原料一直延用到今天。

## 砚

砚台的起源最早是从研磨器开始的。在原始社会，人们已经开始使用研磨器，用以磨制工具或研磨粮食作物。后来，为了便于书写，需要将墨色及颜料研磨至细，于是便出现了专门研墨的砚台。

考古学家曾在陕西省临潼县姜寨一处原始社会的遗址中，发现了一套原始人用于陶器彩绘的工具，其中有一方石砚，砚有盖，砚面微凹，凹处并有一根石质磨杵，砚旁留存数块黑色颜料。很显然，这是早期砚台的形制。

汉代由于纸的发明，使制砚工艺得到较大发展，砚台上甚至出现了雕刻纹饰。从此以后，砚台步入传统的书画艺术行列，品种日益增多，至魏晋时期就有瓷砚、铜砚、银砚、漆砚、铁砚等。

唐代，有端石、歙石等精制宝砚。宋代雕砚工艺有进一步发展，宋人把端砚、歙砚、洮河砚以及红丝石砚列为四大名砚。后因红丝石停采，于是澄泥砚便被列入四大名砚。

## 徽墨

东汉年间，出现了较大规模的制墨作坊，制造出正式的墨。五代时，易水墨工奚超和儿子奚廷圭搬迁到歙州（今歙县），对制墨技术进行了改良，精制了"丰肌腻理，光泽如漆"的贡墨，受到南唐后主李煜的赏识，赐姓李氏，从此名满天下。宋代，安徽歙州被改名为徽州，因此便有徽墨之称。宋、明两代的徽墨基本分松烟、油烟两种，在当时，制墨流派、名工也相继出现。清代制墨的数量和质量又超过了历代水平，并且向"精鉴墨"（即专供鉴赏的墨）和"家藏墨"（多用收藏或馈赠品）的状态发展。清代以曹素功、汪近圣、汪节庵、胡开文四家为代表，他们所制的墨不仅质量精绝，而且还极具艺术价值，使徽墨之名流传至今，闻名中外，成为墨中之冠。

## 甲骨文

甲骨文是商、周时期刻在龟甲兽骨上的文字，又叫"契文"、"卜辞"、"龟甲文字"、"殷墟文字"。最早出土于河南安阳小屯村的殷墟，1899年被学者王懿荣首次发现。

清末孙诒让著《英文举例》，开始对甲骨文加以解释。1928年后经多次发掘，先后出土达10余万片。这些文字都是前人利用龟甲兽骨占卜吉凶时写下的卜辞和与占卜有关的记事文字，为盘庚迁殷到纣亡200多年间的遗物，是研究商朝社会历史的重要资料。现已发现的甲骨文单字在4500字左右，人们认识的约有1700字。

## 金文

金文是铸刻在青铜器的钟或鼎上的一种文字，它产生于商代，盛行于周代。钟多是乐器，鼎多为礼器。铸刻于上面的文字，多为记事或表彰功德的内容。这种铭文，有的是凹下的阴文，称为"款"，是"刻"的意思；有的是凸出的阳文，称为"识"，是"记"的意思，所以金文也可统称为"钟鼎款识"。书法"款识"或"款式"的名称即由此演化而来。

金文一般是铸，少数是刻。金文的铸是先把文字书写在软坯上制成范模，然后用烧熔的铜液浇铸。在金文刻范和铸的过程中，对原来书写的笔画虽有所损益，但仍能更多地保留和显示书写时的笔意、字画丰腴、体势凝重，有极高的艺术性。

## 篆书

篆书主要指"大篆"和"小篆"。而广义的"大篆"指"小篆"以前的文字和书体，包括甲骨文、钟鼎文、籀文和六国文字等；狭义专指周宣王太史籀厘定的文字，即"籀文"。

大篆的代表作品有《石鼓文》和《秦公簋》铭文等。"小篆"与"大篆"对称，亦称"秦篆"，即秦始皇统一天下文字、李斯所制，小篆笔画圆转流畅，较大篆整齐。秦时刻石如泰山、峄山、琅琊台等，传为李斯所书，为小篆之代表作品。唐李阳冰、五代徐锴与清代的邓石如均是小篆大家。

## 隶书

隶书也叫"隶字"、"古书"，它起源于秦朝，也有说法称隶书起源于战国时期。分"秦隶"（也叫"古隶"）和"汉隶"（也叫"今隶"），它是在篆书基础上，为适应书写便捷的需要产生的字体。

隶书结体扁平、工整、精巧，书写效果略微宽扁，横画长而直画短。讲究"蚕头燕尾"、"一波三折"。到东汉时，折、捺等笔画美化为向上挑起。轻重顿挫富有变化，具有书法艺术美，风格也趋多样化，极具艺术欣赏的价值。隶书的出现是中国文字的又一次大改革，使中国的书法艺术进入了一个新的境界，奠定了楷书的基础。

## 草书

草书是为书写便捷而产生的一种字体，其特点是结构简省、笔画连绵，始于汉初。

草书有章草、今草、狂草等。章草起于西汉，盛于东汉，字体具隶书形式，笔画省变，有章法可循，字字区别，不相纠连；今草起于东汉末期，风格多样，不拘章法，笔势秀丽流畅，晋王羲之、王献之父子擅长今草；狂草亦称大草，笔意奔放，体势连绵，如唐朝张旭《千字文》、怀素《自叙帖》等，字字区别，不相连接，而笔意活泼、秀媚。草书自狂草起开始成为完全脱离实用的艺术创作。

## 楷书

楷书形成于汉末、魏晋，全盛于隋唐，也称"真书"、"正书"。它吸收隶书结构匀称明晰的优点，把隶书笔画的"波折"改为平直，把隶书形体的扁平改方正，书写时比隶书更方便，一直沿用至今。我们现在看到的魏晋时的楷书，离篆隶不远，形体古朴自然，但无严谨的法度约束。隋代以后，楷书注意法度，结构整齐、方正，书家层出不穷，以颜真卿、柳公权等人成就最高。宋元明清的书法家都以唐以前楷书为规范，近代以至当代学书者更是如此。

## 行书

行书是介于今草和楷书之间的一种字体，可以说是楷书的草化或草书的楷化。它不像草书那样难写难认，也不像楷书那样严谨端庄，所以古人说它"非真非草"。它的特点是运用了一定草法，部分地简化了楷书的笔画，改变了楷书笔形。

草化了楷书的结构，行书中带有楷书或接近于楷书的称为"行楷"，带有草书或接近草书的则称为"行草"。代表作最著名的是东晋书法家王羲之的《兰亭序》，被誉为"天下第一行书"。

## 宋体字

宋体字的创始人（准确的说法是代表者）是宋人秦桧。秦桧，状元出身，曾随高宗为相。他不仅博学，而且在书法上造诣很深。他综合前人书法之长，自成一家，创立了宋体字。秦桧早年为官，官声尚好。在金人攻陷东京（今开封）之后，曾冒死赴金营，反对立伪楚帝张邦昌，几乎被砍了脑袋。但后来在高宗手下为相，迎合高宗偏安政策，镇压抗金将领，以"莫须有"的罪名在风波亭害死岳飞父子，天怨人怒。老百姓把南方炸油条称为"油炸桧"，还让他和妻子王氏的像长年累月跪在岳飞墓前。至于他的字，人们由于厌恶他的人品德行，他所创的字体不叫"秦体"，而被称为"宋体"。

## 飞白

飞白原指枯丝平行、转折处笔路毕显的书法字体，笔画中间夹杂着丝丝点点的白痕，且能给人以飞动的感觉，故称其为"飞白"，也叫飞白书。宋黄伯思《东观余论》记载："取其若丝发处谓之白，其势飞举谓之飞。"

后用于绘画，指用干枯笔触来描绘的绘画方法。"飞白"可以显现苍劲浑朴的艺术效果，为作品增加情趣，丰富画面的视觉效果。

## 永字八法

永字八法是中国书法用笔法则。相传为隋代智永所传，一说为东晋王羲之或唐代张旭所创，因其为写楷书的基本法则，后人将八法引为书法的代称。它是以"永"字八笔顺序为例，阐述正楷笔势的方法，分别是"侧、勒、努、趯、策、掠、啄、磔"八画。

点为侧，侧锋峻落，铺毫行笔，势足收锋。

横为勒，逆锋落纸，缓去急回，不可顺锋平过。

直笔为努，不宜过直，太挺直则木僵无力，而须直中见曲势。

钩为趯，驻锋提笔，使力集于笔尖。

仰横为策，起笔同直划，得力在划末。

长撇为掠。起笔同直划，出锋稍肥，力要送到。

短撇为啄，落笔左出，快而峻利。

捺笔为磔，逆锋轻落，折锋铺毫缓行，收锋重在含蓄。

## 魏碑

十六国北朝时期的书法艺术，深受钟繇和王羲之等人的影响，并在这一基础上有所发展和创新。敦煌石室发现的十六国和北朝写佛经中，虽多微掺隶法，但字迹工整，颇有笔力，达到了较高的艺术水平。近百年来，出土的许多北朝的墓志、墓碑、造像题记等，其书体虽各有不同，但大多结体扁方、构架紧密、方笔折角、骨力雄劲，这就是"魏碑"的字体。由于用笔厚实，字形稳健有力，给人一种独特的美的感觉。

## 拓片

用墨把石刻和古器物上的文字及花纹拓在纸上后的成品。这种拓印行为也称为拓片。拓片是从原物直接拓印下来的，大小和形状与原物相同，是一种科学记录的方法。除有凹凸纹饰的器物外，甲骨文字、铜器铭文、碑刻、墓志铭、古钱币、画像砖、画像石等，都广泛使用这种方法记录。拓印技术在中国已有1000多年的历史。许多已散失毁坏的碑刻，因有拓片传世，才能见到原碑刻的内容及风采，如《汉西岳华山庙碑》，在明嘉靖三十四年（1555年）地震时被毁，传世拓片遂为珍品；唐柳公权书宋拓《神策军碑》，因原碑已佚，仅有一册拓片传世，就成为孤本。

## 瘦金体

瘦金体是宋徽宗创造的书法字体，亦称"瘦金书"，也有"鹤体"的雅称。他早年学薛稷、黄庭坚，参以褚遂良诸家，出以挺瘦秀润，融会贯通，变化二薛（薛稷、薛曜），形成自己的风格，号"瘦金体"。

其特点是瘦直挺拔，横画收笔带钩，竖划收笔带点，撇如匕首，捺如切刀，竖钩细长；有些联笔字游丝行空，已近行书。其用笔源于褚、薛，写得更瘦劲；结体笔势取黄庭坚大字楷书，舒展劲挺。现代美术字体中的"仿宋体"即模仿瘦金体神韵而创。瘦金体作品代表有《楷书千字文》、《秾芳诗》等。

## 钟繇

钟繇（151~230年），字元常，颍川长社人。魏明帝时受太傅衔，故世称"钟太傅"。钟繇所处的正是隶楷错变的时代，因此他的真书中也带有浓厚的隶意。他的小楷体势微扁，行间茂密，点画厚重，笔法清劲，醇古简静，富有一种自然质朴的意味。

其书学曹喜、蔡邕、刘德升等人，能书隶、草、真、行诸体，尤以真书绝世。存世墨迹，最著名的有以王羲之临本翻刻的《宣示表》、《荐季直表》等。

## 王羲之

王羲之（303~361年，另一说321~379年），字逸少，东晋书法家，琅琊临沂（今山东临沂）人，因任过右军将军，故后人称其"王右军"。

王羲之少年时就曾经师从卫夫人学习楷书，后改变初学，草书学张芝，楷书学钟繇，并博采众长，精研体势，推陈出新，一变汉魏以来质朴的书风，形成妍美流变的新体，最终成为一代大家。他的书法兼备诸体，尤善楷书、行书，字势雄奇而多变化，为历代书法家所崇尚，对后世影响极大，王羲之也因此享有"书圣"之称。其《兰亭序》流传千古，被后人誉为"天下第一行书"。

## 欧阳询

欧阳询（557~641年），字信本，潭州临湘（今湖南长沙）人。官至弘文馆学士，与虞世南、褚遂良、薛稷并称为"初唐四家"。他博览古今，书则八体尽能，尤工正、行书。他的楷书笔力险劲，结构独异，后人称为"欧体"，以《九成宫醴泉铭》等为代表。

欧阳询最大的贡献，是他对楷书结构的整理。相传欧阳询总结了有关楷书字体的结构方法共36条，名为"欧阳询三十六法"。

## 颜真卿

颜真卿（709~785年），字清臣，琅琊孝悌里（今山东费县）人，唐代大臣、书法家。颜真卿为开元年间的进士，任殿中侍御史。安禄山发动叛乱后，他联络从兄颜杲卿起兵抵抗。后官至吏部尚书、太子太师，封鲁郡公，人称颜鲁公。颜真卿的书法初学褚遂良，后师从张旭。正楷端庄雄伟，气势开张，行书遒劲郁勃，古法为之一变，开创了新风格，对后代影响很大，人称颜体，与柳公权并称"颜柳"。

## 柳公权

柳公权（778~865年），字诚悬，京兆华原（今陕西耀县）人。幼年嗜学，12岁能为辞赋，由于擅长书法，被穆宗李恒召为翰林院侍书学士。穆宗曾问其如何运笔最佳，他说："运笔在心，心正则笔正。"这句名言被后世传为"笔谏"。柳公权书法以楷书最著，与颜真卿齐名，并称"颜柳"。他上追魏、晋，下及初唐诸家笔法，又受到颜真卿的影响，在晋人劲媚和颜书雍容雄浑之间，创造出自己的风格，人称"柳体"。其遒媚劲健的书体，可以与颜书的雄浑宽裕相媲美，后世有"颜筋柳骨"的称誉。

## 颠张醉素

张旭（生卒不祥），盛唐时期人，字伯高，吴郡人。他少年时即好书法，出仕后初为常熟县尉，后官至金吾长史，故人称"张长史"。张旭为人洒脱不羁，豁达大度，才华横溢，学识渊博，与李白、贺知章交情甚密，杜甫将他三人列入"饮中八仙"。张旭的书法始于张芝、二王一路。他的楷书端正严谨，规矩至极，黄庭坚誉之为"唐人正（楷）书无能出其右者"。

张旭把当时流行的"今草"书体，发展成为笔法放纵、字形繁多变化的"狂草"体，做到笔未落而意在先、书虽尽而心相连，成为中国狂草书体的奠基人。其代表作《草书古诗四首》笔画丰满，行文跌宕起伏，动静交错，满纸如云烟缭绕，是草书中的巅峰之作。

张旭"狂草"书法的出现，打破了中国汉字的基本构成，把中国书法推到了纯艺术的高峰。

怀素（737~799年），唐朝书法家，字藏真，俗姓钱，永州零陵（今湖南零陵）人。以"狂草"名世，史称"草圣"。怀素7岁时为僧，自幼对书法怀有浓厚兴趣，经禅之余，勤学书法。因为无钱买纸练字，他就在寺旁空地种下许多芭蕉，以蕉叶代纸练字，故名其庵为"绿天庵"。经长期勤学精研，秃笔成堆，埋于山下，名曰"笔冢"。旁有小池，常洗砚水而变黑，名为"墨池"。怀素草书，笔法瘦劲，飞动自然，如骤雨旋风，随手万变。他的书法虽率意颠逸，千变万化，而法度俱备。怀素传世书迹有《自叙帖》、《苦笋帖》、《食鱼帖》等。米芾《海岳书评》云："怀素如壮士拔剑，神采动人，而回旋进退，莫不中节。"

后人评其书法，继承张旭笔法，而有所发展，所谓"以狂继颠"，并称"颠张醉素"。怀素与张旭形成唐代书法双峰并峙的局面，也是中国草书史上两座不可企及的高峰。

## 米芾

米芾（1051~1107年），北宋书法家。曾任校书郎、书画博士、礼部员外郎。工于书法，擅长篆、隶、楷、行、草等书体，长于临摹古人书法，能够达到以假乱真的程度。初师欧阳询、柳公权，字体紧结，笔画挺拔劲健，后转师王羲之、王献之，体势展拓，笔致浑厚爽劲，自谓"刷字"，与苏轼、黄庭坚、蔡襄并称宋代四大书法家。其绘画擅长枯木竹石，尤工水墨山水。以书法中的点入画，用大笔触水墨表现烟云风雨变幻中的江南山水，人称"米氏云山"，富有创造性。米芾传世的书法墨迹有《向大后挽辞》、《蜀素帖》、《苕溪诗帖》、《拜中岳命帖》等。

## 宋四家

宋四家，即苏轼、黄庭坚、米芾、蔡襄，此四人被认为是最能代表宋代书法成就的书法家。

"宋四家"中，从书法风格上看，苏轼丰腴跌宕，天真烂漫；黄庭坚纵横拗崛，昂藏郁拔；米芾俊迈豪放，沉着痛快。列于四家之末的"蔡"，一般认为是指蔡襄，他的书法取法晋唐，讲究古意与法度。其正楷端庄沉着，行书淳淡婉美，草书参用飞白法，谓之"散草"，自成一体，非常精妙。还有人认为"蔡"原本是指蔡京，只是后人厌恶其为人，才以蔡襄取代。

## 赵孟頫

赵孟頫（1254~1322年），元代文学家、画家、书法家。字子昂，号松雪。湖州（今浙江湖州）人。宋宗室。宋亡后入元，经举荐仕元，官至翰林学士承旨，封魏国公。他博学多才，工古文诗词义，通音律；精鉴赏，书画方面造诣尤深。其书法篆、籀、隶、真、行、草，冠绝一时。

赵孟頫在书法上提倡复古，博采众长，初学赵构，后上追魏晋诸家，于钟繇、王羲之等用功尤深，晚年又研习蔡邕、颜真卿、米芾诸家，兼容包蓄，发展变化，形成结构严整、笔法圆熟、气势浑健的独特书风。人称赵体，代表作有楷书《洛神赋》、《胆巴碑》等。

## 祝允明

祝允明（1460~1526年），字希哲，号枝山、枝指生，长洲（今江苏苏州）人。曾任应天府通判，故史称"祝京兆"。与唐寅、文徵明、徐祯卿合称"吴中四才子"。博采晋唐宋名家之长，自家个性鲜明。小楷最工，直追晋唐。行书、行草、章草、今草诸体皆善，草书成就更大。传世作品有小楷《出师表》、《赤壁赋》，草书《行草书千字文卷》以及《章草长门赋》、《草书洛神赋卷》等。

## 文徵明

文徵明（1470~1559年），号衡山居士，长洲（今江苏苏州）人。曾授翰林院待诏，人称"文待诏"。其书法"始亦规模宋元之撰。既悟笔意，遂悉弃去，专法晋唐"（文嘉《先君行略》）。小楷法王羲之，草书法怀素，行书法黄、米，篆法李阳冰，尤工行书和小楷。代表作《跋刘中使帖》、《西苑诗册》等。又擅绘事，山水、花草、人物皆能，与沈周、唐寅、仇英合称"明四家"，为"吴门派"巨擘，对后世影响颇大。

## 王宠

王宠（1494~1533年），字履仁，后字履吉，号雅宜子、雅宜山人。吴县（今江苏苏州）人。博学多才，工书法、篆刻，山水画与唐寅齐名，诗文誉于当时，可谓诗书画"三绝"。楷书以拙取巧，婉丽遒逸。代表作有小楷《滕王阁序》等。

## 董其昌

董其昌（1555~1636年），字玄宰，号思白、香光、香光居士、思翁等，华亭（今上海松江）人。工诗文书画，亦精鉴赏。书法由唐宋而上溯晋人，楷、行、草皆工，用笔有弹性，显韵致，率意而秀雅，一时从者如流，与邢侗、米万钟、张瑞图并称"晚明四大家"。擅作山水，师董源、巨然，以黄公望、倪瓒为宗，笔墨清润。著有《画禅室随笔》，以禅论画，首倡"画分南北二宗"之说。代表作有《跋米芾蜀素帖》、《潇湘图卷跋》、《临阁帖册》等。

## 傅山

傅山（1607~1689年），被尊为"清初第一写家"。他书出颜真卿，并总结出"宁拙毋巧，宁丑毋媚，宁支离毋轻滑，宁直率毋安排"的经验。他的画也达到了很高的艺术境界，所画山水、梅、兰、竹等，均精妙，被列入逸品之列。《画征录》就说："傅青主画山水，皴擦不多，丘壑磊砢，以骨胜，墨竹也有气。"他的字画均渗透自己品格孤高和崇高的气节,流溢着爱国主义的气息,为后人所高度赞赏。

## 何绍基

何绍基(1799~1873年),字子贞,号东洲、蝯叟,湖南道州(今道县)人。通经史,精律算,工诗词,嗜金石。书法初习颜真卿,后遍临汉魏碑版,尤得力于《张黑女墓志》。行书自成风格,结体灵变,用笔轻重自如,气韵天成。著有《东洲草堂金石跋》等。

## 赵之谦

赵之谦(1829~1884年),会稽(今浙江绍兴)人。工诗文,擅书法,初师颜真卿,后取法北朝碑刻,所作楷书,笔致婉转圆通,人称"魏底颜面"。篆隶法邓石如,后自成一格,奇倔雄强,别出时俗。善绘画,花卉学石涛而有所变化,为清末写意花卉之开山。篆刻初摹西泠八家,后追皖派,参以诏版、汉镜文、钱币文、瓦当文、封泥等,形成章法多变、意境清新的独特风貌,并创阳文边款,其艺术将诗、书、画、印有机结合,在清末艺坛上影响很大。

## 《兰亭序》

《兰亭序》是书法大家王羲之于东晋永和九年的"修禊"会上,为大家的诗写的序文手稿。序中记叙兰亭周围山水之美和聚会的欢乐之情,抒发作者好景不长、生死无常的感慨。法帖相传之本,共28行,324字,章法、结构、笔法都很完美。后人评道:"右军字体,古法一变。其雄秀之气,出于天然,故古今以为师法。"历代书家都推《兰亭序》为"天下第一行书"。

## 《中秋帖》

《中秋帖》传为东晋书法家王献之所书,与王羲之的《快雪时晴帖》、王珣的《伯远帖》合称"三希",现藏故宫博物院。

人们称《中秋帖》为"一笔书"之祖。"一笔书"所体现的是一笔下去连绵无尽的审美特质,是书法美的魅力所在。《书断》中说:"字之体势,一笔而成,偶有不连,而脉不断,及其连者,气候通其隔行。"

## 《真草千字文》

《真草千字文》是隋书法大家智永的代表作品。此帖书体法度严谨,笔力精到,或字字区别、个个独立,或映带相关、连绵一气。但都下笔有源,使转有法,达到了"神化自若,变态无穷"的意境。遒劲丽美,字体古雅,用笔藏头护尾,一波三折,含蓄而多奇趣,非唐以后人所能及。

## 《仲尼梦奠帖》

《仲尼梦奠帖》为唐著名书法家欧阳询所作。欧阳询楷书法度之严谨,笔力之险峻,世无所匹,被称之为"唐人楷书第一"。后人以其书于平正中见险绝,最便初学,号为"欧体"。《仲尼梦奠帖》可谓欧体楷书的登峰造极之作。

《仲尼梦奠帖》共78字,无款印。此帖用墨淡而不浓,且是秃笔疾书,转折自如,无一笔不妥,无一笔凝滞,上下脉络映带清晰,结构稳重沉实,运笔从容,气韵流畅,体方而笔圆,妩媚而刚劲,为欧阳询晚年所书,清劲绝尘,诚属稀世之珍。

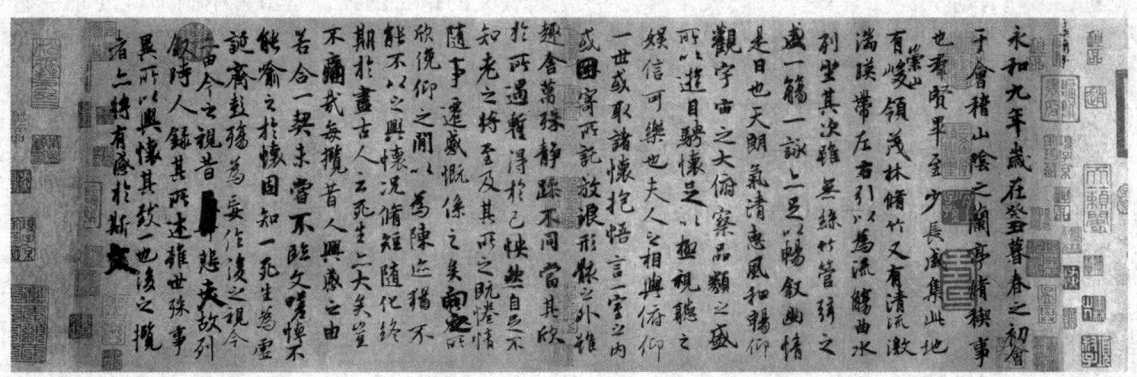

**兰亭集序帖 东晋 王羲之**
此帖为王羲之的代表作,被誉为"天下第一行书"。原帖已佚,今传者乃唐人摹本,其中以冯承素所临最为得神。

## 《黄州寒食帖》

《黄州寒食帖》系三大行书书法帖之一，北宋书画家苏轼手迹。现藏于北京故宫博物院。

这是一首遣兴的诗作，是苏轼被贬黄州第三年的寒食节所发的人生之叹。诗写得苍凉多情，表达了苏轼此时惆怅孤独的心情。此诗的书法也正是在这种心情和境况下，有感而出的。通篇书法起伏跌宕，光彩照人，气势奔放，而无荒率之笔。黄庭坚在此诗后所跋："此书兼颜鲁公、杨少师、李西台笔意，试使东坡复为之，未必及此。"

## 《书谱》

《书谱》不但是唐代书法家孙过庭最著名的草书杰作，也是一部叙述书法理论的著作，为后世学习草书的标准范本，也是研究书法艺术的珍贵文献。

《书谱》的书风完全得自"二王"，用笔果断干净，不作上下牵连，结体空旷圆润，章法浑然天成，正是"宪章二王，工于用笔"。

《书谱》中提出的理论观点，如违而不犯，和而不同；留不常速，遣不恒疾；带燥方润，将浓遂枯；泯规矩于方圆，遁勾绳之曲直；乍显乍晦，若行若藏；穷变态于毫端，合情调于纸上等，都是独到的见解。

## 《祭侄文稿》

《祭侄文稿》又称《祭侄季明文稿》，是唐代书法家颜真卿书法作品中的精华，也是书法史上的瑰宝，被誉为"天下第二行书"，足以与王羲之的《兰亭序》相媲美。

《祭侄文稿》总共228字，33行，字数不多，但字字体现了颜真卿深厚的书法艺术造诣。用笔流畅、随意、遒劲；用墨浓淡、枯润相宜，参差有别。

《兰亭序》以典雅怡人心神，《祭侄文稿》则以悲壮夺人魂魄。此书是作者为纪念在"安史之乱"中罹难的侄子所作，写时满怀着失去亲人的悲痛和对叛臣的仇恨。开卷尚能平静，后则越写越激昂，运笔的节奏跌宕起伏，最后愤怒的激情喷涌而出，点画飞动，动人心魄，有一泻千里之势。

## 《神策军碑》

《神策军碑》全称《皇帝巡幸左神策军纪圣德碑》，为唐代书法大家柳公权传世的佳作。全书从"皇帝巡幸左神策军"起至"来朝上京嘉其诚"止，约700余字，其点画遒劲而富于变化，笔力凝练，骨力洞达，欹正相生，顾盼天成，气脉贯通，神清气健，超尘脱俗。清人孙承泽评此碑云："书法端劲中带有温恭之致，乃其最得意之笔。"

## 《蜀素帖》

宋代书画家米芾以行书闻名，笔势开张，酣畅淋漓。《蜀素帖》是其行书代表作。从总体看，字体开始向外展拓，笔画趋于丰肥。米芾自称学褚（褚遂良）最久，因而深受褚书的影响。《蜀素帖》因是书于绢素之上，故多渴笔，略显刚健。字体欹侧，行气多变，有王献之笔意。用笔以侧锋为主，起笔落笔变化多端，有"云烟卷舒飞扬之态"。

## 《自叙帖》

《自叙帖》为唐书法僧怀素草书。中华第一草书。书于唐大历十二年（777年）。

《自叙帖》曾相继为南唐内府，宋苏舜钦、邵叶、吕辩，明徐谦斋、吴宽、文徵明、项元汴，清徐玉峰、安岐，以及清内府等收藏。原迹现藏台北故宫博物院。首6行早损，为宋苏舜钦补书。帖前有明李东阳篆书引首"藏真自序"四字，后有南唐升元四年（940年）邵周、王□□重装题记。钤有"建业文房之印"、"佩六相印之裔"、"四代相印"、"许国后裔"、"武乡之印"、"赵氏藏书"、"秋壑图书"、"项元汴印"、"安岐之印"、"乾隆"、"宣统鉴赏"等鉴藏印。

## 《草书千字文》

《草书千字文》是宋徽宗赵佶传世的狂草作品，于1112年作于一张整幅描金云龙笺上，其底文的精工图案，是由宫中画师就纸面一笔笔描绘而出，与徽宗的墨宝可谓相得益彰，二人共同成就了这篇空前绝后的旷世杰作，被誉为"天下一人绝世墨宝"。该作品笔势奔放流畅，变幻莫测，一气呵成，颇为壮观。是继张旭、怀素之后的杰作。今藏辽宁省博物馆。

## 《前后赤壁赋》

《前后赤壁赋》是元代书法宗师赵孟頫楷书奇珍。其字点画精到，结体周密，行笔劲健酣畅，唐棣跋云："东坡二赋，松雪要每一书之，负出诸书之右，故深得晋人书法。晚年行笔圆熟，度越唐人，乃知早会用意之深如此。"

## 《草书诗帖》

《草书诗帖》，被誉为明代奇才草书绝品，书曹植《乐府》四首，是祝允明的代表作品。现藏台北故宫博物院。

祝允明的草书，开张舒放，跌宕奇逸，笔力遒劲，点画狼藉，看似乱其实不乱，看似散其实气脉贯注，并不因率意而潦草，笔笔都能断而后起，能于使转中见点画，故通幅视之，显得神采奕奕，气势豪放。王世贞《艺苑卮言》评祝允明书谓："晚节变化出入，不可端倪，风骨烂漫，天真纵逸。"此帖足可当之。

## 《三希堂法帖》

中国清代宫廷刻帖，法帖原刻石嵌于北京北海公园阅古楼墙间。刻于乾隆十二年（1747年）。皇帝弘历敕命吏部尚书梁诗正、户部尚书蒋溥等人，将内府所藏历代书法作品，择其精要，镌刻而成。法帖共分32册，刻石500余块，收集自魏、晋至明代末年共135位书法家的300余件书法作品，因帖中收有被当时乾隆帝视为3件稀世墨宝的东晋书迹，即王羲之的《快雪时晴帖》、王献之的《中秋帖》和王珣的《伯远帖》，而珍藏这3件稀世珍宝的地方又被称为三希堂，故取名《三希堂法帖》。

## 中国画

中国画这个概念，广义上指运用中国的传统绘画工具（笔、墨、纸、砚、颜料等）所绘的画，简称"国画"。中国画按题材又可分为人物画、山水画、花鸟画、动物画等；按使用材料和表现方法，主要分为工笔、写意和兼工带写三种；按照画幅大小和形状及折叠方式，可以分为横向的长卷、横批、纵向展开的条幅、中堂，仅有一尺左右见方的册页、斗方，画在折扇、团扇等扇子上的扇面。

中国画在创作上重在传达出物象的神态情韵和画家的主观感受，造型上讲求"妙在似与不似之间"和"不似之似"，对那些能体现出神情特征的部分往往会采取夸张甚至变形的手法加以刻画，而不是追求实际的"相像"。在构图上，中国画讲求经营，重视虚与实、疏与密的配合与平衡，力求打破时空的限制，构造出一种画家心目中的景象。中国画善用水墨，创造出极为丰富的笔法和墨法，同时墨还可以与色相互结合，形成墨色互补的多样性。以这些独特的笔墨技巧，如点、线、面作为状物传情的表现手段，描绘对象的形貌、骨法、质地、光暗及情态神韵，传情达意，具有独立的审美价值。中国画，特别是中国文人画，讲求诗、书、画、印的有机结合。画面上题写的诗文跋语，既是画面的有机组成部分，同时还能表达画家对社会、人生及艺术的思考和认识，在深化主题的同时，提升画作的文化品位。

中国画在观察认识、形象塑造和表现手法上，与西方绘画相比，有着迥异风格和独特的艺术趣味。中国画对客观事物的观察、体认、再现，以及借物传情的艺术构想，渗透着画家的社会意识，使绘画具有相应的认识作用、教育作用和高度的审美价值，体现出中国人独特的思维方式、哲学观念和审美情趣。

## 人物画

人物画是以人物活动为主要描写对象的绘画，它是中国画的三大画科之一。早在周代，就已经出现了以劝善戒恶为目的的历史人物壁画。

按题材分类，人物画可分为历史人物画、宗教人物画和现实人物画3种。按艺术手法可分为有工笔重彩、写意、白描、泼墨等多种。按画面人物的多少，一般分为群像画和肖像画。群像画以突出人物活动为主，肖像画以描绘人物形象的酷肖为主。各种人物画所表现的侧重点虽有所不同，但都要求形神兼备，人物形象要符合人物的形体、比例、场景透视原理等，更重要的是传达人物的性格、气质和神态。人物画通常要求人物显得逼真传神，气韵生动，常常把人物安排在一定的场景中。描绘重点是人物的面部，同时处理好人物之间、人物与环境之间的关系，以求画面整体的统一。战国楚墓出土的《人物龙凤图》与《人物驭龙图》帛画，是表现战国时期神话人物的经典作品，也是目前最早的独幅人物画作品。我们公认的著名古代人物画有东晋顾恺之的《洛神赋图》、《女史箴图》，唐代韩滉的《文苑图》，五代南唐顾闳中的《韩熙载夜宴图》，北宋李公麟的《维摩诘像》等。

## 山水画

山水画是中国三大画种之一。它所表达的是古人对自然的崇拜和热爱，表达了天人合一的境界和追求，一定程度上反映作者对自然的思考以及对人生社会的认识，在用写实或艺术的手法表现自然之美的同时，也间接反映当时的社会生活状态。在技法上，山水画有水墨山水、青绿山水、金碧山水、浅绛山水、淡彩山水、没骨山水等形式。在题材和内容上，名山大川、田野村居、城市园林、寺观舟桥、历史名胜等皆可入画。

晋代，山水画从人物画中分离出来，成为独立的画科；隋唐的李思训、王维等人完善了山水画的画理、画法、章法，中国山水画的传统就此形成。五代以及北宋时期，山水画大兴，荆浩、关仝、李成、董源、巨然、范宽、米芾等人以水墨山水闻名，王希孟、赵伯驹等人以青绿山水闻名，山水画在这时发展到高峰。山水画的技法基本上有"勾"、"皴"、"染"、"点"四个步骤，首先用墨线勾出山石的大致轮廓，再用各种皴法画出山石明暗向背，然后用淡墨渲染，加强山石的立体感，最后用浓墨或鲜明的颜色，点出石上青苔或远山的树木。

现存最早的山水画名作是隋代展子虔所作的卷轴画《游春图》，此画绢本设色，现为北京故宫博物院藏品。

## 花鸟画

花鸟画是中国绘画的三大画种之一，它的描绘对象包括花卉、竹石、虫鸟、游鱼等。早在原始时代的陶器上，就出现了简单的鸟鱼图案，这算是中国最早的花鸟画。东晋、南朝宋时，花鸟画成为独立的画种，唐代趋于成熟。经过长期发展，花鸟画总体上形成了写实为基础，寄托情感和寓意为归依的传统。画家通常以花鸟来表现人的精神和气节韵致，以及对现实的种种寄托，具有强烈的抒情性。同时也间接表现社会生活，反映时代精神。按艺术手法，花鸟画可分为工笔和写意等多种；按照用墨用色的不同，可分为水墨花鸟画、泼墨花鸟画、设色花鸟画、白描花鸟画及没骨花鸟画等。

在构图上，花鸟画突出主体，善于剪裁，常常通过枝叶来对画作进行整体的布局安排和调整，讲究虚实相对，相互呼应。此外，配合对画作内容进行解说或烘托的诗文，也是花鸟画的一大特点。五代到宋朝，中国花鸟画达于繁盛。南宋及元代相继出现了水墨写意"四君子画"（梅、兰、菊、竹），与此同时兴起了以线描为主要手段的白描花卉。明朝后期，徐渭以草书入画，开创了强烈抒写个性的先河。到清初朱耷，这种表达个性的花鸟画达到高峰水平。数千年的积淀，使得花鸟画成为世界美术史上独特而优雅的存在。

## 文人画

文人画，也称"士大夫甲意画"。是中国传统绘画的风格流派之一，画中带有浓烈的文人情趣，流露着浓烈的文人思想。早在魏晋南北朝时期，文人画的某些创作思想和艺术实践就出现了，但"文人画"作为一个正式的名称，是由明末画家董其昌提出来的。

书卷气或称"诗卷气"是文人画评画的一个标准，也就是说，文人画讲究在画作中体现出诗意。文人画的作品大都以山水、古木、竹石、花鸟等作为题材，以水墨浓淡设色写意为表现手法。在墨和色彩的选择和使用上，文人画比较重视水墨的表现力，讲究墨分五色，善于通过墨浓淡干湿的不同变化，描绘不同的物象，抒发不同的情感，寄寓作者的情怀。文人画独特的创作思想和绘画风格是中国画的宝贵经验和传统，以特有的"雅"而独树一帜。

文人画的代表人物有唐代王维，元朝倪云林，明代董其昌，清代八大山人、吴昌硕等。文人画讲究诗情画意，"画中有诗，诗中有画"是文人画一致的追求，画中往往还有题诗，诗画合璧，体现出浓郁的画家雅趣与文人才情，具有极高的审美价值。

## 成教化，助人伦

"成教化，助人伦"是中国绘画的重要理论。该语出自唐代张彦远的《历代名画记》："夫画者，成教化，助人伦，穷神变，测幽微，与六籍同功，四时并运，发于天然，非由述作。"这段话讲的是，作画这件事，目的在于人伦教化，要能够推究幽微玄奥的事理，从而与匡时救世的经典具有相同的功效，而且与天然的变化规律相一致，不可以凭空捏造或者根据讲述来进行作画。"成教化，助人伦"强调的是绘画的社会文化功能，特别是道德教育意义，否定了将绘画仅仅看作是怡情悦性之事的观点，对绘画题材领域的扩展和价值功能的开发都发挥了重要的促进作用。

## 以形写神，迁想妙得

"以形写神"和"迁想妙得"，是东晋顾恺之提出的绘画论点。"迁想妙得"是主张绘画要重视对人物的观察和体验，从而得以极佳地表现出人物的精神状态和性格特征；"以形写神"是说绘画要通过形象思维来把握对象的内在本质，在形似的基础上进而表现人物的情态神思。这两点强调的都是绘画中对"神"的重视和对"形"、"神"关系的深刻理解，奠定了后来的"神韵说"、"意境说"等画论的发展基础。

## 谢赫"六法论"

"六法论"最早出现在南齐谢赫的《画品》中，它囊括了表现对象的内在精神、画家对客体的情感和评价、刻画对象的外形、结构和色彩以及临摹作品等各个方面，是品评中国古代美术作品的重要标准。

这"六法"是：气韵生动、骨法用笔、应物象形、随类赋彩、经营位置、传移模写（或作"传模移写"）。"气韵生动"是要求人物画要能够表现出对象的精神状态与性格特征。魏晋以来，人们在鉴赏人物画时，判断一幅画作水准的高低，就是依据这条标准。"骨法用笔"是说笔墨运用要收到传神、自然流畅、美观的效果，例如，要表现出动感、节奏感和装饰性等。而"应物象形、随类赋彩、经营位置"三法，则是讲绘画艺术的造型的基本要求，也就是说，作画必须讲究形象、色彩、构图。"传移模写"则说学习绘画的方法，指出临摹是任何一个画家必须精通的技能。"六法"是从古代绘画实践经验和诸多画家的理论中总结出来的，是较为科学的绘画理论。

谢赫的"六法论"是对魏晋六朝绘画实践和理论的总结，在一定程度上反映了中国绘画艺术的内在规律。自南朝至今，"六法论"始终为人们所用，是中国古代美术理论中最稳定、最有概括力的原则之一。

## 意在笔先

"意在笔先"，语出王羲之《题卫夫人笔阵图后》："夫欲书者，先干研墨，凝神静思，预想字形大小，偃仰平直振动，令筋脉相连，意在笔前，然后作字。""意在笔先"是绘画和书法及其他文艺创作中的一条重要的观念，强调的是在创作之前心中要先有立意和构思，这一般被认为是创作的常规。因为只有事先心中有了较为明确的规划和布局，在创作的过程中才有章可循，不致中途出现混乱，从而造成整个创作因此而失败。作画时"意在笔先"，这与建筑在动工之前要有蓝图的道理是一样的。

## 荆浩"六要"

五代时期的画家荆浩在《笔法记》中提出"画有六要"，即"气"、"韵"、"思"、"景"、"笔"、"墨"，并阐释说："气者，心随笔运，取象不惑；韵者，隐迹立形，备仪（一作遗）不俗；思者，删拨大要，凝想形物；景者，制度时因，搜妙创真；笔者，虽依法则，运转变通，不质不形，如飞如动；墨者，高低晕淡，品物浅深，文彩自然，似非因笔。""六要"之中，荆浩的贡献主要体现于"笔"、"墨"二者。对于"笔"，荆浩提出："凡笔有四势：谓筋、肉、骨、气。笔绝而断谓之筋，起伏成实谓之肉，生死刚正谓之骨，迹画不败谓之气。"至于对"墨"的强调，更为荆浩所独发。在荆浩看来，吴道子的画作"有笔无墨"，所谓"无墨"，也就是说没有墨色的变化。自荆浩开始，墨色的运用才在中国画中占据重要地位，从而使得水墨画繁荣起来。

## 气韵说

绘画中关于"气韵"的提法，最早可见于南朝画家谢赫在《古画品录》中所说的绘画"六法"："一曰气韵生动，二曰骨法用笔，三曰应物象形，四曰随类赋彩，五曰经营位置，六曰传移模写。""气"，体现的是生命力，而"韵"表现的是事物的情态，"气韵"所阐发的是绘画的精神因素，强调画作要体现出独特的风貌，彰显出勃发的生命力，从而可以让人体悟到一种强烈的感发力量。清朝唐岱在《绘事发微》中说："画山水贵于气韵。气韵者，非云烟雾霭也，是天地间之真气也。凡物，无气不生……然有气则有韵，无气则板呆矣。"这表明，气韵是绘画的灵魂所在，因而"气韵"的概念在中国画中具有极为崇高的地位。

## 意境说

"意境说"先出现于文学批评领域，后来绘画中也引入了"意境"的概念。清代画家笪重光在《画筌》一书中正式使用"意境"一词来阐述绘画理论问题，而在此前，意境的理念早就蕴涵于绘画的创作之中，最早可以追溯到魏晋时期"澄怀味象"、"得意忘象"等观念的提出，到宋元时期经过苏轼诗画一体的艺术主张和倪瓒的"逸气说"、钱选的"士气说"

的陶铸，"意境说"走向成熟的发展阶段。"意境说"突破了绘画单纯再现客观事物的观念，而赋予了绘画表现主观精神的功能，使得绘画出现了以情构境、托物言志的新的创作取向，令画家通过对境象的把握与经营而实现"情与景汇，意与象通"的艺术效果，对中国传统绘画特别是山水画产生了极为深远的影响。

## 外师造化，中得心源

"外师造化，中得心源"，是唐代画家张璪所提出的艺术创作理论。"造化"，即大自然，"心源"，即作者内心的感悟。"外师造化，中得心源"也就是说艺术创作来源于对大自然的师法，但是自然的美并不能够自动地成为艺术的美，对于这一转化过程，艺术家内心的情思与构设是不可缺少的。艺术作品是客观现实与主观思想得到有机统一之后而产生的，是艺术家的内心感悟作用于外界的艺术资源而得出的结果。这不仅对于绘画，对于其他艺术创作也是适用的。

## 诗中有画，画中有诗

苏轼为王维的画作《蓝关烟雨图》题词："味摩诘之诗，诗中有画；观摩诘之画，画中有诗。""诗中有画，画中有诗"指的就是画有诗情而诗有画意，诗画交融，一种艺术而兼有两种神韵。王维不仅是一名出色的诗人，也是一位杰出的画家，而且他的诗与画不是相互分离的，而是两者有机地融合在一起，不仅画中富有浓郁的诗意，诗中亦给人一种清新的画面感，如"落花寂寂啼山鸟，杨柳青青渡水人"、"行到水穷处，坐看云起时"等诗句皆为此类。"诗中有画，画中有诗"意味着一种更为高远的艺术境界。

## 古意说

"古意说"是宋末元初画家赵孟𫖯所提出的绘画主张，其目的是扭转北宋以来画界古风渐颓的趋势，而呼唤自然素朴的格调。对此，赵孟𫖯曾明确指出："作画贵有古意，若无古意，虽工无益。今人但知用笔纤细，傅色浓艳，便自为能手，殊不知古意既亏，百病横生，岂可观也！吾所作画，似乎简率，然识者知其近古，故以为佳。此可为知者道，不为不知者说也。"又说："宋人画人物不及唐人远甚，予刻意学唐人，殆欲去宋人笔墨。"赵孟𫖯所要抵制的"宋人笔墨"指的就是那种工艳琐细的风气，而他所倡导的就是自觉以"意"来追求绘画的那种简淡疏放的更高境界。

## 逸气说

"逸气说"是元代画家倪瓒所提出的理论，其要点是讲绘画是聊以自娱的，要表达出胸中逸气，不必追求形似，而当求得象外之美。倪瓒的画作被称作"逸品"，他将儒者的"中和"、道家的"法天贵真"和禅宗的"玄寂"结合起来，创造出一种迥异于前的天真幽淡、疏秀空灵的风格，给元代画界带来一股格外的清新之气，并且对后世画家产生了极大的影响。

## 书画同源

书画同源，即绘画和书法两者渊源同出，彼此借鉴，密切相关。唐代张彦远在《历代名画记·叙画之源流》中说："是时也，书画同体而未分，象制肇始而犹略。无以传其意，故有书；无以见其形，故有画。"这说的就是远古时期文字与图画是同体的，因为起源相同，书法与绘画在表现形式方面，尤其是在笔墨运用上具有许多共同的规律，在精神气度上更是彼此相通，而书法与绘画所用的工具亦同为笔、墨、纸、砚，两者从本质上来讲都属于平面造型艺术。艺术家往往兼长书画，而中国画的本身就结合着书法艺术，在一幅画面上，绘画与书法相得益彰。

## 南北宗论

南北宗论是中国书画史上一种理论学说。由明代画家、书法家董其昌在《画禅室随笔》一书中提出。这种理论主要针对山水画家，对后世影响很大。

董其昌以唐代的佛教禅宗分为南、北二宗的理论，类比说明唐代至明代期间的绘画发展，按绘画创作方法和画家身份，把唐代到元的山水画也分为南、北二宗。他将以水墨渲淡画法为主的文人画家比做南宗，认为南宗始于王维，继承者为张璪、荆浩、关仝、董源、巨然、郭忠恕、米家父子，以及后来的元四家；将以青绿勾填画法的职业画家视作北宗，北宗始于唐朝李思训父子，继承者为宋之赵幹、赵伯驹、赵伯骕、马远、夏圭等辈。他自诩南宗正派，提倡南宗而贬低北宗。"南北宗论"对山水画的分类，为人们提供了剖析绘画的哲学观念。总结了唐宋以来文人山水画的多种创作方法和审美标准，对唐代以后山水画风格演变和笔墨技法进行分析，还对画家们的作品进行评价，有着精辟独到的见解。总体而言，这一理论对中国画的发展产生了积极的影响。但是同时，其"崇南贬北"的观点明显带有宗派门户偏见，助长了绘画上的宗派之争，对明末清初的绘画也产生了较大的负面影响。

## 笔法

笔墨是中国画的最大特色，从广义上讲，笔墨指利用笔墨达到的效果，诸如色彩、章法、意境、品位等都要通过笔墨来实现；从狭义上讲，笔墨专指用笔用墨的技巧。这里我们先说说笔法。

中国画用笔分为中锋、侧锋、逆锋、拖笔等。中锋也叫正锋，方法是将笔管垂直，用笔时笔尖在墨线中间，中锋的线没有明显粗细变化，显得连贯一致；侧锋是指行笔时笔尖不垂直于纸，笔尖在墨线一边，侧锋笔墨容易产生飞白效果，线条有切削感；顺锋是指笔按照由左向右、由上向下的走势运行；逆锋是将笔向笔峰方向逆行，适于画树干山石时使用，线条显得苍老滞涩；拖笔是指执笔时稍稍放松，引着笔管拖行，线条显得轻柔飘逸。笔锋的运用还有："提按"、"转折"、"滑涩"、"虚实"、"顿"、"戳"、"揉"等方法。中国画的笔法主要体现在对线的运用上。"以线造型"是中国画的基本原则。经常利用毛笔线条的粗细、长短、浓淡、刚柔、疏密等变化，来表现物体的形态和画面的节奏韵律。关于运笔方法，黄宾虹曾提出"五笔"之说，"五笔"即"平、圆、留、重、变"。要求用笔画线时注意粗、细、曲、直、刚、柔、轻、重的变化和对比，从而做到画人物"传神写照"；画山水刚柔相济，有质有韵。中国画的笔法必须服从客观形象造型的要求，笔法不同，画作的风格就不同；对象不同，使用的笔法也应该不同。同时，笔法必须接受画家思想感情的指挥，画家个性感情的不同，自然会运用不同的笔法，产生不同的艺术效果。

## 墨法

中国画的墨法，主要是运用墨色变化的技巧。中国画素有"五墨六彩"的说法，五墨是指墨的浓度，即焦、浓、重、淡、清。六彩是指墨的变化，即黑白、干湿、浓淡。用墨是中国画的基本技法，处理好笔与墨、墨与色的关系，是技法中的关键问题。还可以通过笔中墨与水的比例、含墨水的多少、蘸墨方法以及行笔速度等，变换出各种不同的笔墨效果。中国画用墨，主要在于运用墨色变化的技巧，以墨代色，让不同的墨色在纸面上体现出来，更巧妙的是让一支笔中产生各种墨色的变化。

中国画用墨的技巧随着时代的不断发展和历代画家的总结而日趋成熟，逐渐产生了泼墨法、积墨法和破墨法等多种表现手法。积墨法是先画一遍或浓或淡的墨，干了之后，再画一层，让墨色积叠起来，画面苍润浑厚，如龚贤的《山水图》。泼墨法是用笔蘸满墨色，大片涂抹，像泼出去一样，不重复，画面淋漓湿润，多用于作大写意时使用。破墨法又分为浓破淡、淡破浓、干破湿、湿破干四种。具体操作是先画出墨色，在墨未干的时候，再在上面施加墨、色，可使墨色呈现出湿润、丰富、浓厚而变化莫测的效果。画家作画的时候，往往将三种方法融合在一起。此外，还有焦墨法、宿墨法、用矾法等。

## 水墨写意

写意俗称"粗笔"，是与"工笔"相对的一种绘画技法，可分为"大写意"和"小写意"两种。通过简练概括、放纵恣肆的笔墨，着重表现描绘对象的意态神韵。它出现于工笔人物画成熟之后，是由宋代的梁楷创造的。明代中期，水写意画迅速发展，泼墨大写意画非常流行，出现了很多名家，如人称"青藤白阳"的徐渭和陈淳，就是当时成就突出的两位画家。

徐渭是明代著名的书画家，是当时最有成就的写意画大师。他的写意花鸟，用笔豪放，笔墨淋漓，注重内心情绪的抒发，如《墨葡萄图》等。他独创的水墨写意画的新风，对后世产生了极大的影响。陈淳擅长泼墨大写意的花鸟画，他的作品不讲究描画对象外表的形象，而是追求画面的生动，在淡墨运用方面有一种特殊效果，如《红梨诗画图》等，其人物画寥寥数笔，令人回味，山水画水墨淋漓。

## 工笔

工笔，又称"细笔"，与写意相对，为细致写实的中国画技法，特点是注重线条美，造型严谨，一丝不苟。工笔的技法又可分为描、分、染、罩。描，即白描，就是先分别用浓墨、淡墨描出底稿；分，即用墨色上色，用清水分蕴开来，以表现出画面的层次；染和分的程序一样，但用的不是墨色，而是用彩色来分蕴画面；罩，指的是整体上色。

中国的工笔画起于战国，到两宋走向成熟。工笔画是中国画中追求"形似"的画种，关注"细节"，注重写实，图人状物"尽其精微"，力求"取神得形，以线立形，以形达意"，获取神态与形体的完美统一。历代工笔画名家有唐代的周昉、张萱，五代宋朝的黄筌、赵佶，明代的仇英等人。著名作品有《簪花仕女图》、《虢国夫人游春图》等。

## 白描

白描，指中国画中单用墨色线条勾描形象而不施彩色的画法。白描可分为单勾和复勾两种。单勾即用线一次勾成，或用一色墨，或根据不同对象用浓淡两种墨；复勾则仅以淡墨勾成，再根据情况进行复勾，其线条并非是依原路刻板地复迭，要求流畅自然，以达到加强画面质感和浓淡变化的效果，使得物象更具神采。由于物象的形、神、光、色等都要通过线条来表现，所以白描画法有着较高的难度，但是其具有朴素简洁、概括明确的特点，因而常用于人物画和花鸟画，顾恺之、李公麟等都是中国古代著名的白描大师。

## 十八描

"十八描"，指中国画中衣服褶纹的18种描法，分别为：1.高古游丝描：为工笔画法，线条细而均匀，多为圆转曲线，顿笔为小圆头状。2.琴弦描：比高古游丝描略粗，用颤笔中锋，线中有停停顿顿的变化，多为直线，有写意味道。3.铁线描：比琴弦描粗些，用笔中锋，转折处方硬似铁丝弄弯的形态，顿笔也是圆头。4.混描：基本上是一种写意画法，先用浓墨皴衣纹，墨未干时，间以浓墨，讲求"浓破淡"的墨法变化。5.曹衣出水描：来自西域画家曹仲达，其画佛像衣纹下垂、繁密、贴身如出水状，故称"曹衣出水"，受印度健陀罗艺术的影响，用笔细而下垂，成圆弧状，讲求线条之间的疏密变化。6.钉头鼠尾描：行笔方折多，转笔时线条加粗，收笔尖而细。7.橛头钉描：是一种写意笔法，用秃笔，侧锋入笔，线条粗而有力，顿头大而方。8.马蝗描：顿头大，行笔曲折柔软，但很有力。9.折芦描：多为直线，用笔粗，而转折多为直角，折笔时顿头方而大。10.橄榄描：顿头大如同橄榄，行笔稍细，粗细变化大。11.枣核描：顿头如同枣核状，线条行笔中亦有枣核状的用笔变化。12.柳叶描：用笔两头细，中间粗。13.竹叶描：与柳叶描类似，有时不相区分。14.战笔水纹描：如山水画水纹之画法，表现薄而褶多的衣纹。15.减笔描：大写意笔法，极为简练，用笔粗而一气呵成，一笔中有墨色变化。16.枯柴描：水墨画笔法，用笔粗，水分少，类似皴法，笔势往往逆锋横卧。17.蚯蚓描：用篆书笔法，线条圆转有力，粗细均匀，曲折多而柔软。18.行云流水描：表现软而弯转的衣纹。

## 用色

中国画历来十分讲究色彩的运用。早在南齐谢赫的《画品》中，就把"随类赋彩"作为"六法"之一。这种以区分物象种类并赋予不同色彩的理论，即是中国画用色的基础。此外，用色还十分重视环境对物象的影响，随着环境的不断改变，物象的色彩也相应发生变化。南朝萧绎是中国画论中提出色调冷暖、色与光关系的先驱者之一。他在《山水松石格》中说"炎绯寒碧，暖日凉星……高墨犹绿，下墨犹赭"，意思是说绯红色看来让人感到炎热，碧绿则使人感到寒意。高处的墨色犹如翠绿的颜色，下面的墨色则与赭石色的土地颜色近似。他用简单的句子概括了冷暖色调使人产生的感觉不同和景物高下、远近对色彩的影响。

中国画用色有勾线重彩填色、水墨淡彩、淡彩与重彩结合3种方法，设色的具体方法包括干染、湿染、平染、分染、罩染、碰染、衬染、用水、用胶、用矾等。

色学原理中，红、黄、蓝为三原色。中国画调色也是在原色与原色之间互相调配，可调成间色，间色与间色相调配成为复色。曙红、藤黄、花青是中国画色彩中的基本三原色。由于中国画讲究用墨，而赭石能在墨与色之间起到调节作用，所以赭石是应用最多的颜料之一。此外，其色彩丰富性还体现在基色配比不同所产生的相应变化上。如用三分花青与七分藤黄，就可调配成嫩绿，当改变配比时，还可以产生草绿、新绿、老绿等多种绿色。加入墨色后，又能产生不同色调的墨绿等。总体而言，中国画的色彩要求是体现出大气、典雅、稳重的特色，表现干净而和谐的美。

## 构图与透视

中国画的构图，又称章法，即合理安排景物所在位置，画面形象不能任意罗列、填塞，必须按照事物的客观规律加以安排。同时需要注意景物的大小、深浅、虚实等多种对立统一的关系，不能过分拘泥于章法，按照客观事物的自然形态，结合主观意识自由创作。

中国画的作画要领，通常是作画之前，首先要确定好表现的内容和作品的主题，考虑主宾远近的取势，然后根据画面需要，进一步考虑留白、气势、色彩、题词、用印等细节安排。同时还要注意自身所处的位置和视点移动，将所得视觉形象巧妙地取舍、综合，使之形成一种意境，达到突出主题、表达情感的最佳效果。书法中有计白当黑的说法，中国画上很注意对空白的利用和表现。每一处空白，都是精心布置，看似无意，其实有意。在中国画上，我们常常能见到不同的留白，这些空白有的是严守真实的画面空间和布白，有的是打破真实，依据画家的构图需要而平列的空间和布白，这样做的结果就是能够让描画对象按照艺术的需要拉长或缩短形象，或者变换位置，从而呈现出最佳视觉效果。

在透视方面，中国画焦点透视法和散点透视法都有，但最常用和常见的还是散点透视法，多视点的散点透视法在中国画中最为主流，又称"移步换影"。如《清明上河图》的长卷，既有俯视的图景，又不乏仰视和平视的图景，它把街市、人物、桥梁、船只等都合理地安排和表现在一个画面上。中国画透视的方法还有一种是"以大观小"，也就是把辽阔的景物缩到极小的空间内，让人能够一目了然地看到景物或人物群体的全貌，同时尽量缩小作画对象透视上的大小差别，使物象超越空间的约束。

## 题款与印章

自元代以后，多数中国画都形成了画面、题款、印章并举的传统形式。题款，也称落款、款识、题画、题字，等等。凡在书画上标上姓名、年月、诗文等都称为题款。它对构图起着稳定平衡作用，能弥补绘画构图的不足，是整幅作品的重要组成部分，同时还能增添诗情画意，补充画者想要表达的内容。

具体而言，在画面上题写诗文，叫"题"，题画文字，有题画赞、题画记、题画跋、题画诗（词）等。在画上标志年月、签署名号、盖章等，叫作"款"。款文也可以记写籍贯、年龄等，若为他人作画，往往要写上受赠者的称谓。题款对款文的文采和书法的水平都有很高要求，字体不限，但是必须和画的内容、风格和意境相配合。

中国画的印章有姓氏章、姓名章、名章、字号章、年代章、收藏章、闲章之分，印章的书体有大篆、小篆、隶书、草书、行书之分，印章的字体与形式也必须和画相偕。所有形式的章，其位置和内容都有相应的要求，不能随便，但唯独闲章的位置可以较为灵活，内容也可以活泼，警句、诗词、成语、短句等都可以，但正所谓"闲章不闲"，它并非可有可无。在一些古画名画上，我们常能见到繁多的收藏章，有的甚至在空白处盖满了收藏章，元代钱选的《浮玉山居图》流传到清末时，画上已经有300余方印章，作为鉴别真伪的证据，它们起了巨大的作用。

## 虎头三绝顾恺之

顾恺之（348~409年），东晋著名画家，字长康，小字虎头，晋陵无锡（今江苏无锡）人。顾恺之多才多艺，工诗赋、书法，尤擅绘画，尝有"才绝、画绝、痴绝"之称。他的画多是人物肖像及神仙、佛像、禽兽、山水等。顾恺之人物画的特色是"传神"，也就是能画出人物的精神，使画中的人物看起来栩栩如生。

顾恺之的代表作有《洛神赋图》、《女史箴图》等，皆为后代摹本。《洛神赋图》取材于曹植的名篇《洛神赋》。画卷从曹子建和他的随从在洛水看到洛神起，到洛神离去为止，全卷交织着欢乐、哀怨、怅惘的感情。图中，曹子建依依难舍，怅然沉思，而宓妃回眸顾盼，含情脉脉，可以说达到了"悟通神化"的地步。《女史箴图》线条非常纤细，若"春蚕吐丝"。

顾恺之的画对后世影响深远，其笔法如春蚕吐丝，线条似行云流水，轻盈流畅，遒劲爽利，称为"铁线描"。顾恺之与南朝陆探微、梁代张僧繇，并称"六朝三杰"。世人曾这样评价3人的作品："像人之美，张得其肉，陆得其骨，顾得其神，神妙无方，以顾为最。"顾恺之还著有《论画》、《魏晋胜流画赞》等绘画理论作品，提出并阐发了"以形写神"、"迁想妙得"的理论观点，对中国画的发展产生重大影响。由于他在绘画方面的卓越成就，国画界尊崇他为画祖。

## 展子虔和《游春图》

展子虔（约550~604年），隋朝著名画家，渤海（今山东省）人，人物、车马、楼阁、山水等，都是他的长项，但最擅长的还是人像。据说他画的人物描法细致，生动逼真；画马则站立者有走动之势，伏卧者呈起跃之状；画山水，则有方寸中尽显天地的气概。《游春图》解决了以往山水画"人比山大，水不容泛"的问题，准确地把握住了山、水、人物、舟车的比例关系，大大促进了山水画的发展。

在中国美术史上，展子虔影响最大的是他的山水画。他尤其善于表现自然山水的深远空间感，能充分表现出山水的美和气势。在中国目前存世的山水卷轴画中，展子虔的《游春图》是人们迄今发现的年代最早、保存最完整的一幅。展子虔的《游春图》，描绘的是贵族们游春时的情景。图中展现了水天相接的情形，上有青山叠翠，湖水融融，也有士人策马山径或驻足湖边，还有美丽的仕女泛舟水上，令人感到熏风和煦，水面上微波粼粼，岸上桃杏绽开，绿草如茵，美不胜收。整个画面显得场景阔大、视野辽远，这就是画史中所说的"咫尺千里"。展子虔在山水画上所达到的成就及绘画方法之精妙在当时无人能及，开创了青绿山水派，被唐代李思训、李昭道所仿效学习。展子虔被后世誉为"唐画之祖"。

## 阎立本兄弟

提到唐代书画，不能不提阎立本兄弟。唐代的评论家张彦远曾说："阎则六法该备，万象不失"。他所说的阎实际上是指阎立本、阎立德兄弟，在这弟兄二人中，阎立本得到的评价更高。

阎立本（约601~673年）唐朝著名的画家和书法大家，无论书画，均得美名。他的画的特点是极其形似，取材甚广，宗教人物、山水、动物无不涉足，他最为擅长的是人物画。著名代表作有《步辇图》、《历代帝王图》等，其中《历代帝王图》是中国古典绘画中最重要的作品之一。这幅画描绘了自汉到隋的13位帝王形象，画中用精细的笔法表现出了各位帝王各自的性格特征，其中寓含着作者或褒或贬的强烈的感情色彩。阎立本所画的宫女，形象多曲眉丰颊，线条优美而且神采如生。阎立本的画作描法富于变化，有粗有细，有松有紧，极富表现力。

阎立德不仅是画家，还是当时优秀的建筑师。他曾受命营造唐高祖陵，负责监督建造翠微、玉华两宫，此外还参与营建昭陵，也曾主持修筑唐长安城外郭和城楼等。阎立德在工艺美术和绘画方面都造诣颇深，曾担任御用服装设计师，主持设计帝后所用服饰。他的绘画才能方面，以人物、树石、禽兽见长。

## 画圣吴道子

吴道子（约685~758年），原名吴道玄，画史尊称吴生，阳翟（今河南禹县）人。幼年家境贫寒，起初为民间画工，年轻时就已经小有名气了。后来漫游洛阳，开始从事壁画创作，名声更显。当时人将张旭草书、裴旻舞剑、吴道子作画称为"三绝"。开元年间被唐玄宗召入宫中，以后一直为宫廷服务。

吴道子擅长画佛道、神鬼、人物、山水、鸟兽、草木、楼阁等，尤其是佛道、人物。吴道子的一生，主要从事宗教壁画的创作。他曾于长安、洛阳两地寺观中绘制了300多幅壁画，而且没有雷同，其中以《地狱变相》最为著名。他的山水画也很著名。唐玄宗曾派他去画四川的山水，他没有打一张草稿，回来一气呵成。他的画具有独特风格，所画人物衣褶飘飞，潇洒秀逸，被人们称为"吴带当风"。《天王送子图》是吴道子的代表作。这幅画描写的是佛祖释迦牟尼降生以后，他的父亲净饭王和母亲摩耶夫人抱着他去大自在天神庙朝拜，诸神向他行礼的故事。现存的是宋人李公麟的临摹本。

## 李公麟

李公麟（1049~1106年）北宋著名画家。字伯时，号龙眠居士。曾任中书门下省删定官、御史台检法、朝奉郎。后因病辞官，隐居桐城龙眠山庄。李公麟博学多才，富文辞，有建安风格；工书法，得晋宋人韵致；家富收藏书画古器，精于鉴赏，为修养全面的文人画家。他擅道释、人物、鞍马、宫室、山水、花鸟等，亦精于临摹。其画初学顾恺之、陆探微、吴道子，后广泛师法历代名家。他师古能化，以为己有。他将过去的线描粉本（草稿）加以发展提高，使其成为独立的具有高度概括力与表现力的艺术形式——白描。他重视对客观物象的观察与体验，所画人物能成功地表现其不同地区、民族、阶层的特点，且各具神态形貌，性格突出。画道释人物，将观音、维摩诘描绘成人间少女和现实中的文人士大夫，使宗教绘画进一步世俗化。有《五马图》、《临韦偃牧放图》、《维摩诘像》等传世。

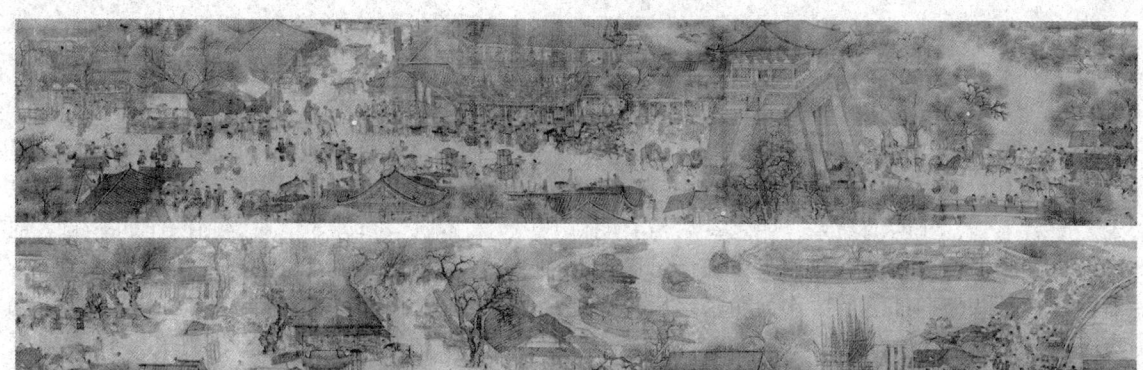

**清明上河图(局部) 北宋 张择端 绢本 长528.7厘米 宽28.4厘米 故宫博物院藏**
这是一幅巨幅风俗画，描绘的是北宋都城汴京(今河南开封)清明时节汴河及其两岸的风光。作品生动地记录了中国12世纪城市生活的面貌，这在中国乃至世界绘画史上都是独一无二的，堪称中国绘画史的骄傲。

## 张择端

张择端（1085~1145年），北宋著名画家，字正道，早年游学汴京（今开封），宋徽宗时在翰林图画院任职。他擅画风俗画，尤擅绘舟车、市肆、桥梁、街道、城郭等，是北宋末年杰出的现实主义画家。其作品大都失传，存世的《清明上河图》、《金明池争标图》为中国古代的艺术珍品，现存北京故宫博物院。

《清明上河图》描绘了当年汴京近郊清明时节社会各阶层的生活景象，真实生动，是一件具有重要历史价值的优秀风俗画。《金明池争标图》描绘的是皇帝带领近臣到金明池观水战、赛龙舟的热闹场面，画面紧凑，结构严谨，主题突出。

## 马远

马远（1140~1225年），南宋光宗、宁宗时任画院待诏，出身绘画世家，擅山水、花鸟、人物画，其山水师法李唐，多画江浙山水，树木杂卉多用夹笔，用大斧劈皴带水墨画山石，方硬严整；构图取自然山水之一角，山峦雄奇峭拔，或峭峰直上而不见顶，或绝壁直下而不见其脚，或近山参天而远山则低，或孤舟泛月而一人独坐，风格独特，富有诗意。其花鸟作品善于在自然环境中描绘花鸟的神情野趣。所画人物，取材广泛，多画佛道、贵族、文人雅士、渔樵、农夫等，娴雅轩昂，神气盎然。

马远在当时影响极大，有独步画院之誉，与李唐、刘松年、夏圭并称"南宋四家"，又与夏圭并称"马夏"。有《踏歌图》、《水图》、《梅石溪凫图》等传世。

## 唐寅

唐寅（1470~1523年），字伯虎，号六如居士、桃花庵主，自称江南第一风流才子。明代画家、文学家。少时读书发愤，青年时中应天府解元，后赴京会试，因舞弊案受牵连入狱，出狱后又投宁王朱宸濠幕下，不久返回苏州，从此绝意仕途，潜心书画，形迹放纵，性情狂放不羁。擅山水、人物、花鸟，早年随周臣学山水画，后师法李唐、刘松年，又加以变化，画中山重岭复，以小斧劈皴为之，雄伟险峻，而笔墨细秀，布局疏朗，风格秀逸清俊。人物画多为仕女及历史故事，师承唐代传统，线条清细，色彩艳丽清雅，体态优美，造型准确；亦工写意人物，笔简意赅，饶有意趣。其花鸟画长于水墨写意，洒脱随意，格调秀逸。有《骑驴思归图》、《山路松声图》、《王蜀宫妓图》、《秋风纨扇图》等作品传世。

## 徐渭

徐渭（1521~1593年），明代杰出书画家，字文长，号天池，晚号青藤，山阴（今浙江绍兴）人，青年时屡试不第，曾在胡宗宪府中任幕僚，一度发狂，自杀未遂，后因失手杀妻而入狱。徐渭晚年以书画为生，生活贫困。一生潦倒不得志。

徐渭多才艺。其画擅山水、人物，尤长于大水墨写意花鸟，师法林良、周之冕、陈淳，融合前人泼墨、破墨、积墨、简笔、写意手法，挥毫泼洒，随意点染，画面水墨交融、淋漓酣畅，气势豪放、充满激情，充分表达了他孤傲不群的个性和激昂郁愤的思想感情。所绘物象意态生动，简明精练，有《墨葡萄图》、

《牡丹蕉石图》、《榴实图》等传世。其书法长于行草书，兴之所至，笔走龙蛇，狂放恣肆。

## 八大山人

八大山人（1626~1705年），清代画家、僧人。原名朱耷，江西南昌人，明宗室后裔，明亡后出家。他性情孤傲倔强，行为狂怪，以诗书画发泄其悲愤抑郁之情。作为明宗室后裔，身遭国亡家破之痛，一生不与清王朝合作。

朱耷擅花鸟、山水，其花鸟承袭陈淳、徐渭写意花鸟画的传统，发展为阔笔大写意画法。其特点是通过象征寓意的手法，并对所画的花鸟、鱼虫进行夸张，以其奇特的形象和简练的造型，使画中形象突出，主题鲜明，甚至将鸟、鱼的眼睛画成"白眼向人"，以此来表现自己孤傲不群、愤世嫉俗的性格，从而创造了一种前所未有的花鸟造型。其画笔墨简朴豪放、苍劲率意、淋漓酣畅、构图疏简、奇险、风格雄奇朴茂；他的山水画初师董其昌，后又兼取黄公望、倪瓒之长，多作水墨山水，笔墨质朴雄健，意境荒凉寂寥。

八大山人亦是元明以来写意派画家中的大师，他的绘画艺术对中国画坛影响很大，后世的大笔写意派画家，或多或少都受了他的影响，如扬州八怪、吴昌硕等。

## 石涛

石涛（约1642~1707年），本姓朱，名若极，清代画家。石涛工诗文，善书画。其画擅山水，兼工兰竹。其山水不局限于师承，而广泛师法历代画家之长，将传统的笔墨技法加以变化，又注重师法造化，从大自然吸取创作源泉，并完善表现技法。作品笔法流畅凝重，松柔秀拙，尤长于点苔，密密麻麻，劈头盖面，丰富多彩；用墨浓淡干湿，或笔简墨淡，或浓重滋润，酣畅淋漓，极尽变化；构图新奇，或全景式场面宏阔，或局部特写，景物突出，变幻无穷。画风新颖奇异、苍劲恣肆、生趣盎然。

其花鸟、兰竹，亦不拘成法，自抒胸臆，笔墨爽利峻迈，淋漓清润，极富个性。石涛的绘画，对清代以至现当代的中国绘画发展产生了极为深远的影响。有《搜尽奇峰打草稿图》、《淮扬洁秋图》、《惠泉夜泛图》、《山水清音图》等传世。

## 扬州八怪

扬州八怪一般指金农、郑板桥、黄慎、李鱓、李方膺、汪士慎、罗聘、高翔8人，是清代乾隆年间活跃在江苏扬州画坛的革新派画家总称，即"扬州画派"。

"扬州八怪"的共同特点是，他们愤世嫉俗，不向权贵献媚，了解民间疾苦，重视思想、人品、学问、才情对绘画创作的影响。他们画题以花卉为主，也画山水、人物，在于继承宋、元以来等写意的传统，摆脱了画坛上保守派遵从清规戒律的影响，高度发挥了即景写生，即景抒情的创造意志。他们还都擅长书法、文学、印章。因之形成诗、书、画综合艺术的整体，人称"三绝"，为绘画艺术的发展开辟了新的途径，与当时所谓的"正统"画风迥然不同。

## 西泠四家

丁敬、蒋仁、黄易和奚冈四人，被称为"西泠四家"。他们在当时的影响很大，一直延续到清末，对日本书法篆刻界也有较大影响。

丁敬（1695~1765年），字敬身，号钝丁，别号龙泓山人、孤云石叟、胜怠老人、玩茶叟、砚林等。丁敬画梅能得古趣，尤长于篆刻。他的书法以隶书最受推崇，接近汉隶的朴实淳厚，其字形、用笔略近于《曹全碑》，喜欢夸张撇画的波磔，有时以小隶书作跋尾。所作行草则聚散参差，横斜错落，清奇瘦劲，不拘绳墨。

蒋仁（1743~1795年），于扬州平山得一枚刻着"蒋仁之印"的古铜印，于是改名为仁，字阶平，号山堂、吉罗居士、罨罗溪山院长等。一生风雅清贫，嫌恶权贵。他善画山水，书法则出于米芾而直追二王。

黄易（1744~1802年），字大易，号小松、秋盫等。他精于古拓本、钟鼎、钱、镜的鉴赏，又将《汉石经》、《范式碑》、《三公山碑》加以双勾而介绍于世，促进了碑学的发展。黄易擅长篆隶，最精于隶书，以沉着闻名。

奚冈（1746~1803年），字纯章，号铁生、萝龛、鹤渚生、蒙泉外史、蒙道士、散木居士等，精于诗词，善行书。山水画宗董其昌，花卉画学恽寿平，能得其风趣。书、画、诗文、篆刻皆精，称为"四绝"。

## 吴昌硕

吴昌硕（1844~1927年），名俊卿，字昌硕，亦署仓硕、苍石，别号缶庐、老苍、苦铁、大聋、石尊者、破荷亭长等。吴昌硕少时喜刻印，得其父指点；青年时曾四处避战乱，在务农的同时，读书习印，钻研书法；往来于江浙、上海等地，结交文人、画家，临摹书法名画。后定居上海，与叶为铭、丁仁、王提等人发起成立西泠印社，被推为社长。

吴昌硕工诗词，善书法、绘画，精篆刻，其画擅花卉，间作山水，曾得任颐指点，并师法赵之谦、徐渭、朱耷、扬州八怪诸家，以篆书和草书笔法画梅、藤、竹、菊、石等，笔墨老辣，苍劲深厚，富有金石气，设色浓艳鲜丽，注重诗、书、画、印的有机结合，对近现代大写意花鸟画的发展有极大影响。其书法、篆刻亦有很高成就。

## 米氏云山

米派是中国古代山水画流派之一。由宋代著名书法家米芾所创，他的儿子米友仁加以发展，形成在当时影响很大的特色画派。米芾父子在绘画界被称为"大米"、"小米"，或合称"二米"。他们在中国书画史上占有非常重要的地位。

米芾打破了传统的山水画用笔多以线条为主的常规，以卧笔横点成块面，被叫作"落茄法"。这种画法的特点是用水墨点染的方法，描绘烟云掩映的山川景色，米芾称其为"墨戏"，体现一种烟雨云雾、迷茫奇幻的景趣，显得亦真亦幻，美妙独特，世人将这种风格称为"米氏云山"。米友仁的山水画传承了父亲的画法，更可喜的是青出于蓝而胜于蓝。他的作品云烟缭绕，林泉点缀，看似草草，实含法度。米派的大写意风格，对后世影响很大，南宋的牧溪，元代的高克恭、方林义等人都是米派弟子。如今珍藏在故宫博物院的米友仁的《潇湘奇观图》，为纸本，墨笔，纵19.7厘米，横285.7厘米。所描绘的是瑰丽的潇湘景色，山峦连绵，烟云渺茫；画中一改青绿山水画的"线勾填彩"画法，而是点画水墨，纵横落点，虚实结合，尽情渲染；连山头的点子皴，也改为"淡墨细点"。米氏云山是中国绘画史上独特而亮丽的存在，是父子画家的代表和典范。

## 新安画派

最早提出"新安画派"名称的是清朝康熙年间的艺术理论家张庚。

明末清初，在徽州区域的画家群和当时寓居外地的主要徽籍画家，善用笔墨，貌写家山，借景抒情，表达自己心灵的逸气，提倡画家的人品和气节因素，绘画风格趋于枯淡幽冷，具有鲜明的士人逸品格调，在中国画坛独放异彩。因为这群画家的地缘关系、人生信念与画风都具有同一性质，所以时人称他们为"新安画派"。

新安画派先驱有程嘉燧、李永昌、李流芳；画派领袖为僧渐江；鼎盛期主要成员有方式玉、王癏素、吴山涛、程邃、汪家珍、戴本孝、吴龙、顺田生、程正揆、郑旼、汪之瑞、孙逸、查士标、汪洪度、雪庄；现代后继者为黄宾虹。

## 北宋山水画三大流派

北宋山水画派中的李成、范宽、董源以不同的画风和卓越的贡献，创立了当时三大主要流派。

李成（919~967年），其水墨山水，善用淡墨的情韵，体现山水的灵秀，展现的是文秀的一路。李成所创造的"卷云皴"，是最早也是影响最深远的山水画皴法之一。

范宽的山水，强调主峰突出，以一种雄伟峻厚的气势，显示一种咄咄逼人的威严。同时，又十分重视具体景物深入细致的刻画，精心经营山坳深壑中的飞瀑流泉和山峦顶端密密层层的树木。特别是正面的山体以稠密的小笔，皴出山石巨峰的质与骨。这种皴法被称为"钉头皴"或"雨点皴"，稍大一点的被称为"豆瓣皴"。传世作品有《溪山行旅图》、《雪景寒林图》等。

董源（？~约962年），其笔下描绘的是江南景区。董源创造了最能表现江南山石形质的皴法"披麻皴"，同时又十分讲究淡墨的渲染，使湖山增强了湿润的感觉。代表作有《夏山图卷》等。

## 元代画坛四大家

"元四大家"是指元代的黄公望、吴镇、倪瓒和王蒙，他们的山水画代表了中国山水画史上的一个高峰。

黄公望（1269~1354年），常熟人，得到舅舅赵孟頫的传授，融合宋代各大家之所长，形成自己"气清质实，骨苍神腴"的艺术风格。代表作品《富春山居图》。

吴镇（1280~1354年），浙江嘉兴人，博学多识，性情孤傲，师承巨然，善用湿墨，他的画风沉郁苍莽。传世作品有《嘉禾八景图》、

《水村图》等。

倪瓒（1301~1374年），无锡人，主要表现太湖一带风光，取平远法构图，简略旷远。善用侧锋淡墨，干笔皴擦，作品笔墨精粹，意境幽远。代表作品有《渔庄秋霁图》、《紫芝山房图》、《江岸望山图》。

王蒙（1308~1385年），湖州人，喜用焦墨渴笔，点细碎苔点，画面繁密充实。他善画江南林木丰茂的景色，湿润华滋，意境幽远。代表作品有《夏日山居图》、《春山读书图》等。

## 吴门画派

在吴门画派中，最著名的有沈周、文徵明、唐寅、仇英，后人称他们为"吴门四家"。

沈周和文徵明的作品都具有传统的文人画风格，其作品题材丰富，尤以山水画为胜，大都描写江南秀丽的风景和文人生活，注重笔墨，讲究诗书画的结合。文徵明的作品有《绿荫清话图》、《松下高士图》等。唐寅和仇英均为职业画家，创作内容丰富，技法全面，功底深厚，他们的作品都有很高的趣味性，深受人们喜爱。他们所描绘物象精细真实，强调意境，雅俗共赏。唐寅的山水画笔墨细秀，风格清逸，如《骑驴思归图》、《山路松声图》等。人物画多为仕女和历史故事，造型准确，色彩艳丽。仇英擅长青绿山水和工笔人物画，传世作品有《桃源仙境图》、《观榜图》、《松溪横笛图》等。

吴门四家在山水画方面的成就对南宋院体绘画是新的突破，他们在人物画和花卉画方面各自有特点和成就。除仇英之外，吴门四家的另外三人非常重视将诗、书、画有机结合，这一做法促使了文人画更臻完美、更加普及，对明代后期直至清初画坛产生了非常有力的影响。

## 清初"四画僧"

在中国绘画史上，朱耷、石涛、髡残、弘仁号称清初的"四画僧"，他们的艺术成就，为清代沉寂已久的画坛引入了一股清流，开创了时代的新风，并赋予中国绘画革新求变的时代精神，是中国清代绘画发展的高潮。这四位因为遭逢时代剧变而遁入空门的画僧，之所以在艺术上成就非凡，可以说与他们波澜不息、血泪交集的生平有着极大的关联。

朱耷，号八大山人。擅花鸟、山水，其花鸟承袭陈淳、徐渭写意花鸟画的传统。山水笔墨质朴雄健，意境荒凉寂寥。

石涛，工诗文，善书画。其画擅山水，兼工兰竹。其山水广泛师法历代画家之长，将传统的笔墨技法加以变化，又注重师法造化，从大自然吸取创作源泉，并完善表现技法。其花鸟、兰竹，不拘成法，自抒胸臆，笔墨爽利峻迈，淋漓清润，极富个性。

髡残，善画山水，亦工人物、花卉。山水画主要继承元四家传统，尤其得力于王蒙、黄公望。构图繁复重叠，境界幽深壮阔，笔墨沉酣苍劲。

弘仁，从宋元各家入手，推崇倪瓒画法，为新安画派奠基人。

## 海上画派

海上画派，通常是指19世纪中叶至20世纪初期，一群活跃于上海地区的画家。海派画家集中在清末民初的上海，因为地域之便，他们有机会不断接触外界的新鲜事物，这为艺术的发展提供了丰厚的土壤。海派画家以传统文化为基础开拓了新的画风。这些画家性格迥异，画风多样，代表人物有"海上三任"、虚谷、吴昌硕等。

"海上三任"指的是名扬中外的晚清上海著名画家任熊、任薰和任颐。其中任颐在艺术上成就最高、影响最大。任熊，海上画派早期的领袖人物之一，人物、花卉、山水无不擅长，特别以肖像画著称。他的笔法清新活泼，画作很有装饰趣味，深受当时人们喜爱。代表作品有《自画像》等。任薰是任熊的弟弟，特别善画花鸟，用笔风格劲挺，他的人物画画风与任熊非常相近。任颐，浙江萧山人。专工人物、花鸟，常以风土人情和民间传说入画，画中融汇了艺术与现实。他的人物画题材广泛，具有非常独特的风韵，很注重写生。山水也是他所擅长的题材。他的通景屏《群仙祝寿图》是近代绘画中少见的佳作，特点是构思奇妙，人物形象生动，精美程度令人惊叹。任颐以他自身中西贯通的极高绘画素养，最终成为晚清画坛上最杰出的画家之一。画僧虚谷的山水画《观潮图》、《日长山静图》等作品，笔法冷隽，风格洒脱清秀；吴昌硕作为海派的中坚人物，将书法、篆刻融入绘画创作当中，韵味独特。

总而言之，海上画派艺术特点是题材以花鸟画为多，其次人物，再次山水，在笔法墨法的应用上，简逸明快，追求意境。习惯于借古喻今，借物寓意，讲究内涵充实。他们的画作兼有商业价值和欣赏收藏价值。

## 清末"四任"

晚清海上四任，即任熊、任薰、任颐、任预。

任熊（1820~1864年），山水、人物、花卉、翎毛、虫鱼、走兽，无一不精。其笔力雄厚，气味静穆，深得宋人神髓。尤擅长人物，堪与陈洪绶并驾。传世作品有《十万图册》十页、《姚燮诗意图册》、《自画像》轴等，现藏故宫博物院。

任薰（1835~1873年），兼工人物、花鸟、山水、肖像、仕女，画法博采众长，面貌多样，富有新意。《张旭草书图》、《簪花饮酒图》、《出征遇仙图》等，运笔有如行草，气势沉雄；花鸟画如《松鹤图》、《荷花鸟》等，工写兼善，取景布局，能突破前人规范，富有奇趣。

任颐（1840~1896年），所画题材，极为广泛，人物、花鸟、山水、走兽无不精妙。他的画用笔用墨，丰富多变，构图新巧，创造了一种清新流畅的独特风格。主要成就是在于人物画和花鸟画方面。

任预（1853~1901年），擅长人物、花卉及山水，尤以山水见长，风格接近文人画派，仿古中有创新。其画纯以天分秀出尘表，尽变任氏宗派，自有一种风趣。

## 岁寒三友

岁寒三友指松、竹、梅。经冬不凋且迎寒开放，因称"岁寒三友"，常比喻友谊的忠贞。

松树四季常青，姿态挺拔，象征着青春常在和坚强不屈。

竹是高雅、纯洁、虚心、有节的象征，古往今来，"不可一日无此君"已成了众多文人雅士的偏好。

梅花姿、色、香、韵俱佳。宋人林和靖的诗句"疏影横斜水清浅，暗香浮动月黄昏"，将梅花的姿容、神韵描绘得淋漓尽致。

以松竹梅合成的岁寒三友图案是中国古代器物、衣物和建筑上常用的装饰题材，也成为诗人、绘画常见的表现对象。

## 《洛神赋图》

《洛神赋图》是根据曹植著名的《洛神赋》而作，为顾恺之传世精品，宋摹本现藏于北京故宫博物院收藏。全卷分为3个部分，曲折细致而又层次分明地描绘着曹植与洛神真挚纯洁的爱情故事。人物安排疏密得宜，在不同的时空中自然地交替、重叠、交换，而在山川景物描绘上，无不展现一种空间美。全画用笔细劲古朴，恰如"春蚕吐丝"。山川树石画法幼稚古朴，所谓"人大于山，水不容泛"，体现了早期山水画的特点。此图卷无论从内容、艺术结构、人物造型、环境描绘，还是从笔墨表现的形式来看，都不愧为中国古典绘画中的瑰宝。

## 《女史箴图》

《女史箴图》为中国东晋顾恺之的作品。"女史"是女官名，后来成为对知识妇女的尊称；"箴"是规劝、劝诫的意思。西晋国家大权为皇后贾氏独揽，其人善妒忌，多权诈，荒淫放恣。朝中大臣张华便收集了历史上各代先贤圣女的事迹写成了九段《女史箴》，以为劝诫和警示，被当时奉为"苦口陈箴、庄言警世"的名篇，流传甚广。后来顾恺之就据文章的内容分段为画，每段有箴文，各段画面形象地揭示了箴文的含义，故称《女史箴图》。

《女史箴图》现有两个绢本，一本藏于故宫博物院，专家认为是南宋摹本，艺术性较差；大英博物馆收藏的《女史箴图》是中国唐代的摹本，神韵最接近顾恺之的原画，因而被后人奉为经典摹本。

## 《游春图》

《游春图》，现藏故宫博物院。

这幅经宋徽宗题写为展子虔所作的《游春图》卷，是展子虔传世的唯一作品，也是迄今为止存世最古的画卷。画面上湖光山色，春光明媚。画家用青绿重着山水，用泥金描绘山脚，用赭石填染树干，遥摄全景，人物布局得当。《游春图》的出现，结束了"人大于山和水不容泛、树木若伸臂布指"的早期幼稚阶段，使山水画进入青绿重彩，工整细巧的崭新阶段。开唐代青绿山水之先河。

## 《步辇图》

《步辇图》，为唐代著名画家阎立本所绘，北京故宫博物院馆藏珍品。

《步辇图》是以贞观十五年（641年）吐蕃首领松赞干布与文成公主联姻的历史事件为题

材,描绘唐太宗接见来迎娶文成公主的吐蕃使臣禄东赞的情景。

图卷右半是在宫女簇拥下坐在步辇中的唐太宗,左侧三人前为典礼官,中为禄东赞,后为通译者。画中的唐太宗面目俊朗,目光深邃,神情庄重,充分展露出盛唐一代明君的风范与威仪。

## 《虢国夫人游春图》

《虢国夫人游春图》,原作已失,宋摹本现藏于辽宁博物馆。

此图描绘的是天宝十一载(1752年),杨玉环的三姊虢国夫人及其眷从盛装出游的场景。全画共9人骑马,前3骑与后3骑是侍从、侍女和保姆,中间并行2骑为秦国夫人与虢国夫人。

作品通过劲细的线描和色调的敷设,浓艳而不失其秀雅,精工而不板滞。全画构图疏密有致,错落自然。以湿笔点出斑斑草色以突出人物,意境空灵清新。图中用线纤细,圆润秀劲,在劲力中透着妩媚。设色典雅富丽,具装饰意味,格调活泼明快。画面上洋溢着雍容、自信、乐观的盛唐风貌。

## 《簪花仕女图》

《簪花仕女图》为唐代画家周昉所作,是一幅用笔朴实、气韵古雅的人物画长卷。此图与周昉其他传世作品主题相近。表现了贵妇阶层的悠闲自在与寂寞孤独。全图可分3个部分。此图用笔和线条细劲流动自然传神,设色浓丽柔和,较好的表现出贵族妇女的娇嫩细腻和丝织物的轻巧薄软。图中每一细部都勾画点染的准确无误,精致入微,充分展示了"周家样"的高超技法。

## 《挥扇仕女图》

《挥扇仕女图》现藏北京故宫博物院。

这是一幅全卷所画人物共计13人,分为5个自然段落。

第一段为"挥扇":一位戴玉莲冠的妃子按纨扇慵坐,其右一女官紫袍束带,两手横扇,另有两女持梳洗用具侍立于左侧。

第二段为"端琴":一拖髻者抱琴至,另一垂鬟女子在协同解囊抽琴。

第三段为"临镜":一个戴唐巾的人持镜却立,一姬拥髻对镜,衣锦灿若。

第四段为"围绣":其中一姬持团扇,倚绣床,支颐有倦态,两女对绣。

第五段为"闲憩":一妃妆者背坐挥小纨扇,引颈远眺,另一姬倚桐凝伫,茫然出神。

5个段落似离还合,从不同的侧面,刻画了人物在不同场景中的各种心理状态。画面结构井然,线条秀劲细丽,赋色柔丽多姿,艳而不俗。

## 《历代帝王图》

《历代帝王图》是中国唐代画家阎立本人物画代表作。又称《古帝王图》。现藏于美国波士顿美术馆,全卷共画有自汉至隋13位帝王的画像,包括汉昭帝刘弗陵、汉光武帝刘秀、魏文帝曹丕、吴主孙权、蜀主刘备、晋武帝司马炎、陈废帝陈伯宗、陈宣帝陈顼、陈后主陈叔宝、北周武帝宇文邕、隋文帝杨坚、隋炀帝杨广,加上侍从共四十六人。帝王均有榜书,有的还记述其在位年代及对佛道的态度。

阎立本既注意到刻画封建统治者的共同特性和气质仪容,而又根据每个帝王的政治作为,不同的境遇命运,成功地塑造了个性突出的典型历史人物形象,体现了作者对这些帝王的深刻认识。从画像来看,虽仍有程式化的倾向,但在人物个性刻画上表现出很大的进步,不落俗套,而显得个性分明;画中按等级森严的封建伦理观念,处理人物的大小。

## 《辋川图》

《辋川图》是唐代诗人王维晚年隐居辋川别业时所作,现存为唐人摹本。图中绘群山环抱中的一处别墅,庭院中有亭台楼阁,树木掩映;庭院外有云水流肆,舟楫过往。整幅作品创造出一种淡泊超尘的意境。王维的作品被宋代苏轼赞为"诗中有画,画中有诗",这也成为后来文人画追求的最高境界。

## 《韩熙载夜宴图》

《韩熙载夜宴图》是画家顾闳中奉南唐后主李煜之命,夜至韩熙载的宅第窥视其夜宴的情景而作的。全图采用了中国传统表现连续故事的手法,随着情节的进展而分段,以屏风为间隔,主要人物韩熙载在每段中出现。通过听乐、观舞、歇息、清吹、散宴等情节,叙事诗般描述了夜宴的全部情景。画家在构图上作了精心安排,每段一个情节、一个地点、一个人物组合,每段相对独立,而又统一在一个严密的整体布局当中,繁简相约,虚实相生,富有节奏感。

## 《清明上河图》

《清明上河图》是北宋画家张择端德传世精品，现存北京故宫博物院。此画为北宋风俗画作品，为传世名作、一级国宝。

《清明上河图》以精致的工笔记录了北宋末叶、徽宗时代首都汴梁（今开封）郊区及城内汴河两岸的建筑和民生。该图描绘了清明时节，北宋京城汴梁以及汴河两岸的繁华景象和自然风光。作品以长卷形式，采用散点透视的构图法，将繁杂的景物纳入统一而富于变化的画面中，画中人物550多个，衣着不同，神情各异，其间穿插各种活动，注重戏剧性，构图疏密有致，注重节奏感和韵律的变化，笔墨章法都很巧妙。

全图分为3个段落。首段，汴京郊野的春光；中段，繁忙的汴河码头；后段，热闹的市区街道。除550多个各色人物外，还绘有牛、马、骡、驴等牲畜五六十匹，大量车、桥，大小船只多艘。房屋、桥梁、城楼等也各有特色，体现了宋代建筑的特征。可以说，《清明上河图》是一幅描写北宋汴梁城一角的现实主义的风俗画。

## 《千里江山图》

《千里江山图》为北宋王希孟所绘的山水画作品。王希孟18岁为北宋画院学生，曾得到宋徽宗赵佶的亲自传授。

画中描写岗峦起伏的群山和烟波浩渺的江湖。依山临水，布置以渔村野市，水榭亭台，茅庵草舍，水磨长桥，并穿插捕鱼、驶船、行路、赶脚、游玩等人物活动。形象精细，刻画入微，人物虽细小如豆，而意态栩栩如生，飞鸟虽轻轻一点，却具翱翔之势。山石皴法以披麻与斧劈画法相结合，综合了南、北两派的特长。设色继承了唐以来的青绿画法，于单纯统一的蓝绿色调中求变化。用赭色为衬托，使石青、石绿颜色在对比中更加鲜亮夺目。整个画面雄浑壮阔，气势磅礴，充满着浓郁的生活气息，将自然山水描绘得如锦似绣，分外秀丽壮美，是一幅既写实又富理想的山水画作品，是中国传统山水画中少见的巨作。

## 《富春山居图》

《富春山居图》是元代画坛宗师、"元四家"之首黄公望晚年的杰作，也是中国古代水墨山水画的巅峰之笔，两段分藏台北故宫博物院和浙江省博物馆，被誉为浙江博物馆"镇馆之宝"。

它以长卷的形式，描绘了富春江两岸初秋的秀丽景色，峰峦叠翠，松石挺秀，云山烟树，沙汀村舍，布局疏密有致，变幻无穷，以清润的笔墨、简远的意境，把浩渺连绵的江南山水表现得淋漓尽致，达到了"山川浑厚，草木华滋"的境界。

## 《汉宫春晓图》

《汉宫春晓图》，中国重彩仕女第一长卷。是中国人物画的传统题材，主要描绘了宫中嫔妃的生活。

仇英在绘画上以"重彩仕女"著称于世，《汉宫春晓图》是仇英重彩仕女画的杰出代表。此图勾勒秀劲而设色妍雅，画家借皇家园林殿宇之盛，以极其华丽的笔墨表现出宫中嫔妃的日常生活，极尽勾描渲敷之能事。《汉宫春晓图》不仅是仇英平生得意之作，在中国重彩仕女画中也独树一帜，独领风骚。

## 《考工记》

《考工记》是中国目前所见年代最早的手工业技术文献，记述了齐国官营手工业各个工种的设计规范和制造工艺，保留有先秦大量的工艺美术资料。该书在中国工艺美术史和文化史上都占有重要地位。

据传西汉时《周官》缺《冬官》篇而以此补入，得以流传至今。全文约7000多字，记述了木工、金工、皮革工、染色工、玉工、陶工等6大类，30个工种，其中6种已失传，后又衍生出1种，实存25个工种的内容。书中分别介绍了车舆、宫室、兵器以及礼乐之器等的制作工艺和检验方法，涉及数学、力学、声学、冶金学、建筑学等方面的知识和经验总结。

## 《鲁班经》

《鲁班经》原名《工师雕斲正式鲁班木经匠家镜》或《鲁班经匠家镜》，午荣编，成书于明代。全书有图1卷，文3卷。《鲁班经》介绍行帮的规矩、制度以至仪式，建造房舍的工序，选择吉日的方法；说明了鲁班真尺的运用；记录了常用家具、农具的基本尺度和式样；记录了常用建筑的构架形式、名称，一些建筑的成组布局形式和名称等。

中国古代的建筑技术，正史很少记载，多是历代匠师以口授和钞本形式薪火相传。由匠师自己编著的专书甚少。唯独明代的《鲁班经》是流传至今的一部民间木工工行业的专用书，现有几种版本，具有重要的史料价值。

## 《长物志》

文震亨（1585~1645年），字启美，江苏苏州人。天启间选为贡生，任中书舍人，书画咸有家风。平时游园、咏园、画园，也在居家自造园林。《长物志》一书完成于崇祯七年，全书12卷，直接有关园艺的有室庐、花木、水石、禽鱼、蔬果5卷，另外7卷书画、几榻、器具、衣饰、舟车、位置、香茗亦与园林有间接的关系。

《长物志》注重对园林的玩赏，与《园冶》更多地注重园林的技术性问题正可互为补充。此外，《园冶》因为是立足于江南的造园实践；《长物志》则主要是针对北方的造园实践。

## 《园冶》

计成（1582~？），明末造园家，主持建造了三处当时著名的园林——常州吴玄的东帝园、仪征汪士衡的嘉园和扬州郑元勋的影园。于崇祯四年（1631年）写成《园冶》一书。

《园冶》是中国古代造园专著，也是中国第一本园林艺术理论的专著。全书共3卷，附图235幅。

《园治》的主要内容可以分为园说和兴造论两部分。其中园说又分为相地、立基、屋宇、装拆、门窗、墙垣、铺地、掇山、选石、借景10篇。书中既有实践的总结，也有他对园林艺术独创的见解和精辟的论述。

全书论述了宅园、别墅营建的原理和具体手法，反映了中国古代造园的成就，总结了造园经验，是一部研究古代园林的重要著作，为后世的园林建造提供了理论框架以及可供模仿的范本。

## 篆刻

篆刻又称为"玺印"、"印"或"印章"等，是用篆书刻成的印章，是一种特有的传统艺术和实用艺术品。篆刻艺术是书法、章法、刀法三者完美的结合。在一方印中，既有书法笔意，又有绘画构图，还有刀法雕刻，可谓"方寸之间，气象万千"。篆刻在两千多年中出现了两个高度发展的阶段。一是战国、秦汉、魏晋六朝时期，被称为"古代篆刻艺术时期"，其用料主要为玉石、金、牙、角等。这一时期尤以汉代玺印为代表。汉印结体简化，笔画平整方直，并以鸟虫书入印，装饰性很强。汉代铸印庄重雄浑，凿印健拔奇肆，成为后世篆刻艺术的重要渊源。

二是明清时期，这一时期篆刻艺术大放异彩。明代中叶，印章由实用品，或书画艺术的附属品，发展为一门独立的篆刻艺术。自从明篆刻家文彭之后，篆刻艺术繁荣起来，形成了徽派、浙派、皖派等很多篆刻流派，出现了何震、程邃、丁敬、邓石如、黄牧甫、赵之谦、吴昌硕等篆刻艺术家。

## 篆刻家文彭

文彭，字寿承，号三桥，别号渔阳子或三桥居士，著名书画家，文徵明的长子。文彭曾经担任南京国子监博士之职，因此也被世人称作文国博。他是一个艺术上的全才，能书擅画，尤其善写墨竹，其风骨直追宋代文同。他的山水画也别有韵味，比如《桐阴壁暑图》，很有他父亲的画风。但是，作为一个彪炳千古的杰出艺术家，文彭最大的贡献在篆刻。

早期，中国篆刻主要在于实用，宋元时期，虽有了艺术化的苗头，但并未发展起来，到了明中叶，文彭提出一系列的篆刻理论，并积极实践，引导时风，从而使篆刻成为一门与书法、绘画并立的独立艺术。

文彭在篆刻艺术史上的贡献主要在下几个方面：第一，他主张改革时弊，提出"复古出新"的理论，追求高雅古朴，力主恢复秦汉古印简括、空灵、平正、端庄的自然古朴的风格。第二，在具体的方法上，又提出以"六书为准则"的主张，把印章中的"刀"与书法中的"笔"结合起来，意义重大。第三，实践上，文彭继承汉印传统，"直接秦汉之脉"，结字秀丽典雅，简洁圆润，古朴自然；刀法明快自如，既体现笔意，又颇见刀味；章法安排也颇具匠心，并开创了在印侧用双刀法刻边款的先例。第四，治印运用新材。文彭首创以青田冻石为印材进行刻印，使石质印材被广泛使用。总之，文彭的理论和实践，丰富了篆刻艺术的观赏内容和审美标准。由于文彭的影响，篆刻艺术"一时靡漫，畅开风气"，文人治印，风气大盛。文彭也以精湛的技艺和独特风格，开创了印学史上第一个流派"吴门派"。故而，他被奉为文人篆刻流派的开山鼻祖。

## 徽派篆刻

明代初期，徽州印坛充斥着极为庸俗怪异的风气，经常有篆刻者擅自杜撰篡改篆字形义，使得篆刻艺术和作品极为混乱，作品芜杂。到了明中叶，著名篆刻家何震认为，作篆治印的关键在于用笔运刀的方法，建议篆刻章法要整齐、活泼。他本人能娴熟地把握刀与石的性能，做到刀随意动，意指刀达；他的篆刻作品，刀法猛利，气势宽宏，具有汉印的雄健风貌。此外他还注重刀法与书法、内容与风格的和谐统一，一改当时的怪异风格，使人耳目一新。何震的创新很快得到社会认可，人们开始追捧研习。由此，何震开创徽派篆刻。

何震的篆刻风格流风甚远，后世徽派篆刻名家辈出，其中苏宣的作品典雅雄健，金光先的浑朴静穆，汪关的平和清丽，朱简的生涩刚劲，江臣的秀劲苍润，胡正言的端重工稳，但都不失徽派的崇古思想，注重学养并追求雅逸平和的审美意趣。清代中期，徽州人程邃、汪肇龙、巴慰祖、胡唐，继承了前辈篆刻家的诸多优点，并在掌握众家之长的基础上，不断创新，自成一体，人称"歙四子"。晚清时期，黟县黄士陵崛起，并以其深厚的金石学修养，再创新意。

## 浙派篆刻

浙派篆刻又叫作"浙江印派"，是中国历史上著名的篆刻流派之一。清代乾隆年间，浙派篆刻崛起于中国印坛，与徽派一起成为清代时期主要的两大流派。它有深厚的传统基础和完整精湛的技法，蕴涵着巨大的艺术能量。

丁敬是浙派篆刻的创始人，著有《武林金石录》。他最为擅长篆隶，创造了"古拗峭折"的篆刻风格。他的篆刻艺术在广泛撷取秦汉印章、元明诸家精华的基础上，去除了明人书坛上的不良习气，是入古出新的创举。此外，他在运用篆法、刀法等方面作出了重要的贡献。他的作品篆法繁就简，参以隶法；在印文体势方面，则体现出平方正直和方圆互参的风格，颇显出简古平淡的韵味，高古含蓄，最得汉印精神。这种苍劲质朴、古拙浑厚的风格引领了浙派篆刻的形成，也成为浙派篆刻的主要面目。丁敬稍后，蒋仁、黄易、奚冈、陈豫钟、陈鸿寿、赵之琛、钱松等篆刻名家崛起，因他们与丁敬都是杭州人，篆刻风格相近，所以人们把他们合称为"西泠八家"。再后来，凡是在篆刻艺术上继承这种风格的篆刻家都被称为"浙派"。浙派在篆刻史上传承200多年，影响深远。

## 印章

印章也称印信，古时候它是权力的象征。据《史记》中记载，战国时代，以主张合纵抗秦而著称的政治家苏秦曾佩戴过六国相印，由此证实官吏用印在当时已成为一种制度。

秦时，秦始皇为了巩固自己帝王的威望和地位，对印章进行了严格的规定：皇帝的印信称为国玺，大臣的印信称为章或印，各有专称，不能混淆。秦始皇统一中国前，曾夺得赵国的"蓝田玉"，即"和氏之璧"，并把它制成了有名的传国玺。到汉朝，印章的制作逐渐发展成为一种艺术。有的将军死后，他们随身携带的象征身份的印章也一起被埋入土中，所以现在我们还能看到相当数量的古代印章。

宋朝以后，印章的应用多和书画联系在一起，题款盖印，成为习惯。我们至今还能看到苏东坡、黄庭坚、宋徽宗等人的许多印章。印章不仅是书画艺术的一个组成部分，还是一门独立的艺术。

## 印泥

印泥是中国特有的文房之宝，无论是文件签署，还是历史文物以及金石书画之钤记，都需要使用印泥。根据史书上记载，印泥的发展已有2000年的历史，早在春秋秦汉时期就已使用印泥，那时的印泥是用黏土制的，临用时用水浸湿，这就是当时称封泥。到了隋唐以后，随着社会的进步，人们又改用水调和朱砂于印面，印在纸上，这就是印泥的雏形，到了元代，人们开始用油调和朱砂，之后便渐发展成我们现代的印泥了。

## 印章边款

边款一般泛指刻于印侧或印背的文字、题记。起源于隋唐，当时制印部门的工匠，只是在一些官印周围刻上制印年记、编号和释文等内容。明清流派纷呈、风格各异。

边款在形式上有阳款与阴款之分，在用刀上有单刀、冲刀、切刀及冲切兼用之别，在书体上融真草隶篆于一体，在风格上雄强与婉约并存，在内容上则由作者单刻印的年月和署名，发展为或有感而发，或叙事抒情、考辨，涉及面极其广泛，是整个篆刻艺术不可分割的部分。

## 唐三彩

唐三彩是一种盛行于唐代的陶器，以黄、白、绿为基本釉色，故称为"唐三彩"。

唐三彩吸取了中国国画、雕塑等工艺美术的特点，采用堆贴、刻画等形式的装饰图案，线条粗犷有力。以造型生动逼真、色泽艳丽和富有生活气息著称。

唐三彩分布在长安和洛阳两地，在长安的称西窑，在洛阳的则称东窑。

## 五大名窑

宋时的制瓷业发展到一个新阶段，烧制技术、产量、质量以及瓷窑的数量和规模都大大超过前代，大小瓷窑遍布全国，出现了定、汝、官、哥、钧五大名窑。宋代瓷器加彩已较盛行，并掌握了窑变、裂冶技术，南北各瓷窑产品均各具特色，成为畅销国内外的商品。

## 秘色瓷

古代名窑进贡朝廷的一种特制瓷器精品。据记载，吴越国钱氏割据政权控制了越窑场，命令这些瓷窑专烧供奉用的瓷器，秘不示人，庶民更不得使用；且釉药配方、制作工艺保密，故名"秘瓷"。秘色瓷"其色似越器，而清亮过之"。从出土的典型的秘色瓷看，其质地细腻，原料的处理精细，多呈灰或浅灰色。胎壁较薄，表面光滑，器型规整，施釉均匀。从釉色来说，五代早期仍以黄为主，滋润光泽，呈半透明状；但青绿的比重较晚唐有所增加，其后便以青绿为主，黄色则不多见。

## 青花瓷

青花瓷又称白地青花瓷器。目前发现最早的青花瓷标本是唐代的（也有学者称唐青花并非青花瓷）；成熟的青花瓷器出现在元代；明代青花成为瓷器的主流；清康熙时发展到了顶峰。明清时期，还创烧了青花五彩、孔雀绿釉青花、豆青釉青花、青花红彩、黄地青花、哥釉青花等品种。

中国古代青花瓷，各个时期的款识均有鲜明的时代特征，根据青花瓷款识的形式、种类，主要可分为纪年款、吉言款、堂名款、赞颂款和纹饰款5大类。

## 粉彩

瓷器釉上彩装饰手法的一种，又名"软彩"。是在清康熙年间在五彩的基础上受珐琅彩的影响而产生的新品种，是在彩绘时掺加一种白色的彩料"玻璃白"。玻璃白具有乳浊效果，画出的图案可发挥渲染技法的特性，呈现一种粉润的感觉。

## 瓷都景德镇

景德镇是中外著名的瓷都，与佛山、汉口、朱仙镇并称四大名镇，由于制瓷历史悠久，瓷器产品质地精良，对外影响大，"瓷都"两字成了景德镇的代名词。

景德镇从汉朝开始烧制陶器，距今1800多年，从东晋开始烧制瓷器，距今1600多年。景德镇瓷器以"白如玉，明如镜，薄如纸，声如磬"的独特风格蜚声海内外。青花、玲珑、粉彩、色釉，是景德镇四大传统名瓷。

## 玉雕

玉石经加工雕琢成为精美的工艺品，称为玉雕。玉雕是中国最古老的雕刻品种之一。早在新石器时代晚期，就有了玉制工具。商周时期，制玉成为一种专业，玉器成了礼仪用具和装饰佩件。

玉雕的品种很多，主要有人物、器具、鸟兽、花卉等大件作品，也有别针、戒指、印章、饰物等小件作品。

## 牙雕

牙雕是一门古老的传统艺术，也是一门民间工艺美术，始于新石器时代。辽、金、元、明、清历代帝王都把象牙作为皇家供品，明代的果园厂和清代的造办处都有为皇宫做象牙制品的作坊。

牙为大象身上最坚固的部分，其光洁如玉、耐用，珍贵堪与宝玉石媲美，因此象牙又有有机宝石之美誉。而象牙雕刻艺术品，以坚实细密，色泽柔润光滑的质地，精美的雕刻艺术，备受收藏家珍爱，成为古玩中独具特色的品种之一。

## 木雕

木雕是雕塑的一种，原材料一般选用质地细密坚韧，不易变形的树种，如楠木、紫檀、樟木、柏木、银杏、沉香、红木、龙眼等。

木雕有圆雕、浮雕、镂雕等技法，或几种技法并用。有的还涂色施彩用以保护木质和美化。战国和汉代即有大量木雕俑和动物雕刻，唐宋时有人物、仙佛、鸟兽等木雕。明清时代小型木雕摆件、建筑木雕装饰和木雕日用器物大为发展，并形成地方特色，如东阳木雕、广东金漆木雕、福建龙眼木雕等。

## 中国四大名绣

苏绣已经有2000多年的历史。苏绣自古以精细、素雅著称，构图简练，主题突出。其技巧特点可概括为"平、齐、细、密、匀、顺、和、光"8个字。最细的将一根丝线掰成48股，一般人用肉眼无法看清。在种类上，苏绣作品主要可分为零剪、戏衣、挂屏三大类。其中以"双面绣"作品最为精美。双面分是在绣品的正反两面绣图案，两面的形象、针法相同，针脚藏而不露。

湘绣创始于楚国，清代时成为长沙城乡的主要手工艺。它在湖南民间刺绣的基础上，吸收苏绣和广绣的优点而发展起来的。它以彩色散丝作绣线，除运用"齐针"、"接针"、"打粉针"等针法外，独创"掺针"法，掺针针脚参差自如，使不同色的线相互掺和，逐渐变化，色彩丰富饱满，色调和谐。湘绣的图案借鉴了中国画的长处，所绣多为山水、人物、花鸟、翎毛、走兽，生动逼真，长于绣狮、虎题材。

粤绣在唐代时水平已经很高。艺人以孔雀羽毛扭为绒缕，绣制服饰，金翠夺目，用马尾缠绒，作为勒线，绣制轮廓，增强了表现力。新中国成立以后，粤绣得到进一步发展，不断出新。粤绣构图饱满，繁而不乱，装饰性强，色彩浓郁鲜艳，绣制平整光滑，金银垫绣富于立体感，富丽堂皇。粤绣题材广泛，以百鸟朝阳、龙凤、博古类最多。

蜀绣集中于四川成都。蜀绣在晋代被称为蜀中之宝。蜀绣以软缎和彩丝为主要原料，用晕针、切针、拉针、沙针、汕针等100种针法，充分发挥了手绣的特长，形成了浓厚的地方风格。蜀绣题材多为花鸟、走兽、山水、虫鱼、人物，品种除纯欣赏品绣屏以外，还有被面、枕套、靠垫、桌布、头巾、手帕等。

## 云锦

南京云锦是中国优秀传统文化的杰出代表，因其绚丽多姿，美如天上云霞而得名，至今已有1500余年的历史。南京云锦与成都的蜀锦、苏州的宋锦、广西的壮锦并称"中国四大名锦"。

吴村梅有一首词描写南京云锦："江南好，机杼夺天工，孔雀妆花云锦烂，冰蚕吐凤雾绡空，新样小团龙。"南京云锦配色多达18种，运用"色晕"层层推出主花，富丽典雅、质地坚实、花纹浑厚优美、色彩浓艳庄重，大量使用金线，形成光彩纷呈的独特风格。

## 泥人张

天津泥人张彩塑是一种深得百姓喜爱的民间美术品，它创始于清代道光年间，流传、发展至今已有180余年的历史。

泥人张的创始人张明山，自幼随父亲从事泥塑制作，练就一手绝技。18岁即得艺名"泥人张"，以家族形式经营泥塑作坊塑古斋。他只须和人对面坐谈，搏土于手，不动声色，瞬息而成。面目径寸，不仅形神毕肖，且栩栩如生，须眉欲动。

"泥人张"的彩塑，把传统的捏泥人提高到圆塑艺术的水平，又装饰以色彩、道具，形成了独特的风格。

## 剪纸

剪纸是具有独特艺术风格的民间艺术，它用手工刻制，再点染以明快鲜丽的色彩而成。劳动人民把它作为年节的装饰，贴在纸窗上，所以又叫作"窗花"。

剪纸的历史源远流长。《史记》中"剪桐封弟"的故事，叙说了西周初期，成王将梧桐叶剪成玉圭图样，送给其弟姬虞，封他为唐国（今山西西南部）的诸侯。据说，这是中国最早的剪纸记载。南朝梁宗懔《荆楚岁时记》云："正月七日，为人日。以七种菜为羹，剪彩为人，或镂金箔为人，以贴屏风，亦置头之鬓。"可见，南北朝时剪纸已成为民间美化生活的主要活动之一。

## 盆景

盆景起始于新石器时期，形成于汉代，兴盛于唐代。新石器时期以草木盆栽为主，汉代木本盆栽出现有树石盆景、缶景，夏商的玉雕、石玩对汉代树石盆景、缶景的形成影响深远，唐代是封建社会的繁盛时期，文化艺术辉煌发达，盆景技艺随之突飞猛进，其历程经过了由草木盆栽转化到木本盆栽，由原始盆栽转化到艺术盆栽，由以生产为目的转向以观察为主，以及由一般艺术盆栽升华到高级盆景这几个阶段。原始盆景经过了唐宋的意境飞跃、元代的体量飞跃和明清的理论飞跃才发展至今。中国盆景艺术总体形成五大流派，分别为苏派、扬派、川派、徽派和岭南派，代表了中国分盆景艺术的最高成就。

## 指画

指画，也叫指头画、指墨，是用手指头画的中国画。指画的创始人是清代的高其佩。在高其佩之前，唐代张文通也曾用手指头修改画中局部，但没有系统地用手指头画出完整的国画。高其佩早年也用传统的毛笔画过画，但久久未能创造自家的风格，在他发明了指画后才独创一格，成为指画的开山鼻祖。高其佩的指画题材包罗万有，山水、人物、花卉、虫鸟，有的气势磅礴，有的刻画细微，有很高的成就。

## 火笔烫画

火笔烫画又称"烙画"，"火笔画"，是中国流传下来的一种民间艺术。

据史书记载，火笔烫画起源于西汉，兴盛于东汉，鼎盛于明清。据考证，东汉光武帝刘秀曾下诏指定火笔烫画为朝廷贡品，亦称"火针刺绣"，这是世界上最早的关于火笔烫画的记载。

火笔烫画就是在木板上，利用电烙铁的热度，用巧妙的手法和熟练的绘画技巧，将木板面烫糊而呈深浅不同的褐色图案。火笔烫画作品一般呈深浅褐色，古朴典雅，清晰秀丽，其特有的高低不平的肌理变化具有一定的浮雕效果，别具一格。经渲染、着色后，还可产生更加强烈的艺术感染力。

## 缂丝

缂丝，又称"刻丝"、"克丝"或"丝"，是中国丝绸艺术品中的精华，有"千年不坏艺术织品"之称。据考证，中国的缂丝织物远在彩陶土器时期就存在，到商代缂丝织物制作已很精良。

由于织造的作品在图案与素地接合处微显高低，呈现一丝裂痕，犹如镂刻而成，故称"刻丝"。其成品正反两面如一，与苏绣双面绣有异曲同工之妙，二者一起被誉被"苏州织绣双璧"。与刺绣、玉雕和象牙雕、景泰蓝并称为中国四大特种工艺品，并与云锦合称为中国两大珍品手工丝织物。古有"织中之圣"和"一寸缂丝一寸金"的美誉。

## 木偶戏

中国的木偶戏兴起于汉代，1978年，在山东莱西县汉墓的发掘工作中，发现了汉代制作的可坐、可立、可跪、可灵活操纵的木偶实物。

唐代能用木偶演出歌舞戏。明代木偶戏已流行全国各地，经济发达的南方各省区木偶戏更为繁荣，故有"南方好傀儡"之说。清代以后，木偶戏进入全盛时期，不仅流行范围广，而且演出的声腔也日益增多，出现了辽西木偶戏、漳州布袋木偶戏、泉州提线木偶戏、晋江布袋木偶戏、邵阳布袋木偶戏、高州木偶戏、潮州铁枝木偶戏、川北大木偶戏、石阡木偶戏、阳提线木偶戏、泰顺药发木偶戏、临高人偶戏等分支。但就演出形式而言，木偶戏可大体概括为提线木偶、杖头木偶、布袋木偶、铁枝木偶、药发木偶5种。

## 中国结

中国结源自旧石器时代的缝衣打结，周朝人随身的佩戴玉常以中国结为装饰，而战国时代的铜器上也有中国结的图案，清朝时，中国结真正流传于民间。

一个中国结从头到尾都是用一根丝线编结而成，每一个基本结又根据其形、意命名。把不同的结饰互相结合在一起，或用其他具有吉祥图案的饰物搭配组合，就形成了造型独特、绚丽多彩、寓意深刻、内涵丰富的中国传统吉祥装饰物品。如"吉庆有余"、"福寿双全"、"双喜临门"、"吉祥如意"、"一路顺风"等。中国结都表示热烈浓郁的美好祝福，是赞颂以及传达衷心至诚的祈求和心愿的佳作。

## 风筝

风筝源于春秋时代，至今已2000余年。相传"墨子为木鸢，三年而成，飞一日而败"。到南北朝，风筝开始成为传递信息的工具。到了宋代，放风筝成为人们喜爱的户外活动。宋人周密的《武林旧事》写道："清明时节，人们到郊外放风鸢，日暮方归。""鸢"就指风筝。

## 桃花坞年画

桃花坞年画源于宋代的雕版印刷工艺，由绣像图演变而来，到明代发展成为民间艺术流派，形成了独特的风格。

现在最早的桃花坞木版年画，是在日本

刊行的《支那古版画图录》中收录的《寿星图》，画面上刻有"万历廿五年（1597年）"的刊记。从其画面来看，作品的构图、刻工、印制均已达到了相当的水平。日本的"浮世绘"也深受桃花坞木刻年画的影响。

## 杨柳青年画

杨柳青年画为中国著名的民间木版年画，产生于元末明初，当时有一名长于雕刻的民间艺人避难来到杨柳青镇，逢年过节就刻些门神、灶王出卖，镇上的人争相模仿。在不断的发展中，杨柳青年画不仅继承了宋、元绘画的传统，还吸收了明代木刻版画、工艺美术、戏剧舞台的形式。在中国版画史上，杨柳青年画与南方著名的苏州桃花坞年画并称"南桃北柳"。

## 蜡染

蜡染，是中国古老的民间传统纺织印染手工艺。与绞缬（扎染）、夹缬（镂空印花）并称为中国古代三大印花技艺。

蜡染是中国苗族古老而独特的手工绘染艺术，起源于秦汉，盛行于隋唐。蜡染是用蜡刀蘸熔蜡绘花于布后以蓝靛浸染，既染去蜡，布面就呈现出蓝底白花或白底蓝花的多种图案，同时，在浸染中，作为防染剂的蜡自然龟裂，使布面呈现特殊的"冰纹"，尤具魅力。

## 扎染

扎染又称绞缬，是一种古老的扎结染色的工艺，也是中国传统手工染色技术之一。据记载，早在东晋，扎结防染的绞缬绸已经有大批生产，当时绞缬产品，有较简单的小簇花样，如蝴蝶、腊梅、海棠等；也有整幅图案花样，如白色小圆点的"鱼子缬"，圆点稍大的"玛瑙缬"，紫地白花斑酷似梅花鹿的"鹿胎缬"等。

## 福建土楼

福建土楼包括福建省永定县的高北土楼群、洪坑土楼群、初溪土楼群和衍香楼、振福楼，南靖县的田螺坑土楼群、河坑土楼群与和贵楼、怀远楼，华安县的大地土楼群，主要分布在福建西部和南部崇山峻岭中，以其独特的建筑风格和悠久的历史文化著称于世。

福建土楼产生于宋元时期，经过明代早、中期的发展，明末、清代、民国时期逐渐成熟。福建土楼是世界上独一无二的山区大型夯土民居建筑，是生土建筑艺术的杰作。福建土楼依山就势，布局合理，适应聚族而居的生活和防御的要求，是一种自成体系，具有节约、坚固、防御性强的特点，又极富美感的生土高层建筑类型。

## 北京四合院

"梨花院落溶溶月，柳絮池塘淡淡风"，四合院指的是四座单体房屋分别在东、南、西、北四面，中间围合成一个露天庭院的建筑组合。在历史发展过程中，四合院得到了中国人的钟爱，宫殿、庙宇、官府包括各地的民居都广泛使用这种形式。

在诸多类型的四合院中，北京四合院卓尔不群，经过数百年的营建，北京四合院从材料选择、平面布局到内部结构、细部装修都形成了特有的京味风格。

四合院属砖木结构建筑，门窗栋梁等均为木制，周围以砖砌墙。门窗及檐口椽头的油漆彩画，虽没有宫廷的华丽辉煌，但也颇有意趣。习惯用磨砖、碎砖垒墙，变废为宝，所谓"北京城有三宝——烂砖头垒墙墙不倒"。屋瓦大多用青板瓦，正反互扣，或者不用铺瓦，直接青灰抹顶，称为"灰棚"。

除了一些小规模的单院形式外，北京四合院多数分为前（外）后（内）二院。外院横长，从东南角的大门进入，迎面就是一座筑砖影壁，与大门组成一个小小的过渡空间。由此西转进入外院。大门之西正对民居中轴的南房，称"倒座"，用来供客人休息，外院还有男仆室及厨房、厕所；由外院通过垂花门式的中门，便进入宽阔的庭院，这就是全宅主院。

主院中，北面正房称"堂"，大多为三间，遵守着"庶民庐舍不过三间五架，不许用斗拱，饰彩色"的明清规定。正房的开间和进深要比厢房为大，左右两边各接出耳房，由尊者长辈居住。耳房前有小小的角院，十分安静，所以也常用作书房。这种一正房两耳房的布局称作"纱帽翅"。正房前面，院子两侧有厢房陪衬，作为后生晚辈的居室，营造了良好的空间感觉。

正房、厢房朝向院子都有前廊，用"抄手游廊"把垂花门与这三座房屋的前廊连接起来，沿着游廊穿行，不必经过露天场地。廊边还有栏杆和凳子，可在廊内欣赏风景。这是四合院的一大风情。

四合院的房屋都采用青瓦硬山顶。正房之后有时有一长排"后照房"，或作居室，或为杂屋。也有的民居在房后或者一侧再接出一座四合院，以居内眷，也有的在一侧接出宅园。

四合院的每一处都很有讲究，开在前左角的民居大门称"青龙门"，根据后天八卦，北为坎，东南为巽，故此种布局称坎宅巽门，象征吉祥平安。（王府的宅门则放在中轴线上，人们认为以王侯之尊不需要坎宅巽门也可以免除外邪侵害）而从实际效果来看，宅门不设在中轴线上，使得进入四合院必先通过一个小小过院，有利于保持民居的私密性，营造"曲径通幽"的氛围。在全国各地的民居中，坎宅巽门也十分流行。

门的大小和规格也很讲究，等级最高的是广亮门，它和再小一些的金柱大门、蛮子门都用于官宦人家。虽非官宦而相当殷富的人家用如意门。最小的是墙门，没有进深，门上有小屋顶，有的砌通天柱，颇有西洋气息。

作为民居，北京四合院最直接的感觉是浓厚的生活气息，庭院方阔，大小合宜。院中还栽花置石，一树海棠花配以石榴盆景，大缸养的金鱼寓意吉利，自然亲切，把天地拉近人心。可在院内临时搭建大棚，举办婚丧大事，以待宾客。尤其是抄手游廊，把庭院分成几个自然的空间，但分而不隔，虚虚实实，家庭成员在这里进行亲切的交流，其乐融融。

北京四合院内环境优雅，花木扶疏，丁香、海棠、山桃花争奇斗艳，枣树、槐树则是孩子玩耍的好去处。盆栽花木最常见的是石榴树、夹竹桃、金桂、杜鹃、栀子等。阶前花圃中的草茉莉、凤仙花、牵牛花、扁豆花，更是四合院的日常点缀。清代有句俗语形容四合院："天棚、鱼缸、石榴树、老爷、肥狗、胖丫头"，可以说是四合院生活比较典型的写照。

四合院历史悠久，自元代正式建都北京时就出现了，至明清逐渐完善，最终成为北京城的象征。

四合院的结构，在中国传统住宅建筑中非常典型。院落宽绰疏朗，四面房屋彼此独立却又有游廊连接，起居方便。对外只有一个街门，关起门来是封闭式的住宅，自成天地，具有很强的私密性，非常适合家居。院落宽敞，植树栽花，饲鸟养鱼，叠石造景。这里不仅是舒适的住房，更是大自然赐予的一处美好天地。

## 安徽民居

安徽传统的民居建筑多为各种造型的二层楼房，有的依山傍水，有的参差起伏，有的层楼叠院，精致朴素、堂皇俊秀。

明代以楼上宽敞为特征。清代以后，多为一明（厅堂）两暗（左右卧室）的三间屋和一明四暗的四合屋。一屋多进。大门饰以山水人物石雕砖刻。门楼重檐飞角，各进皆开天井，通风透光，雨水通过水枧流入阴沟。俗称"四水归堂"，意为"财不外流"。各进之间有隔间墙，四周高筑防火墙（马头墙），远远望去，犹如古城堡。

## 窑洞式民居

窑洞是中国北方黄土高原上特有的民居形式。窑洞民居可分为地坑式、沿崖式和土坯式三种。地坑式窑洞在地面挖坑，内三面或四面开凿洞穴居住，有斜坡道出入。沿崖式窑洞是沿山边及沟边一层一层开凿窑洞。土坯拱式窑洞以土坯砌拱后覆土保温。

西方环境建筑学家认为，地坑式窑洞建筑是完美的不破坏自然的文明建筑。整体上看，窑洞是自然图景和生活图景的有机结合，渗透着人们对黄土地的热爱和眷恋之情。

## 傣家竹楼

傣家人的竹楼是坝区类型，由于天气湿热，竹楼大都依山傍水。村外榕树蔽天，气根低垂；村内竹楼鳞次栉比，竹篱环绕，隐蔽在绿荫丛中。云南景洪县的曼景兰寨和橄榄坝就是坝区傣家竹楼的标准型。

过去，傣家竹楼按社会阶级分为官家（召）竹楼和百姓竹楼两种。官家竹楼宽敞高大，呈正方形，屋顶带三角锥状，颇类西方的"哥特式"建筑，用木片复顶。整个竹楼用20~24根粗大的木柱支撑，木柱建在石墩上，有的横梁上雕刻花纹呈弓形，特别是缅寺和亭阁都有这种花纹，这是受佛教文化影响的结果。屋内横梁穿柱，结构简单。上木梯后即为"掌房"，正屋为客室，中置火塘，侧旁分隔为2~3间，是主人夫妇和孩子的卧室。

## 土家族吊脚楼

吊脚楼为土家族人居住生活的场所，多依山就势而建，呈虎坐形，以"左青龙，右白虎，前朱雀，后玄武"为最佳屋场。

依山的吊角楼，在平地上用木柱撑起，分上下两层。吊脚楼上有绕楼的曲廊，曲廊还配有栏杆。吊脚楼还有鲜明的民族特色，优雅的"丝檐"和宽绰的"走栏"使吊脚楼自成一格。这类吊脚楼比"栏杆"较成功地摆脱了原始性，具有较高的文化层次，被称为巴楚文化的"活化石"。

## 开平碉楼

开平碉楼位于广东省开平市，源于明朝后期，是融中西建筑艺术于一体的华侨乡土建筑群体，现存1833座，被誉为"华侨文化的典范之作"、"令人震撼的建筑文艺长廊"。

开平碉楼主要用于防匪、防涝及居住，其建筑风格既有中国传统的硬山顶式、悬山顶式，也有国外不同时期的建筑形式、建筑风格，如希腊式、罗马式、拜占庭式、巴洛克式等，千姿百态，异彩纷呈。开平碉楼突出的历史文化艺术和科学价值日益被国内外所关注和认同。

## 畲族传统民居

畲族人将房子称为"寮"，多建于山坡上向阳、避风、有水源的地方。木结构瓦房两层的较少，多平房，为方形，房顶呈金字状，有厅堂、边房。室内一般都是一厅、左右厢房，中间厅堂又分前后庭，中有木屏间隔，两旁留两个小门，左门顶上设神位，右门顶上设祖神位，后庭放置日用杂物。左右两厢房各分隔两间为卧室，室内陈设简单。右厢房后段多为厨房，厨房一般不设烟囱。

## 藏族民居

藏族民居极具特色，藏南谷地的碉房、藏北牧区的帐房、雅鲁藏布江流域林区的木构建筑风格各异。

宗教聚落的形成与发展增添了西藏民居的魅力，如拉萨的八廓街民居群是围绕大昭寺发展起来的，是城镇宗教聚落的典型代表。农牧区民居聚落的形成多以寺院为中心，自由分布，彼此错落，形成不相联属的格局。

## 古埃及雕塑

埃及的雕塑艺术大约始于公元前4000年，建筑业的诞生，孕育了艺术装饰的萌芽。埃及的神话与宗教信仰支配了雕塑的形成和发展过程。

埃及雕刻是为法老政权和少数奴隶主贵族服务的。由于受宗教思想意识支配，严格服从上层社会的审美观点和需要，美术家墨守成规，在圆雕中严格地遵守"正面律"，不论人物站着还是坐着，人体都处在静止中，而且面部表情总是庄严平静地对着观众。立像多数僵直呆立，从头顶经胸腰直到脚跟都在一条垂直线上。直立的男人体，左脚向前，重心落在脚掌上。坐像总是促膝并足地坐着的。

在很长的时间里，古埃及雕像几乎没有什么显著的变化。这些也就形成了古埃及雕像艺术的独特风格：庄严稳重，雄伟大方。

古埃及雕像显现出的平衡和沉静，往往会产生一种奇怪的、令人着魔的魅力，而那庄重威严的造型更具有一种震撼人心的感染力。

## 古埃及绘画

在人类艺术发展史中，古代埃及最早产生了一流的绘画艺术。古埃及绘画艺术家们创作了大量的绘画作品，主要表现形式是壁画。

古埃及绘画具有鲜明的民族特色。它们是用线条造型，填色；构图有的是平面展开，有的是在一条横线上安排人物、景物，不受透视局限。在一条横线上构图时，人物近者、地位高者画得大，远者、没有地位的人画得小；画面饱满，疏密均匀，空白处配以象形文字，具有强烈的装饰艺术效果。

壁画是埃及陵墓装饰中不可缺少的组成部分。其特点为：横带状的排列结构，用水平线来划分画面；画面构图在一条直线上安排人与物，人物依尊卑和远近不同来规定形象大小，井然有序，追求平面的排列效果；注重画面的叙述性，内容详尽，描绘精微；人物造型程式化，写实和变形装饰相结合；象形文字和图像并用。

## 拜占庭美术

拜占庭美术是指君士坦丁堡时期（330~395年）的罗马帝国美术和东罗马帝国（395~1453年）美术。源自罗马，确立于5~6世纪的君士坦丁堡，繁荣期延续到1453年奥斯曼土耳其人占领君士坦丁堡。

拜占庭建筑是基督教教会的建筑，绘画作品多取材于《圣经》，其形式和人物表情处理都须遵循神学意义的传统模式。在拜占庭建筑中，大理石镶嵌画、壁画和其他艺术品的缤纷色彩相互辉映，造成一派壮丽华贵的景象。

## 爱尔兰—撒克逊美术

爱尔兰—撒克逊美术是欧洲中世纪初期由爱尔兰人发展起来的北欧美术，属于所谓"蛮族美术"体系。

爱尔兰—撒克逊美术综合了克尔特和日耳曼人的诸多要素，表现出以下特点：

1. 由曲线母题构成动态组合，如螺旋纹、卷涡纹、波浪纹等，形成充满活力的装饰面。
2. 呈几何形的图案，如钥匙形纹、回龙纹以及各种梯形纹等。
3. 混合采用各类图案，或舒缓或紧凑地加以变化。
4. 整个装饰体系中有动物和鸟类形象，它们常以夸张的躯体或嘴喙呈缠绕状的连续图案，而四肢、蹄爪，或者舌、尾、耳的图案却不完全连续，使纹样更为生动。
5. 有简单的偶像式人形或抽象图解式人像。

## 正面律

古埃及浮雕和绘画中坚持的一个共同程式。人物头部以正侧面表现，眼睛、肩为正面，腰部以下为正侧面。其目的在于使人物能够最具完整性地显现。正面律是古埃及绘画中最为显著的特点，是与古埃及的宗教信仰、生死观念相一致的。

## 巴格达画派

巴格达画派是源于手稿插图的一个重要画派，始创于12世纪后期（现存最古老的作品不早于13世纪）。由于该画派兴盛于阿巴斯王朝哈里发建都巴格达时期，故称为"巴格达画派"。巴格达画派具有描绘人物面部表情，显示动作含义，注重平常生活的细节等特点。

## 锡耶纳画派

意大利文艺复兴时期出现的地方美术流派之一。

锡耶纳城位于意大利中部，邻近佛罗伦萨，14世纪时银行业较发达，政治、经济上都是佛罗伦萨的主要对手，艺术上也形成了可以和佛罗伦萨画派分庭抗礼的锡耶纳画派。但到15世纪时，随着城市的衰落，锡耶纳画派也一蹶不振。

锡耶纳画派的创始人杜乔·迪博宁塞纳，与佛罗伦萨画派的前驱奇马布埃风格相近。但杜乔·迪博宁塞纳注重抒情，人物形象秀丽多姿，用色精细，奠定了锡耶纳画派的特色。锡耶纳画派的大量作品都是宗教题材。

## 威尼斯画派

15世纪中叶，威尼斯许多宗教题材的美术作品出现了浓郁的世俗化色彩，画面上扬溢着追求欢快、激情和狂热的调子。威尼斯画家笔下的圣母和天使，往往是一些穿着华丽、肌肤圆润的上层妇女形象。这种追求享乐的思想，在艺术上表现得相当突出，从而形成了这一地区特有的绘画风格，人们称其为威尼斯画派。这一画派中杰出的代表有乔凡尼·贝利尼、提香、乔尔乔内、丁托列托、保罗·委罗内塞等。

## 枫丹白露画派

枫丹白露画派是16世纪活跃在法国宫廷的美术流派。

1528年，法国国王弗朗西斯一世开始扩建巴黎近郊的枫丹白露宫，来自意大利的样式主义艺术家罗素、普里马蒂乔和切利尼等人参加了装饰布置。在法国画家古尚、卡隆和雕塑家古戎等人的参与下，他们融汇当地的哥特式传统，在宫廷内外形成很强的艺术潮流。尤其表现在壁画中，突出强调线条的韵味和人物姿势的优雅，从而构成了枫丹白露派真正的独创精神，并被欧洲各国宫廷广为模仿。枫丹白露画派画家注重线条韵味，追求技艺的精巧完美，具有浓厚的贵族化气息。

枫丹白露派的代表人物有杜波依斯、杜卜雷尔、弗里米纳特等。

## 样式主义

样式主义是意大利16世纪中后期的美术流派，代表着盛期文艺复兴渐趋衰落后出现的保守倾向。

16世纪20年代以来，一批倾慕米开朗基罗和拉斐尔的典雅风格而又务求新奇的艺术家，以追求风格自居，遂被后人视为样式主义流派。此词从17世纪起渐含贬义，有装模作样的讥讽意味。1920年以来，西方美术史界对样式主义重新作了评价，认为它是盛期文艺复兴美术和巴洛克美术之间的自成一格的流派，其风格演变自有其社会背景，并在西欧形成巨大影响。

样式主义的作品注重人体描绘，尤以裸体为多，但姿态怪异，肌肉表现夸张，近于畸形；画题多隐晦不明，或别出心裁令人难以理解；布局多呈幻想结构，任意发挥透视技巧，构图之奇违乎常理；用色也光怪陆离，不循自然。

## 学院派

学院派也称"学院主义"，起源于17世

纪。学院派创作题材大多是基督教传说、神话故事，或是反映权贵生活。他们提倡古典传统美，讲求绘画的技巧与基本功，反对其他艺术学派的标新立异。

意大利文艺复兴后期，美术出现了明显衰落现象，同时，又受到巴洛克艺术的冲击。为了捍卫文艺复兴已有的艺术成果，反对巴洛克艺术的世俗化倾向及其对古典艺术的取代，在官方的支持下，欧洲出现了许多"学院"，其中最具影响的是1580年由意大利的美术世家卡拉齐家族的卡拉奇兄弟在波伦亚建立的卡拉齐学院。这些学院十分重视基本功训练，要求极为严格。学院派把古代作品的形式规律和文艺复兴大师的艺术视为永恒的不得稍加超越的规范，反对巴洛克艺术对形式的追求。但由于本身的顽固不化和反对革新，学院派逐渐走上了脱离社会生活、缺乏生气的程式化道路。

## 巴洛克美术

巴洛克美术是欧洲17世纪的美术样式。发源于意大利，以其热情奔放、运动强烈、装饰华丽而自成一体。巴洛克美术符合当时天主教会利用宣传工具争取信众的需要，也适应各国宫廷贵族的爱好，因此在17世纪风靡全欧，影响到其他艺术流派，使欧洲的17世纪有巴洛克时代之称。

## 浪漫主义画派

浪漫主义画派是一种充满激情的绘画风格，常以神话为主题，1830年左右处于巅峰时期。

这一画派摆脱了当时学院派和古典主义的羁绊，偏重于发挥艺术家自己的想象和创造，创作题材取自现实生活、中世纪传说和文学名著等。画面色彩热烈，笔触奔放，富有运动感。代表作品有籍里柯的《梅杜萨之筏》、德拉克洛瓦的《自由领导人民》。

## 洛可可艺术

洛可可艺术是18世纪流行于法国的一种艺术形式，风格纤巧、精美、浮华、繁琐，因其在路易十五时最为流行，故又称"路易十五式"。它是在巴洛克艺术的基础上，融入新的社会思潮、价值观和审美观而形成的一种风格。主要流行于华丽的沙龙内部。

洛可可艺术的特质：

1. 曲线趣味，常用C形、S形、漩涡形等曲线为造型的装饰效果。

2. 构图非对称法则，即构图不讲究对称，而是带有轻快、优雅的运动感。

3. 色泽柔和、艳丽。

4. 崇尚经过人工修饰的"自然"。

5. 人物意匠上的谐谑性、飘逸性，表现各种不同的爱，如浪漫的爱、性爱、母爱等。

## 古典主义

古典主义是18、19世纪风靡西欧的一种艺术潮流。先后有3种不同的艺术倾向。一是以普桑为代表的崇尚永恒和自然理性的古典主义，主要是对古希腊、罗马古典作品的怀旧与模仿之风。代表作品是《马拉之死》。二是以达维特为代表的宣扬革命和斗争精神的古典主义，或称为新古典主义。三是以安格尔为代表的追求完美形式的和典范风格的学院古典主义。

古典主义主张恢复古希腊和古罗马的艺术传统，追求古典的宁静与庄重，在题材上也采用古典内容，通过复古开创新的艺术风格。在艺术形式上，强调塑造性与完整性，忽视了人物的感情，而更注重理性，重素描而轻色彩。

## 巴比松派

巴比松是巴黎南郊约50千米处的一个村落，位于枫丹白露森林的入口处，以风景优美著称。

19世纪三四十年代，一些青年画家陆续来到巴比松一带作画，有的还定居下来，后来就形成了巴比松画派。巴比松画派提出面对自然写生的主张，用写实手法来表现自然的外貌，而且致力于探索自然界的内在生命，力求在作品中表达出画家对自然的真实感受。

巴比松派的主要画家是强调科学风景画法的西奥多·卢梭、柯洛、让-弗朗索瓦·米勒和查理-法兰斯瓦·杜比尼。

## 印象主义

印象主义是19世纪后半期至20世纪初期流行于法国、欧美乃至世界的一种艺术流派和文艺思潮。

19世纪下半叶，法国画界有一部分青年画家反对官方学院派艺术的墨守成规，由于自己的创新作品不能在官方沙龙展出而强烈反对官方的审查制度。他们要求艺术上的革新和创作自由，经常聚集在巴黎的盖尔波瓦咖啡馆自由交换对艺术的见解，共同寻求艺术创新道路。力图客观地描绘视觉现实中的瞬息片刻，主要是表现纯粹光的关系。

主要的印象主义画家有莫奈、马奈、毕沙罗、雷诺瓦、西斯莱、窦加等。

## 新印象派

新印象派是继印象派之后在法国出现的美术流派。

新印象派的奠基人之一保罗·西涅克在其著作《从E.德拉克洛瓦到新印象主义》中为新印象主义下定义说："他们是自1886年以来发展了分割主义技术的人，分割主义用色彩和色彩进行光的混合，以此来表现自己的意图。"

分割主义技术，是采用光学原理将纯粹的色彩用小点块的方法，彼此相邻近地排列在画布上面。通过光学原理与技术相结合的方法，以求得比在画板上进行色调混合的更高明亮度。所以，新印象主义又叫点彩派。

## 后印象主义

后印象主义，也称"印象派之后"或"后期印象派"，是法国美术史上继印象主义之后的美术现象。后印象主义一词是英国人和美国人用来描述文森特·凡·高、高更和保罗·塞尚等为代表的一群画家及其画风的。该词是由英国艺术评论家、纽约大都会博物馆馆长福莱提出的。

后印象主义画家既不同于印象派狂热地追求外光和色彩，也不同于新印象派对光色进行分析和运用逻辑思维进行艺术创作。他们主张重新重视美术中形的观念，重视作者的主观个性，注意在作品中表现作者的主观感情和情绪，注意形式的表现力。

## 抽象派

抽象派又称"非具象派"，是19世纪末流行于西方国家的一种艺术思潮和艺术流派。该派拒绝描绘客观世界的现象。他们"画的画是一种造型的客体，而不是真实的代表"，他们的作品或热情奔放，或安宁静谧，都是以抽象的形式表达和激起人的情感。

艺术评论家罗伯特·寇特兹在1946年第一次将"抽角派"这个词用于艺术领域。

## 野兽主义

野兽主义是自1898至1908年在法国盛行一时的一个现代绘画潮流。它没有明确的理论和纲领，是一定数量的画家在一段时期里聚合起来积极活动的一个画派。

野兽派画家热衷于运用鲜艳、浓重的色彩，往往用直接从颜料管中挤出的颜料，以直率、粗放的笔法，创造强烈的画面效果，充分显示出追求情感表达的表现主义倾向。

野兽主义得名于1905年巴黎的秋季沙龙展览，当时，以马蒂斯为首的一批前卫艺术家展于同一展厅的作品，引起轩然大波。《吉尔·布拉斯》发现马尔凯所作的一件具有文艺复兴风格的小型铜像，不由得惊叫起来："多那太罗被关在了野兽笼中！"（多那太罗是意大利文艺复兴时期杰出雕塑家）。不久，这一俏皮话便在《吉尔·布拉斯》杂志登出，而"野兽主义"的名称也很快被广泛地认同了。

## 达达主义

达达主义，语源于法语"dada"（达达）。

达达主义艺术运动是1916年至1923年间出现于法国、德国和瑞士的一种绘画风格。达达主义是一种无政府主义的艺术运动，它试图通过废除传统的文化和美学形式发现真正的现实。达达主义由一群年轻的艺术家和反战人士领导，他们通过反美学的作品和抗议活动表达了他们对资产阶级价值观和第一次世界大战的绝望。

## 人体艺术

人体艺术是指艺术家以自己的身体为题材，传达主体特定的思想、观念、心理与情感活动的载体或表现媒介的一种艺术形态，出现于20世纪60年代。人体艺术是因人们对自身面部丰富的表情、身体姿态动作的优雅等的日渐钟情而生的。

## 日本浮世绘

浮世绘，也就是日本的风俗画、版画。它是日本江户时代兴起的一种有独特民族特色的艺术奇葩，是描写风俗人情以及俳优、武士、游女、风景等的民间绘画。浮世，就是现世，是佛教用语，含有人生无常的意思。浮世绘色彩艳丽，线条流畅，表现手法细腻，受到世界各国人民的喜爱。

浮世绘的根源可追溯到安土桃山时代流行的风俗画和美人画。到了江户时代，其题材扩大为表现市井生活与风俗习惯、游乐活动、风景名胜，以及歌舞伎艺、力士相扑、美人画、花鸟画等，由起初的毛笔画发展成为木版画。17世纪后半期的木版画是墨色印刷。到了18世纪，铃木春信创造了多色印刷的木版画，浮世绘进入了黄金时代。

随着浮世绘艺术的发展，涌现出许多著名画师，除了创始人菱川师宣外，比较著名的还有揭开浮世绘的黄金时代帷幕的铃木春信、美人绘大师鸟居清长与喜多川歌麿、戏剧绘巨匠东洲斋写乐，还有写实派大师葛饰北斋，以及将风景绘技巧推向顶峰的一立斋广重等名师。以上六人被称为"六大浮世绘师"。

浮世绘艺术占据日本画坛260余年，直至明治维新拉开序幕前逐渐消退。这颗跨越三个世纪的东洋艺术明珠，在世界美术史上占有它光辉的一页。

## 日本漫画

"漫画"这个叫法始于日本，据说包含着"随意"画的意思。日本漫画界一直把12世纪的鸟羽僧正觉犹（1053~1140年）当成祖师爷，他所画《鸟兽戏画》被日本政府列为四大国宝绘卷。12世纪，绘卷戏画流行，《信贵山缘起》、《地狱草纸》、《饿鬼草纸》、《病草纸》、《天狗草纸》、《绘师草纸》之类的作品形成日本独特的绘画形式。室町时代《福富草纸》、《百鬼夜行图》等杰作就是当时流行的创作。

17世纪江户时代初期，京都、大阪的绘师画了一些身材修长的鸟羽绘，引领了下一波浮世绘的画风。"鸟羽绘"是以鸟羽僧正觉犹的名字为头衔，可见承袭祖师爷的企图。

1760年，日本伟大的浮世绘师葛饰北斋诞生。他的《北斋漫画》闻名世界，甚至对欧洲绘画界造成震撼。一般认为，他是将"漫画"一词用在画作上的第一人。事实上在1769年，风俗画名家英一蝶出版了《漫画图考群蝶画英》一书，最早用到了"漫画"一词，之后北尾政演在《四时交加》绘本上的序文又提到"漫画"一词。

## 水粉画

水粉画是以水作为媒介。水粉画是以水加粉的形式来出现的，干湿变化很大。它的表现力介于油画和水彩画之间。水彩画的特点是颜色透明，通过深色对浅色的叠加来表现对象，而水粉画的表现特点是处在不透明和半透明之间。画家往往就是利用它的这种特性来表达水粉色彩自身特有的艺术魅力。

## 油画

油画起源于欧洲，至今已有600多年的历史了。早期的油画以鸡蛋黄融合矿物原料为颜料作画，然后将薄而透明的油层敷于画面上，形成如瓷器色釉一般的效果。早期的油画作品画面均匀，有光泽，看不见笔触，工细严谨，富有装饰趣味。

到了15世纪，被称为欧洲油画创始人的尼德兰画家凡·爱克兄弟在总结前人作画经验的基础上，创造出亚麻油与核桃油相互融合的理想调料，用起来不但颜色易于调和，便于运笔，而且可以层层敷设，画面透明鲜亮，富有真实感。同时，用这两种油调色作画，画面干燥时间不快不慢，颜色干透后附着力强，色彩既有光泽又不易褪去。从此，这种新材料和新技法很快传遍全欧洲，成为欧洲各国绘画的主要形式。

## 版画

古代版画主要是指木刻，也有少数铜版刻和套色漏印。独特的刀味与木味使它在中国文化艺术史上具有独立的艺术价值与地位。

中国版画的起源，有汉朝说、东晋说、六朝以至隋朝说。在西方，16世纪的丢勒以铜版画和木版画复制钢笔画，到17世纪，伦勃朗则把铜版画从镂刻法发展到腐蚀法，并进入到创作版画阶段。

## 漆画

漆画是以天然大漆为主要材料的绘画，依据其技法不同，漆画可分成刻漆、堆漆、雕漆、嵌漆、彩绘、磨漆等不同品种。

中国是世界上产漆最多、用漆最多的国家，漆画具有悠久的历史。浙江余姚河姆渡发掘的朱漆碗，已有7000年的历史。河南信阳长台关出土的漆瑟，彩绘有狩猎乐舞和神怪龙蛇等形象的漆画，也有2000余年的历史。著名的还有湖南长沙马王堆出土的汉代漆棺上的漆画、山西大同司马金龙墓漆屏风画以及明清大量的屏风漆画等。

## 水彩画

水彩画是艺术实践的一种手法。水彩画本身的清爽神俊、浓淡相宜，都具备潇洒风雅的格调。水彩画颜色的透明性，重色彩技法，干湿技法运用，使画面显得水乳交融，带着令人陶醉的特殊风韵。

作为艺术创作活动的一种形式，水彩画具有两个基本特征：一是画面大多具有通透的视觉感觉；二是绘画过程中水的流动性。由此造成了水彩画不同于其他画种的外表风貌和创作技法的区别。颜料的透明性使水彩画产生一种明澈的表面效果，而水的流动性则会生出淋漓酣畅、自然洒脱的意趣。

## 文艺复兴中的"美术三杰"

文艺复兴时期的艺术，绚丽多彩，成果辉煌，出现了前所未有的繁荣。其中达·芬奇、米开朗琪罗和拉斐尔就是这个时代的巨人，被誉为"艺术三杰"。在他们身上，最充分、最完美地体现了那个时代的艺术理想。他们的作品代表了文艺复兴时代最成熟、最辉煌的艺术成就。

达·芬奇（1452~1519年），多才多艺、知识渊博，他不仅是杰出的画家，还是雕塑家和建筑师、解剖学家和博物学家。他的代表著作有《最后的晚餐》和《蒙娜丽莎》。

米开朗琪罗（1475~1564年），著名的雕塑家。他的绘画和雕刻作品，都雄伟有力，充满着旺盛的战斗精神。其代表作有《大卫》和《摩西》。

拉斐尔（1483~1520年），绘画风格秀美，以绘出无数圣母像而见著。他把基督教的神与古典的美统一起来，创造出的圣母形象已远非中世纪那种威严的女王，而是典范的温柔母性。其代表作是《西斯廷圣母》。

## 提香

提香（1477~1576年），意大利文艺复兴时期的肖像画大师，威尼斯画派代表人物。他师从乔凡尼·贝里尼，并受乔尔乔涅的影响。1533年，神圣罗马帝国皇帝查理五世封他为"皇帝的画像师"，并授以贵族称号。

青年时代，提香在人文主义思想的主导下，继承和发展了威尼斯派的绘画艺术，把油画的色彩、造型和笔触的运用推进到新的阶段，画中所含的情感饱满而深刻。作为乔尔乔涅的助手协助其完成《睡着的维纳斯》后面的风景。在宗教画《纳税银》和《圣母升天》中反映了新兴资产阶级的道德观念。《爱神节》、《酒神与阿丽亚德尼公主》等神话题材的作品，洋溢着欢欣的情调和旺盛的生命力。

提香的肖像画能揭示人物内心世界。其中年画风细致，稳健有力，色彩明亮；晚年则笔势豪放，色调单纯而富于变化。在油画技法和绘画风格上对后期欧洲油画的发展有较大影响。其代表作有《天上的爱与人间的爱》、《圣母升天》、《基督下葬》、《酒神祭》等。

## 瓦萨里

瓦萨里（1511~1574年），文艺复兴时期意大利的画家和雕刻家。

瓦萨里年幼即被派往佛罗伦萨学艺，晚年任大公爵科西莫一世的宫廷建筑师及画师时影响巨大。他博闻强识，绘画、建筑兼工，艺术上崇拜米开朗琪罗，但他的艺术风格杂芜，追求形式主义，属于样式主义流派。

1550年，瓦萨里发表了西方第一部艺术史专著——《艺苑名人传》，长达100余万言，详述了自契马布耶以来的画家、建筑师及雕刻家的成就和创作风格；书中正式使用"文艺复兴"一词，并提出可按14、15、16世纪划分新美术发展的3个阶段，是有关意大利文艺复兴美术的最重要的理论，对后世影响很大。因此，人们称瓦萨里为"西方艺术史之父"。

## 尼古拉斯·普桑

尼古拉斯·普桑（1594~1665年），17世纪法国巴洛克时期重要画家，17世纪法国古典主义绘画的奠基人，"学院派"的先驱者，他在法国17世纪画坛的至高无上的地位无与伦比，被称为"法国绘画之父"。《阿卡迪亚的牧人》为其重要代表作。

普桑的艺术生涯几乎是在意大利度过，他的一生有过欢乐，也有过绝望，但不管是在哪一个时期，他始终是理性的。普桑的理想是崇高的，但和严酷的现实是矛盾的。他采用寓意和曲折的古典艺术表现手法去谴责一切非理性和丑恶现象，作品具有积极意义，但他的艺术创作也有不可避免的局限性。他的艺术对后代的法国画家产生巨大的影响，塞尚说："每次我从普桑那儿回来，我便更了解我是谁。"

## 塞尚

塞尚（1839~1906年），后期印象画派的代表人物，是印象派到立体主义派之间的重要画家。塞尚认为"线是不存在的，明暗也不存在，只存在色彩之间的对比。物象的体积是从色调准确的相互关系中表现出来的"。他的作品大都是他自己艺术思想的体现，表现出结实的几何体感，忽略物体的质感及造型的准确性，强调厚重、沉稳的体积感，以及物体之间的整体关系。被尊称为"现代艺术之父"。毕生追求表现形式，对运用色彩、造型有新的创造，被称为"现代绘画之父"。

## 凡·高

凡·高（1853~1890年），后期印象画派代表，19世纪人类最杰出的艺术家之一。他大胆创新，在广泛学习前辈画家伦勃朗等人的基础上，吸收印象派画家在色彩方面的经验，并受到东方艺术，特别是日本版画的影响，形成了自己独特的艺术风格，创作出许多洋溢着生活激情、富于人道主义精神的作品，表现了他心中的苦闷、哀伤、同情和希望，至今享誉世界。代表作有《星月夜》、《向日葵》等。

## 毕加索

法国现代画派的主要代表。1881年10月25日出生于西班牙一个美术教师家庭。他自小在父亲指导下画画，8岁完成第一件油画作品。14岁进巴塞罗那美术学校学习，颇有神童之风。16岁进入马德里圣费南多美术学院就读。19岁时他来到巴黎。20岁时毕加索以蓝色调作画，开始蓝色时期。21岁完成"蓝色自画像"。1904年定居于巴黎，创作《洗衣船》，开始粉红色时期。24岁以马戏团题材创作《卖艺人家》等。26岁创作《亚维农的少女》。1937年创作《格尔尼卡》。1944年加入法国共产党。1950年获列宁和平奖章。1973年4月8日逝世。毕加索是一位最富有创造性的艺术家，除去绘画以外，还涉及到雕塑、陶艺、书籍装帧等方面。他的作品约达6万件，仅油画就有1万件以上。他对20世纪的艺术家都产生过很大的影响。

## 《维纳斯的诞生》

《维纳斯的诞生》是波提切利的代表作。表现女神维纳斯从爱琴海中浮水而出，风神、花神迎送于左右的情景。

构图单纯，全画以裸体的维纳斯女神为中心。画面上人物的体态和衣纹表现十分出色，人物与自然背景也达到巧妙的统一和谐，维纳斯是那样无动于衷地以羞怯和幽怨的感情对待一切，她对于生活的未来不是充满乐观的信心，而是感到惆怅和迷惑，整幅画强调了秀美与清纯的风格，同时也具有含蓄之美。

## 《最后的晚餐》

《最后的晚餐》是达·芬奇最负盛名之作。作品题材取自圣经故事。犹大向官府告密，基督在即将被捕前，与十二门徒共进晚餐，席间基督镇定地说出了有人出卖他的消息。此作就是基督说出这一句话时的情景。

画面利用透视原理，使观众感觉房间随画面作了自然延伸。为了构图，达·芬奇画笔下的人物坐得比正常就餐的距离更近，并且分成四组，在耶稣周围形成波浪状的层次。越靠近耶稣的门徒显得越激动。耶稣坐在正中间，他摊开双手镇定自若，和周围紧张的门徒形成鲜明的对比。耶稣背后的门外是祥和的景象，明亮的天空在他头上仿佛一道光环。他的双眼注视画外，仿佛看穿了世间的一切。

## 《蒙娜丽莎》

《蒙娜丽莎》是意大利画家达·芬奇的名作。500多年来，这幅油画成为西方女性肖像画的经典之作。

它代表达·芬奇的最高艺术成就。画中人物坐姿优雅，笑容微妙，背景山水幽深茫茫，淋漓尽致地发挥了画家那奇特的烟雾状"空气透视"般的笔法。画家力图使人物丰富的内心感情和美丽的外形达到巧妙的结合，对于人像面容中眼角、唇边等表露感情的关键部位，也特别着重掌握精确与含蓄的辩证关系，达到神韵之境，从而使蒙娜丽莎的微笑具有一种神秘莫测的千古奇韵，那如梦似的妩媚微笑，被不少美术史家称为"神秘的微笑"。

## 《梅杜萨之筏》

《梅杜萨之筏》是法国画家籍里柯闻名世界的油画。它真实地反映了"梅杜萨"号战舰发生的惨案。1918年春，《梅杜萨之筏》首次在巴黎展出即引起轰动。

1815年，拿破仑百日政变失败后，刚刚复辟的路易十八王朝就迫不及待地着手重新占领殖民地，派施马茨为塞内加尔总督。送总督赴任的是三桅战舰"梅杜萨"。这条战舰于1816年6月17日扬帆起航，舰上共有180人。舰长德肖马雷是个死硬的王党分子，是个不懂装懂的家伙。"梅杜萨"号战舰航行不久，他就把航线搞错了，结果导致战舰撞上暗礁。总督和舰长德肖马雷商量弃舰逃命：舰长、总督、军官坐救生艇；士兵等扎木筏。命令下达，全舰哗然，士兵动手抢夺救生艇和钱财。总督见状下令镇压抢劫者后，他和舰长及高级军官33人分乘6条救生艇逃命。而147名士兵却挤在危险的木筏上。

为了生存，有的士兵在筏上厮杀而丧生；有的经不住精神、肉体的折磨，纵身投海……仅仅2个夜晚，筏上的士兵就死亡60余人。幸存者吞食着同伴的皮肉充饥，或嚼着皮带、布衣果腹。7月9日夜，木筏上的士兵为了争夺一口袋首饰发生火并。10日，木筏上只剩下27人。他们留下充饥的尸体后，将其他尸体全部推进大海。7月17日，海上漂流的木筏上，只剩下15人了。他们看到海天之际露出了一桅白帆，这白帆是总督逃命上岸后，派船来取"梅杜萨"号上的9万法郎的，并非是来援救遇难的士兵的。

26岁的籍里柯以此为题，创作一张饱含激情和想象力的画，再现了那惊心动魄的场面。他用了18个月的时间终于创作出了震动法国、影响欧洲的《梅杜萨之筏》这幅"写实"的巨画。

## 《日出·印象》

《日出·印象》是著名的印象派画家莫奈的代表作，也是印象主义绘画的开山之作，它标志着印象派绘画的产生。

《日出·印象》是莫奈于1872年在阿弗尔港口画的一幅写生画。描绘的是日出时，在晨雾笼罩中的港口景象。在由淡紫、微红、蓝灰和橙黄等色组成的色调中，一轮生机勃勃的红日拖着海水中一缕橙黄色的波光，冉冉升起。海水、天空、景物在轻松的笔调中，交错渗透，浑然一体。近海中的3只小船，在薄雾中渐渐变得模糊不清，远处的建筑、港口、吊车、船舶、桅杆等也都在晨曦中朦胧隐现。

莫奈在同一地点还画了一张《日落》，在送往首届印象派画展时，两幅画都没有标题。一名新闻记者讽刺莫奈的画是"对美与真实的否定，只能给人一种印象"。莫奈于是就给这幅画起了个题目——《日出·印象》。它作为一幅海景写生画，整个画面笼罩在稀薄的灰色调中，笔触非常随意、凌乱，展示出一种雾气交融的景象。日出时，海上雾气迷蒙，水中反射着天空和太阳的颜色。岸上景物隐隐约约，模模糊糊看不清，给人一种瞬间的感受。

## 《向日葵》

荷兰画家凡·高，后印象主义代表作家之一，一生画有800幅油画，700幅素描，可生前只出售过一幅《红色的葡萄园》。

《向日葵》是凡·高在法国南方时画的。南方阳光的灿烂令画家狂喜，他用黄色画了一系列静物，来表达内心的感受，《向日葵》便是这时的代表作。

画家以短暂的笔触把向日葵的黄色画得极其刺眼，每朵花如燃烧的火焰一般，细碎的花瓣和葵叶像火苗一样布满画面，整幅画尤如燃遍画布的火焰，显出画家狂热般的生命激情。

凡·高画有7幅同样题材的《向日葵》油画，一幅比一幅辉煌。分别被慕尼黑的美术馆、伦敦的国家画廊、阿姆斯特丹的凡·高博物馆、费城博物馆等博物馆收藏，只有一幅在私人手里。

## 断臂维纳斯

断臂的维纳斯又称"米洛斯的阿佛洛狄忒"、"米洛斯的维纳斯"等。

从雕像被发现的第一天起，就被公认为是迄今为止希腊女性雕像中最美的一尊。爱神的身材端庄秀丽，肌肤丰腴，美丽的椭圆形面庞，希腊式挺直的鼻梁，平坦的前额和丰满的下巴，平静的面容，流露出希腊雕塑艺术鼎盛时期沿袭下来的理想化传统。她那微微扭转的姿势，使半裸的身体构成了一个十分和谐而优美的螺旋形上升体态，富有音乐的韵律感，充满了巨大的魅力。

雕像没有追求纤小细腻，而是采用了简洁的艺术处理手法，体现了人体的青春、美和内心所蕴含的美德。整尊雕像无论从任何角度欣赏，都能发现一种统一而独特的美。

## 大卫

《大卫》是米开朗琪罗最杰出的作品。

大卫是《圣经》中的少年英雄，曾经杀死侵略犹太的非利士巨人哥利亚，保卫了祖国的城市和人民。米开朗琪罗没有沿用前人表现大卫战胜敌人后将敌人头颅踩在脚下的场景，而是选择了大卫迎接战斗时的状态。在这件作品中，大卫是一个肌肉发达，体格匀称的青年壮士形象。他充满自信地站立着，英姿飒爽，左手抓住投石带，右手下垂，头向左侧转动着，面容英俊，炯炯有神的双眼凝视着远方，仿佛正在向地平线的远处搜索着敌人,随时准备投入一场新的战斗。大卫体格雄伟健美,神态勇敢坚强,身体、脸部的肌肉紧张而饱满,体现着外在和内在理想化的全部男性美。被认为是西方美术史上最值得夸耀的男性人体雕像之一。

## 罗马式建筑

罗马式建筑是10~12世纪欧洲基督教地区流行的一种建筑风格,多见于修道院和教堂。

罗马式建筑一般是在窗、门和拱廊上广泛采用半圆形拱顶,以这种桶状拱顶和交叉拱顶作为内部支撑,可使建筑物牢固而美观。这种建筑艺术风格广泛用于桥梁、高架渠、大圆形竞技场以及凯旋门等建筑中。罗马广场附近的君士坦丁凯旋门就是一座很有代表性的拱形建筑。

欧洲中世纪初期,基督教建造的教堂也广泛采用拱门圆顶,因为它可以使建筑达到柱梁结构不能达到的跨度。罗马式建筑风格在11世纪前后发展到高峰,曾传播到德意志、诺曼底和英格兰。著名的罗马式建筑有意大利比萨主教堂建筑群、德国沃尔姆斯主教堂等。

## 哥特式建筑

哥特式建筑是12~16世纪初期欧洲出现的一种以新型建筑为主的艺术。

"哥特"一词来源于古代欧洲的哥特族。哥特式教堂保持了罗马式的十字形建筑平面,但它用尖的和斜脊的屋顶代替了罗马式的圆顶,在墙壁外面用大石柱强固墙壁,以承受斜脊屋的横推力。教堂内部是框架式的结构柱,窗子占满了支柱间的整个面积,而支柱又全部由垂直线条组成,几乎没有墙面。哥特式建筑的表形高而直尖,显得巍峨飞耸,直刺青天,具有强烈的向上动势。反映了基督教盛行的时代观念和中世纪城市发展的物质文化面貌。代表作品有法国的巴黎圣母院、德国的科隆教堂、英国的林肯教堂、意大利的米兰教堂等。

## 洛可可建筑

洛可可建筑是继法国古典主义建筑之后出现的一种建筑风格。是在巴洛克式建筑的基础上发展起来的。

洛可可一词由法语ro-caille(贝壳工艺)演化而来,原义为建筑装饰中一种贝壳形图案。1699年,建筑师、装饰艺术家马尔列在金氏府邸的装饰设计中大量采用这种曲线形的贝壳纹样,由此而得名。

洛可可建筑不追求所谓的捧场而求实惠,关心的是方便和舒适。室内装饰上采用了自然主义的倾向,喜欢在墙上嵌大量镜子,铺绸缎,挂晶体玻璃的吊灯,陈设瓷器,大量使用金色,使室内闪烁着光泽。法国洛可可艺术的杰出范例是法国巴黎苏比斯府第和德国波茨坦无愁宫。

## 文艺复兴建筑

文艺复兴建筑是欧洲建筑史上继哥特式建筑之后出现的一种建筑风格。意大利文艺复兴建筑在文艺复兴建筑中占有最重要的位置。起源于意大利佛罗伦萨。在理论上以文艺复兴思潮为基础;在造型上排斥象征神权至上的哥特建筑风格,提倡复兴古罗马时期的建筑形式,特别是古典柱式比例、半圆形拱券、以穹隆为中心的建筑形体等。

它在建筑技术、规模和类型,以及建筑手法上都有很大的发展,无论是建筑空间、建筑构件还是建筑外形装饰,都体现一种秩序、一种规律、一种统一的空间概念,一切都被理性的精神统治着。当时,意大利及欧洲各国先后涌现了许多名师巧匠,代表建筑有佛罗伦萨主教堂、圣彼得大教堂等。

## 巴洛克式建筑

巴洛克式建筑产生于17世纪的意大利。

巴洛克一词的原义是奇异古怪,这种风格在反对僵化的古典形式、追求自由奔放的格调和表达世俗情趣等方面起了重要作用。

它突破了文艺复兴和后来古典主义的常规,采取了双柱或三柱为一组的、节奏不规则的跳动的形式,开间变化很大,突出垂直分划,墙面上做出深深的壁龛,有意造成反常出奇的新形式。并且喜欢大量地使用壁画和雕刻,常常将人体雕刻渗透到建筑中去,以显示富丽堂皇的形象。代表建筑有罗马耶稣会教堂、罗马圣卡罗教堂、罗马圣伊沃教堂等。

# 音乐舞蹈篇

## 古琴

琴又称瑶琴、玉琴、绿绮，现代一般称为古琴、七弦琴。琴历来被认为是高雅的艺术，古人常以"琴、棋、书、画"并称，把它看作是君子必备的文化修养，因此中国文人多擅弹琴，如孔子、嵇康、欧阳修等。

琴在中国至少已有3000多年的历史，现在考古发现的最早实物，是湖北随县出土的战国初期的10弦古琴和湖南长沙马王堆出土的7弦汉琴。琴的全身为扁长共鸣箱，面板多用梧桐木制作。琴头有承弦的岳山，琴尾有承弦的龙龈和护琴的焦尾，整个显得宽头窄尾。在面板的外侧有13个圆点状的徽，它是音位和泛音的标志，一般由贝壳制成。琴上有7弦，古代用丝弦制成。琴的声音清脆悦耳，表现力强。传说伯牙志在山水的时候琴声能"峨峨兮若泰山，洋洋兮若江河"，遇雨心悲的时候还能"为霖雨之操，更造崩山之音"，琴的表现力可见一斑。琴有独奏、琴箫合奏、琴歌、雅乐合奏4种传统的演奏形式。著名的琴曲有《流水》、《酒狂》、《广陵散》等。

## 编钟

编钟又叫歌钟，是中国古代一种重要的打击乐器，是钟的一种，由若干个大小不一的钟按照音阶有序地排列悬挂在木架上而构成的，每个钟的音高各不相同。编钟的历史能够上溯到3500年前的商代，但当时编钟较为简单，多见的是三枚一套。后来整套编钟的数量开始不断增加，形成较大的规模。

古代的编钟是帝王和贵族专用的乐器，是等级与地位的象征，多用于宫廷演奏。每逢重大事件如征战、朝见或祭祀等活动时进行演奏。1978年从湖北省随州市西郊曾侯乙墓出土了一套曾侯乙编钟。这套编钟的音域可以达到5个八度，音阶结构基本上与现代的C大调七声音阶接近。它规模宏大，制作精美，整套共65件，其中有19件钮钟，45件甬钟以及一件镈钟，总重达2500多千克。全套钟保存完好，可随意拆卸。钟上有大量关于音乐知识的篆体铭文，这些铭文是研究先秦音乐史的珍贵文字资料。经专家演奏测试，曾侯乙编钟的音响已构成倍低、低、中、高4个色彩区，能演奏任何音阶的乐曲，同时能够胜任采用和声、复调以及转调手法的乐曲，称得上是音乐奇迹。编钟是中国古代音乐艺术和青铜铸造工艺的完美结合，令世人无法不为中国古代音乐辉煌的成就而惊叹。

## 磬

磬是一种中国古代的石制打击乐器，通常悬挂在架子上，演奏时用木锤敲击，可发出悦耳动听的鸣响。磬的历史非常悠久，出现年代可追溯到母系氏族社会，也叫作"石"、"鸣球"等。当时的人们常常会在猎取劳动成果后，敲击石头，以其清脆悦耳的声音来烘托气氛。这就是磬最初的原型。磬出现以后，被广泛用于历代统治者的各种宫廷场合的音乐中。

磬拥有非常古朴的造型和精美的外观。按照它的使用场所和演奏方式，可分为特磬和编磬两种。特磬专门用于皇帝祭祀时的演奏，编磬由若干个磬编成一组而成，挂在木架上进行演奏，主要在宫廷音乐中使用。寺庙中也使用磬。在出土曾侯乙编钟的曾侯乙墓中，出土了有古代楚文化特点的编磬32枚。这套完整的编磬是用石灰石、青石和玉石制成的，悬挂在青铜磬架上，共分两层，具有清脆响亮的音色。相关部门曾经制作出曾侯乙编磬的复制品，严格按照原件的规格和形制进行制作，验证了编磬动听的音色。磬是中国音乐史上独特的一种乐器，古老而优美。

## 箜篌

箜篌历史悠久，是中国古老的弹拨乐器，又称"坎侯"。早在春秋战国时期，就已经出现了箜篌的雏形。盛唐时期，箜篌的演奏技艺随着经济文化的飞速发展达到了相当高的水平。古代的箜篌既是宫廷乐队使用的乐器，也是深受民间喜爱的乐器，一度广为流传。箜篌还曾经传入日本、朝鲜等邻国，并受到人们的喜爱。在日本东良大寺的寺院中，至今还保存着两架中国唐代的箜篌残品。中国古代流传的箜篌主要分为卧式箜篌和立式竖箜篌两种，后来又出现了雁柱箜篌。竖箜篌的形状像半截弓背，在向上弯曲的曲木上设曲形共鸣槽，整体结构中还有脚柱和肋木支撑着20多条弦。演奏时演奏者将箜篌竖抱于怀，从两面用双手的拇指和食指同时弹奏，这个弹奏姿势，唐人称之为"擎箜篌"。新型的雁柱箜篌是仿照古代立式竖箜篌的基本造型，在其基础上改进研制而成。其外形近似于西洋竖琴，不同的是它有两排琴弦，每排有36根弦，每根弦都是由人字形的弦柱支撑，看上去，这种箜篌的形态比较像天空中飞翔的雁阵队形，所以得名为"雁柱箜篌"。箜篌拥有宽广的音域和柔美的音色，表现力丰富，既能演奏旋律，也能很好地演奏和弦。

## 古筝

古筝是中国一种具有优美音色和丰富表现力的民族拨弦乐器。它有着悠久的历史，早在战国时期，古筝就在秦国流行，所以它又被称为"秦筝"。古筝的流传甚广，从岭南至内蒙，几乎遍及整个中国。最初的古筝是从战国时期一种竹制的五弦乐器演变而来，秦汉时期，五弦发展为12弦，隋唐时期为13弦，元明时期为14弦，清代时期为16弦。后经改良，由17、19弦不等而发展到21~25弦，筝弦也由原来的丝弦改为钢丝弦等。这样，古筝的音域和表现力得到很大提高，深受人们欢迎。它既可用作独奏、重奏、合奏，也可用作戏曲、曲艺和舞蹈等的伴奏。古筝的音色清越、高洁、典雅，委婉动听，具有一种幽远的神韵。轻拂宛如行云流水，重扫势若山崩海啸。它既能细致微妙地刻画人们的内心感情，也能描绘激动人心的壮观场面；无论是如泣如诉，还是慷慨激昂，或是激越高歌与浅声吟唱它都可以表现得淋漓尽致。左手的揉、按、点等手法尤能体现古筝的音韵特色。

古筝在长期的流传过程中，与当地戏曲、说唱和民间音乐相融汇，形成了各种具有浓郁地方风格的流派。传统的筝乐被分成南北两派，其中以陕西、山东、河南和客家筝曲最为著名。《渔舟唱晚》和《汉宫秋月》是古筝中的名曲。

## 琵琶

琵琶是一种历史悠久的常用弹拨乐器。秦朝时，在民间流传着一种圆形的、带有长柄的乐器。弹奏这种乐器主要有两种方法：向前弹叫"批"，向后挑起叫"把"，当时人们就把它叫作"批把"，后来改称为琵琶。当时的琵琶形状为直颈，圆形音箱，音位和弦数不固定。南北朝时，从西域地区传入一种曲项琵琶，其形状为曲颈，梨形音箱，有四柱四弦。人们就把它和中国的琵琶结合起来，制成了一种新式曲颈琵琶。到了唐代，琵琶从制作到演奏上都得到了很大的发展。琵琶构造方面的改变是把原来的4个音位增至16个，同时把琵琶颈部加宽，下部共鸣箱变窄。在演奏方法上改横抱演奏为竖抱演奏，改拨子演奏为手指直接演奏。此后，琵琶的制作和演奏技法不断得到改进，最后形成如今的四相十三品和六相二十四品两种琵琶。

琵琶音域广阔，演奏技巧丰富繁多，具有丰富的音乐表现力。适合琵琶演奏的曲风有多种，基本上有文曲、武曲、大曲3种。文曲以抒情为主，曲调柔美，代表曲目如《春江花月夜》、《汉宫秋月》等。武曲则风格豪放，《十面埋伏》、《霸王卸甲》等都是其代表作。大曲的曲调以活跃、欢畅为主。

## 笛子

笛是中国最古老的乐器之一，早在8000年前的远古时期，中国就已经出现了用鸟禽肢骨制成的竖吹骨笛。横笛大概在汉朝时出现，相传是在汉武帝时张骞从西域传入，当时叫作"横吹"，是鼓吹乐的重要乐器，以竹制成。秦汉后，笛子成为竖吹的箫和横吹的笛的共同名称，这种状况一直延续到唐代。宋元时期，笛成为词曲和曲艺伴奏的重要乐器。

笛子的声音具有悠扬、婉转的特点，容易给人以一种缠绵思乡的感觉。唐代诗人李白曾经写过这样的诗句："谁家玉笛暗飞声，散入春风满洛城。此夜曲中闻折柳，何人不起故园情。"李益也有诗云："回乐峰前沙似雪，受降城外月如霜。不知何处吹芦管（芦笛），一夜征人尽望乡。"充分显示了笛声动人的艺术魅力。

笛的品种有很多，其中使用最为普遍的是曲笛和梆笛。曲笛又叫苏笛，因伴奏昆曲和盛产于苏州而得名。曲笛管身粗长，音色柔和，善于表现江南的柔婉情致。梆笛以伴奏梆子类戏曲得名，管身细短，音色明亮，善于表现北方的刚健气质。

## 箫

"黄河远上白云间，一片孤城万仞山。羌笛何须怨杨柳，春风不度玉门关。"这是著名诗人王之涣的《出塞》，也是唐代七绝的压卷之作。诗中幽怨的羌笛，就是现在人们所说的箫。箫原称"洞箫"，是中国古老的吹奏乐器之一。箫和笛一样，都是源于远古时期的骨哨。因此很长一段时间人们把箫称作笛，直到唐代，两者才开始分离，横吹为笛，竖吹为箫。箫的音量较小、音色轻柔，比笛声更有一股缠绵不尽的幽怨之意，因此箫比较适于独奏和重奏。著名的独奏曲目有《鹧鸪飞》、《妆台秋思》、《柳摇金》等，另有琴箫合奏曲《梅花三弄》、《平沙落雁》等。

## 二胡

二胡是唐代由西域胡人传过来的弦乐器，来自北方的奚部落，因此又称"胡琴"。后来，胡琴发展出了二胡、中胡、京胡、坠胡、板胡等十几个品种，二胡就是其中比较重要的一种。二胡基本上都是木质的，整体由琴杆、琴筒、琴轴等基本部件构成。二胡的琴筒有圆形、六角形等多种形状，琴筒的一端蒙有蛇皮或蟒皮，另一端则设置雕花的音窗。在乐队中，二胡作用很大，它既能独奏，也适合合奏。既能演奏风格细腻深沉、柔美抒情的乐曲，也能够演奏风格欢快活泼的乐曲，有非常丰富的表现力和艺术感染力。无锡民间艺人阿炳创作的《二泉映月》，是中国著名的二胡曲，这首乐曲饱含着作者悲伤的命运和内心的疾苦和希望，具有强烈的艺术感染力。

## 六代乐舞

宫廷雅乐在周朝的代表作品当数"六代之乐"：《云门》、《咸池》、《大韶》、《大夏》、《大濩》、《大武》。由于它们都是歌舞乐三位一体，又称为"六舞"。

第一代乐舞：《云门》，歌颂黄帝的丰功伟绩，以黄帝所在氏族的图腾为云彩而得名。第二代乐舞：《咸池》，亦称《大咸》，表现了祭奠祖先和祈求祖先保佑的内容。之所以叫《咸池》，是因为在神话传说中，咸池是日落之地，也是祖先亡灵栖息的地方。第三代乐舞：《大韶》，简称《韶》，因以排箫为主要伴奏乐器，又名《箫韶》，传说是舜时代的宗教性乐舞，该乐舞有九次变化，歌也有九段，在后世又被称为《九歌》。它是远古时期最为著名的乐舞，孔子在齐国听《韶》乐之后"三月不知肉味"，并赞叹道，"韶尽美矣，又尽善也"，尽善尽美的成语由此得来。

第四代乐舞：夏时的《大夏》，主要歌颂大禹治水的功绩。这个乐舞也有九段，用籥伴奏，又称作"夏籥九成。"第五代乐舞：《大濩》是赞颂商代君王成汤伐桀的功绩。"濩"本是指用音乐舞蹈形式祭祀祖先的巫术活动，后来将这类巫术活动中表演的音乐舞蹈专称为"濩乐"。《大濩》表演时场面壮观、气势宏大，集商朝乐舞之大成。第六代乐舞：周朝的《大武》，歌颂周武王讨伐商纣的胜利。《大武》是这一时期宫廷歌舞的最高典范，在表演时，舞分六场，乐也分六章。这些歌曲的唱词，被收集在《诗经》的《周颂》中。

六代之乐是当时宫廷最具权威性的祭祀礼乐，也是"乐教"的经典教材。周朝的"大司乐"，就是专门设立的音乐教育机构的总长官。下面有高、中、下三级乐官和乐工，等级分明，职责明确，构成了系统地管理和排演礼乐、教习礼乐的机构。

## 雅乐

"雅乐"就是"优雅的音乐"的意思，是中国古代的宫廷音乐，用于祭祀天地、祭祀祖先、朝贺、宴享等各种仪式典礼中。西周建立后，周公制礼作乐，其中一部分就是雅乐。周朝把礼、乐、刑、政并列，政权、法律、礼仪和雅乐构成了西周奴隶主贵族统治的支柱。《周礼》所记载的周朝的各种贵族礼仪中与雅乐有关的有：郊社（祭天地神明的祭典）、尝禘（贵族祭其祖先的祭典）、食飨（政治上外交上的宴会等，包括大飨、燕礼、大射、养老等）、乡射（乡里中官僚和地主们比射的集会）、王师大献（战争胜利时举行的凯旋庆典）、行军田役（用于军事演习性质的狩猎）。它的主要目的是使参加典礼的贵族受到教育和感化。雅乐的歌词大都载于《诗经》中的"大雅"、"小雅"和"颂"中。雅乐的主要乐器是编钟和编磬，其他乐器还有特钟、特磬、柷、敔、古琴、搏拊、埙等。随着周朝的衰落和社会的发展，民间的俗乐逐渐取代了雅乐。

## 诗乐

诗乐就是《诗经》所用的音乐。《诗经》不仅奠定了中国古代文学现实主义的基础，而且在当时都是歌曲，是中国古代最珍贵的艺术遗产之一。

《诗经》中"风"（国风）是"民俗歌谣之诗"；"大雅"是"会朝之乐，受厘陈戒之辞"；"小雅"是"燕飨之乐"；"颂"是"宗庙之乐歌"。风有十五国风，是各地的民歌，文学成就最高。雅分大雅、小雅，多为贵族祭祀、朝会、燕飨之诗歌，小雅中也有部分民歌。颂是宗庙祭祀时用的诗歌。《诗经》中的歌曲，在周朝非常流行。这些歌曲有歌唱的、合奏的，也有单项乐器演奏的。有些用乐器所奏曲目（"笙诗"）没有歌词，所以在《诗经》中只有篇名，称为"佚诗"。《诗经》中的歌曲是周朝贵族教育的主要科目，称诗、书、礼、乐"四术"。它在当时的社会生活中，占有很重要的地位。可惜的是由于时代久远，《诗经》的乐曲没有传留下来。后来，《诗经》被儒家奉为经典，成为《六经》之一。

## 楚声

楚声又称"楚调"或"南音"，指的是春秋战国秦汉时期楚地的音乐，也泛指长江中游、汉水流域至徐、淮间的音乐。南音一词始见于《左传》及《吕氏春秋》。现存的记载楚声歌词的有《接舆歌》、《沧浪歌》、《子文歌》、《楚人歌》等。

楚声的音乐形式，是楚词中的"少歌"、"倡"等歌曲结构用语，即插入歌曲中间部分的小段或单句。战国和两汉时期是楚声的极盛时期。当时楚国的流行歌曲有《下里巴人》、《阳阿》、《薤露》等。以屈原的《九歌》为代表的楚辞作品都是模仿楚国民间乐舞歌唱的形式而作的。汉高祖刘邦和他手下的许多大臣都是楚国人，非常喜欢楚声，在全国范围内大力提倡。刘邦的《大风歌》就是楚声。当时楚声不仅在汉朝宫廷，在民间也十分流行。六朝时，楚声还保存在琴曲中。唐朝以后，楚声失传。

## 燕乐

燕乐起初只是一种宴请宾客时专用的宫廷音乐，在周朝不受重视，一直到隋唐时期，它的地位才逐渐变得显要，并且最终取代雅乐，成为盛行一时的宫廷音乐。

燕乐主要是供人欣赏的，强调娱乐性和艺术性，因此隋唐燕乐大力吸收民间音乐，融合少数民族以及外来俗乐，形成了一种多元的宫廷新音乐。在隋朝初年，燕乐按音乐来源和乐队编制分为七种，即"七部乐"，到隋炀帝的时候又增加为九部。唐太宗时改为十部乐，包括燕乐（杂用中外音乐）、清商伎（传统音乐）、西凉伎、天竺伎、高丽伎、龟兹伎、安国伎、疏勒伎、康国伎、高昌伎。到唐玄宗时，又根据表演形式将十部乐归为坐部伎、立部伎两大类。坐部伎在室内坐奏，人数较少，音响清雅细腻，注重个人技巧；立部伎在室外立奏，人数较多，场面宏大、气氛热烈，有时还加入百戏等。在当时的宫廷音乐中，坐部伎地位最高，立部伎次之，雅乐地位最低。著名诗人白居易曾在《立部伎》中说："笙歌一声众侧耳，鼓笛万曲无人听。立部贱，坐部贵，坐部退为立部伎，击鼓吹笙和杂戏。立部又退何所任，始就乐悬操雅音。"可见在中唐时期，燕乐已经完全取代了雅乐的地位，成为宫廷音乐中绝对的主角。

唐代燕乐最突出的艺术成就是歌舞大曲。它是一种综合器乐、歌唱和舞蹈的多段结构的大型乐舞，由"散序"、"中序"和"破"三部分组成。其中散序由器乐演奏，无拍无歌，节奏自由；中序入拍歌唱，多为抒情慢板，由器乐伴奏；破是乐舞的高潮，以舞蹈为主，节奏逐步加快，最后在热烈的气氛中结束。著名的大曲有《绿腰》、《凉州》、《后庭花》、《霓裳羽衣曲》、《破阵乐》、《水调》等。

## 尽善尽美

尽善尽美是孔子的音乐观。孔子的思想核心是"仁"，提倡"仁"的音乐。孔子认为，尽善尽美的音乐就是"仁"的音乐。这个标准来自于孔子对《韶》乐的评价："《韶》尽美矣，又尽善也；谓《武》尽美矣，未尽善也。"孔安国注言道："《韶》，舜乐名也，谓以圣德受禅，故尽善也。《武》，武王乐也，以征伐取天下，故曰未尽善也。"意思是舜因为具有美德而受禅即位，故歌颂他的

《韶》乐尽美也尽善。周武王则是征伐商纣，以武力夺天下，故歌颂他武功的《武》尽美却未尽善。可见孔子评价音乐的标准有两个，一个是音乐表现内容的"善"，一个是音乐艺术形式的"美"。而"善"在两者之间又居于主要地位，这充分体现了儒家的音乐为政治服务的思想。此外，从孔子的这句话我们还可以看出儒家重视音乐内容与形式的统一，也就是要和谐。

## 乐与政通

中国古代的音乐理论丰富多彩，如孔子的"尽善尽美"，师旷的"乐与政通"，以及墨子的"非乐"等。但这些音乐理论十分零碎，没有形成各自成熟的体系。直到西汉《礼记·乐记》的出现，中国才开始有了比较系统的音乐理论和比较完善的音乐论著。

《乐记》开首就说："凡音之起，由人心生也。人心之动，物使之然也。"指出音乐的形成是"物动心感"，认为音乐是主观受到客观影响的结果，并突出了音乐是表现人们内心感情的，具有唯物论因素。《乐记》还指出音乐表达的是人们的真情实感，"夫乐者乐也，人情之所不免也"、"乐也者，情之不可变者也"、"唯乐不可以为伪"，强调音乐是真情的流露。在《乐本篇》中对"物动心感"的这一观点又作了进一步论述："乐者，音之所由生也，其本在人心之感于物也。是故其哀心感者，其声噍以杀；其乐心感者，其声啴以缓；其喜心感者，其声发以散；其怒心感者，其声粗以厉"，指出喜怒哀乐几种心情在音乐上具有不同的表现。正因为音乐这种情感化的特征，音乐可以反映民风民情。"是故治世之音安以乐，其政和；乱世之音怨以怒，其政乖；亡国之音哀以思，其民困。声音之道，与政通矣。"这就是贯穿全文的重要思想：乐与政通。

《乐记》作为儒家音乐思想的总结，继承和发扬了孔子等人的观点，认为音乐"可以善民心，其感人深，其移风易俗易"，具有教化人民的作用，因此《乐记》竭力提倡雅颂之声（雅乐），而反对郑卫之音（俗乐）。这种突出音乐教化作用的音乐观对后世影响很大。

## 声无哀乐

《礼记·乐记》之后，中国出现了一部独树一帜的音乐论著，它的观点与正统的儒家音乐思想背道而驰，反映了道家对音乐的影响。这就是著名的《声无哀乐论》，作者是三国魏晋时著名文学家、音乐家嵇康。

嵇康是魏晋名士，政治上他不与当权者合作，常常抨击时政；思想上他受老庄影响，提出了著名的"越名教而任自然"，反对儒家礼教的虚伪，崇尚自然之道，思想十分叛逆。这篇《声无哀乐论》就是他的叛逆思想在音乐理论上的表现。文章约七千字，作者假设一位论敌"秦客"（儒家）和"东野主人"（作者）就"声无哀乐"的命题进行八次辩难，有针对性地批驳儒家传统乐论，进而阐述自己的音乐思想。

文章开首秦客就提出正统的儒家音乐观点，认为音乐和社会风气有着密切的联系，音乐能表现人的哀乐。但嵇康却说："心之与声，明为二物。"即音乐是外界的客观事物，哀乐是人内心的主观感情，两者没有因果关系。嵇康认为音乐的本体是"和"，是"大小、单复、高埤、善恶（美丑）"的总和，并且"声音自当以善恶为主，则无关于哀乐；哀乐自当以情感而后发，则无系于声音"。意思是音乐只有美与不美，与人的哀乐无关；人的哀乐是有所感而后表露，与声音无关。

但是嵇康也没有否认音乐对人的情感起着诱导的作用。他认为人的哀乐是由于受到客观世界的影响才产生的，而音乐可以使之表现出来，使人感觉兴奋或安静，精神集中或分散。嵇康还指出人心所存在的感情不同，对音乐的理解也会相异，被音乐激发的情绪也不同。基于上述观点，嵇康认为音乐并不能起到移风易俗的作用，驳斥了儒家将音乐与政治等同，无视音乐艺术性的观点，在当时确实具有振聋发聩的作用，并由此开启了中国音乐除儒家音乐观念之外的另一股潮流。

## 二十四况

《溪山琴况》是《乐记》、《声无哀乐论》之后的中国又一部重要音乐美学论著。一般认为，《乐记》是儒家音乐思想的代表，重音乐的社会作用；《声无哀乐论》是老庄道家思想的代表，注重音乐的审美特征；而作于明末清初的《溪山琴况》，则吸收和融合了儒道释三家思想，是古代音乐美学的集大成之作。

《溪山琴况》是一部全面系统的琴学论著，作者是著名琴家徐上瀛。徐上瀛名珙，别号青山，是著名的古琴流派虞山派的传人。他不仅琴艺精湛，而且善于总结前人琴学理论。他在《溪山琴况》中提出了琴乐审美的二十四况，即"和、静、清、远、古、澹、恬、逸、雅、丽、亮、采、洁、润、圆、坚、宏、细、溜、健、轻、重、迟、速"。这24个字，不仅是对古琴审美特征的概括，而且几乎适用于所有的中国音乐。这二十四况大致可分为两类，前9况主要表示一种风格，后15况则是对琴音音质音色的特定要求。

二十四况中，"和"最重要，《琴况》开首就说琴："其所首重者，和也。""和"就是中和，讲节制，有分寸。这之后的"静"、"清"、"澹"等诸况都与之联系，体现了儒道释三家思想在音乐上的融合。

## 五声和七音

东汉学者郑玄在《史记·乐书·集解》中指出："宫、商、角、徵、羽，杂比曰音，单出曰声。""宫""商""角""徵""羽"，这几个字相当于今天简谱中的"12356"。中国传统采用的音阶，就是用这5个字表示的五声音阶，以及以此为基础的七声音阶。这5个音叫作正音，七声音阶中，除了这5个音外，再加上2个偏音。传统的七声音阶有3种，最常见的叫作正声音阶，也叫作"雅乐音阶"或"古音阶"，是由五个正音和"变徵"、"变宫"两声组成。"变徵"相当于简谱中的#4，"变宫"相当于简谱中的7。"变"在中国传统音乐理论中的意思是"低"。"变徵"、"变宫"就是比"徵"、"宫"低半个音的音。另外两种如下：一种是五个正音和"清角"、"变宫"的"下徵音阶"，也叫"清乐音阶"或"新音阶"；还有一种叫作"清商音阶"或"燕乐音阶"，由五个正音加"清角"与"清羽"构成。"清"在中国传统音乐理论中表示"高"，"清角"比"角"高半个音，"清羽"比"羽"高半个音。

"宫商角徵羽"来源于何时，现在还没有定论，但在春秋时各种典籍已记载了，所以可以推断它们的出现不迟于春秋，甚至可推到西周或者商代。

## 三分损益法

三分损益法，是中国古代制定音律时所用的生律法，最早见于《管子》："凡将起五音，凡首，先主一而三之，四开以合九九，以是生黄钟小素之首以成宫；三分而益之以一，为百有八，为徵；不无有三分而去其乘，适足以生商；有三分而复于其所，以是生羽；有三分去其乘，适足以是成角。"这段话的意思是：凡是要起奏五音声调，先确立一弦而对其进行三等分，经过四次三等分的推演以合九九八十一之数（即三的四次方），由此产生黄钟小素的音调，这个作为基准音的声调就是宫声；三除八十一而将其一份加在八十一上，得一百零八，就是徵声；不再用三除而令一百零八减去其三分之一，得数七十二，由此而成为商声；再用三除七十二，并加在它的原数上，得到九十六，就是羽声；对九十六进行三分再减去其三分之一，得数六十四，就产生角声。简单地说，三分损益法就是根据某一标准音的管长或弦长，依照三分之一的长度比例进行加减，从而推算出其余一系列音律的管长或弦长。三分损益包含"三分损一"和"三分益一"两层含义。三分损一是指将原有长度作三等分而减去一份，而三分益一则是指将原有长度作三等分而增添一份。两种方法交替、连续运用，各音律就相应而生。

## 十二平均律

十二平均律，也叫作"十二等程律"，是一种目前世界上通用的音乐律制，它把一组音分成12个半音音程，相邻两律之间的振动数之比完全相等。它是中国明代著名音乐理论家和数学家朱载堉创造出来的，他在乐理著作《律学新说》中，首次对十二平均律的理论进行了详细阐述，并在他的数学著作《嘉量算经》中，对十二平均律的数学演算进行了详细记述，这是他留给我们的珍贵文化遗产。

十二平均律用发音体的长度计算音高，假定黄钟的正律是1尺，通过计算得知低八度的音高弦长为2尺，然后对2开12次方，能够得到频率公比数，这个公比自乘12次后，就能够得到十二律中各律的音高，黄钟正好是各律的还原起点。通过这种方法，人们首次解决了十二律自由旋宫转调的难题，可谓是对世界音乐理论的重大贡献。

十二平均律还包括对乐音标准音高的阐述和相关法则和规律，借由这个原理，才能更为方便顺利地制造键盘乐器。钢琴键盘上的88个黑白键，就利用了这个原理。该理论的出现早于西方音乐家大约1个世纪。

## 工尺谱

工尺谱是中国古代的一种记谱形式，以

"工、尺"等字来对不同的音高符号命名是中国古代特有的记谱方法，是在管乐器的指法记号基础上演变而成的，大约诞生于隋唐。随着时代与音乐的变化和发展，也随着地区和乐种的不同，其记谱符号以及记写方式也不尽相同。明代中期以后，昆腔的流行带动了记谱法的推广和统一，工尺谱就在此过程中逐渐成为应用最广的一种谱式。

工尺谱的音高分别以上、尺、工、凡、六、五、乙代表现在音阶的1234567。其节奏符号，古代将其称为"板眼"。一般而言，板代表的是强拍，眼代表的是弱拍，板和眼基本上可以分为散板、流水板、一板一眼、一板三眼等多种形式。

清代乾嘉年间，出现了用工尺谱记写的管弦乐合奏总谱，这就是《弦索备考》。这部谱集共收入13首乐曲，又叫作"弦索十三套"。每首曲子都能用箫、笛、提琴等乐器进行演奏，它们各部工尺谱的音高、调号、节奏符号基本相同于常用工尺谱。这部乐谱的出现对全面记录民间音乐有很重要的意义，它是古代音乐人的心血结晶，更是中华民族音乐宝库中的珍贵财富。

## 李延年

李延年是汉朝著名的宫廷乐师。年轻时曾因触犯刑律而被处以腐刑，在宫中当管狗的太监，但后来却由于"性知音，善歌舞"，而受武帝的器重。李延年歌声动人，曾经在汉武帝面前赞美自己的妹妹："北方有佳人，绝世而独立，一顾倾人城，再顾倾人国，宁不知倾城与倾国，佳人难再得。"结果他的妹妹因此而受宠，被封为夫人，李延年也被封为掌管乐府的协律都尉，成为当时炙手可热的人物。不幸李夫人早逝，李家逐渐失宠，李延年也由于家人连累被杀。

李延年具有多方面的才能，除唱歌外，他还善于编曲创作，史称他"每为新声变曲，闻者莫不感动"。他曾经为司马相如等著名文人所写的19首郊祀歌词作曲，用于宫廷祭祀乐舞。他还对外来音乐进行加工创作，将张骞从西域带回的《摩柯兜勒》一曲改编为"新声二十八解"，用作仪仗队的军乐，为中国音乐的发展作出了卓越贡献。

## 赵飞燕

赵飞燕（？~前1年），原名宜主，本为长安宫人，家庭贫困，出生后父母将其遗弃，三天后见她还没有死去，才将其抚养起来。长大一些后，她被送到阳阿公主家做歌舞伎，逐渐显示出惊人的才艺，又因身轻如燕，而得号"飞燕"。一次，汉成帝造访阳阿公主，见到赵飞燕，十分欣赏，遂纳入宫中，先封为婕妤，再立为皇后，极其宠幸。赵飞燕姿容秀丽，身材轻盈，舞技出众，是中国古代最为知名的舞蹈家之一。传说她表演的一种舞蹈，手如拈花颤动，身形似风轻移，曼妙之极，堪称绝世而独立。对此，李白在赞美杨贵妃的《清平调》中曾写道："借问汉宫谁得似，可怜飞燕倚新妆。"绥和二年（公元前7年），汉成帝暴卒。太子刘欣即位，是为汉哀帝，赵飞燕被尊为皇太后。虽然赵飞燕曾经为祸后宫的恶劣行径备受群臣指斥，但是哀帝念及赵飞燕有恩于己，遂没有追究。六年后，哀帝驾崩，平帝即位。是时外戚王莽专权，下诏废其为庶人，赵飞燕随即自尽。

## 万宝常

隋唐时期由于音乐的全面繁荣，著名的音乐家多不胜数。其中著名的宫廷乐工万宝常，是当时不能不提的重要音乐家。万宝常原是南朝人，后应父亲触犯北齐法规，不满10岁的万宝常被"配为乐户"，一辈子只能当个地位低下的乐工。后来他师从音乐家祖珽，成为一个"妙达钟律，遍工八音"的音乐大家。万宝常曾撰写过《乐谱》64卷，并提出了有名的八十四调理论，即一个音律有七音阶，每个音阶上建立一个调，所以成为7个调。那么"十二律"即可得"八十四个音阶调式"。这一理论在隋朝并不受重视，直到唐朝，才被音乐界关注研究。万宝常的学说，为中国的音乐理论作出了突出贡献。此外，万宝常还使用水尺定音律，以代替传统的"管口校律"来调整乐器声音。

可惜万宝常生于乱世，一生经历四朝，并由于才能出众受到忌恨，终生未得重用。晚年他贫病交加，临死前将自己的著作付之一炬，这真是中国音乐界的一大损失。

## 李龟年

唐朝宫廷人才济济，李龟年是唐玄宗最为赏识的乐人之一。他和他的兄弟李彭年、李鹤年都以音乐闻名，其中又以李龟年最为有才。他能歌善舞，精通多种乐器，还善于作曲。王公贵族经常请他到府上表演，动辄以千金相赠。结果李氏兄弟在洛阳建造的宅第，规模甚至超过了公侯府第。"安史之乱"后，李龟年流落到江南，境遇十分凄惨。一次诗人杜甫偶然听到他的歌声，感叹不已，于是写下了著名的《江南逢李龟年》："岐王宅里寻常见，崔九堂前几度闻。正值江南好风景，落花时节又逢君。"

## 唐玄宗

唐玄宗是一位具有卓越政治才干的君主，著名的"开元盛世"就是由他开创的。更难得的是，他还多才多艺。《新唐书·礼乐志》中说他通晓音律，酷爱法曲，在坐部伎中挑选300人，组成了一个新的音乐机构——梨园。如果有人在演奏时发生错误，他必能察觉，并亲自纠正。唐玄宗精通多种乐器，尤擅羯鼓，曾被大臣宋璟誉为"头如青山峰，手如白雨点"。此外，唐玄宗还能创作乐曲，如《紫云回》、《龙池乐》、《凌波仙》、《得宝子》等。他根据印度《婆罗门曲》改编的歌舞大曲《霓裳羽衣曲》，被誉为中国歌舞音乐一颗璀璨的明珠。作为一位帝王音乐家，唐玄宗对唐代音乐的影响不可估量。尽管他晚年政治上出现失误，但正是由于他的积极倡导，唐代音乐才得以与各民族音乐文化进行融合。应该说唐代音乐的繁荣，唐玄宗功不可没。

## 杨贵妃

杨贵妃（719~756年），名玉环，出家时道号为"太真"，生于容州（今广西玉林容县）的一个官宦世家。开元二十二年（公元734年），杨玉环成为唐玄宗之子李瑁的王妃，即寿王妃。5年之后，玄宗初次见到杨玉环，深为她的美艳所迷，于是以为窦太后荐福的名义令杨玉环出家为道，5年之后守戒期满，诏令还俗，接入宫中，而后玄宗又将杨玉环册封为贵妃。

杨贵妃不仅具有倾国之姿，尚有绝人之艺，是唐代十分出色的宫廷音乐家和歌舞家，艺术才华在后宫之中实属罕见。《旧唐书·杨贵妃传》记载："太真姿质丰艳，善歌舞，通音律，智算过人，每倩盼承迎，动如上意。"

作为才华卓著的舞蹈家，她最擅长表演《霓裳羽衣舞》。据说，唐玄宗创作《霓裳羽衣曲》后，杨贵妃略略一看，便依韵而舞，舞姿翩迁，宛如天女散花，表现了一种缥缈神奇的意境，令玄宗兴奋不已。在对《霓裳羽衣曲》的配舞中，杨玉环既吸收了传统舞蹈的表现手法，又融合了西域舞艺的回旋动作，使整个舞蹈绰约多姿，飘忽轻柔，与乐曲达到了完美契合，成为唐代乐舞中的精品。杨贵妃起舞，唐玄宗曾亲自为其伴奏，观毕赞叹说，"方知回雪流风，可以回天转地"，可见杨玉环的舞艺之精湛。

杨玉环还精通胡旋舞，身段飘摇，翻跃如风，令人眼花缭乱。白居易的诗中说"中有太真外禄山，二人最道能胡旋"。安禄山是当时的胡旋舞高手，虽然身材肥胖，可是跳起胡旋舞，却可以飞快地旋转，令人目不暇接。后来安禄山发动叛乱，杨玉环命丧马嵬坡。

## 《乐律全书》

明朝著名的音乐家朱载堉是明代开国皇帝朱元璋的九世孙，明宗室郑恭王朱厚烷的儿子。他早年学习天文、算术，后来在历学和数学方面取得了很大的成就。同时，朱载堉还具有非凡的音乐才华。嘉靖年间，朱载堉由于家庭遭遇变故，被迫离开王府，在一间土屋里独居了19年，一心钻研音乐、数学和历学，并写成了集乐律、乐谱、乐经、舞谱、数学和历学为一身的综合性巨著《乐律全书》。

《乐律全书》中的《律吕精义》内外两篇，详细地阐述了他所创造的新法密率。新法密率也叫"十二平均律"，是一种将音乐中的八度音程均分为12个半音的中国古代律制。它在理论上解决了历代在旋宫问题上存在的矛盾，是音乐史上最早用等比级数音律系统阐明十二平均律的科学巨著。直到100多年后，德国音乐家威尔克迈斯特才提出相同的理论。

朱载堉在音乐上的另一成就是发明了校正律管（即用于定律的标准器）管口的方法——"异径管律"，它对解决管乐器的管口校正具有重要的意义。此外，朱载堉还改编了不少戏曲史料和民间曲调，在乐器的制作上也取得了一定的成就。

## 《高山流水》

《高山流水》大概是中国起源最早、影响最大的一首琴曲，取材于"伯牙鼓琴遇知音"的故事。文献如《列子·汤问》、《吕氏春秋·本味》中对此事都有记载，且经常为世人引用。故事说的是春秋战国时期的俞伯牙善于弹琴，而钟子期善听。伯牙弹琴志在高山，子期就说："妙啊，就像雄伟的泰山一样！"伯牙志在流水，钟子期就说："妙啊，就像烟波浩渺的江河一样！"每次伯牙弹奏，子期必能洞悉其心意，因此被伯牙视为知音。后钟子期不幸去世，俞伯牙非常悲痛，于是破琴绝弦，不再弹琴。

这个故事对后世的知音观念影响很大，更重要的是，它直接孕育了《高山流水》这首不朽的千古绝唱。不过现存的《高山流水》已经一分为二，变为《高山》和《流水》。在明清以后多种琴谱中，以清代唐彝铭所编《天闻阁琴谱》中所收川派琴家张孔山改编的《流水》最有名。他增加了以"滚、拂、绰、注"手法作流水声的第六段，成为最流行的谱本，后琴家多据此演奏。除琴曲外，《高山流水》还有筝曲。它同样取材于"伯牙鼓琴遇知音"的故事，只是风格与琴曲迥然不同。

## 《梅花三弄》

《梅花三弄》，又名《梅花引》、《玉妃引》，中国著名的古琴曲。明代朱权的《神奇秘谱》中记载，《梅花三弄》最早是东晋桓伊所奏的笛曲《梅花落》："桓伊出笛吹三弄梅花之调，高妙绝伦，后人入于琴。"在唐诗中也有对笛曲《梅花落》的描述，后改为琴曲。《梅花三弄》表现的主题因时代而有所不同。南朝至唐的笛曲《梅花落》大都表现离愁别绪，明清时的琴曲《梅花三弄》表现的是梅花傲雪凌霜、坚贞不屈的节操与品质。"梅为花之最清，琴为声之最清，以最清之声写最清之物，宜其有凌霜音韵也""三弄之意，则取泛音三段，同弦异征云尔。"后一句的意思是《梅花三弄》的结构采用循环再现的手法，重复整段主题三次，每次重复都采用泛音奏法，故称为"三弄"。

## 《阳关三叠》

《阳关三叠》是唐代著名的歌曲，又称《阳关曲》、《渭城曲》。歌词根据唐代著名诗人王维诗《送元二使安西》谱写而来："渭城朝雨浥轻尘，客舍青青柳色新。劝君更尽一杯酒，西出阳关无故人"。因为歌词要反复咏唱三遍，所以又称作《阳关三叠》。

《阳关三叠》传至后代，有多种曲谱和唱法，现存最早的谱本是明代初年龚稽古所编《浙音释字琴谱》（1491年）。另有其他琴歌谱共30多种，它们在曲式结构上有些差别，曲调则大同小异，都是简单纯朴，带着一丝挥之不去的淡淡离愁，并用反复的咏叹深化对友人的依依惜别之情，因此成为历来送别友人的经典曲目，而"阳关"也因此曲，成为送友酬唱的代名词。流传至今的《阳关三叠》琴歌，出自清末张鹤所编《琴学入门》，全曲3大段，即3次叠唱。每次叠唱除原诗外，加入若干词句。《阳关三叠》除作为歌曲演唱外，亦经常作器乐演奏，其中以琴曲、筝曲、二胡曲较有影响。

## 《秦王破阵乐》

《秦王破阵乐》，属武舞类，由唐初乐歌《破阵乐》发展而来，为唐朝宫廷乐舞，是最著名的歌舞大曲之一，最初用于宴享，后来用于祭祀。据《旧唐书·音乐志》记载，唐高祖武德三年（公元620年），秦王李世民击破叛将刘武周，解除了唐朝的危局，河东（山西永济）士庶歌舞于道，军人利用军中旧曲填唱新词，欢庆胜利，遂有"秦王破阵"之曲流传于世。李世民即位后，诏魏征等增撰歌词7首，令吕才协律度曲，订为《秦王破阵乐》。贞观七年（公元633年），李世民又亲制《破阵舞图》，对舞蹈进行加工：左圆、右方、先偏、后伍、鱼丽、鹅贯、箕张、翼舒，交错屈伸，首尾回互，往来刺击，以象战阵之形，舞凡三变，每变为四阵，计十二阵，与歌节相应，共用乐工120（又说为128）人，戎装演习，擂鼓呐喊，声震百里，气壮山河，而后又调用马军两千人入场，景象极为壮观。后来，唐高宗时的《神功破阵乐》和唐玄宗时的《小破阵乐》，都是在《秦王破阵乐》的基础上改编而成的。《秦王破阵乐》不仅在国内流行了300年之久，而且还传播到了印度和日本。这支乐谱后来在国内失传，但却在日本保存下了琵琶谱、五弦琵琶谱、筝谱、笙篥谱、笛谱等多种谱本。

## 《霓裳羽衣曲》

《霓裳羽衣曲》是唐代最负盛名的歌舞大曲之一，对于它的创作来历，众说纷纭。比较可信的是《霓裳羽衣曲》是由唐玄宗吸收西凉都督杨敬述所献的印度《婆罗门曲》创作而成。但是在歌舞的结构方面则遵循中原传统的相和大曲、清商大曲的三段式，分为散序、中序、破三个部分。因此《霓裳羽衣曲》是中外音乐相交融的结晶。

此曲的音乐以古老的《长安鼓乐》为素材，舞蹈则以敦煌壁画飞天的舞姿为借鉴，采用唐大曲结构形式精心排演而成。《霓裳羽衣曲》是女子舞蹈，表演者穿着孔雀毛的翠衣和淡彩色或者月白色的纱裙，肩着霞帔，头戴着"步摇冠"，身上佩戴许多珠翠，宛如美丽典雅的仙子。在表演舞蹈之前，先是一段"散序"，乐队的金、石、丝、弦等乐器次序发音，以独奏、轮奏等方式，演一段悠扬动听的旋律。在接着的"中序"的慢拍子中，装饰华美的舞者才开始上场。中序的节奏疏缓，舞姿主要是轻盈的旋转、流畅的行进和突然的回身，尤其是柔软清婉的"小垂手"舞姿，行动轻灵又迅急，衣裙像浮云般飘起，宛若仙子踏云而来。到"曲破"之后，节奏就加快了，急剧的舞蹈动作使身上环佩缨络叮当碰撞，这时，还有整齐的合唱，富有表情的说白，极富感染力。最后是"尾声"，节拍又慢下来，最后在一个拖长的音阶中终结。《霓裳羽衣》的演出方式并不完全固定，杨玉环表演过独舞形式的，也有双人舞形式的，后来也有用百名宫女组成的大型舞队表演成群舞。

## 《春江花月夜》

《春江花月夜》又名《夕阳箫鼓》、《浔阳琵琶》、《浔阳夜月》。它主要描绘的是月夜春江的迷人景色，赞颂了江南水乡的优美风姿。

它原是一首著名的琵琶传统大套文曲，明清时广为流传。乐谱最早见于鞠士林（1820年前）的手抄本，1895年李芳园在编集《南北派十三套大曲琵琶新谱》时收入此曲，曲名《浔阳琵琶》。后人将此曲改为丝竹合奏，并根据《琵琶记》中的"春江花朝秋月夜"改名为《春江花月夜》。改编后的乐曲用二胡、琵琶、古筝、洞箫、钟、鼓等乐器演奏。全曲中没有一件乐器是从头演奏到底，但又一气呵成，毫无断线之感。全曲分为10段，按照中国古典标题音乐的传统，每段都有一个小标题。它们是江楼钟鼓、月上东山、风回曲水、花影层叠、水深云际、渔歌唱晚、回澜拍岸、桡鸣远濑、欸乃归舟和尾声。《春江花月夜》旋律古朴、典雅，节奏平稳、舒展，意境深远，具有很强的艺术感染力。

## 《汉宫秋月》

《汉宫秋月》是中国十大古曲之一，原为清代崇明派的琵琶曲，后来被改编为多种版本，现在流传的演奏形式在琵琶曲之外还有二胡曲、筝曲、江南丝竹等。乐曲得名于元代马致远的杂剧《汉宫秋》，《汉宫秋》讲述的是王昭君出塞和亲的事迹，《后汉书·南匈奴传》记载："昭君入宫数岁，不得见御，积悲怨，乃请掖庭令求行。"这支乐曲表达的就是古代宫女所怀有的那种深居宫中寂寞清冷而又无可奈何的哀怨悲愁的情绪，曲调细腻、幽雅、隽永、悲咽，一咏三叹，情景兼备，具有很深的艺术感染力。

## 《渔樵问答》

《渔樵问答》是一首古琴曲，为中国十大古曲之一，曲谱最早见于明代萧鸾撰写的《杏庄太音续谱》，其中记有这样的评语："古今兴废有若反掌，青山绿水则固无恙。千载得失是非，尽付渔樵一话而已。"这支琴曲表达的是隐逸之士对不为凡尘俗事所羁绊的渔樵生活的向往。清代陈世骥在《琴学初津》中说："《渔樵问答》曲意深长，神情洒脱，而山之巍巍，水之洋洋，斧伐之丁丁，橹歌之欸乃，隐隐现于指下。追至问答之段，令人有山林之想。"乐曲正是采用渔者和樵者问答的方式，以上升的曲调表示问句，下降的曲调表示答句，通过飘逸而优美的旋律，精确而形象地渲染出渔夫樵夫在青山绿水间怡然自乐的情趣和悠然自得的神态。

## 《胡笳十八拍》

《胡笳十八拍》原是一首琴歌，相传为汉魏时期著名的女诗人蔡文姬所作，是由18首歌曲组合的声乐套曲，由琴伴唱。"拍"在突厥语中即为"首"。"笳"则是中国古代北方民族的一种吹奏乐器，有点像笛子。起"胡笳"之名，想必是由于琴音融入了胡笳哀声的缘故。

今存曲谱有2种：一是明代《琴适》中与歌词配合的琴歌；二是清初《澄鉴堂琴谱》及其后各谱所载的独奏曲。后者影响尤大，全曲共18段，运用宫、徵、羽3种调式，音乐的对比与发展层次分明，前十来拍主要倾诉作者对故乡的思念；后几拍则抒发作者惜别稚子的隐痛与悲怨。全曲始终萦绕着一种缠绵悱恻、凄婉哀怨的思念之情，让人听了不禁肝肠寸断。李颀的《听董大弹胡笳》诗中云："蔡女昔造胡笳声，一弹一十有八拍。胡人落泪沾边草，汉使断肠对客归。"形象地说明了此曲非同一般的艺术感染力。

## 《广陵散》

《广陵散》又名《广陵止息》，东汉末至

三国时已流行。"散"有散乐之意，是指有别于宫廷雅乐的民间音乐。对于它的内容取材，一直有两种说法。一是战国时聂政刺韩相的史实，见于《战国策》和《史记·刺客列传》，说的是韩国大臣严仲子与宰相侠累有仇。严仲子认为聂政是个勇士，遂请其刺杀韩相侠累。于是聂政只身前往韩国，刺杀了韩相侠累，然后自毁容貌，屠肠身亡，体现了一种"士为知己者死"的高尚情操。另外一种说法就是《广陵散》是《聂政刺韩王曲》的异名。东汉蔡邕的《琴操》中是这样说的：聂政的父亲奉命为韩王铸剑，因为误了期限，结果被韩王所杀。聂政为父报仇行刺失败，但他知道韩王好乐后，遂自毁容貌潜入深山，苦心学艺10余年。在学成之后，他进宫为韩王弹琴，然后趁机从琴腹内抽出匕首，刺死韩王，然后自杀。

这两种说法虽然略有不同，但都说明了《广陵散》讲的是一个有关刺客的悲壮故事，因此全曲始终贯注着一股慷慨不平的激烈之气。现存的曲谱主要有三种：明朱权《神奇秘谱》本；明汪芝《西麓堂琴统》甲、乙两种谱本。其中以《神奇秘谱》本最为完整。全曲共分45段，每段都有与之相应的小标题，如取韩、发怒、冲冠、投剑等。全曲反复表现沉郁悲愤和慷慨激昂两种情感，具有震撼人心的力量。在追求中和之美的古典音乐作品中，富有战斗精神的《广陵散》显得独树一帜。

### 《平沙落雁》

著名古琴曲，又名《雁落平沙》，作者不详。这首琴曲最早的记载是明代《古音正宗》（1634年），后有多种琴谱流传。对于本曲的曲意，各种琴谱的解题不尽相同。《古音正宗》中说此曲："盖取其秋高气爽，风静沙平，云程万里，天际飞鸣。借鸿鹄之远志，写逸士之心胸也……通体节奏凡三起三落。初弹似鸿雁来宾，极云霄之缥缈，序雁行以和鸣，倏隐倏显，若往若来。其欲落也，回环顾盼，空际盘旋，其将落也，息声斜掠，绕洲三匝，其既落也，此呼彼应，三五成群，飞鸣宿食，得所适情：子母随而雌雄让，亦能品焉。"全曲委婉流畅，隽永清新，至今深受人们喜爱。

### 《十面埋伏》

《十面埋伏》是中国古代琵琶曲，作者不详。这是一首历史题材的大型琵琶曲，描写了公元前202年楚汉两军在垓下最后决战的情景。汉军用十面埋伏的阵法击败楚军，最终迫使项羽霸王别姬、乌江自刎，汉军大获全胜。

关于《十面埋伏》产生的时间，至今没有定论。唐代白居易曾写过《琵琶行》，诗中有"银瓶乍破水浆迸，铁骑突出刀枪鸣。曲终收拨当心划，四弦一声如裂帛"的诗句，可以看出当时白居易曾听到过表现激烈战斗场面的琵琶曲。明末清初人王猷定所著《四照堂集·汤琵琶传》中曾记载了当时著名音乐家汤琵琶演奏《楚汉》的情景，与《十面埋伏》在情节及主题上是一致的。可见早在16世纪以前，此曲已在民间流传。但是，它的曲谱最早见于1818年华秋苹所编《琵琶谱》，分13段：开门放炮、吹打、点将、排阵、埋伏、小战、呐喊、大战、败阵、乌江、争功、凯歌、回营。这首著名的琵琶古曲，描绘了战前的准备、激烈的战斗场面，以及悲壮惨烈的结局。整首乐曲具有壮丽辉煌的风格，气势雄伟，曲风激昂，使人心潮澎湃。

### 多来咪发梭拉西

"多来咪发梭拉西"是舶来品。在中国古代，记述音乐是采用宫商角徵羽五音记法。

11世纪的欧洲，教会里唱赞美诗，只有"1，2，3，4，5，6"这6个音。后来，意大利僧侣音乐家归多把圣乐的一首赞美诗每行歌词的第一音节依次排列起来，恰好是"六声音阶"，因此，他就用每行歌词的第一个音节"乌来咪发梭拉"来代表六声音阶。不久，七声音阶问世，才把原来弃掉的那些赞美诗最后一句"圣约翰"几个字的第一音节拼起来，成为第7个唱名"7"，发音为"西"。17世纪时，意大利音乐家布隆契认为第一音名"乌"不响亮，建议换用"多"音，他的意见被许多音乐家采纳，于是"1，2，3，4，5，6，7"就正式成为今天的唱法。

### 五线谱

五线谱是一种国际上通用的记谱法，几乎所有的国家都使用它。

远在10世纪时，一位名为古罗的法国音乐家开始用四条横线表示音的高低，又把当时流行的一种表示音的长短的符号放在四条横线里来记载乐曲，由此发明了最初的五线谱，也叫"四线谱记谱法"。这在当时是一个很了不起的发明，在整个欧洲音乐界引起了不小的轰动。到了12世纪，有人把表示音的高低的四条横线改成五条横线，但这样的五线谱仍不完善，如小节线、拍号等符号，还没有出现。直到16世纪，五线谱才逐渐完善，和我们现在使用的差不多。

## 简谱

所谓简谱，是指一种简易的记谱法，有字母简谱和数字简谱两种。一般所称的简谱，系指数字简谱。数字简谱以可动唱名法为基础，用1、2、3、4、5、6、7代表音阶中的7个基本音级，读音为do、re、mi、fa、sol、la、si，休止以0表示。每一个数字的时值名相当于五线谱的4分音符。

简谱的发明人是法国的苏埃蒂。1665年，苏埃蒂写了一本名叫《学习素歌和音乐的新方法》的书，公布了他所发明的数字简谱，稍后，法国著名的思想家、教育家和文学家卢梭等对其进行了加工完善，使之成为一种完整的记谱法。在中国，简谱的发明者是李叔同。

## 音乐指挥

在记谱法尚未发明的时代，欧洲的音乐都是用口头传授的。在祭祀舞蹈进行中，领头的歌手成了最早的指挥，他为了向众歌手提示旋律的进行方向，便用手在空中"画"出旋律线来。指挥的功能主要是给大家指出旋律的由低音到高音，或由高音到低音的变化。

希腊时代的指挥，有的人用脚，也有的人用头；有的人喜欢用单手指挥，也有的人惯用双手指挥；有人将手绢系在木棒上指挥，也有人在风琴旁边钉上一块铁板敲着指挥的。

专职的指挥大约出现在19世纪初，那时，指挥合唱队的人手里拿着一卷谱纸，依照歌曲的旋律而挥动。这卷谱纸当时被称为"梭法"。指挥乐队的人则大多数使用铁质手杖敲击地板。

1867年，法国一位音乐家在为法王路易十四的演奏中，由于指挥时忘乎所以，竟以铁杖击伤脚背，不治而死。于是，人们便淘汰了这种可怕的指挥方式。直到1894年，德国作曲家威柏首先创用了指挥棒，音乐界大为认可，逐步推广开来，并一直沿用至今。

## 钢琴

钢琴被称为"乐器之王"，它是由古钢琴和羽管键琴发展演变而来的。

18世纪初期，意大利的乐器制造家巴托洛梅奥·克里斯托弗利发明了钢琴。他在羽管键琴的基础上加以改进，将皮革包裹在木槌上，发明了键盘机械槌击式钢琴，从而奠定了现代钢琴的基础。这一改进弥补了古钢琴和羽管键琴几乎无法调节音量的严重缺陷，弹奏者可以通过敲击琴键力度的变化来随意改变音量的大小，其音量也比古钢琴和羽管键琴大得多，因而大大地增强了钢琴的表现力。

1821年，塞巴斯蒂安·埃拉尔将击弦机械改进为复震奏机械，使弹奏者能够以更快的速度重复敲击键盘，弹奏出复杂的乐曲。

1825年，阿尔菲斯·巴考克首次采用铸铁弦架，增加了其对琴弦拉紧后产生巨大张力的承载能力，使紧张的琴弦不致因为弦架变形而发生松弛，这一改进为钢琴的音准稳定和使用寿命的提高创造了良好的条件。

1850年，支撑结构、弦列的交叉排列和复震奏式击弦机三要素相结合，确立了现代钢琴结构最理想的基本形式。

经过300多年的发展和改进，现代钢琴在品种和性能等方面已经得到了不断的丰富和完善。

施特劳斯在一年一度的哈布斯堡宫廷舞会上指挥乐队演奏。像往常一样，他用琴弓当指挥棒，一位观众以欣赏的口吻评价说："他就像天使一样指挥着一个纯粹的提琴乐队，观众们随着这神奇的琴弓沉思、旋转、摇摆。"

## 管风琴

在西方音乐历史上，管风琴是键盘乐器家族中历史最为悠久的乐器。最早的管风琴可以追溯到公元前3世纪，到今天已有2000多年的历史。提起管风琴，人们总会联想到庄严神圣的教堂音乐。然而，直到公元9世纪，管风琴才被允许进入教堂担任人声伴奏。文艺复兴时期以后，管风琴作为宗教音乐乐器的地位日益显赫起来。

最古老的管风琴是出现在古埃及亚历山大城的"水力管风琴"，这种原始的管风琴声音嘹亮刺耳，常用来为古代罗马人的戏剧表演和竞技活动伴奏助兴。在随后的1000年中，管风琴制作工艺发展缓慢，体积却日渐庞大。这样的管风琴需要有将近百人的合作才能完成演奏，其声音震耳欲聋，无论对于演奏者还是听众，享受音乐的意义已经不存在了。

## 吉他

吉他是一种西洋弹拨乐器，扁平形状，呈腰形。中国流行的是六弦吉他，故又称"六弦琴"。

吉他起源于阿拉伯，最早的名叫作维忽拉，14世纪以前，由摩尔人把它带到了西班牙。早期的吉他有八弦、十弦、二十弦以至二十四弦。16世纪，在西班牙和法国宫廷，吉他已风靡一时，到了18世纪才出现了六弦吉他，19世纪中期，西班牙制造家托雷斯完成了古典吉他的标准化。从此，西班牙古典吉他便在欧洲广泛地流传，后又传入了亚、非、拉美各国。随着现代电子技术和电声学的发展，又产生了电吉他。

## 小提琴的诞生

2000多年前，有一个名叫美尔古里的埃及人在尼罗河畔的沙滩上散步，无意中踩在一个干枯的龟壳上，突然，那龟壳发出了美妙的铿锵声。他反复试验，确认龟壳能发出美妙的声音。回家后，他就模仿龟壳的形状制出了一种四弦琴般的乐器，并为其起名"列里"。后来，这种乐器就在埃及广泛地流传开了。到了11世纪，"列里"经过改良，更名为"微奥列"，按指的地方设有音阶的格子。到了15世纪，意大利人把音阶的格子除去，在光木头上装上四条琴弦。这样，第一把小提琴便诞生了。

## 手风琴

手风琴是一种既能够独奏，又能伴奏的簧片乐器。其声音宏大，音色变化丰富。演奏者通过手指与风箱的巧妙结合，能够演奏出多种不同风格的乐曲。

德国人德里克·布斯曼在1821年制造了用口吹的奥拉琴，1822年又在琴上增加了手控风箱和键钮，后来，奥地利人西里勒斯·德米安在布斯曼的基础上，成功地改良创制了世界上第一架手风琴。

## 双簧管

双簧管是吉尼斯世界纪录大全中最难的乐器。音色柔和软丽，有芦笛声，适于表现田园风光和忧郁抒情的情绪。由于音色甜美，被称为"公主"。双簧管最初形成于17世纪中叶，18世纪时得到广泛使用。双簧管在乐队中常担任主要旋律的演奏。

## 铜鼓乐

铜鼓是现代乐器中不可缺少的一部分。它声音洪亮激越，热情奔放。铜鼓乐诞生于第二次世界大战后的特立尼达和多巴哥。

"二战"结束的喜讯传到位于拉丁美洲的岛国特立尼达和多巴哥，人们载歌载舞，兴高采烈地涌上街头，他们敲打着所有带响的东西。

由于当地盛产石油，汽油桶特别多，于是体积庞大、发音洪亮的汽油桶就成了人们敲击的对象。后来，有人发觉，油桶的不同位置可以发出不同的声音，略加改动便能击打出一些简单的旋律。这一发现奠定了铜鼓的地位。以后不断改进、完善，现在已可以按交响乐队的正规编制组成二管、三管、四管的大型乐队。

## 萨克斯

萨克斯是由比利时人阿道夫·萨克斯于1840年发明的。阿道夫是一位锐意的乐器制造者，擅长黑管和长笛演奏。他将低音单簧管的吹嘴和奥菲克莱德号的管身结合在一起并加以改进，以自己名字命名了这种新型乐器。

法国作曲家柏辽兹说："萨克斯的主要特点是音色美妙变化，深沉而平静，富有感情，轻柔而忧伤，好像回声中的回声。在寂静无声的时刻，没有任何别的乐器能发出这种奇妙的声响。"

## 管乐队

管乐队即木管、铜管与敲击乐器合奏的组称，始于15世纪的德国，是军队生活的常备部分；后传至法国、英国和新大陆。15~18世纪，欧洲许多城镇都有自己的乐师或歌唱队，在特别的节日表演时，木管乐队常加入肖姆管和长号两项乐器。18、19世纪时英国业余的铜管乐队包含许多新的铜管乐器。

## 古典音乐

古典音乐的艺术手法讲求洗练，追求理性地表达情感。是1750~1820年的欧洲主流音乐，又称维也纳古典乐派。最著名的作曲家有海顿、莫扎特和贝多芬等。

另外，也有人认为古典音乐是指能承载厚重内涵的西洋古典音乐，它们是从西方中世纪开始、在欧洲主流文化背景下创作的。这是从广义的角度说的。

## 浪漫主义音乐

浪漫主义乐派是继维也纳古典乐派后出现的一个新的流派，产生于19世纪初。

这个时期，艺术家的创作上表现为对主观感情的崇尚，对自然的热爱和对未来的幻想。它承袭古典乐派作曲家的传统，在此基础上，提倡一种综合艺术；提倡标题音乐；强调个人主观感觉的表现，作品常常带有自传的色彩；作品富于幻想性，描写大自然的作品很多，因为大自然很平静，没有矛盾，是理想的境界；重视戏剧，研究民族、民间的音乐文学，从中吸取营养，作品具有民族特色。

## 交响曲

交响曲也称交响乐，其含义源自于希腊文"一起响"。据载，中世纪时，这个词也曾表示两个以上音的和谐结合。

16~18世纪上半叶，一切多声部的声乐曲结合都泛指为交响曲。18世纪中叶意大利歌剧演出盛行，剧中的序曲特别是其快-慢-快的结构为促进交响曲的发展奠定了基础。18世纪中后期，交响曲逐渐从歌剧中独立出来而变为自成一格的器乐演奏形式。在当时的意大利，涌现出了不少有3个乐章的交响曲：快板、慢板和小步舞曲。出生于奥地利的作曲家海顿被人们誉为"交响乐之父"。他一生致力于这类体裁的创作，曾写下了120余部交响曲，并逐步把4个乐章的交响曲作为规范形式固定下来。

## 圆舞曲

对中国来说，圆舞曲是一种外来的音乐体裁，英文是Waltz，所以有时也音译为"华尔兹"舞曲。

圆舞曲一般起源于农村，是随着社会的发展，在城市中发展起来的，尤其是在维也纳，因此有些圆舞曲也叫维也纳圆舞曲。追根溯源，圆舞曲的前身是奥地利民间的"兰得勒舞曲"，这也是一种农村舞曲。圆舞曲在"兰得勒舞曲"的基础上渐渐发展成一种三拍子舞蹈，跳舞时一对对男女舞伴，随舞曲的节奏旋转打转，动作轻快、优美，情绪热烈、欢快。

## 摇滚乐

摇滚乐又称摇摆舞音乐或滚石乐，是由一种称为"布鲁斯"的爵士乐演变而来的，它源于美国，是当今西方世界极其盛行的流行音乐。

20世纪30年代至50年代，"布鲁斯"仅流行于黑人地区。美国的一些黑人乐师在演奏时，将黑人教堂音乐、西部乡土音乐及民间音乐的演奏技巧和风格融入其中，综合而成了摇摆乐。这种音乐节奏强烈、音响丰富，是一种非常活跃的两拍节奏的音乐，其在演奏乐器和歌唱方面也有异于其他传统的流行音乐。

摇滚乐以一套独特的演奏技巧，以别出心裁的方式运用人声，达到了新的表现水平。它还以电子乐器取代了以往的器乐队，并把最早期的各种爵士乐风格的魅力同现代电子乐器结合在一起，形成了一种有强大吸引力的音乐风格。由于它在创作过程中糅合了其他许多音乐的因素，所以，摇滚乐的种类相当多，如迷幻摇滚乐、乡村摇滚乐、民歌摇滚乐、拉加摇滚乐和爵士摇滚乐等。

## 爵士乐

爵士乐，是英文Jazz的音译。它是20世纪初产生于美国新奥尔良的一种舞曲性质的音乐。

爵士音乐源于非洲黑人音乐。17世纪初，大批黑人被贩卖到美洲做奴隶，与此同时，他们也把自己热爱的故乡音乐带到了美洲。爵士音乐是作为穷苦黑人的"娱乐音乐"发展起来的。演奏这种乐曲，最初只限于黑人聚居地区的小酒吧、小舞厅，那些"高等白人"是不屑于到这种场所来的。但是，随着爵士音乐的流行，许多白人乐队也开始模仿这种曲调，并发展出一种被称为"狄克斯兰"的舞曲，但仍以黑人音乐作为基础。

据考证，"爵士"是密西西比河流域家喻户晓的一位黑人江湖音乐家的名字，他的全名叫爵士波·布朗。传说他常在黑人居住区的咖啡馆里演奏，听众总是叫嚷道："再来一个，爵士波！再来一个，爵士波！"爵士音乐因而得名。

爵士乐在中国的历史可追溯到半个多世纪之前。20世纪三四十年代的上海是爵士乐在中国的栖息地，曾出现过相当规模的爵士乐演出和一些颇具水准的爵士乐音乐家。当时的爵士乐主要是为舞厅伴舞。

几十年的沧桑变迁，爵士乐在中国几乎销声匿迹，出现了近半个世纪的断层，而这期间正是爵士乐重要的发展阶段。爵士乐早已摆脱了四平八稳的伴舞的音乐形式，融合了丰富的音乐风格、文化特质和演奏技巧，最具音乐自身的魅力、表现力和感染力，早已置身于高雅艺术的行列。

近年来，爵士乐在中国复兴，并赢得越来越大的发展空间。

## 协奏曲

16世纪意大利的协奏曲多指有乐器伴奏的合唱曲，以别于无伴奏合唱。17世纪后半叶起，指由几件或一件独奏乐器，与一小型弦乐队互相竞赛的器乐套曲。用几件乐器者称"大协奏曲"。意大利作曲家托莱里和科莱里是大协奏曲的创始者。

## 奏鸣曲

一种多乐章的器乐套曲。由三四个相互形成对比的乐章构成，用1件乐器独奏或1件乐器与钢琴合奏。其中各乐章的基本特点和曲式结构一般为：

第1乐章：快板，用奏鸣曲式。

第2乐章：慢板，用变奏曲式、复三段式或自由的奏鸣曲式。

第3乐章：小步舞曲或谐谑曲，用复三段式。

第4乐章：快板或急板，用奏鸣曲式或回旋曲式。

## 进行曲

进行曲是一种富有节奏步伐的歌曲。最初产生于军队的战斗生活，用以鼓舞战士斗争意志，激发战士的战斗热情。其基本特点是雄劲刚健的旋律和坚定有力的节奏。著名的有《拉德斯基进行曲》等。

## 小夜曲

小夜曲起源于欧洲中世纪骑士文学，原是中世纪欧洲行吟诗人在恋人的窗前所唱的爱情歌曲，旋律优美、委婉、缠绵，常用吉他或曼陀林伴奏。流行于西班牙、意大利等国家。

奥地利作曲家莫扎特的歌剧《唐·璜》第二幕里的小夜曲，是在少女的窗前弹着曼陀林歌唱的典型小夜曲。其他代表作品还有《舒伯特小夜曲》等。

## 德累斯顿国立交响乐团

德国德累斯顿国立交响乐团，成立于1548年，是世界上最古老的交响乐团。该团在18世纪前以演奏意大利歌剧为主。经著名音乐家瓦格纳和理查·施特劳斯的指挥排演，创造出了辉煌的历史。

德累斯顿交响乐团最擅长歌剧演奏；在交响作品方面，该团拥有跟西欧乐团所不同的独特音响，而且声部平衡很好。它所演奏的德奥古典音乐格调高雅、音响丰满，具有美妙的德国古老传统色彩。

## 维也纳爱乐乐团

奥地利维也纳爱乐乐团，是世界闻名的音乐之都——维也纳的象征性乐团。从1860年起，这个乐团由团员自主经营，在德索夫的指挥下举办定期音乐会。1870年，里希特担任该团指挥后，该团声誉渐起。维也纳爱乐乐团不设常任指挥。马勒、理查·施特劳斯、勃拉姆斯和布鲁克纳等著名作曲家或指挥家，都曾指挥过该团演出。据统计，指挥这个乐团灌制过唱片的指挥家达36位之多。

维也纳爱乐乐团的演奏有一种独特的美感，一直保持着鲜明的德奥音乐的传统风格，典雅而庄重，弦乐音色华丽优美。该团演奏的曲目比较保守，以传统的德奥作品为主。

## 纽约爱乐乐团

纽约爱乐乐团是美国最早的交响乐团，由希尔创立于1842年。1928年，该团跟纽约交响乐协会合并，形成今天的规模。

从1928年到1936年间，托斯卡尼尼就任音乐监督，该团进入了黄金时代。1958年，当代著名指挥家伯恩斯坦开始指挥该团，使该团进入了第二个黄金时代。该团自建团以来灌录了数量众多的唱片，其演奏成员中著名的演奏家比比皆是，不胜枚举。

## 波士顿交响乐团

波士顿交响乐团是现今所有美国乐团中最具贵族气息的乐团。波士顿交响乐团创立于1881年，由亨谢尔任指挥。该团从创立至1918年的历任指挥都是德国人。1919年，法国作曲家拉波接任该团指挥。1924年俄国著名指挥家库塞维斯基就任音乐监督后，波士顿交响乐团进入了黄金时代。1972年，乐团又进入小泽征尔时代，再度重振威风。

## 柏林爱乐乐团

德国柏林爱乐乐团成立于1882年，著名指挥家尼基什曾任该团指挥达27年之久，他在任期间为乐团打下了牢固的基础，使之成为全世界首屈一指的交响乐团之一。

同欧洲许多传统的乐团相比，柏林爱乐乐团的历史较短，但担任该团指挥职务的大多是最伟大的指挥家，这就使他们的演奏曲目无限扩大，合奏技能精彩绝伦，并具备了优异的反应能力。

## 捷克爱乐乐团

捷克爱乐乐团于1894年以布拉格国民剧院管弦乐团为中心组建，两年后在捷克著名作曲家德沃夏克指挥下第一次举行演奏会。1918年，著名指挥家陶利希担任该团的音乐监督后，该团成为捷克斯洛伐克首屈一指的乐团。1950年后的安杰尔时代，使该团拥有了世界性的实力与声誉。

捷克爱乐乐团的演奏曲目十分广泛。有古雅的情调和捷克式的独特音响，在演奏本民族的作品时情韵尤其优美。该团的众多音乐家中，以德沃夏克的音乐成就最高。

## 费城管弦乐团

美国费城管弦乐团创立于1900年。1921年，在第三任音乐监督斯托科夫斯基的训练下，该乐团很快成为全美的"三大乐团"之一。

费城管弦乐团以辉煌的音响和多彩的音色闻名于世，被誉为"费城音响"，在美国冠盖群雄，堪称为20世纪世界性的"超级交响乐团"。

## 多伦多交响乐团

加拿大多伦多交响乐团创建于1908年。1931年，马克米兰就任该团的音乐监督，使乐团有了长足的进展。1965年，小泽征尔担任该团的音乐监督，确立了该团世界一流的地位。该团演奏富有朝气，音色明亮、华丽。

## 列宁格勒爱乐交响乐团

列宁格勒爱乐交响乐团是俄罗斯历史上最悠久、实力最强的管弦乐团。它的起源可以追溯到18世纪的圣彼得堡宫廷乐团，20世纪开始举行公开演出。1938年，前苏联著名指挥家穆拉文斯基就任音乐监督，此后的40多年，该团声誉渐高，成为"穆氏的亲兵"而进入黄金时代。

列宁格勒爱乐交响乐团的演奏风格充满激情、富有力度感，充分反映出彼得堡这个古老城市的文化特性，在合奏上显示了俄罗斯式的洗练特色。

## 日本广播协会交响乐团

日本广播协会交响乐团，是全日本最杰出的乐团，于1926年以近卫秀为中心而组建，当时称为"新交响乐团"，1935年，近卫担任常任指挥，该团从此活跃于日本乐坛。1951年隶属于日本广播协会，由此改称为目前的团名。

该团的弦乐部分特别突出，其高超的演奏能力，堪与欧美的乐团相媲美。

## 恩里科·卡鲁索

恩里科·卡鲁索（1873~1921年），意大利男高音歌唱家。生于那不勒斯。童年在教堂中歌唱，后从师韦尔基内和隆巴尔迪。在普契尼的《西方女郎》首演中饰演迪克·约翰逊，由此声名大振。因其优美的音色、完善的分句，被誉为第一位真正的"唱片男高音"。

在全盛时期，他嗓音有如洪钟，具有非凡的力度。高超的呼吸控制和早年发展的绝妙的半声，使他对演唱诸如《阿依达》中戏剧性的拉达梅斯和《爱情的灵丹》中的内莫里诺，均能应对自如。他认为"一个饱满的胸腔，一张大嘴，百分之九十的记忆力，百分之十的才智，大量艰苦的劳动和心中要有点东西"是一个艺术家需要具备的必要条件。卡鲁索一生演了50余部歌剧，对世界声乐艺术的发展具有重要影响，被誉为"有史以来最伟大的男高音"。

## 贝尼亚米诺·吉利

贝尼亚米诺·吉利（1890~1957年），意大利男高音歌唱家。生于雷卡纳蒂，少时在教堂圣咏团中唱合唱。1901年入罗马圣茜茜莉亚音乐学院，从师罗萨蒂。1920年在纽约大都会歌剧院中唱浮士德，名声大扬，并在该院中连续演了12年，晚年返回意大利。

吉利继承了意大利美声歌唱的真传，被许多评论家誉为卡鲁索之后最杰出的意大利男高音，他的音色优美甜润、流畅，富于抒情性。演唱时嗓音柔美、洒脱、感情热烈、真挚，能打破与观众间的隔阂。他的唱法更是得天独厚、动人心弦，最适合演唱意大利和法国歌剧。

## 于西·比约林

于西·比约林（1911~1960年），生于瑞典，6岁开始在公众前演唱，1936年在欧洲各地举行旅行演出，取得极大成功，引起社会上的注意。

比约林的最大特征在其他意大利的男高音身上都看不到，那是一种独特、清澈的美声和热情歌唱的混合体，他的声音具有冷静、不可思议的魅力，同时歌里又充分保持激动的心情。

## 卡洛·贝尔贡吉

卡洛·贝尔贡吉，1924年7月13日生于意大利，1948年毕业于帕尔玛音乐学院并开始演出，首次登台演出了《塞维利亚理发师》中的费加罗。1951年在纪念威尔第逝世50周年的演出会上，他被选演《西蒙·包卡涅格拉》和《命运的力量》，名声大扬。

贝尔贡吉的魅力，在于美丽的音色及理智的、正统的歌唱技巧。

## 科莱里

科莱里（1921~2003年），意大利男高音歌唱家。父亲是教堂合唱指挥，从小具有非凡的童声嗓音，1952年在斯波莱托首次登台公演。

科莱里的嗓音通畅、宽厚、洪亮，音域宽阔，激情充沛，风度潇洒，擅长戏剧型男高音角色和那不勒斯歌曲。

## 卢西亚诺·帕瓦罗蒂

卢西亚诺·帕瓦罗蒂（1935~2007年），当代最著名的意大利男高音歌唱家。出生于意大利的莫德纳。1951年在卡尔比初次演出《弄臣》中的蒙图阿公爵，获得成功。他最著名的一次演出，就是1967年在斯卡歌剧院为纪念意大利伟大指挥家托斯卡尼尼诞生100周年、逝世10周年的公演会上，被当时的指挥卡拉扬选为威尔第《安魂曲》的独唱演员。通过这次演出，奠定了他意大利当代最出色的男高音的地位。

帕瓦罗蒂具有一副洪亮而抒情的嗓音，有一个强有力的高音区。他那光辉的高音魅力，更是无与伦比，被人称为"高音C之王"。

## 普拉西多·多明戈

普拉西多·多明戈是著名的西班牙男高音歌唱家。1941年1月21日出生于西班牙的马德里，他的父亲是一种西班牙抒情歌剧的一名歌手。1961年在歌剧《茶花女》中扮演阿尔弗莱多，是他在墨西哥的首次公演，1962~1968年在维也纳演出《唐·卡洛斯》是他在欧洲的首次公演。之后，他的足迹走遍世界各大歌剧院。

## 何塞·卡雷拉斯

何塞·卡雷拉斯，西班牙男高音歌唱家。22岁始登歌剧舞台。20世纪60年代末，西班牙女高音歌唱家卡巴耶发现并提携卡雷拉斯正式进入歌剧殿堂；70年代中期，卡雷拉斯担任威尔第《安魂曲》的男高音独唱，正式进入他歌剧生涯的辉煌期。

卡雷拉斯将声音和感情糅合在一起所产生的富有感情色彩的音色，就像产生了一个强大的磁场那样，吸附人的灵魂。他与帕瓦罗蒂、多明戈齐名，被誉为世界当代三大歌王。

## 著名音乐家美誉

西方音乐之父——巴赫（德国）
音乐神童——莫扎特（德国）
古今乐圣——贝多芬（德国）
歌曲之王——舒伯特（德国）
音乐神灵——韩德尔（德国）
指挥之王——卡拉扬（德国）
歌剧之王——威尔第（意大利）
音乐之王——斯卡拉蒂（意大利）
小提琴之王——帕格尼尼（意大利）
进行曲之王——苏萨（美国）
流行歌曲之王——福斯特（英国）
圆舞曲之父——老约翰·施特劳斯（奥地利）
圆舞曲之王——小约翰·施特劳斯（奥地

利）
　　交响曲之王——海顿（奥地利）
　　交响乐诗人——柏辽兹（法国）
　　印象派大师——德彪西（法国）
　　轻歌剧之王——奥芬巴赫（法国）
　　管弦乐色彩大师——拉威尔（法国）
　　钢琴诗人——肖邦（波兰）
　　钢琴之王——李斯特（匈牙利）
　　舞剧音乐大师——柴可夫斯基（俄国）

## 巴赫

巴赫（1685~1750年），德国作曲家，伟大的"西方音乐之父"。巴赫的作品深沉、悲壮、广阔、内在，充满了18世纪上半叶德国现实生活的气息。他谱写了许多充满戏剧因素的大型声乐作品，其中《马太受难曲》、《b小调弥撒》是最有影响的作品。这些作品通过宗教音乐形式（受难曲、弥撒、经文歌、康塔塔等），抒发了对人类灾难、痛苦的怜悯和同情，以及对和平与幸福未来的渴望。与前人的作品相比，巴赫这种充满宗教内容及复调音乐思维的作品，更为广阔地揭示了人的内心世界。

巴赫对音乐的发展影响重大。他确立了键盘乐器十二平均律原则；把复调音乐发展成主调音乐，大大丰富了音乐的表现力；把音乐从宗教附属品的位置上解放了出来，使之平民化，从此音乐不总是歌颂上帝，也歌唱平凡。除了声乐作品外，巴赫还奠定了现代西洋音乐几乎所有作品样式的体例基础。

## 海顿

海顿（1732~1809年），奥地利作曲家，古典主义音乐代表人物之一。确立了乐队的双管编制和近代配器法原则，奠定了近代交响乐队的基础。

海顿早期的交响曲多为生活娱乐题材，形式接近室内乐。18世纪70年代起，海顿的音乐更多地吸收了北德乐派的成就，具有较深刻的内容和古典风格，往往既严肃又幽默。到18世纪80年代他创作的"巴黎交响曲"抒情性的曲调更为丰富、生动、风趣，配器手法也更成熟。海顿后期创作的12部"伦敦交响曲"，大多具有热烈洒脱的主题旋律，充满活力的节奏，应用了活泼明快的乡村舞曲素材和简洁精致的复调性处理，代表着海顿交响曲的最高成就。

## 莫扎特

莫扎特（1756~1791年），奥地利作曲家，欧洲维也纳古典乐派的代表人物之一。作为古典主义音乐的典范，他对欧洲音乐的发展起了巨大的作用。莫扎特一共创作了22部歌剧、41部交响乐、42部协奏曲、一部安魂曲，以及奏鸣曲、室内乐、宗教音乐和歌曲等作品。

莫扎特创作的主要成就在于歌剧，他与格鲁克、瓦格纳和威尔第并称为欧洲歌剧史上的四大巨子。莫扎特的歌剧以《费加罗的婚礼》、《唐璜》、《魔笛》最为著名。同时，作为18世纪末的欧洲作曲家，莫扎特的音乐深刻地反映了这个时代的精神，交响曲以第三十九、四十、四十一交响曲最为著名；钢琴协奏曲以第二十、二十一、二十三、二十四、二十六、二十七钢琴协奏曲最为著名；小提琴协奏曲以第四、第五最为著名。

## 贝多芬

贝多芬（1770~1827年），德国作曲家，维也纳古典乐派代表人物之一，被世人尊称为"乐圣"。

贝多芬的创作集中体现了他那巨人般的性格，反映了那个时代的进步思想，他的作品既壮丽宏伟又极朴实鲜明，他的音乐内容丰富，同时又易为听众所理解和接受。其代表作主要有《第九合唱交响曲》、《第五命运交响曲》、《第六田园交响曲》、《第三、第四、第五皇帝钢琴协奏曲》、《月光曲》、《悲怆钢琴奏鸣曲》、《庄严弥撒曲》等。

## 舒伯特

舒伯特（1797~1828年），奥地利作曲家。11岁被帝国小教堂唱诗班录取，并住进神学院，成为该校乐队小提琴手，同时还担任指挥，这使他有机会接触维也纳古典乐派一些著名作曲家的名作。1813年，他为该乐队创作了《第一交响曲》。

舒伯特的交响乐继承的是古典主义的传统，但他的艺术歌曲和钢琴作品却完全是浪漫主义的。他绝妙的抒情性使李斯特称他为"前所未有的最富诗意的音乐家"。

舒伯特在传统的室内乐中注入了自己的精神特性，带有真正的舒伯特的印记，也是维也纳古典主义的最后一批作品。而在"即兴曲"和"音乐瞬间"中，舒伯特使钢琴唱出了新的抒情风格。它们的随想性、自发性和意料不到的魅力都成了浪漫主义的要素。

## 肖邦

肖邦（1810~1849年），波兰音乐家，生于华沙的近郊。

肖邦音乐的高度思想价值在于它反映了19世纪30~40年代欧洲资产阶级民族运动总潮流的一个侧面，喊出了受压迫受奴役的波兰民族愤怒、反抗的声音。肖邦的音乐具有浓厚的波兰民族风格。他对民族民间音乐的态度非常严肃，同时又不被它所束缚，总是努力体会它的特质加以重新创造。既提高了民间音乐体裁的艺术水平，又保持了它纯净的风格。

肖邦的作品，除17首波兰歌曲、钢琴三重奏和大提琴曲外，全是钢琴曲。

## 李斯特

李斯特（1811~1886年），匈牙利作曲家、钢琴家、指挥家和音乐活动家，浪漫主义音乐的主要代表人物之一，被人们誉为"钢琴之王"。

李斯特6岁起开始学习音乐，他一生创作了700多首音乐作品，最重要的作品是《浮士德交响曲》、《但丁交响曲》、《匈牙利狂想曲》，交响诗《前奏曲》、《马捷帕》，4首钢琴协奏曲、《B小调钢琴奏鸣曲》、《12首超技练习曲》和《旅行岁月》。钢琴曲中最难的一首当属《唐璜的回忆》。

钢琴曲《匈牙利狂想曲》，在他的钢琴作品中占有特殊重要的地位。这些作品不但充分发挥了钢琴的音乐表现力，而且为狂想曲这个音乐体裁创作树立了杰出的音乐典范。这些作品都是以匈牙利和匈牙利吉普赛人的民歌和民间舞曲为基础，进行艺术加工和发展而成的，因而都具有鲜明的民族色彩。这些乐曲结构精炼、乐思丰富活跃。李斯特的音乐语言与音乐表现方法同匈牙利乡村舞蹈音乐和城市说唱音乐有密切联系，乐曲的形式虽然不时的变化，可是音乐形象始终鲜明而质朴，体现了自然美和艺术美的完美统一。

## 柴可夫斯基

柴科夫斯基（1840~1893年），19世纪伟大的俄罗斯作曲家。他的音乐是俄罗斯文化在艺术领域内的最高成就之一。

柴可夫斯基于1840年5月7日出生于乌拉尔，1862年进入彼得堡音乐学院学习。毕业后，就任莫斯科音乐学院教授。1877年开始，柴可夫斯基进入创作的极盛时期。期间，他创作了两部天才的作品——歌剧《叶甫根尼·奥涅金》和他的成名作《第四交响曲》。1893年前后，创作了《第五交响曲》、《曼弗里德交响曲》，歌剧《黑桃皇后》、《约兰塔》，舞剧《睡美人》、《胡桃夹子》；还有《暴风雨》、《意大利随想曲》、《一八一二年序曲》、《D大调小提琴协奏曲》，大提琴《洛可可主题变奏曲》以及各种器乐重奏、钢琴独奏、声乐浪漫曲等，几乎涉猎所有体裁。1893年夏天写出的《第六交响曲》是他的绝笔之作。

## 柴可夫斯基的悲剧三部曲

《第四交响曲》：第一乐章，稳重的行板，活泼的中板。圆号和大管奏出威严的号角声，揭开整部交响曲的帷幕。第二乐章，歌谣风的小行板。这个乐章犹如沉思的抒情歌谣。抚平了第一乐章的纷扰、迷乱心绪。两个乐章呈现出不同色调。第三乐章，快板，谐谑曲。轻俏飞动的旋律，热情活泼，充满生气。第四乐章，热情的快板。

《第五交响曲》：第一乐章，行板。活泼的快板。序奏，像是阴部沉重的喃喃低语，述说着人生的哀伤。第二乐章，如歌的行板。自由的速度。顽强地表达出对幸福与光明的追求，不可遏制的热潮犹如江河泛滥。第三乐章，中速的快板。远离命运而遁隐于温暖和谐的世外桃源之中。第四乐章，庄严的行板。急速的快板。黎明前的黑暗更阴沉。充满民间情趣的欢腾音调在管弦的洪峰中灿然生辉，将命运残存的缕缕阴影驱尽，终于以宏大壮阔的凯旋结束全曲，把人生对命运斗争的胜利刻接在《第五交响曲》之尾。

《悲怆》交响曲（b小调）：第一乐章，大管奏出阴暗、抑郁的慢板引子，好像地狱中传来的垂死老人的呻吟。第二乐章，优雅抒情的五拍子圆舞曲与无限哀伤的中段交织在一起，好像回忆中的辛酸与甜蜜，如藤蔓般缠绕萦回。第三乐章，谐谑曲与进行曲的奇妙结合使整部交响曲达到了高潮，象征着人类为理想而进行的不懈的斗争。第四乐章是一首速度缓慢的哀歌，浸透了安魂曲的气氛。

## 《蓝色的多瑙河》

《蓝色的多瑙河》是奥地利人约翰·施特劳斯创作的一首乐曲。他是奥地利古典音乐家,有"圆舞曲之王"的称号。

这首曲子来源于施特劳斯的一段矛盾的感情。

施特劳斯的妻子非常善良,既聪明又漂亮。后来,他在维也纳认识了一位著名的女歌唱家,两人经常在一起合作,渐渐地,相互之间产生了爱慕之情。

有一天,他们打算离开维也纳,乘船去外地演出。临走之前,施特劳斯的妻子特意去拜访了这位女歌唱家,说她担心丈夫去外地生活起居不安定,委托女歌唱家照料好她的丈夫。女歌唱家被施特劳斯的妻子对丈夫真诚的爱所打动,便劝施特劳斯打消去外地演出的念头,留在妻子身边。

两人长谈以后,施特劳斯望着心爱的人乘坐的小船慢慢地远去、消失。他独自坐在多瑙河岸边回忆、向往、兴奋、悲伤,于是有感而发,创作出一曲闻名世界的、经久不衰的乐曲《蓝色的多瑙河》。

## 《月光奏鸣曲》

《月光奏鸣曲》的名字并不是贝多芬自己取的,他当时给这个14号作品取的标题是《幻想风的奏鸣曲》。

在19世纪,德国诗人兼批评家雷尔斯塔听了贝多芬的这首乐曲后,掩饰不住内心的激动心情,热情称颂作品的第一乐章使他联想起瑞士苜蓿湖及那湖面上随水波荡漾的月光。因为"月光"二字引起了听众普遍的共鸣,用"月光"来概括这首乐曲的音乐形象就迅速传播开来。

出版商为了赚钱,满足听众的心理爱好,在出版的乐谱上正式印上了《月光奏鸣曲》的标题。从那以后,这个名字便流传下来。

贝多芬对听众为自己的乐曲改名并不反对,更愿让听众按自己的理解去自由想象。就这样,《月光奏鸣曲》的曲名得以流传至今,并因其不可磨灭的光辉而载入音乐史册。

## 《马赛曲》

《马赛曲》是法国国歌,它象征着自由、和平,但是它并非出自名家之手,他的作者是一个法国大革命以后的少年士兵,名叫鲁日·德·李尔。

1793年,奥地利的军队侵入法国,法国人民动员起来,组织义勇军誓死保卫祖国。为了激励战士们的斗志,镇长想找人编一支表现爱国主义精神的歌曲,让战士们唱。恰好义勇军中有一个名叫鲁日·德·李尔的年轻工兵上尉,他既会做诗,又熟知音乐,便接受了命令。于是,一首激昂的爱国赞歌便诞生了,并取名为《莱茵军团战歌》。

雄壮的歌曲立刻风行。所有爱国俱乐部在集会的开始和结束时都唱这首歌。

后来,各地义勇军进军巴黎保卫革命政府和国会议会时,士兵们一直高唱这首歌,并把它带到巴黎。因为马赛是法国二次革命的根据地,巴黎人认为这首歌是从马赛带来的,故称其为《马赛曲》。

1792年12月,法国国民会议宣布《马赛曲》为"共和国之歌",1795年被正式定为法国国歌。

## 舞蹈的由来

《诗经·大序》中说:"情动于中,而形于言;言之不足,故嗟叹之;嗟叹之不足,故咏歌之;咏歌之不足,不如手之舞之,足之蹈之。"舞蹈是艺术之母,它的起源,可以追溯到人类发展的洪荒时期,远远超出了人类的记忆范围。

今天的民间仍然流传着许多有关舞蹈起源的传说。

景颇族著名的节日祭祀歌舞"目脑纵歌"有一个历代相传的起源传说:当时只有天上才有歌舞。据说有一年地上的百鸟应太阳公公之邀到天上去做客,参加天上举行的"目脑纵歌",由此百鸟学会了唱歌跳舞。它们很愉快地回到了地上,之后公推学得最好的孔雀做"脑双"(意为领头的),聚在一起跳了起来。正好被景颇族的祖先腊贡扎夫妻看见了,便偷偷默记下来,传给了世人。从此"目脑纵歌"既作为歌舞的节日,也作为祭祀民族祖先的日子流传于世。至今"脑双"仍须带孔雀羽毛,以纪念孔雀的功劳。

## 瑜伽

当今流行于世界的瑜伽,起源于印度。瑜伽一词原意是驾驭牛马,也代表设想帮助达到最高目的的某些实践或是修炼。在古圣贤帕坦珈利所著的《瑜伽经》中,将瑜伽准确地定义为"对心作用的控制"。在印度,瑜伽的历史源远流长,它与古印度婆罗门体系有着密切的关系,人们相信通过练习瑜伽可以摆脱轮回的痛苦,内在的自我将与宇宙的无上我合一;通过瑜伽将产生轮回的种子烧毁，心的主体被证悟，一切障碍都将不存在。

## 迪斯科

迪斯科，来自法语，原意为唱片舞会，起先是指黑人在夜总会按录音跳舞的音乐。20世纪六七十年代兴起，开始流行于美国黑人聚居区和拉丁美洲下层社会，很快风靡全世界。70年代，迪斯科实际上成了对任何时新的舞蹈音乐的统称。迪斯科音乐以夸张的强弱力度交替反复诱发人体内在的节奏冲动，舞步更为自由，可根据个性发挥。

## 现代舞

现代舞是20世纪初在西方兴起的一种与古典芭蕾相对立的舞蹈派别。它反对古典芭蕾的因循守旧、脱离现实生活和单纯追求技巧的形式主义倾向，主张摆脱古典芭蕾舞过于僵化的动作程式的束缚，以合乎自然运动法则的舞蹈动作，自由地抒发人的真实情感，强调舞蹈艺术要反映现代社会生活。

现代舞创始人美国舞蹈家伊莎贝拉·邓肯认为古典芭蕾的练习会造成人体的畸形发展。她向往原始的纯朴和自然的纯真，主张"舞蹈家必须使肉体与灵魂结合，肉体动作必须发展为灵魂的自然语言"，真诚地、自然地抒发内心的情感。匈牙利人鲁道夫·拉班系统地为现代舞派建立起一套较为完整的理论和训练体系，他创造了一种被称为自然法则的训练方法，把人体动作的构成归纳为"砍、压、冲、扭、滑动、闪烁、点打、飘浮"等8大要素，认为正确处理各要素之间的关系，就能组成各种动作。

## 伦巴舞

伦巴舞起源于古巴，音乐为4/4拍，速度每分钟27小节左右。伦巴舞的特点是：音乐缠绵，舞态柔美，舞步动作婀娜多姿。

## 恰恰

恰恰起源于墨西哥，音乐为4/4拍，速度每分钟31小节左右。恰恰舞音乐有趣，节奏感强，舞态花俏，舞步利落紧凑，在全世界广为流行。

## 桑巴舞

桑巴舞起源于巴西，音乐为4/4拍或2/4拍，速度每分钟51小节左右。桑巴舞音乐热烈，舞态富有动感，舞步摇曳多变，深受人们的喜爱。

## 斗牛舞

斗牛舞起源于法国，发展于西班牙，它的音乐为2/4拍，速度每分钟62小节左右。斗牛舞音乐雄壮，舞态豪放，步伐强悍振奋，人们对它情有独钟。

## 牛仔舞

牛仔舞起源于美国，是由一种叫"吉特巴"的舞蹈发展而来，其音乐节拍为4/4拍，速度每分钟43小节左右。它音乐欢快，舞态风趣，步伐活泼轻盈的特点，得到了越来越多人的认可。

## 狐步舞

狐步舞起源于美国黑人舞蹈，是由美国舞厅舞专家维隆·凯萨贤伉俪模仿马走路的情形而创编的，舞步简单，当时十分流行。1913年，哈利·福克斯在这个基础上编创有着美国新黑人爵士节奏的舞蹈，推出了自行设计的滑稽歌舞。这种歌舞在纽约电影院的屋顶花园首次公演，由福克斯与燕奇·杜丽主演，出乎意料地获得成功，在美国及欧洲一些国家风行，其称为"福克斯"舞。1928年进入中国，由于"福克斯"英文翻译是狐狸的意思，中国人便称其为狐步舞。

狐步舞的风格特点是流动感强，动作轻盈、舒展流畅，平稳大方，悠闲从容。

## 华尔兹

华尔兹是英文waltz的音译，起源于奥地利北部的农民舞蹈"连得勒"，通常被称为"圆舞"。17世纪末在维也纳宫廷里开始出现，后来演变成"维也纳华尔兹"。维也纳华尔兹在风格上华丽高雅，情绪上活泼流畅，节奏多为3/4拍。

华尔兹深受西方人宠爱自有其原因：它的旋律流畅和谐，舞姿优美，舞步舒展，犹如波涛起伏，飘然欲仙，令人陶醉。直到今天，华尔兹舞在交谊舞中的地位仍然没有动摇。

## 探戈舞

探戈舞的步伐刚劲有力，进退成直线。节奏顿挫有致，被称为舞中之王。大约1880年左右，探戈舞从阿根廷布宜诺斯艾利斯下层的居民跳的米隆加舞演变而来。到了20世纪初期，探戈舞开始被社会公众认可，1915年，这种舞风靡欧洲上层社会。早期的探戈舞活泼欢快，到大约1920年，音乐和歌词都变得忧郁感伤，舞步也由原先的充满活力变为平稳的交际舞步。如今探戈舞已成为阿根廷的标志之一，和足球、烤肉列为本国人民的三大爱好。

## 霹雳舞

霹雳舞起源于美国，创始人是美国东海岸黑人歌星詹姆斯·布劳德。他于1949年在电视演唱是时创作了一种稀奇古怪的动作，青年们竞相模仿，并在街头进行跳舞比赛。这种舞蹈传到西海岸洛杉矶后，又出现了模仿木偶机器人动作的舞蹈。

美国东西两岸两大派街头舞蹈结合起来，深受青年们的欢迎，因这种舞蹈大都在街头表演，故又称"街头舞蹈"。它的动作主要分为旋转、跳、滑、浮、刷腿、空翻、踢几类。其特点是以身体各个部位为支点，身体旋转或腾跃。

## 芭蕾

芭蕾，一种舞台舞蹈形式，即欧洲古典舞蹈，通称芭蕾舞。由法语ballet音译而来。芭蕾舞孕育于意大利文艺复兴时期，17世纪后半叶开始在法国发展流行并逐渐职业化，在不断革新中风靡世界。19世纪以后，芭蕾舞技术上的一个重要特征是女演员要穿特制的脚尖舞鞋用脚趾尖端跳舞，所以也有人称之为脚尖舞。在近400年的发展过程中，芭蕾对世界各国影响很大，流传极广，至今已成为世界各国都努力发展的一种艺术形式了。代表作品有《天鹅湖》、《仙女》、《胡桃夹子》等。

## 拉丁舞

拉丁舞是国标舞即国际标准交谊舞的两大系列之一，它包括伦巴、桑巴、恰恰、斗牛、牛仔5个舞种。拉丁舞在风格上更加热情洋溢、奔放欢快。拉丁舞的节奏快，速度快，以肩、背、腰、腹、腿部的运动为主，而其利用最多的部位是骨盆，要求舞者的胯部相当的灵活。

拉丁舞的5项舞蹈各有风格，桑巴的激情，恰恰的活泼，伦巴的婀娜，斗牛的强劲，牛仔的逗趣。风格的不同，最主要的是内涵的把握。

## 歌舞伎

歌舞伎是日本典型的民族表演艺术，起源于17世纪江户初期，并发展为一个成熟的剧种，其演员只有男性。歌舞伎与能乐、狂言一起保留至今。

歌舞伎的始祖是日本妇孺皆知的美女阿国，她是岛根县出云大社巫女（即未婚的年轻女子，在神社专事奏乐、祈祷等工作），为修缮神社，阿国四处募捐。她在京都闹市区搭戏棚，表演《念佛舞》。这本是表现宗教的舞蹈，阿国却一改旧程式，创作了《茶馆老板娘》。阿国女扮男装，身着黑衣，缠上黑包头，腰束红巾，挂着古乐器紫铜钲，插着日本刀，潇洒俊美，老板娘一见钟情，阿国表演时还即兴加进现实生活中诙谐情节，演出引起轰动。阿国创新的《念佛舞》，又不断被充实、完善，从民间传入宫廷，渐渐成为独具风格的表演艺术。

## 格塔克里舞

格塔克里舞是印度四大古典舞蹈之一。格塔克里舞实际上是一种故事性很强又独具特色的颂神舞。其一大特点是把故事、诗歌、音乐、舞蹈、表演和绘画巧妙地结合起来。大诗人瓦拉多尔称格塔克里舞为"艺术的皇后"。

格塔克里舞通常在庙会期间的夜晚演出，剧中所有角色均由男子扮演。表演的形式是哑演，但有敲打乐器伴奏。舞中的故事情节，用朗诵诗的形式表达。诗句都是梵语化的马拉雅拉姆语，一个人在幕后朗诵。演员身躯的姿态和手势，都有一定的象征意义。通过双脚跳动的快慢，两手和十指的各种动作以及眼睛、鼻子和嘴唇等的不同动作来表现诗句的内容。

## 克塔克舞

克塔克舞产生于北方邦的首府勒克瑙，是印度四大古典舞蹈之一。

克塔克本是一个种姓，专门从事舞蹈，以卖艺为生，他们所跳的舞就叫克塔克舞。克塔克舞原是一种宫廷艳情舞，内容主要是表现克里希纳与拉塔的爱情故事。演员的脚上系有许多小铜铃，演员随着鼓声的变化而发出不同响声，时而铿锵有力，繁音流泻；时而细碎悦耳，娓娓动听。演员要随着鼓点和音乐用身体各部分的动作和面部表情表现各种感情。

## 肚皮舞

肚皮舞是一种带有阿拉伯风情的舞蹈形式，起源于中东地区，19世纪末传入欧美地区，至今已遍布世界各地，成为一种较为知名的国际性舞蹈。

肚皮舞阿拉伯原名为"Raks Sharki"，意指东方之舞，因此肚皮舞又称"东方舞蹈"。一般认为，肚皮舞是中东、中亚、埃及的古老的传统舞蹈。

肚皮舞所表现的扭胯、摆肩等动作能显示女性曲线的妩媚和健美，体现妇女的勤劳、喜悦和欢乐。肚皮舞多为体态丰腴、臀部发达的女子进行独舞。当舞乐声起，便有一位妙龄女郎身披白纱，手持金属镲，身佩响环、项链等饰物，胸部高耸，半遮半裸。舞娘张开双手，舒展腰身，扭动胯臀，动作欢快明朗。随着音乐旋律的加快，腰、胯、臀的扭摆加速。舞娘从上至下颤动腰、臀和胸部肌肉，技艺高超者，还可随意颤动腰、腹的某一块肌肉。配合手的动作和双脚移动，尽情地表现女性美，给人以优美欢乐的感受。

## 国际音乐节

1949年，联合国教科文组织创建"国际音乐委员会"，委会员的办事机构设在巴黎。1979年，在澳大利亚举行的国际音乐委员会第18届大会上，通过了一项议程，定于从1980年开始，每年的10月1日为"国际音乐日"。期间，世界上许多国家都举办音乐文化交流活动，进行各种音乐演出。国际音乐委员会每两年在"国际音乐日"发奖一次，奖励那些在音乐创作、表演、音乐教育等方面有重大贡献的音乐家。

## 萨尔茨堡音乐节

萨尔斯堡音乐节创立于1920年，是为演奏莫扎特作品而设立的，是全世界水准最高、最负盛名的音乐节。每年7月底至9月初音乐节期间，音乐节大厅、莫扎特音乐学院、州立剧院、米拉贝尔宫都有音乐活动。

萨尔斯堡音乐节表演的内容包括意大利歌剧、话剧、电影、音乐会、芭蕾舞等项目。其中，萨尔斯堡音乐节的传统主秀，一是莫扎特的音乐会，一是名为Jedermann的话剧表演。

# 戏剧曲艺篇

## 戏曲的四功五法十耍

戏曲艺术将表演技巧概括为四功、五法与十耍。

四功是戏曲演员的4种基本功夫：唱功、做功、念白与武打。

五法，指的是手、眼、身、法、步。手指手势，眼指眼神，身指身段，步指台步。至于法，则解释不一。一说是"身法"应作为一项；一说是应称"手眼身步"法。这样，五法就变成四法了。还有认为"法"是"发"之误，指的是"水发"技术，但是"发"已包括在十耍之中。按程砚秋的见解，"法"则应改为"口"，"口法"是为了练好唱念功夫。

十耍包括水袖、髯口、翎子、扇子、靴子、帽翅、马鞭、笏板、牙和水发。

## 唱念做打

唱、念、做、打是戏曲表演中的4种艺术手段，同时也是戏曲演员表演的4种基本功，通常被称为"四功"。"唱"指歌唱，"念"指具有音乐性的念白，二者构成歌舞化戏曲表演艺术两大要素之一的"歌"；"做"指舞蹈化的形体动作，"打"指武术和翻跌的技艺，二者结合，构成另一大要素"舞"。

唱、念、做、打是戏曲表演的特殊艺术手段，四者有机结合，构成了戏曲表现形式的特点，是戏曲有别于其他舞台艺术的重要标志。

## 江湖十二角色

江湖十二角色是清中叶时昆山腔角色行当体制。据《扬州画舫录》记载："梨园以副末开场，为领班、副末以下，老生、正生、老外、大面、二面、三面七人，谓之男角色；老旦、正旦、小旦、贴旦，谓之女角色；又有打诨一人，谓之杂。此江湖十二角色。"

## 毯子功

戏曲表演基本功之一，是戏曲演员各行当（如生、旦、净、丑）均需掌握的表演技艺。

毯子功的内容包括翻、腾、扑、跌、滚、摔等各项技艺的基本功。由于这些强度高、难度大、技术条件复杂的训练，均需在毯子上进行，以保护练习者不受伤害，故而称之为"毯子功"。

通过毯子功的练习，使演员的形体动作更为协调，还可以增强其身体的柔韧性以及对各种动作的控制能力，从而在表现特定情节（如翻腾跳跃、腾云驾雾、凌空跌扑等场景）时，可以自如地运用形体进行艺术创作。

## 把子功

戏曲表演武功的组成部分，指训练戏曲演员掌握和运用把子技术的基本功。在表演上又分为庄重把子和滑稽把子，前者要求庄严威武、雄健肃穆，如《长坂坡》中赵云和曹营诸将的武打；后者则诙谐逗趣，引人发笑，如《闹天宫》中孙悟空与巨灵神，龟、虾二将等的武打。

## 翎子功

戏曲表演基本功之一。翎子是插在盔头上的两根长约2米的雉鸡翎，借舞动翎子的技巧及优美身段，表现人物的心情和神态，俗称耍翎子。生、旦、净、丑各行角色都用，以小生用得最多。

翎子功包括单掏翎、双掏翎、单衔翎、双衔翎、绕翎、涮翎、抖翎、摆翎等多种，借以表达喜悦、气急、惊恐、沉思、忧虑等各种情感。蒲剧、晋剧等梆子剧种的翎子功尤称一绝。

## 甩发功

戏曲表演基本功之一。生、净、丑等角色

在头顶上扎束一绺长发，称甩发；旦角在"大头"右边分出一绺头发叫发绺，演员舞动甩发或发绺表现人物的激动感情。

甩发分通梢、倒栽两种。前者发梢成尖状，后者较为齐整。男角色的甩发又叫梢子，故又称梢子功。京剧常用的甩发功包括甩、扬、带、闪、盘、旋、冲等多种甩法，方向又有左、右、前、后和绕圆圈等。

## 髯口功

戏曲表演基本功之一。戏曲人物所戴的假须，统称髯口。戏曲表演中，常借助舞弄髯口的动作来展示人物的心情，俗称耍髯口。

耍髯口的技巧有搂、撩、挑、推、托、摊、捋、抄、撕、捻、甩、绕、抖、吹等多种，与舞蹈身段密切配合，才能表达人物的思想情绪，如撩髯多表现思忖和自叹；抖髯多用于惊怕；捋髯多展示安闲；推髯多反映慨叹；搂髯多用于昂首观望与低头俯视；吹髯则反映生气等。

## 水袖功

戏曲表演基本功之一。戏曲服装中的蟒袍、官衣、褶子、帔等多在袖口上缝有一段白绸，称水袖。

演员可以利用水袖的舞动以表现剧中人的感情和增加形象的美感。水袖技巧的基本要领在于肩、臂、肘、腕、指等各个部位的协调配合，熟练掌握水袖的性能，运用时才能得心应手。

## 扇子功

戏曲表演基本功之一。戏曲演员常借助手中的扇子做出种种动作，用以表现人物的感情。生、旦、净、丑各行角色皆有此功，但以小生、花旦、闺门旦等使用最多，技巧更为丰富。戏曲舞台上使用的扇子，有大折扇、小折扇、团扇（宫扇）、羽扇、蒲扇、竹扇、鹅毛扇、芭蕉扇等多种。基本动作大体有挥、转、托、夹、合、遮、扑、抖、抛等。为避免纯技术的卖弄，传统表演中又有"有扇如无扇，用扇不见扇"的要求。

## 手绢功

手绢功源于二人转，吉剧又有所发展。手绢有四角和八角的两种。四角手绢有里外翻花、里外挽花、抖花等，手绢不出手；双层八角手绢，发展出转绢、叼绢、托绢、踢绢、抛绢、弹绢等30多种手绢出手。手绢既能耍出许多美妙的舞姿，形体动作生动活泼，烘托戏剧气氛；又可代替各种道具，作为刻画人物性格和内心世界的手段。

## 起霸

起霸是京剧表演中常见的程式动作，源于明代沈采所作传奇《千金记》中有起霸一折。集中了基本功中很多动作和技巧，有机地组合成一套连续的舞蹈，并赋予这些动作以鲜明生动的内容，用以表现古代武将在出征前整盔束甲，准备上阵厮杀的情景，充分表现武将的威武气概，以烘托渲染舞台的战斗气氛。

起霸可分为男霸、女霸、整霸、半霸、正霸、反霸、倒霸、单人起霸、双人起霸、蝴蝶霸、通用霸（宫中霸）、专用霸等。

## 女霸

京剧中女角色扎靠表演的起霸程式，统称女霸。女霸动作要刚健妩媚，婀娜多姿，在矫健敏捷中涵蕴着柔秀威武的气质。女霸由出场亮式、云手、塌步圆场、鹞子翻身、整袖、正冠、掏翎、紧甲等动作组成。

## 男霸

京剧中男角色（武老生、武生、武小生、武净）所表演的起霸程式，统称男霸。男演员起霸时气势轩昂，雄武有力，要显示出大将的英雄气概。包括准备动作、出场亮相、抬腿亮靴底、云手、踢腿、跨腿、整袖、正冠、紧甲、扎带、骑马蹲裆式、亮相转身、双提甲亮式、归位按拳亮式等。

## 打出手

京剧表演特技之一。又称"踢出手"，俗称"过家伙"。以一个角色为中心，称上把，另有几个抛扔武器者为下把，相互配合，作抛、掷、踢、接武器的特技表演。如拍枪、挑枪、踢枪、虎跳踢枪、前桥踢枪、后桥踢枪、乌龙绞柱踢枪以及连续起跳踢枪等，形成种种丰富繁难的舞蹈性的惊险场面。

## 俊扮

俊扮，是指演员本身面部底色基础上略施粉彩、轻画眉眼，改变了原貌，突出了眉、眼、唇、腮各部位的视觉色彩，显现出人物英俊的气势。一般生、旦行所扮演的人物，都采用俊扮。

## 髯口

髯口，戏曲中各式假须的统称。又称"口面"。髯口式样上的改进同演员注意利用髯口做种种身段动作以刻画人物的情绪、性格有关，并由此而形成"髯口功"。

各式髯口的色彩，一般有黑、灰、白三种，以区别角色的年龄。少数形貌怪异或性格暴烈的人物及神怪，也有戴红髯、紫髯、蓝髯、黑红二色髯的。

## 假发

中国戏曲中，假发是"行头"中"头面"的一部分，属于"软头面"之一。

男角的假发有全顶（将整个头部全包住）、半顶（头顶齐耳往后部分），半顶假发外剩下的部分称为"头片"，指两鬓和美人尖的发片，靠脸颊的地方会黄胶加以粘贴，靠头顶的地方则用发夹或簪固定。

旦角有一种叫"大头"的假发，会用到一种分成一绺绺、称为"片子"的假发，贴上前要用束发带把本身的头发束起，把片子蘸刨花水梳平，沿着束发带贴，一端呈椭圆形的几片用作刘海，尾端尖削的两片置于两鬓，脸宽的向内贴，脸小的向外贴，可以把脸型修饰成瓜子脸。

## 戏衣

戏衣泛指传统戏曲服装。宋杂剧、金院本的演出已有为舞台演出而专备的戏衣。至明代中叶昆剧兴起而逐步完善。戏衣的特点有：一、有丰富的表现力。无论文武、男女、老幼、贫富、贵贱、善恶、神鬼等角色，都可以在戏衣中找到相应的服装。二、丰富多彩。每一件服装都有独立的品格，相互辉映，使舞台形象更加美观。三、严格的规范。戏曲舞台讲究"宁穿破，不穿错"。

## 一桌二椅

戏曲舞台上的演出用具，对剧情的地点和人物关系具有一定的表现或暗示作用。桌椅的摆列样式，主要有如下几种：

大座：桌在舞台正中，椅在桌子后面。又称"正场桌"、"内场椅"。皇帝临朝用黄色绣龙桌围椅披，设金色香炉；官员升堂用红色桌围椅披，设印盒、签筒等。桌围椅披和桌上陈设，依据剧情而有若干变化。

双大座：桌子摆法与大座相同，桌后设双椅。又称"内场双椅"。多用于老年夫妇接受儿女拜贺的宴庆场面。

大座跨椅：以大座为基础，在桌子两旁再各加一椅。如在大座一侧加椅，则称"大座单跨椅"。

斜场大座：大座斜设于舞台一侧，另一侧设其他演出用具。

八字桌：舞台两侧各设一大座。主要用于宾主宴会场面。

三堂桌：舞台正中和两侧各设一大座。用于宴会、会审等大场面。

骑马桌：舞台正中竖设一桌，两侧各设一椅。店房、书斋、卧室、船舱等不同场合均可运用，一般用来表现夫妻、兄弟、朋友等之间的亲近关系。

斜场骑马桌：骑马桌斜设于舞台一侧，另一侧配以其他演出用具。

小座：桌在舞台正中，椅在桌子前面。又称"正场椅"、"外场椅"。一人独坐，不需桌子时，多用小座。

八字跨椅：桌在舞台正中，两侧各设一椅。主要用于内厅议事、接待宾朋、家庭闲叙等场面。

八字椅：又称"外八字跨椅"，遇有大段唱做，需要演员靠近观众时，即采用此种摆法。如《铡美案》包拯劝陈世美的场面。

旁椅：在小座或八字跨椅的基础上，一侧或两侧所加之椅。多为辈分、职位低一等的人坐。

门椅：椅子设在台口，表示在门外或帐外。如《辕门斩子》中绑出帐外的杨宗保，即坐门椅。

站椅：剧中人物登高瞭望或表示神怪腾云驾雾时用。

倒椅：将椅子放倒，多用于非正常的临时坐处。

大高台：两桌相叠，上面设小帐。两桌之后又设一竖桌，桌上有椅子。桌旁再设一椅，供演员上下、表示将台等。

小高台：两桌前后并列，上设一椅。桌旁又设一椅，供演员上下。表示楼船、将台、山坡等。

帅帐：舞台正中设大座，大座后设两椅，椅背朝外，椅上架设大帐。用于元帅升帐等场面。摆帅帐的大椅，一般为红缎金花，有的在帐额上绣"三军司令"四字。

楼帐：舞台正中架设大帐，帐后设桌椅，演员登高，即表示彩楼或绣楼。

床帐：舞台正中架设大帐，内设椅子。用于表现闺房、洞房。摆床帐、楼帐用的大帐，色彩很多，一般彩绣翎毛、花卉。

上述各种摆列样式，为长期演出过程中所积累，成为运用桌椅的基本程式。但在具体戏中，摆法也不是一成不变的。

## 检场

检场指的是在戏曲演出过程中，如果遇到换场需要更换道具时，由戏曲人物以外的工作人员上台搬换道具。它是介乎演员和道具之间的一种存在。

以前的舞台为突出的三面有观众的台子，演员上下场是从底幕两侧"挖"出的上下场门上下，而现在的舞台则变成了只有前面对着观众，舞台上有了两道幕，道具需要更换时可以拉上幕进行，所以检场也就取消了。

## 火彩

中国戏曲舞台上表现火焰、烟云各种特技的统称。

始于汉代百戏的"吞刀吐火"，宋代傩戏和目连戏中广泛应用。明代戏曲演出中，火彩用于渲染鬼神，表现战争场面。

火彩主要有两类：演员口吐、检场人员施放，后者在川剧中叫撒粉火，通称撒火彩。花式甚多，如绕成大圈的叫月亮门，连接不断的叫连珠炮，劈空飞出的叫过梁，飞焰落入台口盆中以引燃盆内酒火的叫钓鱼等。

## 勾栏

勾栏，是宋元戏曲在城市中的主要表演场所，相当于现在的戏院。

在北宋时，由于市民阶级的不断扩大，他们文化娱乐的需要也日益提升，因而出现了"勾栏"。勾栏，可供艺人演出杂剧及讲史、诸宫调、傀儡戏、影戏、杂技等，可容纳观众数千人。勾栏的出现，对中国戏曲的形成，具有重要意义。在此，各种技艺之间可以互相交流、吸收。演出可以经常化、固定化。

## 畅音阁

畅音阁，全称故宫宁寿宫畅音阁大戏楼，为清宫内廷演戏楼，位于故宫博物院内养性殿东侧。乾隆三十七年（1772年）始建，乾隆四十一年（1776年）建成。

畅音阁三重檐，台基高1.2米，通高20.71米，总面积685.94平方米，卷棚歇山式顶，覆绿琉璃瓦、黄琉璃瓦剪边，一、二层檐覆黄琉璃瓦。阁面阔三间，进深三间，与南边五开间扮戏楼相接，平面呈凸字形。上层檐下悬"畅音阁"匾，中层檐下悬"导和怡泰"匾，下层檐下悬"壶天宣豫"匾。内有上中下三层戏台，上层称"福台"，中层称"禄台"，下层称"寿台"。

畅音阁为紫禁城中最大的一座戏台，与京西颐和园内的德和园大戏楼（仿畅音阁规制建造）、承德避暑山庄的清音阁大戏楼并称清代三大戏楼。

## 楔子

元杂剧的专用术语，它是指四折戏之外的过渡段落，主要是用来介绍情节和人物，加强情节之间的联系，位置比较灵活，可以放在剧首。一般是一本四折一楔子，如果有特殊需要，还可以有两个楔子。

## 科班

戏班以演戏为主，科班以学戏为主。科，即品类、等级之意，因自汉以来，学人经科试以定次第等级，因此旧时投师学艺也称为入某一科，同年入学者为同科。考入或经人介绍加入某一学戏的班子的某一科，即称为进班入科，亦可称加入某一科班。如富连成班就分为喜字科、连字科、富字科、盛字科、世字科、元字科、韵字科、庆字科等8科。

科班均供奉唐明皇为祖师爷，并每日朝拜，凡入科班一定要立字据，如同定下卖身契约，不仅要打骂体罚，而且科满后要效力3年，因此旧时学戏称为打戏，坐科7年称为7年大狱。

## 行头

行头是金、元时起对戏具的统称。《扬州画舫录》称"戏具谓之行头，行头分为衣、盔、杂、把四箱"。

衣箱，分大衣箱、二衣箱、三衣箱。大衣箱包括各种长短袍服，二衣箱包括各种武装人员的装束，三衣箱即演员所穿内衣及塑形用品。盔头箱，主要是盔、帽、冠、巾4种。杂箱指彩匣子、水锅和梳头桌。把箱即旗把箱，包括各种兵器、文房四宝等道具。

一套完整的行头，在演出时均有一定的使用章程和规范，如衣箱上的十蟒十靠都必须按上五色和下五色，即红、黄、绿、白、黑、蓝、紫、粉、古铜、秋香十色的顺序摆放；后场桌上的道具必须根据戏码的变换而变换。以保证演员穿、扎、戴、挂、拿，有条不紊地进行。

## 跑龙套

戏台上四人一组扮演兵士或衙役的角色，叫龙套。龙套由所穿的龙套衣得名。这几个人代表了千军万马。龙套在舞台上的活动有一定程式，如升帐或坐堂分站两厢的叫"站门"；引导主人前行并开路的叫"圆场"；在上下场门附近斜列两行候主人上场或下轿的叫"斜门"；在双方交战从兵刃下穿过叫"钻烟笼"；分从两边上场叫"二龙出水"等。

龙套表演讲究"站如钉，走如风"。龙套在站堂助威时要像岩石一般，伫立不动；一旦动（跑）起来，犹如燕子掠过水面。舞台的气氛，有时是靠龙套跑出来的，所以又叫"跑龙套"。龙套以头旗为主，二、三、四旗为副，要听头旗的指挥。他们常打着红门旗、飞虎旗、月华旗，演神话还打着风旗、水旗、火旗、云牌等，所以也有人称其为"打旗的"。

## 票友

会唱戏而不专业以演戏为生的爱好者，即对戏曲、曲艺非职业演员、乐师等的通称。相传清代八旗子弟凭清廷所发"龙票"，赴各地演唱子弟书，不取报酬，为清廷宣传，后就把非职业演员称为票友。票友大多数是为自唱自娱。

## 京剧

京剧作为中国的"国粹"已有200年历史了，它以其高超的表演艺术和深厚的文化内涵著称于世。

京剧的前身是安徽的徽剧，俗称"皮黄戏"。清朝乾隆五十五年（1790年）起，原在南方演出的三庆、四喜、春台、和春四大徽班相继进入北京演出，他们把汉调、秦腔、昆曲的曲调及表演方式融入了徽剧，并将其演变成一种更为美妙的声腔，称为"京调"。清代末期民国初期，京班掌控着上海的全部戏院，于是"京调"正式被称为"京戏"。

京剧音乐属于板腔体，唱腔以徽调的二黄和汉调的西皮为主，称为"皮黄"。经过无数艺人的长期舞台实践，京剧在文学、表演、音乐、唱腔、锣鼓、化妆、脸谱等各个方面，形成了一套规范的程式。京剧在表演上歌舞并重，融合武术技巧，多用虚拟动作，节奏感强，技艺高超，唱腔悠扬委婉，念白也带有音乐性，形成了中国戏曲"唱念做打"有机结合的表演艺术体系。

## 京剧脸谱

中国传统戏曲的脸谱，是演员面部化妆的一种程式。一般应用于净、丑两个行当，其中各种人物大都有自己特定的谱式和色彩，用来突出人物的性格特征，具有"寓褒贬、别善恶"的艺术功能，使观众能观其外表，辨其善恶。因而，脸谱又被称为角色"心灵的画面"。

据史料记载，脸谱是由唐代乐舞大面（传统戏曲角色行当之一，是京剧和某些地方戏中净角的别称）所戴面具和参军戏副净（参军戏，唐宋时流行的一种表演形式，主要由参军、苍鹘两个角色作滑稽的对话和动作，以引人发笑，有时用以讽刺朝政或社会现象。参军戏中的副净，等于现在京剧中的"架子花脸"，一般都表演性格粗犷莽撞的人物，如《三国演义》戏里的张飞）的涂面逐渐演变而来的。

## 生旦净丑

"生、旦、净、丑"是中国传统戏曲中的4种角色。它们是一台戏剧演出的四大台柱。"生、旦、净、丑"的取名和这四个字的反喻之意有关。

"生"是在剧中扮演男子的角色，有老生、小生、武生之分。过去老生是各行当之首，也就是整出戏成败的关键，要求生角的演出团必须老练娴熟，唱做俱佳，故反其意取名为"生"。

"旦"是在剧中扮演女性人物的角色，有青衣、花旦、老旦等之分。"旦"的本义是指旭日东升，也是阳气最盛的时候，旦角表演的是女性，女属阴，故反名之为"旦"。

"净"是在剧中扮演性格刚烈或粗暴的人物，通称花脸，有铜锤花脸、架子花脸、武花脸等之分。"净"本意是清洁干净，而剧中净角都是涂满油彩的大花脸，看起来很不干净，不干净的反面就是净，因而得名。

"丑"是在剧中扮演滑稽人物的角色，有文丑、武丑之分，在十二属相中，丑属牛，牛性笨，因此，丑就是笨的代名词。而演丑角的人，则要求活泼、伶俐、聪明，故相反取名为"丑"。

## 梨园

梨园是对中国戏曲界的称呼，旧时常将戏曲行当叫作"梨园行"，将戏曲艺人称为"梨园子弟"，一直沿用至今。据传说，唐玄宗李隆基是个戏曲、音乐的爱好者，他自己不仅爱听、懂欣赏，还能唱上两口，玩玩乐器，指挥排练。他最爱大型歌舞。于是，唐玄宗主持选拔了3000名乐师，常亲自光临指导，将艺人集中于皇宫中的梨园演练。后来，人们把皇上提供的演练场地"梨园"称代戏曲音乐行当。

除了"梨园"之外，还有人称戏曲界为"菊部"，这一称呼来自另一位皇帝的故事。北宋的徽宗、钦宗被金人俘虏之后，北宋灭亡。徽宗第九子高宗赵构称帝，重建宋朝，史称南宋。国难深重，宋高宗赵构的压力颇大，内宫有位菊夫人能歌善舞精通音律，常为高宗演出歌舞消遣，宫中称此女子为"菊部头"。所以，戏曲行当也有"菊部"的特别称谓。

梨园界对戏曲还有"雅部"和"花部"之称，这是始于乾隆年间的叫法。"雅部"指当时被认为是雅乐的昆腔；"花部"指昆腔之外的地方戏曲。后来这两部通指戏曲了。

## 京剧各主要流派的创始人

须生：谭派-谭鑫培；汪派-汪桂芬；孙派-孙菊仙；汪派-汪笑侬；王派-王鸿寿；刘派-刘鸿声；余派-余叔岩；言派-言菊朋；高派-高庆奎；马派-马连良；麒派-周信芳；新谭派-谭富英；杨派-杨宝森；奚派-奚啸伯；唐派-唐韵笙。

小生：程派-程继先；姜派-姜妙香；俞派-俞振飞；叶派-叶盛兰。

武生：李派-李春来；俞派-俞菊笙；杨派-杨小楼；盖派-盖叫天。

旦角：陈派-陈德霖；王派-王瑶卿；梅派-梅兰芳；程派-程砚秋；荀派-荀慧生；尚派-尚小云；筱派-筱翠花；黄派-黄桂秋。

花旦（青衣）：张派-张君秋。

老旦：龚派-龚云甫；李派-李多奎；孙派-孙甫亭。

净角：何派-何桂山；金派-金秀山；裘派-裘桂仙；金派-金少山；郝派-郝寿臣；侯派-侯喜瑞；裘派-裘盛戎。

丑角：王派-王长林；萧派-萧长华；傅派-傅小山；叶派-叶盛章。

## 梨园三怪

梨园三怪都生活在清朝末年。

跛子孟鸿寿。孟鸿寿幼年得了软骨病，身长腿短，身体纤弱。他苦学苦练，扬长避短，后来，成为戏院竞相邀请的丑角大师。

瞎子双阔亭，自幼学戏，双目因疾失明，更加勤学苦练。在台下走路要用人搀扶的他，上台表演却寸步不乱，终于成为名须生。

哑巴王益芬，出身艺人家庭。平日在后台看父母演戏，一一默记于心。每天早贪黑练功，长年不懈，终成为有名的二花脸。

## 京剧"四大名旦"

梅兰芳（1894~1961年），出身于京剧世家，在他从艺的50多年里，对旦角的唱腔、念白、舞蹈、化妆等各方面都有创造性发展。他在《宇宙锋》、《贵妃醉酒》、《霸王别姬》、《穆桂英挂帅》等戏中创造了姿态各异的古代妇女形象，在国内和国际上享有很高的声望。

程砚秋（1904~1958年），他的戏路极广，不仅有《玉堂春》等青衣戏，也有《游龙戏凤》、《刺红蟒》等花旦、刀马旦和武旦戏。另外他在《窦娥冤》中饰窦娥，《青霜剑》中饰中雪贞。他主演的《贺后骂殿》、《锁麟囊》等戏都盛极一时。

尚小云（1900~1976年），曾被评为"第一童伶"。他在《二进宫》、《祭塔》、《昭君出塞》等戏中塑造了一批巾帼英雄和侠女烈妇，在京剧表演艺术上也是独树一帜。

荀慧生（1900~1968年），他能使梆子旦角艺术融青衣、花旦、刀马旦的表演于一炉，在唱腔方面，他从昆曲、梆子、川剧中吸取精华，与京剧老生、小生、老旦的旋律融合，创造自己独特的唱腔。他擅长扮演天真、活泼、温柔的妇女，以演《红娘》、《钗头凤》、《荀慧娘》等剧著名。

## 京剧"四大须生"

马连良（1901~1966年），他形成的"马派"是继余叔岩后京剧老生中最有影响的流派。他饰演的《借东风》中的诸葛亮、《四进士》中的宋士杰、《甘露寺》中的乔玄等角色活灵活现，栩栩如生，风靡一时。

谭富英（1906~1977年），出身于京剧世家。他的唱腔酣畅淋漓、朴实大方，代表剧目有《定军山》、《空城计》、《群英会》等，都使观众为之倾倒。

杨宝森（1909~1958年），出身于京剧世家，他的唱腔清纯雅正、韵味浓厚，做功稳健老练，代表剧目有《伍子胥》、《击鼓骂曹》、《洪羊洞》等。

奚啸伯（1910~1977年），自幼爱好京剧，学谭派先生，代表剧有《白帝城》、《宝莲灯》、《苏武牧羊》等，以《马龙院》最负盛名。

## 京剧"四小名旦"

1927年梅、程、荀、尚确立"四大名旦"之后，青年旦角演员不断涌现。为了选拔优秀人才，1936年秋天，由北京《立言报》主持，专门接待各界投票评选"四小名旦"。投票结果前四名是：李世芳得票5800张，毛世来得票5000张，张君秋得票4800张，宋德珠得票3600张，成为当年轰动一时的京剧"四小名旦"。

1940年，北平《立言画刊》在长安剧场组织四小名旦合作演出《白蛇传》，李世芳、宋德珠合演《金山寺水斗》；毛世来演《断桥》、《合钵》；张君秋演《祭塔》，"四小名旦"遂成定论。

"四小名旦"演艺超群但风格各异——李世芳唱做俱佳，有"小梅兰芳"之称；毛世来深得"花旦大王"筱翠花的真传，擅演《十三妹》等剧；张君秋博采众长，创立了"张派"艺术；宋德珠工刀马旦、武旦，以武功和"出手"见长，世称"宋派"。

## 同光十三绝

"同光十三绝"是徽班进京后由演唱徽调、昆腔衍变为京剧的13位奠基人，又都是技艺非凡的表演艺术家。当时的画家沈蓉圃参照清朝中叶画师贺世魁所绘《京腔十三绝》戏曲人物画的形式，把这13位前辈画在一幅画面上，挂在北京前门廊房头条东口听诚一斋店铺里，流传很广。

画中绘老生4人：程长庚饰《群英会》之鲁肃，卢胜奎饰《战北原》之诸葛亮，张胜奎饰《一捧雪》之莫成，杨月楼饰《四郎探母》之杨延辉。

武生1人：谭鑫培饰《恶虎村》之黄天霸。

小生1人：徐小香饰《群英会》之周瑜。

旦角4人：梅巧玲饰《雁门关》之萧太后，时小福饰《桑园会》之罗敷，余紫云饰《彩楼配》之王宝钏，朱莲芬饰《玉簪记》之陈妙常。

老旦1人：郝兰田饰《行路训子》之康氏。

丑角2人：刘赶三饰《探亲家》之乡下妈妈，杨鸣玉饰《思志诚》之闵天亮。

## 傩戏

傩戏，也称为傩舞，是在民间祭祀仪式基础上吸取民间戏曲而形成的一种戏曲形式，于康熙年间在湘西形成后，由沅水进入长江，向各地迅速发展，形成了不同的流派和艺术风格。广泛流行于安徽、江西、湖北、湖南、四川、贵州、陕西、河北等省。

傩戏的演出剧目有《孟姜女》、《庞氏女》、《龙王女》、《桃源洞神》、《梁山土地》等。

## 弋阳腔

弋阳腔以弋阳为中心，属于南戏范畴，是在南戏的基础上形成和发展起来的剧种。

弋阳腔有徒歌、帮腔、滚调等演唱形式，配以锣鼓，气氛热烈，粗犷、豪放、激越、明快。主要在江西省内的贵溪、万年、乐平、鄱阳、浮梁、上饶等一些地区传承延续，明代前中期曾流布于安徽、江苏、浙江、福建、广东、湖南、湖北、云南、贵州及北京等地。

## 青阳腔

青阳腔因形成于青阳县而名；又因古时青阳县属池州府，还称"池州调"。青阳腔与徽州腔驰名于明清两代，被誉为"徽池雅调"。

青阳腔拙朴、高昂、刚健、原始，它不用管弦伴奏，一般是用锣鼓伴唱，一唱众和，杂白混唱，腔滚结合（滚调），唱腔灵活多样，曲调清秀婉转，戏曲语言、唱词通俗易懂。

## 海盐腔

海盐腔是一门古老的戏曲唱腔，因其形成于浙江海盐而得名。它是元代海盐澉浦人杨梓受戏曲音乐家贯云石启发，将当时流行的南北歌调加工而成的。海盐腔由明代开始盛行并成为南戏的四大声腔之首。

海盐腔的音乐为曲牌联套体结构，分生、旦、净、末、丑诸行当。演唱时，以鼓、板及铜器等打击乐器伴奏，不用管弦。如若是清唱，则只用拍板或以手击节伴之，腔调清柔、委婉。海盐腔在发展过程中，对弋阳腔、昆山腔的演变起到了一定的影响，至明万历年以后日趋衰落而渐绝迹。

## 余姚腔

余姚腔因形成于余姚而得名，宋元时期，余姚戏曲十分昌盛，已成时尚，涌现出了一批"戏文弟子"，至明朝，余姚梨园弟子遍及长江南北，闻名遐迩，到了清朝中叶依然演出不辍。余姚腔声腔是"调腔"，又是高腔，运用"滚唱"手法，采用联体结构，念白兼用，仅用鼓板，无管弦伴奏，在曲调前后常穿插杂白混唱。

## 沪剧

沪剧属江、浙、长江三角洲吴语地区滩簧系统，兴起于上海。因上海简称沪，故名沪剧。主要流布于上海、苏南及浙江杭、嘉、湖地区。主要有长腔长板、三角板、赋子板等。曲调优美，富有江南乡土气息，擅长表现现代生活。优秀剧目有《罗汉钱》、《芦荡火种》、《一个明星的遭遇》等。

## 越剧

越剧是中国传统戏曲形式之一。清末起源于浙江嵊县，由当地民间歌曲发展而成。主要流行于浙江、上海、江苏、福建等地，越剧长于抒情，以唱为主，声腔清悠婉丽，优美动听，表演真切动人，极具江南地方色彩。越剧演员初由男班演出，后改女班或男女混合班。越剧有影响的剧目有《梁山伯与祝英台》、《玉堂春》、《打金枝》等。

## 婺剧

婺剧，俗称"金华戏"，因金华古称婺州而得名，浙江省地方戏曲剧种之一。婺剧是高腔、昆腔、乱弹、徽戏、滩簧、时调6种声腔的合班。它以金华地区为中心，流行于金华、丽水、临海、建德、衢州、淳安，以及江西东北部的玉山、上饶、贵溪、鄱阳、景德镇等地。

## 目连戏

目连戏为专演《目连救母》而命名，是中国戏曲史上第一个有证可考的剧目，因此被视为戏曲的鼻祖。

目连戏集戏曲、舞蹈、杂技、武术于一身，有锯解、磨研、吞火、喷烟、开膛破肚带彩特技，以及盘叉、滚叉、金钩挂玉瓶、玩水蛇、挖四门等舞蹈动作，还有金刚拳、武松采花拳、五龙出动拳等诸多拳路，服装、道具、化装、表演均有独特之处。既可登台演出，又可扎扬表演。

## 山东梆子

山东梆子是流行于鲁西南及鲁中地区的地方戏曲剧种，又名"高调梆子"，简称"高调"或"高梆"，因其高昂激越的特点，还被人称为"舍命梆子腔"。主要流行于山东西南部的菏泽、济宁、泰安等地，以及聊城、临沂等地区的广大城镇乡村。因流行区域的不同，群众对其称呼亦有别。如以菏泽为中心的，习称"曹州梆子"；以济宁、汶上为中心的，称为"汶上梆子"或"下路调"，总称"高调"，以区别于流行在鲁西南、豫北、冀南的"平调"。1952年，定名统称为"山东梆子"。

## 吕剧

吕剧是山东省地方戏曲剧种之一，曾名"化装扬琴"、"琴戏"。早在清代中叶，山东南部农村出现了一种名叫"小曲子"的小曲连唱体曲艺形式。因其主要伴奏乐器为扬琴，故又称"扬琴"。在发展过程中，受到不同地区的语言、风俗的影响，逐渐形成为南路、北路、东路琴书三大流派。1933年邓九如在天津电台播音时，定名山东琴书。1953年定名吕剧。

吕剧最为突出的特点是：既是"戏曲"又是"曲艺"。其唱腔以板腔体为主，兼唱曲牌。曲调简单朴实、优美动听、灵活顺口、易学易唱。

## 潮剧

潮剧又名潮州戏、潮音戏、潮调、白字戏，主要流行于潮州方言区，是用潮州话演唱的一个古老的地方戏曲剧种。

潮剧是宋元南戏的一个分支，由宋元时期的南戏逐渐演化，吸收了弋阳、昆曲、皮黄、梆子戏的特长，结合本地民间艺术，最终形成自己独特的艺术形式和风格。

潮剧传统剧目可分为两大类：一类来自南戏传奇和杂剧，如《琵琶记》、《荆钗记》、《白兔记》、《拜月记》、《珍珠记》、《蕉帕记》、《渔家乐》等。另一类取材当地民间传说故事或实事编撰的地方剧目，如《荔镜记》、《苏六娘》、《金花女》、《柴房会》、《龙井渡头》等。

## 川剧

川剧是起源于四川，长期流行于四川、云南、贵州等几个西南省份，是人们喜闻乐见的一种地方戏剧。

明末清初，陆续有大批各地移民进入四川，以及各省在四川的会馆纷纷建立，全国各地的南腔北调也相继被移植到四川各地，这些剧种在长期的发展过程中，相互融合、相互借鉴，又结合当地的风俗、方言以及各种民间戏曲，逐步形成了一种具有四川特色的剧种，就是川剧。

川剧的声腔主要由昆曲、高腔、胡琴、弹戏以及灯腔等5种声腔组成，其中除灯腔发源于四川本地以外，其他4种腔调都来自外地。这5种声腔再加上为这5种声腔伴奏的各种乐器，形成了形式多样、曲牌丰富而又风格迥异的川剧音乐形式。

高腔，是川剧中最重要的一种腔调。川剧高腔拥有众多的曲牌数量，剧目广、题材多、适应性强，兼有南曲和北曲中高亢激越、婉转抒情的特点。川剧中的昆曲来源于江苏的昆曲，川剧艺术家利用昆曲长于歌舞的特点，往往将昆曲中的单个曲牌融入到其他唱腔中演出，形成独具特色的川剧昆腔，简称"川昆"。胡琴是西皮和二簧的统称，因为二者的主要伴奏乐器都为"小胡琴"，所以这样统称。川剧胡琴来源于湖北汉调和安徽徽调，吸收了陕西汉中二簧和四川扬琴唱腔中的优秀部分发展而成，其中川剧西皮腔善于表现激昂、高亢或者欢快的感情，而川剧二簧则长于表现沉郁、悲凉的感情。川剧的弹戏来源于陕西的秦腔，属于梆子系统，故俗称"川梆子"。川剧弹戏以盖板胡琴为主要伴奏乐器，用梆子敲击节奏。曲调有善于表现喜感情的"甜平"和善于表现悲感情的"苦平"两种。灯腔，来源于四川本地，是川剧唱腔中最具本地特色的一种。灯腔是由四川传统的灯会歌舞演化过来的，乐曲短小、节奏明快、轻松活泼，所演的多数是民间小戏，唱的也都是民间小曲，具有浓厚的生活气息。另外，川剧中还有许多具有浪漫主义色彩的表演特技，如吐火、藏刀、顶油灯等，其中影响最大、最具特色和最常见的是变脸，演员往往能在极短的时间内变换出十多张面孔，表现角色情绪和心理的突然变化，极具观赏性。

## 琴书

琴书，因演唱时用扬琴为主要伴奏乐器而得名。琴书的表现形式不一，有一人立唱，两人或多人坐唱或走唱，也有分角色拆唱。唱词也根据其乐曲，有七字句、十字句和长短句之分。有说有唱，一般以唱为主，以说为辅。伴奏乐器除扬琴之外，也兼用三弦、二胡、筝、坠胡等。

琴书种类很多，有北京琴书、翼城琴书、武乡琴书、徐州琴书、安徽琴书、山东琴书、贵州琴书、四川琴书、云南琴书等。

## 相声

相声，中国北方曲种。它是一种源于民间的以语言为主要表演手段的喜剧性曲艺艺术。含有相声艺术因素的文学形式，可以追溯到先秦时的俳优，后来经过复杂曲折的发展历程，吸收了其他表演艺术的积极因素，如魏晋时的笑语、唐代参军戏以及宋金杂剧里滑稽含讽的表演等。到了明代，隔壁戏与笑话艺术统称为"相声"，这两种艺术形式的普及与发展，为相声艺术的产生奠定了基础。兼备说、学、逗、唱艺术形式的相声形成于18世纪中叶（清乾隆时期）之前。咸丰年间，北京有一位朱绍文先生（别号"穷不怕"），是最早说相声的人。

## 小品

小品一词最早始于晋代，本属于佛教用语。《世语新说·文学》"殷中军读小品"句下刘孝标注："释氏《辨空经》有详者焉，有略者焉。详者为大品，略者为小品。"鸠摩罗什翻译《摩诃般若波罗蜜经》，将较详的二十七卷本称作《大品般若》，较略的十卷本称作《小品般若》。可见，"小品"与"大品"相对，指佛经的节本。因其篇幅短小，语言简约便于诵读和传播而受到人们的青睐。20世纪80年代初喜剧小品这种艺术形式被搬上荧幕，它集取了话剧、相声、二人转、小戏等剧目的优点。

## 双簧

双簧戏起源于清朝末年，主要流行于北方各地。

据说，慈禧太后当权时，常常把外面的著

名戏剧、杂曲演员找到宫里为她演唱。唱单弦的艺人黄辅臣是众名角之一，慈禧太后很喜欢他演唱的滑稽戏。有一次，慈禧太后传黄辅臣速到内廷，恰逢黄辅臣喉咙痛，本不能去，但又不能抗旨，于是他带了儿子一起进宫。上场时，老黄弹弦子做面，小黄藏在椅子后面演唱做里，谁知给慈禧太后看穿了，黄辅臣父子吓得不敢抬头。不料慈禧太后见他父子俩的配合天衣无缝、妙趣横生，不但没有怪罪，反而开玩笑道："你俩这叫双黄啊！"从此"双黄"（以后写成"双簧"）就成了一门独立的曲艺形式。

### 秦腔

秦腔发源于古代陕西、甘肃等地的民间小曲，成长壮大于历史文化名城西安，历经各朝各代的艺术家反复锤炼、创造，而逐渐形成。古时陕西、甘肃一带属秦国，所以称之为"秦腔"。因为早期秦腔演出时，常用枣木梆子敲击伴奏，故又名"梆子腔"。秦腔成形后，流传全国各地，因其一整套成熟、完整的表演体系，对各地的剧种产生了不同程度的影响，并直接影响了梆子腔剧种的发展，成为梆子腔剧种的始祖。

秦腔的表演技艺朴实、粗犷、豪放，富有夸张性，生活气息浓厚，技巧丰富。其身段和特技有：趟马、吐火、喷火、担子功、翎子功、水袖功、扇子功、鞭扫灯花、顶灯、咬牙、耍火棍、跌扑、髯口、跷工、獠牙、帽翅功等。秦腔的唱腔分为欢音和苦音两类，欢音善于表现轻快活泼、喜悦的感情，而苦音则长于表现悲愤、凄凉的感情，丰富多彩的唱腔能够很好地表现各种感情。秦腔的主要伴奏乐器为板胡。秦腔的角色分类有"十三门二十八类"之说，即角色分为四生、六净、二旦、一丑等13门，而这13门又可细分为28类。各门各类都有其特色，都有著名的演员、著名的戏剧段落。

秦腔的传统剧目数以万计，其中以取材于"三国"、"杨家将"、"说岳"等英雄传奇或者悲剧故事的剧目居多，剧目无论在数量还是题材的广度都居全国300余种戏剧之首。其中经常演出的曲目有《春秋笔》、《八义图》、《紫霞宫》、《玉虎坠》、《和氏璧》、《麟骨床》等。

### 黄梅戏

发源于湖北黄梅的黄梅戏原称黄梅调或采茶调，它起源于湖北黄梅一带的采茶歌。清朝道光年间，在湖北、安徽、江西三省毗邻地区，形成以演唱"两小戏"、"三小戏"为主的民间小戏。后来逐渐融入了青阳腔和徽剧的音乐和表演艺术以及民间音乐，形成了大戏。由于长期流行于以怀宁为中心的安庆地区，形成了以当地方言讲唱的独特风格，所以曾被称为"怀腔"。

黄梅戏以抒情见长，韵味丰富、曲调悠扬，如行云流水。它的唱腔分花腔和平词两大类，花腔以演小戏为主，富有浓厚的生活气息和民歌风味，平词是正本戏中最主要的唱腔，常用于大段叙述、抒情，听起来委婉悠扬。

### 秧歌戏

秧歌戏是中国北方地区广泛流行的一种民间戏曲，主要分布于山西、河北、陕西，以及内蒙古、山东等地。它起源于农民在田间地头劳动时所唱的歌曲，后与民间舞蹈、杂技、武术等表演艺术相结合，在每年的正月社火时演唱带有故事情节的节目，逐步形成戏曲形式。

### 昆曲

昆曲是中国传统文化艺术中的珍品，是中国传统戏曲中最古老的剧种之一，已经有六七百年历史。它起源于元朝末年的昆山地区，又叫作"昆剧"，是由元代末年的顾坚创立的，最初叫昆山腔。

明朝嘉靖年间，戏曲音乐家魏良辅对昆山腔进行改进，立足南曲，吸取北曲长处，促成了集南北曲优点于一体的"水磨调"的形成，这就是昆曲。后来，昆曲不断传播，成为传奇剧本的标准唱腔，并最终发展成为全国性剧种。到清朝乾隆年间，昆曲达到鼎盛。原本以苏州的吴语语音演唱的昆曲因广泛传播，难免带上流传地的特色，故而流派众多。

昆曲音乐的结构属于联曲体结构，也可以称之为"曲牌体"。昆曲常用的曲牌有上千种，包括唐宋时期的词调、词牌、民歌等在内，可谓是采众家之长。昆曲的创作是以南曲为基础的，同时也使用北曲的套数，常常使用"犯调"、"借宫"、"集曲"等方法。昆曲主要以笛子为伴奏乐器，以笙箫、唢呐、琵琶等作为辅助。昆曲字正、腔清、板纯，唱腔极富韵律感，抒情性强，表演优美细腻，歌舞结合巧妙。

在长期的演出实践中，昆曲积累了大量优

秀演唱剧目。其中脍炙人口的有王世贞所写的《鸣凤记》、汤显祖所写的《牡丹亭》、《紫钗记》等。

## 豫剧

豫剧，原名"河南梆子"、"河南高调"等，流行于河南、陕西、甘肃、山西等地，是中国最重要的地方剧种之一。豫剧发源于陕西的梆子腔，即所谓的秦腔。清朝初期，秦腔传入河南，入乡随俗，开始用河南口音演唱，吸收了河南本地的民间小调等民间艺术形式的精华，并受到了昆曲、戈阳腔、皮黄腔等外省剧种的影响，在乾隆年间正式形成具有河南特色的剧种。乾隆嘉庆年间，豫剧迅速发展壮大，成为河南省重要的剧种。

豫剧的音乐分为四大流派，分别是：以开封为中心的"祥福调"，以商丘为中心的"豫东调"，流传于洛阳的唱法"豫西调"，流传于河南东南部沙河流域的唱法"沙河调"等。其中影响最大的是豫东调和豫西调。豫剧的各种流派虽然有诸多不同，但是共性大于个性，作为统一的一个剧种，豫剧具有以下特点：首先，豫剧注重唱功，演出中常有大段的唱词，相对来说动作少一些；其次，豫剧具有较大的自由性，唱词、说白、动作等都没有固定的模式，演员可以根据自己的理解，做一些创造；再次，豫剧与民间艺术结合紧密，常常把杂技、武术等技艺的动作融合到舞台表演中来，显得粗犷火爆；最后，豫剧的唱词通俗易懂，好学好唱。

豫剧的角色行当分为"四生四旦四花脸"，即老生、红生（大、小红脸）、小生等四生；老旦、小旦、正旦、帅旦等四旦；黑脸、大花脸、二花脸、三花脸等四花脸。豫剧的伴奏乐器分文武戏，文戏用三弦、板胡、月琴伴奏，武戏用板鼓、堂鼓、大锣、小锣、手镲、梆子、手板等伴奏。

豫剧的传统剧目有600多个，其中经典曲目有《对花枪》、《三上轿》、《提寇》、《铡美案》、《十二寡妇征西》、《花木兰从军》等。

## 川剧变脸

相传"变脸"是古代人类面对凶猛的野兽，为了生存把自己脸部用不同的方式勾画出不同形态，以吓唬入侵的野兽。川剧把"变脸"搬上舞台，用绝妙的技巧使它成为一门独特的艺术。

变脸的手法大体上分为3种：抹脸、吹脸、扯脸。此外，还有一种"运气"变脸。

抹脸是将化妆油彩涂在脸的某一特定部位上，到时用手往脸上一抹，便可变成另外一种脸色。吹脸只适合于粉末状的化妆品，如金粉、墨粉、银粉等。扯脸是事前将脸谱画在一张一张的绸子上，剪好，每张脸谱上都系一把丝线，再一张一张地贴在脸上。丝线则系在衣服的某一个顺手而又不引人注目的地方。随着剧情的进展，在舞蹈动作的掩护下，一张一张地将它扯下来。

## 评剧

评剧是流传于中国北方的一个戏曲剧种，习称"蹦蹦戏"或"落子戏"。产生于河北省东部，系由流行于滦县、迁安、玉田、三河及宝坻（今属天津）一带农村的曲艺莲花落发展而成。

1935年，蹦蹦戏在上海演出时，因为上演剧目多有"惩恶扬善、评古论今"的新意，采纳名宿吕海寰的建议，改称"评剧"。1936年，白玉霜在上海拍影片《海棠红》时，新闻界首次把"评剧"的名称刊载于《大公报》，从此，评剧的名字广泛传播于全国。

评剧的艺术特点是：以唱功见长，吐字清楚，唱词浅显易懂，演唱明白如诉，表演生活气息浓厚，有亲切的民间味道。

著名的评剧艺术家有白玉霜、新凤霞等。《小女婿》、《刘巧儿》、《小二黑结婚》等是评剧曲目中的优秀代表。

## 二人转

二人转是诞生于东北劳动人民中间的综合艺术，产生并盛行于东北三省，受到东北群众、特别是农民的喜爱。它是一种有说有唱、载歌载舞、生动活泼的走唱类曲艺形式，迄今大约已有200年的历史。

它的音乐唱腔是以东北民歌、大秧歌为基础，吸收了东北大鼓、莲花落、评戏、河北梆子等曲调而构成，高亢火爆，亲切动听。它的舞蹈是来自东北大秧歌，并吸收了民间舞蹈及武打成分，以及耍扇子、耍手绢等技巧。

在长期的艺术实践过程中，二人转逐渐形成了独有的技巧——"四功一绝"，即唱、说、拉（做）、舞功的绝技。其演出形式，大体可分单、双、群、戏4类。

## 弹词

弹词，也叫"南词"。明、清两代流行的说唱曲艺形式。主要流行于南方，用琵琶、三弦伴奏。

弹词的文字，包括说白和唱词两部分，前者为散体，后者为七言韵文为主，穿插以三言句。弹词的演出二三人、几件乐器即可。

## 木偶戏

木偶戏叫"傀儡戏"，以前俗称"耍鼓偏子"，经常出现在城乡街头。

木偶戏在中国具有悠久的历史。传说，周穆王到昆仑（今甘肃省酒泉县西南）打猎返回时，有一位工匠名叫偃师，邀请穆王与盛姬观赏他用木头和皮革制作的木偶人表演歌舞。表演结束后，木人忽然眼珠一转，向穆王左右招手，穆王大惊失色，欲将偃师斩首。偃师大惊，只好把木人拆卸了。

另据《事物纪原》记载：公元前200年左右，汉高祖刘邦率领的汉军在平城（今山西大同东北）被匈奴大军重重包围，匈奴带兵的主将是冒顿的妻子阏氏。当时汉军内无粮草，外无救兵，形势十分危急。刘邦的谋士陈平知道阏氏天性极为妒忌，于是派出能言善辩的使者带着许多金银财宝以及一幅美女图，去见阏氏。使者见到阏氏说："这些财宝是送给您的礼物，另外还有一个美女，她现在正在军中起舞，是我们送给匈奴冒顿的，希望您能笑纳。"阏氏向远处望去，果然有许多倩影在翩翩起舞。阏氏醋意大发，心想如果攻下城池，丈夫冒顿一定会纳美女为妾，到时候自己必然失宠。于是，便故意撤去一支队伍让刘邦带着大军轻松突围。其实，阏氏所看到的并不是真正的美女在跳舞，而是陈平事先制造了几个木偶美女，并用机关操纵使它们起舞于城墙上。

由此可见，中国制造木偶的历史由来已久。此后，这种戏传到了民间，成为人们十分喜爱的一种剧种。

## 皮影戏

皮影戏是一种观众通过白色布幕观看平面皮质偶人表演的灯影的戏剧形式。皮影戏中的平面假人以及场面和道具的景物，通常是民间艺人用皮革手工刀雕并彩绘而成，所以叫皮影。

皮影是中国最早的剧种之一，后来的不少新的地方剧种，就是从各路不同的皮影唱腔里派生出来的。皮影艺术源于西汉，兴于陕西，唐宋时代在秦晋豫一带逐渐成熟，清代则盛行于河北。在元代，统治者常常把影戏作为宫廷和军中娱乐，当时成吉思汗远征到欧亚大陆的广大地区，中国的影戏也因此被传播到波斯等阿拉伯国家，后来又辗转传入土耳其，在东南亚一些国家也有流传。明朝的时候，影戏继续在都市和乡村小镇流行，从艺术接受上来讲，它不只是受到广大下层民众的喜爱，也受到许多文化人的推崇。从满清人入关至清末民初，中国皮影艺术的发展达到了其鼎盛时期。很多皮影艺人子承父业，数代相传，人才辈出，无论从皮影造型制作、影戏演技和唱腔，还是流行地域上讲，都达到了历史发展的巅峰。许多官第王府、豪门望族、乡绅大户，都请名师刻制影人，蓄置精工影箱、私养影班。在民间乡村城镇随处可见大大小小皮影戏班。无论逢年过节、喜庆丰收、祈福拜神，还是嫁娶宴客、添丁祝寿，都要搭台唱影。

## 口技

口技是民间的表演技艺，是杂技的一种。表演者用口摹仿各种声音，能使听的人产生一种身临其境的感觉。在清代属"百戏"之一，表演者多隐身在布幔或屏风后边，俗称"隔壁戏"。

口技作为表演艺术不晚于宋代。宋人《杂记》中说在京城的游艺场里，有"学乡谈"和"百鸟鸣"，可能都是口技。宋元戏剧中的犬吠、鸡叫之类的舞台效果，大都是口技者在后台完成的。

## 魔术

魔术的雏形产生于古人祭天、祈年等游艺色彩较浓的习俗活动中，面对自然灾害，古人们束手无策，因此，他们相信天地相通。于是，出现了号称自己能来往于人和神之间的巫、觋及后来的方士。这些人为了使人相信他们能够通灵，大都有些验证的办法，这就是原始的魔术师。

魔术作为具体节目表演，出现于2000多年前。西汉元封三年，汉武帝举行百戏盛会，盛会上既有中国的传统魔术《鱼龙蔓延》等节目，又有罗马来的魔术师表演了《吐火》、《吞刀》、《自缚自解》等西域魔术。魏晋南北朝时，出现了《凤凰含书》、《拔井》等多个魔术节目。隋炀帝时出现《黄龙变》，变来满地的水族。唐玄宗时流行的《入壶舞》，表演者从左面缸中钻进从右面缸中爬出，这些都是令人拍案叫绝的魔术杰作。到了宋代，出现了专业魔术师组成的民间社团——云机社。

宋代著名魔术家杜七圣，擅长杀人复活的把戏，名噪一时，称为"七圣法"。各式魔术戏法节目在明清时期十分盛行，中国著名的《九连环》《仙人栽豆》《古彩戏法》等，均在世界魔坛上产生过巨大的影响。

## 话剧

话剧指以对话为主的戏剧形式。话剧虽然可以使用少量音乐、歌唱等，但主要叙述手段为演员在台上无伴奏的对白或独白。

中国的话剧是向外国学来的。19世纪末，半殖民地半封建的中国迫切需要社会变革，具有民主进步思想的知识分子急切地寻求有助于社会变革的新的文艺武器，于是，在20世纪初，西方戏剧形式的舞台表演在上海出现了。这种以对话为主要手段的舞台剧在当时被称为新剧，后又统称文明戏。李叔同、欧阳予倩等人创办的春柳社于1907年春在东京演出了法国小仲马的名剧《茶花女》的第三幕，演出"全部用的是口语对话，没有朗诵，没有加唱，还没有独白、旁白"。不久他们又演出了根据斯托夫人的小说《汤姆叔叔的小屋》改编的话剧《黑奴吁天录》，在内容上很有现实性，采用分幕方法，以及对话的动作演绎故事的特点，有接近生活真实的舞台形象，确立了中国前所未有的新剧形态，即后来的话剧艺术形式。

## 世界十大古典悲剧

《普罗米修斯》——埃斯库罗斯（古希腊）
《俄狄浦斯王》——索福克勒斯（古希腊）
《美狄亚》——欧里比德斯（古希腊）
《奥赛罗》——莎士比亚（英国）
《万尼亚舅舅》——契诃夫（俄国）
《大雷雨》——奥斯特洛夫斯基（俄国）
《阴谋与爱情》——席勒（德国）
《哀格蒙特》——歌德（德国）
《安德洛玛刻》——拉辛（法国）
《熙德》——高乃依（法国）

## 世界十大古典喜剧

《鸟》——阿里斯托芬（古希腊）
《一仆二主》——哥尔多尼（意大利）
《威尼斯商人》——莎士比亚（英国）
《伪君子》——莫里哀（法国）
《贫穷与傲慢》——霍尔堡（丹麦）
《钦差大臣》——果戈理（俄国）
《破瓮记》——克莱斯特（德国）
《费加罗的婚礼》——博马舍（法国）
《造谣学校》——谢立丹（英国）
《温德米尔夫人的扇子》——王尔德（英国）

## 印度梵剧

梵剧即印度古典戏剧。印度进入奴隶社会的所谓"史诗时代"后，出现了民间夜神赛会时的戏剧性表演，是印度戏剧的正式萌芽。公元元年前后，印度古典戏剧步入成熟期。公元1~2世纪，佛教戏剧家马鸣创作的《舍利弗传》等剧本，标志着古典戏剧的成熟。约公元4~5世纪，印度古典戏剧的杰出作家迦梨陀娑创作了《摩罗维迦》、《广延天女》、《沙恭达罗》等剧本。其中《沙恭达罗》至今享誉世界。

印度古典戏剧，从题材上看，一是取材于史诗和传说故事，这类题材是印度古典戏剧的主要部分，如以描写宫廷生活为中心的《摩罗维迦》，在传说故事中融入新意的《沙恭达罗》。二是取材于现实生活，以刻画都市世态人情为主，如《小泥车》等。

## 音乐剧

音乐剧是由喜歌剧及轻歌剧演变而成的，是19世纪末起源于英国的一种歌剧体裁。

音乐剧熔戏剧、音乐、歌舞等于一炉，富于幽默情趣和喜剧色彩。

音乐剧中的幽默、讽刺、感伤、爱情、愤怒作为动人的组成部分，与剧情本身通过演员的语言、音乐和动作以及固定的演绎传达给观众。因此很受大众的欢迎。著名的音乐剧有《俄克拉荷马》、《音乐之声》、《西区故事》、《悲惨世界》、《歌剧魅影》等。

## 歌剧

歌剧是将音乐、戏剧、文学、舞蹈、舞台美术等融为一体的综合性艺术，通常由咏叹调、宣叙调、重唱、合唱、序曲、间奏曲、舞蹈场面等组成。

早在16世纪末意大利的佛罗伦萨，一些受文艺复兴思想影响的、进步的知识分子如诗人里努契尼、歌唱家兼作曲家培里和卡契尼等，尝试综合音乐和戏剧的特点，模仿古希腊悲剧，创造出一种新的艺术形式，这就是歌剧。

中国歌剧可以说萌芽于20世纪20至30年代的儿童舞剧《麻雀与小孩》、《小小画家》（黎锦晖作曲），配乐剧《扬子江暴风雨》（聂耳作曲），它们都将歌曲与对白并重。

## 优剧

"优剧"在公元前6世纪兴盛于希腊的殖民地西西里岛以及南意大利，那时它还没有固定的形式与内容。它或许只是一个可供阅读的短篇，并没有表演，又或许只是一个即兴表演，并没有文字。当然，它也可以先是短篇，后又由人表演。假如有文字，它可以是散文或者诗；文字可以粗俗，也可以典雅。假如有表演，它可以只有一个人，也可以是多个人。总之，在没有确定其形式和内容之前，统而言之叫作"优剧"。

优剧传到希腊本土以后，内容仍是变化多端，说学逗唱、跳舞唱歌、表演短剧应有尽有。但不论表演什么，相对于戏剧，优剧有几个特点：它有女演员；有些演员是以演出为生的职业演员，所以他们到处巡回表演；有的演员不带狄奥尼索斯面具。这三点，在欧洲都开风气之先。至于表演的性质，主要是讽刺嘲弄，对象最初是神祇，后来是悲剧英雄，最后是当代的市井小民。内容不外调情说爱、嗜酒贪吃、嬉笑打斗、使诈行窃等。

## 哑剧

哑剧，顾名思义，是一种不说话的剧。从专业角度讲，哑剧是一种没有台词，只凭借形体动作和面部表情来表达情节的戏剧形式。哑剧表演通常是一些身体动作与手势的组合。虽然哑剧可以是一种想象的、情感的、故事性的沟通方式，但是哑剧所传达的内容不会超出文字可以传达的范围。哑剧并不用语言，而是用身体传达。哑剧的基本手段是形体动作，哑剧形体动作的准确性和节奏性不仅具有模仿性，还应富于内心的表现力和诗意。

早在公元前3世纪的罗马，哑剧表演已经开始出现。在英国和法国，许多大型戏剧演出之前，通常进行一些丑角的无声表演，也可以看作是哑剧的一种形式。现代意义上的哑剧源于法国表演大师德布洛，他创造了一个叫彼埃罗的人物形象，围绕彼埃罗，德布洛编演了一系列哑剧作品。著名哑剧表演艺术家有卓别林、马尔索、莫尔肖等。在当代哑剧表演中，既有独角戏，也有集体哑剧，哑剧演员在表演时大都勾画着白色脸谱。中国较早以前已有哑剧表演的片断，但作为一种独立的戏剧形式，则是20世纪80年代初才开始出现的。

## 马戏

马戏起源于古罗马竞技场。据记载，1768年，以表演马术为业的英国退伍军官阿斯特利发现，借助于马转弯时产生的离心力，立在马背上表演不会摔倒。于是，他便开办了圆形跑马场，这便是近代马戏的开始。

马戏在中国的历史悠久。西汉桓宽的《盐铁论》中，就有"马戏斗虎"的记载。这一时期，马戏的伎艺之一叫作"骗"，"骗"字，《汉书》注称为"戏马之术"。到了宋代，马戏技艺更为成熟，表演技巧，精湛高超。就有引马、立马、骗马、跳马、倒立、拖马、飞仙膊马、镫里藏身、赶马等多种多样的马上功夫。

## 小丑

小丑表演艺术已经存在数千年的历史，约在公元前2500年的古埃及国第五朝代，就已经有身材矮小的小丑在宫廷内给法老王表演。

在16世纪，意大利的喜剧开始萌芽，不久之后，便在欧洲的剧场占据了领导地位。其中有3种典型的仆人喜剧角色：第一小丑，第二小丑及空想小丑。第一小丑是男仆人，是个聪明、捣蛋、不诚实的人；第二小丑是愚蠢的男仆人，他经常被第一小丑戏弄，而成为恶作剧的牺牲品；空想小丑是柔弱的女仆人，她是在故事中参与和分享那些诡计的成果及提供浪漫的人。

# 语言文字篇

## 汉字的起源

《世本》、《荀子》、《吕氏春秋》、《韩非子》等古文献,都说汉字是在黄帝时代由仓颉、沮诵两人创造的。

许慎的《说文解字》认为伏羲创八卦,启发人们根据不同事物去作不同的符号。神农氏时代"结绳而治",但庶事繁多,最终不能满足。于是,应历史潮流,在黄帝时代就出现了仓颉造字,并说仓颉初造字时,"依类象形"谓之文,后来"形声相益"谓之字。经过长期演进发展,总结出构成汉字的六种方法,称为"六书",即"指事、象形、形声、会意、转注、假借"。

还有的古书说,仓颉仰观星象圆曲之势,俯察龟纹纵横之象,至于什么鸟羽、山川,甚至手掌纹路等,都是他据以创造文字的基础。

在清末民初疑古思潮的影响下,有人提出汉字实际上是孔子亲自创造的,然而甲骨文的发现迅速粉碎了这种神化孔子的说法。甲骨文的发现也动摇了《说文解字》有关文字起源的传说,对传说的"六书"理论也提出了各种质疑。

其实,中国文字的基础是"象形",是广大劳动人民在生产生活中创造出来的。

## 汉字的演变

汉字是一种形体和意义紧密结合的表意文字。它逐渐从具体走向抽象、符号化,方块的形式逐步固定下来。从有文字实物的殷商开始,汉字的演变经历了甲骨文、金文、大篆、小篆、隶书、楷书、草书、行书、宋体等多个阶段。

甲骨文:目前所发现的最早的汉字形态,起源于殷商时期。

金文:刻铸在钟鼎等器物上的文字,商周时期出现。

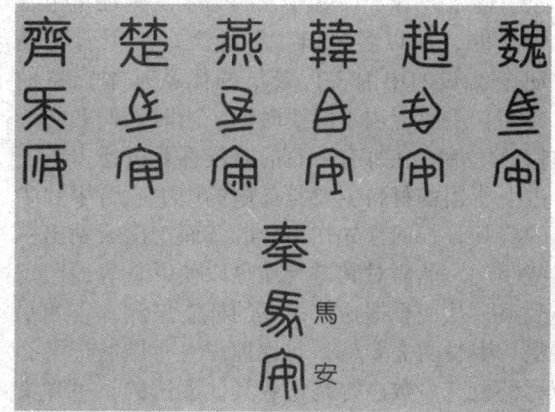

秦统一文字表

大篆:又叫籀文,周代太史籀创造,春秋战国时期通行于秦国等地。

小篆:适应秦统一中国的形势而形成,由大篆简化而来。

隶书:形成于战国晚期,成熟于汉代,由小篆简化而来。

楷书:出现于东汉时期,六朝时进一步完善,唐代时成熟,由隶书简化而来。

草书:楷书的变体,产生于汉代。

行书:起源于汉代,是介于楷书与草书之间的一种字体。

宋体:宋代出现,兴起于印刷业的雕版匠之手。后代的书籍多采用这种字体。

## 仓颉造字

仓颉,号史皇氏,是黄帝时的史官,《说文解字·叙》记载:"黄帝之史仓颉,见鸟兽蹄迒之迹,知分理之可相别异也,初造书契,百工以乂,万品以察。"这段记录表述的就是仓颉造字的事迹。《吕氏春秋·审分览·君守》称:"奚仲作车,苍颉作书,后稷作稼,皋陶作刑,昆吾作陶,夏鲧作城,此六人者,所作当矣。"所谓的"苍(仓)颉作书",

并不是说仓颉一个人完全地将文字发明创造出来,而是说仓颉将民间既有的图画文字进行广泛搜集,并加以认真整理,从而创制出一套成体系的规范的象形文字。《荀子·解蔽》记载:"好书者众矣,而仓颉独传者壹也。"这是在说,当时从事文字整理工作的也并非仅有仓颉一人,因为仓颉的成果最佳,所以只有这一套文字独自传承了下来。

## 甲骨文

甲骨文由时任北京国子监祭酒的金石学家王懿荣发现于1899年,因为字是刻在龟甲兽骨上的,所以名之曰"甲骨文"。甲骨文是现今已知的中国古代最早的体系基本完备的文字,主要应用于殷商时期。当时人们非常迷信,统治者在每有事宜的时候都要进行占卜,占卜所用的材料主要是乌龟的腹甲、背甲和牛的肩胛骨,通常先在甲骨的背面挖出或钻出一些小坑,然后对其进行加热以使甲骨表面产生裂痕,从而根据这些裂痕的样态来测知吉凶祸福。甲骨文大多就是对这种占卜所做的记录,另外也有少数内容是记载其他事情的。甲骨文被发现后,在殷墟(河南安阳小屯村)经过大规模的挖掘,加之其他各地的零星采集,至今已出土刻有文字的甲骨十几万片,载有4500多字,其中已经识别的有2500多字。这些文字中除象形字之外,还有指事字、会意字,形声字也占到约27%的比例,可见甲骨文已是发展相当成熟的文字。甲骨文献是研究中国上古时期特别是商代的社会历史和语言文字极其珍贵的第一手资料,由此也形成了专门的"甲骨学",罗振玉、王国维、董作宾、郭沫若等知名学者都是甲骨学研究的大家。

## 大篆

大篆,是古代汉字字体的一种,因其著录于字书《史籀》,故也称籀文,《汉书·艺文志》记载:"《史籀》十五篇,周室王太史籀作大篆。"《说文解字》中所收的225个籀文,就是许慎依据所见到的《史籀》9篇而集入的,这是当今研究大篆的主要资料。大篆是继承金文发展而来的,形成于西周后期,其特点为线条均匀柔和、简练生动,并且字形结构趋于规范,奠定了汉字方块构型的基础。"篆"字的含义,据《说文解字》,篆是"引笔而箸之于竹帛"的意思,大篆是相对于后来的小篆而言的,指通行于春秋战国时期的秦国文字,在广义上还包括其他各国的文字。唐代初年在天兴县陈仓(今陕西宝鸡)南之畤原出土的径约三尺的石墩上所刻的"石鼓文"被认为是大篆的真迹。

## 殷周金文

金文,是指铸刻在殷周青铜器上的铭文,因为青铜器以钟、鼎为代表,所以金文也叫作钟鼎文。金文在商代早期就已经出现,但是繁盛时期是在周代,而绵延的下限为战国末期。金文是稍后于甲骨文出现的另一种古老的文字,相比而言,甲骨文笔道细,直笔多,转折处多为方形,而金文笔道粗,弯笔多,团块多,这与甲骨文和金文不同的书写和制作方法有关。至今发现的金文字数,据当代金文专家容庚的《金文编》记载,共计3722个,其中已经识别的字有2420个。金文所体现的大多是统治者颂扬祖先及彪炳王侯功绩的内容,同时也记录了许多重大历史事件,记事面涉及非常广泛,因而是研究西周和春秋、战国历史的极为宝贵的文献资料。

## 小篆

秦始皇统一天下后,开始着手统一文字的工作,由丞相李斯负责,在秦国原来使用的大篆的基础上,通融其他各国的字体,对字体进行简化,并且取消异体字,创制出了统一的文字书写形式,即小篆,又称为秦篆。小篆的出现,标志着中国古代文字的第一次统一,在汉字发展史上是一次关键性的挫折。小篆字体的特点是点画均为线条,粗细一致,圆起圆收,端庄严谨,有实有虚,疏密得当,从容平和,劲健有力。虽然西汉末年之后,小篆逐渐被隶书所取代,但由于其字体优美,故颇为书法家所青睐,2000余年来,始终是一种重要的书法字体。古代印章几乎一律采用小篆,因此又称为篆刻。

## 隶书、行书与楷书

在李斯创制小篆的同时,程邈整理出了另一种书写字体,就是隶书。《说文解字》记载:"秦烧经书,涤荡旧典,大发吏卒,兴役戍,官狱职务繁,初为隶书,以趋约易。"也就是说管理监狱事务的官吏因为事务繁忙而采用较为简易的隶书来办公。隶书的"隶",具有附属的含义,也曾被叫作"佐书",在早期是作为小篆的辅助字体被使用的。隶书在篆书的基础上发展而来，主要是将篆书圆转的笔画改为方折，这样书写速度明显变快了，特别对当时以木简为书写材料的情况更是如此。与篆书相比，隶书的象形特点大大地减弱了，但在早期，隶书与篆书的分界还不是很严格，及至西汉中期，隶书基本摆脱了篆书的影响而发展成为一种独立的字体，西汉后期开始，隶书逐渐取代了小篆而成为主要的字体。

行书是由隶书转变而来的，于西汉后期开始形成，但是几百年里并不流行，直到东晋王羲之的出现，才将行书提升为书法上影响最大的一宗。行书将隶书中的横画进行缩短，使隶书的扁方变为正方，同时加强了上下笔画的连贯性，有些笔画采取连续书写的方式，进一步提高了书写的速度。后来楷书取代了隶书作为正体字的位置，行书就成为介于楷书和草书之间的一种字体，是为了避免草书的难于辨认和楷书的书写速度慢而采取的折中的书写方法，常常将写得比较飘逸而近于草书的称作行草，将写得比较端正而近于楷书的称作行楷。

楷书，又称正楷、正书或真书，也是从隶书发展而来的，大约出现于汉末，但在很长一个时期都还存有隶书的成分。唐代是楷书最为兴盛的时期，初唐的虞世南、欧阳询、褚遂良，中唐的颜真卿，晚唐的柳公权，都是标举于世可谓书界典范的楷书大家。楷书的特点是字形方正，结构严谨，笔画平正规整，点画分明。楷书在汉字诸体中成熟最晚，但是此后应用最广，至今通行的汉字印刷体就是楷书及其变体，日常书写体也是将楷书看作参照标准的。行书和楷书在魏晋之际兴起后，隶书的主体地位被取代，但是在书法艺术中仍作为一种基本的字体而存在。

## 文言

文言是古代具有正宗地位的书面语言。"文言"一词，出自《易传》中的篇名，孔颖达解释："文谓文饰，以乾坤德大，故特文饰以为文言。""文饰"即是有文采的意思。在先秦时期，书面语言和口头语言的差别不是很大，主要的区别是书面语言比口头语言更为精练简洁，辞藻也更为优美和典雅，不仅表现力更为丰富，而且蕴涵着一种审美的因素。后来，经秦汉及至唐宋，书面语言和口头语言越来越分化，并最终形成两套语言系统。一个人需要接受良好的文化教育才能够对文言运用自如，文言也成为人们身份和教养的标志，不会文言者被归为"引车卖浆者之流"，而文言自身所具有的典丽精致、雅秀俊逸的特别美感，也的确是作为口头语言的白话所无法比拟的。文言是中国古代官方文献和正统文学所使用的语言，源远流长，虽然在近代的新文化运动之后，白话取代了文言的正统地位，但是文言也绝非自此被弃置不顾，一些重要的文史学术著作依然采用文言来写作，例如鲁迅的《中国小说史略》、陈寅恪的《柳如是别传》、钱锺书的《谈艺录》等。出于继承优秀而丰富的古代文化传统的需要，能够阅读文言依然是当代中国人应当具备的文化素质。

## 白话文

白话文又称"语体文"，是古代书面语言的一种，白话文之"白"，是与文言文之"文"相对应而言的，意为不加修饰，是对日常口头语言的照直记录。当然，语言从口头到书面总是有所变化的，只是白话文与口头语言基本上是一致的，不会差异到可能发生理解困难的那种程度。白话文并非是近代才出现的，而是自古有之，只是在古代，作为正宗书面语言的是文言文，白话文是不登大雅之堂的。历代的白话文基本是在通俗文学作品中使用，如汉魏乐府民歌、唐代变文、宋元话本、明清小说等。明清时期，虽然白话长篇小说取得了辉煌的成就，成为这一历史阶段代表性的文学体裁，但是占据正统地位的仍然是以文言文创作的诗文，白话文真正占据主流地位，是在新文化运动时期。

## 古代文字学

古代文字学，就是以古代汉字的形、音、义及其历史演变为研究对象的学问，在古代也称为"小学"（小学在广义上还包括音韵学和训诂学）；在狭义的范围上，古代文字学仅仅指对古代汉字字形的研究，又称"字学"。汉字是世界上最古老的一种文字，现在发现的最早的陶文，距今已有6000年的历史，而3000多年前殷商时期的甲骨文已经是一种发展成熟的文字，后来的汉字即是以甲骨文和稍后的金文为基础而发展演变的。汉字早初的创造方法是象形和指事，后来又出现形声和会意。最初的时候，"文"指的是独体的汉字，而在"文"的基础上，通过形声和会意的方法来产生合体的"字"。汉字的基本结构，在西周时期已经定型，但是在各个诸侯国之间同一个字有着多种不同的写法，直到秦始皇统一天下之后，宣布"书同文"，文字的书写才得到统一，小篆成为当时通行的标准字体。到了汉代，隶书则取代小篆成为通行的字体，被称为"今文"，而相应的，小篆及其之前的各种字体被称为"古文"。后来在隶书的基础上，又产生了草书、行书、楷书等字体，但都是具体书写方式的变化，而在文字的形体结构方面则基本上是稳定地延续下来的。文字学在中国起源甚早，东汉的许慎被认为是古代文字学的开拓者，而他编撰的《说文解字》则被看作是古代文字学的奠基之作。

## 六书

"六书"一词最早见于《周礼·地官》："保氏掌谏王恶，而养国子以道，乃教之六艺，……五曰六书，六曰九数。"但是这里没有写出"六书"详细的名称，也没有对"六书"的解释。对六书最早的解释出现在西汉刘歆所著的《七略》中，《汉书·艺文志》转载如下："古者八岁入小学，故周官保氏掌养国子，教之六书，谓象形、象事、象意、象声、转注、假借，造字之本也。"东汉许慎在《说文解字·叙》中对"六书"进行了正式的定义："周礼八岁入小学，保氏教国子先以六书：一曰指事，指事者视而可识，察而见意，上、下是也；二曰象形，象形者画成其物，随体诘诎，日、月是也；三曰形声，形声者以事为名，取譬相成，江、河是也；四曰会意，会意者比类合谊，以见指伪，武、信是也；五曰转注，转注者建类一首，同意相受，考、老是也；六曰假借，假借者本无其字，依声托事，令、长是也。"后世对"六书"的解释，皆以许慎之说为本。所谓"六书"，指的就是指事、象形、形声、会意、转注和假借这6种造字方法，严格来说，其中仅前4种为造字方法，因为转注和假借涉及到的是文字的使用，并不创造新字。具体说来，指事和象形属于独体造字法，象形是一种最原始的造字方法，即用图画来表示事物，在文字的演进过程中，图画性逐渐减弱，而符号性则逐渐加强；象形造字有着很大的局限，因为一些较为抽象的意义难以用图画表示出来，这就有指事的方法来进行补充，与象形字相比，指事字的抽象意义更强，有着更为显著的符号性特点。形声和会意则是合体造字法，形声字由形旁（又称"义符"）和声旁（又称"音符"）组成，形旁表示字的含义或类属，声旁则表示字的发音；会意字由两个或更多的独体字构成，几个字形共同表达这个字的含义，有些会意字同时也兼有形声字的特点，两者不是截然分开的。转注和假借是文字运用的方法，假借指的是同音替代的现象，也就是说有一些语言没有文字与其对应，这时就找发音相同的字来进行书写；对于转注，不同的学者有不同的看法，可以归结为形转、义转和音转这三种解释，但不论实际含义是哪种，转注产生的是多字同义的现象，相应的，假借产生的是一字多义的现象。

## 训诂学

训诂学，有广义和狭义之分，狭义的训诂学指的是语义学，为小学的一个分支，广义的训诂学则还包括音韵学和文字学，但是通常所讲的训诂学都是针对狭义而言的。"训诂"，有时也称作"训故"、"故训"、"古训"、"解故"、"解诂"等，被认为是训诂学开山之作的《尔雅》中有"释诂"和"释训"两篇，北宋邢昺将"诂"解释为"使人知也"，将"训"解释为"道物之貌以告人也"，相当于用当今的语言解释古代的语言叫"诂"，而用通俗的语言解释词的含义叫"训"，后来"训诂"连用，成为一个词语，用以指称对古书字义的解释。训诂的方法有形训、声训、义训、互训、反训、递训等，形训指用字形说明字的意义和来源，如"小土为尘"；声训指用同音或近音的字来解释字义，如"仁，人也"；义训是不依借字形或字音而直接对字义进行解释，如"征，召也"；互训是指用同义的字词来互相解释，如"老，考也"和"考，老也"；反训是用反义的字词来进行解释，如"乱，治也"；递训是用几个字词进行连续的解释，如"庸也者，用也；用也者，通也；通也者，得也"。

## 音韵学

音韵学，是研究各个时期的汉语语音及其变化规律的学科，为语言学的一个分支，通常分为古音学、今音学和等韵学3个部分，古音学研究的是两汉之前的语音，也就是上古语音；今音学研究的是魏晋之后直到隋唐时期的语音，也就是中古语音；等韵学研究的是汉语的发音方法和发音原理。秦汉之前，用于教授和学习的识字课本以及字典是不标注读音的，而汉字是表意文字，本身并不表音，那时字音的教授是通过口口相传的方式来进行的，东汉许慎著《说文解字》，用读若法来标注字音，给人们的学习带来了方便。汉语读音作为一门专学，是在东汉末年以后翻译梵文佛经的过程中反观汉语字音而逐渐形成的。反切法的出现是音韵学发展进程中很为关键的一步，由此，汉字音节被分为声和韵，后来人们对声韵进行归纳，创造了拼音字母，音韵学的体系才基本形成。由于古今语音变迁很大，上古语音在中古之后已不为人所知，清代时期，经过一批学者的不懈努力，凭借对有限的文献资料的详致分析，拟构出上古的语音系统，这是一项非常了不起的成就。

## 双声与叠韵

双声，指两个字声母相同的现象，如珍珠、鸳鸯、蒹葭、蟋蟀；叠韵，也作"迭韵"，指两个字韵母相同的现象，如崆峒、滴沥、窈窕、昆仑等。在南北朝时期人们已经在诗文创作中对双声和叠韵进行自觉的运用，以追求语言上一种特别的美感。刘勰在《文心雕龙·声律》中说："双声隔字而每舛，叠韵杂句而必睽。"讲的就是双声和叠韵的运用规律。清代李汝珍在《李氏音鉴》中对双声和叠韵作了明确的定义："双声者，两字同归一母，叠韵者，两字同归一韵也。""母"，就是声母；"韵"，就是韵母。双声和叠韵的现象在古代汉语特别是古典韵文中大量存在，只是因为语音的转变，用现代字音读起来很多已经不是双声或者叠韵了。

## 四声

"四声"，指的是汉语的四种声调，声调是由语音的高低、升降、长短等因素的不同构成而表现出来的声音差异，这是语言本身所存在的客观现象。直到南朝齐、梁时期，人们才对汉语的声调进行自觉的研究，并将其归结为"四声"，即平、上、去、入。关于"四声"的发音特点，《康熙字典》载有一首名为《分四声法》的歌诀："平声平道莫低昂，上声高呼猛烈强，去声分明哀远道，入声短促急收藏。"这种表述当然不尽科学，但是基本上道出了"四声"的特点。"四声"发现之后，被应用到诗歌和骈文的创作当中，上、去、入总称为仄声，与平声相对，调用语言的时候，有意识地采取平仄相拗的方法，以追求一种抑扬顿挫、优美悦耳的语音效果。平、上、去、入反映的是中古汉语的四种声调，及至近古时期，语音又发生了很大的变化，在应用最广的北方话中，入声开始消失，并且平声分化为阴平和阳平，即逐渐形成了现代的汉语"四声"：阴平、阳平、上声和去声，至于原来的入声字，则分派到其他三声之中，还有一部分原来的上声字转变为去声了。这"四声"是基于现代汉语普通话而言的，而之于各地方言，则情况差异很大，有着各自不同的声调区分。

## 字母

字母，含有一切文字之母的意思，古代是指汉语声母的代表字，唐末僧人守温参考梵文字母而选出30个汉字来代表声类，后来有人将其增加为36个，称为三十六字母。三十六字母反映的是中古后期也就是唐宋时期的声母系统，与上古音和现代语音都有所差别，据学者考证，上古汉语实际应用的是26个声母，而现代汉语拼音中的声母则为21个。

## 直音法

直音法是古代汉语的一种注音方法，即用同音字来标注某字的读音，如"大，音太"。直音法的优点是简便，但缺点也很明显，就是有些字是没有同音字，或者同音字是很生僻的字，也就不方便运用直音法，于是出现了"读若"的方法。"读若"，也称为"读如"、"读为"、"读曰"等，实际也是一种直音法，只是所选择的用于注音的字不一定是同音的字，还可能是读音相近的字，这扩大了直音法的应用范围，但又有失之于确切的弊端，为了克服这种弊端，又出现了直音加音调的注音方法，如"退"注"推去声"。在反切法发明之前，直音法是汉字注音的基本方法。

## 反切法

反切法是汉字注音方法的一种，即采用两个字，前一个字取其声母，后一个字取其韵母和声调，从而拼出字的读音，例如，"冬，都宗切"，就是用都字的声母、宗字的韵母和声调为冬字注音。"反切"含有反复切摩以成音之义，用作反切的两个字，前一个字叫反切上字，简称切上字或上字；后一个字叫反切下字，简称切下字或下字；被注音字叫被反切字，简称被切字。反切法是在东汉末年翻译梵文佛经的过程中发明的，梵文是一种拼音文字，译者在将梵文读音和汉语读音进行对比时发现汉字读音可以分作声和韵两部分然后拼读出来，这也就是反切法的源出。三国时期魏国的孙炎作《尔雅音义》，已正式采用反切法来注音。反切法的产生，弥补了直音法的不足，是汉字注音方法的一个巨大进步，标志着人们开始对汉语音韵有了较为科学的认识。但是，反切法的缺点也是很明显的，主要体现在这样几个方面：反切法用于注音的上下字都含有多余的成分，造成拼读的不便；用于反切的上下字很不确定，容易造成识读上的混乱，也不便于读者进行掌握；有些窄韵，同韵同声调的字很少，不得不借用其他相近之韵的字作反切下字，因此造成了切音的不够准确。后来人们对反切法进行改良，使其变得更加简便和精确，其中最重要的一点是对用于反切的字进行确定化，并且反切下字尽量选用不带声母的字，这使得反切法有类于后来的汉语拼音方法。反切法的应用一直延续到民国初年，流行了大约1700年。

## 韵部

韵部指的是汉语韵母的分部。反切注音的方法发明之后，人们可以将汉字的音节分为"声"和"韵"两部分，出于创作诗赋的需要而对字韵进行归类，也就形成了"韵部"。根据《隋书·经籍志》的记载，三国时期魏国李登的《声类》是最早的韵书，但是已经失传。南北朝时期音韵研究很为流行，出现了很多韵书，但是也都没有流传下来。隋朝陆法言所著的影响极大的《切韵》现今也仅留下了残卷。北宋官修的以《切韵》为基础增广而成的《广韵》将汉语音韵分为206个韵部，后来韵母简化，南宋刘渊编制的"平水韵"将通用的韵部进行合并，成为107韵，清代康熙年间成书的《佩文韵府》则分为106韵。由于古今语音变化很大，很多字当今所属的韵部与古时所属的韵部是不同的，所以人们在以当前的语音读古代诗歌的时候常常会发现不押韵的现象。

## 等韵学

等韵学，以汉字的发音原理和发音方法为研究对象，是音韵学的一个分支领域，始源于唐代守温汉语字母的创建，在后代得到不断完善，逐渐发展成为一门精密的学问。称为"等韵"，是因为这种理论体系是以韵母发音的洪细等级为基础而建立起来的。所谓洪细，指的是发音时口腔共鸣空隙的大小，依照主元音的洪细而将韵母分为洪大、次大、细和尤细4等。然而因为语音的发展变化，这种区分在明清时期的语音中已经几乎不能辨别，于是清代时又提出了"四呼"的划分，也就是以发音时唇的形状为标准，将韵母的发音分为开口呼、齐齿呼、合口呼和撮口呼4种。对于声母，则根据发音部位和发音方法的不同，分为唇音、舌音、齿音、牙音、喉音，这就是通常所说的"五音"，有时再加上半舌音和半齿音两类，即成"七音"。

## 古韵

古韵指的是以《诗经》为主的中国先秦两汉韵文的韵，是古音学的研究对象。因为语音的演变，上古时期的韵文有很多以后代的语音去读就已经不押韵了，而当时又没有音韵学书籍，所以后代只能根据流传下来的古代韵文来推知早期的音韵，依借的材料主要是《诗经》里的韵字和《说文解字》的谐声偏旁，兼及先秦两汉的其他韵文，以及重文、异文、通假、读若、音训等。古韵分部是古韵研究的关键，也是古音学的主要成就所在，其基本方法是首先考察《诗经》中的韵字，进行韵部的归纳，然后根据谐声关系，扩大韵部范围，如此推衍而得到完整的古韵系统，再将汉字分别归入各韵部。古韵面貌的探求工作始于宋代吴棫所著的《韵补》。明代陈第著《毛诗古音考》等书，通过对古音的精微考订，彻底廓清了唐代以来"叶韵"说的谬误，提出了古今音异的观点，这是古音学的发展中至关重要的一步，可以说是由此而创设了古韵研究的前提条件。清代顾炎武著《音学五书》，摆脱了传统韵书的束缚，根据古韵的实际，将其划分为10个韵部，以后的古音学家所进行的更加精密的研究都是以此为基础的。而后江永著《古韵标准》，分古韵为13部，段玉裁著《六书音韵表》，分古韵为6类17部，至此则古韵分部基本确定下来。后来戴震著《声韵考》与《声类表》，分古韵为9类25部，每一类都有阴声、阳声、入声三分，开阴阳入相配的先河。孔广森著《诗声类》，在段玉裁17部的基础上把冬部独立而成18部，又提出"阴阳对转"的理论。王念孙和江有诰都分古韵为21部。章炳麟先分23部，后来又主张冬侵合为一部，即成为22部。黄侃将古韵分为28部，王力又主张脂微分部。至此，古韵分部的工作臻于完善。

## 韵纽

"纽",本义为器物上可以提起或系挂的部分,引申为事物的关键之处。"韵纽"指的是构成字音的元素之一,表示的是双声或者是声母相同的字的聚类。隋代陆法言所著的《切韵》,以韵目为纲,共分193韵,每一韵中又按照字音声母或韵头的不同而分为若干不同的组,在每一组前标以圆圈,称为韵纽,表示的就是声母相同之义。韵纽又分为同纽和旁纽,同纽,也就是双声,指的是同一声母;旁纽指的是同一类声母之中相邻的声母,例如牙音组"见溪群疑"中的"见"母与"溪"母,其关系就称为"旁纽",它们所形成的双声关系称为"旁纽双声"。齐梁间沈约等诗人提出的写作诗歌应避免的"八病"之中有两条就是"正纽"和"旁纽",也就是说一个五言句中的每两个字之间不能出现"同纽"或"旁纽"的关系,否则即犯"正纽"或"旁纽"之病。

## 《方言》

《方言》全称《輶轩使者绝代语释别国方言》,是中国最早的方言著作。原书15卷,收录9000余字,今本《方言》13卷,收11900多字。《方言》的作者是西汉著名学者扬雄,除《方言》外,他还有语言学著作《训纂篇》存世。

周秦时代,政府有调查方言的传统。每年八月,官府都要派出使者,坐着輶轩车到各地采风,把收集来的民风、民谣和方言交由皇家图书馆收藏,以备天子观览。可惜的是,两周收集来的珍贵方言资料,到秦汉时代散失殆尽。西汉时期,虽然恢复了采风制度,但方言的收集整理并不尽如人意。为了继承古代优秀传统,扬雄以个人的努力,调查方言,并进行比较研究,最终撰写了名垂后世的《方言》一书。扬雄以居住京师长安的有利条件,广泛访问调查各地来京的孝廉、士兵、官员,获得许多第一手的方言资料,分析归纳,仿照《尔雅》体例,编成《方言》。《方言》收录词汇750余条,分《释语词》、《释服制》、《释器物》、《释兽》、《释兵器》、《释草虫》等。释语词时,先列方言词,最后列出通用语,如《方言》卷一:"党、晓、哲,知也。楚谓之党,或曰晓,齐宋之间谓之哲。""党"、"晓"、"哲"都是方言词,而"知"则是通用语。扬雄调查的方言区域大体可分为陈楚宋魏区、陈楚宋卫区、宋魏区、陈楚区、周韩郑区、周韩郑卫区,等等。涵盖了西汉所有的统治区,为后人研究汉代社会生活和汉语发展提供了宝贵资料。

## 《说文解字》

《说文解字》是中国汉语史上最早且最具权威的汉字字典。作者许慎,字叔重,汝南召陵(今河南郾城)人,中国古代著名经学家、文字学家。该书编撰的目的是为了解决东汉时期今文经学家与古文经学家之间的"文字释义之争"。书中根据古文对汉字的结构形体进行分析,揭示出汉字形、音、义三者的正确关系,从而批判和否定了当时今文经学家以隶书形体解字、望文生义的做法。全书体例完整,编排有序,以小篆为主体,以偏旁为部首,根据不同的偏旁,分540部。其中,以"一"部为开始,以"亥"部为结束,对每个字的解说都采取先义、后形、再声的固定格式,书中收录篆文达9350余字,既收录了先秦时期的字,又包括了汉时期新创的字。《说文解字》对研究汉字的发展历程、汉语文字工具书的编写以及了解中国古代对汉字学理论的研究与发展都有着极其重要的作用。《说文解字》所使用的部首编排方法至今仍然使用,它在中国文化史上占据着重要的地位。

## 《释名》

《释名》是第一部汉语语源学著作,采取的训诂方式是因声求义,作者为东汉的刘熙。刘熙撰著此书的目的是考究各种日常事物名称的来源和含义,其自序中说:"夫名之于实各有义类,百姓日称,而不知其所以之意,故撰天地、阴阳、四时、邦国、都鄙、车服、丧纪,下及民庶应用之器,论叙指归,谓之《释名》,凡二十七篇。"这27篇依次是:释天、释地、释山、释水、释丘、释道、释州国、释形体、释姿容、释长幼、释亲属、释言语、释饮食、释采帛、释首饰、释衣服、释宫室、释床帐、释书契、释典艺、释用器、释乐器、释兵、释车、释船、释疾病、释丧制。全书8卷,所释名物典制共计1502条。书中名物的分类虽然不尽科学和详备,但是已经很好地反映出当时名物典制的大概,不仅是一部重要的训诂学和语言学著作,在社会学和历史学研究中也有着不同寻常的意义。

## 《广雅》

《广雅》是对《尔雅》的补充,可以看作是《尔雅》的续篇。作者张揖,字稚让,三国魏国时期清河(今河北临清县)人,博学多闻,精通文字训诂,魏明帝太和年间(公元227~232年)任博士,著有《广雅》、《埤仓》、《古今字书》等。因为《广雅》中所收录的内容较《尔雅》丰富,并且取材也比《尔雅》广泛,所以取书名为"广雅",意思是"增广《尔雅》"。《广雅》一书在分类、体例、名称、顺序与《尔雅》完全相同。它与《尔雅》的最大区别在于它收集了西汉到三国这400多年间,伴随文化发展而产生的新的字词,与《尔雅》相比较,更能适应当时的需要。另外,《广雅》中还收有关于《楚辞》和"汉赋"的解释。《广雅》是一部很有价值的训诂词典。书中收录了很多《尔雅》中没有的词语,为后人考证周秦两汉的古词古义提供了非常宝贵的资料。

## 《切韵》

《切韵》是现今可以查考的最早的一部韵书,原书已经失传,但是其包涵的基本内容为后代的韵书所继承。据推知,该书收字约1.2万,分193韵:平声54韵,上声51韵,去声56韵,入声32韵。《切韵》成书于隋文帝仁寿元年(公元601年),作者为陆法言。隋朝初年,陆法言与颜之推、卢思道、薛道衡等知名学者对当时的各种韵书进行讨论,认为自西晋吕静的《韵集》以后所成的韵书,缺乏标准,深感各书之间互相乖违,所言不一,于是共同商榷了许多疑难之处,并且将成果记录下来,后来陆法言将这些笔记加以整理,又广泛地考察多家韵书,编撰成《切韵》。《切韵》反映了中古汉语的语音系统,代表着当时汉语的正音,在唐朝初年被定为官韵,其后出现的《广韵》、《集韵》等都是以《切韵》为基础而撰著的。

## 《广韵》

《广韵》全称《大宋重修广韵》,是中国第一部官修韵书。北宋时期,陈彭年、丘雍等奉旨在根据前代《切韵》、《唐韵》,重新编修韵书。宋真宗大中祥符元年(1008年)成书,名为《广韵》。所谓《广韵》者,是为增广《切韵》而作。与古书《切韵》相比,《广韵》不仅增字加注,部目也有所扩充。《广韵》共5卷,收字2.6万多个,注文近20万。所收之字按平、上、去、入分成四部。全书分206韵,每韵以开头第一个字作为"韵目"。它不仅把同韵字、同音字归在一起,注明反切读音,而且辨析字形,并对各字字义做出解释,形成一部融音形义为一体的完备的同韵字字典。《广韵》是中国宋以前韵的集大成者,是中国历史上流传至今保存最完整的韵书。该书为后人研究唐宋语音学保存了完整而详细的资料,也是研究上古音和近代音的桥梁和基础。它是汉语语音史上一部承上启下的著作,是学习音韵学的必读文献。

## 《康熙字典》

《康熙字典》是古代收字最多、影响最大的一部字典,由张玉书、陈廷敬等30多位著名学者奉诏编撰,始于康熙四十九年(1710年),成于康熙五十五年(1716年),康熙皇帝亲为此书作序,并将其命名为"字典",以取字书之"典常"的意思,"字典"之名即源于此。《康熙字典》在明代《字汇》和《正字通》的基础上增订而成,收字47035个,远远超越了此前历代的各种字书。在体例上,以楷体为正体,分为214个部首,同一部首的字按照笔画多少进行排列,采用反切法注音,并且将《唐韵》、《广韵》、《集韵》等重要韵书的音切一一列出,释义则以《说文解字》、《尔雅》、《释名》、《方言》、《广雅》等权威的字书为依据,对每个义项始见于何处也都做了明确的标注。《康熙字典》成书后,以其卓越的丰富性、详备性和权威性,成为人们读书识字所依赖的基本工具书。

## 《经籍籑诂》

《经籍籑诂》是唐代以前各种训诂资料的汇编,由清代的阮元主持编撰。

阮元在出任浙江学政期间,亲自定出该书的凡例,聘请知名学者臧镛堂为总籑,组织数十名秀才共同参与编辑,于嘉庆三年(1798年)编成付梓。

"经籍籑诂"的含义如下:"经"指儒家经典,"籍"指儒家经典以外的典籍,"籑"为收集整理之义,"诂"就是前人对古书的注解。

《经籍籑诂》把唐代以前古籍正文和注疏中的训诂材料汇集在一起,各字先列本义,再举引申义和假借义,编次按平水韵分部,一韵一卷，共106卷，一字多音的，则按韵分别归入各部。书中所收均为单字，而注释中则包括双音词，因此兼具字典和词书两种功用。该书体例严谨，材料赅博，为学人提供了极大的方便，是研究古代汉语的一部十分重要的工具书。

## 《马氏文通》

《马氏文通》问世于1898年，是第一部用现代语言学理论研究汉语语法的著作。该书的作者马建忠（1845~1900年），早年留学法国，精通法语、英语、拉丁语、希腊语等多种西方语言，又对中国古籍和中国古代语文研究有着精深的造诣，在长期从事中西语言之间的翻译工作的过程中，形成了较为明确的语法观念，经过多年的辛勤探索，依照西方的语法体系，第一次完整地创立了汉语的语法体系。《马氏文通》全书分为4部分："界说"部分对书中所有的语法术语进行定义；"实字"部分分作名字、代字、动字、静字和状字五类进行讲述；"虚字"部分分作介字、连字、助字和叹字4类进行讲述；最后一部分集中讲述"句读"（即句法）。作为一部汉语语法研究的开创之作，《马氏文通》在100多年后的今天仍有着重要的学习和研究意义，其中蕴藏的丰富而宝贵的价值，还有待新一辈的学人去进行更为深入的开掘。

## 语系

19世纪时，欧洲的比较学派研究了世界上近100种语言，发现有些语言的某些语音、词汇、语法规则之间有对应关系，有相似之处，便归为一类，称为同族语言。有的族与族之间又有些对应关系，则归为同系语言，这就是语言的谱系关系。

世界主要语系有：汉藏语系、印欧语系、阿尔泰语系、闪含语系、乌拉尔语系、伊比利亚—高加索语系、达罗毗荼语系、马来—波利尼西亚语系、南亚语系9种。在九大语系中，使用人数分布范围最广的是汉藏语系和印欧语系。

## 语种

语种是一种独立的语言系统。它有自己独立的语音、语义、词汇、语法，且使用群体相对稳定。如汉语、英语、日语、俄语等都是独立的"语种"。世界上已发现的语种达6000多种，其中仅有100多种是发展完善的语种。

## 希腊语

希腊语堪称西方文明第一种伟大的语言，许多人认为它是所有语言中最有效、最值得敬佩的交际工具。由于结构清楚、概念透彻清晰，加上有多种多样的表达方式，它既适合严谨的思想家的需要，又适合有才华的诗人的要求。

公元前2000年，操希腊语的民族从巴尔干半岛迁移到希腊半岛及其邻近地区。希腊语最后分化出4种方言：依奥利亚、爱奥尼亚、阿卡狄亚-塞浦路斯、多利安。约在公元前9世纪出现的荷马史诗《伊利亚特》和《奥德赛》，就是用爱奥尼亚方言写成的。

随着雅典城的兴起，一种叫雅典语的爱奥尼亚方言，产生了古典时期伟大的文学作品。雅典语成了希腊语的主要形式及共同语的基础。雅典语的使用范围，远远超过现代希腊的疆界。在亚历山大大帝远征以后，雅典语的使用范围东边远达印度，后来罗马帝国信奉雅典语为第二语言。《新约全书》就是用共同语写成的。

从4世纪到15世纪，希腊语是拜占庭帝国的官方方言；以后在土耳其统治期间，希腊人仍然讲希腊语。现代希腊语约在9世纪开始成型，到19世纪成为希腊王国的官方语言。

## 拉丁语

拉丁语与希腊语一样，是对欧美学术与宗教影响最深的一种语言，属于印欧语系意大利语族。

拉丁文是2000多年前居住在亚平宁半岛罗马地区的拉丁民族的语言，后来这个民族征服了欧洲大部分地区和中东一部分，建立了罗马帝国，拉丁语就成为整个罗马帝国的官方语言。随着历史的发展和推进，罗马帝国解体了，形成了很多独立的国家，这些各自独立的国家在拉丁文基础上结合本地区的方言又组成了各国自己的语言，如法国、意大利、西班牙、葡萄牙、罗马尼亚等国的语言有很多近似之处。

## 英语

英语作为当今世界事实上的国际社交语言，从使用它的人口来说，以英语为母语的人数仅次于汉语而居世界第二位，大约有4亿多人。以英语作为第二语言、或者在一定程度上使用英语的人数，远比这要多得多，可以说分布在世界的各个角落、各个民族。

英语起源于欧洲西部。大约在公元499年，居住在西北欧的3个日耳曼部族——盎格鲁人、撒克逊人和朱特人——侵犯不列颠。他们在征服不列颠诸岛后逐渐形成统一的英吉利民族，他们各自使用的方言也逐渐融合，成为一种新的语言——盎格鲁—撒克逊语，这就是古英语。

9~10世纪，居住在斯堪的纳维亚的北欧日耳曼人，征服了今天法国北部的高卢地区。但是日耳曼人在语言和文化上很快就被当地说古法语的高卢人同化了。这部分法语化了的日耳曼人在11世纪又渡海北上，征服了整个不列颠，统治英国达数个世纪，最后也逐步被当地人同化了。这一时期，古英语吸收了大量的古法语和法语化了的希腊拉丁语词汇，使英语的词汇和语法结构发生了巨大的变化。

从16世纪开始，英语的发展进入了近代英语和现代英语的时期。16世纪和17世纪的英语以英王詹姆士钦定《圣经》英译本和莎士比亚戏剧为代表，但和现代英语还有相当大的差距。18世纪后，英语的书面语就和现在我们看到的基本上一致了。

## 世界语的由来

全世界的语言加起来共约3000多种，这么多的语言任何一个人都是无法样样精通的。因此，每个国家都要花费大量的人力、物力、时间来搞翻译工作。语言的差别，已成为人类交往的一大障碍，因此，一直以来，人们都有创造一种全世界都能通用的语言的梦想。

开始尝试创造世界语的是波兰的柴门霍夫。他创造世界语的想法，说来很有趣。当时，他家所在的比亚斯托克，居民分别为俄罗斯人、波兰人、日耳曼人和希伯来人（犹太人）。这4个民族的居民由于语言各不相同，彼此相处得不友好，有时还因误解而发生争斗，因语言纷争所导致的不幸事件经常发生。因此，柴门霍夫决心用毕生的精力改变这种局面，创造一种共同的语言。他进行了种种试验，设想了许多种新的语言方案。然而各种方案都存在着庞大的词汇，令人难以掌握，因而无法达到推广的目的。

一天，他偶然看见一个牌子上写着svecarskaja（门房）一词，接着又见到另一块招牌上写着kondi-torskaja（糖果）一词，他发现这两个词的词尾都是"skaja"。经过一番思索，他发现一条规律：如果在一个词的末尾加上一个词缀来构成新词，就无需花那么大力气把词典上的词一个个地背下来；同理，可以通过前缀来构成另一部分新词。这样一来，那些庞大的、令人烦恼的词汇似乎在柴门霍夫的眼前减少了许多，他终于在1878年设计了第一个世界语方案。他创造的"新语言"刚开始受到了一些人的嘲笑，但他坚持用它写文章，翻译作品。功夫不负有心人。1887年，柴门霍夫在妻子施尔柏妮的帮助下，终于以"希望者博士"的笔名，自费出版了他的《世界语第一书》。

## 最早的字母文字

大约在公元前2000年，腓尼基人创造了人类历史上第一批字母文字，共22个字母（无元音）。这是腓尼基人对人类文化的最伟大的贡献。腓尼基字母是世界字母文字的开端。

由于腓尼基发达的航海和国际商业贸易，一方面经济需要及时编制商业文件，要求有一套普遍易懂的、简单方便的文字体系；另一方面，由于腓尼基从事国际商业活动，广泛接触并熟悉古代各国的文字，使它创造新的字母文字成为可能。于是，腓尼基人利用埃及的象形文字和巴比伦的楔形文字创造了世界上第一套拼音字母。

在西方，它派生出古希腊字母，后者又发展为拉丁字母和斯拉夫字母。而希腊字母和拉丁字母是所有西方国家字母的基础。在东方，它派生出阿拉美亚字母，由此又演化出印度、阿拉伯、希伯来、波斯等民族字母。可以说，腓尼基字母是现今世界各族字母的共同祖先。

## 古埃及象形文字

大约公元前3500年，古埃及人为了记事的需要，发明了最初的文字。这种文字是由原始的图画文字演变而来的，可见于当时埃及的一些陶器、印章、石片和骨片上，多是古埃及人用简单的笔画形象地描绘下来的图形和符号。这种图画文字逐渐得到改进，到公元前3100年左右，发展成了比较完备的象形文字。

象形文字的名称来源于古希腊文，是由"神圣"和"雕刻"两词组成，意为"神圣的雕刻"。象形文字之所以如此命名，是因为希腊人第一次看到这种文字时，它是被刻在神庙的墙壁上，以为这只是专门用在寺庙中的文字。

埃及象形文字产生之初，任何一种能画得出的物体都可用该物的图形表示，如画一圆圈中加一点表示"太阳"；画三条波浪线表示"水"，这就是表意符号。表意符号也可表示具体的动作，或表达出图形的引申义。对于一些难以用具体图形表达的抽象概念，则采用引申和表意相结合的办法。

随着象形文字的进一步发展，便有了表音符号。表音符号是由部分表意符号转化而来的，它们原本是表意的，后用于表音，就失去了原来图形的含义，变成了纯粹的发音符号。

古埃及人习惯不写出元音，所以象形文字里只有辅音符号，没有元音符号。后来古埃及人又把表音符号和表意符号合在一起使用，创造了限定符号，即在表音符号后面加上一个纯属表意的图形符号，以表示这个词是属于哪个事物范畴的。埃及象形文字整句中字字相接，无间隔亦无标点，只要掌握限定符号固定于词尾这一规律，就可把句中的每个字区分得清清楚楚。把表意符号、表音符号和限定符号按照一定的语法进行组合，便使象形文字成为"音"、"形"、"义"俱全的文字体系。

## 楔形文字

幼发拉底河和底格里斯河都发源于亚洲西部的亚美尼亚高原，公元前4000年左右，这里就有了最早的居民——苏美尔人。他们创造了灿烂的苏美尔文明，最能反映这种文明特征的是他们的文字——楔形文字。

最初，这种文字只是图画文字，后来，这种图画文字逐渐发展成苏美尔语的表意文字，把一个或几个符号组合起来，表示一个新的含义。随着文字的推广和普及，苏美尔人便用一个符号表示一个声音，后来又加了一些限定性的部首符号，如人名前加一个倒三角形，表示是男

**苏美尔楔形字的泥板**

人的名字。这样，这种文字体系就基本完备了。

苏美尔人用削成三角形尖头的芦苇秆或骨棒、木棒在潮湿的黏土制成的泥板上写字，字形自然形成楔形，所以这种文字被称为楔形文字。

楔形文字是苏美尔文明的独创，最能反映出苏美尔文明的特征。楔形文字对西亚许多民族语言文字的形成和发展都产生了重要影响。西亚的巴比伦、亚述、赫梯等国都曾对楔形文字略加改造，来作为自己的书写工具，甚至腓尼基人创制出的字母也含有楔形文字的因素。

## 女真文字

女真人初用契丹文字，阿骨打建国后，完颜希尹和叶鲁参考汉字、契丹字创造了能记录女真语的新字，于天辅三年（1119年）颁行，史称女真大字。金熙宗天眷元年（1138年）又颁布了一套笔画更为简省的新字，史称女真小字。现存有关女真字的材料有文献、金石、墨迹3类：文献主要有明朝四夷馆编的《女真译语》，有女真字、汉文注音及译义；金石至今发现8处碑刻、摩崖；墨迹则十分珍稀。迄今所发现的资料仅见一种女真文，它究竟是大字还是小字，学者意见不一。

## 契丹文字

契丹民族在建立了契丹王朝后，为了适应政治、经济和文化等方面的需要，曾参照汉字创造了文字，用以记录契丹语。公元920年，耶律鲁不古、耶律突吕不创制了契丹大字，共3000余字。后来耶律迭剌创制了已发展到拼音文字初步阶段的一种文字，称契丹小字。两种契丹文字在辽代与汉字并行。辽灭金兴，契丹字又与女真字和汉字并行于金朝境内。明昌二年（1191年），金章宗完颜璟明令废除契丹文字，契丹字在金朝境内逐渐绝用。

## 八思巴创立蒙古新字

八思巴（1235或1239~1280年），元代第一代帝师、学者。本名罗古罗思坚藏，尊称八思巴（意为圣者）。吐蕃萨斯迦（今西藏萨迦）人。生于款氏贵族之家。

八思巴曾创制蒙古新字。蒙古原无文字，成吉思汗于1204年灭乃蛮后，始令畏兀儿人塔塔统阿教太子诸王以畏兀儿字母书写蒙古语。世祖即位后，他认为应当有一种可以书写其所统治下之各种民族语言的文字，便将此责任委

于八思巴。八思巴于是在1269年，按照梵文和藏文的形态制成蒙古新字。《元史·八思巴传》谓："其字仅千余，其母凡四十有一。其相纽而成字者，则有韵纽之法。其以二合、三合、四合而成字者，则有语韵之法。而大要则以谐声为宗也。"此后，蒙古新字被定为官方文书，并在各级学校设蒙古学教授，教习蒙古新字。蒙古新字的优点在于记音正确，而缺点在于字形复杂难于书写。《元史》中一再可见以查禁的畏兀儿字推行蒙古新字的上谕，可知畏兀儿体字的蒙古文仍被大量使用。元朝灭亡后，蒙古新字也就失去被使用的机会，畏兀儿体字仍是蒙古唯一文字。

## 东巴文

生活在中国云南省丽江地区的纳西族是一个有着深厚文化底蕴的民族，他们不仅善于吸收其他民族的优秀文化，而且还创造了自身独特的民族文化——东巴文化。

东巴文是一种十分原始的图画象形文字，从文字形态发展的角度看，它的历史比甲骨文还要悠久，属于文字起源的早期形态。

东巴文最早是写画在木头和石头上的符号图像，后来发明了纸，才把这些符号图像写在纸上，成为东巴文经典。由于东巴掌握这种文字，故称东巴文。

随着纳西族社会的发展和民族文化的相互影响，在明末清初，丽江的一些东巴创造了格巴文。格巴是弟子的意思，格巴文即指东巴什罗后代弟子创造的文字，格巴文是对东巴文的改造和发展。纳西族创造了两种古文字，至今还在使用，这在世界文字发展史上堪称奇迹。东巴文是目前世界上唯一存活着的象形文字，是人类社会文字起源和发展的"活化石"

# 出版传媒篇

## 图书馆

图书馆，是收集、整理、收藏图书资料，供人阅览参考的机构。

世界上最早的图书馆大约在8000多年前就有了。美索不达米亚人曾用一种楔形棒在潮湿的泥书版上写字，写成的东西叫作"楔形文字作品"。他们把书版烤干，将其中的珍本放进泥套里保存起来。后人发现数以千计的这种书版储存在宫殿、寺庙里，并且按照科目次序排列起来。这样的宫廷藏书机构就是最初的图书馆。

在古埃及，图书馆则建在神殿里，并由牧师管理。埃及人把东西写在纸莎草纸上，然后把纸卷放在带节的树枝上，放在箱子内或书架上。

古埃及最著名的一个图书馆，就是建于公元前300年左右的亚历山大图书馆，它拥有几十万册藏书，几乎收藏了所有的希腊著作和一部分东方典籍。

首先想到要建立公共图书馆的是古罗马的统治者恺撒，他提出建立一个公共图书馆的系统的计划。在恺撒之后，公共图书馆成了罗马常设的设施之一。早在公元4世纪时，罗马就有28个图书馆了。

后来，图书馆变成了教堂和寺院的一部分。修道士们除了看书还抄书，因此，多数的图书馆都由于他们的努力而保存了下来。

在欧洲中世纪末期，大教堂出现了，一些小的图书馆就造在教堂里面。这时候，高等学府也开始收集图书。

到了1400年，英国牛津大学开始筹建图书馆，建成后被命名为博德莱因图书馆。

1850年，英国议会通过了准许建立公共图书馆的法令，从那时起，图书馆开始兴盛起来。

## 中国的图书馆

《易·系辞上》说："河出图，洛出书。"虽然图书馆此时没明载于典籍，但在周代以前就有了藏书这一举动了。

中国的图书馆历史悠久，只是起初并不叫"图书馆"，而是称为"府"、"阁"、"观"、"台"、"殿"、"院"、"堂"、"斋"、"楼"等。如西周的盟府，两汉的石渠阁、东观和兰台，隋朝的观文殿，宋朝的崇文院，明代的澹生堂，清朝的四库全书七阁，等等。"图书馆"是一个外来语，于19世纪末从日本传到中国。

中国开始有现代意义上的图书馆，大约是在光绪三十年（1904年）以后。中国现在最大的图书馆——北京图书馆（现国家图书馆），于1910年开始筹建，1912年正式开放。

## 世界八大图书馆

1989年，联合国教科文组织在一份报告中列出了8个世界第一流的图书馆，它们在藏书量和设备完善等方面是长期被各国人民公认的。

国立列宁图书馆：在莫斯科，现藏书2500万册，手稿250万件，书架总长500千米，每天读者7000人，工作人员3300人，每年藏新书100万册。

美国国会图书馆：在华盛顿，藏书2000万册，手稿200万份，书架总长526千米，工作人员5075人，与国内外1500个单位建立了交换关系。

美国哈佛大学图书馆：在波士顿，包括95个院系分馆，总藏书920万册。

英国图书馆：在伦敦，建馆200多年，藏书1220万册，收藏19世纪欧洲的出版物比全国6000个公共图书馆收藏的还要齐全。

法国国立图书馆：在巴黎，创建于1364年，藏书1000万册，期刊40万种，图片1200万张，现在每年新增书架3千米，期刊架2千米。

北京图书馆：为中国最大的图书馆，创立于1913年，藏书1010万册，每天读者逾千。近年新建紫竹院新馆，可藏书2000万册。

习堂图书馆：位于朝鲜平壤人民大学内，建筑面积10万平方米，设5000多座位，藏书3000万册。

日本国会图书馆：在东京，总面积7300平方米，现藏书700万册，期刊72000种，地图22万幅，录音录像带24万件。

## 图书释义

图书即书，因早期的书与图有着密切的关系，故称"图书"。最早在《周易·上悉辞》中，便有"河出图，洛出书"的记载。显然，先秦时期，"图"与"书"已被人们习惯性地联系在一起。另一方面，"书"在古代有"文字"之意，而汉字本是由图形演变而来。因此在古人的思维习惯里，图与字本是一种东西，便很自然地将"图"与"书"连在一起了。还有，因古人识字者少，许多书都在文字旁配有大量图画，因此，中国自古有"左图右史"（"史"指文字）的说法。需面对大量不识字的下层民众的宗教性质书籍尤其如此。就"图书"的外延而言，其大致经历了一个逐渐缩小的过程。早期人们将一切带有文字乃至图画的东西都称作图书，后来，先是甲骨文、拓片等，接着是书信、档案、盟书等性质的文字逐渐分离出去。只有以宣传思想、传播知识为目的的文字载体才称作图书，这种狭义的图书又专门称作"书籍"。不过，在广义上，图书仍然可以泛指那些刻有文字和图像的甲骨文、金石拓片、书信、报纸，甚至包括声像资料、电子文字文档等。

## 书籍

书籍指的是狭义的图书。广义上的图书包括了一切刻有文字或图像的东西，后来，随着时间的演变，图书又形成了一种狭义的意义，即书籍。书籍的意义大致可以从两个方面进行阐释。在动机上，书籍是以传播知识或宣传思想为目的的；在外在形式上，书籍则制装成卷册的形式。根据这两条标准，中国最早的书籍应该是出现于公元前8世纪周代的简策。当时的人们将文字写在竹木片上，然后串联成册。另外，大概与简册同时出现的帛书应该也算作书籍。汉代开始出现纸制书籍，但因产量有限，并未大规模应用，直到晋代，纸质书籍才逐渐完全取代了简册。起初，纸质书籍也如同布帛那样只是用卷轴卷起来。唐代时，因卷轴书籍的不便，开始出现册叶形式的书籍，之后又陆续出现包背装、线装等形式的书籍。明清之际，线装书逐渐成为一种书籍的普遍形式。15世纪中叶，德国人谷登堡发明金属活字印刷术，大大加快印刷速度，现代装订形式的书籍出现，并首次实现了大规模流行。

## 简册书籍

简册书籍是早期的竹木片穿起来形成的图书。简册书籍大约出现于周代，是将竹子劈成一片一片之后连在一起制成的。一根竹片称为"简"，多根"简"用绳子编起来便成"册"。"册"是个象形字，表示竹片穿起来的样子，同时也称为"编"或者"篇"。其中，用丝绳将"简"编起来的叫作丝编，用皮绳编的叫作韦编。编好的图书，再卷起来便成为一卷，文章长了，则可以多分几卷。至今，卷、篇、册这些说法还是形容图书的量词。现在许多与书有关的字都有竹字头，比如书籍的"籍"，户口簿的"簿"等，也是这个原因。当时人们在简册上刻（写）字时是先由上及下，换行则由右及左，后来的纸质书籍同样沿用了该习惯。周、秦、汉三代，简、帛并用，但因帛过于昂贵，简册是主要的书籍形式。东汉中期蔡伦造纸后，纸开始成为重要的书写材料。因早期的纸产量不高，在魏晋时代，虽然私家已经越来越普遍地使用纸，官府文书仍多用简册。直到东晋末期，简册逐渐为纸质书籍所取代。

## 汗青与杀青

汗青本是秦代之前人们制作竹简图书时的一道工序。古人在制作竹简时，首先选择上等的青竹，称其为"青"。在将青竹削成长方形的竹片之后，要用火烘烤这些青竹。这样做，一方面是因为干燥的竹片便于书写，另一方面也可防止虫蛀。烘烤之时，本来新鲜湿润的青竹片会被烤得冒出水珠，看上去就像出汗一样。因此人们称这道烘烤青竹的工序叫"汗青"。后来，"汗青"这道制造竹简的工序成了竹简的代称，又因为竹简用来作为书册，"汗青"又进一步被用来指代书册、史册，因为平仄、押韵等需要，多见于诗词中。

杀青是秦汉之际出现的制作竹简图书的工序。秦汉时期，由于毛笔的出现，制作竹简图书时不再需要烘烤竹片。人们先将粗稿写在青竹皮上，以易于改抹，等定稿后，则用刀削去青皮，誊写于竹白，称之为"杀青"。后来人们泛称书稿定稿或校刻付印为杀青。现在的影视作品前期拍摄完毕，进入后期制作阶段也叫杀青。

## 卷轴和册页

卷轴是中国唐代之前的书籍装订形式。卷轴，顾名思义，是以某物为轴卷起来之意。早期的不用时便卷起来的简册和帛书均属于卷轴类书籍。西汉时期，纸发明后，出现了纸质书籍。当时的书、画都是模仿帛书的样式把纸粘连成长幅，用木棒、象牙、玉石等做轴，从左向右卷成一束。这种卷轴形式的书籍是唐代之前的纸质书籍的基本形式。

但这种卷轴类的书籍有个明显缺点，便是要看书的中间或末尾时，只能从头打开，费时费力。唐代时，人们发明了册页书籍。册页有两类，一类与折扇的原理相仿，将纸折叠，形成一种便于展开阅读的书籍。其少则四开、八开，多则十二、十六、二十四开等，页数再多，则往往分为两册。每本册页加以硬壳板面作为封面和封底，收叠时成一部书状，阅读、携带、保藏都比较方便。另外一种则是活页式册页，一般将单幅作品裱成单页，并以盒装。除书籍外，古代的许多绘画作品也喜欢采用册页形式。明代时，线装本的册页数出现，已经与今天的书籍所差无几了。

## 雕版印刷

雕版印刷是中国唐代出现的印刷术，是世界上最早的印刷术。南北朝时，纸质书籍已经基本替代了早期的简册书籍，给人们阅读带来极大方便，但依靠传抄的流传方式大大制约了书籍的广泛传播。唐初，人们受印章和碑拓的启发，发明了雕版印刷。雕版印刷的方法是先在纸上按照所需规则写好文字，然后反贴在刨光的木板上，再根据文字刻出阳文反体字，制成雕版。之后在版上涂墨，再将干净纸张铺上并贴紧，将纸揭起，印品便成了。这大大加快了书籍制作的速度。不过雕版印刷也有明显的缺点，一是雕版缓慢，大部头的书往往要雕刻几年始成，并且一旦一处出错，往往整版都要重刻；另外雕版经常因变形、虫蛀、腐蚀而损坏，需要不断更换；还有就是对于印刷量不大的书籍，花时间与精力雕版便显得有些不划算。不过，雕版印刷术为北宋时期的活字印刷术奠定了基础。不过，因活字印刷术并未得到推广，因此雕版印刷术一直到清末都是中国人印刷书籍的主要手段。

## 活字印刷术

活字印刷术是在雕版印刷术的基础上发展而成的印刷术，由北宋时期的布衣知识分子毕昇在宋仁宗庆历年间发明。毕昇的活字印刷术是用胶泥制作并烧制成单个的汉字存放起来，然后根据具体印刷对象的需要挑选汉字组成篇目。常用的字往往备用几个甚至几十个，遇到没有备用的冷僻字，则临时制造。这种胶泥活字印刷术基本解决了雕版印刷术的弊端。与毕昇同时代的沈括在《梦溪笔谈》中详细记载了此事。但毕昇的胶泥活字印刷术并没有得到推广，他死后，胶泥印刷术只是作为一种技术流传下来，并发展出木活字、陶土活字、铜活字等，但并未能取代雕版印刷术的主体地位。不过，毕昇的活字印刷术传到欧洲后，德国人古登堡在1440年左右在活字印刷术的基础上，整合欧洲多项技术，发明了铅字活字印刷。铅字活字印刷将印刷业推向了工业化时代，真正实现了书籍的普及，大大加快了人类文明的进程。因此，活字印刷术被誉为中国四大发明之一。时至现代，随着激光照排技术的发展，活字印刷术也已经逐渐退出历史舞台。

## 善本

善本是流存下来的比较完好的古书。古代的书籍历经改朝换代、天灾人祸，能完好保留下来的少之又少，故善本因具有文物、研究、收藏等多方面的价值而十分珍贵。就善本标准而言，主要可归纳为两个方面，具体而言，一方面是指完整，既没有遗漏，也没有多余，这是针对书在印刷或抄写时可能在校对方面出现的错误而言；另一方面，是指书本身与原文文字符合，这是针对书在流传的过程中可能出现的错误而言。因为时间越早的版本在文字上应该越接近原书，所以中国文物法规定，凡清乾隆六十年（1795年）以前出版的图书，都受国家法律保护，不得走私出口。这里只是在时间上大致划定了一个界限，并不绝对。二是注解上能更接近文章本义。许多古书因成书久远，文字障碍颇多，要想读懂，往往需借助前人注疏，而不同人的注解的质量也参差不齐。一般而言，自然是学问越高的人的注解越好；另一方面，一些御用文人往往在政治力量驱使下做穿凿附会的解释。因此，注者不受政治干扰、思想独立也至关重要。除以上两个标准，也有人从印刷技术、用纸敷墨、装帧技巧等方面考虑，认为古代印刷、装帧得比较好，或者纸张、墨水精良的书也算是"善本"。这是从书籍本身的艺术性来看的。

## 古书的注释方式

注释，顾名思义，是对某书进行注解与释义以帮助读者理解。中国历史源远流长，后人阅读前人的作品，往往因由于语言文字方面的隔阂而无法理解，因此注释古书便成为历代学者热衷的一件事情，几乎所有的经典著作都有不止一个版本的注释。就注释的方法而言，大体上可以分为5种：一曰"传"。古人将儒家经典称作"经"，而把解释经书的著作叫作"传"。传是一种解说经文字词、阐明其大义的注释方式。如《春秋左氏传》、《毛诗传》。二曰"笺"。笺是对"传"进行补充订正。或是对"传"中隐晦简略的部分进一步说明，或是提出不同的注解意见。如对《毛诗传》进行注解的《郑笺》。三曰"章句"。其意在"离章辨句"，不仅作逐词解释，还照应句意和全章主旨做更宏观的解析。如东汉赵歧的《孟子章句》。四曰"集解"，又称"集注"、"集说"等，是汇集各家解说，并加上自己意见的注释方法。如魏时何晏的《论语集解》。五曰"疏"，即义疏、义注、正义、疏义等。疏的注释特点是不但对古书原文进行注解，同时对前人所作的注解也进行注释。如南朝梁皇侃的《论语义疏》。

## 《汉书·艺文志》

《汉书·艺文志》是中国现存最早的目录学文献。《汉书·艺文志》是东汉史学家班固所写的《汉书》中的一篇，是对中国最早的综合性目录学专著《七略》进行缩编并整理后形成的。因《七略》现已不存，《汉书·艺文志》便成为人们了解西汉典籍状况的重要文献。总体上，仿照《七略》模式，《汉书·艺文志》将所有图书分为六艺、诸子、诗赋、兵书、数术、方技六略，外加一部叙述了先秦学术思想源流的"辑略"。除了对《七略》的继承外，《汉书·艺文志》又做了一些补充，如补入了西汉末年杜林、扬雄、刘向等数家典籍，使《汉书·艺文志》成为对上古到西汉的图书的完整目录；又对《七略》中归类不当的地方进行了调整，使图书归类更科学。总体而言，在目录学上，《汉书·艺文志》是现存最早的目录学专著；在史学上，则首创史志目录的体例，对后世目录学尤其是史志目录的发展，都产生了深远影响。

## 《七志》与《七录》

《七志》是继西汉刘歆《七略》之后的又一部图书目录分类专著，作者为南朝齐的王俭。《七志》很大程度上继承了《七略》的目录分类方法，其前六志基本按照《七略》的分类法，另加一个图谱，形成经籍、诸子、文翰、军事、阴阳、术艺、图谱七类，另附道、佛各一类。其闪光点在于它将图谱单独列为一类，是具有开创性的构思和实践，宋代目录学家郑樵对此颇为赞扬。另外，《七志》的附录道经和佛经也颇具特色。

《七录》是继《七略》、《七志》之后的又一部图书目录分类专著，由南朝梁阮孝绪撰。它在一定程度上总结了前代目录学的成就，在中国目录学史上占有重要地位。如今《七录》已经亡佚，只在唐代释道宣的《广弘明集》卷三收录了它的序。序中将书籍分为经典、记传、子兵、文集、术技、佛法、仙道七录。这个序早期研究目录学的一个重要文献。《七录》强调分类应当根据学术的发展、文献保存的实际情况来进行分类，并注意到分类名称的科学性的问题，在目录学上具有重要地位。

## 目录四分法

目录四分法是中国唐代以后普遍采用的图书分类方法，具体为经、史、子、集。中国最早的图书分类方法乃是《七略》及《汉书·艺文志》所进行的六分法，即将所有图书分为六艺、诸子、诗赋、兵书、数术、方技六略（外加一略总论各类学术思想源流），这种六分法对中国早期目录学造成深远影响，其后南北朝出现的另外两本重要目录学著作《七录》和《七志》在六分法的基础上创立了七分法。但同样是在西晋时期，由于学术观念的变化，在六分法流行的同时，已经出现四分法。西晋荀勖所编的《中经新簿》，以六艺经典为甲部，以诸子、数术、方技、兵书等为乙部，史书为丙部，诗赋、文集为丁部。这是最早的四分法。唐朝官修的《隋书·经籍志》正式承认这种四分法，并改变了名称和次序，定之为经、史、子、集。其中，经部指儒家经典及其重要注释；史部指史书；子部则范围较大，包括诸子百家、五行、医药、天文、历法等；集部则指个人别集或各家合集，四部之下总分四十类。经史子集的四分法成为后世历代主流的图书分类方法。

## 《隋书·经籍志》

《隋书·经籍志》是唐初官修隋朝史书中的一篇，是继《汉书·艺文志》以后的又一部重要史志目录。其作者旧说为魏征，现代学者认为应该还有李延寿、敬播两人。经魏晋南北朝及隋末乱世，书籍多有佚亡，因此《隋书·经籍志》的出现可以说是相当必要与及时的，起到了"存今书，考佚亡"的双重作用。另外，对于目录学来讲，《隋书·经籍志》首次奠定了目录的四分法的统治地位，在目录学上地位显赫。之前，中国的目录分法一般是以东汉的《汉书·艺文志》的六分法为主流分法，但经魏晋南北朝时期学术的发展，这种六分法已经不再适用于现实。虽然魏晋之际已经开始出现四分法，但是当时的四分法并不是主流，而且并不成熟，在小类的分类上不如六分、七分法精密。而唐朝政府所修的《隋书·经籍志》则确定了更为科学的四分法的统治地位，吸收了原来六分、七分法的优点，形成了更完善的四分法，为后世盛行一千多年目录学四分法奠定了基础。

## 《四库全书总目提要》

《四库全书总目提要》是中国最大的目录书，其编者为清代的永瑢、纪昀等人。而事实上，永瑢作为乾隆第六子，只是挂名而已，纪昀才是真正的总编辑。纪昀即纪晓岚（其字晓岚），直隶献县人，乾隆年间进士。《提要》是《四库全书》的副产品，乾隆皇帝在下诏访求天下图书时，便要求上书者将各书作者、内容等做一简介。到编纂《四库全书》时，要求编校者在每篇前都要写内容提要。这些提要经纪晓岚增删斟酌，并统一分类汇总，无意中形成了重要的目录学著作。宏观反面，《提要》总分为经、史、子、集四部，其下又分许多类，每部都有总序，每类又有分序，相当于将古代至清的所有学术流派进行了统一的梳理；而在微观方面，编者不仅对其中的每本书都进行了作者生平概括与简单的内容提要，甚至对于大部分书的版本情况、优劣异同等进行了简要评点。《提要》一面世，便被学人冠以"学问门径"美誉。不过这样一部"千年通学"，有所错漏也是在所难免。现代学者余嘉锡历经50年研究，著有《四库提要辩证》一书。

## 毛晋与汲古阁

毛晋（1599~1659年），明末著名藏书家、出版家。毛晋字子晋，号潜在，江苏常熟人，家富，嗜读书，好收藏宋元精本名抄。毛早年屡试科举不第，30岁时隐居故里，变卖田产，在七里桥建汲古阁，另在问渔庄和曹溪口构筑两阁，专职收藏和传刻古书。汲古阁本身是一个集藏书、出版功能于一身的藏书楼。毛晋为搜集珍籍密本，不惜公开贴榜，高价求购，对于珍本往往按页论值，共收得图书8.4万册。汲古阁内的图书是作为校勘的样书，毛晋先是延请海内名士对阁内图书进行校勘，然后即付刻印。在汲古阁后有楼9间，相当于一个规模庞大的印刷厂，其间工匠最多时达数百人。其先后刻书600多种，为历代私家刻书最多者。其中的《十三经注疏》、《十七史》、《文选李注》、《津逮秘书》等，相当知名。毛晋所刻书的版心下端均标"汲古阁"或"绿君亭"，时人称毛刻本。他所刻的书以校勘详明、雕印精良而行销全国各地，所刻书目存于《汲古阁校刻书目》等书。

## 范钦与天一阁

范钦（1506~1585年），字尧卿（一作安钦），明嘉靖十一年进士，官至兵部右侍郎。退休后，他在家乡宁波建立一座私人藏书楼——天一阁。古代读书人喜欢藏书，故私人藏书楼很多，天一阁的不同凡响之处在于它将近450年后的今天仍存，成为目前亚洲留存的最古老的私人图书馆，也是世界上最古老的三大图书馆之一。天一阁的书之所以能长期保留，与其严格的管理制度有关。范钦死前，给后世留下了"代不分书，书不出阁"、"外姓人不得入阁"等严格的制度。因禁止外姓入阁，直到1673年，明末清初思想家黄宗羲才有幸成为外姓登阁第一人。此后天一阁才相对开放，但仍只有真正的大学者才被允许登阁参观，故明清大学者均以登阁为荣。清乾隆皇帝下诏修撰《四库全书》时，范钦八世孙范懋柱进献所藏之书六百多种。乾隆大喜，敕命仿照天一阁兴造了著名的"南北七阁"，用来收藏所撰修的七套《四库全书》，天一阁从此闻名全国。鸦片战争时，英国侵略者掠去了数十种古籍。咸丰年间，又有盗贼潜入阁内，偷去了许多藏书。目前天一阁有藏书8万多卷，数量虽不多，但多为稀有古书，且不乏孤本、善本，非一般图书馆所能比。

## 丛书与类书

丛书指的是在一个总书名下汇集了多种独立图书而形成的一套书，又称丛刊、丛刻、丛编、汇刻等。丛书中的独立图书被称为丛书子目。

它通常是围绕一定主题内容，为了某一特定用途，或针对特定的读者而编纂的。丛书的主题或宗旨明确而宽泛，子目既相对独立，又紧扣主题或宗旨，可独立存在。

中国最早的丛书是南宋的《儒学警悟》，规模最大的丛书是清代的《四库全书》。在古代，丛书大多是综合性的丛书，但现在随着科学文化的发展，出现了各种专门性的丛书。

类书就是辑录各门类或某一门类的资料，然后根据类别加以编排，以便于检索、征引的一种工具书。它基本上是按照"天、地、人、事、物"的模式进行编排的。三国时刘劭、王象等编的《皇览》，是中国第一部类书。唐朝的《北堂书钞》是中国现存最早的综合性类书。明朝的《永乐大典》是中国古代规模最大的类书，共22877卷，11095册，3.7亿字，但今仅存700多册。清朝的《古今图书集成》是现存规模最大的类书，共6109部，1万卷。

## 写本、稿本、抄本、刻本

中国的古籍版本浩如烟海，按照各种不同的标准，可以分为许多类型。按照制作方式的不同，古籍版本可以分为写本与印本两大类。

写本，又称"手写本"，是指用手写成而非制版印刷的本子，包括稿本、抄本等。人们习惯上将唐朝以前的本子称为"写本"，唐朝以后的本子称为"抄本"。人们又习称除稿本和抄本外用手写形式写成的本子为"写本"。写本比经过加工整理的抄本或印本更为真实具体。

稿本就是作者手写的底本，是一种特殊的写本。作者或书写人一般有一定名气。稿本分为3种：原稿本、清稿本和上版稿本。

抄本，也作"钞本"，是指印刷术发明后根据底本传录写成的副本，又称为"传抄本"。其中书写工整、错误较少的，被称为"精抄本"；无法断定抄写年代，统称为"旧抄本"。

刻本是指雕版刻印的印刷本，又称"刊本"、"椠本"、"雕本"或"版"。刻本根据年代、单位、地点、质量、版式等的不同，可以分为多种活字本、石印本、铅印本和影印本等。

## 孤本、珍本、副本

孤本指的是在世界上仅存的一份图书、资料，有时也把在世界上仅有的一份流传的图书或资料的某种刻本（有时这种图书还有其他刻本流传）、未刻印的手稿、碑贴的旧拓本称为孤本。现存的世界最早的印刷品是中国唐朝时期（公元868年）印刷的《金刚经》，就是孤本。

珍本指的是珍贵的图书或资料。凡是不常见的、数量稀少的难得的文献，以及具有科学、历史和艺术价值的古旧图书资料，都称为珍本。如20世纪20年代中国共产党在上海建立的上海人民出版社印行的汉译《共产党宣言》版本，现在已经非常少见，已成为珍贵的革命文物，从版本学角度来看，可以称为"珍本"。

副本，也称别本，它是相对于正本而言的。过去私人藏书家，每得到一个珍本，就会重抄作为副本加以保存，被转抄的珍本则被称为正本。现在把政府间的文件以及国际文件的正式签署本的复本称为副本，作为通用善本。精抄本、精校本、手稿、古代拓碑帖以及图书的旧刻本等，通常也称为善本。

## 足本、节本

足本、节本是按照书籍内容是否全面进行划分的。足本指卷数完整、没有残缺的书籍。节本则指因原书数量太多，或文字冗长，在抄录或重印时只节取其中一部分而成的书。如果是从某书已经刊刻的书版中抽出一部分，或者其中的某几卷单印成册的书，则称为抽印本。

《水浒传》是中国古代四大名著之一，流传很广，影响深远。它的版本也很多，大致可以分为简本和繁本两个系统：简本文字简略，细节描写较少；繁本文字生动，细节描写比较生动，文学性很强。所谓"简本"，其实是节本；而繁本，就是足本。繁本主要有3种，七十回本、一百回本和一百二十回本。七十回本是金圣叹将《水浒传》中梁山聚义后的部分全部删去，又把第一回改为楔子，成为七十回本。

一百回本是梁山聚义后,又增加了征辽和征方腊故事。一百二十回本是在征辽和征方腊的基础上,又增加了征田虎和王庆的故事。相对于一百二十回本来说,七十回本和一百回本也是节本。

## 皇家藏书

皇家藏书是指皇族贵胄的私人藏书。皇家藏书不但历代帝王沿袭继承、修造的书籍不可记数,而且各种民间奇、怪、异、秘、趣、谋、神魔、野史也是应有尽有,各类图书的珍、孤、秘本也只有在皇家才可以找到。

皇家藏书制度在汉朝就建立起来了。西汉建立后,相国萧何就在长安未央宫的正殿北面修建了石渠阁、天禄阁和麒麟阁三座藏书阁,专门收藏皇家书籍。据刘歆的《七略》记载,西汉皇家藏书共33690卷,这是中国历史上第一次有关皇家藏书数的明确记载。

唐朝时,皇家图书主要藏在弘文馆、史馆和集贤书院。据史书记载,唐朝开元时,东西两京的藏书达125960卷。明朝时,藏书主要在文渊阁,嘉靖年间又修建了皇史宬。

清朝时,皇家图书主要就收藏在故宫内文渊阁、盛京(沈阳)宫内文溯阁、圆明园内文源阁、热河避暑山庄内文津阁、扬州文汇阁、镇江文宗阁和杭州文澜阁。此外,昭仁殿、五经萃室、南薰殿、紫光阁、舆图房等处,也是清代皇家的重要藏书处所。

## 皇家档案

皇家档案指的是封建王朝时期皇族的文件和资料。中国古代最著名的皇家档案馆是皇史宬。

皇史宬又称表章库,是明清两代皇室保存皇家史册的档案馆。"宬"是指古代用于藏书的屋子。它始建于明嘉靖十三年(1534年)7月,位于北京天安门东边南池子大街,占地8460平方米。初建时,本名神御阁,准备收藏历代帝王画像、实录、宝训。建成后,更名皇史宬,收藏实录、圣训。它的主殿基本上由石头建成,被称为石屋。石屋中陈列着152个"金匮石室",存放着皇家的圣训、实录与玉牒,除了收藏实录、圣训外,皇史宬还收藏明清两代玉牒、皇帝登基的诏书,皇帝的朱批,秘密立储的朱谕和密匣,封赠官员的诰敕,大臣的奏章,殿试试卷及大小金榜、与外国来往的书信文件、各种舆地地图、《永乐大典》副本、大清会典、题本的副本、朔漠方略和各将军印信等。

在实录、圣训、玉牒送往皇史宬收藏时,要先举行进呈、祭告、奉安等仪式;启匮查阅时,要举行焚香九叩首等仪式。皇史宬在明朝由司礼监管理,在清朝由内阁满本房掌管。

## 藏书家与藏书楼

古代藏书和书籍几乎是同时出现的。早在战国时期就开始有私人藏书,但私人藏书蔚然成风是从宋代开始的,其中尤以江浙一带为多。据吴晗《江浙藏书家史略》一书统计,当时江浙一带比较有名的藏书家有近900人。明朝胡应麟把藏书家分为"好事家"和"鉴赏家"两类。清朝洪亮吉把藏书家分为考订、校雠、收藏和掠贩四类。

宋朝文化发达,士大夫藏书成风,出现了晁公武、尤袤、李昉、司马光等著名的藏书家。

藏书楼是指中国古代私人图书馆。明朝末年,著名的三大藏书楼是赵琦美的脉望馆,钱谦益的绛云楼和毛晋的汲古阁。毛晋的汲古阁藏书达84000册,是历代私人藏书最多的一家。中国现存最古老的私人藏书楼是建于嘉靖四十至四十五年(1561~1566年)的浙江宁波的天一阁,藏书达7万卷之多。

晚清有四大藏书楼,分别为山东聊城杨以增的"海源阁",江苏常熟瞿绍基的"铁琴铜剑楼"浙江归安陆心源的"皕宋楼"和浙江杭州丁丙的"八千卷楼"。

## 古籍的版式

版式即古籍每一印页的格式。印页上各部分都有特定名称,主要有:

版面:指每页上印版所占范围。

版框:版面四周的粗线,也叫边栏。上方叫"上栏",下方叫"下栏",两旁叫"左右栏"。单线的叫"单边"或"单栏",双线的叫"双边"或"双栏"。有的印页版框上下栏单线,两旁双线,被称为"左右双边"或"左右双栏"。

版心:每页版面正中的位置,又叫节口。版心通常有用作对折准绳的黑线和鱼尾形图案,有的还印有书名、卷数、页码及本页字数,明代以前,版心下方往往还印有刻工姓名。

行格:版面之内,用直线分成若干行,每

行有若干字，在鉴定和著录时，人们习惯以半页计算，称"半页×行×字"，有的简称"×行×字"，若每一行中有两排字（通常为大字的注解），叫作"小字双行×行×字"，若双行字数与单行正文相同，就不再注出。这种著录和说明方式，称为行格，又称行款。

朱丝栏、乌丝栏：行格界栏以红色印的称为朱丝栏，以黑色印的称为乌丝栏。主要见于唐以前写本。明清时期，专有印刷各种颜色笺格的作坊，用不同颜色界栏笺纸抄写的古籍，通常直接著录为红格、黑格、蓝格、绿格等。

鱼尾：版心中间用作折页基准的图形，因其酷似鱼尾，故名，只有一个鱼尾的称为单鱼尾，上下各有一个对称的鱼尾，称双鱼尾。

白口、黑口：宋代以后，书籍装订均在版心处对称，然后粘连或订线，对折的准绳主要是鱼尾，有时也在鱼尾上下各印一条黑线作为标线，叫作象鼻。凡加印黑线的书，装订成包背或线装之后，书口处就显出暗黑色，所以被称为黑口，其中粗线叫大黑口或阔黑口，细线叫小黑口或细黑口。不加线的叫白口。

书耳：版框左栏外上方，有时刻出一个小方格，里面题写篇名，叫作书耳或耳格。主要见于宋代蝴蝶装版面上。

## 古籍的结构

每册古籍内外各部分，均有固定名称。主要有：

书衣：即书的前后封衣，又称书皮、书面。书衣有布、纸两种，最常见的是用栗色毛边纸和青色连史纸做成的书衣；布料、绵绫则多施于古籍善本。明清内府图书常用黄绫做衣，以示尊贵。书衣上一般题有书名，或直接写在封皮上，或贴一纸书签。

书签：用来题写书名的长方形纸条，一般贴在古籍封皮左上角。

书脑：线装书订线的一边。

书脊：线装书订线的侧面，相当于现代图书的书背。

书头：古籍的上端，又叫书首。

书根：古籍的下端。往往用作题写书名、卷数，靠近书脊的一端，多用于标注册数，最后一册常用作"止"字的异体字。

扉页：在书页之后、书名页之前的一页白纸。

书名页：即古籍的封面，专用题写书名，一般置于书衣及扉页之后。多以半页（一块书版的半面）刻写书名及作者，也有的以半页题书名，半页题刻版时间、刻版机构或藏版处。

## 卷轴装

卷轴装又称卷子装，早期的图书装帧形式。与装裱好的书画相似。通常在长卷帛书、纸书的左端安装木轴，旋转卷起。敦煌石室中发现的大批唐五代写本图书，都采用这一装帧方式。据记载，古代宫廷收藏的卷轴装图书十分考究，《隋唐经籍志》描述秘阁藏书："上品红琉璃轴，中品绀琉璃轴，下品漆轴。"《唐六典》描述内府藏书："其经库书，钿白牙轴，黄带红牙签；史库书，绿牙轴，朱带白牙签。"

## 旋风装

旋风装指的是在一素纸长卷上面依次粘贴书页，每页正反两面书写文字，展开长卷可翻页阅读。《墨庄漫录》形容其"逐叶翻飞，展卷至末，仍合为一卷"。这种装订特点是外表仍为长卷，里面却是错落有致的书页，是介于卷轴装和经折装之间的一种装订形式。大约盛行于唐代。故宫博物院藏有唐写本《刊谬补缺切韵》五卷，即是采用这种旋风装。

## 经折装

经折装又叫梵夹装、折子装。将图书长卷按一定宽度左右折叠起来，加上书衣，使之成为可以随时展读的册子。历代刊刻的佛经道藏，多采用这种装订形式。

## 蝴蝶装

蝴蝶装是将每页书在版心处对折，有文字的一面向里，再将若干折好的书页对齐，粘贴成册。采用这种装订形式，外表与现在的平装书相似，展开阅读时，书页犹如蝴蝶两翼飞舞，故称为蝴蝶装。蝴蝶装是宋元版书的主要形式，它改变了沿袭千年的卷轴形式，《明史·艺文志序》称："秘阁书籍皆宋元所遗，无不精美。装用倒折，四周外向，虫鼠不能损。"

## 包背装

将印好的书页版心向外对折，书口向外，然后用纸捻装订成册，再装上书衣，由于全书包上厚纸作皮，不见线眼，故称包背装。包背装出现于南宋，盛行于元代及明中期以前。清代宫廷图书如历朝实录、《四库全书》也采用这种装订方式。包背装改变了蝴蝶版心向内的形式，不再出现无字页面。

## 线装

线装书是传世古籍最常用的装订方式。它与包背装的区别是，不用整幅书页包背，而是前后各用一页书衣，打孔穿线，装订成册。这种装订形式可能在南宋已出现，但明嘉靖以后才流行起来，清代基本采用这种装订方式。

## 版本学

版本学是以各种书籍的抄本、批校本、稿本和印本等为研究对象的学科。详细地说，它是以书籍纸张、墨色、字体、刀法、藏章印记、款识题跋、刻印源流、行款版式、封面牌记、古今真赝、传抄情况等研究对象的学科。它原是目录学的一个组成部分，后发展为一个独立学科。

版本学的研究对象包括碑书、写本、刊本、印本、稿本、抄本、批校本等各种形式的图书。它的主要研究范围包括：各种图书版本的发生、发展史，如雕版源流和演变、传抄源流等；各种图书版本的异同优劣情况，并加以鉴别，判断时间，指明特点，总结出规律；版刻、印刷、装帧等方面发展与成就，比如印刷墨色、字体刀法、藏书印记、版本行款、装帧式样等。

版本学通过广泛搜集图书不同版本，可以找出其中的差异和错误，为校勘提供基础，以后再版是可以避免错误，以免贻误后学。它可以比较优劣，选择善本，指导阅读。对于大量伪书，版本学可以加以识别。版本学对于学术文化的发展，具有不可低估的作用。

## 目录学

目录学是指研究书目的编制，使之在科学文化事业中有效地发挥作用的学问，是图书馆学的一个分支学科。目录学可以分为4个部分：提要学、分类编目学、校勘学、版本学。

中国学者认为，目录学的起源可以上溯到春秋时期孔子删诗、书之时。但目录学的正式建立，则是在西汉河平三年（公元前26年）刘向受诏校阅整理皇家的先秦古籍。在校阅群书时，他编定次第，记录书名篇目，把校书时所撰叙录全文编成《别录》20卷。这是中国古代目录学的开山之作，也是世界上第一部书目解题式图书总目。因《别录》篇幅太多，查找烦琐，所以刘向的儿子刘歆在《别录》的基础上，进行删节摘录，利用天禄阁的官府藏书编成了中国第一部综合性的图书分类目录——《七略》一书，刘向和刘歆父子成为中国历史上著名的文献学家。《别录》和《七略》的出现奠定了中国目录学的基础，使目录学从此建立起来，体系才逐渐完备。中国古代规模最大、最全的目录是《四库全书总目提要》和《四库全书简明目录》。

## 校雠学

校雠学乃是对古人整理古代文献的方法进行研究的一个学科。"校雠"一词，西汉刘向最早对其下了定义："一人读书，校其上下，得谬误，为校；一人持本，一人读书，若怨家相对，为雠。"可见，校雠说的是两件事。其中，"校"乃是对一本书本身存在的错误、不通之处找出来并改正；而"雠"，则是对于不同版本的书进行对照比较，找出讹误之处，以定一个善本出来。宋代，"校雠"又称"校勘"。郑樵的《通志·校雠略》等著作对校勘的原则、通例做了总结，并将校雠的内容拓展为论述收藏整理、经营管理图书的理论与方法，奠定了传统校雠学的基础。到清代，伴随着考据学的极大兴盛，校雠学得以最终成为以文字、音韵、训诂为基础，以"辨章学术，考镜源流"为特色，包括了版本、校勘、目录等学科在内的校雠学体系。其涉及古籍分类、文字校勘、版本考证、史实考订、目录编纂等古籍整理的各个方面。进入近现代后，校雠学中的目录、版本学等又分化为独立的学科。

## 武英殿

武英殿始建于明初，位于外朝熙和门以西，与位于外朝之东的文华殿相对应，即一文一武。清康熙年间，首开武英殿书局。康熙十九年（1680年）将左右廊房设为修书处，掌管刊印装潢书籍之事，由亲王大臣总理，下设监造、主事、笔帖式、总裁、总纂、纂修、协修等30余人，由皇帝和翰林院派充。康熙四十年（1701年）以后，武英殿大量刊刻书籍，使用铜版雕刻活字及特制的开化纸印刷，字体秀丽工整，绘图完善精美，书品甚高。乾隆三十八年（1773年），《永乐大典》中摘出的珍本138种排字付印，御赐名《武英殿聚珍版丛书》，世称"殿本"。

同治八年（1869年）武英殿被火焚，烧毁正殿、后殿、殿门、东配殿、浴德堂等建筑共37间，书籍版片焚烧殆尽。

## 扫叶山房

扫叶山房，最初创于明朝万历年间，先设店于苏州阊门内，后于1880年设分店于上海城内彩衣街，又在租界棋盘街设分店，称"扫叶山房北号"。店主席氏，先世居苏州洞庭东山，于明末清初购得常熟毛氏汲古阁书版而设此扫叶山房。

据1933年《扫叶山房书目》，该店出书2000余种，主要为经史子集、字典、尺牍、字帖、旧小说、中医药书等。均系石印、木板、线装、分连史纸本、有光纸本。民国初年，扫叶山房在书界有相当之地位。

## 官书局

官书局是中国清代同治、光绪年间，曾国藩、左宗棠等封疆大吏先后在各省创设的出版机构。官书局所刻印的古书，多经校勘，售价较廉，少数珍藏秘籍得以印行，在传播和普及文化方面起到一定作用。

## 墨海书馆

墨海书馆是1843年英国伦敦会传教士麦都思、美魏茶、慕维廉、艾约瑟等在上海创建的书馆。墨海书馆是上海最早的一个现代出版社，也是上海最早采用西式汉文铅印活字印刷术的印刷机构。书馆坐落在在江海北关附近的麦家圈的伦敦会总部。

墨海书馆培养了一批通晓西学的学者如王韬、李善兰，他们撰写、翻译了许多介绍西方政治、科学、宗教的书籍。墨海书馆在1863年停业。

## 美华书馆

美华书馆于1860年由美国传教士创办。前身是1844年美国基督教长老会在澳门开设的花华圣经书房，1860年迁至上海，改名美华书馆。

书馆主要出版《圣经》和宗教书刊及供教会学校用的教科书，还印刷出版了几十种自然科学书籍。光绪五年（1879年）出版的《英字指南》是中国近代最早的英语读本，1886年出版的《万国药方》是中国最早介绍西洋医药的译本。

## 同文馆

同文馆，即京师同文馆。同治元年（1862年）七月二十九日，恭亲王奕䜣等奏准在北京设立同文馆，附属于总理衙门。设管理大臣、专管大臣、提调、帮提调及总教习、副教习等职。

同文馆为培养翻译人员的"洋务学堂"，最初只设英文、法文、俄文三班，后陆续增加德文、日文，以及天文、算学等班。招生对象开始限于14岁以下的八旗子弟，1862年6月入学的仅10人，以后扩大招收年龄较大的八旗子弟和汉族学生，以及30岁以下的秀才、举人、进士和科举正途出身的五品以下满汉京外各官，入学学生逐年增多。课程设置最初只有英、法、俄、汉文，同治六年后增设算学、化学、万国公法、医学生理、天文、物理、外国史地等。1902年1月，同文馆并入京师大学堂。

## 点石斋石印书局

点石斋石印书局是中国最早用石印印书的出版机构。1879年由英国商人在上海创办。聘中国人邱子昂为石印技师。首先以照相缩印技术翻印木刻古籍，如用殿版《康熙字典》缩印。

1884年5月8日出版《点石斋画报》旬刊。内容为各国风俗景物、火车轮船、著名建筑及声、光、化、电等新事物，既开画报出版的先声，又以画新事物影响当时的画风。1909年，与图书集成铅印局、申昌书局、开明书店合并为集成图书公司，为上海当时铅、石印全备的最大出版印刷机构。

## 同文书局

同文书局是中国人自办的第一家近代石版印刷图书出版机构。由广东人徐鸿甫、徐润等人于光绪八年（1882年）创立于上海。置石印机12架，雇工500人，专事翻印善本古籍，1892~1894年曾为清廷按原大影印殿本《古今图书集成》100部，使同文书局在当时石印业中享有更高的声誉。后期印书销路不广，积压渐多，于光绪二十四年（1898年）停办。

## 广学会

广学会是光绪十三年（1887年）英、美基督教新教传教士、外交人员和商人等在中国上海创立的出版机构。

前身为1834年英、美传教士在广州创立的"实用知识传播会"和1884年在上海设立的"同文书会"。1892年始称广学会，有"以西国之新学广中国之旧学"之意。1957年与其他3个基督教出版机构合并，成立中国基督教联合书局。

## 《崇文总目》

《崇文总目》是宋代的官修书目，著录经籍共3445部，30669卷，是北宋最大的目录书。

宋仁宗景祐元年（1034年），翰林学士张观、李淑、宋祁等校定整理三馆与秘阁藏书，去芜存菁，刊其讹舛，编成书目。书成后，由翰林学士王尧臣上奏，赐名"崇文总目"，是中国现存最早的一部国家书目。

《崇文总目》著录丰富，体例完备，每类有叙释即类序，每书有解题。体例为后来的晁公武、陈振孙所效法。

## 《遂初堂书目》

南宋尤袤（1127~1194年），字延之，号遂初居士，无锡人。南宋绍兴十八年进士。家富藏书，建有遂初堂，编《遂初堂书目》1卷。

《遂初堂书目》共收录图书3000余种。分为44类，对四部分类体系作了调整，突出本朝著作与新出现的图书，设有小说、类书、乐曲等小类。该目录中著录的版本有旧本、旧监本、秘阁本、京本、旧杭本、杭本等10余种，但未确记刻书地点与年月。该书开创了中国古代书目著录版本的先例。

## 《郡斋读书志》

晁公武（约1104~1183年），字子止，号昭德先生，著名目录学家。

《郡斋读书志》收入的图书达1492部，基本上包括了宋代以前各类重要的典籍，尤其在搜罗唐代和北宋时期的典籍方面卓有成效。全目分经、史、子、集四部，从而形成了一个严谨完备的体系。由于所录各书为晁公武实藏，所以在提要中对典籍情况的介绍，咸有凭据，自非其他丛抄旧录的书目所能比拟。

《郡斋读书志》是中国现存最早的、具有提要内容的私藏书目，对于后世目录学影响很大。

## 《校雠通义》

中国清代目录学著作。章学诚撰。成书于乾隆四十四年（1779年），共4卷。该书总结了自汉代刘向、刘歆以来目录学的优良传统，继承与发展了宋代郑樵的目录学理论，是通过亲身编纂地方志与书目的实践经验而写成的。明确提出目录的任务是"辨章学术、考镜源流"；提倡图书编目的应用辅助著录法"互著与别裁"；主张编制索引。

## 《藏书纪事诗》

《藏书纪事诗》是清代末年长洲叶昌炽编撰的一部记载历史上藏书家事迹的专著。时代起于五代末期，迄于清代末期，计收集有关人物739人。

所引用资料大量采录自正史、笔记、方志，以及官私目录、古今文集等文献，并将记述一人或相关数人的有关资料各用一首叶氏自作的七言绝句统缀起来，间附叶氏按语，实际上是一部资料汇编式的藏书家辞典。

## 《经籍纂诂》

《经籍纂诂》是中国唯一汇辑经传子史的引证于一书的大型训诂词典。清代阮元主编，书成于嘉庆三年（1798年）。全书共106卷，按平水韵分部，每韵为1卷。各卷单字略依《佩文韵府》次序编排。凡一字数体，"通作"、"或作"之类，依《集韵》置于一处。一字数读的，依韵分入各部。单字不注音。释义一般先列本义，次列引申义，再列辗转相训与名物数象。此书将唐代以前古籍正文和注解中的训诂搜集在一起，颇便检查。

## 《艺文类聚》

中国现存最早的一部官修类书。唐代初年，由欧阳询、裴矩、陈叔达等人奉敕编纂。《艺文类聚》共100卷，100万余字。全书分岁时、治政、产业等46部，727个子目。征引古籍1431种，分门别类，摘录汇编。先引史实，后列诗文，使"文"与"事"契合互补，变更了以往"文"自为总集，"事"自为类书的常规体制。先讲所引故事，都注出书名。所引诗文，都注出时代、作者和题目，并按不同的文体，用"诗"、"赋"、"赞"等字样标明类别。例如，"山"部的"华山"，先列出与华山有关的典故与传说，再列历代以"华山"为题的诗赋，这样就大大方便了后人。所以，此书一出，其他类书都被淘汰。另外，其所征引古籍已大部亡佚，自汉代至隋代的词章名篇多赖此得以流传，因此本书历来为辑佚、校勘工作所资鉴。清代严可均辑《全上古三代秦汉三国六朝文》，主要摘录自本书。世人也多用以查检唐代以前的诗文、典故、名目及历史人物事迹等。

## 《太平御览》

《太平御览》是中国北宋时期编写的一部具有百科全书性质的类书，宋代四大部书之一。书名中的"太平"是宋太宗赵光义的年号，"御览"是要送皇帝亲自阅读的意思。它是宋太宗命李等13人编纂的，开始于宋太宗太平兴国二年（公元977年），完成于太平兴国八年（公元984年），用时7年。初成时名为《太平总类》，后宋太宗将其改为《太平御览》。全书共1000卷，55部，分5363类，总字数达4700多万字，引用古今图书及各种体裁文章共达2570多种。此书编纂的目的是为帝王提供以备随时查阅的"百科知识"，了解历代治乱兴衰的原因，以及各种典章制度由来。《太平御览》一书中不仅对各种实物有所记载，还保留了大量的古书资料，其中好多是今天已经失传的。但是，《太平御览》也有其不足之处。在编排时，有些类目重复出现，而且体例也有不当之处。《太平御览》对我们今天研究宋代以前的历史具有极高的史料价值，它也被称为"类书之冠"。

## 《永乐大典》

《永乐大典》是中国明代永乐年间编修的最大的类书著作。永乐元年（1403年）开始编修，永乐二年（1404年）初成，名为《文献大成》。永乐三年（1405年）重修，于永乐六年（1408年）最终编写完成。《永乐大典》在编排上改变了过去类书的体例，采用了"用韵以统字，用字以系事"的方法。这种编排方法已经是现代百科全书的形式了，也有人干脆把它视为世界上第一部百科全书。《永乐大典》正文共22877卷，凡例和目录60卷，装订为11095册，总字数约为3.7亿，收录了先秦时期到明朝初期的各种典籍8000余种。书中所含内容包括天文地理、科学技术、医学占卜、文学戏剧、诗歌小说等各个方面。朱棣在为《永乐大典》所作的序中称此书"上自古初，迄于当世，旁搜博采，汇聚群书，著为奥典"。《永乐大典》一书保留了很多中国古代的珍贵文献书籍，具有很高的文献价值。但成书后历经磨难，以致残缺不全，现今保存下来的部分仅为全书的百分之三四。

## 《古今图书集成》

《古今图书集成》系康熙皇三子胤祉奉康熙之命与侍读陈梦雷等编纂的一部大型类书。该书编纂工作开始于康熙四十年（1701年），印制完成于雍正六年（1728年），历时两朝28年，采集广博，内容丰富，正文10000卷，目录40卷，内容分为6汇编、32典、6117部。康熙皇帝钦赐书名，雍正皇帝写序。

全书按天、地、人、物、事次序展开，规模宏大、分类细密、纵横交错，举凡天文地理、人伦规范、文史哲学、自然艺术、经济政治、教育科举、农桑渔牧、医药良方、百家考工等无所不包，图文并茂，因而成为查找古代资料文献的重要百科全书。

被称为"古代百科全书"的《古今图书集成》，与《永乐大典》、《四库全书》并列为中国古代三部皇家巨作。

## 《四库全书》

《四库全书》是清乾隆朝官修丛书。永领衔编撰，总纂官纪昀。1773年开旧库库馆，大批学者参与，1887年编纂完成。全书分为经、史、子、集四部，分别为：

经部：易、书、诗、礼、春秋、孝经、五经总义、四书、乐、小学（10类）。

史部：正史、编年、纪事本末、别史、杂史、诏令奏议、传记、史抄、载记、时令、地理、职官、政书、目录、史评（15类）。

子部：墨家、兵家、法家、农家、医家、天文算法、术数、艺术、谱录、杂家、类书、小说家、释家、道家等（14类）。

集部：楚辞、别集、总集、诗文评、词曲（5类）。

全书共缮写7部，分藏于文渊阁、文源阁、文溯阁、文津阁、文汇阁、文宗阁、文澜阁。另有副本一部存于北京翰林院。

## 纸草书

纸草书也称"纸草书卷"、"纸草纸书"。

纸草是埃及沼泽地区的一种高秆植物，茎部富有纤维，将其剖成薄片长条，再用树胶粘连起来，即可成为很好的书写材料。埃及文字除象形字多用于铭刻外，祭司体和民书体字一般写在纸草上。在上埃及地区发现的纸草书内容包括公文、宗教、文学、医学和数学等。

纸草不但是古埃及人使用的纸张，随后也成为地中海东部地区通用的纸张，许多古代文献都是以纸草书的形式保留下来的。

在公元前8世纪前后，纸草书卷的制作方法由中东的巴比伦传到古代希腊和罗马。古罗马人改进了纸草书卷。

## 泥版书

泥版书是用一种木制硬笔在泥土板上刻写的，书成后经过焙烧或晒干，就成为坚硬的泥版书。泥版书起源于西亚，后来传到希腊克里特岛、迈锡尼等地，刻写于上的文字也分为楔形文字和线性文字，因此又分为楔形文泥版文书和线性文泥版文书。

## 羊皮书卷

羊皮书卷是指用羊皮或羊羔皮为材料制成的最原始的一种图书。它是由中东地区的帕加马人发明的。在帕加马帝国欧迈尼斯二世时期（前197~前159年），由于埃及人停止供应纸莎草，帕加马人没有了制书的原料，被迫发明了用羊皮作为原料的羊皮书。

现在所知最早的羊皮书是公元前4世纪阿契美尼德王朝末期编写的《波斯古经》，共有21卷，35万字。

## 蜡版书

蜡版书是世界上最早的、可重复使用的记事簿，也是最原始的一种图书。

蜡版书产生的年代尚待考证。公元前8世纪，中东地区的亚述人已用它作为文字的载体。当时，它主要作为可重复使用的记事簿。

它的制作方法是将薄木板表面的中间部分掏空，把融化的蜡注入其内，在蜡未完全硬化之时用来刻写文字，将刻写后的蜡版打孔后穿绳，即制成蜡版书。重复使用时，只需将蜡木版烤热，使蜡变软即可。

## 西方古版书

古版书是指西方活版印刷术创始时期印刷的出版物。该词来源于拉丁语"襁褓"或"摇篮"。1639年，文艺复兴时期的人文主义学者首先用以称述1450~1500年期间的印刷出版物。

古版书以哥特体的拉丁文宗教著作为主。最著名的古版书是J.谷登堡印刷的《四十二行圣经》和《万灵药》。据统计，在1450~1500年的这50年期间印刷的出版物有3.5万种、900万册，但流传下来的极少。古版书已成为图书馆和书籍收藏者搜寻的珍版书籍。

## 世界十大百科全书

《中国大百科全书》是中国第一部现代大型综合百科全书。

《不列颠百科全书》是西方ABC三大百科全书之B。

《布洛克豪斯百科全书》是德国大型综合百科全书。

《拉普斯百科全书》是法国综合性大百科全书。

《美国百科全书》是标准型综合性百科全书。

《苏联大百科全书》是前苏联大型综合性百科全书。

《世界大百科事典》是日本标准型综合性百科全书。

《科里尔百科全书》是美国20世纪大型综合性百科全书。

《插图欧美大百科全书》，共80卷，全书以国际人物和地名条目为多。

《意大利科学、文化与艺术百科全书》，全书以人文科学、艺术内容及装帧和插图特点而驰名。

## 报纸溯源

中国最早的报纸是"邸报"，创始于西汉初期，距今已有2100多年的历史了。

西汉的行政划分实行郡县制，全国设若干郡，郡下设县。各郡在京都长安分别驻有代表，其驻地称为"邸"，各郡代表的主要任务是做好皇帝和各郡长之间的联络工作，这样便产生了"邸报"。造纸术的发明，使"邸报"的发行进一步扩大。到了唐代，邸报的发行已扩展到全国，各地的朝野官吏是其主要读者，而且唐朝的"邸报"内容也较以前大为丰富，除刊登皇帝的起居、行动、诏令、会议外，还登载奏章、叙任、赏罚、辞令、朝觐、通报等内容。

国外报纸的出现，可追溯到古罗马帝国时期。古罗马帝国杰出的政治家和军事家恺撒大帝为了便于管理国家和进行征战，出版过一种"每日记闻"，借以颁布各项政令和战报，报道贵族院里的选举情况，刊登贵族院议会记录，另外还发布宗教生活和世俗生活等消息。

## 《万国公报》

《万国公报》原名《教会新报》，1868年9月5日在上海创刊，主办人是美国监理会传教士林乐知，以林华书院的名义出版，由上海美华书馆负责印刷。起初为宗教性刊物。

1874年9月5日，《教会新报》出至301期时改名为《万国公报》，内容开始演变为非宗教性质。1899年2月，《万国公报》把马克思以及他的《资本论》介绍到中国来。1907年7月《万国公报》停刊。

## 《申报》

《申报》是中国现代报纸开端的标志，是1872年英商美查创办的以赢利为主要目的的商业报纸。在外国人办的报刊中，由中国人主执笔政的，《申报》是第一家。《申报》对新闻业务进行的改革：一是发表政论文章。二是改革新闻报道，重视新闻的真实性。

《申报》历经清朝同治、光绪和宣统3个朝代，又经历了辛亥革命、"五四运动"、北伐战争、抗日战争和解放战争等各个历史阶段，1949年5月27日上海解放时停刊。

## 《时务报》

《时务报》是黄遵宪、汪康年、梁启超于1896年8月9日在上海创办的。梁启超任主笔，汪康年任总经理。中国人办的第一个杂志。该杂志以变法图存为宗旨，分设论说、谕折、京外近事、域外报译等栏目。连载梁启超著《变法通议》，猛烈抨击封建顽固派的因循保守。由于议论新颖，文字通俗，成为维新派最重要、影响最大的机关报，对推动维新运动起了很大作用。

## 《苏报》

《苏报》于1896年6月26日在上海创刊，胡璋创办。1903年，爱国学生章士钊担任《苏报》主笔，《苏报》增设"学界风潮"和"舆论商榷"两个专栏，用来报道学生运动和大造革命舆论，并大力宣传邹容的《革命军》。1903年，由于言论过激，引起清政府的震恐。章士钊等先期走避，章太炎、邹容等6人被捕。《苏报》也于1903年7月7日被查封。史称"苏报案"。《苏报》在国内外产生了重大影响，促进了民主革命形势的发展。

## 《民报》

《民报》是中国同盟会的机关报。前身是宋教仁创办的《二十世纪支那》，主编胡汉民、章太炎。1905年创刊于东京，是一个大型月刊，是革命派在海外的主要宣传阵地。

孙中山曾为其撰写发刊词，提出了"三民主义"。该报的创办及其宣传壮大了革命派的声势，也壮大了同盟会的队伍，成为进步舆论的中心。

## 《大公报》

《大公报》创刊号1902年6月17日在天津法租界首次出版，其创办人是英敛之（辅仁大学倡议者之一，属清末保皇党）。英敛之在创刊号上发表《〈大公报〉序》，说明报纸取大公一名为"忘己之为大，无私之谓公"，办报宗旨是"开风气，民智，挹彼欧西学术，启我同胞聪明"。英敛之主持《大公报》10年，政治上主张君主立宪，变法维新，以敢议论朝政、反对袁世凯著称，成为华北地区引人注目的大型日报。

创刊时的《大公报》一直是书册式，一个整版直排，分上下两栏，栏之间留一空白，每栏都加了边框，对折以后即可装订成册。

入民国之后，英敛之无心主持报馆局面。1916年9月，由原股东之一的王郅隆购买《大公报》。1916年10月，王郅隆全面接收《大公报》后，聘请有过办报经历的胡政之为主笔兼经理。

1916年11月10日起，胡政之入馆一个月后，《大公报》由书册式改成了通栏式，将垂直的两栏改成四栏，以后又经过几次改革，改成六栏、八栏。在字号方面也进行了调整，各种字号大小间隔、搭配，改变了原来比较单调的状况，使版面变得错落有致。

新文化运动期间，在张勋复辟、"五四运动"等一系列重大事件中，《大公报》发表过不少有分量的文章。1925年11月27日，《大公报》宣布停刊。

## 《华盛顿邮报》

《华盛顿邮报》是美国最有影响的日报。它于1877年创刊，由华盛顿邮报公司在华盛顿出版。1933年，因为经营不善，销售不景气，该报负债累累，只好由监管人代为管理。在此期间，金融家尤金·迈耶将其收购。由于迈耶经营有方，并确立了明智稳妥而独立的编辑方针，很快就提高了报纸的声誉。后来，该报先后收购了《华盛顿先驱时报》、《新闻周刊》等，从而成为享有国际声誉的报纸，现已成为美国发行量最大的报纸之一。

## 《华尔街日报》

《华尔街日报》是美国实业界的政治经济日报。1889年在美国纽约创刊，由道琼斯公司出版。

1882年，一位名叫查尔斯·道的经济金融记者与同僚爱德华·琼斯成立了道琼斯公司，收集并定期向股票经纪人发售有关行情的消息。由于生意兴隆，他们又在这个基础上创办了《华尔街日报》。该报从1889年7月8日起，登载道琼斯公司发布的经济消息和股票指数，延续至今未中断过。

该报以刊登财政、金融和贸易新闻为主，但是重大国际动态也无一遗漏，并有自己的评论。它不直接采用通讯社的消息，而是在世界各大城市驻有自己的记者。1976年，开始利用人造卫星转播稿子。《华尔街日报》每周出版5期，一般是40余页，分3个部分，即要闻、市场消息、金融与投资。

《华尔街日报》的报道风格以严肃见长。在编辑上始终采用传统的黑白灰三种配色，直到1991年才在广告部分出现过少量的色彩，绝大部分为文字报道，图片新闻很少，始终是美国最高端的报纸之一。

## 《泰晤士报》

《泰晤士报》是英国历史最悠久的一家大报。约翰·沃特于1785年1月1日创刊，最初名为《每日环球记录报》，1788年改名为《泰晤士报》。泰晤士即"TIME"的音译，是"时报"的意思。

《泰晤士报》的实际奠基者是约翰·沃特二世，他一反其父的做法，不再受领政府的政治津贴而去攻击某些皇亲国戚，他以承办商业广告来维持报社。他任用了不畏强暴、敢于抨击时弊的巴恩斯为主编，授以编辑全权，还物色了一批能干的记者。

《泰晤士报》是第一份采用机械式印刷机印刷的报纸，使报纸的消息传播速度超过皇家信使，因此在18、19世纪之交，其发行量远远超过其他所有日报的总和。

## 《每日新闻》

《每日新闻》原名《东京日日新闻》，1872年2月21日创刊于东京。1911年3月1日与《大阪每日新闻》合并，1932年又和《时事新报》合并，1943年1月改用现名出版。该报在日本国内的东京、大阪设有本社，北海道设有支社，国内总局设在福冈，其他地方设有支局81个。在国外，华盛顿设有北美总局，伦敦设有欧洲总局，并在北京、纽约、巴黎、莫斯科、华盛顿、伦敦、日内瓦等地设有14个支局。此外还发行英文版《每日新闻》、《经济学人》、《每日年鉴》、《每日画报》等15种刊物。

## 《读卖新闻》

《读卖新闻》是日本发行数最多的一家报纸。据1980年统计，早刊日销838万余份、夕刊日销490万余份。该报创刊于1874年11月2日，开始只是一家销路不大的晚报，1924年以后，它先后合并了《山阴新闻》、《九州日报》等9家中小报纸而一跃成为日本全国性大报。《读卖新闻》在东京、大阪等地设有本社，在北海道、北陆设有支社，在东北和名古屋设总局，国内共有35个支局和205个通讯部。在国外设欧洲总局（伦敦）和亚洲总局（新加坡），还有24个支局分布在世界各地，《读卖新闻》还与25个国外新闻机构有着特约通讯联系。除早、夕刊外，该报还出版有《读卖周刊》、《读卖年鉴》等10多种杂志。

## 《朝日新闻》

《朝日新闻》1879年1月25日创刊于大阪，1888年7月20日出东京版。设有东京、大阪、名古屋、北九州4个本社和北海道支社，各社独自编辑和发行早刊和夕刊。在国外设有4个总局，20个支局，与12个国内外通讯社、5家外国报纸和2家外国杂志建立了合同关系。该报现有职工近9000人。早、夕刊的日发行量，据1980年统计，早刊750万份，夕刊470万份。此外还出版英文版《朝日晚报》、《朝日周刊》、《日本季刊》、《朝日年鉴》等20种期刊。

## "便士报"

在西方国家，有一种售价低廉的报纸，因为每份报纸售价仅一便士，所以叫作"便士报"（"便士"是英国最小的货币单位）。

便士报的特点是面向广大市民读者，大量刊登社会新闻，颇有人情味；经营模式为多登广告，扩大发行——报社成为赢利企业。

便士报1830年最早出现于美国费城。以《一分钱报》为开端，以后在欧洲盛行。如法国记者日拉丹于1836年创办的《新闻报》，英国人北岩于1896年创办的《每日邮报》等。美国报刊史上曾有3大著名的"便士报"，即1833年出版的《纽约太阳报》、1835年出版的《纽约先驱报》和1841年出版的《纽约论坛报》。

便士报的出现，使报纸不再局限于上层社会和知识阶层，而遍布于大街小巷，深入市民家庭。

## 杂志

"杂志"一词，源自法语"mgaasin"，本义是"仓库"。

"杂志"这个词第一次被用以称谓刊物，是1931年在伦敦出版的《绅士杂志》，后来就正式被沿用为杂志的通称。在最初，杂志和报纸的形式差不多，极易混淆。后来，报纸逐渐趋向于刊载有时间性的新闻，杂志则专刊小说、游记和娱乐性文章，在内容的区别上越来越明显。早期英国的杂志内容，包括小品、诗、论文和其他各式各样体裁的文章，可以说是包罗万象。在形式上，报纸的版面越来越大，开本为对折，而杂志则经装订、加封面，成了书的形式。此后，杂志和报纸在人们的观念中才具体地分开。

中国最早的杂志为德国汉学家郭实腊1833年7月在广州创办的《东西洋考每月统记传》。发行时间延续5年多，版式采用中国传统书本样式，刊期使用清代皇帝年号纪年。

## 《读者文摘》

《读者文摘》在美国是家喻户晓、影响深远的刊物，是德维特·华莱士和莉拉·华莱士夫妇在1922年2月创办的。

华莱士因为家境贫寒，没有念完大学就走上社会，但他酷爱看书，凡接触到的各类出版物和印刷品，他都如饥似渴地阅读，连意大利的药品说明，他也要逐行读下去。他有个习惯，就是凡阅读过的东西总要把要点记在常备的小纸条上，有时甚至把精彩的段落抄下来。在长期的实践中，他逐渐形成了一个想法：现有的报纸内容过于简单粗糙，印刷极差，而书籍又过于冗长繁琐，读起来浪费时间，如能克服上述缺点，将两者的精华部分经过最完美的压缩和聚合，那就可以成为读者乐于接受的期刊。

于是，华莱士夫妇把油印的数千份《读者文摘》试刊寄给教师、教授、传教士、医护人员等，并附上信件和预订单，说明先预付3美元，若发现《文摘》不值一读，可退订。出乎他们的意料，有500名读者寄来了订费1500美元，这足够付两期《读者文摘》的印刷费用。于是丈夫跑图书馆编稿，妻子负责后勤事务，一本64页像书一样大小的刊物很快就正式诞生了，并且一直影响至今。

## 广播

世界上第一个做无线电广播的人，是出生在加拿大的芬斯顿。这位发明家经过6年的努力，终于在1906年圣诞节前夕试验成功。这天晚上20时左右，新英格兰海岸外的轮船上，少数无线电电报员正在紧张地工作着，准备接收电码讯号。突然从耳机中听到有人读《圣经》中的圣诞故事，接着又听到小提琴演奏和亨德尔的《舒缓曲》唱片，最后听到了祝福声。几分钟后，耳机中又传出了那听惯了的电码声。这就是世界上第一次无线电广播的情景。

1907年，美国物理学家福莱斯特发明了一种可以广播人声的无线电真空管——三极管。不久，三极管即被采用到工业生产上来，成为无线电收音机标准真空管。当时，福莱斯特在日记里激动地写道："我发明了一个看不见的空中帝国。"

## 美联社

美联社于1848年成立于纽约，是世界上最大的通讯社。作为当今世界新闻资讯系统的中枢、世界上最古老和最庞大的新闻组织之一，它在世界各地一共设有240多个分社，每天为10亿多人提供新闻、照片、图表、音频和视频等方面的服务。在美国国内，美联社为5000多家电台、电视台和1700多家报纸提供新闻。

## 法新社

法新社是目前世界上历史最长的新闻机构，它创建于1835年，其创建人查尔斯·路易斯·哈瓦斯被尊为全球新闻业之父。今天，法新社已经发展成为一个集电台、电视台、报社和公司为一身的综合性新闻机构，在世界各地设有分社。

## 路透社

路透社是英国创办最早的通讯社。1850年由保罗·朱利叶斯·路透在德国亚琛创办,1851年迁址到伦敦。创办人路透原为德国人,后加入英国籍。1865年,路透把他的私人通讯社扩展成为一家大公司。

## 塔斯社

塔斯社是一个国际性的信息搜集和分派组织,其前身是前苏联的塔斯社。它拥有强大的记者阵容,这些记者都曾经受过严格的专业训练,不仅能从正常的渠道获取新闻,而且善于通过各种途径获得秘密和独家消息。

## 共同社

共同通讯社,简称共同社,是代表日本的国际性通讯社。它独立于政府,报道发生在世界各地的各种新闻,并将之提供给日本全国各报社、民营电视台以及NHK等新闻机构,同时,共同社还将日本动态提供给世界上其他各新闻机构。共同社总社设在东京。

## BBC

英国广播公司(British Broadcast Corporation),简称BBC,成立于1922年,是英国最大的新闻广播机构,也是世界最大的新闻广播机构之一。

BBC虽然是接受英国政府财政资助的公营媒体,但其管理却是由一个独立于政府以外的12人监管委员会负责,并且通过皇家宪章保障其独立性。监管委员以公众利益的信托人的身份管理BBC,他们都是社会上有名望的人士,包括苏格兰、威尔斯、北爱尔兰和英格兰的首长。监管委员由英国首相提名,英女皇委任。

## 邮政的起源

古代波斯和罗马政府设有专门传送官方文件的送信机构。中古时期,有些商业机构、社会团体和大学,设有传送人员传送信件。

16世纪,开始出现政府设立的邮务机构。政府设立邮务机构,其目的有三:一是便于检查可疑的信件;二是为了增加国库的收入;三是为了便利大众。

亨利三世时,英国设立邮务社,其规模不大,后来的几位国王不断地加以发展。1609年,英国政府发布一道命令:除政府授权的信差以外,不准任何人传递信件。

1680年,英国政府曾授权一位商人承办邮政业务,但不成功,1801年政府收回公营。1840年,英国对邮政系统做了一番改革,同时发行邮票,从而使邮政业务得到普及。

## 邮政编码

邮政编码源于英国。20世纪50年代初,为了更快地分拣信件,英国就开始研究邮政编码,并于1959年在英国诺威治邮区试行,引起了许多国家的注意。联邦德国于1961年正式公布4位数的邮政编码,成为世界上第一个在全国范围内推行邮政编码的国家。紧接着,美、英、法、澳、瑞士等国家陆续在全国推行。

1965年后,随着机械设备在邮政部门的广泛应用,邮政编码的优越性更加明显地突现出来。20世纪80年代中期,中国邮电部也开始在全国推行邮政编码制度。

## 邮筒的由来

相传在1488年,葡萄牙著名航海家迪亚士率领的船队在海上遇险,除他本人乘坐的那艘船得以幸免外,其余船只全部覆没,一些船员下落不明。迪亚士返航前命令部下给可能生还的同胞写了一封信,放在一只靴子里,挂在海边一枯树枝上。一年以后,葡萄牙的另一位航海家途经此地,意外地收到了"邮筒"里的那封信。于是,便在当地修建了一座小教堂,纪念遇难同胞。

随着时间的推移,小教堂附近兴起了一个村镇,靴子"邮筒"的故事被传为佳话。此后,利用邮筒投寄信件的形式也被传了下来。

## 世界上最早的"邮箱"

在苏伊士运河开凿之前,从英国到印度的航船必须绕过好望角,航程风急浪险,耗时6个月左右。由于航行的时间比较长,海员们都希望给亲人捎回平安家信,但是难得碰到返回英国的船舶。于是,他们约定在好望角的一块巨石上刻上"请在下面找信件"的字样。这样,所有前往印度方向去的船都在这里停靠,海员们把家信放在石头下面,而所有驶回英国方向去的船也派人在这里上岸,把石头下面的信件取走捎回英国。

后来，人们就把这块巨石命名为世界上最早的"邮箱"。这块巨石现存放在开普敦博物馆里，作为历史纪念物。

## 邮戳

邮戳起源于英国，世界上第一个有日期的邮戳，是英国亨利·比绍普1661年创制和使用的。他设计的邮戳是一个小圆戳，分为上下两格：上格写月，下格写日，整个邮戳表示几月几日收或寄。这个邮戳，最先用于收寄伦敦的信件。17世纪末，爱丁堡和都柏林也开始使用。18世纪后被普遍使用。

## 中国绿色邮政

鸦片战争后，英国人葛显礼把持着中国邮政。1897年2月21日，葛显礼规定：信差穿海军蓝哔叽马褂，胸前写"大清邮政"四字。

到了1905年1月，邮政改由法国人帛黎办理。帛黎规定：黄和绿两种颜色为邮政信筒、车辆、舟船等邮政事物的专用颜色，并以绿色为主要色调，黄色作为点缀。

因为绿色已为群众所熟悉、习惯，而且绿色一般象征和平、青春、茂盛和繁荣，所以中国一直沿用绿色为邮政专用颜色。

中华人民共和国成立后，第一次全国邮政会议正式决定采用绿色作为中国邮政专用色彩，绿色邮政由此而开始。

## 电报

电报是一项对世界具有重大影响的发明，它是由美国发明家莫尔斯发明的。莫尔斯偶然观看了一次电磁实验，当电流流过电磁线圈时，电磁铁产生的磁力将旁边放置的弹簧片吸了过来。电流被切断后，磁力就消失了，弹簧片又回到原来的位置。莫尔斯由此联想到，如果使用一个电键，断断续续地接通或切断电源，弹簧片就会时吸时放。他考虑，若以弹簧片被吸的次数来表示信号，就可以制出精确的电报机。莫尔斯从此投身于电报机的研制。1835年，莫尔斯的有线电报机在实验室架设成功。为了解决远距离通信时信号衰减的问题，莫尔斯又发明了继电器。1838年，莫尔斯终于制成了实用型的单线电磁式电报机，并向美国专利局申请了专利。

## 电话

电话诞生于电报机试验的一个小插曲。1873年6月2日下午，贝尔和他的助手托马斯·华生两人分别在两个房间里联合试验他们的电报机。华生房间里电报机上的一个簧片被吸在磁铁上了，当华生拉开这块簧片时，贝尔发现他这边房间里电报机上的簧片自己颤了起来，并发出了声音。贝尔思考人说话的声音是一种空气振动，如果对着一块薄铁膜片说话，会使膜片颤动，如果在膜片的后面放一块电磁铁，膜片振动会改变与电磁铁的距离，使电磁铁的磁力线发生变化，电磁铁线圈中就会感应出相应的变化电流。电流顺着电线传送到对方同样装置的电磁铁线圈中，就会使电磁铁的磁力线发生变化，吸动它前面的膜片，从而发出声音。他把这个想法告诉了华生。华生很同意贝尔的看法，于是开始着手研制。

1875年6月3日，贝尔等人终于制成了"电话机"，之后，他们又经过反复试验和改进，终于取得突破性进展，并向美国专利局申请了专利。

## 传真机

1883年，在英国一所大学读书的保尔·尼勃科夫产生了一个强烈的愿望：能不能发明一种传送图像，并在远方能够留下这种图像的装置呢？

一天课余时间，尼勃科夫看见两位同学正在做一种游戏：他们各自在桌上放一张大小相同的纸，纸上写一个字，然后按一定的顺序告诉对方哪一个小格是黑的，哪一个小格是白的；对方同学将全部小方格按指令处理后，纸上便出现了与另一位同学所写的相同的字。

一直在琢磨设计一种传真装置的尼勃科夫看着看着，不禁脱口而出："太妙了！"

"任何图像都是由许多黑点子组成的，如果把要传送的图像分解成许多细小的点子，借助科学手段把这些点子变成电信号，并传送出去，而接收的地方只要把电信号再转化为点子，并把点子留在纸上，不就实现了图像的传真吗？"

经过长期的研制，尼勃科夫做成了一台圆盘式的传输装置，并申请了专利。

## 纸信封

世界上最早的纸信封是英国发明的。1820年，英国商人布鲁尔在海滨度假时，发现很多女士喜欢写信，但又怕信中内容被别人偷看。

他灵机一动，便趁机设计了一些纸袋，用来将信件装起来，而不被别人看到。

这之后，信封为英国当局所承认，这批信封就成了世界上第一批纸质信封。1844年，伦敦出现了制造信封的机器，从此纸质信封作为一种新的邮政产品被全球采纳。

## 明信片

明信片的问世，距今已有100多年的历史。

据史籍记载，1865年10月的一天，有位德国画家在硬卡纸上画了一幅极为精美的画，准备寄给他的朋友作为结婚纪念品。但是他到邮局邮寄时，邮局出售的信封没有一个能将画片装下。

画家正为难时，一位邮局职员建议画家将收件人地址、姓名等一起写在画片背面寄出，果然，这张没有信封的"画片"如同信函一样寄到了朋友手里，世界上第一张自制"明信片"就这样诞生了。

1869年，奥地利一位博士发表文章建议，应该开发明信片，并将其列为印刷品邮件，以降低邮费价格。奥地利邮政部采纳了他的建议，同年10月1日，明信片在维也纳邮局正式发行。因此奥地利成为世界上发行明信片最早的国家。

## 首日封

所谓首日封，是指新邮票发行的当天，贴用新发行的邮票，并用当天的日戳或用特制的纪念邮戳盖销邮票的信封。

早在1840年世界上第一枚邮票发行时，就有了首日封。但直到20世纪20年代时，国外才开始专门印刷和收藏精美的首日封。1933年9月，美国发行总统沃伦·哈丁的纪念邮票时，商人乔治·林设计制作了专门的信封，并在左下角印上文字，售出后得到了集邮爱好者的欢迎。

1957年11月7日，中国发行了第一套首日封，名称为《伟大的十月社会主义革命四十周年》。

## 小本票

小本票就是将若干枚邮票装订成一个小本，并用印有图案的硬纸卡做封面，附上作者简介或宣传广告等内容的小册子。小本票由于印刷精美、体积小、保存方便，故受广大集邮爱好者的欢迎。

世界上最早的小本票是1895年在卢森堡问世的。中国第一次发行小本票的时间是1917年，到1935年共发行过14种。新中国第一种小本票是1980年发行的童话邮票《咕咚》。

## 票中票

"票中票"是指印有其他邮票全图作为本邮票主图的邮票。很多国家在为纪念邮政史的重大纪念日或举办邮展而印制邮票时，常采用这种形式。

世界上最早的"票中票"是墨西哥在1940年发行的《世界第一枚邮票诞生100周年》纪念邮票。

中国最早的"票中票"是1948年发行的名为《邮政纪念日邮票展览》纪念邮票。红、绿各1枚，图案相同。

1983年11月底，北京举行中华全国邮展，邮电部也采取"票中票"的形式发行了两枚一套的纪念邮票，这也是新中国成立以来的第一套"票中票"。它已成为集邮爱好者追捧的目标。由于其特殊的艺术价值，"票中票"成为珍藏艺术品中的宠儿。

# 教育篇

## 世卿世禄制

卿是古代的高级官吏，世卿世禄中的"卿"不仅指卿，还泛指卿、大夫、士等一系列官吏。"禄"是古代官员的俸禄，世卿世禄制即是指西周时期的周王室和各诸侯国的卿大夫等官吏可以父死传子，世袭此职，世代享有该职俸禄。有学者认为世卿世禄制开始于商朝，但并无确切的资料提供证明，可考的世卿世禄制见于西周时期。西周初年，周王室分封宗室和功臣，册封了1000多个诸侯国，而在周天子直接统治的地区和各诸侯国内，则进一步册封卿为治国的官员，卿下面则为大夫，再下是士。这些官员都有一定的封地，他们在对自己的上一级领主负责的同时，在各自封地内则享有世袭统治权。但也有学者对此提出异议，认为西周并没有实行世卿世禄制。比如在《尚书·立政篇》中载有周公对西周选官方针的阐述。在这篇文献中，周公一再强调：选拔官员时，要"俊（进）有德"，择用"吉士"、"常人"。可见，这里选拔官员的标准乃是有才德。有学者进一步提出，世卿世禄制的真正实行是在春秋中后期，这时许多诸侯国的卿大夫把持了诸侯国的政权，成为事实上的诸侯王。成"王"之后的卿大夫死后，自然是其儿子继承他的权力，继续掌控诸侯国政权，这才真正实行了这种世卿世禄制。总而言之，世卿世禄制是一种关于早期官员的权力和待遇的有效时限的制度，全面或部分地存在于商周时期。秦统一六国后，基本被废除。

## 征辟

征辟是汉代的一种选官制度。皇帝不经举荐，直接征召民间有名望的人才入朝为官称作征；高级官员直接召集有才能的人充任幕僚称作辟。汉代时，人才选拔制度比较灵活，不仅皇帝可以直接提拔人才，中央高官三公九卿以及地方上的州牧、郡守等官员，均可自行征聘僚属，委以官职。皇帝征辟的人才，一般授予博士或侍诏的称号；官员征辟的人才，则一般称为掾吏。博士、侍诏和掾吏往往要经过一段政治历练，方可担任职务。总体上，征辟是一种自上而下的官员选拔制度，是汉代察举制的一种补充。实际上，征辟是战国时养士的遗风。受战国时代养士风尚的影响，汉代官员均以网络天下名士为荣。同时，士人也将其视作入仕的捷径。征辟始于西汉，盛于东汉，至魏晋衰微。

## 郎官郎吏

郎官郎吏是对汉代帝王的侍从官侍郎、郎中、中郎等的统称，通常简称郎官。郎官事实上并非真正的官职，连俸禄都没有，皇帝对其只是管吃管住而已，偶尔有所赏赐。郎官制度的主要目的在于选拔人才。其具体操作模式是从贵族子弟中挑选机敏好学者到皇帝身边以备选用，如汉初规定：二千石以上的官员任职3年以上，可以送子弟一人到京师为郎，叫作"任子"；拥有资产十万钱（景帝时改为四万钱）而又非商人的人，自备衣马之饰，也可以候选为郎，叫作"赀选"。这些作为郎官的青少年一般年龄都不大，大都在是十四五岁到二十岁之间，在皇帝身边一方面接受皇帝的考察，另一方面则熟悉政事，算是一种政治实习，几年后大都能获得官职。

事实上，郎官在战国时已经存在，至汉代形成定制，成为汉代选拔人才的重要途径，许多朝廷重臣大将均出身郎官。西汉文臣中有公孙弘、东方朔、司马相如等，大将则有霍去病等。此外，东汉的曹操、袁绍等人也都是郎官出身。但由于这种人才选拔局限于贵族官宦内部，范围过窄，汉武帝时开始了举孝廉、秀才制度，将人才选拔范围扩展到了全国。举孝廉、秀才逐渐取代郎官成为朝廷选拔人才的途径，但郎官制度并未废除，甚至直到清代还存在。孝廉被举之后，并不立即授予官职，而同样要先到皇帝身边做郎官。

## 察举制度

察举制度是流行于汉代的一种人才选拔制度。秦朝建立后，商周时期的官员世袭制彻底终结，秦还未建立起系统的人才选拔制度便短世而亡。汉代时，建立了察举制。察举，即由诸侯王、公卿、郡守推荐人才给朝廷，作为官员来源。察举对象既可以是平民，也可以是官吏。具体分为两科，一为常科，即定时定人数举荐；二为特科，并不定期，由皇帝根据需要下诏举行。其中，常科是由各地郡守每年向朝廷举荐孝者、廉者各一名，后来统一称为孝廉；特科则具体包括贤良文学、明经、有道、贤良方正、敦厚、明法、阴阳灾异等名目繁多的诸科。另外，秀才刚开始为特科，后来也成为常科，并逐渐形成了州举秀才、郡举孝廉的体制。这些被察举的人才到朝廷后，还要经过考试，通过后才算过关。察举制度基本保证了王朝对行政人才的需求。察举制度在西汉时比较严格，但到东汉后期，政治腐败，权贵豪门请托舞弊，察举制度失去原本的效用。后来鉴于察举制的弊端，三国时期的曹魏政权建立新的人才选拔制度——九品中正制。但整个魏晋南北朝，察举制度虽不再是选拔人才的主渠道，但一直存在，直到隋朝科举制度建立，才宣告终结。

## 贤良方正

"贤良方正"是汉代选拔人才的一个科目之一。"贤良"意为有才德，"方正"意为正直。贤良方正属于汉代察举制度中不定期举行的特科。《史记·孝文本纪》记载：汉文帝下诏云："举贤良方正直言极谏者，以匡朕之不逮。"可见，朝廷选拔这类人才的主要目的在于让其对统治者的政治得失提出意见，类似于后来的御史和谏官。选拔上来的贤良方正并不一定授官，只有其中表现比较优秀的，主要是有见识，能够提出一些有见地的意见的，朝廷才会授予官职。汉武帝时，又下诏令官员举荐"贤良"、"贤良文学"。各时名称不一，但其性质相同，后来的历代也经常将之作为非常设之制科。唐宋时期便设有"贤良方正科"。清代薛福成在《应诏陈言疏》中言："诚法圣祖、高宗遗意，特举制科，则非常之士，闻风兴起。其设科之名，或称'博学鸿词'，或称'贤良方正'，或称'直言极谏'，应由部臣临时请旨定夺。"

## 举孝廉

举孝廉可以说是汉代在继承战国及秦朝的人才选拔制度的基础上，进一步摸索出来的一套人才选拔方式。汉武帝时，鉴于郎官制度的人才选择面过窄和早期察举制的不定时，采用董仲舒的建议设置了举孝廉制度。举孝廉事实上是察举制度的一种，因为汉代推崇儒家的孝道，它规定各地郡守每年要向朝廷推荐孝者、廉者各一人，作为国家人才，后来统称为孝廉。

孝廉举至中央后，并不立即授以实职，而是入郎署为郎官，作为皇帝的侍从。其目的一方面在于考察其能力，另一方面也是使之熟悉行政事务。孝廉在宫里待几年后，一般便能被任命到地方上做官或者留在中央任职。举孝廉后来成为汉代人才选拔的最重要途径，"名公巨卿多出之"，是政府官员的重要来源。西汉的举孝廉比较严格，被举者如被发现不合标准，举者要承担责任，被贬秩、免官。但到东汉后期，由于政治腐败，孝廉名额基本被各郡里的大门第之家所垄断，举孝廉制度名存实亡，时有童谣讽刺："举秀才，不知书；察孝廉，父别居。"魏晋之际，九品中正制代替了举孝廉，但明清时期的举人仍俗称孝廉。

## 九品中正制

九品中正制是魏晋南北朝时期的一种官吏选拔制度，最早由三国时期的曹魏政权所创。三国时期，一方面由于乱世之中的士人大多流离失所，主要凭借宗族乡党评价的汉代举孝廉制度在操作手段上已经不太现实；另一方面，曹操为加强政府对人才选拔的控制力，采取了下派专门官员到各处评定选拔人才的方法。后来曹丕为拉拢士族，将这种办法定为制度，即九品中正制。其具体操作方法是由政府在各州郡派驻名为中正的官员，中正依据家世、道德、才能三个角度评议各州郡中人物，具体分为九品，分别是：上上、上中、上下、中上、中中、中下、下上、下中、下下。中正将评议结果汇报中央，中央则根据中正的评议结果来对这些人才分别委以官职。九品中正制初行时非常有效，为曹魏政权有效地遴选了大量的人才，当初曹操帐下之所以人才济济与此制度不无关系，这也是魏国最终得以统一三国的重要制度保障（晋实际上是魏的继续）。但到魏国晚期及晋朝，由于门阀政治的兴起，中正们评议人才逐渐忽略才德，而仅以家世为标准，所选人才基本为世家大族，以至于出现"上品无寒门，下品无庶族"的局面，九品中正制仅是世族统治的工具。到南北朝之际，由于北方政权多为胡族建立，九品中正制更趋衰微。到隋朝科举制度建立，九品中正制遂废。

## 科举制

科举制度是中国自隋至清1400年间实行的一种选官制度。科举制度可以说是中国古人经过不断摸索所创立的制度。中国官员的来源，先是经过商周时期的世袭制，后又经历汉代的举荐制，再到魏晋的九品中正制，均因其弊端而终止。至科举制，才算固定下来，成为中国长时间的一种官员选拔制度。在1000多年的时间里，大体而言，科举制度经历了一个发端、完善到僵化的历程。隋朝是科举制度的初建时期，当时的隋文帝鉴于魏晋南北朝的九品中正制已不再适用，为加强中央集权，将选官权力收到中央手中，首开科举制度。但科举制度尚未建立完善，隋朝便亡；至唐代，科举制度才得到了进一步的完善，根据朝廷需要的不同人才类型被分为众多科目，武则天时还添加了武举；到宋代，科举进一步规范化，正式形成三年一次、分三个等级（乡试、会试、殿试）的考试制度；明代由于朝廷的重视，科举考试到了繁盛期；清代在科举繁盛的同时，由于满、汉不平等以及晚清卖官现象的泛滥，也成了科举制度的衰败乃至灭亡期。就不同时期科举制的优劣而言，大体上，科举制在唐代时比较健康，当时的科举氛围比较宽松，不唯考试论人。考官往往在考前已经大体知晓哪些考生比较有才华而准备录取，也允许考生经别人推荐或自荐在考前向考官"推销"自己。至宋代，试卷实行糊名制，开始产生仅以一考定终身的弊端。至明清两朝，科举繁盛的表象之下，八股文的考试内容彻底使其僵化，逐渐弊大于利，终至废止。

总体而言，科举制度可以说是一项相当高明的官员选拔制度，不仅为历代政权源源不断地输送了总体上质量说得过去的官员，而且不以出身、门第、财富，而以学问作为官员选拔标准的做法使得中国长期以来存在尊重学问和读书人的风尚。可以说这是中国文化得以长期维系并不断创新的重要原因。另外，儒家思想之所以长期以来得以传承，科举考试可以说是其载体。

## 常科

唐代科举考试名目繁多，总体分为常科和制科。常科，即是常设的、有固定日期的考试科目。具体包括秀才、明经、进士、俊士、明法、明字、明算等50多种。其中明法（考法律知识）、明算（考数学知识）等绝大多数科目不为人们所重视；秀才一科，则难度极高，很少有人敢报名，逐渐废弃。诸常科中最为人们所重视的是明经、进士两科。其中明经是考察考生对于儒经的记忆和理解情况；进士则主要考诗赋和策论，对考生的文学才能和政治见识有相当高的要求。明经科相对简单，录取率也高，达到1/10；而进士科则非常难，录取率仅有1/60，因此时有"三十老明经，五十少进士"的谚语。但进士科前途远大，仕途光明，唐朝中后期的宰相半数为进士出身，成为当时读书人入仕的首选途径。常科考生的来源有两个，一是生徒，一是乡贡。由京师及州县学馆出身，而送往尚书省受试者叫生徒；不由学馆而先经州县考试，过关后再送尚书省应试者叫乡贡。宋代王安石任宰相时，罢黜明经等科，之后的常科便只剩下进士科。

## 制科

唐代科举在常设的常科之外，又有非常设的制科。制科又称大科、特科，是皇帝根据特殊需要临时下诏安排考试，具体科目和结束时间均不固定，其目的在于有针对性地选拔某一类特殊人才。应试人的资格，初无限制，官员和布衣主要觉得自己有自信，均可自荐应考。后限制逐渐增多，需公卿推荐方可应考；布衣还要经过地方官审查。制科考试虽然由皇帝亲自主持，考中者往往也能获得不错的官职，但总体而言，在唐人眼中非是正途，在官场遭到轻视。唐代制科比较盛行，宋代渐趋衰微，整个宋代仅录取41人而已。至元、明，制科完全废弃。清代时，制科又开始设立，清初，康熙沿唐制重开博学鸿词科，其后雍正、乾隆又一度开此科；清末因政府财政困难，光绪又开经济特科。

## 恩科

恩科，顾名思义，是于常规科举考试之外

因皇家开恩而举行的考试。恩科首开于宋代，当时对于屡试不第又有些才能的考生，允许他们在皇帝策试时，报名参加附试。为表示皇恩浩荡，朝廷对这类考生的录取率很高，甚至有时会出现在常规的状元之外另有恩科状元的情况。不过恩科并不经常举行。元代科举制度时断时续，更无恩科。明代沿用宋代恩科制度，不过开科不多。到清代，恩科制度起了不小的变化，针对的对象不再是个别考生，而是全体考生。按常规，科举考试每三年举行一次，清代恩科即是在皇家遇到喜庆之事（皇帝娶妻、册封太子、过大寿等事）时，特别加开一次考试，意思便是皇家开恩，多给读书人一次入仕的机会。比如，中国于1904年所举行的最后一次科举考试便是因当年慈禧太后过七十大寿所开的恩科。

## 进士科

进士科是古代科举考试的一个科目。隋炀帝时初设进士科，到唐代时，在多达50多种科举考试科目中，进士科最受重视，被读书人视为科举正途。其考试内容，刚开始为时务策五道，另外帖一大经（当时将《易官义》、《诗经》、《书经》、《周礼》、《礼记》称为大经，《论语》、《孟子》称为小经），即5个关于时事政治的论述题，另外则是考察其对于儒家经典的掌握情况。永隆二年（公元681年），为考察考生对学问的实际应用能力，又加两篇诗赋，这对考生的文学才能提出了更高的要求。事实上，诗赋本对个人灵感的依赖性比较大，在考场上强迫考生做诗赋，效果并不理想，往往逼考生造就大量浮薄忸怩之辞。北宋时，王安石改革科举制度，罢其他诸科，唯留进士一科作为科举科目。针对进士考试中的虚浮现象，王安石罢诗赋，仍用经义、策论取士。之后进士科又具体分为两个层级，仅考中乡试者，虽算及第，有做官资格，但称举人，不称进士；殿试考中，才称作进士。其后的元、明、清的常规科举考试，也仅有进士科，其内容仍以经义为主，但明、清时的八股文制度则使其严重僵化。

## 明经科

明经科是唐宋时期科举考试的一个科目。唐代根据不同类型与层次的人才需求，设置了众多的考试科目，考生可根据自己特长自由选报。因进士科比较难考，录取率低，不太自信的考生一般便报考明经科，明经科题相对简单，先是贴文，主要考察考生的对于儒家经典的记忆和理解能力；接下来也有少量的策论，类似于现在的论述题。明经科录取率颇高，达到1/10左右，考中称为及第，便有了做官机会。宋初仍开有明经科，后王安石担任宰相后，认为明经考试空乏无益，不切实用，废之。

## 翰林院

翰林院听上去像个学术机构，实际上是个官署，这个官署可以说在其存在的历代都是清贵之所。翰林院初建于唐代，最有学问者方有资格入中，称作翰林官，简称翰林。翰林刚开始只是作为皇帝顾问，后在皇帝身边待多了，权力也逐渐大起来。安史之乱后，翰林学士作为皇帝信得过的近臣，逐渐开始分割宰相之权，乃至后来的宰相经常从翰林学士中挑选。唐后，有时名称小有变动，翰林院这个机构本身为历代所沿设。宋代设学士院，也称翰林学士院。翰林学士充皇帝顾问，宰相多从翰林学士中遴选。明代翰林院虽名义上仅是五品衙门，其权力却发展至顶峰，尤其由翰林学士入值的文渊阁，是明朝的权力枢纽机构，其头目内阁首辅则是事实上的宰相。清代翰林院同样是人人想进的清贵之所，翰林不仅升迁较他官容易，而且由于经常主持科举考试，得以收取天下士子为门生，文脉与人脉交织，其影响延至各个领域。因此，翰林院可以说是古代政府中学问与权势都达到顶点的一个机构，翰林也就是传统社会中层次最高的士人群体，能入院者首先是一种荣耀。鉴于翰林院的特殊地位，因此历代能入院者都是当时饱学之儒，年轻后进则至少要进士资格才能入内。明代定制，状元、榜眼、探花可直接入翰林院，其他进士则要经过考察方可入内。

## 武科

科举考试一开始并无武举，武则天时，为选拔册封武将，培养为自己的势力，首开武举。其后武举成为科举考试的重要部分，考试的侧重点历代有所变化。唐代武举主要考骑射、步射、举重、马枪等技术，此外对考生外貌也作了要求，要"躯干雄伟、可以为将帅者"。宋代，因宋太祖赵匡胤定下"以文立国"的国策，武举考试除考武力外，还要"副之策略"。武艺考"步射"、"骑射"两场，合格后再参加文化考试，考一些诸如兵法、布局类的知识等。总体上以武艺为主，以策略为辅。元朝科举制度兴废不常，没有武举制度。到了明代，则更进一步，武举考试以考察谋略的笔试为主，而以武艺为辅了。并且先进行谋略考试，如果不及格，就直接淘汰，武艺再高也不予录用。清朝，尚武的统治者又将个人武艺考试放在了前面，首先考骑射、力气、武艺等，合格者再参加笔试。

历史上武举一共进行过约500次，宋神宗时，设立武状元。历史上有案可稽的武状元有282名。总体而言，相比于文科考试，武举一直是受到歧视的。首先，历朝的武举制度时而设置，时而废弃，取士人数远远少于文举。并且武人考中武举后，只授出身，并不马上授官职。因此武举人的地位也低于文举人，以至于一些武举状元还有再考取文举人的念头。

## 翻译科

翻译科是清代才有的科举考试科目。翻译科的报考者限于满人以及八旗军中的蒙古人和汉人（清政府后来以满人八旗为核心又建立了蒙古八旗和汉人八旗）。考试时，能将满文译为汉文，并以满文写文章者，为满洲翻译；能将满人翻译为蒙文者，则为蒙古翻译。顺治时期，翻译科仅录取秀才；雍正时，开始录取翻译举人；乾隆时则辞进士出身。满文翻译可以到六部任职，乃至成为候选翰林，前途无量。蒙古翻译则分配到清代民族事务机构理藩院任职。简而言之，翻译科的设置是清代在科举中优待满人的诸多不公平举措之一。但即使是为满人量身定做的进身之阶，懒散的满人子弟也不愿参加，以至于其质量不断下降，并常因报考人数不足而取消。

## 八股文取士

明清时期是中国科举考试的嬗变期。首先，从国家对其重视程度、考试制度的严谨、报考人数以及录取数量来说，明清时期是中国科举考试的繁盛期。但同时，在繁盛的表面之下，其通过八股文取士的考试模式却又使科举考试进入了僵化与没落期。股，即对偶之意。所谓八股文，又称制义、制艺、时文，是一种说理的韵体赋文，有严苛的程式要求。在格式上，要求考生严格遵循所谓破题、承题、起讲、入手、起股、中股、后股、束股这种死板的结构模式，并且要求句与句之间要讲究对偶，整篇文章的字数也是严格限定，不得增减

一字。另外，其命题也陈旧不堪，明清500多年间，命题不离"四书五经"内已经说烂了的话题，援引事例也必须出自遥远的古代，不涉时事，考生毫无抒发己见的空间。简而言之，八股文是严重形式主义并脱离现实的一种陈腐文体。八股文最早出现于宋代，但其时并没有形成程式。明代时，朱元璋将八股文推向全国，虽然仍考一些诗赋、策问、经义等，但已不重要，八股文才是关键的取士标准。后来清承明制，将八股文更推向死板严苛。

关于八股文的危害，清人徐大椿在讥刺士人的《道情》中说得很透彻："读书人，最不齐。烂时文，烂如泥。国家本为求生计，谁知道变做了欺人技。三句承题，两句破题，摆尾摇头，便道是圣门高弟。可知道，"三通"、"四史"是何等文章，宋皇、汉祖是哪一朝皇帝？案头放高头讲章，店里买新科利器。读得来肩背高低，口角嘘唏。甘蔗渣儿，嚼了又嚼，有何滋味？辜负光阴，白白昏迷一世。就教他骗得高官，也是百姓、朝廷的晦气。"明末清初学者顾炎武则称"八股之害，甚于焚书。"八股文的死板程式使得明清两代知识分子钻入八股这种无实用价值的文字游戏中，既疏于时事，又疏于学问，甚至疏于经义，思想严重被束缚，缺乏创建。

## 童试与乡试

童试并非正式的科举考试，而是取得参加科举考试资格的考试。其在唐宋时称县试，明清时称郡试。清代的童试3年举行2次。童试总共分3个阶段，分别为县试、府试和院试。其中，县试一般由本县知县主持，考试内容为八股文、诗赋、策论等，考试合格方可参加府试。府试由知府或知州主持，考试内容与县试差不多，合格者参加院试。院试由主管一省教育的学政主持，院试合格，就是秀才了，也叫"生员"，秀才便具有了到政府公立学校学习和参加科举考试的资格。

乡试是正式科举考试的第一关，在各省省城和京城举行，每3年举行一次，遇皇家有喜事则加恩科。考试通常在八月举行，因此又名"秋闱"。由皇帝钦命正副考官主持，凡秀才、贡生（生员中成绩优秀者）、监生（国子监学生）均可参加，考试内容分3场，分别考四书五经、策问、诗赋，每场考3天。在乡试中，每个考生只是和本省内的考生展开竞争，类似于现在的高考。乡试考中，称为举人，第一名

举人称为解元。举人便具有了做官的资格，并且还可以进一步到京城参加会试，考取进士。因此，考中举人，古人读书做官的梦想就算基本实现了。但因举人名额有限，乡试这一关是相当不容易过的，不知有多少读书人将一生耗费在了这场考试上，写出了不朽名著《聊斋志异》的清代小说家蒲松龄就一直未能跨过这道坎儿。

## 会试

会试是科举考试中第一场国家级的考试，考生们的对手不再局限于本省之内，而是和全国范围内的才俊们展开角逐。因为会试之后的殿试基本上只是排定名次，不再淘汰，因此会试可以说是一场选拔进士的考试。明清时期的会试每3年在京城举行一次，在乡试次年举行。如遇乡试开恩科，则会试同样随着在次年开恩科。会试只有各省举人和国子监监生才有资格参加，主、副考官均由皇帝钦点。因为由礼部负责主持，又在春天举行，因此又称"礼闱"或"春闱"。会试考3场，每场3天。考中者称为贡士，第一名称为会元。考中了贡士，基本上就是未来的进士了。明初只按排名录取，仁宗时规定会试按地域分配名额。因南方富庶，文气盛于北方，按照南六北四的比例录取进士。后来比例偶有调整，但按地域分配名额的制度一直沿用至清末。这种制度保障了文化相对落后的边远省份（如云南、甘肃、广西等）在科考中有一定数量的进士，进入国家政治中心地带，这有利于保持落后地区的发展和对朝廷的向心力。

## 殿试

殿试是古代科举考试中的最后一级，由皇帝亲自主持。殿试最早由武则天设置，但并没有形成制度。后来宋太祖赵匡胤鉴于唐末出现科考官员结派的"牛李党争"的教训，在原来两级考试的基础上又加了一级由自己亲自主持的殿试。这样，取士的最终决定权便转移到了皇帝手中，新科进士都变成了"天子门生"。这便有效地防止了官员尤其是宰相利用科举考试认门生，进而结党营私的事情。自此，殿试制度确定下来，为后世历代所沿用。

殿试是科举考试的最后一级，由皇帝亲自主持和出题，并定出名次。参加殿试的是通过了会试的贡士。殿试只考一题，考的是对策，为期一天。相比于前面的考试，殿试的内容是相对轻松和简单的，并且殿试一般都不再淘汰人，能参加者基本上都已是进士，殿试只是将所有人排出次序。至于排名如何，除才华学识外，给皇帝一个好印象至关重要，因此还看点运气。殿试结果的录取名单称为"甲榜"，又称"金榜"，所谓"金榜题名"即指此。具体分为三甲，一甲只取3人，第一名为"状元"，第二名为"榜眼"，第三名为"探花"，剩下的分在二甲三甲。

## 朝考

朝考是清代针对新科进士进行的用以作为分配官职的参考的考试。清代时，给新科进士们安排官职时，朝廷并不简单根据他们的殿试成绩，而是要对他们再进行一场考试。这场考试一般在保和殿进行，由皇帝特派大臣监考并阅卷。其内容经常有所变化，无外乎论疏、奏议、诗赋等，与科举考试差不多。乾隆年间，爱作诗的乾隆曾要求新科进士们作一首诗，并且不准多作。朝考成绩分列一、二、三等，一等第一名称为朝元。吏部官员根据新科进士的朝考成绩并结合以前会试、殿试成绩对他委以官职，其中综合最优秀者委以庶吉士（短期职务，升迁潜力很大，有"储相"之称），其余则委以主事、中书、知县等职。

## 状元及第

状元及第，即中状元，意思是在科举考试中考得进士第一名，是古代读书人的最高荣誉。

科举考试开始于隋朝，其时进士排名不分先后，没有状元一说。到唐朝，科举考试开始正式化，士子先在地方考中贡生（相当于后来的举人）后，才有资格参加在京城举行的考试，进一步考取进士，进士第一名称为"状元"。之所以称为"状元"，据说是因为进京考试的贡生先要到礼部填写包括自己的身世和近况的个人资料，名曰"书状"，或者"投状"。因此后来考得进士第一名的就是这些"投状"中的第一名，故称之为"状元"，或者"状头"。唐代的状元并没有太多的象征意义。到宋代，状元又不再指进士第一名，而是对于殿试三甲中一甲的统称，即进士前三名均可称为状元。明清之际，殿试一、二、三名，分别称为状元、榜眼、探花。自此，状元成为名副其实的第一名，其地位也日益特殊，自古有"天上麒麟子，人间状元郎"的说法。中状元也有了"独占鳌头"、"大魁天下"等听上去霸气十足、睥睨天下的说法，并成为中国读书人"一朝成名天下知"的象征。因此在古代许多文艺作品中，往往都以书生考中了状元作为剧情发展的高潮。另外在民间，传统的吉祥图案中也有大量"状元及第"类的图案，反映了人们对于状元及第这种事情的崇拜。

据史书记载，从唐代科举考试开始，至清光绪三十年（1904年）最后一次科考，其间历代王朝有名有姓的文状元654名，武状元185名。其中历史上比较有名的有唐代的贺知章、王维，宋代的文天祥，明代的杨慎，清代的翁同龢、张謇等，而历史上最后一名状元，是清光绪三十年（1904年）的刘春霖。

## 榜眼、探花

"榜眼"是古时人们对科举考试中第二名进士的称呼。

在北宋之前，第一名称状元，第二、三名都称为榜眼。原因是填进士榜时，状元的姓名居上端正中，二、三名分列左右，如其两眼。到北宋末年，只以第二名为榜眼，第三名则称探花。

"探花"一词则比"榜眼"出现得早，在唐代便有，但其时并非进士第三名的意思。唐代中进士者会游园庆祝，并举行"探花宴"。由进士中的年龄最小者作为"探花使"，到各名园采摘鲜花，迎接状元，这本是一种娱乐。至北宋末年，"探花"成为进士第三名的专门称呼。

"状元"、"榜眼"、"探花"都只是一种俗称，在正式发放的金榜之上，只会称进士一甲第一名，一甲第二名，一甲第三名。

## 进士

进士是中国古代科举考试最高一级的功名。隋唐时期，设有诸多科目，其中进士科最为人们所重视，视为入仕正途。宋代，科举的三级考试制度正式形成，乡试中榜者称举人，会试中榜者称贡士，殿试中榜者则称进士。之后历代，进士功名成为古代读书人科考金字塔的塔顶部分，同时也最难考，得中进士是古代无数读书人的终极梦想。其中，进士又具体分为三甲，一甲3人，赐进士及第，分别俗称状元、榜眼、探花；二、三甲，分赐进士出身、同进士出身。得中进士者一般都前途光明，一甲立刻可授官职，二、三甲则参加翰林院考试，学习三年再授官职。明清时期的官吏主要由举人和进士充任，其中举人基本上充任了县级官吏；而进士则一般都是备作中央官员，即使发放到地方上做小官，也都只是历练一下，将来自有比较好的升迁前景。每次科考进士录取人数，各朝不一，唐代较少，一次仅录取二三十人乃至几人；宋代较多，一般几百人，多时上千（当时举人无做官资格）；明清时期，因举人有了做官资格，进士录取人数下降到100人左右，且为平衡各地发展，往往按地域分配名额。

自隋唐至清，在中国1400多年的科举制度史上，考中进士的总数大约有10万上下。总体而言，这是一个才能卓著的群体，古代许多大政治家、文学家、学者都是进士出身，如唐代的王勃、王昌龄、王维、岑参、韩愈、刘禹锡、白居易、柳宗元、杜牧等，宋代的范仲淹、欧阳修、司马光、王安石、苏轼兄弟等，明代的张居正、徐光启等。

## 举人

"举人"一词最早得名于汉代的察举制度，被举荐者称为举人。唐代时，报考进士科的考生均称举人。宋代，举人方才成为乡试考中者的称呼。但宋代的举人只是具有了参加京城会试的机会，并无做官机会。并且，举人的资格仅是一次性的，如果在接下来的会试中没有被录取，则参加下次科举时，还要重新参加乡试，再次取得举人资格方可参加会试。而到了明清时代，举人的含金量才高起来，进退都比较从容。进，可参加京城会试，乃至殿试，向进士出身冲刺，且举人资格终身有效，这次不中，下次科举可直接参加会试；退，举人则已经具备了做官的资格，一旦朝廷有相应官职出缺，举人便可顶上。一般举人所任官职都是知县、候补知县，或者教谕、训导等县级教育长官，也有个别任知府的。因此，明清时期的读书人一旦中举，也便是基本上实现了读书做官的愿望。即便是不再参加会试也暂时没官做，也会像《儒林外史》中中举的范进那样自有人前来巴结，送上银子，生活水准步入富贵阶层。总体上，举人构成了明清两代低级官员的主流来源。

## 秀才

"秀才"一词最早出现于春秋时期，原本并非属于科举功名的范畴，也不特指读书人，而是相当于现在的"俊才"、"英才"。

汉武帝时期，朝廷推行官员选拔制度改革，"秀才"与"孝廉"一起成为地方官员举荐的两种优秀人才。东汉光武帝时期，为避光武帝刘秀名讳，"秀才"改称为"茂才"，三国曹魏时期，又改回"秀才"。至隋朝科举制度开科取士，最初也称为"取秀才"，这时的"秀才"成了考中功名者的指称。唐初，科举考试中设立秀才科，刚开始时秀才科第最高，因要求非常高，很少有人敢于问津。后来秀才科被废除，"秀才"一度成为读书人的统称。宋代时，凡是参加科举府试的人，无论考中与否，都称为"秀才"。

明清之际，秀才的意思逐渐固定下来。这时的秀才有一定门槛，参加科举考试的读书人，经过院试，取得入学资格的"生员"才可称为秀才。考中秀才之后，可以说是十年寒窗初步获得成果。进，可以去考取举人，一旦考中，便正式进入为官的士大夫阶层；退，则可以开设私塾。秀才虽然没有国家俸禄，但可以获得一定的特权，比如免除赋税、徭役，可以直接找县官提建议等。于是秀才这个最低功名成了明清两代出身贫困的读书人科举考试的"歇脚所"。他们往往一边通过教书获得经济来源，一边继续考取功名。但因为竞争激烈，尤其清代统治者排斥汉人做官，许多人也就一辈子呆在这个"歇脚所"了。

## 门生

"门生"大概由"门人"一词流转而来。春秋时期，一个人直接（当面拜其为师）或间接（以其思想为师）以某人为宗师，便自称其"门人"。比如孔子的三千弟子都自称孔子门人。"门生"一词，很大程度上承接了春秋时期"门人"一词的意思，最早见于西汉宣帝时，到东汉开始大量出现。《后汉书·袁绍传》言袁绍"门生故吏遍天下"，这里的门生有弟子的意思，但又有所不同。当时宗师亲自教授的人为弟子，转相授的则为门生。也即对其直接的老师可自称其弟子，对老师的老师则自称其门生。同时，门生还有另一个意思。汉代文官选拔制度采用举荐方式，士人通过被当地官员举孝廉、秀才的方式进入仕途，举荐的州郡官吏被称为"举主"，而被举荐的贤士便称为举主的门生。

到魏晋南北朝时期，"门生"一度变质成依附于士族豪强的一类人，有一些臣属、门客，甚至奴仆的意味。唐宋时期，科举考试中考中举人或进士的人，称主考官为"座主"、"座师"或"恩门"，并自称为主考官的"门生"，这与汉代类似。这样，这些新举人、进士就和主考官之间建立起了一种特殊的师生关系。新举人、进士常把自己的考中看作是主考官对自己的一种类似于师恩的恩情，并且，通过这种师生关系也可在仕途上得到老师的一些照应；而主考官也乐于有这样的年轻后进来亲近自己，于是科举考试就成了主考官结党营私，培养和拉拢自己势力的一种渠道，这便对皇帝的集权统治构成威胁。唐末便出现了涉及科举官员结派的"牛李党争"。宋太祖赵匡胤鉴于此，就把最终决定考生能否被录取的大权移到了自己手上。他在原来两级考制的基础上又加了个第三级考试：殿试。殿试中皇帝亲自出题考试，并定出名次。这样皇帝就成了最终的主考官，成了所有进士的"恩门"，所有的新进士都成了皇帝的学生，也即"天子门生"。这样，科举考试的取士大权就转移到了皇帝手中，有效地杜绝了官员，特别是宰相通过科举考试结党营私的事情。同时，宋太祖还明文规定，以后举人不得自称考官"门生"。但因已约定俗成，"门生"这种说法还是流传了下来。

## 荫生

明清时期凭借上代余荫取得监生资格的被称为荫生。按入监缘由的不同，荫生又可具体分为多种名目：明代按其先代的品秩入监者称为官生，不按先代官品而因皇帝特恩入监者称为恩生；清代因皇家有喜事开恩得以入监者称为恩荫，由于先代因公殉职而入监者称为难荫。清代的一些荫生的科举试卷经常单独改卷，称之为官卷。总体而言，荫生与汉代的"任子"制度类似，乃是皇家对于官员子弟的一种仕途直通车政策，这种政策基本上历代都有。

## 监生

监生是明清时期人们对于在国家最高级学府国子监读书者的称呼。明代的监生分为4类，会试不第的举人，可入国子监深造，称为"举监"；以贡士身份入监者称为"贡监"；有功官员子弟被朝廷特批入监者称为"荫监"；捐钱进来的叫作"例监"。清代监生主要有恩监、荫监、优监、例监4种，其中不同于明代的"恩监"是因皇家有喜事特开恩招来的，优监则与贡监类似。另外，清代监生中还有一些其他的来源，比如七品以上官员子弟中聪慧好学者、因公殉职官员子弟、圣贤后裔等均可入监读书。监生不同于一般的生员，可以和大家一起参加科举考试，同时，即使科举不第仍然是有官做的，可以说前途是有保障的。因此，古代学子能成为监生，是相当轰动的大事，与中举差不多。乾隆之前的监生都还比较正规，入监门槛的执行和对监生学业的督促都比较严格。但乾隆之后，国子监逐渐沦为卖官机构，监生基本上成了花钱买官者的代名词，这些监生只是在国子监挂名，并不真去读书。因此，官员的监生出身是被人瞧不起的。

## 贡生

科举时代，朝廷会在各府、州、县的生员（秀才）中挑选成绩优异者，使之入京城的国子监读书，称为贡生。"贡生"之意，即是向皇帝贡献的人才。贡生制度开始于元代，明清时期逐渐完善，贡生来源也逐渐扩大。明代贡生有4种，即"岁贡"（由府、州、县学每年或每2年选送1~2名）、"选贡"（由府、州、县学每3年或5年选拔1名）、"恩贡"（因朝廷有喜事而开恩被选入）、"纳贡"（即花钱买来的贡生资格）。清代贡生有6种："岁贡"、"恩贡"和明代一样，"优贡"、"例贡"分别相当于明代的选贡、纳贡；另外还有"拔贡"和"副贡"，"拔贡"从各省科试的一、二等生员中选拔，"副贡"是从乡试落榜生中的优秀者中选拔，相当于一个举人榜的副榜，故曰"副贡"。清代贡生也称"明经"。贡生相比于一般秀才的好处在于其既可以像普通秀才一样参加科举考试，考取举人、进士，同时即使是科举不中，最后总有官做，但一般不大，为知县、县丞、教谕等官职。比如清代小说家蒲松龄屡试不中，最后凭贡生身份得了个"儒学训导"的官职，其实是个虚衔，负责督导县学的校风。总的来说，贡生制度扩大了由进士、举人进升仕途的范围，是对于科举制度的一种不错的补充。

## 帖经、帖括

帖经是唐代科举考试的一类考题。帖经，意即帖住经文。其具体做法是在所考察的诸多儒家经书里随便抽出一句话，然后将其中某部分用纸帖盖，要求考生答出这句话是什么，相当于现在的填空题，主要考察的是考生对经文的记忆情况。帖经类试题在唐代不同的科举科目中所占分量不同。其中，对于主要考察文学才能和政治见识的进士科里，帖经只少量存在；重在考察对经文的记忆和理解程度的明经科里，帖经则是主要试题。

帖括是考生针对帖经类考题所创造出来的一种应对方法。由于报考人数众多，而录取人数有限，为体现出层次差别，以淘汰多数考生，帖经内容逐渐越来越偏。考生们为方便记忆，将难记偏僻的经文编成诗赋歌诀的形式，称之为帖括。

## 试帖诗

古代科举考试中的一种诗体。因试帖诗题目前常冠以"赋得"二字，故也叫作"赋得体"。该诗体起源于唐代科举考试中，一般以古人诗句或成语为题，刚开始为五言六韵（60字），后来发展为五言八韵（80字）。唐代对考生作诗的内容和用韵都比较宽泛，到宋代时严格起来，宋仁宗规定必须于经史有据。明及清初，不考诗赋。到乾隆年间，爱作诗的乾隆又在科考中加入五言八韵诗。其格式比前代更严，题目必须出自经史子集或前人诗句、成语，在用韵上也更加严格。另外，其结构也略同于八股文，分首联破题，次联承题，三联如起比、四五联如中比、六七联如后比，结联如束比。总体上，唐宋时的诗赋比较重要，清代科考主要取决于八股文，诗赋无关紧要。

## 连中三元

"连中三元"是用于形容古代科举考试中的一种情况，指某个考生参加考试过程中，在乡试、会试、殿试三次考试中均考得第一名，接连考得"解元"、"会元"、"状元"。这种说法大致出现在宋代。

宋代及以后的科举考试中，读书人首先在县、府参加考试，通过考试的称为"生员"，俗称"秀才"。考得"秀才"之后，才算获得了参加正式考试的资格。接下来，首先是参加每三年一次由省府主持举行的"乡试"，又称"秋闱"。此考连考3场，每场3天。乡试考中，称为"举人"。"举人"便具备了做官的资格，中举者正式跨入士大夫阶层，清代讽刺小说《儒林外史》中的"范进中举"一段说的便是乡试中举的情形。在"乡试"以第一名的成绩考中"举人"，则称为"解元"。

通过乡试的举人，次年三月参加在京师的"会试"和"殿试"。会试由礼部在贡院举行，也称"春闱"，同样是连考3场，每场3天，由翰林或内阁大学士主考。会试考中者，称为"贡士"，贡士第一名称"会元"。

"贡士"可以参加接下来的四月份的"殿试"，殿试是科举考试的最后一级，由皇帝亲自主持和出题，并定出名次，第一名称为状元。

自古言："文不称第一，武不称第二。"客观地说，要在文科考试中做到"连中三元"，确实相当难。据史料记载，历代数下来，总共出现过17次"连中三元"的情形，另外还有2次武科举的"连中三元"。

另外，唐代曾出现有"连中三头"之说，应该是"连中三元"的早期雏形。

## 蟾宫折桂

蟾宫折桂本意是攀折月宫桂花，古人用以比喻科举得中。蟾宫，即是嫦娥所住的广寒宫，据说由蟾蜍幻化而成。另外传说广寒宫中有一棵高五百丈的桂树。《晋书·郤诜传》中："武帝于东堂会送，问诜曰：'卿自以为如何？'诜对曰：'臣鉴贤良对策，为天下第一，犹桂林之一枝，昆山之片玉。'"说晋武帝有一天在东堂接见大臣，问大臣郤诜自我感觉如何。郤诜将自己比喻成月宫中的一段桂枝，昆仑山上的一块宝玉。此后，人们便经常用月宫桂枝来形容有才能的人。隋朝之后，科举制度开始。因为每年的乡试一般都在刚好在八月，所以人们便将科举应试得中者称为"月中折桂"或"蟾宫折桂"。《红楼梦》第九回中林黛玉听说贾宝玉要上学了，就挖苦宝玉道："好！这一去，可定是要蟾宫折桂去了。"关于此成语，古代的不少地方还有相关风俗，科考之年，应试者及亲友都用桂花、米粉蒸作广寒糕互相赠送，取科场高中之意。

## 科举四宴

科举四宴指的是古代科举考试结束后，朝廷为中榜者进行庆祝的4个例行宴会，其中文、武科举各有2个。

鹿鸣宴。此是为文科举乡试后的新科举人们举行的宴会。此宴起于唐代，后世一直沿用。该宴由地方官吏主持，除邀请新科举子外，考场工作人员也都会被邀请。之所以取名为"鹿鸣宴"，是因据说宴会上要唱《诗经·小雅》中的"鹿鸣"之诗。

琼林宴。此是为文科举殿试后的新科进士们举行的宴会。此宴始于宋代，当初宋太祖朱元璋首开殿试制度，并规定殿试后为新科进士们设宴庆贺。因为宴会在当时都城开封城西的皇家花园琼林苑里举行，故名。琼林宴后来改名"闻喜宴"，元、明、清时，称作"恩荣宴"。

鹰扬宴。此是为武科考举乡试中榜的武举人举行的宴会。一般在发榜第二天举行，参加者为主考官和新科武举人。鹰扬，意为威武如鹰击长空，与文举子的"鹿鸣"相照应。

会武宴。此是武科举殿试发榜后为新科武进士们举行的庆祝宴，该宴自唐代产生武举之后便有，一般在兵部举行，规模浩大，比鹰扬宴要排场许多。

## 科场的枪替

古代读书人虽然熟读"孔孟"，但无奈科举考试事关一生富贵，诱惑太大，因此科举考试举行的一千多年间，作弊现象从未间断过。至于具体手段，不外乎夹带、提前买题、买通阅卷考官等。而"枪替"，也是常见手段之一。"枪替"即是我们现在所说的替人考试的"枪手"。

"枪替"在唐朝开始出现并流行。古代没有照相机，也不可能为几万考生一一画像，因此只要性别不错，监考官无法判别考生姓名是否真实。因此监考官对于"枪替"是防不胜防。唐人杜佑在《通典·选举五》中谈到"枪替"现象时言："故俗间相传云'入试非正身，十有三四；赴官非正身，十有二三'。"到宋明清时代，"枪替"更加流行，宋代著名婉约派词人温庭筠便是历史上有名的"枪替"。据说他就是因为当"枪替"出名，尽人皆知，于是虽然才华横溢，但他自己每次应试都以品德问题不被录取。

对于"枪替"现象，历代统治者都相当头疼，制定了相应的预防和惩罚措施。比如清代规定各府、州的县试在同一天进行，一个省内的府试也在同一天进行，以防成绩好的考生自己考完后又去替别人考试。另外，参加县试须有5个考生联保，并由本县一名廪生做担保人，参加府试则要有2名廪生认保。考场若发生"枪替"作弊，5人都要受处罚，认保的人也要革职。雍正年间，如发现"枪替"现象，"枪替"和雇主均发配烟瘴之地充军，联保者杖打一百；乾隆时甚至将"枪替"和雇主处斩。

## 教师

教师的称谓，最早见于西周时期的金文

中，称为"师氏"，简称"师"，即教国子的官员。"师"原来是商、周军队的组织单位。西周的统治者为培养善战的贵族弟子，开办了"国学"，有高级军官"师氏"任教。

"老师"最初指年老资深的学者，如《史记·孟子荀卿列传》："齐襄王时，而荀卿最为老师。"后来把教学生的人也称为"老师"，如金代元好问《示侄孙伯安》一诗："伯安入小学，颖悟非凡儿，属句有夙性，说字惊老师。"中国有着悠久的尊师重道的传统，古代就有"人有三尊，君、父、师"的说法。《吕氏春秋·尊师》云："生则谨养，死则敬祭，此尊师之道也。"古人席地而坐，以西边为尊，故尊称家庭教师为"西席"和"西宾"。

汉代许慎在《说文解字》中说："师教人以道者之称也。"是说"师"就是人们对那些"教人们懂得道理的人"的称呼。由于"师"是传授知识的，而"教"又是传授知识的一种重要手段，从而把"教师"一词定为"传道授业解惑"者的美称。

## 师范

"师"的名称，在夏、商、周时就有了。而"师"字最早出现在甲骨文中，甲骨文中有"文师"之称。以后，西汉的董仲舒用了"师"一词，司马迁用了"师表"一词，他们都着重在师的表率作用这一点上。西汉末年，扬雄在言论集《法言》中说："师者，人之模范也。"他第一次将"师"和"范"联系起来看，明确强调了教师所负有塑造教育对象的重大责任。《后汉书·赵壹传》报皇甫规书："君学成师范，缙绅归慕。"《文心雕龙·才略》云："相如好书，师范屈宋。""师范"已作为一个词组而出现了。

## 北京大学

北京大学，简称北大，创建于1898年，初名京师大学堂，是中国第一所国立大学，也是中国在近代史上正式设立的第一所大学，其成立标志着中国近代高等教育的开端。北京大学被公认为中国的最高学府，也是亚洲和世界最重要的大学之一。在中国现代史上，北大是中国"新文化运动"与"五四运动"等运动的中心发祥地，也是多种政治思潮和社会理想在中国的最早传播地，有"中国政治晴雨表"之称，享有极高的声誉和重要的地位。

## 清华大学

清华大学，地处北京西北郊繁盛的园林区，是在几处清代皇家园林的遗址上发展而成的。清华大学的前身是清华学堂，始建于1911年，曾是由美国退还的部分庚子赔款建立的留美预备学校。1912年，清华学堂更名为清华学校。1925年设立大学部，开始招收4年制大学生。1928年更名为国立清华大学，并于1929年秋开办研究院。清华大学的初期发展，虽然渗透着西方文化的影响，但学校十分重视研究中华民族的优秀文化瑰宝。目前，清华大学被认为是中国杰出的大学之一，也是亚洲和世界最重要的大学之一。

## 复旦大学

复旦大学位于中国上海市，是教育部直属全国重点大学之一。复旦大学创建于1905年，原名复旦公学，是第一所由中国人通过民间集资自主创办的高等学校。"复旦"二字由创始人、中国近代知名教育家马相伯先生选定当时西北奇才于右任先生的建议，选自《尚书·虞夏传》中《卿云歌》"日月光华，旦复旦兮"的名句，意在自强不息，寄托了当时中国知识分子自主办学、教育强国的希望。100多年来，复旦大学经历了数不清的风风雨雨，然而"复旦"二字却深深地镌刻进了一代又一代复旦人的心中。

## 学位

学位制度起源于中世纪的欧洲。1130年，意大利的波伦那大学首次授予一位研究古罗马法的学者以博士学位，不久又出现了硕士的称号。博士为学位的第一级，硕士为第二级。约13世纪初，法国巴黎大学才首创学士制，作为学位的最低一级。法国最初的学士称号是大学"录取学生"的同义词；但英国的学士学位是作为大学毕业成绩良好的一个凭证。后来世界上很多国家都采用英国授予学士学位的方法，一直沿用至今。

## 学分制

学分制是目前高等学校的一种较普遍的管理制度。它以学分为计算学生学习分量的单位，学生只有读满一定数量的学分，方能毕业。

学分制是在选课制发展的基础上产生的。

18世纪末，由于科学技术的迅速发展，高等学校的传统课程设置已不能满足科技和生产的需要，学校必须增设新科学技术课程。因课程体系变得越来越大，学生只能就一定的专业或学科范围内修习其中部分的必修课程，因此产生了选课制。最早实行选课制的是德国，而这种制度得到普及和改进则是在美国。

## 终身教育

"终身教育"是1965年在联合国教科文组织主持召开的成人教育促进国际会议期间，由联合国教科文组织成人教育局局长法国的保罗·朗格朗正式提出的。

终身教育是人们在一生各阶段当中所受各种教育的总和，是人所受不同类型教育的统一综合。主张在每一个人需要的时刻以最好的方式提供必要的知识和技能。终身教育思想成为很多国家教育改革的指导方针。

## 最早的幼儿园

幼儿园是英国空想社会主义者欧文（1771~1858年）首先创办的。当时，他对工人的处境十分关心，反对10岁以下的孩子进厂做工，并在苏格兰纽兰纳克为1~6岁儿童开设世界上第一所幼儿园，称为"幼儿学校"。

1837年，德国教育家福禄培尔（1782~1852年）在勃兰登堡开办同样的学前教育机构，但直到1840年才正式命名为"幼儿园"，同时设有幼儿教师培训班。19世纪后半期，资本主义国家纷纷效仿开办幼儿园。中国的幼儿园在清末光绪年间才出现，那时大多叫"豢养院"。

## 牛津大学

牛津大学是英语国家中最古老的大学。在12世纪之前，英国没有大学，人们都是去法国和其他欧陆国家求学。1167年，当时的英格兰国王同法兰西国王发生争吵，英王一气之下，把寄读于巴黎大学的英国学者召回，禁止他们再去巴黎大学。这些学者从巴黎回国，聚集于牛津，从事经院哲学的教学与研究。于是人们开始把牛津作为一个"总学"，这实际上就是牛津大学的前身。1201年，它有了第一位校长。1213年，该校从罗马教皇的使节那里得到第一张特许状。

现今，牛津大学已具有极高的世界声誉，它在英国社会和高等教育系统中具有极其重要的地位，有着世界性的影响。英国和世界很多的青年学子都以进牛津大学深造作为理想。

## 剑桥大学

3世纪初，英国的卡姆河畔建起了一座大学城。迄今为止，城内还保存有英国各个时代的建筑，它是世界上最古老的大学之一。这所大学著称于世，还是在近代才开始的。剑桥大学建校初期，主要讲授语法、修辞和逻辑，同时也开设一些数学、几何、天文和音乐方面的课程。1669年，当艾萨克·牛顿来到剑桥教授数学后，剑桥才名声大噪，并成为培养一流数学家的摇篮。1871年建立的卡文迪什实验室，进一步提高了剑桥大学在科学界的地位。自建室以来，卡文迪什实验室先后共有25位科学家成为诺贝尔奖金获得者。至今，该实验室仍是全球物理学研究的中心之一。剑桥大学内著名的菲茨威廉博物馆，收藏着价值连城的古埃及、古希腊、古罗马的各种文物珍品，还有许多中世纪和近代作家的大量手稿、欧洲著名画家的作品等。

## 哈佛大学

哈佛大学是美国最早的私立大学之一，是以培养研究生和从事科学研究为主的综合性大学，总部位于波士顿的剑桥城。

哈佛大学的前身为剑桥学院。1636年10月28日，马萨诸塞海湾殖民地议会通过决议，决定筹建一所像英国剑桥大学那样的高等学府，拨款400万英镑。由于创始人中不少人出身于英国剑桥大学，他们就把哈佛大学所在的新镇命名为剑桥。1638年正式开学，第一届学生共9名。1638年9月14日，牧师兼伊曼纽尔学院院长的J. 哈佛病逝，他把一半积蓄720英镑和400余册图书捐赠给这所学校。1639年3月13日，马萨诸塞海湾殖民地议会通过决议，把这所学校命名为哈佛学院。

历史上，哈佛大学的毕业生中共出了8位美国总统和34名诺贝尔奖得主。

## 斯坦福大学

斯坦福大学简称斯坦福，是美国一所私立大学，被公认为世界上最杰出的大学之一。它位于加利福尼亚州的斯坦福市，临近旧金山。斯坦福大学占地35平方千米，是美国面积第二大的大学。

斯坦福大学始建于1885年。当时的加州铁路大王、曾担任加州州长的老利兰·斯坦福为纪念他在意大利游历时染病而死的儿子，决定捐钱在帕洛·阿尔托成立以他儿子名字命名的大学，并把自己8180英亩用来培训优种赛马的农场拿出来作为学校的校园。相传，斯坦福夫妇在这之前曾拜访过哈佛大学的校长，提出为纪念他们的儿子的死在哈佛校园内建一座大楼，但遭到了拒绝，于是才建造了这座闻名于世的大学。他们的这一决定为以后的加州及美国带来了无尽的财富。

## 东京大学

东京大学是日本创办的第一所国立大学，也是亚洲创办最早的大学之一，公认为日本最高学府，是亚洲一所世界性的著名大学。

东京大学的前身是明治时期创办的东京开成学校和安田讲堂，明治维新初期，日本政府公布了"新学制令"，将两校合并，定名为东京大学。

## 国际数学奥林匹克竞赛

一般认为在中学里进行数学竞赛始于1894年由匈牙利数学界为纪念数理学家厄特沃什·罗兰而组织的数学竞赛。

1956年，罗马尼亚数学家罗曼教授提出了倡议，为了激发青年人的数学才能，引起青年对数学的兴趣，发现科技人才的后备军，促进各国数学教育的交流与发展，于1959年7月在罗马尼亚举行第一次国际奥林匹克数学竞赛。当时只有保加利亚、捷克斯洛伐克、匈牙利、波兰、罗马尼亚和苏联参加。以后每年举行，参加的国家和地区逐渐增多，目前参加这项赛事的代表队有80余支。

## 联合国教科文组织

1945年11月16日，《联合国教育、科学及文化组织法》在伦敦通过。1946年11月4日，联合国教科文组织在巴黎宣告正式成立。简称"教科文组织"。宗旨是"通过教育、科学及文化促进各国间合作，对和平与安全作出贡献，以增进对正义、法治及联合国宪章所确认之世界人民不分种族、性别、语言或宗教均享人权与基本自由之普遍尊重。"

# 经济篇

## 井田

井田是中国商周时期的一种土地分配方式。有说井田始于夏朝。其具体方式是将每方圆一里内的九百亩土地划分为"井"字状的9块，周围8块作为私田，分予私人耕种；中间一块，其中二十亩作为宅基地，供8家盖房住人，剩下的八十亩作为公田，由8家共同负责耕种，其收成作为赋税上缴国家，算下来，税率大概为1/10。法律规定，各家公田忙完，方可忙私田。这里的私田，归属国家所有，私人只有使用权，而无买卖权，其使用权则父死传子。

事实上，井田制是一种土地国有并平均分配的制度，避免了土地兼并，在某种意义上实现了耕者有其田的理想。但这仅仅是针对大大小小的奴隶主阶层而言，当时的奴隶阶层只有无偿劳动的份儿。到春秋晚期，以铁器的使用和牛耕的推广为标志的农业技术得到提高，不再需要这种奴隶在大面积土地上集体劳作的模式，小户劳作开始流行，井田制逐渐瓦解。但井田制作为一种"平均分配"土地的制度，成了后世许多人心目中的理想土地制度。比如战国时的孟子便力主恢复古代井田制。王莽建立新朝后，鉴于土地兼并之风的流行，也曾试图恢复西周井田制，但以失败告终。尽管如此，后世历代帝王制定土地政策时，井田制的"耕者有其田"的制度内涵都成为他们重要的参考。

## 占田法

占田法是西晋时实行的一种土地法。自春秋末期井田制崩溃以来，土地兼并之风愈演愈烈。到西晋时，土地已经大量集中到贵族和豪强手中，大量贫民无田可耕，沦为流民。这便给社会造成了严重的隐患。为稳定社会，晋武帝司马炎颁布占田法，规定平民按户口登记，"男子一人占田七十亩，女子三十亩"。如果不足这个数目，仍要按这个数目缴税，因此此举等于是逼农民种田。另外，占田法对于贵族和官员的占田数目也做了规定。其中，王公侯中的大国可占地十五顷，次国十顷，小国七顷；大臣一品者可占五十顷，其下每降一品减少五顷。占田法对于平民和达官贵族所做规定的初衷是不同的，对平民意在保证耕者有其田；对达官贵族则是意在将其占田数量限制在法定之内。因占田者对土地均只有使用权，没有买卖权，土地相当于被重新收归国有，因此占田法在一定程度上是对井田制的恢复。占田法加强了政府对农民的控制，同时也促进了农业的发展和社会的稳定。但因西晋短命而亡，占田法也就不了了之。

## 户籍

户籍是登记户口的簿册。户口包含两个概念，以家为户，以人为口。中国最早的户籍制度建立于战国时期，当时的秦国曾实行五家为一保，十保相连，一人犯罪，十保连坐的制度。这就是后来的保甲制度的雏形。其他诸侯国也采取了类似的制度。秦统一六国后，在全国范围内推行户籍制度。汉承秦制，将户籍制度进一步完善。汉代每年八月都要进行一次全国人口普查，以作为征税、派役、征兵的依据。唐代，户籍制度得到进一步完善。当时朝廷规定，每3年修订一次户籍，各县户籍一式3份，州、县、中央的尚书省各保存一份。唐代的户籍登记已经相当详细，一家之中的男女人口、年龄、土地、财产情况都一一登记造册。后来历代基本上都沿用唐代的户籍制度。

古代的户籍制度只有一种统计学意义，用以作为政府自上而下收税派役的依据，而没有作为身份证明的意义。另外，古代许多地方官担心人丁增多而催征不上加收的赋粮，因此往往瞒报人口，加上商贾流民不能及时登记等原因，古代的户籍登记总体上是比较粗糙的。

## 算赋和口赋

简单说，算赋和口赋是古代的两种人头税。其中，算赋是针对15岁以上、56岁以下的成年人征收，其开始存在比口赋要早，始于秦商鞅变法，名目是"为治库兵（兵器）车马"，算是一种军赋。汉代时，算赋成为政府财政收入的一个重要来源。当时，每个成年人每年算赋为一百二十钱。政府为抑商和限制蓄奴，规定商人和奴仆缴两倍；另为增加人口，鼓励早嫁，规定15~30岁女子未嫁者缴5倍。

口赋则是对未成年人征收的人头税，始于汉代，与算赋共同构成汉代的人头税。口赋数额为每人每年二十钱。对儿童的起征年龄为7岁，汉武帝时因匈奴用兵，将之提前到3岁，汉元帝时又改回7岁。东汉末年军阀混战，政治黑暗，口赋一度自1岁起征。与算赋不同的是，口赋收入不归政府，而算作皇帝收入。

人头税存在于后世历代，直到清雍正年间实行摊丁入亩，将人头税摊入土地税中，其名目才完全消失。

## 均输

均输是西汉的一项财政制度。西汉时，郡国各地每年要向朝廷上贡本地物产。但因路途遥远，往往运费超过产物价值，并且物产经长时间放置并颠簸后也往往低劣。汉武帝时，大农丞桑弘羊创设均输制度。即在大司农下面设均输官，派驻全国各地，将各地上贡的物产直接在当地或运往邻地高价地区出售；然后按朝廷需要或市场行情酌情购买一些货物运回朝廷，或者将这些商品交由平准官再次出售，变成现金交给朝廷。这种将各地贡物变成现金乃至再用这些现金投资商业的做法与朝廷平抑物价的平准制度相配合，极大地增加了政府的收入。北宋王安石变法时，为增加政府财政收入，也曾采用均输制度。

## 平准

平准是创始于西汉的一种通过贵时抛售、贱时收买的方式稳定市场价格的一种经济措施。汉武帝时，由于政府改铸新币引起物价上涨，另外由于均输官从全国各地采购回来的货物需要出卖。大农丞桑弘羊建立了平准制度，在大司农下设平准官，贵时抛售、贱时收买，以平抑物价。同时，平准官也统辖均输官带回长安的货物和被朝廷垄断的铁器等商品的买卖。由此迅速增加国库收入。

平准制度表面上是为了避免贪婪的商贾囤积居奇，平抑物价，而实际上则只是将商人的巨额利润转移到了朝廷手里，乃是一种国家商业垄断。简单说，就是与民争利。平准制度成为后世历代朝廷解决财政困境、增加国库收入的重要手段。比如王莽改制时设立的"司市"、王安石变法时设立的"市易务"都与汉代的平准机构类似。

## 榷法

榷法是古代的国家专卖制度。在古代，因盐、铁两项为各家各户所必用，利润巨大，不少民间商人借此成为巨商大贾。汉武帝时，因对匈奴用兵，财政吃紧，任命桑弘羊、东郭咸阳、孔仅三人为理财官，代表朝廷与民间商人争夺盐铁业。之后朝廷在全国设立盐官和铁官，对盐铁实行统购统销，就是政府垄断。这种办法为政府增加了巨大的财政收入，可一旦实行垄断，排斥竞争，产品质量便得不到保证。当时的铁器不但"割草不痛"，而且价格昂贵。后来，酒也开始实行专卖。

汉昭帝时，曾就盐铁专卖的利弊专门召开了一次辩论会。当时的民间贤良文学人士极力反对这种与民争利的行为，而朝廷官员却主张继续实施专卖。会后，官员桓宽还根据会议记录整理出一部《盐铁论》，是中国重要的经济思想史著作。专卖制度带来了巨大的财政收入，因此不仅汉朝不曾取消，其后的历代政府都一直沿用。唐代时，对茶也实行专卖。宋代时，设立专门的榷货务，相当于现在的专卖局。

## 常平仓

常平仓是古代政府用于储备粮食以调节粮价和应对荒年的一种粮仓。中国古代一直有"谷贱伤农，谷贵伤民"的说法，因此粮食的价格一直是朝廷关注的重要问题。西汉孝宣帝时，大司农中丞耿寿昌奏请在边郡设置粮仓，在谷贱时买入以利农，谷贵时卖出以利民。后来该制度为全国各郡县所采用，成为政府调节粮价并备荒赈恤的重要手段。但该政策实施既久，弊端便产生，常平仓不仅起不到原有作用，而且经常反过来做，在谷贱时更加压价欺农，谷贵时则抬价伤民。汉元帝时，常平仓取消。其后各代，常平仓设置数量有所不同，但基本上都有设立，由地方长官负责。虽仍利弊兼存，但总是起到了一些利民惠民的作用。明代时，明太祖命州县皆置预备仓，出官钞籴粮贮之以备赈济，荒年借贷于民，秋成偿还。清大致沿明制，这种具有更多赈灾性质的预备仓遂取代了常平仓。

## 三十税一

三十税一是汉代的田租税率，即征收土地收获总量的1/30。秦代时，统治者对人民实行横征暴敛，其赋税达到了2/3之高。汉初，刘邦收拾起经秦国暴政和秦末战乱的烂摊子之后，为巩固统治，采取了恢复生产、轻徭赋税、与民休息的政策。其将赋税征收额度定为"什五税一"，即1/15。比孟子所提倡的仁政税制"什一税"（1/10）还要优越。到汉文帝时期，经济虽然得到恢复，但人民生活仍不富裕，国库也没存什么钱。汉文帝接受大臣晁错建议，以薄赋敛的方式鼓励人们开荒种田，宣布税收额度只收一半。由此，汉代税收变为三十税一，并成为定制。东汉初，因战争的影响，支出浩繁，田赋改行十一税率，后又在建武六年改回三十税一，直至东汉献帝初，循而未改。三十税一可以说是相当轻的一种赋税，除了高于唐代一度实行的四十税一的赋税之外，均低于其他各代。不过，虽然汉代土地税很低，但其各种人头税却远高于土地税。

## 盐铁官营

盐铁本来是民间买卖，因其家家必需，所以是大生意，早期的巨商大贾大多出于这两个行当。春秋时期，齐国宰相管仲曾主张实施盐铁专卖，可算是最早的盐铁官营政策。后来到汉武帝时，因跟匈奴打仗，财政吃紧，汉武帝曾下诏要求这些民间商贾捐助军费，但效果不甚理想。于是汉武帝以桑弘羊等人作为政府的理财官经营盐铁，与民间商人展开竞争。由于一系列政府政策的配合，盐铁业逐渐掌控在朝廷手中。当时汉武帝在全国各地设立盐官和铁官，专职此事。

盐铁专卖政策在增加了政府财政收入的同时，也产生了铁器质量低劣，价格昂贵，甚或强迫人民购买及强征人民作役等弊病。但因其能带来巨大的财政收入，其后历代王朝都基本实施了该政策。一般盐官营的办法是：民制、官收、官运、官销。铁的官营则更严密，包括开矿冶炼，铸造器物及销售，政府控制了生产和流通的全部过程。其中，因盐的生产掌握在民间，便有了私下转卖的可能性，因此私盐贩子便成了历代朝廷的一个"严打"重点。这当然只是因官府在制定法律的时候将自己设置成了合法一方。

## 均田制

均田制是中国北魏至唐代官田分配的一种方式。北魏时，由于之前长时期的乱世造成北方大量的户口迁徙，土地荒芜，国家财政收入受到严重影响。为保证国家赋税来源，北魏孝文帝于太和九年（公元485年）下诏计口分配国有荒芜土地。其中，15岁以上男子可分用于种植农作物的露田四十亩，女子二十亩。奴婢同样授田。露田不得买卖，年老或死亡后，须归还官府。另外，男子还授桑田二十亩，用于种树，不需归还，死后下传子孙，但同样不得买卖。种田者则每年须向政府交纳一定粟谷和帛。这种制度使得社会经济得到恢复，政府财政收入也有了保证。其后的北齐、北周、隋、唐都沿用均田制，只具体实施细则有所变更。但由于当初分田时的国有土地本来就不足，加上后来禁止土地买卖的法令时紧时松，唐中叶以后，大量的土地又逐渐被一些豪强大户兼并。唐德宗建中元年（公元780年），实行两税制，在税制上承认了土地兼并的现实，均田制宣告废止。

## 租庸调制

租庸调制是唐代实行的一种赋役制度。唐代继承自北魏至隋的均田制，并在此基础上实行了租庸调制。其基本思路是政府按人丁分配土地，确保"耕者有其田"，然后再按人丁收取赋役，确保国家财政收入。此制规定，凡均田人户，不论其家授田多少，均按丁交纳定额的赋税并服一定的徭役。具体为：每丁每年要向国家交纳粟二石，称为租；交纳绢二丈、绵三两或布二丈五尺、麻三斤，称为调；服徭役20天，是为正役，国家若不需要其服役，则换算为一定数额的绢布交纳，这称为庸，也叫"输庸代役"。可以看出，租庸调制是以"人丁为本"的赋税制度，其课税对象一是田、二是户、三是身，而其基础则是丁。唐陆贽将之总结为："有田则有租，有家则有调，有身则有庸。"这种制度的优点在于，既给底层民众提供了生活保障，同时又保证了国家财政收入的稳定，唐代借此不仅国库充裕，人民也安居乐业。但唐中叶以后，由于土地兼并的加剧造成了均田制的消亡，盛世之中人们的麻痹又造成了户籍登记的疏懒。均田制和准确的户籍登记作为租庸调制的基础不复存在，租庸调制遂为两税制所代替。

## 两税制

两税制是唐代中后期采用的一种赋税制度。唐中叶，尤其是安史之乱之后，由于土地兼并和户籍混乱，原来的以"人丁为本"租庸调制赋税制度不再合理。唐德宗年间，宰相杨炎实施了两税制。所谓两税，既指在时间上每年在春、秋各收一次，也指两种税收名称：户税和地税。户税和地税原本只是与租庸调制搭配的两项无足轻重的小税，在新的两税制下，则成了朝廷主要的两个税种。具体办法是，朝廷一改原来的"量入为出"的财政原则，而是实行"量出为入"的原则，先核算好一年要花的钱，然后分摊到各地的户税和地税里去。户税以家庭为单位，不分当地外地，"以见居为簿"，按财产多少征收；地税按占有土地多少征收。两税制按照财产与土地数量征收的方式使国家的财政负担很大程度上从穷人身上转移到了富人身上，同时也抑制了土地的进一步兼并，大大缓和了社会矛盾。唐朝之所以能在"安史之乱"后苟延残喘了100多年，两税制功不可没。另外，从税制的角度来说，两税制是中国税制的重大变化，此制度是朝廷首次放弃对土地的分配权，在承认土地私有的基础上，设置相应税制来征收税赋。其后宋代的"二税"、明代的"一条鞭法"、清代的"摊丁入亩"，都是对唐代两税制的继续和发展。

## 市舶司

市舶司是中国古代在沿海城市设立的负责外贸事宜的官署，相当于现在的海关。中国汉代时，在开通丝绸之路的同时，也以广州为口岸，进行海上对外贸易。经魏晋南北朝及隋到唐代时，中国的海上对外贸易已相当繁荣。朝廷于是在广州、扬州等口岸设专职官员市舶使，负责检查出入口市舶（商船），并征收商税，同时对于一些珍贵商品则实行政府垄断。宋代，市舶使发展成为一个专门官署市舶司，朝廷在广州、密州（今山东胶县）、秀州（今上海淞江县）、杭州等地均设此官署。个体商户须经市舶司颁发许可证方可出海。元朝统治者本身的外向性使海上贸易空前发展，明代商人更是沿着郑和开辟的新航线将生意越做越大，因此元明时期市舶司一直存在。清初一度实行禁海政策，康熙时解禁，在广州、宁波、漳州、云台山（连云港）四处设口通商，并配套设立粤、闽、浙、江四海关，行使原来的市舶司职能。乾隆时仅留广州一口通商。鸦片战争后，设税务司、总税务司管理海关诸事，大权却落入洋人之手。

## 徭役

徭役是古代政府强制性向人民派遣的军役、劳役等，与赋税共同构成了中国古代人民的赋役负担。徭役在先秦时已经存在，《诗经》中便有不少以此为题材的诗歌。秦汉之际，形成比较正式的徭役制度。秦时男子满17岁，汉时满23岁，须在地方和京师各服兵役一年，是为正卒；每个男子一生必须戍边一年，是为戍卒；另外还须再为地方政府服劳役一月，是为更卒。官富人家则可以银抵役。其后历代徭役制度不一。总体上，就形式来说，古代徭役制度沿着一条逐渐货币化的路线演进。唐代中期之后百姓交役钱，国家购买劳力或兵士的形式普遍流行。宋代出现了募役（雇人服役）、助役（津贴应役者）、义役（买田以供役者）等多种形式。到明清之际，因一条鞭法及摊丁入亩政策的实施，百姓基本不再出役，完全由银钱代替。另外，元代曾将大部分徭役专业分拨给一部分人户世代担负，如站户（负担驿站铺马）、猎户、盐户、窑户、矿冶户、运粮船户等；就轻重来说，唐之前徭役比较繁重。唐之后徭役负担相对减轻，尤其明清之际，因徭役货币化，且国家的财政收入重心由人丁转向土地，徭役负担以银钱的方式大部分转移到了富户身上，中下层百姓徭役负担大大减轻。

## 钱法

钱法是中国古代的货币制度。上古时代人们以贝壳为通行货币，故财、贿、贵、赋等与钱相关的字均从"贝"。春秋时期，金属铸币成为主要货币，除黄金是硬通货可在各国畅行无阻之外，铜币则各国不一，只在本国有效。秦代统一币制，铸两等货币，黄金为上币，单位用"镒"（二十两）；铜钱为下币，重半两。此后，方孔圆形成为中国铜钱的固定形状。因秦钱重，不便使用，汉武帝时，铸五铢钱替代秦钱。五铢钱轻重合宜，自汉到隋基本行用不废。唐代在铜钱上铸"开元通宝"（意为通行宝货）字样，此后，"通宝"成为钱币通称，各代冠以自己的朝代、年号，此即是制钱。唐末，原只作为器饰材料的白银开始进入货币领域，至宋大盛。当时白银以五十两为一锭，俗称"元宝"。至此，金、银、铜三级货币体系正式形成。其中，白银成为最常用的计价单位。明清时期，国家财政都以银两计算，工商赋税也交纳白银。另外，宋代起，已经开始小范围使用纸币，称作"交子"。元代时，曾一度禁止金属货币流通，统一使用纸币，但因通货膨胀而作罢。明清时期，又实施过纸币政策，均不怎么成功。另外，清代也开始模仿西方铸造银元，与银两制并行，一直使用至民国时期。

## 一条鞭法

一条鞭法是明代中后期实行的一种赋税制度，初名条编，后因谐音而得此名。明朝中期，由于土地兼并严重，被兼并者交不起赋税，大量逃亡；同时，作为兼并者的官僚地主阶层则瞒报土地，逃避赋税，加上官僚阶层的免役政策，明朝政府的赋税收入逐年下降，出现严重的财政危机。鉴于此，万历朝的内阁首辅张居正改革税制，施行一条鞭法。其内容总体上是将一县的田赋、种类繁多的徭役、杂税合并为一，折成银两，分摊到该县农地上，最后按照拥有农地的亩数来向土地主人收取赋税。这样，国家的财税负担便从中下层百姓转移到了官僚地主阶层，国家的财政收入得以增加，社会矛盾也得到缓和，因此此法被后世认为是挽救了晚明王朝。另外，从税制本身来说，首先，一条鞭法大大简化了赋税征收程序，改良了行政效率；其次，限制了官吏巧立名目加征赋役，减轻了农民负担；最后，首次实行赋税折银的办法，客观上促进了商品经济的发展。并且，以银抵役的做法使农民具有了较大的人身自由，从此，他们可以离开土地，为城市手工业的发展提供劳动力。总体而言，一条鞭法上承唐代"两税制"，下接清雍正的"摊丁入亩"，是中国税制的重大进步。不过一条鞭法以银代粮的做法也带来了农户争相种植经济类作物，导致粮食产量不足的弊端，成为农民起义的诱因。

## 黄册和鱼鳞册

黄册和鱼鳞册是明清两代分别用于登记全国人口和田地的档案。明初，由于元末战争中土地文书散失，致使地籍混乱，田赋无准。朱元璋于洪武二十二年（1389年），派官员到各州县查核丈量田地，然后绘制成册，因状如鱼鳞，故名鱼鳞图册。鱼鳞册相当详细，对每块田地都画了形状图，并登记其面积、编号、主人及佃户姓名；此外还有土田纳税等级、买卖情况、分家等引起的土地变化等。鱼鳞册通过对土地的严密控制，有效地防止了隐瞒土地逃避赋税的情况，保证了国家的土地税收。黄册则是与鱼鳞册配套而行的人口登记册，10年编订一次，与鱼鳞册互相印证，一起构成了收受田赋的依据。另外，黄册还用来作为朝廷收受人丁税、定徭役、征兵的重要依据。黄册和鱼鳞册在清初均得到沿用。康熙七年（1668年）改为每年造送"丁口增减册"，黄册不再修订。鱼鳞册则沿用至清末。

## 摊丁入亩

摊丁入亩是清雍正时实行的一种税制改革。其具体做法是一改之前丁银（包括"人头税"、徭役等）和地银（即田赋）分别收取赋税的办法，将丁银摊入地银之中一并收取。这样地多者便需要承担较多的赋税，地少者则赋税较轻。其实质是明代张居正实行的一条鞭法的深化（一条鞭法只是将部分丁银摊入地亩）。摊丁入亩实施的背景是清军入关后，贵族官僚阶层大量兼并土地，出现大量无地少地农民。如此，广大贫民地少人多，丁役负担基本上压在他们身上。鉴于这种情况，康熙晚年时，便在广东实施了摊丁入亩试验，到雍正时，则正式向全国推广。此办法一方面减轻了无地农民的负担；另一方面，田地税赋增重也很大程度上抑制了土地兼并，为清政府保存了一定数目的自耕农，有利于政府财政收入和社会的稳定。值得一提的是，由于摊丁入亩政策取消了"人头税"，广大底层农民生养后代数量快速增长。整个两千多年的封建时代，中国人口数量一直徘徊在2000万~6000万之间，乾隆时开始突破1亿，道光时则达到4亿。

## 食货

食货，是中国古代运用的一个经济范畴，《汉书·食货志》记载："《洪范》八政，一曰食，二曰货。'食'谓农殖嘉谷可食之物，'货'谓布帛可衣及金刀龟贝所以分财布利通有无者也。"大致而言，"食"指的是农业方面，"货"指的是商业方面，而"食货"概指经济领域。自《汉书》开始，历代正史都列有

《食货志》，《史记》中没有《食货志》，相关的内容记述于《平准书》和《货殖列传》。《食货志》全面而翔实地记述了各朝的田制、户口、赋役、漕运、仓库、钱法、盐法、杂税、市籴、会计等制度，是了解历代政府的经济政策和当时的社会经济状况最为重要的史料。

## 四民分业

中国古代的统治者把人民按其职业划分为四类：士农工商。关于四民的划分，最早见于《春秋·谷梁传》，它的排列顺序是士一、商二、农三、工四。这种排列方式并没有高低贵贱之分，而是强调这四种行业同等重要。《管子》也中有"士农工商"一节："士农工商四民者，国之石也。"石是基石，国家的基石的意思。

士指的是知识分子。他们拥有知识和智慧，担任各级官吏，为统治者服务，所以受到统治者的重视。历朝历代的统治者都非常重视士的选拔。农是指农民。长期以来，中国一直是一个农业社会，农业被看作立国之本，是税收的主要来源，农民是徭役的主力。历朝历代的统治者都把农业看作国家的首要大事，农民也非常受重视，中国古代许多政策都是围绕农业和农民来制定的，如制定重农抑商政策。工指的是工匠或手工业者。他们主要为劳动者提供技术服务，也同样受到重视。有的统治者还下令工匠的后代也必须从事工匠的行业，不得转行。商指的是商人。在农业社会里，商人备受轻视，统治者经常制定许多歧视商人的政策，严格限制商人的活动。

## 重农抑商

重农抑商，又名崇本抑末政策，为法家首倡，儒家倡导的经济政策。这一政策是自春秋战国以来中国历朝历代一直奉行的基本经济政策。中国封建社会的经济基础是自给自足的小农经济，农业生产直接关系国家兴衰和人民生计，是立国的基础。因此，以农为本、以农立国成为历代统治者的基本治国政策。

从商鞅变法开始，秦国开始实行重农抑商政策，汉朝继承了这一政策，又加以发展。重农的表现为，奖励耕作，兴修水利，劝课农桑，甚至允许"入粟拜爵"。抑商的具体表现为：第一，不许商人穿丝绸衣服，不许乘车或骑马；第二，不许商人购买土地，凡土地和奴婢超过法定数额就要没入官府；第三，不许商人及其子孙做官；第四，商人所纳算赋比一般老百姓要增加一倍；第五，迁徙商人到边远地区戍守。元狩四年（公元前119年），汉武帝下令征收算缗钱，对商人征收资产税，结果导致很多商人破产。这些政策对打击商人囤积居奇、保障农民利益、恢复社会农业生产起到了积极作用。汉朝重农抑商的经济思想和政策影响深远，一直持续到清末。重农抑商政策对巩固新兴封建财政制度和发展社会经济起过积极作用，但随着生产力的提高，它的消极影响日益明显，致使中国古代商业发展缓慢。

## 均贫富

均贫富，是中国古代的一种分配学说和政治口号，这一提法早在《晏子春秋·问上》中就已出现："其取财也，权有无，均贫富，不以养嗜欲。"这是晏婴对齐景公询问的"古之盛君"的行为准则所做的答复，所谓"权有无"和"均贫富"就是说令有无相平、贫富相均。《论语·季氏第十六》说："有国有家者，不患寡而患不均，不患贫而患不安。盖均无贫，和无寡，安无倾。"这也表达出"均贫富"的思想。但是"均贫富"并不等同"平均主义"，不是说要消灭贫富的差别，而是倡导在对待贫富问题上要均平而公正，无有偏护，不失其分。北宋时期，王小波率先向群众提出"吾疾贫富不均，今为汝均之"的革命口号，自此，"均贫富"成为历代农民起义广泛采用的一项政治号召。太平天国的《天朝田亩制度》所描画的"有田同耕，有饭同食，有衣同穿，有钱同使，无处不均匀，无处不饱暖"的理想就是这一思想的集中体现。在农民运动中，"均贫富"蕴涵着劫富济贫的政治理念，当社会上贫富严重分化之时，这一号召对于异常穷苦的大众来说就成为一种强大的革命动机。

## 先富后教

先富后教是一种体现经济基础与文化教育之关系的思想理念。依照这一理念，治理国家应当先奠定一定的物质基础，令人民的生活有所保障，然后才可以实行道德教化。当然"先富后教"并不是说要等物质方面达到相当富裕之后再开始进行精神方面的教导，而是说进行教化要以一定的物质条件作为基础，否则文教当无以立，也就是《管子·牧民》中所说的"仓廪实而知礼节，衣食足而知荣辱"。《论语·子路第十三》记载，孔子到卫国，见到人口已经很多了，冉有问接下来应当作什么，孔子回答说"富之"，冉有再问，孔子又答"教之"。《孟子·梁惠王上》载，孔子曾说："无恒产而有恒心者，惟士为能。若民，则无恒产，因无恒心。苟无恒心。放辟邪侈，无不为已。……是故明君制民之产，必使仰足以事父母，俯足以畜妻子，乐岁终身饱，凶年免于死亡。然后驱而之善，故民之从之也轻。"这段论述可以看作是孔子富而教之思想的诠释，因为人民如果没有一定的经济基础可以依赖，也就意味着没有生活上的保障，常常要面临饥饿和死亡的危险，在这种情况下，哪里还谈得上教之以善呢？

## 富民论

富民是儒家所主张的经济政策。富民与富国是相对而言的，虽然从长远来看，富民与富国是同步发展的，但是在既定的时期，社会上的财富是有着一定限额的，国家的财富取之于人民，收取得多，人民的财富就相应地少一些；收取得少，人民的财富就会相应地多一些。对这一问题，儒家的看法是"民为邦本"，主张薄赋轻税，而藏富于民。《论语·颜渊第十二》记载，鲁哀公向孔子的弟子有若询问饥荒之年国家的财用不足应当怎么办，有若说为什么不实行什一税呢，也就是说只取1/10的赋税。鲁哀公说取2/10尚且不够，怎么能再减赋呢，有若说："百姓足，君孰与不足？百姓不足，君孰与足？"意思是，百姓的财用是充足的，国家自然也就会足用，而百姓自身的财用都不足，国家又怎么会足用呢？民用与国用，也就是源与流的关系，源头的供应决定着水流的大小，这也就是富民论的道理所在。

## 富国论

富国是法家所主张的经济政策，指的是通过各种经济手段来增加国库收入。在先秦时代，富国的主要办法就是增加赋税，也就是说将社会上的财富更多地从百姓手中转移到由国君控制的国库之中。富国的目的有着使国家变得更强盛的一面，但是更多地体现着为君谋利的色彩，是将社会的公产转变为君主的私产。荀子试图将"富国"与"富民"结合起来："足国之道，节用裕民而善臧其余。节用以礼，裕民以政。彼裕民，故多余。裕民则民富，民富则田肥以易，田肥以易则出实百倍。上以法取焉，而以礼节用之，余若丘山，不时焚烧，无所臧之。夫君子奚患乎无余？故知节用裕民，则必有仁义圣良之名，而且有富厚丘山之积矣。"（《荀子·富国》）荀子所讲的"足国之道"，实际上也还是儒家的"富民"思想，只不过是将富民与富国更进一步地联系起来，但是依然强调富民是富国的基础，主张民裕则国馀，这也是历朝历代多数统治者所遵法的基本理念。

## 恒产论

恒产论是孟子所主张的治国理念，所谓"恒产"，指的就是可以固定占有和长久依赖的财产。关于恒产，孟子曾有这样的论述："民之为道也，有恒产者有恒心，无恒产者无恒心。苟无恒心，放辟邪侈，无不为已。"又说："是故明君制民之产，必使仰足以事父母，俯足以畜妻子，乐岁终身饱，凶年免于死亡。然后驱而之善，故民之从之也轻。今也制民之产，仰不足以事父母，俯不足以畜妻子，乐岁终身苦，凶年不免于死亡。此惟救死而恐不赡，奚暇治礼义哉？"孟子的观点就是，只有当人民的生活有了基本保障之后，才谈得上礼义道德，才讲得起风俗教化，民有恒产，是国家兴旺发达的基础。

## 崇富论

崇富论是司马迁在《史记·货殖列传》中所阐扬的贫富观念，他断言："富者，人之情性，所不学而俱欲者也。"也就是说求富是人之所共欲，是人的本性。在这篇列传中，司马迁记载了范蠡、子贡、白圭、猗顿等豪富之士，称这些人物"无秩禄之奉、爵邑之入，而乐与之比，命曰'素封'"，意为这些名商大贾虽然没有王侯的封爵，但是其享有的富贵可与之相埒，所以叫作"素封"，即"千金之家比一都之君，巨万者乃与王者同乐"。司马迁不仅对那些凭借自身能力成为名扬天下的富商巨贾者极为推崇，同时也认为如果人们不能依靠自己的努力去摆脱贫贱的处境是羞耻的。

## 限田论

限田论是一种抑制土地兼并的主张。秦汉之后，土地转归私有，买卖土地也就是一种自由合法的行为，于是一些富户豪强依据既有的政治和经济优势，占有的土地越来越多，导致贫富分化变得越来越严重，这成为诱发社会动荡的一个主要因素。汉武帝时，土地兼并的状况已经发展得极为严重，"贫民常衣牛马之衣，而食犬彘之食。重以贪暴之吏，刑戮妄加，民愁亡聊，亡逃山林，转为盗贼，赭衣半道，断狱岁以千万数"。地主、官僚和广大农民之间的矛盾十分尖锐，国家潜伏着很大的危机，于是董仲舒提出限田的建议。但是董仲舒并没有讲述具体的措施，也没有实行。汉哀帝时期，师丹和孔光又提出限田的建议，并提出了具体的限田标准，规定贵族、官吏及一般地主占田不得超过三千亩，占有奴婢分别限于200人、100人和30人。这是政府第一次发布限田令，然而由于贵族和官僚们的极力反对，这项法令也未能实行。以后虽然也有人提议限田，但是因为触犯了社会统治阶级的利益，一般也都仅仅限于空文。

## 抱道贸禄

抱道贸禄，是王充在《论衡·量知》中提出的观点，意为儒士用自己的知识才学来博得功勋利禄，如同"抱布贸丝，交易有亡，各得所愿"。虽然历代不乏淡泊名利、无心于官场的隐逸之士，但是儒士的主流还是以"学而优则仕"为正途的。格物致知修身者，指向的是齐家治国平天下，独善其身者为穷，兼济天下者方为达，而欲兼济天下，就需要获得一定的政治地位。这种政治资源又是掌握在帝王手中的，儒士就是要用自己的知识资本来向帝王换取政治资本，这体现的也是一种交换关系，也就是俗语所谓的"学成文武艺，货与帝王家"。

## 《盐铁论》

《盐铁论》是中国西汉桓宽根据汉昭帝时召开的盐铁会议记录"推衍"整理而成的一部著作。书中记述了当时对汉武帝时期的政治、经济、军事、外交、文化的大辩论。桓宽，字次公，汝南（今河南上蔡西南）人，汉宣帝时被推举为郎，曾任庐江太守丞。

汉昭帝始元六年（前81年）二月，朝廷从全国各地召集贤良文学60多人到京城长安，与以御史大夫桑弘羊为首的政府官员共同讨论民生疾苦问题，后人把这次会议称为盐铁之议。贤良、文学在辩论中所阐述的当时的儒家经济思想，经过桓宽的"推衍"，更为全面系统，形成中国封建社会中占统治地位的经济思想。

《盐铁论》全书分为10卷60篇，前41篇是写会议上的正式辩论，自第42至59篇是写会后的余谈，最后一篇"杂论"是作者写的后序。篇各标目，前后联成一气，采用对话文体，以生动的语言真实反映当时的辩论情景，保存了不少西汉中叶的经济史料和丰富的经济思想资料，成为研究中国经济思想史，特别是西汉经济思想史的一部重要著作。

## 天朝田亩制度

1855年，太平天国在天京（南京）颁布了《天朝田亩制度》。这是一个以解决土地问题为中心，对政治、经济、文化等方面实行全面建设的纲领性文件。其基本内容是：一、将天下田亩以产量分为九等，不论男女，按人口平均分配。二、规定农副产品的生产和分配原则。三、建立兵农合一的军政制度。此外在司法、职官、文教方面也有许多具体的规定。《天朝田亩制度》的主要思想是历代农民起义中"均贫富"、"均田"、"免粮"思想的继承。目的是想建立个"有田同耕，有饭同食，有衣同穿，有钱同使，无处不均匀，无人不饱暖"的理想社会，具有鲜明的反封建性质。但是在现实中，这种理想是无法实现的，因而《天朝田亩制度》又带有强烈的空想色彩。

## 榷场

榷场是辽、宋、西夏、金政权各在接界地点设置的互市市场。据《宋史·真宗纪》载："（景德二年二月）置霸州、安肃军榷场。"另据《建炎以来系年要录》载："（九月）又欲于河阳置榷场，以通南货。"场内贸易由官吏主持，除官营贸易外，商人须纳税、交牙钱，领得证明文件后方能交易。贸易物品宋代以茶叶、香料、丝织品、药材、木棉、象牙为主，辽和金以毛皮、马、人参等为主。元灭宋前，双方在边境地区都设榷场贸易，管理方法较先前严格，如对榷场地点的选定、货物内容、交易的方法等都有限制。

榷场贸易是因各地区经济交流的需要而产生的，对于各政权统治者来说，它还有控制边境贸易，提供经济利益，以及安边绥远的作用。所以榷场的设置，常因各政权间政治关系的变化而兴废无常。

## 屯田

屯田亦称屯垦，是历代封建王朝组织劳动者在官地上进行开垦耕作的农业生产组织形式。主要采取军屯和民屯两种形式。军屯即以军事组织形式由士兵及其家属进行垦种，民屯则以民户为主体进行有组织之屯垦，其中也有利用犯人者。此外，明代还有商屯。民屯、军屯均始于汉代。西汉文帝、武帝、宣帝时都组织过屯田，有民屯，也有军屯。东汉末，曹操组织的屯田为民屯，取得了显著效果。其后，历代多沿此制，唐以后又称营田，元、明、清一般仍称屯田。各代均设专门的管理机构，具体名称、制度或有不同。

## 买办

"买办"，从本质上讲是经纪人，是中国经纪人和经纪业发展史上的一个特殊的阶层。"买办"一词是葡萄牙文（Compardor "康白度"）的意译，原义是采买人员，中文翻译为"买办"。它原指欧洲人在印度雇用的当地管家。在中国，指外国资本家在旧中国设立的商行、公司、银行等所雇用的中国经理。

历史上对买办的认识褒贬不一，但从经济史角度看，买办是中国近代史上的一种特殊的经纪人。买办的活动一直延续到新中国成立。

## 招牌

招牌作为商店的标志，在中国至少有2300多年的历史。古代的商店招牌，大多是用布帛做成的。开始时，主要悬挂在酒馆、栈房、食宿之店，叫作"酒望"、"店招"或"幌子"。

唐代以后，商业日渐繁盛，商店逐渐普遍地悬挂招牌，木刻的、钢铁铸造的、粉壁书写的，各式各样的招牌相继而生，并且加上店主的姓名或另取雅号，从而形成了完整的招牌字号。

## 中国最早的商标

中国最早的商标，可追溯到北宋时期。当时，济南有家姓刘的针铺店，以白兔为商标，颇负盛名。这个商标是用铜版印刷的，近似方形，中间绘有白兔捣药图，画像鲜明突出。图画的上端横写着店名，"济南刘家功夫针铺"，两侧写有"认门前白兔儿为记"的条幅，图下摆从左到右写有关于经商范围、方法和质量要求的告白："收买上等钢条，造功夫细针。不误宅院使用、转买兴贩、别有加饶。渭记白。"这件历史文物现存于国家博物馆。

国外最早的商标是1473年出现在英国伦敦街头的张贴印刷商标，比中国刘记针铺商标要晚好几百年。

## 工资

按月发工资的办法，早在先秦时期就已出现。不过那时所发的不是现金，而是实物，主要是粮食，称为"禄"。在这以前，夏商周时期的"禄"是按人口多少分配，相互之间差距不大。到了战国时期，"禄"的分配就有悬殊了。到汉代，"禄"改称为"俸"，仍发粮食，以"石"或"斛"为计算单位。到东汉殇帝延平年间，才改为半谷半钱，月俸改为"月钱"，有详细严格的按品位发放月钱的规定。唐代以后，薪俸才逐渐改为全部发现金。明代中叶，商品经济有了一定的发展，官俸改为薪金，当时称"月费"，继而改为"柴薪银"。"薪水"即由此演变而来，现在一般称为"工资"。

## 行会

行会是旧时城市商品经济中的工商业组织。有手工业行会、商业行会。在商品经济有了一定发展时，为了调整同业关系，解决同业矛盾，保护同行利益，协调与政府的关系，同业或相关行业联合起来组成行会，这种行会带有地域和行业两重性。

行会产生于隋唐。唐代工商业组织大都称"行"，源于街巷上的贩卖摊商，往往一条街上开设的都是同类的店铺，故称"行"，如"织锦行"、"金银行"等。到了宋代，行会组织得到了发展。北宋汴京、南宋临安的行会多达数十家，入行者上千人。

明清以后，行会进一步发展到会馆、公所。组织也更为严密，定有行规、业规、帮规等制度，形成一种垄断势力。清末期日益衰落。

## 票号

票号是中国封建社会金融业的主要组成者之一，亦称票庄、汇票庄或汇兑庄。其起源时间，传说不一，盛行于19世纪20年代之后。它是专营银两汇兑、吸收存款、放款的私人金融机构，是中国近代银行的前身，而所谓的票号汇票，与现在银行推出的即兑汇票颇有几分相似。

早期票号以汇兑为专业，调拨地区之间资金，为埠际贸易服务。随着汇兑业务发展，票号利用闲置资金，也经营存放款业务，不过一般只放款给钱庄。票号原主要活动于黄河流域和华北各省，以北京为活动中心，稍后，上海、苏州、汉口也成为票号在长江以南的据点。19世纪末20世纪初，中国通商银行、户部银行及交通银行等相继成立，各省又大多自设官银钱号，清政府的官款和存汇业务大部分为银行取代，票号业务衰落。1911年辛亥革命爆发，票号一时间无力应付存户的提款，而贷给官僚的大量款项又无法收回，因此，大多数票号便在短期内倒闭。所余几家资力较强的票号在支撑过程中，也先后改组为钱庄或银行，票号遂消亡。

## 钱庄

钱庄是旧中国早期的一种信用机构，主要分布在上海、南京、杭州、宁波、福州等地。在北京、天津、沈阳、济南、广州等地的则称为银号，性质与钱庄相同。另一些地方，如汉口、重庆、成都、徐州等，则钱庄与银行并称。早期的钱庄，大多为独资或合伙组织。规模较大的钱庄，除办理存款、贷款业务外，还可发庄票、银钱票，凭票兑换货币。而小钱庄，则仅仅从事兑换业务，俗称"钱店"。

清末，银行逐渐兴起，替代了钱庄。新中国成立后，多数钱庄停业。上海未停业的银行则与私营银行、信托公司一起，实行公私合营，组成公司合营银行。

## 江南织造

清代在江宁（南京）、苏州和杭州三处分别设立了专办宫廷御用和官用各类纺织品的织造局，即江南三织造局。明代在此三处的旧有织造局，久经停废。清顺治二年（1645年）江宁织造局恢复。其后两年，杭州局和苏州局重建。顺治八年确立了"买丝招匠"制的经营体制，成为清代江南三织造局的定制。织造局负责人名曰织造，实为皇帝的亲信和耳目，负责将江南的官风民情如实奏报朝廷。

清代江南织造通常分为两部分。织造衙门是织造官吏驻扎及管理织造行政事务的官署；织造局是经营管理生产的官局工场，生产组织各有一定的编制，具有工场手工业生产组织形式的特点。

由于清廷长期大量搜刮缎匹，内务府和户部两处的缎匹库存达饱和状态。这样，从道光后期起，江宁局和苏州局的生产已经处于缩减和停顿的状态。光绪三十年（1904年），清政府以物力艰难为由，裁撤了江宁织造局。苏州、杭州两织局则随着清亡而终结。

## 广东十三行

广东十三行（又称广州十三行）是清朝闭关锁国时，设立于广东的专办对外贸易的洋行，实际是一个拥有商业特权的官商团体。创始于康熙二十五年（1686年）。"十三行"之名是沿袭明代的旧称，实际行数变化不定，开始是13家，最多达几十家，其中以同文行、广利行、怡和行、义成行最为著名。

被招入十三行的洋行商人利用亲近政府之便垄断对外贸易，规定所有外国进口货物均由其承销，内地出口货物亦由其代购，并负责拟定进出口货物的价格。同时，他们又受清政府委托行使一定的外交权，负责向外商征收进口货税，并代政府经办一切同外商的交涉事宜，如代为传达政令、送交外交公文、转递外商的意见和禀帖等。这种公行，带有官商的性质，是一种封建性的对外贸易的垄断机构。第一次鸦片战争后，十三行的贸易特权被取消，后在外国经济侵略中加速衰落。

## "商人"的起源

商品买卖、交换活动的人叫作"商人"，这个称谓缘何而来呢？

在原始社会后期，出现了以物易物的交换活动。到了夏代，在社会上便分离出一部分专门从事交换的人。公元前1000年左右，黄河下游的商族首领王亥聪明多谋，很会做生意，经常率领很多奴隶，驾着牛车到黄河北岸去做买卖。

到了商族后裔汤的时候，商族的手工业已相当发达，特别是纺织业，花色品种优于其他各族。汤为了削弱夏的国力，便组织妇女织布纺纱，换取夏的粮食和财富，把贸易作为政治斗争的武器，最后灭了夏代的统治者夏桀，建立了商朝。

自从武王伐纣，商殷灭亡后，商族人地位十分低下。过惯了奢侈生活的商族贵族，便纷纷重操旧业，到处去跑买卖。由于从事这些贩卖活动的人，大都系商代遗民，所以被世人称之为"商人"。

## 算盘

算盘是中国发明创造的古代科学成就之一，中国人民使用算盘至今已有600多年的历史了。

远古，人们用石子来计数，很不方便。后来，人们改用像筷子一样的小棒进行计算，叫作"算筹"。唐朝末年开始见到算筹乘除法，到了宋代产生了算筹的除法歌诀。

后来又把算筹改为用"珠盘"进行计算。把珠子放入盘内表示要加的数；取出盘子里的珠子表示要减的数。用珠盘计数，珠子容易滚动散失，于是人们发明了珠算——把珠子串起来，并列地连排起来，就成了算盘。

## 世界上最早的纸币

世界上最早的纸币出现于北宋，当时称为"交子"。

纸币的产生绝非偶然，这源于北宋造纸术与印刷术的发达兴旺，当时的四川就是造纸业和雕版印刷业的中心之一。

据史籍记载，交子最早出现在宋真宗大中祥符四年，原由十几户富商发行。宋仁宗天圣元年，由官府接收，特令在四川设置交子务作为发行交子的机构。纸币先用木版印刷，后又改用铜版印刷。

交子的币面价值，最早限于1贯至10贯，在发放时临时书填，似近代的支票。宋仁宗宝元二年，改为发行5贯与10贯两种交子。宋神宗熙宁元年，又改为发行1贯和500文两种交子。币面价值由临时书填改为定额印刷，这是纸币史上的一个重大进步。

## 中国铜圆

铜圆俗称铜板，是清末民初各省所铸的各种铜币的总称。铜圆与历代的方孔铜钱不同，中间无孔，系仿照香港铜辅币铸造而成。

甲午中日战争以后，随着帝国主义经济侵略的全面深入，清政府的财政恐慌日益严重。同时，帝国主义出于掠夺的目的对中国的投资，客观上使中国的资本主义工商业得到了一定的发展。于是，社会对货币的要求量日益增大。铜圆就在这一特定的历史条件下应运而生了。

1900年，中国铜圆首次在广东试铸成功。铜圆每枚重二钱，成色铜九五、白铅四、锡一。正面铸"光绪元宝"四汉字和"广宝"二满字，周围有"每百个换一圆"的字样。背面中央刻有一蟠龙纹饰，周围有英文"广东一仙"等字样。

## 中国银圆

银圆俗称洋钱、大洋，即用银铸成的货币。银圆源于9世纪的欧洲。银圆作为外来币流入中国，始于明万历年间（1573~1620年）。

16世纪，西班牙在其殖民地墨西哥铸造的"本洋"（亦称"佛头印"）首先流入中国，从此，日本、英国等国的银圆也相继流入。外国银圆的流入，严重地影响了中国的币制和金融，但客观上也促进了中国的币制改革。1889年，广东地方当局正式设立银圆局，仿照墨洋的重量、成色和式样，用机器大量铸造，开了中国自制银圆的先例。新中国成立后，银圆才退出币制历史舞台。

## 中国最早的公债券

1898年，清廷准奏印造"昭信股票"100万张，这是中国最早发行的公债。

清朝末年，朝廷内外虚空，理财之术亦穷。面对大厦将倾之危，光绪庚辰科状元、翰林院侍读学士黄思永参照外国筹募国内公债例，奏请发行公债，向商民募债应急。慈禧见奏折大加赞赏，于是下令发行公债。为维护皇室脸面，清廷不愿称债，将之定名为"昭信股票"，以示昭大信于民之意。昭信票印发后交各省派销，由此得1000多万元，这是中国第一次发行公债。后来有几位大臣为迎合慈禧心理，奏称："人民爱戴朝廷，愿以昭信票银，悉数报效国家。"慈禧大喜。1000多万债券就此赖掉，中国历史上第一次发行的公债券——昭信票，最终以失信于民而匿迹。

## 港币

英国割占香港初期，通用银两，后来清朝废两为圆。在香港，清朝发行的银圆、铜仙、铜钱，还有英国英镑、印度卢比、墨西哥或西班牙的银圆等都可通用。1866年香港设厂自铸1元、5毫、1毫、5仙4种金属港币。但铸币厂很快就因不堪亏损而关了门。

1914年香港当局统一币制，宣布除港币外，只许中国铜钱流通，其他外币都不许用。1935年，香港当局宣布管制银币，发行钞票来收回银币。

香港流通的钞票，大多数是香港当局指定的银行来发行的，主要是汇丰银行，还有渣打银行与有利银行。由香港当局直接发行的钞票，是战后的1元钞及印单面5毫与1仙的小钞，但小钞很快就只供纳税与交水电费使用了。现行流通的港币中，虽以汇丰银行发行的为多，但早先发行港币钞票的，却是一间开业于1845年的东蕃汇理银行，当时的发行额是5~6万元。这间银行的寿命不长，于1884年停业了。

## 荣宝斋

荣宝斋是北京地区的一家闻名于海内外的专门经营书画的老字号店铺，已经有300多年的历史。相传在清代初期，一位姓张的人家在北京西琉璃厂附近开设了一家店铺，取名"松竹斋"，专门刻印一些宫廷官员和士林需要的小型印刷品。后来因为店主人经营不善，营业亏损，在清朝光绪二十年时，店主人将本店更名为"荣宝斋"，取"以文会友，荣名为宝"之意。店主用其字，取其意，表达了一种期望自己的店铺能够从此兴旺发达的祝愿。果然事遂人愿，荣宝斋日渐扬名于外，并且博得了儒士墨客的垂爱。

## 瑞蚨祥

瑞蚨祥是一家专营绸布、皮货等高档商品的老字号，创办于清朝光绪年间。瑞蚨祥创始人叫孟鸿升，是孟子的后裔，济南府章丘县旧军镇人。他在京以经营土布开始，后来经营规模逐渐扩大，增加了绫罗绸缎、皮货等高档商品。"瑞蚨祥"的名称据说是引用了"青蚨还钱"这一典故。"蚨"是远古时期的一种神虫，一母一子，孩子出门时，母亲将血抹在孩子身上，不管它飞到哪里都能飞回家，飞回母亲的怀抱。当年的老板为店取名瑞蚨祥，就是希望借祥瑞的吉祥意味，加上能带来金钱的青蚨，瑞蚨祥能财源滚滚。新中国成立后，天安门广场升起的第一面五星红旗的面料就是瑞蚨祥提供的。

## 老凤祥

上海老凤祥是由始创于1848年的老凤祥银楼发展变革而来，是中国珠宝首饰业传承至今历史最悠久的世纪品牌。"老凤祥"三字包含两层意义，"老"是表示资历深厚，足以让人信赖；"凤祥"则是女性至美的象征，并喻示它给人带来吉祥如意。

## 张小泉

"张小泉"是中国目前剪刀行业中唯一的驰名商标，成名于1663年。

传说浙江杭州有一个叫张小泉的人，祖孙三代都是以打铁为生。一天，张小泉到郊区附近收买废铜烂铁，在回家的路上，遇上两条正在交尾的菊花蛇，张小泉用小铁条在两条蛇的交颈处打了一下，那两条蛇未被打死，两条蛇尾松开向相反方向卷成两个圈，两条蛇头还在左右摆动。张小泉边看边琢磨，边走边想。回到家后，他把两条蛇当时的情景画成个图形，按图形打成个粗糙的铁器，把"蛇颈"部位锤扁，并安上一颗钉子，把两条"蛇尾"打成两个圈圈当把手，把两个"蛇头"尖磨得锋利，把它拿来剪东西，觉得省力好使。这就是张小泉剪刀的由来。

## 同升和

1902年，莫荫萱在天津办起了一家制帽作坊，因经营有方，规模不断扩大，1912年在天津繁华的估衣街买了门面房，形成了前店后厂、自产自销的经营格局。20世纪30年代，同升和帽店先后在京津等地开办了4家分店，根据市场要求，同升和又制帽又做鞋，遂把同升和帽店改为同升和鞋帽店。据考证，"同升和"的名字，取自最初开业时一位友人赠给莫荫萱的一副对联"同心协力功成和，升官冠戴财源多"，取其中"同升和"三个字，寓意为"同心协力，和气生财"。

## 西欧庄园制

封建庄园是自给自足的自然经济单位，庄园经济的兴盛时期约在9~13世纪，它的形成与生产力低下有关。

广义的庄园和领地的概念相似；狭义的庄园指封建主用劳役地租剥削依附农民，并独立进行经营及核算的一个地段。

在狭义的庄园中，耕地分为领主自营地和农民份地两部分，依附农民每周用3~4天无偿为庄园主耕种。各户农民小块份地上的收获归他们自己支配。当庄园的范围和农业村落相一致时（这类庄园在全体中属少数），庄园经济还包括原属于本村的草地、牧场、池塘、森林等公共土地上的收入，封建主在庄园里建有住宅、教堂、磨坊、马厩、仓库等设施，有的大庄园还有一些手工业作坊及专职手工业者。一个大封建主往往拥有若干个庄园，各庄园统由总管负责，各管家须定期向总管报告经营情况。庄园中的劳动者主要是各种不同身份的依附农民，尤以农奴占大多数。半自由民的地位介于农奴和奴隶之间，份地世袭使用。庄园主可以利用庄园法庭（一般由总管主持）审判农民并收取罚金，也可以根据本庄园的习惯向农民征收各种实物及货币等，这些成为庄园主收入的重要来源。

14世纪起，西欧经济变化剧烈，庄园主纷纷放弃自营地，货币地租流行，农奴也通过各种途径取得人身自由，劳役制庄园趋向瓦解。

## 圈地运动

15世纪末叶至19世纪中叶，西欧新兴资产阶级和新封贵族使用暴力剥夺农民土地的过程被称为圈地运动。所谓圈地，即用篱笆、栅栏、壕沟把强占的农民份地以及公有地圈占起来，变成私有的大牧场、大农场。大批丧失土地和家园的农民成为一无所有的雇佣劳动者。这是资本原始积累的最重要手段之一。

圈地运动在英、德、法、荷、丹等国都曾先后出现过，而以英国的圈地运动最为典型。英国圈地运动最早从工商业较发达的东南部农村开始。地主贵族最初圈占公有地，后来圈占小佃农的租地和公簿持有农的份地。在宗教改革中，国王把没收的教会领地赐给亲信宠臣，或卖给乡绅、土地投机家、市民、商人和工场主。他们变成新贵族，也大规模地圈占农民土地。根据1630年和1631年的调查报告，莱斯特郡在两年内圈地10万英亩，约占该郡土地的2%，大部分圈占地变成牧场，主要的圈占者是乡绅。1485~1550年他们在莱斯特郡圈地的面积占圈地总面积的60%。大批农民被迫出卖土地，或远走他乡，或到处流浪，陷于极端悲惨的境地。莫尔在《乌托邦》（1516年）中，辛辣地指责这是"羊吃人"。所以圈地运动也被称为"羊吃人"的运动。

## 工业革命

工业革命也叫"产业革命"，是资本主义生产从工场手工业向大机器工业阶段的过渡。18世纪60年代开始于英国，首先从棉纺织业开始，80年代因蒸汽机的发明和采用得到了进一步发展，继英国之后，法、美等国也在19世纪中期完成了工业革命。

工业革命是生产技术的变革，同时也是一场深刻的社会关系变革。从生产技术方面来说，它使机器代替手工劳动，工厂代替了手工工场；从社会关系来说，它使社会明显地分裂为两大对立的阶级——工业资产阶级和工业无产阶级。

工业革命极大地促进了社会生产力的发展，巩固了新兴的资本主义制度，引起了社会结构和东西方关系的变化，对世界历史的进程产生了重大影响。

## 凯恩斯主义

凯恩斯主义是资本主义世界经济危机的直接产物，是适应国家垄断资本主义的需要而产生的。在以前，占统治地位的经济学说把完全竞争和充分就业假设作为既定的前提，但资本主义世界经济危机证明这两种假设都是不符合现实的。凯恩斯提出，资本主义自发作用不能保证资源使用达到充分就业水平，因而国家有必要采取干预经济的一系列政策，这样就可以使资本主义解决"失业"，仍是"理想的社会"。垄断资本为国家干预经济、生活的政策提供了理论基础。

1936年，凯恩斯发表《就业、利息和货币通论》，用"边际消费倾向递减规律"、"资本边际效率递减规律"和"流动偏好规律"说明资本主义通常存在有效需求不足的问题。他主张由国家实行旨在刺激总需求的宏观财政政策和货币政策，以达到充分就业，缓解经济危机。凯恩斯的理论得到广泛传播和应用。20世纪50~60年代，在对凯恩斯理论长期化、动态化的过程中，形成了解释、补充和发展凯恩斯理论的两大派别：以P.萨缪尔森为代表的新古典综合学派和以J.V.罗宾逊为代表的新剑桥学派。他们都在不同程度上发展了凯恩斯理论。在20世纪60~70年代以前，凯恩斯主义在西方经济学界长期占据统治地位。

20世纪70年代以后，西方经济出现滞胀，凯恩斯主义的原有理论难以进行解释和提出相应政策，并受到货币主义、供给学派、理性预期学派、新自由主义等的严重抨击。

## 垄断

垄断一般指唯一的卖者在一个或多个市场，通过一个或多个阶段，面对竞争性的消费者。

垄断是从资本主义的自由竞争中成长起来的。在以自由竞争为基本特征的资本主义发展阶段，资本主义企业为了攫取更多的剩余价值，必然会采取先进的生产技术和科学的管理方法，实行生产的专业化和协作，提高劳动生产率；在激烈的竞争中，大企业往往凭借自己在经济上的优势，不断排挤和吞并中小企业，使生产资料、劳动力和劳动产品的生产日益集中于自己手中。

同时，资本主义信用制度和股份公司的发展，突破了单个资本的局限，加速了资本集中的发展，从而也推动了生产集中的发展。生产和资本的集中发展到一定程度，则意味着企业数目减少，一个部门的大部分生产都集中在几个或几十个大企业手中，它们之间比较容易达成协议，共同操纵部门的生产和销售，从而使垄断的产生具有可能。由于少数大企业的存在，使中小企业处于受支配地位，少数大企业之间为了避免在竞争中两败俱伤，保证彼此都有利可图，也会谋求暂时的妥协，达成一定的协议，从而使垄断的产生具有必要性。

自由竞争引起生产集中，生产集中发展到一定程度必然走向垄断，这是自由竞争的资本主义发展到垄断资本主义阶段的一般的、基本的规律。19世纪末20世纪初，垄断已成为资本主义全部经济生活的基础。

到19世纪晚期，主要资本主义国家的生产和资本已高度集中，出现了垄断组织。美国和德国尤其突出。垄断资本家通过兼并或联合的方式组成垄断组织，控制某一个或几个部门商品的生产、价格和市场，赚取高额利润。垄断组织的形式有卡特尔、辛迪加、托拉斯等。

## 倾销

倾销是指一国（地区）的生产商或出口商以低于其国内（地区内）市场价格或低于成本的价格将其商品挤进另一国（地区）市场的行为。受到倾销商品损害的进口国（地区）为此采取的措施称为反倾销。

反倾销的最终补救措施是对倾销产品征收反倾销税。

## 第三产业

现代产业分为3种，大体是第一产业为农业，第二产业为工业，第三产业为剩下的其他产业。第三产业一语最早是英国经济学家、西兰澳塔哥大学教授阿·费希尔提出来的，始见于他在1935年出版的《安全与进步的冲突》一书中。1940年，英国经济学家柯林·克拉克在《经济进步的条件》一书中，广泛地使用了第三产业这一概念，又以"服务性产业"代替"第三产业"。以后的西方经济学著作，便沿用第三产业的概念，并把费希尔和克拉克同视为这一说法的创始人。现代社会已经把第三产业是否发达看作社会进步与否的一个重要标志。

## 石油危机

石油危机是指因石油价格的变化而产生的经济危机。迄今为止，被公认的三次石油危机，分别发生在1973年、1979年和1990年。

第二次世界大战后，石油在世界能源消费结构中的地位日趋重要，西方工业国对亚非拉石油的依赖日益严重。为了满足迅速增长的市场需求，国际石油卡特尔加紧控制和掠夺亚非拉的石油资源，引起了亚非拉产油国的强烈不满和反抗。

20世纪50年代初期，沙特阿拉伯、科威特、伊拉克等国也为实现利润对半分成的税收法，与石油公司展开斗争，并获得胜利。伊朗由于提出实现利润对半分成的要求遭到英国石油公司的拒绝，便效法墨西哥，开展了石油国有化运动。

亚非拉产油国通过与石油垄断资本的长期较量，逐步认识到国际石油卡特尔之所以能够长期垄断产油国的石油勘探、生产、提炼和销售，并控制油价，在于它是一个联合的国际性组织，它的背后有几乎整个西方帝国主义做靠山。显然，要摆脱国际石油公司的控制，必须摆脱自发的、分散的、孤军作战的不利状况，只有组织起来进行联合，才能保障产油国的利益。

## 欧洲银行

11世纪，随着城市的逐渐兴起，欧洲形成了以意大利为中心和波罗的海与北海两个主要的商业区，世界上早期的银行最早出现在意大利，而后银行业又以上述欧洲南北的两大商业区为中心逐渐扩展开来。

当时的欧洲货币种类繁多，国与国之间、各个封建领地之间，甚至各个城市之间的货币都不相同，而且铸造货币还成为攫取暴利的一种手段。一些人在货币中掺杂大量的杂质，使得市集上的币质低劣，伪币流行。因此，商人在做买卖之前，必须首先分辨其货币的真伪和质量。于是，在市场上就出现了专门以鉴定、估量、兑换货币为职业的钱商，称为兑换人。

最初，这些兑换人只负责兑换业务，收取各种货币，衡量货币的真假，按比例兑换成当地流通的货币。可是，商人携带大批硬币极不方便，于是，他们就采取一个变通的方法，把大批货币交给兑换人，由兑换人开出凭据，商人据此到预定经商地点兑换他所需要的当地货币。这就是现代汇票制度的起源。

随着贸易的发展，一些兑换人还开展了借款业务，借款人出具期票给兑换人，按规定的日期归还，并付出利息。这样，兑换人通过经营汇兑和借贷业务而获得高额利润，久而久之就变成了银行家，银钱兑换业逐渐发展成银行。

## 世界银行

世界银行是根据1944年美国布雷顿森林会议上通过的《国际复兴开发银行协定》成立的。它是联合国下属的一个专门机构，是为经济发展提供融资的主要国际金融机构。世界银行是世界上最大的政府间金融机构之一，总部设在华盛顿。

目前，世界银行将利用其资金、高素质的人才和广泛的知识基础，把帮助发展中国家走上稳定、持续、平衡发展之路作为其贷款政策的目标。

## 世界贸易组织

世界贸易组织的前身是关税与贸易总协定。关贸总协定是关税和贸易政策的国际性多边协定，1947年由美国等23个国家在日内瓦制定，宗旨是减少关税和贸易障碍，取消歧视待遇，充分利用世界资源，促进各国生产，扩大国际交换，创造就业机会。

1993年12月15日，乌拉圭回合谈判结束后，各国部长在1994年4月发表《马拉喀什宣言》，正式同意乌拉圭回合谈判重要成果——建立世界贸易组织取代关贸总协定，促进世界经济的发展并带来世界范围内的贸易、投资、就业及收入的更大增长。

## 国际货币基金组织

国际货币基金组织是世界上最重要的经贸金融组织。1945年12月27日成立，1947年11月15日成为联合国的专门机构。其宗旨是：稳定国际汇兑，消除妨碍世界贸易的外汇管制，在货币问题上促进国际合作，并通过提供短期贷款，解决成员国国际收支不平衡时的资金需要。最高权力机构为理事会，由各成员国组成，每年开会一次，各国投票权由所缴的基金份额多少决定。执行董事会负责处理日常业务，由22名执行董事组成，其中出资最多的美、英、法、意、日和沙特阿拉伯6国各1人，其余16名按地区选举产生。总部设在美国华盛顿，负责人为总裁。中国是该组织的创始国之一。1980年4月中国恢复在该组织的代表权，并参加历届会议。

## 跳蚤市场

"跳蚤市场"实际上就是旧货市场，它起源于19世纪末的法国。1884年，巴黎市政府为了保持市容整洁，立法禁止沿街乱倒垃圾，并颁布法令让3万名靠捡破烂为生的贫民把市区堆积的垃圾搬运到郊区一个废弃的练兵场上。

贫民们在垃圾堆里挑拣有用的东西，并就地出售。到了1886年，圣旺这个地方就形成了一个固定的市场。因为在这里出售的旧衣物上常带有跳蚤，巴黎人就给它起了个名字，叫"跳蚤市场"。

如今，跳蚤市场已并非法国专有，凡是卖旧货的地方一般都叫跳蚤市场。随着网络的发展，还出现了"网上跳蚤市场"。

## 欧元

1957年3月25日，比利时、法国、联邦德国、意大利、卢森堡和荷兰6国签署《罗马条约》，建立欧洲经济共同体，扩大了共同市场这个概念。

1969年3月，当时的欧共体六国领导人聚会荷兰海牙，提出建立欧洲货币联盟的构想，并委托时任卢森堡首相的皮埃尔·维尔纳就此提出具体建议。1971年3月，被后人称为"维尔纳计划"的方案得以通过，欧洲单一货币建设迈出了第一步。

1979年3月，在法国和德国的倡导和努力下，欧洲货币体系宣告建立，同时欧洲货币单位"埃居"诞生。

1992年9月，欧盟各成员国于马斯特里赫特签署的《欧洲联盟条约》中做出实行单一货币的决定。该条约所附的议定书允许英国和丹麦游离于单一货币体系之外。

1995年12月15日至16日，在马德里召开的欧洲理事会上，15个成员国的首脑一致决定，"Euro"被选为欧洲未来货币名称，汉译为"欧元"，取代欧洲货币单位"埃居"，并一致同意单一货币于1999年1月1日正式启动，2002年1月1日开始进入流通领域。

## 银行

英语中"银行"（bank）一词源出拉丁语"banco"，本义指的是货币兑换人坐的长板凳。在欧洲，最早从事信贷和高利贷业务的，基本上是意大利人，被称为"伦巴底人"。他们创立的信贷方法，成为欧洲信贷制度的渊源和基础。因为开始时兑换人坐在一条长板凳上办公，所以商人们称他们为"banco"，意思是坐长凳的人。兑换人通过经营汇兑和借贷业务而获得高额利润，由此积累了大量的货币资本。久而久之，兑换人就变成了银行家，成立了银行这一机构来开展业务。

史学界的一些学者认为，1177年建立于意大利的威尼斯银行，是世界上最早的银行。

## 交易所

在中世纪和文艺复兴时期，商人们如果想做生意，就必须见面。由于道路状况较差又缺乏通讯手段，商人们为了谈生意就必须商定一个固定的地点定期会见。

其中，佛兰德的布鲁日对经济发展有过特殊的意义。早在14世纪，有一个叫范德·布尔斯的家族在布鲁日开了一间旅店，接待参加交易会的各地商人。在这家旅店里，人们可以聚会，可以收集情报，可以得到新商品信息，也可以知道哪些商人可靠，哪些不可靠。如果人们想开辟新的商务途径，就得去找"布尔斯"。渐渐地，这个说法成了人们的口头禅，到了后来，商人们即使在其他城市定期举行交易会，也称其为"布尔斯"，它在德文中是交易所的意思。1531年，安特卫普修建了第一座真正的交易所，向世界各国的商人开放，标志着交易所的正式诞生。

伦敦市的新证券交易所，这里吸引着英国各个阶层的人来进行投资。

## 彩票

彩票起源于西班牙。西班牙原来是世界上老牌的帝国主义国家，由于大搞扩军备战，导致财政收入江河日下，入不敷出，国力日衰。为了填补国库的空虚，除了增加各种课税外，西班牙政府还发行一种奖券（即彩票）来增加财政收入。当时西班牙政府规定把所出售彩票收入的25%上缴国库，每年收入约500万比赛塔（西班牙货币名），成为国家一大财源。其余收入，除了发行成本费用外，分为5个等级奖给中奖者。由于这种彩票透明度高，没有舞弊现象，而且又迎合彩民们中彩的侥幸心理，因而买彩者非常踊跃。

后来，这种西班牙奖券得到了世界上很多国家的认可，被很多国家借鉴，分别发行销售内容不一的奖券，于是，彩票就成了各种奖券的通称，一直流行至今天，可谓久盛不衰。

## 股票

股票至今已有约400年的历史。在17世纪初，资本主义工业的迅猛发展，使企业生产经营规模不断扩大，资本短缺、资金不足便成为制约资本主义企业经营和发展的绊脚石。于是，股份制公司应运而生。它以股份公司的形态，由股东共同出资经营达到集资的目的，再将筹集资本的范围扩展至社会，于是产生了以股票这种表示投资者投资入股，并按出资额的大小享受一定的权益和承担一定的责任的有价凭证，并向社会公开发行，以吸收和集中分散在社会上的资金。成立于1602年的荷兰东印度公司制定了世界上最早的股份有限公司制度。

股份有限公司这种企业组织形态出现以后，很快被资本主义国家广泛利用，成为资本主义国家企业组织的重要形式之一。伴随着股份公司的诞生和发展，以股票形式集资入股的方式也得到发展，并且产生了买卖交易转让股票的需求。这样，便出现了股票市场。据文献记载，早在1611年就曾有一些商人在荷兰的阿姆斯特丹进行荷兰东印度公司的股票买卖交易，形成了世界上第一个股票市场，即股票交易所。

## 期货

期货的英文为Futures，是由"未来"一词演化而来，其含义是：交易双方不必在买卖发生的初期就交收实货，而是共同约定在未来的某一时候交收实货,因此中国人就称其为"期货"。

1848年,美国82位商人发起组织了芝加哥期货交易所,最主要的目的是改进运输与储存条件,为会员提供信息,这是现代期货交易的雏形。1865年,交易所推出第一张标准化合约,同时实行保证金制度(不超过合约价值的10%),这是具有历史意义的制度创新。1882年,交易所允许以对冲方式免除履约责任,增加了期货交易的流动性。

国际期货市场的发展,经历了由商品期货到金融期货、交易品种不断增加、交易规模不断扩大的过程。

20世纪70年代以来,期货交易的品种结构发生了重大变化,金融期货发展迅速。期货选择权交易出现并得到了迅速发展。1982年10月1日,美国长期国债期货期权合约在芝加哥交易所上市,引发了期货交易的又一场革命。目前,国际期货市场上的大部分期货交易品种都引进了期权交易方式,其基本态势是商品期货保持相对稳定,金融期货后来居上,期货期权方兴未艾。

## 保险

现代意义上的保险,最初产生于海上运输的需要。

远在公元前2000年,航行在地中海的商人在遭遇海难时,为避免船只和货物同归于尽,便往往抛弃一部分货物,损失由各方分摊,形成"一人为大家,大家为一人"的共同海损分摊原则,成为海上保险的萌芽。

最早的保险单,是热那亚商人勒克维伦于1347年10月23日开立的承担"圣克维拉"号船从热那亚马乔卡的航程保险单。

1676年成立的汉堡火灾保险社是最早的专营保险的组织。

18世纪后,保险业迅速发展,保险种类增加。到了19世纪,保险进入现代时期,保险对象和范围不仅包括传统的财产损失和人身伤亡,而且扩展到生存保险、责任保险、信用保险和再保险等业务。

最早在中国出现的保险机构,是英国商人于1805年在广州开设的广州保险公司。

## 金本位制度

金本位制是以黄金作为标准货币的制度,它指黄金作为价值的标准及主要的支付工具。

英国于1821年首先实行金本位制度。19世纪70年代以后欧美各国和日本等主要资本主义国家相继仿效,金本位制由一国制度变为国际制度。金本位制分为三种类型:金币本位制;金块本位制;金汇兑本位制。

## 信用卡

信用卡最早于1915年起源于美国。

当初,美国的一些商店、饮食店为招徕顾客、扩大营业额,有选择地在一定范围内发给顾客一种类似金属徽章的信用筹码,开展了凭信用筹码购货的赊销服务业务,顾客可在发行筹码的商店及其分店赊购商品,约期付款。这就是信用卡的雏形。

1950年,美国商人弗兰克·麦克纳马拉与好友合作投资创立了"大莱俱乐部",即大莱信用卡公司的前身,为会员提供能证明身份和支付能力的卡片,会员凭卡片可以记账消费。这种无需银行办理的信用卡属于商业信用卡。

1952年,美国加利福尼亚州的富兰克林国民银行首先发行了银行信用卡。1959年,美国的美洲银行在加利福尼亚州发行了美洲银行卡。

此后,许多银行加入了发行银行信用卡的行列。

## "道—琼斯"指数

道—琼斯指数全称为"道—琼斯工业股票平均数",也有人称之为"道—琼斯蓝筹股平均数"("蓝筹股"原文为bluechips,意思是买卖最活跃的热门股票)。道—琼斯指数是美国金融新闻出版商、《华尔街日报》的出版者道—琼斯公司每天计算和公布的纽约股票交易市场上市的30种工业股票价格的平均数,它反映了美国股票市场的行情趋势。

## 各国货币的名称

货币名称为"元"的国家有:中国、美国、日本、朝鲜、缅甸、马来西亚、新加坡、利比里亚、埃塞俄比亚、圭亚那、澳大利亚、新西兰、特立尼达和多巴哥。

货币名称为"第纳尔"的国家有:伊拉克、科威特、约旦、突尼斯、阿尔及利亚、利比亚。

货币名称为"镑"的国家有:英国、土耳其、塞浦路斯、埃及、尼日利亚、苏丹。

货币名称为"先令"的国家有:索马里、坦桑尼亚、肯尼亚、乌干达、奥地利。

货币名称为"法郎"的国家有：布隆迪、卢旺达、比利时、法国、瑞士。

货币名称为"克朗"的国家有：捷克、瑞典、挪威、丹麦、冰岛。

货币名称为"卢比"的国家有：印度、巴基斯坦、尼泊尔。

货币名称为"马克"的国家有：德国、芬兰。

另外，罗马尼亚为"列依"；伊朗、沙特阿拉伯为"里亚尔"；泰国为"铢"；俄罗斯为"卢布"；荷兰为"盾"；意大利为"里拉"；墨西哥、多米尼加为"比索"。

## 亚当·斯密和《国富论》

亚当·斯密，英国古典政治经济学的主要代表人物之一。1723年他出生于苏格兰一个海关官员的家庭，14岁考入格拉斯哥大学，学习数学和哲学，并对经济学产生兴趣。17岁时转入牛津大学。毕业后，1748年到爱丁堡大学讲授修辞学与文学。1751~1764年回格拉斯哥大学执教，期间他的"伦理学"讲义经修订在1759年以《道德情操论》为名出版，为他赢得了声誉。1764年他辞了教授，担任私人教师，并到欧洲旅行，结识了伏尔泰等名流，对他有很大影响。1767年他辞职，回家乡写作《国富论》，9年后《国富论》出版，从而成为最受欢迎的经济学家之一。1787年他出任格拉斯哥大学校长。1790年逝世。他的《国富论》是一部划时代的巨著，它是古典政治经济学代表作，标志着自由资本主义时代的到来。亚当·斯密因而被奉为现代西方经济学的鼻祖。

《国富论》总结了近代初期各国资本主义发展的经验，批判地吸收了当时的重要经济理论，对整个国民经济的运动过程做了系统的描述，被誉为"第一部系统的、伟大的经济学著作"。也正是这本书奠定了资本主义自由经济思想。

《国富论》的中心任务就是弄清楚国民财富的性质和原因，以达到富国裕民的目的。斯密认为国民财富就是一个国家所生产的商品总量，而政治经济学的目的正在于促进国民财富的增长，兼顾好个人和社会、生产者的利益，而避免牺牲掉某一方面的利益。围绕着这个主题，斯密系统地发挥了关于价值、市场、竞争、经济目标的分析、经济政治学、财政学等一系列观点，以高屋建瓴的气势建立起一座经济理论的大厦。

## 马尔萨斯

英国经济学家。他1766年2月14日生于英国萨里郡多金。家庭富有，小时候在家跟家庭教师学习。1784年他入剑桥大学读书。大学时期，他成绩很好。1791年他获得硕士学位，毕业后当了牧师。18世纪末英国进行工业革命，面对工人失业问题，理论家们进行了思考。马尔萨斯对这些问题也感兴趣，他从人口问题思考，于1798年写出了影响深远的《人口原理》，使他一鸣惊人。1802年他写了《政治经济学原理》，在政治经济学上提出地租论，影响了后来的经济学家。他38岁结婚。1805年他被任命为东印度公司学院历史和政治经济学教授，并担任此职一直到1833年12月23日在美国巴斯逝世，终年68岁。马尔萨斯晚年被选为英国皇家文学协会会员，在欧洲具有相当高的声誉，他的理论也产生了深远影响。

## 欧文

英国空想社会主义者。生于一个手工业者家庭，10岁辍学当学徒，19岁成为一家纱厂的经理，1800年以后管理一个大纺纱企业。1817年提出组织"合作村"安置失业者的方案，后把"方案"发展成一套完整的合作社会主义思想体系。他成为欧洲有名的慈善家。1824年在美国实验合作村，以失败告终。1829年回到英国，创办杂志，宣传他的观点，并积极参加和领导工会运动和合作社运动。1832年他在伦敦建立全国公平劳动交换商场，1834年又发起成立全国产业大联合，均失败。欧文反对工人进行政治斗争，晚年走向唯灵论。1858年11月17日逝世于故乡。主要著作有《新社会观》、《新道德世界书》等。欧文促进了英国工会运动的发展，他的学说启发了工人觉悟，并影响了后来社会主义思想的发展。

## 李嘉图

英国古典经济学家，近代国际贸易理论的奠基人。他1772年4月18日出生于伦敦，是英籍犹太人后裔。幼年接受英国教育。12岁留学荷兰，两年后返英随父经商。21岁时因婚姻问题被赶出家门，与其父关系决裂，从此开始独立经营，25岁时就致富了。27岁时阅读《国富论》，对经济学发生兴趣。从此他一面经商，一面研究经济问题。他和当时著名经济学家穆勒交往很深，在穆勒的帮助下他1817年出版了名著《政治经济学及赋税原理》，使他成为当时最著名的经济学家。1819年2月他当选国会议员。他同马尔萨斯多次展开论战，但交情日深，被传为佳话。1823年病逝，年仅51岁。李嘉图也许是有史以来最富有的经济学家。他形成了一个庞大的经济学理论体系，正式建立起古典经济学的大厦，影响深远。

## 傅立叶

法国哲学家、经济学家、空想社会主义者。1772年4月7日生于一个富商家庭。他自学成才。20岁时，继承其父遗产经营商业。后因参加起义被捕，对革命失去热情，影响了他以后的思想。19世纪初，他发表了一系列著作，揭露了资本主义制度的罪恶，主张以他设计的"和谐制度"来代替资本主义制度。他理想的"和谐社会"名称叫"法朗吉"。他不主张革命，想靠资本家或权贵人物来实现社会改造。他刊登广告说在每天中午12点到下午1点接见出资创办"法朗吉"的富翁。他还和门徒创立"法朗吉"，结果以失败告终。1837年10月10日在巴黎去世。他的主要著作有《四种运动论》、《宇宙统一论》、《新的工业世界》等。傅立叶的空想社会主义学说是马克思的科学社会主义学说的宝贵的思想资料。

## 凯恩斯

英国经济学家。1883年生于英国萨伊法。起初在英国财政部印度事务部工作，后任剑桥大学皇家学院的经济学讲师，26岁时他的著作《指数编制方法》获"亚当·斯密奖"。后任《经济学杂志》主编，"一战"前任皇家经济学会秘书，战后任财政部巴黎和会代表。曾在1929~1933年主持英国财政经济顾问委员会工作。1942年被封为勋爵，1944年担任国际货币基金组织和国际复兴开发银行的董事。1946年死于心脏病。凯恩斯最著名的著作是1936年发表的《就业利息和货币通论》，它标志着"凯恩斯革命"的开始。凯恩斯的宏观经济理论体系，成为资本主义国家发展制定经济政策的依据。美国从罗斯福新政开始，几乎历届总统都是凯恩斯主义者。凯恩斯对经济学发展做出了极大的贡献，他一度被誉为资本主义的"救星"、"战后繁荣之父"等。

# 政治法律篇

## 三公九卿

三公九卿乃是秦朝时确立的中央官制，三公是古时辅助国君的三个最高官员，九卿是中央政府的9个高级官员。周代曾经出现过"三公六卿"，分别以辅佐皇帝的太师、太保、太傅为三公，以冢宰（总管军政）、司马（负责军务）、司寇（分管刑罚）、司空（负责工程）、司徒（负责民政）、宗伯（负责礼仪）为六卿。后来秦始皇统一六国后，听从李斯建议，建立了以皇帝为尊，以三公九卿为中央官制的中央集权制。

三公分别是丞相、太尉、御史大夫。其中，丞相主管全国行政；太尉负责总揽全国军政；御史大夫则负责皇帝与群臣的沟通并监督群臣。九卿分别是：奉常（掌管宗庙礼仪，为九卿之首）、郎中令（领导宫廷侍卫）、卫尉（掌管宫门警卫）、太仆（掌管宫廷御马和国家马政）、廷尉（负责司法）、典客（负责外交事务）、宗正（分管皇族事务）、治粟内史（掌管赋税徭役）、少府（负责宫廷财政）。三公九卿的基本构架被汉代沿用，只是具体名称有所变化。丞相被改为"大司徒"，太尉改为"大司马"，御史大夫改为"大司空"；九卿中的奉常变成了"太常"，廷尉变为"大理"，典客成了"大鸿胪"，治粟内史变为"大司农"等，不过其基本职责都变化不大。

三公九卿制的建立首次确立了中国中央集权制。另外，可以看出九卿中的大部分官职本来都只是负责皇家家事的奴仆，却纷纷担任起处理国家要务的职责，这也暴露了皇帝制度建立之初皇帝家事、国事不分的粗糙之处。自秦至两晋，各王朝都以三公九卿制为基本的中央官制构架，直到隋朝文帝创立三省六部制，三公九卿制才宣告结束。但事实上，三省六部制仍受到了三公九卿制的影响。

## 宰相

宰相是中国古代朝廷中的行政首脑。宰相职位最早出现在春秋战国时期，齐国的管仲、秦国的商鞅等都是当时著名的宰相。后来秦朝统一全国后，实行中央集权的郡县制，以分封制为基础的贵族统治阶层消失，官僚组织成了国家机器运行的载体。作为这个官僚组织的首领，宰相一职得以正式确立。但"宰相"只是对于最高行政长官的一种泛称，历史上除了辽国曾有过"宰相"这个官职名称外，其他朝代的宰相职位都采用的是其他称呼。秦汉时期行使宰相权力的官职是丞相、相国、三公（大司马、大司徒、大司空）。隋唐以及后来的宋朝，实行三省六部制，宰相职位由中书省、门下省、尚书省三个部门的长官共同担任，官职名称、权力、人数经常有变动，但不出"三省"。具体名称则有内史令、纳言、尚书令、尚书左仆射、参知政事、同平章事等；元代设左右丞相。明太祖朱元璋废宰相制度，内阁首辅成为事实上的宰相。清代行政实权掌握在军机处，军机大臣分满汉两班，两班首领成为事实上的宰相。可以看出，从人选上来讲，宰相是国家政权的一个组织部门，并不一定由一个人担任，其人数经常是有变动的；从功用上来讲，皇帝只是作为国家政权的象征，宰相才是具体主管全国行政的人，对于任何一个政权都是不可缺少的（即使名义上没有宰相的政权也往往有事实上的宰相）。因此宰相的地位相当高，是区别于一般大臣的。宋代之前的宰相上朝时是唯一可以坐在朝堂上的大臣。只是宋太祖赵匡胤不断扩大皇权，削弱相权之后，宰相地位开始下降，上朝时也没椅子坐了。历史上，皇帝和宰相职权的划分一直都是历代政治的大题目，一般而言，皇权和相权划分得合理时，政权都能运转得很好。划分不合理的，要么皇帝好大喜功，大权独揽，将国家推向战事

（如汉武帝），或者出现宦官专政（往往出现于皇权很大皇帝却无能的情况下）；要么宰相专权，架空皇帝（如西汉王莽、东汉曹操、明张居正），甚至出现篡权。

## 十三曹

十三曹是汉丞相直辖下的十三个办事机构，有些类似于丞相的大秘书处，"曹"大概相当于现在国务院的一个司。具体为：一西曹，主管府史署用。二东曹，主管包括军吏在内的二千石长吏的迁除。二千石是当时最大的官，地方上的太守以及中央的卿都是这个级别。三户曹，主管祭祀农桑。四奏曹，管理政府一切章奏，大致相当于唐代的枢密院，明代的通政司。五词曹，主管词讼，即负责法律民事部分。六法曹，掌邮驿科程，类似于现在的交通部，科程是指交通灯时限及量限等。七尉曹，主管卒曹转运，是管运输的，相当于清代的漕运总督。八贼曹，管缉拿盗贼。九决曹，主管罪法。这两曹所管属于法律之刑事方面。十兵曹，管兵役。十一金曹，管货币盐铁。十二仓曹，管仓谷。十三黄阁，主管簿录众事。从十三曹的具体负责事项可以看出来，这十三曹要处理全国政治、经济、司法等各个领域的事情，俨然是全国行政的总机关。由此可以看出中国汉代皇权和相权的分工已经相当明确了。

## 太尉与大司马

太尉曾是中国古代掌管全国军事的最高武官。秦朝时，太尉、丞相、御史大夫并称三公。对应于丞相掌管全国行政，太尉则掌管全国军事，地位与丞相相同。汉代基本上沿用了秦制，太尉一职也继承下来。汉武帝继位后，为加强对军队的控制，不再像过去那样封军功卓著的武将担任太尉，而是任命贵戚担任此职。此后太尉便只是个虚职，并无实权。后来汉武帝干脆废太尉一职，以大司马代之。大司马只是一种用于加封的荣誉称号，更无实权。汉大将军卫青、骠骑将军霍去病均因征匈奴的军功被加封为大司马。到东汉，光武帝又将大司马改为太尉。司徒、司空、太尉成为新的三公，太尉又重新成为全国军事统领，并参与政事，权位极重。东汉末，曹操自任丞相，废三公。此后魏晋南北朝期间，太尉与大司马均或置或废，比较随意。隋朝后，太尉与大司马均成为一种加赠的虚衔，宋代时太尉还一度成为对于高级武官的泛称。元代后，太尉与大司马均不再设置，另外，大司马常被当作兵部尚书的别称。

## 御史大夫

御史大夫是秦朝设立的官职，与丞相、太尉合称为三公。御史大夫主要有两个职能，一个是作为丞相副手处理政事，因此有副丞相之称；另一个则是作为监察机构御史台之长，负责监督百官，尤其是丞相。因为秦国实权曾一度被丞相吕不韦掌控，秦王政直到22岁除去吕不韦之后才得以掌握实权，非常担心丞相再度架空自己，于是设置御史大夫来牵制丞相。并且秦汉时期，丞相空缺后，一般由御史大夫补缺，这就使丞相更加忌惮御史大夫，从而得到制衡。汉哀帝时，御史大夫更名为大司空，东汉时又改为司空。大司空和司空仍为三公之一，但均已不再是最高的检察长官，最高的检察官由御史中丞担任。魏晋南北朝时，御史大夫官职又偶有恢复。隋唐之后的御史大夫，除宋代为虚衔外，均为最高的检察官，但不再有秦汉三公的权位。明代改御史台为都察院，御史大夫一职遂废。

## 郡县制和州县制

郡县制是中国古代的一种国家结构形式。西周时期，国家实行分封制，除天子直接统治区域外，其他地方被划分为许多小诸侯国，小诸侯国内则以同样方式再次划分成小的采邑。诸侯国对于天子有一定的义务，但总体上是一个独立王国，天子无权过多干预。卿大夫的采邑对诸侯国也是这种关系。春秋战国时期，以楚、秦为代表的许多国家开始设立郡县制度。秦代统一全国后，在全国范围内实行郡县制，将全国分为36郡，郡下设县。郡守和县令都直接由中央政府任免，其职位不得世袭。这样，便建立起了一种干壮枝弱的中央集权制度，地方不再有力量对抗中央，有利于全国政治稳定和经济发展。汉代沿用并完善了秦朝的郡县制，在开疆拓土过程中不断设立新的郡县。至东汉顺帝，已有105郡，两千多个县。汉代一县面积大约方百里，一郡则下辖20县左右。需要指出的是，郡县制并非一定是仅仅有郡、县两级地方政权，而是强调其中央集权的性质。实际上，历代的郡县制往往都并非仅有郡县两级地方政府。比如汉代时便在郡之上设立了州，全国总共分13个州，州长官称刺史，后改为州牧；隋朝地方政府设为州、县两级；唐朝则为道、州、县三级；宋代为路、州、县三级；元代则设立行省制度；明清基本继承元代行省制度，并稍作改变之后形成了省、府、县三级行政制。这些结构形式虽然并不是严格的郡、县两级制，但考虑其中央集权的性质，仍可说是郡县制。

州县制是郡县制的流变，本质上与郡县制差别不大。魏晋之后，进入南北朝乱世，北方政权更迭频繁，百姓四处流亡。新政权建立或新的人口流入，便要重新划分行政区域，分割原来的郡县。于是，郡不断变小，州不断增多。南朝也模仿北方划郡为州。至隋文帝时，撤郡建州，实行州县制。后来唐、宋基本沿用。

## 郡守和县令

郡守与县令为古代官职名称，均是在战国时期随着郡、县的设立而开始存在的。战国时的郡都设在边远地带，边防任务很重，因此其最高长官称作"守"，一般由武人担任。后来这些郡开发成熟，郡守逐渐成为地方最高行政长官。秦统一全国后，实行全面的郡县制，每个郡都设一名郡守，为一郡的最高长官。后来汉景帝将郡守更名为太守，但也习称郡守，之后太守又一度更名为州牧。南北朝时，太守权力逐渐为州刺史所夺，太守一职逐渐为刺史所代替。唐中后期，刺史又逐渐为节度使、观察使所代替。到宋明清之际，知府、知州则相当于原来的郡守。值得一提的是，因宋代之前的郡守（刺史、州牧、节度使、观察使）经常集行政、军事、人事大权于一身，一旦中央控制力变弱，郡守往往成为地方割据的基本单位。

县令是一个县的行政长官，刚开始与郡守是平级关系，战国末期，正式成为郡守下属。秦汉法令以户口多少为标准，大县长官称县令，小县长官称县长。至南朝宋时，不再区分户口多少，一县长官皆称县令。至宋代，县令称为知县，元代称县尹，明清又称知县。因为朝廷委派官职只派到县令一级，其下则实行乡绅自治，县令是政府与百姓接触的枢纽。因此县令一职在整个政权机器上的地位是至关重要的，中国自古有"县宁国安，县治国治，下乱，始于县"的说法。

## 刺史

刺史是古代官职。刺，检核问事之意，刺史的本义是负责监督类的官员。秦时，每郡设监察御史，负责监督郡守。汉代时，监察御史往往与郡守勾结起来欺骗朝廷，丞相于是又派出一套人马出刺各地，检查郡守和监察御史。这样重叠监督，显然成本高而效率低。汉武帝时，废除原来的两套监察官员，将全国分为13个州，每州设立一名刺史，正式建立刺史制度。这套新制度的特点是，充任刺史者均为俸禄六百石的低级官员，其检查对象郡守的俸禄却是两千石。因其官职卑微，故顾虑不多，勇于言事；另外，一旦官职低，也就急于立功，会更加恪尽职守。同时，为防止刺史滥用权力干扰地方政治，朝廷对他所调查监督的内容明确列明条目，其外不得多管。这套制度刚实行时是比较好的一套检查制度，但一项制度时间一久，便难免出现弊端。到东汉时，刺史权力逐渐扩大，成为实际的地方长官。汉灵帝时将部分资深刺史改为州牧，使之成为郡守（太守）的上级，这便在郡、县的基础上又多出了州一级。到隋文帝时，鉴于刺史权力基本替代了郡守，干脆废郡，实行州县两级，如此，刺史即相当于原来的太守。唐代中期，出于屯田与守边的需要设立新的地方军政长官节度使、观察使逐渐侵蚀刺史之权，或者兼任刺史。尤其"安史之乱"后，节度使更是遍布全国，刺史职任渐轻。宋代郡守名称为知州，刺史成为武臣虚衔，元代以后消失。

## 三辅

三辅本指西汉时治理京畿地区（国都及其附近的地区）的3个官职，后指这3个官职所管辖的地区。汉景帝时，将首都长安城以及城郊地区大体分为3块，分别设置左内史、右内史、主爵中尉（后改为主爵都尉）管理。因共同管理京畿地区，故合称"三辅"。汉武帝时，此3个官职又被命名为京兆尹、左冯翊、右扶风，其总共管理区域大致是今天的山西中部地区。后世其具体的行政区划虽然有所变更，但直到唐代，人们仍然习惯称京畿地区为"三辅"或者简称"辅"。

## 侨郡县

西晋"八王之乱"之际，许多北方人为躲避战火，纷纷南迁。之后的"永嘉之祸"又导致晋王室南迁建立东晋政权，北方则陷入"五胡十六国"乱世，于是更大规模的北方人选择南迁。东晋政权为吸引人口，建立许多新的郡县将这些北方侨民按照其北方原籍予以集体落户，并以其中的大族担任刺史、太守、县令，然后给这些郡县一定的赋税徭役方面的优待，这种郡县便称作侨郡县。随着北方侨民的增多，东晋政府陆续建立了琅琊郡、青州、徐州、兖州、幽州、雍州、秦州等侨州。同时，在北朝割据的诸多政权，为争夺流亡人口，也纷纷建立了类似的侨郡县。总体而言，侨郡县乃是当时的乱世政权为争夺人口、笼络大族的一种手段，对于安置流民、稳定社会起到一定的积极作用。但这种仓促建立的侨郡县往往出现一县同时属两郡、一郡同时属两州等情况，给地方行政管理带来相当大的紊乱。隋朝统一全国后，这些侨郡县大多被取消了，但一些地名还是保存了下来。

## 三省六部制

三省六部制是中国古代继三公九卿制之后的另一套中央政府机构组织形式。三省分别是中书省、门下省、尚书省，六部则是吏部、户部、礼部、兵部、刑部、工部。三省六部制的出现是皇权侵蚀相权的结果。汉武帝时，设尚书台。三国时期，魏文帝曹丕又设另一个秘书机构中书省，以削弱尚书台权力。至晋，皇帝的侍从机构门下省也开始处理政务。至此，由皇帝的小臣组成的"三省"开始成为全国政务中枢。到隋朝，朝廷明令确立三省制度，三省成为正式的政府机构，三省长官共议国政，执宰相之职。至于六部，则是尚书省下设的六个具体部门。汉光武帝时，尚书台已开始分为三公曹、吏部曹、民曹、客曹、二千石曹、中都官曹等六曹尚书分曹办事。后六曹经魏晋南北朝发展演变，至隋唐时期形成吏、户、礼、兵、刑、工六部。后世将三省六部制视作隋朝除科举制度之外的另一个重要制度贡献。三省六部制结束了自汉光武以来的皇帝与政府（以宰相为代表）权限不分的混乱局面，可以说是中国政治史上的绝大进步。三省六部制虽然在唐代以后多有变化，但其基本骨架为后世历代中央政府所采用，尤其六部制度直至清末连名称都未曾变动。

## 三省的职能

三省原本均是皇帝身边的小臣组成的机构，刚开始掌管政务时均一度是全国政务中枢。至隋唐三省六部制正式形成后，三省共同作为中央朝廷的最高行政机关行使相权，具体又有所分工。其中，中书省是各种政策的决策部门，往往由中书省制定各种政令，写成奏章上呈皇帝。得到皇帝认可后，该奏章又转交门下省，门下省负责对政令及皇帝诏令的审查，有"封驳"之权，即反对权。如果门下省不批准，则皇帝诏令和中书省政令均不算数；而如果门下省批准了诏书、政令，这便是合法的诏令了，称之为敕。尚书省则为敕的具体执行者，按照敕的内容分交六部具体部门去办。可以看出，中书、门下两省对政令起决定作用。因此制定政策时，皇帝往往召集中书、门下两省长官共同商议，故唐代此两省的长官中书令和门下侍中才被视为真宰相。唐代中后期，皇帝逐渐任用三省之外的人为"同中书门下平章事"，是为事实上的宰相，三省地位变轻。至唐末期，藩镇割据，三省已无实权。至宋，仍设有三省制度，但尚书、门下两省基本无权，中书省掌管行政大权，与掌管军事的枢密院合称"二府"。元代，门下、尚书两省皆废，原属尚书省的六部划归中书省，中书省与枢密院、御史台分掌政、军、监察三权。明代初设中书省，并将六部划归其下，后朱元璋废中书省，由皇帝直接统领六部。由此，三省不复存在。

## 六部的职能

六部分别是吏部、户部、礼部、兵部、刑部、工部。六部确立于唐代，归属于尚书省；到元代时则归属于中书省；明代朱元璋为加强皇权，废中书省，六部直接对皇帝负责；清代则沿袭明制。总体而言，六部乃是中央朝廷的政务枢纽，属于执行机关，而非决策机关。具体而言，吏部负责全国文职官员的任免、考核、升降、调动，验封封爵、世职、恩荫，为官员办理丁忧守制手续，为新科举子、进士分配官职，为退休官员办理退休手续等；户部则掌管全国户籍管理、土地测量、流民管理以及赋税、钱粮等财政事宜；礼部掌管礼仪、祭祀等事，并负责管理全国学校事务及科举考试，另外还要负责和藩属、外国往来之事；兵部掌管全国武官任免以及招兵、武器、后勤、发布军令等事宜；刑部负责全国司法机构的运转以及法令的颁布，并经常直接审理大案要案；工部则负责各项工程、工匠、屯田、水利、交通等事。六部的长官名称均为在本部名称上加"尚书"两字，如"吏部尚书"。其品阶在各代有所变化，清代均为从一品。清光绪年间推行新法，改总理衙门为外务部，又增设商部、巡警部，改兵部为陆军部、刑部为法部等，六部制度遂废。

## 尚书仆射

尚书仆射是一度相当于宰相的官职。仆，意为主管，因古代重武，由主射者掌事，故诸官之长称仆射。后来只有尚书仆射沿用下来，其他仆射的名称大都废弃，因此魏晋南北朝之后的仆射，专指尚书仆射。尚书仆射的官职最早在秦朝设立，其时为尚书之首，只是皇帝身边小臣，没有权力。西汉时，置尚书台（后称省），尚书令为尚书头领，尚书仆射为其副职。东汉光武帝时，因尚书台权力越来越大，尚书仆射的权力也渐大。汉献帝时，设左、右仆射，此后历代沿置。魏晋南北朝之际，尚书仆射上有尚书事、尚书令两职，但因经常空缺，尚书仆射已相当于宰相或副宰相。例如东晋谢安、北魏李冲、北齐杨愔等都是以尚书仆射一职分掌或专掌朝政。隋朝时，尚书事一职遭废，尚书令则常常空缺，尚书仆射成为宰相。唐代，因唐太宗李世民登基前任尚书令，此后无人敢任此职，尚书左、右仆射成为事实上的尚书省长官，一度与门下省、中书省长官并称宰相。唐高宗后，尚书省职权渐低于中书、门下两省，尚书仆射已不能和门下、中书省长官同称宰相，而需加封平章事封号才是宰相。玄宗后，尚书仆射未曾被加封过，从此不再是宰相。宋代时，尚书仆射名称屡有变化，并一度重新成为宰相。宋以后无仆射之官。

## 侍中

侍中是古代一度相当于宰相的官职，始设于秦。侍中在秦汉之际原本是皇帝身边小厮，干的事情相当杂，负责皇帝乘车服饰乃至便溺器具等一应事情。因其常在皇帝身边，经常给皇帝出一些主意，逐渐成了皇帝的顾问，地位渐重。之后侍中经常成为皇帝对于臣子的加封，官不在大小，上可至列侯，下可是郎中这样的小官。官员获此加封后，可出入皇宫，经常伴随皇帝左右，也是一种荣耀。东汉时，设侍中寺，晋时改为门下省，唐时一度改名为东台、鸾台、黄门省等，以侍中为其长官。魏晋之时，侍中已经不再负责皇帝的生活杂事，而是专备皇帝顾问。隋唐之际，侍中一度称纳言、左相、黄门监等，与中书省长官中书令、尚书省长官尚书仆射共同被尊为宰相。宋代沿用唐制，元丰改制后，以尚书左仆射兼门下侍郎行侍中之职，另设侍郎为其副职。元朝侍中只是礼官、从官。明代侍中地位有所恢复，但已不复昔日风光，仅为正二品，地位低于尚书。清无侍中一职。

## 中书令

中书令是古代一度相当于宰相的官职。汉武帝时，始置中书令，由宦官担任，后来逐渐由皇帝信赖的士人担任。其职责是帮助皇帝在宫中处理政务，并负责直接向皇帝递交大臣密奏。因其为皇帝近臣，一度凌驾于丞相之上，司马迁就曾以太史公的身份担任过此职。东汉光武帝时，尚书台成为全国政务中枢，与尚书工作性质有些相似的中书被冷落。魏晋时期，魏文帝曹丕为牵制尚书台，另外成立中书省，以中书令为其长官。之后中书省日益架空尚书台，成为全国最机要机关，中书令则成为事实上的宰相。其时中书令一般由社会名望与才能俱高者担任，谢安就曾以中书令之职执政东晋。南北朝时，门下省又逐渐取代了中书省的政务中心地位，中书令的宰相位被门下省长官侍中取代。到隋唐之际，三省六部制确立，中书令与门下省长官侍中、尚书省长官尚书仆射共同执掌宰相之权。其中，因中书省是政令的决策机构，而门下省则对政令有审核权，故中书令和侍中被唐人尊为真宰相。唐肃宗后，包括宋代在内，中书令逐渐成为大臣的虚衔，无实权。元代中书令又掌相权，明代朱元璋不设宰相，"三省"俱废，中书令自此不复存在。

## 侍郎

侍郎在西汉时曾是郎官之一，是皇帝外出时的随从，不是正式官职。东汉尚书权力变大时，侍郎成为尚书下属。当时每曹设6名侍郎，六曹共36人。魏晋以后尚书曹数增多，一尚书辖数曹，郎官遂成一曹头目。隋朝三省六部制既定，侍郎随尚书一起成为朝廷正式要职，相当于现在的国务院各司司长，初时官阶不高，却是实权官员。明侍郎升至正三品，清侍郎升至正二品。另外，门下省和中书省也曾设立侍郎官职，一般为一个部门的二把手。

## 政事堂

政事堂为唐、宋宰相和皇帝议事的地方，乃两朝最高决策中心。唐初，中书、门下、尚书三省长官（中书令、侍中、尚书左右仆射）共执宰相之权，三省长官经常与皇帝一起商议国家大事。刚开始其地点设在门下省，后来又改在中书省。政事堂后分列五房：吏房、枢机房、兵房、户房、刑礼房，随时待命，具体执行政事堂的各种政令。贞观年间，唐太宗为集思广益，同时分化宰相权力，给一些职位不高但能干的官员加封参知政事、同中书门下三品（以后逐渐统一为同中书门下平章事之名）等称号，让他们也以宰相身份参加政事堂会议。另因尚书省只是政策的执行机关，没有决策权，尚书省长官的宰相身份一向有些勉强。唐高宗后，尚书仆射同样须加封封号，才能参加会议。玄宗后，尚书仆射再未被加封此封号，从此被排斥在政事堂之外。唐代后期，中书令、侍中也逐渐被排斥在政事堂之外。皇权变大，相权变小。唐玄宗时，将政事堂改名为中书门下，也有称中书政事堂或中书都堂的。后晋时又改名为政事厅。北宋沿唐制，以政事堂为宰相、参知政事议事办公处，设于禁中。政事堂囊括门下省、中书省和尚书省的主要职权，是最高行政机构。宋以后历代不设政事堂，不过明朝的内阁和清朝的军机处的功能略等于政事堂。

## 御史台

御史台是中国古代监察长官的官署名，同时也指古代的监察机构，其属即为言官。秦代，建立御史制度，设众多监察御史监督政府，并以三公之一的御史大夫为众御史之长。汉代，御史大夫更名为大司空（后改为司空），不再负责监察事宜，其副手御史中丞成为御史以长。因御史中丞一直驻扎在宫中兰台办公，因此其官署便被称作御史台。御史台在后来历代均存在，只是名称偶有变化，另有宪台、兰台、肃政台等称呼。御史台下设三院，一曰台院，其属为侍御史，即监督皇帝的御史，御史中丞初时便是专门驻扎在皇宫里监督皇帝的官员；二曰殿院，其属为殿中侍御史，负责监督皇宫内礼仪等事；三曰察院，其属为监察御史，主要是监督中央政府和地方官员。总体而言，御史台设立的主要目的是监督百官，即"为天子耳目"。御史的品阶一般都不高，多由具清望之人担任，往往不怕得罪官员，越得罪人，名声越大。派往地方的监察官员往往都是由御史台派出，但历代都经常发生监察官员到了地方之后取代原来的地方长官成为事实上的地方长官的事情，比如汉代的刺史，唐代的节度使、观察使都属于这种情况。

明代时，太祖朱元璋改御史台为都察院，御史台之名遂废。

## 唐代五监

唐代五监指的是唐代时的5个负责工程、教育、军需、后勤等事宜的政府机关，分别是：国子监、少府监、将作监、军器监、都水监。唐代五监是将隋朝长秋监改为军器监之后形成的。其中，国子监是负责全国教育及考试的部门，其长官称作祭酒，为正五品上；少府监负责推动和普及农业、手工业技术，主官为监、少监，分别为从三品、从四品；将作监负责宫室建筑、金玉珠翠器皿的制作、纱罗缎匹的刺绣等事，其长官为监，有2名，从三品；军器监负责弓弩盔甲等军需用品的制造，其长官为监，正四品上；都水监负责全国的水运、黄河及其他河流湖泊的治理，其长官为监，正四品。唐代是中国各项制度的一个重要转折点，该五监的形成使政府机构得到很大完善，社会各项公共事务有了更专门的机构来管理，政府职能得到提高。五监的基本结构为后世历代政府所采用。

## 转运使

转运使是中唐以后各王朝设置的主管运输的中央或地方官职。唐代建都长安，因关中地狭，粮食不足，每年要从江淮地区调粮入关。玄宗时期，朝廷官员激增，加之军需民用，粮食需求增大，漕运对于朝廷的重要性随之增加，于是设专使水陆转运使，掌洛阳、长安间粮食运输事务。安史之乱后，朝廷财政全仗江淮地区盐铁之税，又设盐运使。后来盐运、转运二使合二为一，由宰相或重臣兼任。到宋代时，转运使成为一种普遍的官职。宋初为集中财权，置诸路转运使掌一路财赋，称某路诸州水陆转运使。另外皇帝出巡时设有行在转运使，出兵征讨则有随军转运使。宋代转运使往往由朝中位高权重者兼任，是一种显官，除掌握一路或数路财赋外，还兼有考察地方官吏、维持治安、清点刑狱、举贤荐能等职责。如此，转运使职掌扩大，实际上已成为一路之最高行政长官。后来朝廷干脆将路作为州县之上的又一级地方行政单位，全国总分为15路。元、明、清时期，转运使官职不再流行，只剩下一个盐运使，负责运盐，虽品秩不高，却是个肥差。

## 观察使

观察使是唐代后期出现的地方军政长官，全称为观察处置使。由于汉代设立的专门监督地方官员的刺史逐渐侵蚀了地方长官的权力，到隋朝时朝廷干脆明令刺史替代太守，成为地方长官，这样，朝廷中央便没有了专门的地方巡察员。到唐代前期，中央常常不定期临时派出使者监察州县，玄宗开元年间，宰相张九龄设置十五道采访处置使（简称采访使），行使原来汉代刺史的督察权，考评地方官政绩。后来，采访使制度又重蹈刺史制度之覆辙，本是中央派到地方的特派员的采访使又逐渐凌驾于刺史之上，成为实际上的地方一把手。而在不怎么受中央管制的节度使地区，采访使往往为节度使所兼任。肃宗乾元元年（公元758年）采访处置使改名观察处置使。"安史之乱"后，本为地方长官的刺史基本上已经没有什么权力，各地的节度使与观察使成为地方军政一把手。相比而言，节度使往往地盘较大，经济、军事实力雄厚，不听中央调遣，成为顾盼自雄的藩镇；而观察使则地位相对较低，地盘、势力较小，还能够服从朝廷，因此唐朝廷后期得以苟延残喘的财赋收入多由观察使所上缴。宋代在各州置观察使，但只是虚衔，为武官升迁之前的寄禄官（暂时作为升迁跳板的官职，无实权）。辽、金也曾设置观察使作为政务官，元代废。

## 参知政事

参知政事并非一种固定官职，而是唐宋时期的临时职衔，中低级官员可凭此职衔行宰相权。唐贞观年间，唐太宗为削弱相权，强化皇权，在与宰相议事的最高政务会议政事堂上，经常给其他非宰相但比较能干的官员加封诸如参知政事、同平章事、枢密使、枢密副使等职衔后让他们也参加会议，共议国政。太宗之后的唐代皇帝都采用了这个办法，乃至到唐高宗之后，原本是宰相的三省长官都先后被排挤出了政事堂，只剩下这些顶着临时头衔的宰相们执掌唐王朝的最高政治。如此，可以说唐朝在很长的时间里是没有宰相的。就参知政事而言，其又简称为"参政"，行使副宰相之职，唐中叶以后废去。宋代沿用了唐代政事堂制度，开始同样以参知政事为副宰相，开宝六年（公元973年）后，参知政事的职权、礼仪开始和宰相差不多。宰相出缺时，其代行宰相之职。北宋范仲淹、欧阳修、王安石都曾任此职。因为正规的宰相经常空缺，因此参知政事往往是北宋事实上的宰相。南宋时，参知政事和门下、中书侍郎，尚书左、右丞，以及枢密使、副使，知枢密院事，签书枢密院事等，通称执政，与宰相合称"宰执"，相当于常务副宰相。元、明时参知政事只是一个中级官员，清不设此职。

## 计相

计相是宋初中央财政机构——三司的首脑。宋代三司沿自五代。五代时期，天下不稳，税法混乱，后唐明宗设盐铁、度支（负责财政支出统计）和户部"三司"，统一掌管朝廷财政，相当于现在的财政部。宋代沿用并完善三司制度，三司掌管天下各种田赋、丁税、商税、矿税、酒税等财政收入和官奉、衣粮、军费等财政支出，当时称为"计省"，其长官为三司使。财政大权本是相权的一部分，但由于宋初皇帝想将财政权收归自己，以加强皇权对政权的控制，便令三司使不再统辖于宰相，而是直接对皇帝负责。这样，三司使便与掌管军政的枢密使、宰相各成一体，不相统摄，故被称为"计相"，意即财政宰相。但后来三司的权力逐渐扩大，职权涉及原来的兵户工礼吏等各部事务，并且时间一久，这个机构本身也变得臃肿而效率低下，三司开始成为宋朝行政机器上的一个不和谐部件。王安石变法时，曾试图分拆三司，但未能成功，只是将三司部分职权转移到其他部门。后来元丰改制，三司侵夺其他部门的职权才被重新归还各部。三司使改任户部尚书，虽仍管理财政，但已成为宰相直接下属，就职权和地位而言，已远远当不得"计相"的称号了。

## 谏官

谏官是古代言官的一种。言官即是专门负责监督并提意见的官员。古代言官分两种，一是御史，负责监督政府，谏官则职在监督皇帝。谏官并非正式官职名，而是对监督皇帝的官员的泛称。其最早在春秋时期设立，当时齐国的大谏、晋国的中大夫、楚国的左徒等都属于谏官性质。秦朝时，设谏议大夫为谏官，同时，御史类官职中的御史中丞也有些谏官性质。谏官制度得以正式化是在汉代，当时的光禄大夫、太中大夫、谏大夫、中散大夫、议郎等官职，都属谏官，统一归汉九卿之一的光禄勋管。谏官最活跃的时期是在唐代，当时的谏官机构不断扩大，所设谏官有左右谏议大夫、左右拾遗、左右补阙、左右散骑常侍等。另外，当时中书、门下两省的官员也都有兼职进谏的职责。唐代著名谏官甚多，例如魏征、褚遂良、孙伏伽、萧钧等。著名诗人杜甫、陈子昂、元稹等都任过谏官之职。因唐太宗开纳谏之风，唐代皇帝都比较重视谏官。宋朝皇帝起初也很重视谏官，曾专门将谏官从门下省中独立出来，成立专门的谏院，以左右谏议大夫为长官。但谏院独立后，谏官不再由宰相裁定，而是由皇帝任命，并且可以兼任御史，逐渐由监督皇帝变成了监督宰相和百官。后来，朝廷不再重视谏官，又开始出现蔡京、秦桧等权相。宋代之后，谏官或名存实亡，或名实俱亡。

## 路、军、府、州

路、军、府、州均是宋代的地方行政单位。宋代地方行政区划为三级制，其基本的结构是路、州、县，依次变小。其中，路是最高一级，大略相当于现在的省。宋初时，除路以外，还有一个道，与路为同级别的地方区划单位。后废道，将天下总分为十五路，分别是：京西路、京东路、河北路、河东路、陕西路、淮南路、江南路、荆湖南路、荆湖北路、两浙路、福建路、西川路、峡路、广南东路、广南西路。路的长官称作监司，每路4个。宋代的州由秦汉的郡变化而来，根据面积和人口可分为上、中、下州，长官称知州。县是最低一级行政单位。另外，在路、州、县的基本体制之下，宋代还有一些与州同级但稍微特殊的行政区划单位，府与军便属于此类。府由地位比较重要的州升级而成，分京府、次府。京府为首都或陪都所在地。宋初以都城开封府为东京，陪都河南府（今河南洛阳东）为西京，应天府（今河南商丘）为南京，大名府（今河北大名）为北京，遂有四京府，其余则为次府。州升府一般源于皇帝登基前所封或任官之地，如宋太祖以归德军节度使代周，后来便升归德军所在之宋州（今河南商丘）为应天府。军则是因军事需要而建的地方行政单位，一般在边疆地带，分大军和小军。大军与州府同级，直属于路；小军与县同级，属州管辖。就数量而言，这些地方行政单位并不固定，时有变化。

## 知府与知州

知府与知州均是出现于宋代的官职。唐代只称建都之地为府，宋代由于城市的快速发展，许多比较繁荣的州都升级为府。宋代统治者鉴于唐代地方长官坐大割据的教训，不给州府长官刺史以实权，而是以中央朝臣充任各府长官，称作"权知某府事"。"权"是暂时之意，意即暂时代理该府政事，简称知府。知州与知府的来源相同，同样是宋朝廷派朝臣临时充任各州长官，称"权知某军州事"，简称知州。军，乃指军事，州乃指民政。如此，宋代原本以唐制而设的府州长官——刺史便被架空了，而事实上的地方长官又只是临时充任，这便加强了中央集权，避免了藩镇割据的局面。但这也导致了地方力量的弱小，以至于金国攻破首都开封，北宋政权便轰然垮掉。知府与知州在元代成为地方的正式长官，只是其上置有由蒙古人或色目人担任的达鲁花赤（蒙古官名，为所在地方、军队或官衙的最大监治长官）；明清时期，知府与知州成为正式的地方行政长官。其中知州有直隶州、散州之别，前者直隶于省，可以辖县；后者隶属于府、道，相当于知县。

## 宣政院

宣政院是元代设立的一个掌管全国佛教事宜和吐蕃地区军政事务的中央机关。宣政院原名总制院，由元世祖忽必烈设立，后借唐朝皇帝曾在宣政殿接见吐蕃使臣的典故，改名为宣政院。因蒙古人信奉喇嘛教，因此此院地位相当高。宣政院刚开始以国师八思巴为其长官，后来该职一般由朝廷大臣担任。宣政院官员为僧俗并用，其中设院使2人，后来又增至10人，秩均为从一品，另有几个正二品、从二品的官职。宣政院官职任命不走吏部程序，而是自行任命，与中书省、枢密院、御史台并为元朝四个独立的任官系统。诸路、府、州、县置僧录司、僧正司、都纲司，为宣政院下属地方机构，负责管理各地佛寺、僧徒。总体而言，蒙古人设立宣政院有两个目的，一是掌管全国佛教，二是通过宗教与军政结合的方式控制同样信奉喇嘛教的吐蕃国。

## 行省制度

行省是行尚书省（后改为行中书省）的简称，本是尚书省的一个临时派出机构，后来演变成为地方最高行政机关。元朝总共分为12个大的行政区，除了大都（北京）为中书省直辖区外，另有11个行省。元代行省置丞相、平章、左右丞、参知政事，其行政机构名称和官吏品秩与中央同，全省军事、行政、财政权力集中，由蒙古贵族总领。从行省的划分方法来说，元代行省是从军事角度进行的划分。元代统治者害怕地方反叛，于是使各省边界犬牙交错，无山川险阻可依，北向门户洞开，形成以北制南的军事控制局面；另外，各省重镇的拱卫之城也都被划分到另一省。一旦一省叛乱，其重镇也很容易被攻下。也正因为此，后来的明、清继承了元代行省制度。元代的行省在后来，数量增加不少，名称也有所变化，但就其实质而言可以说是一直沿用的。

## 达鲁花赤

达鲁花赤是元朝的官名。蒙古铁骑当年横扫欧亚，占领了广阔的地域，但并没有足够的人手来统治这些地域，便培养起一个个主要由当地人组成的傀儡政权。在这个政权的各级军政组织中，表面上以当地人为长官，实际上另设有一名被称为达鲁花赤的蒙古长官对其进行钳制。

达鲁花赤虽然与当地行政长官平级，但实际权力在其之上，是军政的最后裁定者。蒙古人当初与南宋对峙期间，由于人手不够，曾有一些汉人也做到了达鲁花赤的职位。至元二年（1265年），元代朝廷正式规定，各路达鲁花赤只能由蒙古人担任，总管由汉人担任。如此，原本已经当上达鲁花赤的汉人也都纷纷被解职。一时没有称职的蒙古人时，则由色目人担任。达鲁花赤这个官职在有元一代普遍存在，在省、府、州、县和录事司等各级官衙，都设置达鲁花赤。另外，在异族军队的元帅府、万户府、千户所，也都设达鲁花赤以监军务。

## 土司

土司出现在南宋时期，元朝时形成土司制，明朝时土司制完善，清朝时土司制衰落，民国时土司继续在边疆地区存在，是中央封授给西北、西南地区的少数民族部族首领的官职名称。土司的职位可以世袭，但是袭官需要获得朝廷的批准。元朝的土司有宣慰使、宣抚使、安抚使三种武官职务。明朝与清朝沿置土司制度，自明朝起，增加了土知府、土知州、土知县三种文官职务。土司对朝廷承担一定的赋役，并按照朝廷的征发令提供军队；对内维持其作为部族首领的统治权力。

清朝雍正年间，为加强对边疆地区的统治，开始改土归流，即将世袭的土司改为由朝廷任免的流官。为了推行改土归流的政策，清朝发动了对少数民族的多次战争，但是土司制度直到清朝结束也没有完全消失。中华民国时期，宁夏、青海一带的马步芳武装接受民国政府的任命，但对于其辖地仍然自行管辖，实际上和前朝的土司制度没有什么不同。中华人民共和国成立后，经过剿匪、土地改革、民族区域自治等政策的实施，土司制度彻底被废除。

## 内阁

内阁是明清时期的最高官署。明洪武十三年（1380年），朱元璋为加强皇权，以谋反罪杀宰相胡惟庸，从此废去宰相一职并明令后世子孙不得设宰相。这样，全国政务全都汇集到皇帝这里。朱元璋行伍出身，精力充沛，后来又仿宋制设置了一些殿阁大学士作为自己的顾问，还勉强能够应付。到永乐皇帝，因他经常外出征伐，对政务便有些顾不过来，于是正式建立内阁，以大学士充任阁员，参与机务。内阁刚开始并无实权，但自仁宗起，明朝的皇帝们都只是成长于深宫的娇贵皇子，不具备一个人掌控全国政务的精力和耐性，内阁权力渐重。到成化、弘治之际，内阁已经相当于宰相府。尤其到万历年间，由于万历幼年登基，政务完全由内阁处理，内阁首辅张居正的权力甚至已经超越了以前的宰相。明朝晚期，宦官权力上升，内阁权力开始下降。崇祯时，内阁权力被虚化，明内阁制度名存实亡。

清代刚开始时沿用明朝内阁制度，以满、汉同比例的方式设置内阁大学士，行使相权。但因清帝基本都比较勤政，内阁差不多只是个执行机构，权力远不如明朝内阁大。到雍正时，设立军机处作为最高决策机关，内阁基本上成了一个类似于秘书处的文书机构。但在清代，内阁一直都是名义上的最高官署。

## 大学士

大学士是古代官职，最早出现在唐代。唐代曾先后置弘文馆、昭文馆大学士、集贤院大学士。唐代的大学士一般由宰相兼领，只是一种荣誉称号。宋代也曾仿唐制，搞过一些大学士称号，同样只是一种荣誉称号。明代时，朱元璋怕宰相夺权，不设宰相，但自己政务又忙不过来，开始置一些翰林学士到武英殿、华盖殿、文渊阁、东阁中参与政务，称作殿阁大学士或内阁大学士。大学士官阶很低，仅为五品官职，也没什么职权，只是皇帝顾问而已。仁宗以后，大学士往往兼有尚书、侍郎等重职，握有实权，地位尊崇，称为辅臣，内阁首辅成为事实上的宰相。明朝名相张居正就是以内阁首辅的身份行使相权。清代沿用内阁制，置三殿三阁（保和殿、武英殿、文华殿、体仁阁、文渊阁、东阁）大学士，为正一品，设满、汉头目各一人，相当于宰相；又置协办大学士，为从一品，满、汉各一名，相当于副宰相。汉人一般非翰林出身不授此职，我们所熟知的和珅、纪晓岚、刘墉均曾担任内阁大学士或协办大学士之职。雍正时设军机处，取代内阁成为最高政务决策中心，军机大臣成为事实上的宰相，但军机大臣及内外官员之资望特重者仍授大学士，以示尊崇。另外，明清时的大学士也习称中堂。

## 司礼太监

司礼太监是明朝一度权势很大的宦官机构里的太监。明洪武年间，成立了一个新的太监机构——司礼监，掌管宫廷礼仪。明朝没有宰相，权在内阁。内阁具体掌控政务的方式是由内阁大臣阅读奏章后在上面批注自己的意见，称"票拟"，然后交由皇帝审核并用朱笔做出最后批示，称作"批红"。因明朝中后期皇帝大多疏懒，或不懂政务，"批红"也就只是走走形式，基本上就是以内阁大臣的意见为准。到明宣宗时，为压制内阁势力，废除朱元璋定下的太监读书禁令，在宫内举办内书堂，教授太监识字，然后由这些识字太监帮助皇帝"批红"。此后，"批红"的权力便逐渐落入太监之手。"批红"分两道程序，先由司礼监秉笔太监"批红"，然后司礼监掌印太监审核确认后盖印，才算通过。由此，司礼太监便与内阁形成了一种权力制衡。历史上的刘瑾、冯保、魏忠贤等权倾一时的太监就是司礼太监的头目。

明晚期，宦官权力逐渐渗透到国家政权的各处，在中央掌管提督京营兵权，在各地方则派迁驻守太监，职在地方长官之上。尤其东、西两厂特务组织具有独立的司法、审查权力，并且有自己的监狱，可以随便提审百姓乃至官员。因此宦官组织已经变成一个与外庭相对应的严密的内廷官僚组织，而司礼监便是这个内廷的最高机关。司礼太监俨然相当于朝廷大臣，而其一号人物司礼监掌印太监则对应作为外庭宰相的内阁首辅，有"内相"之称。总体而言，司礼太监的滥权乃是明朝皇帝出于私心而采用的一种统治权术，也是明朝政治的最大问题。

## 都察院

都察院是明清两代最高监察机关。明洪武十五年（1382年），朱元璋改前代所设御史台为都察院，设左、右都御史为最高长官，其职权总的是"纠劾百司，辨明冤枉，提督各道，为天子耳目风纪之司"；都御史下设副都御史、佥都御史，为都察院各级长官；又按照十三道，分设监察御史。监察御史是都察院官员的主体，负责巡按州县，专事官吏的考察、举劾。大体而言，都察院的官僚体系与汉、唐的御史台差不多，御史台的职能也都包含在了都察院之内。但相比于御史台，都察院还另外具有很强的司法功能，其与大理寺、刑部合称为三法司，遇到重大案件均由三法司共同会审。到清代，都察院制度基本沿袭明制。因清代系异族统治，担心地方官员和军队对抗中央，经常派都察院御史以巡抚、提督、总督等临时官衔到地方上监督行政长官和武官。久而久之，巡抚、提督、总督等这些本是特派员性质的都察院官员便成了地方行政长官或军政首脑。

## 东西二厂

东厂是明永乐皇帝朱棣建立的由宦官掌控的特务机关。因建文帝既年轻有为，又怀柔天下，尊重士人，深得明朝官员拥护。朱棣发动"靖难之役"夺了侄子建文帝的江山，大批官员殉难，剩下的朝廷官员亦不大支持朱棣的新政权。朱棣因此对大臣也都十分猜忌，于是采取了两个措施，一个是迁都北京，另一个便是在锦衣卫之外另建一个更加方便自己使用的特务机关。因夺江山的过程中，几个太监曾出了不少力（如郑和、道衍），朱棣觉得太监比较可靠，便建立了一个由宦官掌领的侦缉机构。由于其地址位于东安门北侧（今王府井大街北部东厂胡同），因此被命名为东厂。东厂直接向皇帝负责。起初，东厂只负责侦缉、抓人，审讯犯人的权力则在锦衣卫。但到明末宦官专权后，东厂也具有了审问权，并且设有自己的监狱，对百姓乃至官员都可抓捕、审问，成为独立于国家司法体系之外的独立体系。另外，朝廷审理大案，东厂都要派人听审；朝廷各衙门里，也都有东厂人员坐班，监视官员；朝廷各种文件，东厂也都要查看，甚至民间百姓的日常生活都在其侦缉范围内。东厂的人每天在京城各处活动，经常罗织罪名敲诈勒索良民，成为上至朝廷下至民间的一大害。西厂则是明宪宗为强化特务统治所增设的，其人数比东厂更多，权力更大，并且不再局限于京城，而是遍布全国。后因反对，存在不久被撤销。东西二厂与锦衣卫共同构成明代的"厂卫"制度。

## 锦衣卫

锦衣卫是明朝皇帝的侍卫兼特务机构。其前身为明太祖朱元璋所设的御用拱卫司，洪武二年（1369年）改为大内亲军都督府，洪武十五年（1382年）改为锦衣卫。锦衣卫是朱元璋为强化皇帝对政权的控制而建，其作用有二：一个是作为皇帝的侍卫，与前代的禁卫军作用相同；二是作为一种特务组织充当皇帝耳目，监督百官。明代锦衣卫之所以在历史上很有名是因为它的第二个功能。锦衣卫不仅拥有自己的军队系统，而且拥有独立于政府司法体系之外的司法特权，可以绕过政府系统直接对上至大臣、武将，下至普通百姓实施侦缉、抓捕、审问，并拥有自己的监狱。

锦衣卫的建立除造成国家司法混乱及朝廷上下的恐怖气氛外，也起到了一定正面作用。如，对于预防官员腐败起到很好的作用，以至于明代官员可算是历代最清廉的官员；另外，锦衣卫还担当了部分国防及情报工作。锦衣卫首领称指挥使，一般由武将担任。后来宦官统领的特务组织东厂成立后，锦衣卫地位逐渐低于东厂。晚明宦官专政时，锦衣卫指挥使见东厂厂主甚至要下跪叩头。整个明代，锦衣卫和东厂、西厂这样的特务组织一直存在，乃是一种酷政，不少学者认为明代即亡于"厂卫"制度。

## 三司

三司是明代省级地方政府的三个权力部门，分别是布政司（全称承宣布政使司）、按察司（全称提刑按察使司）、都司（全称都指挥使司）。明代初时沿用元制，设行省统辖郡县，洪武九年又改行省为布政司。全国除南北两直隶外，分为13个布政司，就地域范围而言其实和原来的行省差不多。明代每一个布政司都设有三司，作为常设政府权力机关。其中，布政司相当于现在的省政府，其长官为布政使，是一省行政长官，负责全省民政；按察司是一省的最高司法与监察机构，主管一省的刑名、诉讼事务。同时也是中央监察机关都察院在地方的分支机构，对地方官员行使监察权。按察司长官称作按察使，别称臬台。都司乃是一省最高军事机构，长官称作都指挥使，掌控全省军事。三司之间，互不统属，各司其政，其长官官职相同，均直接对中央负责。三司之间互相制约与牵制，谁也不能一方独大，有效地防止了地方割据。可以说，三司的设立正是明朝政府中央集权、地方分权的治国方略的体现。到明朝中晚期，文官势力的上升和武官地位的下降打破了三司之间的平衡，明政府又派遣中央官员以巡抚、总督的官职到地方协调地方事务，三司的权力逐渐为巡抚、总督所夺。

## 总督

总督是明清时期的地方军政大员。明代实行空前的中央集权，地方长官权力不大，中央经常派尚书、侍郎、都御史等京官至地方安抚军民或主管兵事，事毕复命，称之为巡抚、镇守等。后这些下派官吏统一定名为都御史巡抚兼提督军务（或都御史兼其他事务）这样的名称，负责多方面事务的则称总督，并非正式官职。明朝代宗景泰三年（1453年）设两广总督，自此，总督成为专门官职。此后，又陆续设立凤阳总督、蓟辽总督、宣化总督、三边总督等，先后有12个，所辖地区广狭不等，一般在一省以上。明朝总的治国方略是重文抑武，总督的作用一方面在于以文臣钳制武臣，防止武臣割据；另一方面在于协调各省、各镇之间的关系，统一事权，防止各省、各镇有利互相争抢，无利互相推诿的情况，体现了中央对地方控制权的加强。一般而言，总督由中央政府的显官担任。

清朝刚开始时沿袭明朝的总督制，不过久而久之，总督又成了地方最高长官，俗称封疆大吏。总督辖一省或二三省，先后设有直隶、两江、陕甘、闽浙、湖广（也称两湖总督）、两广、四川、云贵及东三省9个总督。各总督综理军民要政，级别一般为正二品，如加尚书头衔则为从一品。此外，清代还有一些负责专门领域的总督，如专管漕运者称作"漕运总督"、专管河道的称作"河道总督"等。显然，这些专门领域的总督没有封疆总督实际权力大。一般而言，清朝的官员如果被简称为总督的，均指封疆总督。

## 巡抚

巡抚是明清时期的省级地方军政大员，以

"巡行天下，抚军安民"而名，又称抚台。明代宣德、正统以后，三司之间互不统属的局面使地方行政的运转极为不灵，行政效率低下。于是，中央政府开始设置总督、巡抚这样的临时官员到各地方代表中央统一协调地方行政，同时也对权势日大的地方文官集团形成一种制约。巡抚刚开始为临时职务，后来逐渐长期驻扎地方，一年回中央汇报一次。在职权上，巡抚刚开始仅负责督理税粮、总理河道、抚治流民、整饬边关，后来逐渐偏重军事，并逐渐成为事实上的地方行政长官。

清袭明制设立巡抚，并使之成为制度化的正式官职，具有处理全省民政、司法、监察及指挥军事大权。巡抚均兼右副都御史，官职从二品，加兵部右侍郎衔则为正二品。总体而言，巡抚和总督非常相似，刚开始都只是中央派下来的临时官员，后来侵蚀地方权力，成了地方最高首脑，是一种中央集权策略在制度上的体现。就清代而言，其地方大员中，以总督为最大，一般为两三个省的首脑，其次便是巡抚，是一省首脑，有的总督则兼职下辖省的巡抚。

## 道员

道员是明清官职。明朝时，省级行政长官布政使下设左、右参政和左、右参议，均为辅佐布政使的官员。其人数不定，因事添设，职责同样不定，根据布政使的需要，或管理辖区内部分地区，或负责具体某一专门事务，这类官员称作分守道。另外，负责一省司法与监察事务的按察使也有自己的佐官，称作副使、佥事，也无定员，分管各按察使辖区内部分地区、刑名等事，称分巡道。清初袭明制，后乾隆废参政、参议、副使、佥事等官衔，设分守道，主管一省内若干府县的政务，其长官相当于现在的地委书记；设分巡道，掌管全省的教育、屯田、粮储、盐法等专门事务，其长官相当于现在的教育厅长、农业厅长等。分守道和分巡道长官均称作道员，俗称道台，尊称观察。就品阶而言，道员为从三品或正四品官员，官职低于巡抚，略高于知府。

## "京察"和"大计"

中国明清两代对文武官吏定期进行考绩的制度。京察在中央官员中进行，六年一次；大计随地方官员朝觐进行，三年一次。四品官以上由本人自陈，由皇帝裁定；五品以下具册奏请。京察大计特别卓异的，可予提升；不合格的，按贪、酷、无为、不谨、年老、有疾、浮躁、才弱等八法，分别予以革职、冠带闲住、致仕、改调等处置。清代考察则发展为"四格八法"之制。四格是才、守、政、年四项标准，才分长平短，守分廉平贪，政分勤平怠，年分青中老，综合四格决定官员的加级、升职、留任、降调。

## 廷寄

廷寄是清王朝发布和传递皇帝谕旨的一种机要信件，并形成一种文书制度。清朝初期，皇帝颁发谕旨都由内阁传抄各衙门递发执行。这种传达方式不易保密，且比较迟缓。雍正七年（1729年）设立军机处后，廷寄形成制度。军机处办理皇帝的上谕档簿有5种，其中用寄信形式寄发的称"寄信档"。由于寄信是由居内廷的军机处发出的，所以称之为廷寄。凡有关机要又不便由内阁明发的谕旨，就由军机处廷寄发出。

皇帝向军机大臣指示机宜后，军机大臣即拟旨，经皇帝修改阅定后，再由军机处密封发出。据事情的缓急，于封函注明驿递日行里数，或三百里、六百里不等。廷寄谕旨只许受命者本人拆阅，不许代拆。受命大臣领旨以后，须将接到廷寄的时间、承旨寄信者衔名、谕旨的内容以及如何办理的情况，向皇帝复奏明白，以保证旨意的落实。这一套廷寄制度，减少了很多中间环节，大大加快了办事效率。

## 南书房

南书房始设于康熙十六年（1677年），是清代皇帝文学侍从值班的地方，旧为康熙帝读书处。初由翰林学士入职南书房，为文学侍从，称为"南书房行走"，后逐渐参与机务，是康熙帝削弱议政王大臣会议权力，实施高度集权的重要步骤。雍正朝自军机处建立后，军机大事均归军机处办理，南书房官员不再参与机务，其地位有所下降。但由于入职者能经常觐见皇帝，因此仍具有一定地位。南书房亦作为皇帝研讨文学处得以长期保留，直至光绪二十四年（1898年）撤销。

## 顺天府尹

清代北京地区称为顺天府，其长官称顺天府尹。顺天府由于是中央机关所在地，所以府尹的职位特别显赫，品级为正三品，高出一般知府二至三级，由尚书、侍郎级大臣兼管。正三品衙门用铜印，唯顺天府用银印，位同封疆大吏的总督、巡抚。顺天府所领二十四县虽然在直隶总督辖区内，但府尹和总督不存在隶属关系。北京城垣之外的地区由直隶总督衙门和顺天府衙门"双重领导"，大的举措要会同办理。北京城垣之内，直隶总督无权过问。

## 羁縻

羁縻制度是历代封建王朝对社会发展不平衡的少数民族地区所采取的因地制宜的一种民族政策。所谓羁就是用军事和政治的手段加以控制；縻就是以经济和物质利益给以抚慰。这一制度能基本保持少数民族原有的社会组织形式和管理机构，承认其酋长、首领在本民族和本地区中的政治统治地位。羁縻地区除在政治上隶属于中央王朝，经济上有朝贡的义务外，其余一切事务均由少数民族首领自己管理。

但大多数羁縻地区只是名义上的行政区划，其版籍并不向中央呈报，也并不承担必需的贡赋。羁縻地区的具体情况十分复杂，各地区不同，各部族不同，又会因时因势而变。有的羁縻地区刚开始往往处于中央的有效控制之下，但不久就闹独立，或为相邻的羁縻府州占领役属。有的羁縻州县自始至终就只是一个虚名。

羁縻制度在当时的历史条件下，有利于多民族中央集权国家力量的增强和全国大一统局面的相对安定，并且也有利于各民族地区社会经济、文化的发展。

## 八旗制度

八旗制度是清代满族的一种社会组织形式。满族以射猎为业，每年到采捕季节，以氏族或村寨为单位，由有名望的人当首领，这种以血缘和地缘为单位进行集体狩猎的组织形式，称为牛录制。首领称为牛录额真（牛录意为大箭；额真，又称厄真，意为主）。明万历二十九年（1601年），努尔哈赤改革牛录制，以旗帜作为标志，将本族及下属包衣奴隶分编为黄、白、红、蓝四旗。1615年又将黄、白、蓝旗镶以红边，红旗镶以白边，增建镶黄、镶白、镶红、镶蓝四旗，合称"八旗"。每旗（满语称"固山"）下辖五参领（甲喇），每参领辖五佐领（牛录）。凡满族成员分隶各佐领，平时生产，战时从征。皇太极时，又把降附的蒙古人和汉人编为"八旗蒙古"和"八旗汉军"，与"八旗满洲"共同构成清代八旗的整体。满洲八旗中的正黄、正白、镶黄称为"上三旗"，是皇帝的亲军，由皇帝直接统帅，其他五旗称为"下五旗"，由满洲贵族统帅。编入八旗的人户，称为"旗人"或"旗下人"。

八旗制度在建立初期，兼有军事、行政和生产三方面职能，是与当时满族社会经济基础相适应的，对推动满族社会经济的发展起了积极作用。入关后，满族统治者利用八旗制度加强对人民的控制，其积极意义日趋缩小。

作为一个军事组织，八旗军队与绿营兵同为清廷统治全国的工具，分驻首都及全国重要地方。在某些地区，八旗也作为行政机构，与州县系统并存。清亡后，八旗制度才全部瓦解。

## 议政王大臣会议

议政王大臣会议是中国清代前期满族上层贵族参与处理国政的制度。起初，努尔哈赤令八旗旗主即八大贝勒（亦称八王）"共治国政"，共同处理军国要务。后又设八大臣以资辅佐，称议政大臣。崇德二年（1637年），议政王大臣会议作为中央辅政机关的地位最终确定。议政王大臣会议制度最终形成。"议政"是一种正式的职衔，必须经过皇帝的任命。最初议政王大臣会议权力极大，皇位继承这样的重大决策都由议政王大臣会议决定，甚至议政王大臣会议有权罢免皇帝。

清军入关以后，议政王大臣会议权力有了进一步的扩大，皇权受到了极大限制，康熙曾设南书房对其进行有效抵制。雍正年间又设立了军机处，一切政事均由皇帝"干纲独断"，议政王大臣会议名存实亡，变成一些不当权的贵胄世爵挂靠之地，或者是给予一些大学士、尚书之类官僚兼虚衔的部门。乾隆五十七年（1792年），议政王大臣会议终被取消。

## 军机处

军机处亦称"军机房"、"总理处"，是清朝中后期的中枢权力机关。军机处的设立是清代中枢机构的重大变革，标志着清代君主集权发展到了顶点。军机处成立于雍正七年（1729年），初名"军机房"，乾隆后称"军机处"。军机处本为办理军机事务而设，但因它便于君主有效实施专制独裁，所以常设不废，而且其职权也愈来愈大。军机处的职官有军机大臣（俗称"大军机"）和军机章京（俗称"小军机"）。军机大臣由皇帝从满汉大学士、尚书、侍郎等官员内特选，有些也由军机章京升任。

军机处成立后，一切机密大政均归军机处办理，但实际上军机处完全等同于皇帝的私人秘书处。入职军机者，只能跪受笔录，传达谕旨，决策大权完全掌握在皇帝一人手中。军机大臣既无品级，也无俸禄。军机大臣之任命，并无制度上的规定可供遵循，完全出于皇帝的自由意志。军机大臣的职务也没有制度上的规定，一切都是皇帝临时交办的，所以说军机处是皇帝集权的最好工具。

## 总理衙门

总理衙门相当于清朝的外交部。鸦片战争前，中国没有多少外交事务，与清政府打交道较多的只有俄国，另外的日本、朝鲜等国是清王朝的附属国，并不被视为严格意义上的外国。与这些国家的外交事务一般都由清政府设立的处理少数民族事务的理藩院一并处理。鸦片战争后，中国与欧洲国家事务日繁，除理藩院外，清政府又委派两广总督专门负责与欧美国家的交涉，并特加钦差大臣头衔，称"五口通商大臣"。但欧洲各国不满足以"蛮夷"身份与效率低下的理藩院打交道，同时又认为地方大臣负责外交于制不合，要求清政府成立专门的外交机构。咸丰十年（1860年）《北京条约》签订后，在恭亲王奕䜣等人奏请下，清政府于同治元年（1862年）成立总理各国事务衙门，简称总理衙门。总理衙门头目称为首席大臣，由亲王担任。另外，按照一满一汉的原则下设大臣、大臣上行走、大臣学习上行走以及总办章京、帮办章京、章京等官职。其中，有权的是大臣，人数初为3人，后几人到十几人不等，其首席大臣，先是恭亲王奕䜣做了28年，其后庆亲王奕劻又做了12年。总理衙门下属机构有同文馆、海关总税务司署，名义上，南、北洋通商大臣也归其统属。在职责上，总理衙门最初主持外交与通商事务，后来还负责办工厂、修铁路、开矿山、办学校、派留学生等事，权力越来越大，凡外交及与外国有关的财政、军事、教育、矿务、交通等，全归其管辖，成为清政府的重要决策机构之一。总体而言，总理衙门的设立是中国重新直面世界、同时也是中国半殖民化的标志。光绪二十七年（1901年），清政府施行宪政改革，总理衙门改为外务部，居于六部之首。

## 南、北洋大臣

南、北洋大臣是晚清政府设置的负责外交事宜的专设大臣。其中，南洋大臣全称为办理江浙闽粤内江各口岸通商事务大臣，其设置要早一些。《南京条约》签订后，因为条约所规定的广州、厦门、上海、宁波、福州五个通商口岸的开放，清政府设立五口通商大臣，专门负责沿海口岸的通商、海防等事务。先是驻在广州，由两广总督兼任，后来移驻上海，由两江总督兼任。南洋大臣大多由湘军人物担任，湘系集团的曾国藩、曾国荃、左宗棠、沈葆桢、刘坤一等专任此职40余年，职责除交涉、通商、海防外，还包括训练南洋海陆军，兴办工矿交通事业，但局限于两江一带。

第二次鸦片战争后，清政府鉴于天津等北方城市也开始开埠通商，便专设北洋大臣负责北方口岸的通商、海防事务，驻扎天津。后来为扩大北洋大臣权限，以直隶总督兼任北洋大臣。1870年，李鸿章调任直隶总督后，在北洋大臣的位子上待了28年。李鸿章到任后，兴办船厂、铁路、学校、纺织企业等，并将北洋水师训练成了当时硬件水平亚洲第一的海军。加上畿辅本为重镇，直督为疆吏领袖，李鸿章又久于其位，后起的北洋的重要性远远超过了南洋。李鸿章之后，王文韶、荣禄、袁世凯也先后任职。总体上，北洋大臣由淮军人物担任。

南、北洋大臣名义上统辖于总理衙门，其实并不受其管束。尤其到后来，总理衙门只是做一些后勤性质的外交工作，外交谈判方面的事务基本上依赖于南、北洋大臣，尤其是北洋大臣。总体而言，南、北洋大臣是晚清历史上的重要角色，为中国外交做出了一定的贡献，但总体上因其并不具备真正的现代外交素质，又缺乏一套完整的外交策略，在对外交涉中存在局限。

## 钦差大臣

钦差大臣又简称钦差，是明清时一种临时官职。钦，意为皇帝，钦差即是皇帝差遣之意，因此钦差大臣是由皇帝专门派出办理某事的官员。因为代表了皇帝本人，所以其地位十分了得。担任该官职往往都是皇帝信得过的高官，能得此职事本身也是一种荣誉。一般事毕复命后，该官职便会被消。其实，皇帝派遣大臣外出办事在中国古代一直都有，但从明代开始，担任这种职事的官员才有了"钦差大臣"这种固定的称谓，其地位也高出以往历代此类大臣，这也与明代实行高度的中央集权制有关。清代更是实行空前的中央集权，派遣钦差更加频繁。清代钦差又称钦使，统兵者则称钦帅，驻外使节称钦差出使某国大臣。比如，当年林则徐到广州禁烟即是以钦差身份前往。总体而言，明清两代，钦差大臣的流行，与此两代均不设宰相、皇帝权力空前强大有关。

## 驻外大使

驻外大使是清末设置的官职。中国第一位驻外大使为驻英公使，于1876年设置，首任此职者为郭嵩焘（后又兼任驻法公使）。郭嵩焘是道光二十年进士，早年与曾国藩是岳麓书院同窗，后镇压太平天国时入曾国藩幕府，是当时曾国藩著名的幕僚之一。郭嵩焘是湘系经世派的代表人物，具有浓重的洋务思想。他在伦敦担任公使期间，潜心学习，留意西方政治、社会层面的种种细节，最后写成《使西纪程》一书，称赞西方政教制度。尤其值得一提的是，郭嵩焘及使馆人员因扎着辫子，且不懂英语，刚到英国时屡屡遭到嘲笑，但他们最终以其品格与才识赢得了英法人的尊重。虽然郭嵩焘遭到诬陷，担任公使仅2年多便被召回（曾国藩之子曾纪泽继任），但第一位驻外大使的设置标志着中国自此步入了世界外交舞台。

## 民国"五院"

民国五院是南京国民政府根据孙中山"五权分立"的思想设置的五个中央政府机关，分别是行政院、立法院、司法院、考试院和监察院。

立法院为国民政府最高立法机关；行政院为国民政府最高行政机关；司法院掌管司法律政事务；考试院负责官员的选拔和考核；监察院负责监察。各院皆可依据法律发布命令，并有权在职权范围内向立法院提出法律议案。其中，行政院因民众关注度较高而处于五院中枢地位。

## 罗马元老院

元老院是古代罗马政府机构中历史最悠久的组成单位。公元前6世纪，元老院议员（约有300名）由罗马国王委任，并随时向国王提供咨询。到公元前5世纪末，庶民首次担任长官职务后，开始进入元老院。

公元前4~前3世纪，在连绵不断的战争当中，元老院对外交政策施加影响的力度逐渐增大。在共和国最后两个世纪（公元前2~前1世纪），通过一系列未成文的规定，元老院在外交政策、立法、财政、宗教等方面起着至关重要的作用。它还有权给长官们分派任务，延长他们的任职期，指定设立元老院委员会以协助长官管理被征服的土地，以及根据人民的战争与和平的正式特权指导外交关系等。

在共和国最后的几十年里，由于军事领袖崛起、元老院本身唯利是图、改革受阻及其重要成员的排外主义，元老院的威望和权力下降。公元前27年，屋大维恢复元老院的威望，并把它视为统治帝国的正式的合作者。长官、主法官和法官的选举由公民议会负责转到元老院。然而，皇帝对选举起很大的作用，并随意委任元老院议员。元老院恢复它作为统治者咨询机构的本来面貌。公元580年，罗马元老院被取消。

## 前三头同盟

随着民主派势力的强大，左右罗马政局的克拉苏和庞培出于个人的政治目的转向民主派。克拉苏是苏拉的部将，随苏拉出兵意大利，建立了功勋，并趁火打劫，成为罗马首富。庞培也是苏拉的部将，曾先后平定了西班牙起义，消灭了地中海上的海盗，征服了小亚细亚，功震罗马。与此同时，马略的内侄恺撒也以民主派的身份登上了罗马的政治舞台。恺撒既不能在军功上与庞培竞争，也不能在财富上同克拉苏匹敌，但恺撒凭借着对马略的追念活动，打击了苏拉的党羽，赢得了平民和马略老兵的支持。三人中谁也没有力量单独战胜贵族势力，而只有三人暂时联合，才能与元老院抗衡。于是，公元前60年，恺撒、克拉苏和庞培达成了互相支持的协议，建立了秘密的政治同盟，史称"前三头同盟"。

## 后三头同盟

古罗马共和后期有"前三头同盟"和"后三头同盟"。公元前73年，罗马爆发了斯巴达克奴隶大起义。在镇压这次起义过程中，苏拉的两位部将克拉苏和庞培一度成了罗马的风云人物。他们因为和元老院的冲突而废除了苏拉留下的制度。公元前60年，克拉苏、庞培与恺撒结成秘密的政治同盟，一起反对元老院，史称"前三头同盟"。

恺撒死后，罗马发生争夺继承权的斗争。恺撒密友、公元前44年与恺撒同为执政官的安东尼，以及骑兵长官雷必达势力最强。但元老院不愿支持他们，而把眼光投向屋大维。当时屋大维还不满20岁，元老院想利用他来对抗安东尼和雷必达。不过，屋大维并非那样易于摆布。虽然在穆提那他打败过安东尼，但他权衡利弊仍准备同这两个实力派暂时合伙。公元前43年，安东尼、雷必达和屋大维公开结成同盟，即所谓"后三头同盟"。

## 梭伦改革

梭伦（约公元前630~前560年），古希腊著名的政治改革家和诗人。他出身于贵族家庭，年轻时一面经商、一面游历，到过许多地方，漫游名胜古迹，考察社会风情，后被誉为古希腊"七贤"之一。

公元前5世纪，雅典与邻邦墨加拉为争夺萨拉米斯岛而发生战争，结果雅典战败。随后，雅典当局竟颁布了一条屈辱的法令：任何人都不得提议去争夺萨拉米斯岛，违者必处死刑。萨拉米斯岛地处雅典的出海口，对海外贸易的发展起着至关重要的作用。公元前600年左右，年约30岁的梭伦被任命为指挥官，统帅部队，一举夺回了萨拉米斯岛。

赫赫军功使梭伦声望大增，他由此成为雅典最具名气和影响的人物，城市居民都把他看成是自己的领袖和庇护者。公元前594年，梭伦被选为雅典的首席执行官，得到了修改或保留现有法律及制定新法律的权力。他立即实施了一系列的改革，颁布了多项法令，向氏族贵族发动了猛烈的进攻。

他按财产的多少将全体公民划分为四个等级，不同等级的公民享有不同的政治权利。这一制度虽然并未实现公民之间的真正平等，但它却打破了贵族依据世袭特权垄断官职的局面，为非贵族出身的奴隶主开辟了取得政治权利的途径。

梭伦改革不仅调整了自由民内部平民与贵族之间的关系，扩大了奴隶主阶级统治的社会基础，还打击了旧的氏族制度，提高了平民在国家政治生活中的地位，促进了雅典奴隶制国家从贵族政治向民主政治的转变。

## 西方爵位

人们总会用"公、侯、伯、子、男"5等爵位表示贵族的尊贵地位，而且今天的英国仍有这些称谓，那么这些称谓是怎样来的呢？

公爵（Duke）一词来源于拉丁文，原是罗马帝国后期人们对那些负责保卫帝国安全的高级军官的称呼。后来，入侵的"蛮族"人借用这个词，用来称呼他们建立的国家中实际掌管大片领土的那些统治阶级上层人物。不过，那时这个词并不是爵位。后来，欧洲国家逐渐把这个词当作高级贵族等级的名称来使用。

侯爵（Marquis）一词来源于古日耳曼语，最初是日耳曼国家的人对镇守边境地区的军政要员的称呼，后来成为专指低于公爵而高于伯爵的贵族称号。这个词在法国、意大利从17世纪起就逐渐不用了，而在西班牙从来不用。

伯爵（Earl）这个词来源于拉丁文。在罗马帝国晚期，帝国的臣民们用它来称呼皇帝的近臣。中世纪早期，欧洲一些国家国王手下的官员也称为伯爵。在法兰克，伯爵一度指的是某一城市的首领或某一地区的法官。以后这个词变成了比公爵略低的贵族的称号。但在佛兰法尔（今属比利时）、巴塞罗那等地，伯爵和公爵的地位不相上下。

子爵（Viscount）一词也来源于拉丁文。在法兰克加洛林王朝时期，人们把伯爵在某个地区的代理人称为子爵，或者称为副伯爵。后来这个词便成为欧洲国家贵族爵位之一，列于伯爵和男爵之间。

男爵（Baron）一词来源于古日耳曼语，原意指男人。从中世纪早期起，人们就把租种国王土地的人称为男爵。在日耳曼人中，男爵一词在很长时期内实际上指的是自耕农。以后这个词才逐渐演变成下层贵族的称号。当然，在现实中还用准男爵、骑士等一些名称来称谓贵族，但这些都是在这五等爵位以后随着社会变化而出现的。

## 庇护制

"庇护制"也称保护制，是古代罗马的一种人身依附制度，约起源于公元前7世纪的"王政时代"。当时，随着氏族内部分化的加剧，一些贫困破产的氏族成员便依附在氏族贵族的门下，成为贵族的"被保护人"，贵族成为"保护人"。被保护人与保护人的关系是世袭的，有某种契约的性质。前者多为贫穷破产及无公民权者，托庇于后者门下，领取份地并为之献纳服役。后者属有财势的贵族，对前者亦负"保护"之责（如代其出席法庭）。

罗马共和国时代，这种制度有所发展。保护人通常拥有大批被保护人，作为猎取利禄的工具。帝国时代，特别是公元3世纪以后，这种庇护制逐渐流行起来。随着奴隶制危机的加深，贫苦农民在捐税繁重、官府欺压、社会动乱的情况下难以维持独立经济，于是纷纷把土地"献给"大土地所有者，求得"庇护"。被庇护者虽失去自由，为庇护者服役，但可以终身使用原来的土地，免受国家税吏的欺凌。公元4世纪末，庇护制的发展已使罗马帝国的皇帝感到忧虑。

## 幕府

幕府本指将领的军帐，但在日本的特殊状况下，演变成一种独特国情的政权体制，即凌驾于天皇之上的中央政府机构。其最高权力者为征夷大将军，亦称幕府将军，职位世袭。将军从日本皇室夺取权力，在明治维新之前，将军取代天皇，成为日本的实际统治者，常以"挟天子以令诸侯"的方式维持对国家的统治。而实际上，幕府将军也多被篡权。日本历史上共经历了镰仓幕府、室町幕府、江户幕府3个幕府统治时期。始于1192年，终于1867年德川庆喜还政于明治天皇。幕府将军中，比较著名的有源赖朝、足利尊氏、德川家康。

## 两院制

所谓两院制，简单地说就是把议会分成两个部分，由它们共同行使议会的权力。两院制的理论基础是分权思想在议会内部的延伸。按照分权制约的思想，一切掌握权力的人都容易滥用权力，因此，要防止滥用权力，保障人民的自由，就必须以权力制约权力。为防止议会的专横和滥权，也需要组成两个议院，相互制约。另外，两院制的支持者还认为，两院通过按照不同的选举原则产生议员，可以保障更广泛的代表性，以有利于代表不同地域、民族、职业、阶层的利益；法案由两个议院共同审议，也可以防止立法工作的草率从事；从议行关系的角度考虑，议会内部两院的互相牵制，也可以减少立法机关与行政机关的冲突。

采用两院制的国家有美国、意大利、英国、法国、荷兰等。

各个国家对"两院"的称呼也不相同，如英国议会的两院叫"贵族院"和"平民院"，又叫作"上院"和"下院"；美国国会、日本国会叫"参议院"和"众议院"；法国叫"参议院"和"国民议会"；荷兰叫"第一院"和"第二院"；瑞士叫"联邦院"和"国民院"，等等。

## 种姓制度

种姓制度是古印度教的产物，已经有几千年的历史。它将人按不同职业分成4个严格的等级，即婆罗门、刹帝利、吠舍和首陀罗。每个种姓又有许多不同的分支，不同种姓之间不能通婚。贵贱等级世代相传，终身不变。在印度，属于低等级种姓的"贱人"基本没有仇富心理，他们相信今生的命运是前世的孽缘，所以今生要承受苦难，安于命运，来世以便解脱。尽管印度独立以后废除了种姓制度，但是今天的印度社会仍然保留着种姓制度的残余，种姓制度已经给每一个印度人打上了宗教的烙印。

## 布尔什维克

布尔什维克党是苏联共产党的前身。布尔什维克，俄语意为多数派。

1903年在俄国社会民主工党第二次代表大会上，以列宁为首的马克思主义者同党内机会主义者围绕党纲、党章问题展开了激烈的斗争。后来，在选举党中央委员会和党的机关报《火星报》编辑部成员时，拥护列宁的人占多数，被称为布尔什维克，反对列宁的马尔托夫派占少数，被称为孟什维克。

1912年1月，俄国社会民主工党第六次全俄代表会议把孟什维克驱逐出党以后，布尔什维克成为独立的新型的政党。1918年3月，布尔什维克党改名为俄国共产党，1925年12月又改名为苏联共产党，简称联共（布）。

## 政教合一

政教合一是指政权与神权合一的政治制度。其特点是国家元首与宗教领袖同为一人，政权和教权由一人掌管，国家法律以宗教教义为基础，民众受狂热而专一的宗教感情支配。

政教合一的国家在封建时代较为普遍。资产阶级革命提出"政教分离"口号，资产阶级上台执政后就废除了政教合一制度。

## 开明专制

开明专制是18世纪下半叶欧洲一些国家封建专制君主执行的一种政策。当时，欧洲大陆诸国的封建制度日趋衰落，资本主义生产关系在封建社会内有所发展。各国封建君主为了巩固其专制统治，接过了法国启蒙学者要求改革的旗帜，宣称要进行自上而下的改革。他们利用伏尔泰希望有一个开明的君主，在哲学家的辅助下，改革社会生活的主张，把自己装扮成"开明"的君主，高喊"开明"的口号。"开明专制"便成了当时欧洲各国封建专制政府的特征，只有英国、波兰、法国例外。

在东欧，由于资产阶级势力薄弱，"开明专制"获得了典型的发展。其间，各国所进行的改革客观上都促进了资本主义的发展。1789年法国大革命爆发后，欧洲大陆开始了资本主义和封建主义两个制度的生死搏斗，一切伪装都无济于事，"开明专制"时代连同其改革差不多一起消失了。

## 君主制

君主制是以君主为国家元首的政体形式。君主掌握最高国家权力，一般是世袭的，终身任职。

君主制有不同类型：无限君主制，君主拥有无限权力，是真正的君主专制，在古代东方国家中曾普遍实行；有限君主制，君主权力有限，包括等级君主制和君主立宪制。

现在世界上还有十几个君主制的国家，如非洲的摩洛哥，亚洲的尼泊尔、文莱、不丹、沙特阿拉伯、科威特等。欧洲的英国和瑞典虽然还是王国，但已经演变成了君主立宪国。

## 共和制

共和制是国家元首及国家权力机关由选举产生的政体形式，采用这种形式的国家称共和国。

现代资产阶级国家普遍采用共和政体。资产阶级共和制有两种形式，它是根据总统、议会和政府之间关系的不同而分类的。第一种形式是议会内阁制，第二种形式是总统制。议会内阁制以议会为权力中心，议会是国家最高的权力机关，政府由议会产生并对它负责。总统制以总统为国家元首和政府首脑，行政部门和立法部门彼此分立。

## 容克

容克是德语Junker一词的音译，原指无骑士称号的贵族子弟，后泛指普鲁士贵族和大地主。它起源于16世纪，第二次世界大战后基本消亡。在德国文献中，容克被分为作战容克、宫廷容克、议院容克和乡村容克等不同类型。容克地主阶级在政治方面属于极端的保守主义，主张君主专制，崇尚武力，赞成对农业采取保护主义，其代表人物是俾斯麦。

1871年，普鲁士"自上而下"统一德意志，标志容克资产阶级统治的最后形成。帝国国会中的德意志保守党和国会外的农民同盟均代表容克利益，军队中的军官也多出身于容克，从而使整个德意志帝国打上容克的烙印。魏玛共和国时期，容克敌视共和政体，支持希特勒执政。

## 象驴之争

美国是实行两党制最典型的资本主义国家。共和党和民主党分别代表不同的政治、经济集团。

美国共和党成立于1854年，其标志是象。该党由联邦党演化的辉格党（自由党）等政治势力组成，初期曾代表美国东北部工业资产阶级利益。南北战争期间主张国家统一，限制奴隶制，反对南方奴隶主叛乱。1860年总统竞选，共和党林肯获胜，当选为总统。

美国民主党是美国的两大政党之一，其前身是托马斯·杰斐逊1792年成立的民主共和党。1840年正式定名为民主党。该党的标志是驴。建党初期主要代表南方奴隶主、西部农业企业家和北方中等资产阶级的利益，南北战争期间主要代表南方奴隶主利益。

美国把两党权力之争称为"象驴之争"。

## 水门事件

水门事件指美国1972年总统竞选期间，共和党尼克松政府从事的非法活动。水门是华盛顿的一座综合大厦，是1972年民主党总统竞选的总部。1972年6月17日，共和党全国竞选委员会派出的5名工作人员企图潜入水门安装窃听器以刺探对手情报时被捕，并引出了一连串共和党竞选的丑闻。尼克松在事件暴露后的初期否认自己以及政府涉及此案，但随后的调查表明，尼克松不仅知道这件事情，而且在极力消灭证据以掩盖事实真相。1974年7月，众议院启动弹劾总统的司法程序，尼克松被迫于8月8日辞职，成为美国历史上第一位也是迄今唯一的辞职总统。

## 纳粹

纳粹是德语"民族的"和"社会主义"缩写的音译，纳粹党即"民族社会主义德国工人党"，是德国的法西斯政党，其前身是1919年成立的德意志工人党。1920年进行改组，1921年希特勒成为党魁。该党宣扬大日耳曼主义，要求扩张领土，重新瓜分殖民地，建立一个庞大的德意志帝国，攻击马克思主义和民主主义。1923年，发动啤酒店暴动，失败后被查禁。1925年，重新活动。1933年夺取了政权，在全国实行反革命恐怖统治，镇压共产党和一切进步人士，疯狂虐杀犹太人，对外狂侵略，挑起第二次世界大战。1945年德国投降，盟国管制委员会宣布纳粹党为非法组织。

## 盖世太保

纳粹德国秘密警察，盖世太保是德语"国家秘密警察"的缩写，Gestapo的音译。盖世太保由党卫队控制。它在成立之初是一个秘密警察组织，后加入大量党卫队人员，一起实施"最终解决方案"，屠杀无辜。随着纳粹政权的需要，盖世太保发展成为无所不在、无所不为的恐怖统治机构。纳粹通过盖世太保来实现对德国及被占领国家的控制。

## 领事

领事是由一国政府派驻外国某一城市和地区的外交官员，主要任务是保护本国和它的侨民在该领事区的法律权利和经济利益，并管理侨民事务等。是伴随着资本主义商品经济发展而产生的。

中世纪中叶，在意大利的沿海城市里，先后出现了资本主义生产方式。为了国与国、地区与地区之间的商品交换更加方便，许多商人常常往来于中东、西班牙等地，其中一些人干脆定居在那里经商。这些人在外地做生意，常常会发生商务纠纷，彼此争得面红耳赤。为了解决纠纷，他们互相充当仲裁或调停人。开始，这种角色并不固定，后来就选举一个或几个专门的人充当专门的仲裁人，称为"商人仲裁领事"。世界上最早的领事便是于此时登上历史舞台的。

十字军东征时，随着征服者的前进，大批意大利工商业者涌入中东，并建立起固定的商栈。为了管理本国的商务、保护本国商人的利益，各国认为有必要由国家出面仲裁商务纠纷。这样，商人本国政府与商人经商的国家订立协议，由国家任命专门官吏承担原来"商人仲裁领事"的使命。

12世纪末，意大利威尼斯共和国向耶路撒冷王国派驻了历史上第一个官方领事。当时的领事任务繁重，不仅负责商务、保护侨民特权和生命财产，而且还充当外交使节。

目前，领事的主要责任是促进本国与所在国之间的工商业的发展、监督航务、保护侨民和公证。一般有总领事、领事、副领事和领事代理人四级。领事制度的多寡，反映一个国家对外经济贸易是否发达。

## 大使

大使是一国派驻他国最高级的外交代表，全称为"特命全权大使"。大使这一职务的演变历经数千年。

根据历史记载，最早的外交代表可追溯到4000多年前的古埃及。那时候，古埃及王国派遣专门人员出使亚洲国家。这批专门人员被称为信使。

古希腊时，城邦间联系增多，使节应运而生了，他们被称为"普列斯维斯"。这个词来自希腊语，意为长老。使节出使前，国家专门机构会向他们颁发训令。训令写在两块打过蜡的合成木板上，称为外交。现代意义上的外交即起源于此。

14世纪，欧洲出现了资本主义萌芽，各国为了经济利益加强相互的联系。为了适应当时各国外交的需要，威尼斯共和国最早将驻外使节变为常驻代表。

到了16世纪末，常任驻外大使在欧洲已经非常普遍。遇有重大外交任务，国家还要派特命大使出使执行。这种特命大使不但与本国政府有着特殊的联系，担负着重要的外交任务，而且所受的礼仪待遇也要高于其他国家的大使。这样，许多国家的普通大使要求本国也将自己冠以"特命"两字。根据新出现的情况，当时欧洲国家纷纷将他们的普通大使升格为特命大使。于是，某国驻某国特命全权大使正式在外交领域得以通行。直到今天，大使仍是驻外使节中地位最高者。

## 国际联盟

国际联盟（简称国联）是第一次世界大战的产物，是第一个立誓共同防御侵略、以非暴力方式解决争端的世界范围内的国际组织，在世界历史上具有突出的地位。

在第一次世界大战期间，美国的一些资产阶级和平团体积极主张建立一个调解国际纠纷的机构。美国总统威尔逊非常赞成这个主张，并将此纳入他的"十四点原则"，力主建立国际联盟这样一个组织。

1919年1月18日，巴黎和会召开以后，威尔逊坚持首先讨论建立国际联盟的问题，并主张把《国际联盟》列为《对德和约》的必要组成部分。

《国际联盟》经过26次修之后，于1919年4

月28日在巴黎和会上通过。1920年1月10日，国际联盟宣告正式成立。凡是在大战中对德奥集团宣战的国家和新成立的国家都是国际联盟的创始会员国。这样，国联共有44个会员国，后来逐渐增加到63个国家。总部设在日内瓦。中国于1920年6月29日加入国际联盟。

国际联盟的宗旨是减少武器数目、平息国际纠纷及维持民众的生活水平。但是，国联不能有效阻止法西斯的侵略行为，第二次世界大战后被联合国取代。

## 联合国的成立

第二次世界大战后期，世界反法西斯战争出现了根本性转折。英国、苏联和美国分别取得了在欧洲战场和太平洋战场的决定性胜利。至此，英国、美国和苏联三国首脑频频会晤，进行了一系列外交活动，对战后世界格局作了安排。

1943年11月28日到12月1日，美、英、苏三国首脑在伊朗首都德黑兰会晤，讨论在欧洲如何开辟第二战场。此次德黑兰会议取得了一个非常重要的成果，那就是讨论建立战后国际组织问题。第二次世界大战爆发后，根据《凡尔赛条约》建立起来的国际联盟在过去的20年中不仅不能阻止侵略，而且在很多重大问题上充当了侵略者的帮凶。失去了在战后生存的价值。因此，建立一个新的国际组织，也就是顺理成章的事了。

美国总统罗斯福提出，要在未来的国际组织里建立一个由四大国组成的"警察机构"，负责维持国际治安，应付突发事件。苏联和英国对建立一个警察机构的想法大加赞赏，因此，罗斯福的建议被接受。

1945年2月，雅尔塔会议召开了，在雅尔塔会议上各方继续讨论了联合国问题，确定了大国在联合国安全理事会拥有一票否决权。雅尔塔会议就安理会表决程序达成一致意见，为联合国的诞生打下了基础。1945年3月5日，美国代表中、美、英、苏等4个国家向有关国家发出邀请，邀请其出席于4月25日在美国旧金山召开的联合国家会议，制定《联合国宪章》。

4月25日，联合国大会如期举行，50多个国家的282名代表出席了此次大会。最终，多方达成一致，通过了《联合国宪章》和《国际法院规约》。此次会议持续了8个小时。1945年10月24日被定为"联合国日"，《联合国宪章》也于此日开始生效。

## 国际法院

在国际联盟的努力下，1922年2月15日，"常设国际法院"在荷兰海牙和平宫成立。

第二次世界大战后，国际联盟被解散，常设国际法院也不复存在。

1945年，在成立联合国组织的同时，一个新的法律机构——联合国国际法院成立了，它实际上是常设国际法院的继续。国际法院是联合国的司法机关，设在荷兰海牙。它由联合国大会和安全理事会分别投票选出15名法官组成，法官为不同国籍，任期9年，每3年改选5名，享有外交特权和豁免权，具有相对独立的地位。国际法院的主要职能是处理限于国家之间的诉讼案件，法院的管辖以当事国的自愿接受为前提。

## 八国首脑会议

八国首脑会议由西方七国首脑会议演变而来，由美国、英国、法国、德国、意大利、加拿大、日本和俄罗斯组成，又称八国集团。

20世纪70年代，世界主要资本主义国家的经济形势一度恶化，接连发生了"美元危机"、"石油危机"、"布雷顿森林体系"瓦解和1973~1975年的经济危机。为共同解决世界经济和货币危机，协调经济政策，重振西方经济，1975年7月初，法国首先倡议召开由法国、美国、日本、英国、西德和意大利6国参加的最高级首脑会议，后来，加拿大、俄罗斯先后加入。八国集团成员国的国家元首每年召开一次会议，即八国集团首脑会议。

## 欧洲联盟

第二次世界大战后，欧洲国家基于经济、政治等诸多方面的考虑，开始走上联合的道路。1946年，英国首相丘吉尔号召建立"欧洲合众国"。1950年，法国外长舒曼提出实现欧洲国家统一的思想。1951年，法国、联邦德国、意大利、比利时、卢森堡和荷兰6国外长签署《欧洲煤钢联营条约》。

1957年，六国又签订《罗马条约》，建立了欧洲经济共同体、欧洲原子能共同体。60年代，这三个共同体合并为"欧洲共同体"。后来，英国、爱尔兰、丹麦、希腊、西班牙和葡萄牙等国先后加入，欧共体扩大到15国。

1991年12月9日至10日，欧共体首脑会议在荷兰的马斯特里赫特召开，最后签署了经济货币联盟条约、政治联盟条约等，总称欧洲联盟条约。

《欧共体政治联盟条约》规定：西欧联盟隶属欧洲政治联盟，是欧洲政治联盟的防务机构，负责制定欧洲的防务政策，并与北约保持一定联系。实行共同外交和安全政策的具体领域将由欧共体12国首脑会议或外长会议一致确定，具体实施措施将通过特定多数表决制决定。

1991年马斯特里赫特会议的召开是欧洲一体化进程中具有里程碑意义的事件，标志着一个联合欧洲12个国家、涵盖三四亿人口的联盟从此诞生。

## 北约

北大西洋公约组织简称"北约"，北大西洋公约组织是根据1949年4月4日美国、英国、法国、荷兰、比利时、卢森堡、加拿大、丹麦、挪威、冰岛、葡萄牙、意大利在华盛顿签订的《北大西洋公约》而成立的。之后，土耳其、希腊、西德相继加入。它是为了对抗苏联在军事上和意识形态上的扩张而建立的，也是美国第二次世界大战后在欧洲推行世界霸权政策、从军事上控制西欧盟国而建立的政治和军事组织。总部设在比利时首都布鲁塞尔。

## 华约

华约全称为华沙条约组织。1955年5月14日，苏联、捷克斯洛伐克、保加利亚、匈牙利、民主德国、波兰、罗马尼亚、阿尔巴尼亚8国针对美、英、法决定吸收联邦德国加入北约一事，在华沙签订了《友好互助合作条约》，同年6月条约生效时正式成立了军事政治同盟——华沙条约组织（简称华约）。总部设在莫斯科。

条约规定："如果在欧洲发生了任何国家或国家集团对一个或几个缔约国的武装进攻，每一缔约国应……个别地或通过同其他缔约国的协议，以一切它认为必要的方式，包括使用武装部队，立即对遭受这种进攻的某一个国家或几个国家给予援助。"

1991年7月1日，《华沙条约》缔约国政治磋商委员会在布拉格举行的会议上，与会各国领导人签署了关于华沙条约停止生效的议定书和会议公报，至此华沙条约正式解体。

## 理想国

《理想国》是西方政治思想传统的最具代表性的作品，通过苏格拉底与他人的对话，给后人展现了一个完美优越的城邦。

柏拉图把国家分为三个阶层：受过严格哲学教育的统治阶层、保卫国家的武士阶层、平民阶层。他鄙视个人幸福，无限地强调城邦整体、强调一己以为的"正义"。在柏拉图眼中，第三阶层的人民是低下的、可以欺骗的。柏拉图赋予了统治者无上的权力，统治者甚至"为了国家利益可以用撒谎来对付敌人或者公民"。

柏拉图认为，国家应当由哲学家来统治。柏拉图的理想国中的公民划分为卫国者、士兵和普通人民3个阶级。卫国者是少部分管理国家的精英。他们可以被继承，但是其他阶级的优秀儿童也可以被培养成卫国者，而卫国者中的后代也有可能被降到普通人民的阶级。卫国者的任务是监督法典的制定和执行情况。

为达到该目的，柏拉图有一整套完整的理论。他的理想国要求每一个人在社会上都有其特殊功能，以满足社会的整体需要。但是在这个国家中，女人和男人有着同样的权利，存在着完全的性别平等。政府可以在为了公众利益时撒谎。每一个人应该去做自己分内的事而不打扰到别人。

在今天看来，柏拉图描绘的理想国是一个可怕的极权主义国家。但是"理想国其实是用正确的方式管理国家的科学家的观点"，柏拉图本人并没有试图实现理想国中的国家机器。

## 乌托邦

《乌托邦》原是托马斯·摩尔的一部拉丁语著作，全名为《关于最完全的国家制度和乌托邦新岛的既有益又有趣的全书》。它出版于约1516年。乌托邦原是"没有的地方"或"好地方"的意思。

摩尔本人的"乌托邦"是一个完全理想的共和国，在这个国家里所有的财产都是共有的，在战争时期它雇佣临近好战国家的雇佣兵，而不使用自己的公民。今天的"乌托邦"往往用来描写任何想象的、理想的社会形态，有时也被用来表示某些好的，但是无法实现的（或几乎无法实现的）建议。

## 空想社会主义

18世纪，欧洲产生了3个影响比较大的社会主义的先驱：圣西门、傅立叶和欧文。他们被称为空想社会主义者的著名代表人物。

他们深刻揭露了资本主义的罪恶，对未来的理想社会提出许多美妙的天才设想。他们企图建立"人人平等，个个幸福"的新社会。这些思想对启发和提高工人觉悟起了重要的作用。但是空想社会主义只是一种不成熟的理论，反映了正在成长中的无产阶级最初的、还不明确的愿望。他们不能揭示资本主义的根本矛盾和发展规律，不懂得阶级斗争，不认识无产阶级的历史使命，所以他们的社会主义只能是一种无法实现的空想。当无产阶级成长为独立的政治力量，就需要有一个建立在科学基础上的革命理论来代替它。

## 沙文主义

"沙文主义"产生于18世纪初的法国，沙文是拿破仑手下的士兵，由于获得军功奖章和一小笔津贴，便对拿破仑感恩不尽，狂热地拥护拿破仑的征服计划，鼓吹法兰西民族是世界上"最优秀的民族"，极力主张法国用暴力向外扩张，建立大法兰西帝国。

剧本《农民士兵》的上演，则使沙文主义在法语词汇中扎根。沙文主义泛指一切极端民族主义。它是资产阶级侵略性的民族主义。它从资产阶级反动的民族主义立场出发，极力宣扬本民族的利益高于一切，拼命煽动民族仇恨，毫不掩饰地主张征服和奴役其他民族。

## 种族主义

种族是根据人类遗传的生理特征划分的人群。人类种族开始形成于旧石器时代晚期。划分种族的依据非常多，较重要的有：皮肤的颜色、身躯的高矮、鼻子的形状、头发的颜色、血液等11个方面。

近代种族主义理论产生于资本主义殖民扩张时期，白种人侵入亚洲、非洲、美洲及大洋洲的许多国家和地区，大批大批地屠杀殖民地人民，在白骨堆上建立起白人的天堂，为给白人侵略、掠夺其他民族制造借口，便产生"种族有高低"、黑人为"低等人种"、"白人至上"的种族主义理论。

法国人戈宾诺在1853~1855年出版的《人种不平等论》中大力宣扬种族论。继他之后，英国的张伯伦、德国的阿蒙、美国的斯托得德都大弹与戈宾诺相似的调子，种族主义风靡一时。"大日耳曼主义"、"大盎格鲁—撒克逊主义"、"大斯拉夫主义"等相继出笼。直到20世纪50年代后期，种族主义的嚣张气焰才逐渐平息。

## 无政府主义

无政府主义是一种社会政治思潮，其基本观点是否定一切权威和任何形式的国家政权，主张个人绝对自由，建立一个没有国家的、完全平等和绝对自由的社会。无政府主义形成于19世纪40年代，其创始人是法国的蒲鲁东。他在1840年写的《什么是所有权》一书中倡导互助主义，主张通过建立人民银行，遵守契约原则，在生产者之间实行产品的等价交换，以达到消灭剥削和人人自由、平等的"无政府状态"。俄国无政府主义者巴枯宁提出集产主义思想，主张全部生产资料归各个生产者的集体所有，实行产品按劳分配，还提出通过暴动立即消灭国家的口号。

20世纪初，无政府主义思想从欧洲和日本传入中国。中国早期最有影响的无政府主义者是刘师复。中国无政府主义的特点是没有形成自己的思想观点和行动纲领，而是以传播和宣传国外无政府主义代表人物的思想为自己活动的主要内容。

## 人权

"人权"是国际政治关系中谈论最多的词语之一，一般泛指人身权利和民主权利。人权是资产阶级针对封建特权和神权提出来的。它反映了当时资产阶级代表的新生生产力冲破封建制度束缚的要求，是反对封建思想和专制统治的有力武器。

早在17世纪，资产阶级自然法学派代表格劳修斯、霍布斯等就提出：在自然状态下没有私有财产、大家一律平等。人们只有天赋的自爱心和怜悯心，人人都是自由平等的。这种自然权利是不可被剥夺的，丧失了这种权利就等于失去了做人的资格，人们有权维护自己的这种自然权利。这就是最初的人权思想。

美国建国后颁布的《独立宣言》宣称：人人生而平等，生命权、自由权和追求幸福的权利等是"造物主"赋予人们的不可转让的权利。马克思称《独立宣言》为"第一个人权宣言"。1789年，在法国资产阶级革命中通过的《人权与公民权宣言》，是资产阶级反封建斗争的纲领性文件。1948年12月10日，联合国大会通过了《世界人权宣言》，宣称世界所有男女毫无区别地享有各种基本权利和自由，其中包括生命、自由、人身安全、参加选举、工作、受教育的权利。

## 七出

"七出"是中国古代法律和礼制规定的男子休妻的7种条件。妻子只要触犯其中任何一种，丈夫或夫家便可以提出休妻。具体是：1.不孝顺公婆，此被认为是"逆德"。2.无子，即妻子不能生儿子，被休理由是"绝世"。在中国古代，某种意义上，结婚就是为了传宗接代，不能生儿子，婚姻便失去了意义。不过因古代实行一妻多妾制，真正为此休妻的不多。3.淫，即妻子红杏出墙，被休理由是"乱族"。古人认为这会造成后代在血缘和辈分上的混乱。4.嫉，理由是"乱家"。因古代实行一妻多妾，妻子嫉妒会造成家庭不和。5.有恶疾，指妻子患严重疾病，其理由是"不可共粢盛"。是指不能一起参与祭祀，这显然有些借口的性质。6.口多言，指妻子不该说话的时候搬弄是非。其理由是"离亲"。在古代，涉及家族中事，都由男子议定，女子被视作外人，不让插嘴，一旦插嘴便被认为是破坏家庭和睦。7.窃盗，即偷东西。理由是"反义"，即违背义理。

"七出"的内容在汉代已经基本形成，当时叫作"七去"，只是民间约定俗成的规矩。至唐代，则形成法律制度，但并不严格执行。自宋代起，其执行才逐渐严格。可以看出，"七出"完全从男方立场和利益出发，是一种维护夫权、欺压妻子的法律与民俗。但另一方面，"七出"也最低限度地保护了古代妻子的权益，至少男子不可以凭个人好恶随便休妻了。"七出"几乎贯穿于整个封建时代，直到20世纪30年代才被国民政府完全废除。

## 五听

"五听"是中国古代司法官吏审理案件时观察了解当事人心理活动的5种方法，分别是辞听、色听、气听、耳听、目听。其说法最早见于《周礼·秋官·小司寇》。据汉代郑玄的注释，辞听是"观其出言，不直则烦"。即观察当事人的语言表达，心虚者则不免显得浮躁。色听是"察其颜色，不直则赧然"。即观察当事人的面部表情，心虚者会呈现羞愧状。气听是"观其气息，不直则喘"。即观察当事人的呼吸情况，心虚者会喘息不稳。耳听是"观其聆听，不直则惑"。即观察当事人聆听的情况，心虚者往往因心神不宁而听力不集中，从而显得惶惑。目听是"观其眸子视，不直则眊然"。即观察当事人的视觉和眼睛，心虚者往往目光散乱。周代的这套方法后来成为历代司法审判的基本手段。唐代法典《唐六典》还规定："凡察狱之官，先备五听。""五听"可以看作是古人对于犯罪心理学的一种早期运用，虽不免有主观性，但作为一种辅助审案的手段，显然有一定的作用。

## 三法司会审

三法司会审又简称三司会审，是中国古代三法司（三个司法机关）共同审理重大案件的制度。《商君书·定分》："天子置三法官，殿中置一法官，御史置一法官及吏，丞相置一法官。"后世的"三法司"之称即源于此。汉代时，以廷尉、御史中丞和司隶校尉为三法司；唐代以刑部、大理寺和御史台为三法司；明、清两代以刑部、大理寺和都察院为三法司。遇有重大疑难案件，由三法司共同审理。比如清代时，凡涉及死罪的重大案件，在京城的由三法司会审，在外省的则须经三法司复核。会审时，先由俗称"小三法司"的都察院御史、大理寺官到刑部与司员一起会审录问，此俗称"会小法"。之后，小三法司各自回去向其堂官汇报情况。大理寺堂官（卿或少卿）、都察院堂官（左都御史或左副都御史）再到刑部，与刑部堂官（尚书或侍郎）一起会审犯人，此为"会大法"。如果三法司意见一致，则将结果汇报皇帝；如果意见不一致，则将各自意见汇报皇帝，由皇帝裁夺。各省上报来的案件，三法司复核时，如意见统一，则结案；意见不统一时，同样上奏由皇帝定夺。总体而言，三法司会审制度是古人为避免司法案件中的专权舞弊行为，维持司法审判的公正性而设计的一种制度。就制度本身来说，是相当高明的。

## 八议

八议是古代一种为官僚、贵族而设的司法特权制度。在中国古代，司法部门对于八类犯罪者无权直接审理，而是要先将情况汇报给皇帝，由皇帝裁决并减轻处罚。具体是：议亲，即皇帝亲戚；议故，即皇帝的故旧；议贤，即有德行的人；议能，即有卓越才能之人；议功，即功勋卓著之人；议贵，指三品以上的官员和身有一品爵位的人；议勤，即勤于政务的官员；议宾，一般指前朝国君的后裔中被尊为国宾的。

八议制度源于西周的"八辟"，本为约定俗成。魏明帝时，首次将此写入法典《新律》，使官僚贵族的这种特权得到公开的、明确的保护。唐朝法律进一步规定，这8种人犯罪之后，如果犯的是"流"（即流放）以下的罪，则直接降罪一等处理；但如果是犯了十恶重罪，则由大臣议定处罚方案，最后上奏皇帝裁定。往往不能免死，只是死的方式少些痛苦，也有个别得以改为流放。

事实上，八类人中的贤、能、宾、勤等人只是虚晃一枪，八议特权的主要享受者是士大夫阶层，是古代"刑不上大夫"观念的制度体现，也是士大夫阶层在与皇权对峙的过程中为自己争来的特权。该特权历代都存在，但到明清两朝，随着皇权取得绝对的权威，士大夫权力减弱，八议制度就名存实亡了。

## 五刑

五刑是中国古代的刑法，分为奴隶制五刑和封建制五刑。夏朝初步建立了奴隶制的五刑制度，从轻到重依次是：墨（在面或额头上刺字涂墨）、劓（割去鼻子）、剕（挖去膝盖骨）、宫（毁坏生殖器）、大辟（死刑）。奴隶制五刑均是以摧残人的身体来实施惩罚，俗称肉刑。汉代时，肉刑被汉文帝、汉景帝废除，以自由刑为主的封建五刑制度逐步形成。在隋《开皇律》中，封建五刑正式以法令形式出现，经过唐朝的完善，封建五刑形成了完整的法律体系。这五刑分别是：笞（用竹板或荆条拷打犯人脊背或臀腿，按次数分等级）、杖（用大竹板或大荆条拷打犯人脊背臀腿，按次数分等级）、徒（强制服劳役，按期限分等级）、流（把罪犯押解到边远地方服劳役或戍边，按里程分等级）、死（即死刑，隋、唐定死刑为斩、绞两等）。相比于奴隶制五刑，封建五刑的建立乃是中国刑法制度的重大进步，直到清末方被废除。另外，在五刑之外，封建社会还一直存在一些极其严酷的刑法，如凌迟、腰斩、诛九族、车裂等，这些都是针对犯了谋反等重罪的犯人而言。

## 十恶不赦

在中国古代，一旦犯了十种罪大恶极之罪，便不可赦免。西汉时，曾存在"大逆不道不敬"罪，北齐法典《齐律》在此基础上总结出了"重罪十条"，称犯此十者，不在八议论赎之限。到隋朝时，因为统治者信奉佛教，在《开皇律》中对北齐所列的十条重罪稍做增益之后，引入佛教"十恶业"的说法，形成了"十恶不赦"的说法。具体是：一曰谋反，此被视为十恶之首；二曰谋大逆，指毁坏皇家宗庙、陵墓和宫殿等；三曰谋叛，指背叛朝廷；四曰恶逆，指殴打甚至谋杀祖父母、父母、伯叔等尊长；五曰不道，指杀别人一家三口以上或肢解人，以及用巫蛊害人；六曰大不敬，指冒犯帝室尊严，通常为偷盗皇家祭祀的器具和皇帝日用品等；七曰不孝，指对祖父母、父母不孝，或守制期间作乐等；八曰不睦，指谋杀亲属，或女子殴打、控告丈夫等；九曰不义，指谋杀官吏，士兵杀将领，学生杀老师，女子在丈夫死后立即改嫁等；十曰内乱，指亲属之间通奸或强奸等。隋朝之后的历代都将这十条罪写在法典最前面，以示严重，并规定不得赦免。可以看出，十恶之罪是因为直接危害了封建专制制度的君权、父权、神权、夫权等核心权力，才会如此不可饶恕。

## 连坐和族诛

连坐又称相坐、随坐、从坐、缘坐，是中国古时因一人犯法而使和其有一定关系的人（如亲属、邻里或主管者等）连带受刑的制度。连坐制度的起源很早，夏代便有"罪人以族"的说法；春秋时期，秦国的商鞅将连坐规定为明令的法律；经秦汉的进一步完备，至隋唐之际，连坐制度形成系统的法律体系，并写入《唐律》；明清时期的连坐刑罚频繁实施，尤其在清朝的文字狱中盛行。在实施对象上，连坐主要针对的是谋反、谋逆、谋叛等重大犯罪。其一般是对犯罪者本人处以死刑，然后以罪犯本人为半径，对与之关联者根据关系远近分别实施死刑、流刑、财产刑等一系列刑罚。

族诛是连坐制度中最为严厉的一种，即对罪犯整个家族实施死刑。具体又可分为诛二族、诛三族、诛七族，最惨烈者为诛九族。另外，明永乐皇帝曾对建文帝的老师方孝孺实施过历史上仅有一次的诛十族。诛族刑罚存在于整个封建社会，尤其是西周以后，历代王朝均以家族作为政治、法律的基本单位，一人高升，则一族受益；一人获重罪，也往往会波及全族。

连坐和族诛在历代都存在，直到1905年才被光绪帝废除。

## 宫刑

宫刑是古代一种阉割男子生殖器或破坏女子生殖机能的一种肉刑，又称腐刑。其中女子宫刑又叫幽闭。宫刑早在上古时代就已经存在，《尚书》中便提到过宫刑。起初只是为惩罚男女不正当关系，是对于刚刚兴起的一夫一妻制的维护手段。如《伏生书》云："男女不以义交者，其刑宫。"到西周时期，宫刑已经开始扩散到诸多罪名上，成为统治阶层维护统治的残酷手段。秦朝时，宫刑被明确写入《秦律》中，乃是仅次于大辟（死刑）的一种明令刑罚。汉代的宫刑更为普遍，正史有记载的大臣就有司马迁、张贺、李延年等多人受此刑罚，平民可想而知。隋朝时，在《开皇律》中废除了宫刑，自此历代正规刑制上均没有宫刑，但私下里此刑并未完全废止。明太祖朱元璋在他的"法外之法"《明大诰》中又加入了"阉割为奴"的刑罚。宫刑的实施过程相当残忍，因古代医疗设施的简陋，宫刑过程非常痛苦，死亡率也相当高。需要指出的是，古代宦官被阉割不是严格意义上的宫刑，而往往是为生活所迫，自愿被阉割入宫，并非承受刑罚。

## 凌迟

凌迟也称陵迟，是中国古代一种用小刀将人慢慢割死的极刑，即民间所说的"千刀万剐"。凌迟之刑大约出现于五代时期，正式以"凌迟"之名出现在法典中是在辽。此后的金、元、明、清都将之定为正式的刑法。五代时期，因政权更迭频繁，统治者时时担心叛乱，因此多用极刑，凌迟之刑出现，当时称作剐刑。后来的金、元两朝，异族统治者为威吓汉族人民，将凌迟之刑写入法典。明太祖朱元璋性格暴戾，经常使用凌迟这种残忍的刑法。并且其不仅仅针对那些犯了十恶不赦之罪的罪犯，而是在《明大诰》中明令以之惩罚各种一般性的犯罪，其中特别针对官员的贪污行为。并且，明代的凌迟也是历代执行得最为残忍的，一般都要割几千刀受刑者才死。清乾隆时期，凌迟则进一步扩展到打骂父母或公婆、儿子杀父亲、妻子杀丈夫等触犯伦理道德的犯罪。太平天国林凤翔、李开芳、石达开等不少将领，以及捻军首领张洛行、赖文光等均受了凌迟之刑。但清代的凌迟刑法执行得没那么残忍，一般割几十刀。光绪三十一年（1905年），朝廷模仿西方法律改革法制，凌迟等酷刑被"永远删除，俱改斩决"。

## 监狱和班房

监狱在上古时代就已经存在，据说最早由舜帝时期的刑法官皋陶所造。监狱起初不叫此名，夏朝时叫"夏宫"，商朝时叫"囹"，周朝时叫"圜土"，秦朝时则叫"囹圄"，直到汉朝监狱才开始叫"狱"。之后历代沿用，到明代时，则叫作"监"。清代，监狱成为固定的说法。早期的监狱比较简单，如夏代往往就是在地上挖个圆形土坑而已。到秦代，因实行严刑峻法的法家政治，监狱开始变得正规，监狱制度也变得完备，当时还实行轻刑囚徒监视重刑囚徒的制度。南北朝时，为防止犯人逃跑和同伙劫狱，创造了地下监狱，即地牢。唐代时，监狱组织形成了自上而下的完备体系，不同类型的罪犯往往关押在不同的监狱里。宋代的监狱制度基本沿用唐代，并且地方监狱增多，各州都设监狱。白天犯人出去劳役，晚上入狱休息。明朝由于长时期实行特务统治，司法混乱，各种监狱名目繁多，数量惊人，中央有刑部监狱、都察院监狱、军事监狱、诏狱等，地方各省、府、州、县都有监狱。清代监狱体制基本沿自明朝。

班房经常被作为监狱的别称，但与监狱有所区别，是关押临时性嫌疑犯的地方，类似于现在的拘留所。班房往往成为胥吏设立名目敲诈勒索的地方，明清两代普遍存在的胥吏之害，很大程度上便是通过此方式发作的。

## 秋决制度

古人执行死刑一般放在秋冬季节，称为秋决。所谓秋决，官员在判词中一般称作"秋后问斩"，理论上并非一定要在秋天，而是在秋冬两季均可。但因秋天在先，春夏两季以及之前积累下的死刑判决一般在当年秋天便可执行了，所以大多在秋天执行。秋决的做法最早形成于西周时期，汉朝时形成定制，以后历代都遵守。秋决制度与古人的天人合一观念有关。古人认为人与自然之间有内在的联系，崇尚人与自然的和谐，认为人行事应该处处顺应自然。春夏乃是万物滋长、生命欣欣向荣的季节，不宜执行死刑。而秋冬季节则是万物萧条、生命凋谢的季节，此时执行死刑才是顺应自然的。因此，除犯了谋反等大罪的人要立即处决之外，一般的死刑都要留待秋冬季节执行。

除秋决制度外，古人在行刑时间上还有其他一些禁忌。比如唐宋时期规定正月、五月、九月为断屠月，每月的十斋日为禁杀日（初一、初八、十四、十五、十八、二十三、二十四、二十八、二十九）；明朝时，国家进行大的祭祀活动时也禁止行刑。另外，行刑当天的具体时间也规定在下午1点到5点之间。过时则要等到第二天。

## 登闻鼓

登闻鼓是古代悬挂于朝堂外的一面大鼓，是古代有冤屈者最后的申诉渠道。登闻鼓由中国早期的直诉渠道演变而来。相传尧舜时期，便存在一种"敢谏之鼓"。周朝时曾在路门之外悬鼓，称作"路鼓"，由太仆主管，遇百姓击鼓则将事由上报天子。晋代时，效仿上古时代，设"登闻鼓"，其目的在于给底层百姓提供"上达天听"的一个渠道。其后历代，"登闻鼓"均沿设。宋、元、明、清还曾就此设立专门的机构，如登闻鼓院或鼓厅，专职处理此类案件。

总体而言，登闻鼓是由皇帝本人出面对正常司法程序的一种纠偏机制，是古代司法程序的金字塔顶。一旦各个级别的司法部门均对一个案件缺乏公正审理，当事者或其家人则通过击打登闻鼓直接找皇帝鸣冤。古代朝廷对于登闻鼓相当重视，唐代曾规定："有人挝登闻鼓，……主司即须为受，不即受者，加罪一等。"古代的许多冤案也都是通过此方式得到了申雪。如清代著名的"杨乃武与小白菜案"便是通过此方式在慈禧太后的过问下得到解决。但通过这种方式处理的案件十分有限，且许多朝代对于击打登闻鼓设置了相当多的限制。总体而言，在一个人民对政府没有监督权因而必然缺乏司法公正的社会里，登闻鼓的意义是积极的，毕竟给了底层人民最后的一线希望。

## 立枷

立枷又称站笼，是明朝第十三任皇帝朱翊钧，即明神宗发明的。

立枷是木制的、高长的笼子，笼子前面长，后面则较短，顶部有一个圆孔，受刑者的脖颈会被枷锁着，脚部只能勉强接触到刑具的底部。受刑者在其中只能直立而无法跪坐，时间长了会因疲劳过度而死。据史书记载，立枷的重量是"三百余斤"，受刑者不消一天就会死于立枷之中。

此刑在明朝时经常用于东厂和锦衣卫的"诏狱"中，专以对付皇帝钦点的犯人和政敌。永乐时期，因得罪了"厂卫"而死于立枷的人数以百计。清代灭亡后，立枷之刑遂绝。

## 《法经》

《法经》是中国第一部封建法典，由战国魏文侯相李悝编纂，成书年代现在已经不可考。全书分《盗法》、《贼法》、《囚法》、《具法》等6部分。李悝编定《法经》，基本汇集了战国时期各国法律建设的已有成果，在中国法制史研究领域具有重要的意义。

## 《开皇律》

隋文帝即位以后，命人修订刑律，编成《开皇律》。《开皇律》分为《名例》、《卫禁》、《职制》、《户婚》、《贼盗》、《斗讼》、《捕亡》、《断狱》等12篇，一共500条。《开皇律》废除了前代实行的许多酷刑，如枭首、宫刑、孥戮、车裂等，减掉了81条死罪和154条流罪。从历史的角度来看，《开皇律》意在维护封建统治秩序，同时它也体现了一种文明和进步的精神。

## 《唐六典》

开元十年（公元722年），敕撰《唐六典》，盖据《周礼》天官掌建邦之"六典"，即治典、教典、礼典、政典、刑典、事典，取贞观六年所定官令，分三师（公）、六省、九寺、五监、十二卫等职司、官佐、品秩，编而注之。至开元二十六年（公元738年），以李林甫领衔进呈，共30卷。《唐六典》是中国古代最早的一部行政法典，标志着封建法制日趋完备。

## 《唐律》

《唐律》在广义上可指有唐一代的法律，又因唐代法典所遗留下来的版本以《唐律疏议》影响最大，故也常指《唐律疏议》，又叫《永徽疏议》。唐代建立后，初袭隋朝的《开皇律》，后经过武德、贞观两代的修改，至永徽年间经孙无忌等19人再次修订后形成《永徽律》。后孙无忌等又对其精神实质和律文逐条逐句进行疏证解释，撰成《律疏》30卷，与

《律》合为一体，统称《永徽律疏》。其后《永徽律疏》虽被修改两次，但后人对其修改内容已不得而知，故将《永徽律疏》视作《唐律》。《唐律》继承了秦汉以来历代的立法和司法经验，对社会各个方面的法律进行了完善，并除去之前法律过于严酷的弊端，成为唐代之前法律之集大成者。至此，《秦律》才真正得到了大的变动，法律不再一味是严刑峻法，而是融入了儒家的一些伦理道德思想。《唐律》形成后，对后世影响巨大。《宋刑统》基本照抄《唐律》，《元典章》、《大明律》、《大清律例》也以其为蓝本。另外，《唐律》对于古代日本、朝鲜、越南等国也有深刻影响，被认为是中华法系的代表法典。

## 《大明律》

洪武七年（1374年），明政府颁行《大明律》。朱元璋称帝前，即令人修订法律，1374年制成《大明律》。《大明律》是以《唐律》为蓝本，共12篇606条，克服了元朝法例条律冗繁的弊病。经过1397年的进一步修订，《大明律》成为中国封建社会较为完备的法典。与前代相比，在量刑上大抵罪轻者更为减轻，罪重者更为加重。前者主要是指地主阶级内部的诉讼，后者主要指对谋反、大逆等进行镇压的严厉措施。不准"奸党""交结近侍官员"，"上言大臣德政"等，反映了明朝初年来朱元璋防止臣下揽权、交结党援的集权思想。

## 《明大诰》

《明大诰》是明太祖朱元璋所立的一套特别的刑事法规。朱元璋开国后，推行刚猛强断、严刑峻法的治国策略，自己在明朝政府法《大明律》之外另立了一套更为严峻的法规《明大诰》。在罪行上，其中设有"游食"、"官吏下乡"、"寰中士夫不为君用（即有才能者不肯出来做官）"等明律中没有的罪名；在处罚上，对于同一罪名，《明大诰》比《大明律》要重得多，并且还设有断手、刖足、阉割为奴等《大明律》中不存在的残忍刑法；从着重点来说，《明大诰》的大部分内容主要针对的是贪官污吏；在格式上，《明大诰》是由案例、峻令、朱元璋就案例所发的训导3部分组成，有些不伦不类，完全不是法律文本的样子。总体而言，《明大诰》提倡的是对人极度蔑视的封建强权主义和无节制的滥杀政策，严重违背了"罚罪相当"的法律精神，是朱元璋根据自己的好恶搞出来的一套恶法，可以说是中国法制的倒退。《明大诰》在明初一度是家家收藏、人人诵读的御制圣书，朱元璋死后，比较仁慈的建文帝即位，《明大诰》便失去了法律效力。

## 《大清律》

《大清律》于1646年修成。经过康熙、雍正两朝，屡有增订。乾隆时重修法律，成《大清律》。这部法典分为名例律、吏律、户律、礼律、兵律、刑律、工律等30篇，律文436条，附例1409条。例在法律上占有优先的地位，有例照例，无例依律。《大清律》以"十恶"作为最重罪，还规定，凡三品以上官员革职拿问，不得使用刑夹，用刑亦须请旨，凡八议（亲、故、功、贤、能、勤、贵、宾）之罪，一般都必须恭听圣裁。在量刑轻重、换刑、减刑、审判机关、监禁的处所等方面，对于汉人和满人、官和民、良民和贱民的规定是不同的。《大清律》集历代法典之大成，是中国封建社会最后一部成文法。

## 陶片放逐法

陶片放逐法是古希腊雅典等城邦实施的一项政治制度，由雅典政治家克里斯提尼于公元前510年创立，约公元前487年左右，陶片放逐法首次付诸实施。通过这项制度，雅典人民可以把企图威胁雅典民主制度的政治人物逐出雅典。

## 西方三大法学流派

三大法学流派指的是新自然法学派、分析实证主义法学派和社会学法学派这3个在现代西方影响较大、占传统地位的法学流派。

产生于20世纪特殊社会环境的新自然法学派，主要代表人物有马里旦、富勒、罗尔斯和德沃金等。他们认为，法律应当关注某种应然性，法律的发展应当遵循一定的价值原则并体现一定的价值要求。

分析实证法学主要以凯尔森和哈特为代表，它基本上继承了传统的分析法学的理论，严格地区分"实际上是这样的法律"和"应当是这样的法律"，着重对实在法进行逻辑分析而不作有关的价值判断，否认价值和道德的必然联系。

社会学法学诞生于19世纪末20世纪初。用社会学的理论和方法来认识和研究法律问题，主要代表人物有狄骥、埃利希和庞德。

## 大陆法系

大陆法系,又称为民法法系、法典法系、罗马法系、罗马—日耳曼法系,是欧洲大陆各国依据罗马法的原则,采用成文法典的形式所制定的法律的总称。

它首先产生在欧洲大陆,后扩大到拉丁族和日耳曼族各国。历史上的罗马法以民法为主要内容。法国和德国是该法系的两个典型代表,此外还包括过去曾是法、西、荷、葡四国殖民地的国家和地区,以及日本、泰国、土耳其等国。大陆法系以1804年的《法国民法典》和1896年的《德国民法典》为代表形成了两个支流。

## 英美法系

英美法系亦称"英吉利法系"或"普通法系",是以英国普通法为基础发展起来的法律的总称。它首先产生于英国,后扩大到曾经是英国殖民地、附属国的许多国家和地区,发展成为世界主要法系之一。英美法系的主要特点是注重法典的延续性,以判例法为主要形式。

英美法系是英、美、澳大利亚、新西兰、加拿大,以及亚、非说英语的国家和地区的法律制度。

## 宪法

宪法一词来源于拉丁文constitutio,本是组织、确立的意思。古罗马帝国用它来表示皇帝的"诏令"、"谕旨",以区别于市民会议通过的法律文件。当时并非指国家根本法。作为国家根本法的宪法,是17、18世纪随着资产阶级革命取得胜利后才出现的。

"宪"、"宪令"、"宪法"等词在中国古代典籍中与"法"同义,日本古代"宪"也指法令、制度,都与现代"宪法"一词含义不同。19世纪60年代明治维新时期,随着西方立宪政治概念的传入,日本才有相当于欧美的概念出现。1898年戊戌变法时,以康有为为首的维新派要求清廷制定宪法,实行君主立宪。1908年,清政府颁布《钦定宪法大纲》,从此"宪法"一词在中国就成为国家根本法的专用词。

## 国际法

国际法是在国际交往中调整国家间相互关系的原则和规范的总称。它是西方世界的三重发展过程的产物:即中世纪的欧洲社会瓦解,进入近代欧洲社会的过程;近代欧洲社会向外扩张的过程;处在发展中的世界社会里,权力逐渐集中到数量迅速减少的主要世界强国手中的过程。

1625年,荷兰法学家格劳秀斯在其著作《战争与和平法》中,用拉丁文定名为"万民法"。1650年,英国法学家苏支以拉丁文改称为"万国法"。1780年,英国哲学家边沁正式采用"国际法"一词。

现代国际法的渊源主要是公认的国际条约和国际惯例。国际法的基本原则,是指在国际法的原则和规范中起指导作用的那些原则。国际法的主体,是能够独立参与国际法律关系并直接享受国际权利和承担相应义务的国际人格者。国际法最基本的主体是国家。

## 十二铜表法

公元前509年,罗马开始了共和时代,真正的实权掌握在由贵族把持的元老院手中。公元前494年,平民赢得了选举保民官的权利。保民官从平民中产生,对元老院和执政官颁布的违背平民利益的法令,拥有否决权。"习惯法"是罗马共和国最初实行的法律。法律的解释权和司法权掌握在贵族手中。公元前454年,罗马元老院才同意制定成文法。公元前450年左右,罗马诞生了第一部成文法典。法典被镌刻在12块铜板上,因而被称为十二铜表法。十二铜表法后来成了欧洲大陆法系的渊源。

## 《查士丁尼法典》

《查士丁尼法典》又称《民法大全》或《国法大全》,是东罗马帝国皇帝查士丁尼一世下令编纂的一部汇编式法典,是罗马法的集大成者。

该法典由四部分组成,分别为法典、学说汇纂、法学阶梯以及新律。法典于公元530年左右最后完成。法典内容为东罗马帝国时期的皇帝敕令,以及权威的法学家对于法律的解释,还有给法律学生当作法学的入门教材等。

在整个编纂工程完成之后,任何对于《查士丁尼法典》的评论或者其他立法都被禁止。该法奠定了后世法学尤其是大陆法系民法典的基础,是法学研究者研究民法学不可或缺的重要文献资料之一。

## 《汉谟拉比法典》

公元前18世纪,汉谟拉比在统一两河流域

南部的过程中，建立起强大的中央集权的奴隶主专制国家机器。他总揽全国的立法、司法、行政、军事和宗教大权，并对自己加以神化，自称为伟大天神的后裔。他任命中央各部大臣，委派地方各级官吏。汉谟拉比大力兴修水利发展农业，建立常备军巩固政权，并实行份地与军事义务相关连的兵役制度，同时保护士兵的份地。古巴比伦国家的军事力量因此得以强大。汉谟拉比还很注意文治，他制定的《汉谟拉比法典》是世界上第一部比较完整的法典。

## 《摩奴法典》

《摩奴法典》是印度第一部正统的权威性法典，也是印度法论发展史上的一个重要的里程碑，具有承上启下、继往开来的作用。

相传，该法为"人类的始祖"摩奴所编，故名，实际上它是婆罗门的祭司根据《吠陀经》与传统习惯而编成。成书约在公元前2世纪至公元2世纪之间。

《摩奴法典》全书共12章，前6章以婆罗门为主要对象，论述一个教徒一生需经过"四行期"的行为规范考核。后6章阐述国王的行为规范和国家的职能。该书内容广泛，包罗万象，涉及个人、家庭、妇女地位、婚姻、道德、教育、宗教、习俗、王权、行政、司法、制度，乃至经济、军事和外交等。它构成了以种姓制度为基础的印度阶级社会的一种法制模式和理论执法依据。

## 《拿破仑法典》

拿破仑于1821年病死在圣赫勒拿岛，他在临死前说："我一生40次战争胜利的光荣，被滑铁卢一战就抹去了，但我有一件功绩是永垂不朽的，这就是我的法典。"这部法典就是《拿破仑法典》。

《拿破仑法典》是法国拿破仑·波拿巴主持制定的一系列法典的总称。它包括《民法典》、《民事诉讼法典》、《商法典》、《刑事诉讼法典》和《刑法典》。因其中以1804年颁布的《民法典》最为重要，故有时又专指该《民法典》。

1800年8月，第一执政拿破仑任命波塔利斯等4人组成《民法典》起草委员会，他和第二执政康巴塞雷斯亲自参加法典制定工作。草案经102次讨论，于1804年3月21日正式颁布，定名为《法国民法典》，1807年改为《拿破仑法典》。

法典除总则外，分为3编，共2281条。第一编是人法，包含关于个人和亲属法的规定，实际上是关于民事权利主体的规定。第二编是物法，包含关于各种财产和所有权及其他物权的规定，实际上是关于在静态中的民事权利客体的规定。第三编称为"取得所有权的各种方法"编。内容颇为庞杂：首先规定了继承、赠与、遗嘱和夫妻财产制；其次规定了债法，附以质权和抵押权法；最后还规定了取得时效和消灭时效。实际上，该编是关于民事权利客体从一个权利主体转移于另一个权利主体的各种可能性的规定。

法典统一了法国的民法法，巩固了资产阶级革命的成果，为资本主义发展奠定了法律基础，并成为日后欧美许多国家制定民法的范本。

## 美国1787年宪法

美国资产阶级统治的根本大法。为强化国家机器，建立中央集权制的联邦政府，邦联国会于1787年5月25日在费城召开制宪会议，9月17日制宪会议通过1787年宪法，并于1788年6月21日正式生效。它首次明确了人民主权思想和共和制政体；创立联邦制，即建立一个拥有某些重大独立主权的、中央与各州取得有机权力平衡的政府；按行政、立法、司法三权分立与相互制约的原则，设立政府机构，立法权归国会，行政权归总统，司法权归法院；首创由间接选举产生的国家行政首脑制；同时对保障私有财产和奴隶制度的规定也很周密。美国宪法确立了资产阶级的民主共和政体，加强了中央集权，对维护美国资本主义的发展，巩固资产阶级统治发挥了重大作用。它是世界近代史上第一部资产阶级的成文宪法，为各国资产阶级制定宪法提供了蓝本。

## 《人权宣言》

《人权宣言》，全称《人权和公民权宣言》，由序言和17条本文组成。它是18世纪法国资产阶级重要的革命文献，有"旧制度死亡证明书"之称。它由波尔多大主教西耶士起草，于1789年8月26日为法国制宪会议通过。

《人权宣言》以美国的《独立宣言》为蓝本，采用18世纪的启蒙学说和自然权论，宣布自由、财产、安全和反抗压迫是天赋不可剥夺的人权，肯定了言论、信仰、著作和出版自由，阐明了司法、行政、立法三权分立，法律面前人人平等、私有财产神圣不可侵犯等原则。1793年6月24日，雅各宾派通过的新宪法前面所附的《人权宣言》又作了进一步的修改，宣布"社会的目的就是共同的幸福"，提出"主权在民"，并且表示如果政府压迫或侵犯人民的权利，人民就有反抗和起义的权利。

《人权宣言》三权分立的概念来自孟德斯鸠，自然权利的理论来自百科全书学派和洛克，国民主权的理论来自卢梭，个人必须受到保护的思想来自伏尔泰，私有财产不受侵犯来自重商学派的学说。整个宣言具有18世纪法国思想的特征。宣言的思想和原则为西方资产阶级国家法律制度的确立奠定了基础。

## 《大日本帝国宪法》

日本以天皇名义颁布的第一部宪法。1889年颁布，1947年颁布新宪法后被废除。它是在明治维新各项改革基本完成后，以德意志帝国宪法为蓝本制定的。由文告、发布宪法召敕以及文本三部分组成。

宪法规定：天皇神圣不可侵犯，总揽任命内阁、立法、司法、行政、军事、财政、外交等权力。宪法规定议会由贵族院和众议院组成，前者由皇族、华族及敕任议员组成，后者由公选议员组成，但有财产资格限制。设置枢密院，名为天皇咨询机构，实为凌驾于议会和内阁之上的最高决策机关。

宪法还允许日本臣民在法律许可的范围内，享有言论、出版、集会和结社等自由，有服兵役和纳税的义务。帝国宪法的颁布和实施，确立了日本的君主立宪制，维护了地主、资产阶级联合专政的统治秩序，标志着以军部为核心的近代天皇制的形成。

## 公民

公民是指具有一国国籍，依照该国宪法承担义务、享受权利的自然人。公民实际上是与国籍联系在一起的一种资格，一个没有国籍的人，不能成为任何国家的公民。

在历史上，最早的具有制度性的民主政治，出现在古希腊的雅典和古罗马的城邦时期。在当时民主政治雏形的基础上，出现了"公民"的称呼，也叫"市民"。古罗马曾经颁布过"市民法"，也就是公民法，用以调整罗马市民之间的关系。

## 听证

听证是行政机关在作出影响行政相对人合法权益的决定前，由行政机关告知决定理由和听证权利，行政相对人有表达意见、提供证据，以及行政机关听取意见、接纳证据的程序所构成的一种法律制度。

目前，听证已成为世界各法治国家行政程序法的一项共同的、也是极其重要的制度。

它通过公开、合理的程序将行政决定建立在合法适当的基础上，避免行政决定给相对人带来不利或不公正的影响，从而实现行政管理公平、公正这一崇高的价值目标。

## 律师

律师起源于古罗马。共和制罗马的诉讼，必须根据执政官或法务官的告示，按法定的手续进行。由于告示不断增多，日趋复杂，当事人在诉讼，特别是在法庭进行辩论时，需要熟悉的法人协助，因此，从共和制末期到帝国制初期，辩护人应运而生。

公元5世纪末，充当辩护人的，须在主要城市学过法律，取得资格。他们逐渐形成行业，组成自己的职业团体，成为专职律师。代理也逐渐形成了制度。

中世纪欧洲的封建社会，自给自足的农奴庄园经济阻碍了律师制度的发展。多数国家废除了古代辩论式诉讼，改用纠问式，律师失去作用。直至资本主义萌芽，资产阶级启蒙思想家伏尔泰和狄德罗等人，提出用辩论式诉讼代替纠问式诉讼。英国平均主义派领袖李尔本在《人民约法》一书中明确主张被告人应有权辩护或请别人协助辩护。资产阶级夺取政权后，相继规定了律师制度。

## 陪审团

陪审团是法院在审判案件时用以判定事实的团体，多见于英美法系国家。目前司法制度中采用陪审团制度的国家有英国、美国等。陪审团人数只有12人，但他们是从上千人中遴选出来的。

陪审团的起源应追溯到中世纪的法兰克王国。在加洛林王朝路易国王统治时期，国王就曾向地方派出"钦差"以查看自己在地方上的权益是否被侵犯，官员是否忠于职守等。这些

"钦差"调查的方式就是在地方上召集有信誉的知情者,由他们宣誓后组成咨询团回答"钦差"的提问。这种宣誓咨询调查的方式起初只是国王的特权而不能由任何其他人使用,但国王可以像授予其他特权那样将使用咨询团的特权授予教会或贵族。这就是陪审团的最早起源。

宣誓咨询调查的方式传到英国后,亨利二世在贯彻实施1166年和1176年两项重要的法令的过程中,指示巡回法官召集地方上有信誉的知情者经宣誓后对不法行为提出指控。后来,诉讼双方所争执的某些事实或情节,如当事人双方之间的关系、以前是什么人占有争议土地等,也要听取宣誓咨询团的意见,因为他们是最了解当地情况的人。从此,这种具有陪审性质的制度开始进入司法领域,先是刑事诉讼,然后又是普通的民事诉讼逐渐适用了这种制度。

# 服饰篇

## 冕旒和龙袍

冕旒是古代帝王、诸侯、卿大夫参加重大祭祀典礼时所戴的礼帽，是礼帽中最尊贵的一种，后来专指皇冠。

冕外面黑色，里面朱红色，上面是一块长方形的版，叫延，延的前端有一组缨，穿挂着玉珠，叫旒。天子有十二旒（排），《礼记·玉藻》："天子玉藻，十有二旒。"《淮南子·主术训》："古之王者，冕而前旒。"诸侯有九排，上大夫有七排，下大夫有五排。南北朝后只有皇帝才可以戴冕，所以"冕旒"成为皇帝的代称。龙袍又称龙衮、黄袍，因袍的主要颜色为黄色，上面绣龙纹而得名，是皇帝专用的袍，后泛指古代帝王穿的龙章礼服。龙袍的特点是盘领、右衽、黄色。龙一般为9条：前后身各3条，左右肩各1条，襟里1条。这样正背各显5条龙，意味"九五至尊"。清代龙袍下摆等部位绣有水浪山石图案，称"水脚"，意味一统山河。在封建社会，臣民严禁穿龙袍，否则就是谋反。

## 襦裙

襦裙由短上衣加长裙组成，即上襦下裙式，套装。襦裙是中国服饰史上最早也是最基本的服装形制之一。

襦裙按领子的式样不同，可分为交领襦裙和直领襦裙。按裙腰的高低，可分为低腰襦裙、高腰襦裙和齐胸襦裙。

自战国直至明朝前后两千多年的时间里，尽管襦裙的长短宽窄时有变化，但基本形制始终保持着最初的样式。

## 披帛

披帛，中国古代妇女服饰。唐代广泛流行。用银花或金银粉绘花的薄纱罗制作，一端固定在半臂的胸带上，再披搭肩上，旋绕于手臂间。披帛分两种：一种横幅较宽，长度较短，多为已婚妇女所用；另一种长度可达2米以上，多为未婚女子所用。

## 半臂

半臂，中国隋唐时期妇女服装。又称半袖，是一种半袖上衣。有对襟、套头、翻领或无领式样，袖长齐肘，身长及腰，以小带子当胸结住。因领口宽大，穿时袒露上胸。多穿在衫襦之外。流行于隋代宫廷内，先为宫中内官、女史所服，唐代传至民间，历久不衰。

## 褙子

褙子，汉服的一种，对襟，两侧从腋下起不缝合，多罩在其他衣服外面穿着。在宋、明朝时最为盛行。

明代褙子，有宽袖褙子、窄袖褙子。宽袖褙子只在衣襟上以花边做装饰，并且领子一直通到下摆。窄袖褙子则在袖口及领子都有装饰花边，领子花边仅到胸部。

## 霞帔

中国古代妇女礼服的一部分，类似披肩。帔子出现在南北朝时期，宋代将它列入礼服行列之中。明代时发展成了霞帔，由于其形美如彩霞，故得名"霞帔"。它的形状宛如一条长长的彩色挂带，每条霞帔宽三寸二分，长五尺七寸，用时绕过脖颈，披挂在胸前，下端垂有金或玉石的坠子。

## 水田衣

水田衣也叫百衲衣。是明代流行的一种服饰，以各色零碎锦料拼合缝制而成，形似僧人所穿的袈裟。因整件服装织料色彩互相交错，形如水田而得名。王维诗中就有"裁衣学水田"的描述。

水田衣的制作，比较注意匀称，各种锦缎料都事先裁成长方形，然后再有规律地编排缝制成衣。

## 衮衣

衮衣简称"衮"，亦称"衮服"，为古代天子及王公的礼服，因上有龙的图案得名。中国传统的衮衣以日、月、星辰、山、龙、华虫、宗彝、藻、火、粉米、黼、黻十二章纹为饰。周制，前六章绘于衣，后六章绣于裳，皂衣绛裳，衣裳相连，形制似裘。东汉以来，大体相沿。清代废除十二章纹，但皇帝衮服纹饰仍以龙为主。

## 幞头

幞头是一种包头的软巾。相传始于北周武帝，始名帕头，至唐始称为幞头。

裹幞头时除在额前打两结外，又在脑后扎成两脚，自然下垂。后取消前面的结，又用铜、铁丝为干，将软脚撑起，成为硬脚。唐时皇帝所用幞头硬脚上曲，人臣则下垂。五代渐趋平直。至宋，幞头以藤织草巾子作里，用纱作表，再涂以漆，称为"幞头帽子"，可以随意脱戴。

## 冠冕巾

最初的帽子是作为一种装饰品。成语"冠冕堂皇"的"冠"、"冕"，指的就是帽子。"冠"，只有狭窄的冠梁，遮住头顶的一部分，两旁用丝带在领下打结固定。古代的男子20岁开始戴冠，戴冠时要举行"冠礼"，表示成年的开始。在汉朝，冠分多种，供不同身份的人在不同的场合下使用。"冕"的出现比"冠"更早，"冕"前低后高，表示恭敬，前面用丝线垂面，使目不斜视，两旁用丝线遮耳，表示不听谗言。"冕"是帝王专用的，皇子继承皇位，才能加"冕"。古代劳动人民则戴头巾。头巾本来是劳动时擦汗的布，后被当作帽子裹在头上。

## 长翅帽

长翅帽是宋朝大小官员戴的帽子。相传是开国皇帝赵匡胤发明的。

赵匡胤登基后，文武大臣经常在朝堂中交头接耳，评论朝政。一天，赵匡胤退朝后，想出个办法，传旨属官在幞头纱帽后面分别加上长翅。长翅用铁片、竹篾做骨架。一顶帽子两边铁翅各穿出一尺多。在朝堂和官场正式活动时须戴上。戴上它官员只能面对面交谈了。

## 顶戴

清时，官员的礼帽帽顶均缀红缨，帽顶正中置一金属座，座上嵌一颗核桃大小的顶珠。顶珠以珊瑚、宝石、铜等制成，按品级而分质色：一、二品为红色；三、四品为蓝色；五、六品为白色；六品以下为钢金色。通常，皇帝有时会赏给并无官位的人某品顶戴，以示给予该人的荣誉；抑或对低一品级的官员赏以高一品级的顶戴，以示恩宠。凡被皇帝赏以高一品级顶戴的官员，其原品位虽不变，但待遇一般都会随顶戴而增高。

## 花翎

清朝的礼帽，在顶珠下有翎管，质为白玉或翡翠，用以安插翎枝。清代，翎枝分花翎和蓝翎两种。

花翎为孔雀羽所做，是一种辨等威、昭品秩的标志，非一般官员所能戴用。花翎又分一眼、二眼、三眼，三眼最尊贵。所谓"眼"指的是孔雀翎上眼状的圆，一个圆圈就算做一眼。

蓝翎以染成蓝色的鹖鸟羽毛所做，无眼。赐予六品以下、在皇宫和王府当差的侍卫官员享戴，也可以赏赐建有军功的低级军官。

## 中山装

中山装是中国现代服装中的一个大类品种。其上衣的左右上下各有一个带盖子和扣子的口袋，下身是西裤，它是在辛亥革命这一社会剧变中诞生的，以伟大的革命先行者孙中山做临时大总统时穿用而流行于世，故称中山装。

据说孙中山先生于1902年到越南河内筹组兴中会时，偶入广东人黄隆生开设的洋服店，为了节省开支，并能体现中国国情而授意黄隆生设计一种美观、简易而又实用的中国服装。黄参考了西欧和日本服装式样，并结合当时南洋华侨中流行的"企领"文装上衣和学生装而设计缝制成后来的"中山装"。

## 旗袍

旗袍是中国一种富有民族风情的妇女服装，它是由满族女装演变而来。因满族又称"旗人"，所以被称为"旗袍"。它的特点是立领，右大襟，紧腰身，两边下摆开衩，布料多用缎子，领子、襟、袖的边缘都用宽边镶滚。清朝建立后，旗袍开始只在满族妇女中流行，后来汉族妇女也纷纷穿旗袍。清朝末年，旗袍的样式日益繁多，出现了立领，袍身刺绣，镶滚复杂，有三镶三滚、五镶五滚甚至十八镶滚等样式。

20世纪20年代，受西方和日本服饰影响，上海妇女对旗袍加以改进，将刺绣和镶滚工艺由繁变简，收紧腰身，突出了人体曲线美。这种新式旗袍立即风靡全国。1929年，中华民国政府规定蓝色六纽旗袍为妇女礼服。20世纪30~40年代，旗袍在长度、领、袖等部分又发生较大的变化，称改良旗袍，成为盛行的女装。

## 马褂

中国清代的男式服装之一，套在旗袍或称满式长袍的外面穿用，有些类似背心或外套。

马褂是有袖上衣，分大襟、对襟、琵琶襟3种。一般长度到肚脐，袖子到肘部。清朝初期只是满族人穿用，康熙雍正年间开始广泛流行。

## 绫

绫是中国传统丝织物的一类，在绮的基础上发展起来的。始产于汉代以前，盛于唐、宋。绫光滑柔软，质地轻薄，用于书画装裱，制作衬衫、睡衣等。

最早的绫表面呈现叠山形斜路，"望之如冰凌之理"，故名。绫有花素之分。《正字通·系部》："织素为文者曰绮，光如镜面有花卉状者曰绫。"

绫在汉代以前就有了，唐代的官员们都用绫做官服。在繁多的品种中，浙江的缭绫最为有名，宋代在唐的基础上又增加了狗蹄、柿蒂、杂花盘雕和涛水波等名目，并开始将绫用于书画装裱。

## 罗

运用罗绸织发使织物表面具有纱空眼的花素织物，统称罗。罗的品种有横罗、直罗、花罗。罗产于杭州，因此又称杭罗。杭罗由于历史悠久，品质优良，成为罗的传统名品。

它是纯蚕丝织物，特点是风格雅致、质地紧密结实、纱孔通风、穿着舒适。

## 绸

绸是丝织品中最重要的一类，专指利用粗丝乱丝纺纱织成的平纹织品。两晋南北朝时期，绸开始有粗、细之分。汉唐时期，中国丝绸即已通过丝绸之路，远销中亚、欧、非各国。明清以来绸成为丝织品的泛称。

绸类织物品种很多，按所用原料分为真丝类、柞丝类、绢丝类等，色泽鲜艳、斜纹道清晰，手感平滑，主要用于高档衣服的里绸。

## 缎

缎俗称缎子，是利用缎纹组织的各种花、素丝织物。缎纹组织中，经、纬只有一种以浮长形式布满表面，并遮盖另一种均匀分布的单独组织点，因而织物表面光滑有光泽。经浮长布满表面的称经缎；纬浮长布满表面的称纬缎。缎类织物是丝绸产品中技术最为复杂，织物外观最为绚丽多彩，工艺水平最高级的大类品种。

## 步摇

步摇，汉族女子传统首饰。最早来源于汉代礼制首饰，一般形式为凤凰、蝴蝶、带有翅膀类的，或垂有旒苏或坠子，走路的时候，金饰会随走路的摆动而动，栩栩如生。取其行步则动摇，故名。

其形制与质地都是等级与身份的象征。汉代以后，步摇才逐渐被民间百姓所见，宋明以来广泛流传。

## 盘扣

盘扣，又称盘纽，是传统中国服装使用的一种纽扣，用来固定衣襟或装饰。明朝万历年间开始，高领女装的领子上开始有1~2个金属制的领扣。清初以后，绸布制的盘扣开始被使用。马褂、旗袍和唐装上衣都用盘扣在正面固定衣襟。

## 花黄

花黄是古代流行的一种女性额饰，又称额黄，是把黄金色的纸剪成各式装饰图样，或是在额间涂上黄色。这种化妆方式起源于南北朝，当时佛教的盛行，爱美求新的女性从涂金的佛像上受到启发，将额头涂成黄色，渐成风习。

## 铅华

铅华，是中国古代妇女用的化妆品。古代的妆粉里面会添加铅，所以铅华指妆粉。中国妇女使用妆粉至少在战国就开始了，最古老的妆粉有两种成分，一种是以米粉研碎制成；另一种妆粉就是将白铅化成糊状的面脂，俗称

"胡粉"。因为它是化铅而成，所以又叫"铅华"，由于它质地细腻，色泽润白，并且易于保存，所以深受妇女喜爱，久而久之就取代了米粉的地位。

## 胭脂

胭脂是面脂和口脂的统称，是和妆粉配套的主要化妆品。古时胭脂又称燕脂、焉支或燕支。关于胭脂的起源，有两种不同的说法：一说胭脂起于自商纣时期，是燕地妇女采用红蓝花叶汁凝结为脂而成，因为是燕国所产得名。另一说为原产于中国西北匈奴地区的焉支山，匈奴贵族妇女常以"阏氏"（胭脂）妆饰脸面。在公元前139年，汉武帝为了加强汉朝与西域各国的联系派张骞出使西域。张骞此行，带回了大量的异国文化，包括西域各族的生活方式和民族风物。胭脂的引进，也在这个时候。

## 凤冠

古代皇帝后妃的冠饰，其上饰有凤凰样珠宝。明朝妇女出嫁时也可佩戴。明朝凤冠是皇后受册、谒庙、朝会时戴用的礼冠，其形制承宋之制而又加以发展和完善，更显雍容华贵之美。

冠上饰件以龙凤为主，龙用金丝堆累工艺焊接，呈镂空状，富有立体感；凤用翠鸟毛粘贴，色彩经久艳丽。凤冠上金龙升腾奔跃在翠云之上，翠凤展翅飞翔在珠宝花叶之中。凤冠口衔珠宝串饰，金龙、翠凤、珠光宝气交相辉映，富丽堂皇，非一般工匠所能达到。

## 百褶裙

百褶裙，也称"百裥裙"、"密裥裙"或"碎折裙"，是指裙身由许多细密、垂直的皱褶构成的裙子。

据《西京杂记》载：西汉成帝时，赵飞燕被立为皇后。有一次，她穿了一条云英紫裙，与皇帝同游太液池，正当她在鼓乐声中翩翩起舞的时候，忽然大风骤起，她好像燕子一样被风吹了起来。成帝慌忙命侍从拉住她的裙子，裙子被拉出许多褶皱。汉成帝一看，有褶皱的裙子比原来没有褶皱时更美。于是，宫女们以后穿的裙子都喜欢折叠成许多褶皱折痕，并把这种裙子称为"留仙裙"。

## 玉带

玉带，通常是指用玉装饰的皮革制的腰带。这种装饰革带用的玉制品，称为玉带板。早期的玉带是一种蹀躞带，即革带上面缀玉的同时又缀有许多勾环之类，用以钩挂小型器具或佩饰等。

据记载，蹀躞带最早出现在战国时代，由胡人骑士传入内地。隋唐时期玉带被定制为官服专用。唐宋时期玉带盛行。唐代曾有朝廷定制，称"大带制度"，以带上的装饰品质地和数量区别官品等级。

## 壮锦

壮族传统手工织锦，又称僮锦、绒花被，与云锦、蜀锦、宋锦并称中国四大名锦。主要产地分布于广西靖西、忻城、宾阳等县，《广西通志》载："壮锦各州县出，壮人爱彩，凡衣裙巾被之属莫不取五色绒，杂以织布为花鸟状，远观颇工巧炫丽，近视而粗，壮人贵之。"

壮锦以棉和麻线做地经、地纬平纹交织，用粗而无拈的真丝作彩纬织入起花，在织物正反面形成对称花纹，并将地组织完全覆盖，增加织物厚度。其色彩对比强烈，纹样多为菱形几何图案（传统沿用的纹样主要有二龙戏珠、回纹、水纹、云纹、花卉、动物等20多种），结构严谨而富于变化，具有浓艳粗犷的艺术风格。主要用于制做衣裙、巾被、背包、台布等。

## 水家布

"水家布"，又称"九阡青布"，纱质细，织工精细均匀，染色深透，耐洗不褪色。有人字纹、斜纹、花椒纹和方格纹等多种纹样。

水族独特的"豆浆印染"技艺，相传已有700年的历史。他们先将硬纸板镂成各种花鸟及几何图案，然后将模板平铺于白布之上，再刷上特制的黄豆浆，待豆浆干透后即浸入靛液缸中浸染，最后洗净晒干刮去豆浆，即呈现出蓝底或青底白花图案。

## 西装

西装最早起源于欧洲，它是欧洲人穿的传统服装。西装的上衣原是渔民的穿着，由于他们终年在海上谋生，穿敞领少扣的衣服在海上捕鱼更加方便；燕尾服也是西装的一款，原是中世纪欧洲车夫的装束，为了骑马方便，就在上装的后面开了一条衩；西装硬领是由古代军人防护咽喉中箭的甲胄演变而来的；据说是古代住在深山老林里的日耳曼人为了防止披在身上的御寒兽皮掉下来，就用草绳扎在脖子上，这是最早的领带；西装衣袖沿上的三颗纽扣，传说与拿破仑有关;西装裤原是西欧水手服的样式,它便于水手将裤腿捋起来干活。后来随着社会的发展,这些原始的衣着,逐渐演变成现在的西装。

## 牛仔裤

1850年,美国西部出现了淘金热。当时,25岁的德国人李威·斯达斯也到旧金山淘金。但当他看到那千千万万寻找金矿的人们以后,却改变了主意,开起商店来,专门销售日常用品,包括露营用的帐篷和用做马车篷的帆布。有一次,一个淘金工人对他说:"我看用你的帆布做短裤挺好。矿工们现在穿的短裤都是用棉布做的,很快就磨破了。"李威·斯达斯觉得这个主意不错,便用帆布试缝了一批短裤出售,果然畅销。

接着,李威·斯达斯在旧金山开设了一家服装工厂。他根据矿工们劳动的特点,不断改进裤子的式样,最终形成了牛仔裤独有的样式。

## 喇叭裤

喇叭裤最初是巴黎的服装设计师参照英国的海军服设计制作的。它的特点是裤裆浅、臀部紧、膝部窄、裤脚宽大。它的造型在膝部以上着重于暴露人体线条,膝部以下夸张。由于它的形式奇特,一度吸引了西方不少好猎奇的青年。20世纪60年代末,开始在巴黎流行,但不到3年,它就在西方世界衰落了。到70年代,它基本上退出了时装舞台。

## 夹克

夹克是从中世纪男子穿的叫Jack的粗布制成的短上衣演变而来的。15世纪的Jack有鼓出来的袖子,但这种袖子是一种装饰,胳膊不穿过它,耷拉在衣服上。到16世纪,男子的下衣裙比Jack长,用带子扎起来,在身体周围形成衣褶,进入20世纪后,男子夹克衫从胃部往下的扣子是打开的,袖口有装饰扣,下摆的衣褶到臀上部用扣子固定着。

## 燕尾服

燕尾服源于欧洲人马车夫的服装造型。是男士在正规场合穿着的礼服,前身短、西装领造型,后身长、后衣片成燕尾形呈两片开衩,色彩多以黑色为正色,表示严肃、认真、神圣之意。

## 和服

和服的起源可追溯到公元3世纪左右,大和时代,倭王曾3次派遣使节前往中国,带回大批汉织、吴织,以及擅长纺织、缝纫技术的工匠,而东渡扶桑的中国移民中也大多是文人和手工艺者,他们将中国的服饰风格传入日本。

奈良时代,日本遣唐使团来到中国,唐王热情接见他们,并赠予大量朝服。这批服饰光鲜亮丽,在日本大受欢迎。次年,天皇下令,日本举国上下全穿模仿隋唐式样的服装。

到了14世纪的室町时代,带有唐装特色的服装逐渐演变并最终定型,在其后600多年中再没有较大的变动。至于腰包则是日本妇女受到基督教传教士穿长袍系腰带的影响而创造出来的,起初腰包在前面。

## 裙子

远古时期,人们冬天用兽皮取暖、保护身体,夏天则用树叶遮盖。最初,人类先用毛皮围于腹、膝,后来才遮掩后面。骨针发明后,人类将前后两片连接起来,形成了下裳,也就是后来的裙子。

有了布帛之后,形成了上衣下裳、上黑下黄的习惯,这起源于对天地的崇拜。黄帝元妃嫘祖教民养蚕,有了丝织品,服装原料丰富起来。

周朝时,妇女礼服上下相连,且同颜色,表示感情专一。

东汉献帝年间,女子喜爱长裙,而上衣甚短。赵飞燕时,还产生了垒出皱纹的"留仙裙"。唐朝时,裙子更长,"行即裙裾扫落梅"。唐宋时,裙色以红、紫、黄、绿、青为多。红如石榴花者尤为流行,"红裙妒杀石榴花"。杨玉环特别喜爱黄裙,此裙有郁金香味,"折腰多舞郁金香"。青裙为年龄较大或田野农妇所穿。

元末,一概以淡素为主。明朝,大抵雅淡朴素。清朝,穿旗袍,流行连衫裙。

## 内衣

东晋十六国时期,出现了一种内衣——两当。这种衣服由北方游牧民族传入中原的。两当有前后两片,"即可当胸又可当背"。

唐朝的女子喜穿"半露胸式裙装"。她们将裙子高束在胸上,胸下围一条宽带,肩、颈、后背无带。穿时由后及前,胸前有一排扣子系合,或用其他带子系紧。

明代女子受外来文化的影响,已深谙如何凸现曲线美之道。当时的内衣——主腰,与背心类似。开襟、两襟各缀有三条襻带,肩部有档，档上有带，腰侧还各有系带，系紧后形成明显的收腰。

清代的肚兜一般为菱形，兜肚只有前片，后背袒露，上有系带套于颈间，腰部另有两根带子，束在背后。系带的材料不一。兜肚上有各类精美刺绣。

在西方，古罗马时代，产生了胸衣。到了16世纪，还有铁、木头制的紧身胸衣。16世纪末期，人们开始使用鲸髭、钢丝、藤条等来制作紧身衣。到了帝政时期（1804~1825年），紧身胸衣已变得简化。巴瑟尔时期（1870~1890年），蕾丝、丝绸、薄纱已得到充分运用。当时，人们对内衣的塑身要求已逐渐淡化，内衣制作放松了对腰部的束缚。

## 领带

"领带"起源于古代居住在深山老林里的日耳曼人。他们披着兽皮取暖御寒，为了不使兽皮掉下来，便用草绳扎在脖子上。

17世纪中叶，欧洲真正出现了"领带"。当时，法国军队中一支罗地亚骑兵凯旋。他们身着威武的制服，脖领上系着一条围巾，颜色各式各样，骑在马上显得十分精神、威风。巴黎一些爱赶时髦的子弟看了，竞相仿效，也在自己的衣领上系上一条围巾。第二天，有位大臣上朝，在脖领上系了一条白色围巾，还在前面打了一个漂亮的领结，路易十四国王见了大加赞赏，当众宣布以领结为高贵的标志，并下令上流人士都要如此打扮。这样，系领带、打领结的习惯便流传下来了。

## 腰带

中国早期的服装多不用纽扣，只在衣襟处缝上几根小带，用以系结，这种小带的名称叫"衿"。为了不使衣服散开，人们又在腰部系上一根大带，这种大带就叫腰带，它与今天人们所用来系束裤裙的带子名称虽同，但作用并不一样。

古人对腰带十分重视，不论穿着官服、便服，腰间都要束上一带。天长日久，腰带便成了服装中必不可少的一种饰物，尤其在礼见时，更是缺它不可。

古代腰带名目繁多，形制也十分复杂。但总的来看，可分成两类，一类以皮革为之，古称"鞶革"，或称"鞶带"；一类以丝帛制成，古称"大带"，或称"丝绦"。也有将这两种腰带统称为大带的。汉、隋时出现了蝴蝶结，唐代有了玉带，大画家周昉的仕女图上的仕女常系着一条腰带，在腰间缠绕数圈，并在前面打个结，生动地再现了当时女性的束腰之美。

## 风衣

风衣这种服装式样由来已久。早先它是英国部队士兵防风避雨用的外衣，领型可以关闭，也可以打开，当时，人们把这种领口称为"拿破仑"领。其式样是前门双排扣，有前后过肩和腰带，仅限于男子穿用，后来，这种式样流行于民间，发展成为男女老幼都爱穿的日常生活服装。

# 称谓篇

## "华夏"代指中国的缘由

"华夏"的说法产生自夏朝，当时禹的儿子启建立了中国第一个奴隶制王朝——夏，于是当时的夏朝人形成了一个笼统的"夏族"概念，也称"华族"或者"华夏族"。"夏"，是广大的意思；"华"是"花"的衍变，与古人对花的崇拜有关，为美丽之意。"华夏"，意即广大而美丽的地方。

"华夏族"的概念刚产生时人们对自己的这种种族认同感并不强烈。到周代时，相对于夷族，周人不仅拥有了明显先进的物质文明，而且因周公制定了礼乐制度而在文化上也明显区分于四夷。于是人们便产生了一种优越感，进而产生族群认同感，"华夏族"的观念开始深入人心。如《春秋左氏传》孔颖达疏："中国有礼仪之大，故称夏；有服章之美，谓之华。"可见，"华夏"在当时除了作为中原民族与四夷的在种族上的区分之外，还包含了一种区分先进文明与落后文明的内涵，类似于现在的"发达地区"与"落后地区"的区分。而正如同"落后地区"可以通过"苦干二十年，向先进省份看齐"的精神追上"发达地区"一样，蛮夷也可以通过逐渐的文明化而跻身于"华夏族"。比如位于西部的秦国本属于西戎之列，到战国时则成了华夏诸邦中最强大的诸侯国；而南方的楚国，本被中原诸国视为"南蛮"之邦，诗人屈原曾为自己的"蛮夷"身份感到苦恼。但到战国时，楚国已挺起腰杆以"华夏"自居了。

事实上，整个春秋时期，四夷的华夏化是整个时代的基本旋律之一。而后来的历代都存在着汉族人扩张到蛮夷之地并同化蛮夷或者蛮夷迁居汉人居住区并被同化的现象，因此可以说华夏族就是中原民族与四周夷族不断融合而形成的。因为汉代的强盛，人们便将华夏民族称为汉族。但在古代早期文献中，经常以"华夏"代指"中国"，因此后世的人们还经常以华夏代指中国。

## 皇帝

中国古代最早所称的"皇帝"是对"三皇五帝"的统称。三皇指天皇、地皇和人皇，是传说中的三个古代帝王；"帝"原来指宇宙万物至高无上的主宰者——天帝，后来许多国家混战，各自称帝，出现西帝、东帝、中帝、北帝等，使天上的"帝"来到人间，成为超越"王"的人间尊号（也有说是部落时期的黄帝、炎帝、蚩尤等）。

公元前221年，秦王嬴政实现全国统一，建立起了第一个统一的中央集权的封建帝国。他

**秦始皇像**

自认为是"德兼三皇，功高五帝"，遂将皇、帝两个人间最高的称呼结合起来，作为自己的帝号，从此统一天下的帝王就称为皇帝。

## 太上皇

"太上皇"是皇帝对去世的或已经退位的前任皇帝的尊称。

早在秦王嬴政自封为始皇帝后，便追封自己的父亲秦庄襄王为"太上皇"，以表示他对死去先王的尊崇。这是太上皇称呼的最早应用，但并未形成制度。

汉高祖刘邦打下江山，做了皇帝，便衣锦还乡。当他去拜见自己的父亲太公时，太公对他非常谦恭，刘邦急问原因，太公说："平民百姓不敬皇帝，可是要杀头的啊！"于是，刘邦发布诏书，把自己平定天下都归功于父亲的教训，并认为自己如今当了皇帝，而父亲却没有尊号，是不合适的，应该尊称父亲为"太上皇"。自此，"太上皇"这一称谓一直沿袭下来。

## 万岁

"万岁"这个词本来只是人们由于内心喜悦以示庆贺的欢呼语。秦汉以前，欢呼"万岁"是比较普遍的事。比如冯谖替孟尝君在薛地烧掉债券，颇得人心，于是"民称万岁"。

秦汉以后，臣子朝见国君，拜恩庆贺，也常常呼喊"万岁"，久而久之，便成为帝王代称了，但并不是帝王唯一或专擅的称呼。自从宋朝开始，"万岁"一词才成了皇帝的专用名词。

## 陛下

皇帝或国王常被尊称为陛下，陛，是指宫殿下的台阶。陛下，表示人臣奏事，必须请陛下的近臣转呈，不敢直接惊动皇帝，以示对皇帝的尊敬。同样，对于居住在宫殿内的其他皇族，如太子、公主等，规称为殿下，以示尊崇（对皇后也可称陛下）。

陛下的称呼起于秦始皇。到了唐代，因为高级官员的官署往往称"阁"，如东阁、龙图阁等，所以又对高级官员尊称为"阁下"。

今天，这些称呼只在外事活动中采用。一般对外宾中的国王、王后称陛下，对王室成员称殿下，对总统、总理等贵宾称阁下。

## 中堂

唐、宋置政事堂于中书省内，为宰相处理政务之处，中堂因宰相在中书省办公而得名，后称宰相亦为中堂。元代沿称。

明代大学士实际掌握宰相的权力，其办公处在内阁，中书居东西两房，大学士居中，故称中堂。清代大学士原系空名，为满足大学士对权力的要求，往往要管一个部，京官一般有一满一汉分坐于东西，当中是空的，如有管部大学士在场，便坐在中间，故亦称中堂。

## 公主

在中国，周朝称天子的女儿为王姬。公主这名称是从春秋战国时开始使用的。《史记·吕后本纪》裴骃集解引如淳曰："《公羊传》曰'天子嫁女子于诸侯，必使诸侯同姓者主之'，故谓之公主。"当时各诸侯国的诸侯都称为公，周天子把女儿嫁给诸侯时，自己不主持婚礼，而叫同姓的诸侯主婚。"主"就是"主婚"之意，因为是诸侯主婚，天子的女儿就被称为"公主"了。当时诸侯的女儿也被称为"公主"，也称"郡主"。

从西汉开始，只有皇帝的女儿才能称为"公主"，诸侯王的女儿则称为"翁主"。同时，因和亲等缘故出嫁的宗女或宫女，往往也加封为公主，如汉朝的永安公主。

## 驸马

最早，"驸马"一词并不是指皇帝的女婿。据《汉书》记载，"驸马"是一种官职，全名为驸马都尉，主要负责掌管御用的副车，实名为"副马都尉"，是汉武帝时期设立的。起初，担任这一职务的大都是皇室或外戚，还有一些王公大臣子弟，他们都是皇帝的贴身侍从官。据史料记载，这种官待遇不薄，俸禄两千石。

"驸马"作为皇帝女婿的专有名词始于魏晋时期。相传曹魏时期的玄学家何晏容貌俊美，魏文帝将金乡公主许配与他，并授以"副马都尉"一职。于是，魏晋之后的皇帝，大都封娶了公主的女婿为"副马都尉"。时间长了，人们觉得用"副马"代指公主的丈夫不太合适，所以，便将"副马"改用为"驸马"了。

随着名字的更改，"驸马"作为官职的意思也淡化了。比如，晋宣帝与晋文帝女婿虽为"驸马都尉"，但是已经只是个称呼，没有实际职位了。后来，人们也就习惯将娶公主的人称为"驸马"了。

除了"驸马"这个称谓，古人还称公主的丈夫为"帝婿"、"主婿"、"国婿"。此外，驸马还有别称，这还得从玄学家何晏说起。据说何晏不仅貌美，而且拥有一张比女人还要白皙的脸，魏文帝原以为何晏敷粉欺骗皇室，就用计试探。结果何晏以衣袖拭脸都没有改变，于是人们便因他的脸如施粉黛而称他为"粉侯"。随后这一称呼也就被沿用到了所有公主的丈夫身上。到清朝，公主的丈夫又被冠以"额驸"封号，皇后所生公主的丈夫为"固伦额驸"，嫔妃所生的公主丈夫为"和硕额驸"。

## 东宫、西宫

何林注《公羊传》说："西宫者，小寝内室，楚女所居也。"后称妃嫔居住的宫为西宫。东宫则是太子所居之宫，也用以指太子。

直到清朝末年，中国历史上才有了东太后、西太后的叫法。1861年，咸丰皇帝病死于承德避暑山庄烟波致爽殿。皇太子载淳即位于灵前。第二天颁发上谕，尊皇后钮祜禄氏为母后皇太后，徽号慈安；懿贵妃叶赫那拉氏为圣母皇太后，徽号慈禧。从这一天起，慈安太后搬入烟波致爽殿东暖阁，慈禧太后搬入西暖阁。据此，宫内始有东太后、西太后之说。

## 古代官职称谓

爵：即爵位、爵号，是古代皇帝对贵戚功臣的封赐。旧说周代有公、侯、伯、子、男5种爵位，后代爵称和爵位制度往往因时而异。

太师：指两种官职，其一，古代称太师、太傅、太保为"三公"，后多为大官加衔，表示恩宠而无实职，如宋代赵普、文彦博等曾被加太师衔。其二，古代又称太子太师、太子太傅、太子太保为"东宫三师"，都是太子的老师，太师是太子太师的简称，后来也逐渐成为虚衔。

尚书：最初是掌管文书奏章的官员。隋代始设六部，唐代确定六部为吏、户、礼、兵、刑、工，各部以尚书、侍郎为正副长官。

学士：魏晋时是掌管典礼、编撰诸事的官职。唐以后指翰林学士，成为皇帝的秘书、顾问，参与机要，因而有"内相"之称。明清时承旨、侍读、侍讲、编修、庶吉士等虽亦为翰林学士，但与唐宋时翰林学士的地位和职掌都不同。

上卿：周代官制，天子及诸侯皆有卿，分上中下三等，最尊贵者谓"上卿"。

大将军：先秦、西汉时将军的最高称号。如汉高祖以韩信为大将军，汉武帝以卫青为大将军。魏晋以后渐成虚衔而无实职。明清两代于战争时才设大将军官职，战后即废除。

太尉：元代以前的官职名称，是辅佐皇帝的最高武官，汉代称大司马，宋代定为最高一级武官。

侍郎：初为宫廷近侍，东汉以后成为尚书的属官，唐代始以侍郎为三省（中书、门下、尚书）各部长官（尚书）的副职。

侍中：原为正规官职外的加官之一。因侍从皇帝左右，地位渐高，等级超过侍郎。魏晋以后，往往成为事实上的宰相。

郎中：战国时为宫廷侍卫。自唐至清成为尚书、侍郎以下的高级官员，分掌各司事务。

司马：各个朝代所指官位不尽相同。战国时为掌管军政、军赋的副官，如《鸿门宴》："沛公左司马曹无伤言之。"隋唐时是州郡太守（刺史）的属官。

节度使：唐代总揽数州军政事务的总管，原只设在边境诸州，后内地也遍设，造成割据局面，因此世称"藩镇"。

## 父母官

"父母官"是旧时中国百姓对州、县官的尊称。

《汉书·循吏传》记载，西汉元帝时，南阳郡太守召信臣，字翁卿，九江寿春人。"其治视民如子"，劝民农桑，去末归本，为政勤勉有计谋，"好为民兴利"，尽力使百姓富起来。他亲自指导农耕，常出入于田间，住宿在民家，很少有安闲的时候。"百姓归之，户口增倍，盗贼狱讼衰止"。"吏民亲爱信臣"，尊他为"召父"。

至东汉武帝时，南阳郡百姓又迎来一位太守杜诗。《后汉书·杜诗传》载，杜诗，字君公，担任郡功曹时，爱民如子，事事替百姓做主，全郡百姓家家粮丰衣足。百姓拿他与以前的召信臣相比，说"前有召父，后有杜母"。自此"父母官"这一尊称便广传后世。

宋初文学家王禹偁在《谪居感事》诗中有"万家呼父母"之句，并自注："民间多呼县令为父母官"。这可能是"父母官"合写的较早的记录。

## 东床

"东床"一词用于称呼女婿，始于晋朝。《晋书·王羲之传》上有一个故事说，晋代太尉郗鉴派门客去王导家为自己女儿择婿。门客回来后报告说："我把王家的子弟一个个仔细看了，他们都长得出众，读书用功。我去的时候，正逢他们吃饭，这些年轻人一边吃饭，一边说笑，有的还摇头晃脑地吟诗。他们一听说我是奉太尉之命去选女婿的，大家都不出声了，立刻坐了下来，整整衣服，变得端端正正的了。只有坐在东床上的一个青年人，仍敞着衣襟，大吃大嚼，好像根本没有听到我是专为择婿而来的这番话似的。"

郗鉴听后说："这种不做作的人，想必会是一个好女婿。"于是就把自己的女儿嫁给了他。这件事流传四方，后来有人便把东床用作女婿的代称，并一直沿用至今。

## 泰山

据史书记载，一次，唐玄宗前往泰山封禅，整个仪式由宰相张说主持。到达泰山后，唐玄宗下圣旨，将所有跟随封禅的官员加官一品。张说假公济私，竟将自己的女婿郑镒连升了四品，使郑镒从九品小官骤然升到五品。

唐玄宗得知此事后，责问张说，张说无言以对。这时，玄宗身边的弄臣黄幡绰说："郑镒能升官，都是泰山的功劳啊。"从此，人们便将"岳父"称为"泰山"。

## 红娘

红娘来源于古典戏曲《西厢记》。剧中"玲珑剔透百事精"的小丫环红娘，聪明热情、活泼勇敢，有胆有识，足智多谋，为了成全张君瑞和崔莺莺的美满婚事，从中牵针引线，传书递柬，无怨无悔。最后，在她"一张利嘴"的说服与劝导下，顽固坚持封建门第观念的老夫人不得不取消"崔家三代不招白衣女婿"的清规，终于因势利导地将莺莺小姐许配给了张生，使"有情人终成眷属"。后来，红娘被用做媒人的代称。

## 先生

"先生"这个称呼由来已久。不过历史上不同的时期，对"先生"的含义是不尽相同的。《论语·为政》："有酒食，先生馔。"注解说："先生，父兄也。"意思是有酒肴，就孝敬了父兄。《孟子》："先生何为出此言也。"这里"先生"是指年长而有学问的人。

到了战国时代，《国策》中"先生坐，何至于此"是称呼有德行的长辈。

第一个用"先生"称呼老师的，始见于《曲礼》："从于先生，不越礼而与人言。"

汉代，"先生"前加上一个"老"字。

清初，称相国为老先生，到了乾隆以后，官场中已少用老先生这个称呼了。

辛亥革命后，老先生这个称呼又盛行起来。交际场中，彼此见面，对老成的人，都一律称呼为老先生。

现在，妻子多称自家丈夫为"先生"，对别的妇女的丈夫也叫"先生"。

有时候，先生也不一定完全指男士，德高望重的女性也有被称为先生的，比如"宋庆龄先生"。

## 太太

汉哀帝时，"太太"用于尊称老一辈的王室夫人。到后来，汉室又称皇太后为皇太太后。明代时，"凡士大夫妻，年来三十即呼太太"，即司眷属、中丞以上的官职才配称太太。

清朝的人，则习惯叫家庭主妇为太太，不过大都是婢仆这样称呼女主人。

北洋政府和民国时期，太太的称呼使用极为频繁。

近些年来，随着港澳台和外籍华裔、侨胞的回国归乡，"太太"的称谓成为人们对朋友间已婚女子的敬称。

## 妻子的别称

古代皇帝的妻子被称为"皇后"。

古代诸侯，明清时的一、二品官的妻子，称为"夫人"。

旧时为了表示自谦，称自己的妻子为"拙荆"，语出"金钗布裙"，本是指东汉梁鸿妻子孟光朴素的服饰。

为表示是原配，称自己的妻子为"发妻"。

为表示曾经与自己同甘苦共患难，称自己的妻子为"糟糠"。如"贫贱之交不可忘，糟糠之妻不下堂"。

从前丈夫对别人称自己的妻子为"内子"。

丈夫因家庭事务均为妻子操持，所以对别人称自己的妻子为"贤内助"或"贤妻"。

旧时丈夫为表示对自己妻子的尊敬，对外人称自己的妻子为"贱内"。

旧社会一般人称官吏的妻子或有权势的人称自己的妻子为"太太"。

早期白话小说中丈夫对自己的妻子称为"浑家"。

旧时丈夫称在家掌权的妻子为"内掌柜"

或者是"内当家"。

古代称诸侯的妻子为"小君"或"细君"。

江南一些地区称妻子为"堂客"。

在南方的一些地方的方言中，尊称妻子为"婆娘"、"婆妹"。

## 新郎

"郎"之称，从汉朝时就有。汉朝时，中央官署里侍从官通称为"郎"。到了唐朝，对六品以下的官员通称为"郎"。在官贵民贱的封建社会，百姓尊称这些"郎"为"郎官"或"郎君"。自从唐朝开科取士，凡中了进士的人就具备了做官的资格，他们被分到中央官署里任校书郎、秘书郎等"郎"职。所以，人们称呼新科进士为"新郎官"。

在封建社会，男子娶妻有"小登科"的美称，故人们都喜欢借用"新郎官"这一称呼来美称娶妻的男子。随着历史的变迁，"新郎"便从"新郎官"中逐步简化了出来，并且成为新婚男士的专用名称了。

## 两口子

据说，乾隆年间，山东有一个叫张继贤的才子，与本地恶少石万仓的妻子曾素箴在一次偶然的机会中相识，二人一见钟情，诗词书信，夜夜往来。

石万仓是个酗酒成性的家伙。某日，石万仓因饮酒过度，不幸酒精中毒身亡。石家人怀疑石万仓是被其妻曾素箴害死的，于是告到衙门，说曾素箴因偷奸谋杀亲夫。县官接状后，不问青红皂白，就把张继贤和曾素箴打入大牢，判为死罪。

一次，乾隆亲临刑部，偶然查阅了张继贤的供状，见其文笔不凡，顿生怜才之心，当即朱批于卷："继贤不贤，清贞不贞，不贤不贞，宜当发配。"发配到哪里呢？乾隆颇费迟疑，忽而有了："流张卧虎口，放曾黑风口。'两口'离开，自可非礼勿言、勿视、勿动矣！"

张继贤、曾素箴获皇帝恩准发配到"两口"后，真是喜出望外，二人时常互往互来，甚是自由。他们这样来往于卧虎口与黑风口，被人们称为"两口子"。故事流传开来，人们遂将恩爱夫妻称为"两口子"。

## 结发夫妻

相传，有一位皇帝在登基的前一天，翻来覆去睡不着觉，皇后便问他发生了什么事情。原来，当地人向来以胡须的长短衡量学识多少。而这位要登基的皇帝胡子很短，他担心登基后压不住群臣。皇后听了，便剪下自己的长发，接在了皇帝的胡须上。第二天早朝，群臣见皇帝一夜之间胡须过腰，认定其为天之骄子，无不拜服。这一佳话流传开来，人们便以"结发"来指代互助互爱的夫妻。

当然，这只是个传说。以"结发夫妻"指代原配夫妻，另有来由。其源自古代婚俗中的"结发仪式"。据《礼记》记载，古代女子许嫁之后，要用一种发绳将头发扎起来，以表示已经有婆家了。这条扎头发的绳子要等到成婚之后，由新郎亲自解下来。这种婚俗被人们称为"结发仪式"。

"结发仪式"是由古代的"成人礼"衍生而来的。在古代，女子15岁便被视为成年人，人们会为她举行"笄礼"。仪式中，女孩改变少女时的装扮，将长发扎拢起来，表示可以嫁人了。据史料记载，并非女子年龄到了15岁必须举行笄礼，而是在许完人家之后举行笄礼。由此，笄礼也就成了婚俗的一部分，后来便演变成了"结发仪式"。

到了唐朝，这种结发仪式已经淡化。新婚夫妇会在新婚仪式结束后，喝交杯酒，然后各剪一绺青丝系在一起，以表喜结连理，夫妻同心。因而，便有诗"结发为夫妻，恩爱两不疑"的说法。

随着婚礼习俗的变更，这种结发礼虽然已经不再拘泥于形式，但是人们还是习惯沿用"结发夫妻"来指代原配夫妻。

## 舅姑

在一些诗词里，我们经常会发现"舅姑"这样的称呼，如"洞房昨夜停红烛，待晓堂前拜舅姑"等。现代人结婚，媳妇要拜见公婆，古代为何要拜见"舅姑"呢，古代的"舅姑"指的是谁呢？

在文学典籍中，我们会发现，古代人所称的"舅姑"指代的是公婆。早在战国时期，《尔雅·释亲》中就对这一称呼有所记载。书中说："妇称夫之父曰舅，称夫之母曰姑。"出嫁之前，父母不仅要教女儿为人妇之道，还要叮咛女儿，在姑舅面前要小心谨慎。

如此看来，"舅姑"似乎是女方对男方的父母的专有称呼。其实不是这样。据《礼记·坊记》说："昏礼，婿亲迎，见于舅姑。

舅姑承子以授婿。"这说明，男方到女方家里迎亲，见到女方父母，叫的也是"舅姑"。看来，"舅姑"有时指代公公、婆婆，也可以指称岳父、岳母，可是古代人为什么这样称呼呢？

追根溯源，这要从原始社会的族外婚制度说起。相较于原始社会的同族婚姻，母系氏族开始了异性联姻族外婚。通常情况下，两个氏族中的同一辈男子与对方族里同一辈女子成婚，他们所生的孩子，女孩归女方氏族，男孩归男方氏族。下一代再结婚，就出现这种情况：女方的公公，是母亲的兄弟；女方的婆婆，是父亲的姊妹。所以，即使结了婚，人们还是习惯叫姑姑，舅舅。因而，古代公婆关系就成了"舅姑"关系了。

到了春秋战国时期，"侄女随姑"、"姑舅表亲"现象尤为盛行，同姓之间，是不允许结婚的。比如秦国和晋国，两国不同姓，分别为"嬴"姓和"姬"姓，两国便可以通婚，随后结成姑舅表亲，因而古代有"秦晋之好"的说法。

受"姑舅亲，亲上亲"思想影响，古代近亲结婚现象屡见不鲜。如汉武帝就曾娶他姑姑的女儿为皇后，陆游也是娶了他舅舅家的女儿唐婉等。在现代，在一些少数民族中，这种婚姻制度仍然存在着。

## 千金

相传周幽王得一个冰美人，名叫褒姒。为博得美人一笑，周幽王绞尽脑汁也未能如愿。后来，虢石父为周幽王献上一计——骊山烽火戏诸侯。褒姒见到各路诸侯声势浩大地赶来，又索然无趣地离开，觉得可笑之极，便轻扯嘴角，粲然一笑。周幽王见了，欢喜得不得了。因为难得美人一笑，就赏了虢石父金千金。于是，千金就与美人一笑扯上了关系。

从古至今，一些大户人家的女儿通常被称为"千金小姐"。小姐是一种尊称可以理解，但是为什么前面要加"千金"两个字呢？

在古代，金是一种货币。秦汉时期，金指的是黄铜，千金指代很多由黄铜铸成的钱。于是，人们就将千金引申为"贵重难得"的意思。

唐朝李白有诗云："五花马，千金裘，呼儿将出换美酒，与尔同销万古愁。"其中所说"千金"意在说明豪放洒脱视金钱如无物，即使这么多珍贵的东西还抵不上一壶浊酒。

"千金"一词被用来称呼人，据说是源自南朝梁司徒谢朏。相传他10岁能诗文，行文如流水。一日与其父谢庄游山之时，挥笔成章，文不加点。宰相王景文见了称赞不已，冠以神童的称号。谢庄听了甚是得意，于是有感而言说："他真是我家的千金啊。"从此以后，凡是才华横溢的男子便都被称为"千金"。不但意指人才难得，还有形容人金贵的意思。

"千金"被用来指代有身份的小姐，始于元杂剧《薛仁贵》。文中将官宦人家的女儿称为"千金小姐"。后来在明清的很多剧本里，官宦世家的女儿都被称为"千金小姐"，"千金"也就成了女儿家的代名词。

## 金龟婿

在古代，龟是人们尊崇的四大吉兽之一，它不但代表了长寿，还有着镇宅赐福的作用。因而，诸如龟纹一类图案便见诸各种事物。战国时大将们的战旗上通常会见到龟的图案，到了汉代，金龟印也应运而生。

古代有四灵之说，即"左青龙、右白虎、南朱雀、北玄武"，其中的"北玄武"指的就是"龟"。据史料记载，武则天称帝后，认为自己的武姓，应在北方的"玄武"上。因而，武则天改前朝所设鱼符为龟符，作为征调军队的凭证和官员地位的象征。

据《新唐书·车服志》记载，唐初，凡官在五品以上的，都要佩戴鱼符或者鱼袋，亲王所佩戴的鱼符，以黄金为主质。普通官员所佩戴的，一般以青铜为质，上面刻上他们的官位以及姓名，用来区分官阶。武则天改龟符后，规定三品以上的官员佩戴"金龟符"。四品则佩"白银龟"，五品以下佩戴"铜龟"。此后，通过所佩龟饰便可以区分出官员身份来，能佩戴金龟符的，必是亲王或三品以上大员。

而真正把"龟"和"婿"用在一起的，是唐代诗人李商隐。他在《为有》中描写了一位在朝身居高官的丈夫，因为每天早晨都要赶赴早朝，即使天还很黑，他也要早早起床。所以，妻子就抱怨他，即使做了高官又怎样，连一个甜美安稳的觉都享受不了。诗中初次使用"金龟婿"来代称作官的丈夫。

于是，人们便将有身份地位的女婿称为金龟婿。通常这样的人若非含着金汤勺出生，即为大富大贵者。因而，一些优秀单身汉也就有了"金龟婿"的雅称。

## 老公、老婆

唐代有一个名叫麦爱新的名士，他嫌弃

自己的妻子年老色衰，便产生了再纳新欢的想法，并写了一副上联："荷败莲残，落叶归根成老藕。"妻子看到后，从中读出了丈夫弃老纳新的念头，于是便提笔续了一副下联："禾黄稻熟，吹糠见米现新粮。"这副下联，以"新粮"对"老藕"。并且"新粮"与"新娘"谐音，饶有风趣。麦爱新读了妻子的下联，被妻子的才思敏捷和拳拳爱心打动，便放弃了纳妾的念头。妻子见丈夫回心转意，不忘旧情，乃挥笔写道："老公十分公道。"麦爱新也挥笔写道："老婆一片婆心。"

这个带有教育意义的故事很快流传开来，世代传为佳话，由此诞生了"老公"和"老婆"这两个词。

## 丈人

在家庭关系中，称妻子的父亲为"丈人"。然而魏晋以前，妻子的父亲被叫作"舅"或"妇翁"。而"丈人"是对上了岁数的男子的尊称。

据唐朝文学家柳宗元《祭杨凭詹事文》记载："年月，子婿谨以清酌庶羞之奠，昭祭于丈人之灵。"宋朝人《猗觉寮杂记》和《鸡肋编》都据以为证，以为"丈人"的说法开始于此。

事实上，"丈人"的称谓出现得还要早些。陈寿《三国志·蜀志·先主传》里提到"献帝舅车骑将军董承"，董承是献帝刘协的表叔，亲上加亲，女儿给刘协做了"贵人"。裴松之注释上边这句话时写道："（董承）于献帝为丈人，盖古无丈人之名，故谓之舅也。"

## 连襟

在一些方言中，我们经常会听到别人介绍两姐妹的丈夫为连襟。为什么要称为连襟呢？

早在《尔雅》中就有关于姐妹俩的丈夫称谓的记载，其中称他们为"僚婿"。宋徽宗时左朝散大夫马永卿在《赖真子》中说，江北人称友婿为"连袂"，也叫"连襟"。像"连襟"、"连袂"这样的叫法一般在书面上出现较多。在一些方言中，姐妹俩的丈夫又被称为"连桥"、"一担挑"、"连袂"等。可见这个说法不仅由来甚早，而且被普遍使用。

据说，这一称呼被用在姐妹俩的丈夫身上是从唐代诗人杜甫的一首诗中迁移过来的。杜甫晚年的时候，居住在川东地区。当地有位李姓老翁，与杜甫一见如故，相谈甚欢，于是两人便经常把酒言欢。无意中谈到家世，追溯起来，两个人居然是远房亲戚。这样一来，两人关系就更亲密了。

后来杜甫要到湘湖一带去，就作了首《送李十五丈别》，诗中用"襟袂连"形容两人的关系。此时的"襟袂连"只是说明两人关系好，如果进一层说是指李杜二人有远方亲戚，并没有明确指定就是姐妹俩的丈夫。后来，"连襟"被人所引用，以指代亲密关系。

到了宋代，洪迈的堂兄官场很不得意，但是他却有个做节度使的姐夫，于是借姐夫之光，被推荐到京城任官。他才疏学浅，于是便请洪迈代写一封感谢信。洪迈便将两人的关系比为"襟袂相连"，又说了些不胜感激的话。

自此之后，"连襟"、"连袂"一词便被广泛使用在了姐妹俩的丈夫身上，有时候一家姐妹众多的时候，各姐妹之间的丈夫也互称连襟。

## 足下

足下，常用于对平辈或是朋友之间的敬称。

相传春秋时期，晋公子重耳逃亡在外19年，后来又回晋国当了国君，即晋文公。晋文公即位后，想封赏有功之人，当年跟随他出逃的介之推不愿接受封赏，带着老母隐居到绵山中。

晋文公到绵山找他，他躲着不出来。晋文公用烧山的办法迫使他出来，不料介之推却抱着大树被烧死了。晋文公十分悲痛。于是命人砍下这棵大树制成木屐，穿在脚下，每当他想到介之推时就看看脚下的木屐说："悲乎，足下。""足下"一词由此而来。"足下"因一开始就代表晋文公所尊重的人，所以逐渐演变成表示敬意的人称代词。

## 丫头

古代女孩子到了及笄之年，头上都要梳着两个"髻"，左右分开，对称而立，像个"丫"字，所以称为"丫头"。唐代刘禹锡《寄赠小樊》诗云："花面丫头十三四，春来绰约向人时。"

另外，古代婢女经常梳丫髻，所以"丫头"又成为婢女的称呼。宋代王洋在《弋阳道中题丫头岩》诗中写道："不谓此州无美艳，只嫌名字太粗疏。"并自注说："吴楚之人谓婢女为丫头。"可能由于"丫头"称呼流行于吴地，北方人不明白，所以王洋写诗为注。

从此以后，"丫头"称呼广泛流行，直至现在，有的地区仍在沿用此说。

## 小姐

我们习惯上称一些年轻女子为小姐，但是小姐这个称呼在早期并非美称。

清代文史家赵翼的《陔余丛考》中记载："宋时，闺阁女称小娘子，而小姐乃贱者之称，为大家闺秀所忌。"宋代钱惟演的《玉堂逢辰录》中载有："掌茶酒宫人韩小姐。"可见，最初的小姐是指宫女。

南宋洪迈的《夷坚志》中记载："傅九者，好侠游，常与散乐林小姐绸缪。"其中林小姐是位艺人。苏轼的《成伯席卜赠妓人杨小姐》诗，是为妓女杨小姐而作。据此可知，宋代将妓女也称为小姐。另外，宋、元时期，姬妾也常被称为小姐。

## 黄花闺女

古时候，女子注重梳妆打扮，尤其是一些名门贵族的姑娘。当时流行贴花黄，即女性根据自己的爱好，用黄颜色在额上或脸颊画上各种花纹；也有将黄纸剪成各种花样，贴在额上或两颊作为装饰。久而久之，黄花也就成了女性的特征。

据说南北朝刘宋时，宋武帝有位女儿寿阳公主，生得十分美貌。有一天，她在宫里玩累了，便躺卧于宫殿的檐下，当时正逢梅花盛开，一阵风过去，梅花片片飞落，有几瓣梅花恰巧掉在她的额头上。梅花渍染，留下斑斑花痕，寿阳公主被衬得更加娇柔妩媚，宫女们见状，都忍不住惊呼起来。从此，爱美的寿阳公主就常将梅花贴在前额。

寿阳公主这种打扮被人称为"梅花妆"。传到民间，许多富家大户的女儿都争着效仿。但梅花是有季节性的，于是有人想出了法子，设法采集其他黄色的花粉制成粉料，用以化妆。这种粉料，人们便叫作"花黄"或"额花"。由于梅花妆的粉料是黄色的，加之采用这种妆饰的都是没有出阁的女子，慢慢地，"黄花闺女"一词便成了未婚少女的专有称谓了。

同时，黄花又指菊花，因菊花傲霜耐寒，常用来比喻人有节操。因此，人们在闺女前面加上黄花二字，不仅说明这女子还没有结婚，而且表示姑娘心灵纯洁，品德高尚。黄花闺女也就成了未出嫁年轻女子的代名词了。

## 泰斗

"泰斗"是"泰山北斗"的简称。人们常用"泰山北斗"比喻在德行和事业的成就方面为众人所敬仰的人。

起初，人们把韩愈比做"泰山"、"北斗"，是表示对这位文学家的推崇、敬仰之情。后来，人们就用"泰斗"一词称在某一方面成就卓越，在社会上有名望、有影响的人。如把印度的泰戈尔、俄国的列夫·托尔斯泰、中国的鲁迅等，称为文学泰斗。

## 巾帼

"巾帼英雄"往往指为国为民、不畏艰险而英勇奋斗的女豪杰，"巾帼"往往也表示对妇女的一种尊称。"巾帼"一词最初指中国古代妇女的头巾和发饰，最早见于《晋书·宣帝纪》。它里面记载道："诸葛亮数挑战，帝不出，因遗帝巾帼，女人之饰。"

在中国古代，巾帼的种类非常多，颜色也各式各样。头巾一般选用高级的丝织品制成，发饰品上面缀有一些珍贵的翡翠和玛瑙。正因为巾帼用料考究，做工精细，价格昂贵。所以，后人把妇女尊称为"巾帼"。

## 诰命夫人

在古代，"诰"和"告"是近义，把自己的意思告诉给别人称为诰，汉武帝时，用诰来任命百官。从此，诰便成为以上告下的专用字。所谓诰命，就是皇帝赐爵或授官的诏令。明清时代，一品至五品的官员用皇帝的诰命授予，称为诰封。除官员本身，皇帝对官员的先代和妻室也给予荣典。受有封号的贵妇都称为诰命夫人，也称命夫人或诰命。

## 海外赤子

有些深居异国他乡的华人，表达自己的爱国之情时，总说"赤子之心"，而且，像他们一类的人，还被国人称之为"海外赤子"，那么，"赤子"一词是从何而来的呢？

最初，"赤子"指的是刚出生的婴儿，古书解释说，小孩子刚出生的时候，因为还没有长出头发眉毛，整个身体呈现出一片红色。还有人说，古代的尺和赤是通用的，刚出生的小孩大概有一尺长，所以就用"赤子"作为新生儿的代名词。

将"赤子"用在比喻有某种热忱思想情感

的人身上的人，应该始于老子。在《道德经》中，老子说，那些道德深厚，修养不俗的人，就像是刚出生的小孩子一样纯洁，就连毒虫都不会蜇他们，猛兽也不会伤害他们，就连苍鹰都不会对他们展开攻击……也就是说，老子借初生的婴儿，形容心性纯朴、品德高尚的人。

在之后的资料典籍中，我们会发现"赤子"除了比喻思想，还有指代黎民百姓的意思。《汉书》中"故使陛下赤子，盗弄陛下之兵于潢池中耳"用的就是这个意思。相传，唐太宗统治时期，唐太宗殿试射箭比赛，就有官员劝谏说："您贵为天子之尊，这么多人在大殿之上剑拔弩张，万一有个居心叵测的人放个冷箭，我们防不胜防啊。"唐太宗毕竟是胸怀坦荡之人，答道："王者视四海为一家，封域之内，皆朕赤子……"唐太宗在说这番话的时候，用了"赤子"指其统治之下的黎民百姓们。

由此引申，居一国之内，忠贞赤忱的人，都被称为海内赤子。后来许多国人侨居海外，但他们仍然心系故里，一片爱国之情鼓荡于胸。故而，他们或以"海外之子"自称，或被国人称为"海外赤子"。

## 黎民百姓

在文学作品里，往往用"黎民百姓"来代指普通平民，这个说法怎么来的呢？

要是追溯"黎民"一词的由来，就要从我们的祖先炎黄二帝说起了。相传在炎黄二帝还并存之时，中国大地上还有东夷、西戎、南蛮和北狄等部落。据说在南蛮中，一个以猛兽为图腾的部落联盟最为强大。这个联盟由9个部落组成，名为九黎族，以蚩尤为首。后来，蚩尤看上了水土肥美的黄河流域，就率众前来争夺。

当时生活在这一领域的是炎帝部落。为了保卫家园，炎帝和蚩尤部落展开大战，炎帝战败。失败后的炎帝，投靠了西方的黄帝部落，组成炎黄联盟。于是，为了争夺中原地区，炎黄部落与蚩尤部落再次激战。黄帝不仅打败九黎部落，并且取下了蚩尤的首级。战败后九黎族人成了阶下囚，被炎黄部落的人称为"黎民"。当然，这个称呼含有蔑视低贱的味道。

在炎黄部落里实行着这样一种制度，只有有身份地位的人才有姓氏权。一般来说，姓指的是妇女，氏指的是男人，比如说轩辕氏、神农氏。据《说文解字》说，轩辕随母亲姓，而他的儿子，姓氏则由黄帝指定。这一转变，反映了当时有母系氏族向父系氏族过渡的历史事实。炎黄二帝时期，中原大地形成了一个以他们为首的部落联盟，这个联盟约有100个氏族，各氏族有自己的姓氏。所以，这个统治集团便成为"百姓"。由此可知，"百姓"开始时，乃是部落里各氏族首领的合称，身份高贵，并非平民。

据《尚书》记载，舜时期曾经强迫黎民劳作，为的就是供养"百姓"。《尚书·尧典》记载"平章百姓，百姓昭明"，后来的学者解释说，"百姓就是指百官"，汉代的郑玄注曰："百姓，君臣之父子兄弟。"可见，在古代相当长的一段时间里，"姓"只有王公贵族才有，布衣平民是没有这个资格拥有"姓"的。

随着社会动荡，朝代更替，黎民有发家的，"百姓"有落魄的，因而这种区分就不是十分明显了。战国时旧贵族彻底没落，"黎民百姓"也就成了人民大众的统称。

## 马大哈

为什么那些马马虎虎的人要被叫作"马大哈"呢？

其实，"马大哈"源自相声界泰斗马三立老师的相声《买猴儿》。

《买猴儿》讲了这样一段妙趣横生的故事。说有一个差不多先生名叫马大哈，办事马马虎虎、大大咧咧、嘻哈哈。尽管当了领导，他依然因循陋习。都说人以类聚，物以群分，马大哈先生的领导及下属都和他犯一个毛病，什么事差不多就行，马马虎虎就过去了。

话说有一天，马大哈下了个公告，意思是说公司没货了，请上级批准到天津市东北角买五十箱猴牌肥皂回来。马大哈于是向上级提出申请，并在申请书上写到："到东北买猴50只。"上级接到申请，心想，这人办事我们放心，于是看都没看就批了。

领导的决策自然有他的道理，就算下属觉得再不合逻辑，也得全力执行。只是这猴子确实不好买，怎么说猴子现在也是国家的保护动物，哪能说让你买就能买得到。经过多方洽谈，又历经了一系列手续，50只猴子终于采购齐了。

当采购员将50只猴子带回百货公司的时候，全公司都热闹了起来。为了制伏这50只猴子，百货公司乱作一团，上演了一场笑料百出的闹剧。

相声一经播出，人们立即在生活中找到了形形色色的"马大哈"。于是，那些事事无所谓、差不多就行、丢三落四、马马虎虎的人便被称为"马大哈"。

## 两面派

两面派，就是指那些口是心非，表里不一，表面一套背后一套的人。

相传，元朝末年朝廷腐败，逼得各地百姓纷纷起义。朱元璋领导的起义军是其中势力较强大的一支，主要活动在河南和安徽一带。当时，双方在豫北作战，僵持不下，今天你占我的城池，明天我夺你的阵地。

双方军队不但打仗，还骚扰百姓，兵丁进城，要求百姓必须在门上张贴标语表示热烈欢迎。如果是救星来了，欢迎欢迎还情有可原，可是这两方军队今天你来，明天他来，都是来搜刮掠夺的。百姓苦不堪言，被逼无奈，想出一个应对的好办法。

他们每家都找到一张薄木板，一面写着"保境安民"，这是欢迎元军的。另一面写着"驱除鞑虏，恢复中华"，这是欢迎义军的。元军来了，将木板翻到欢迎元军的标语那一面，朱元璋的人来了，就翻到另一面。

可是好景不长，一天，大将常遇春在夺得的怀庆府视察，看见家家户户都贴着醒目的标语，心里自然高兴得不了。一阵风吹过，有几家人贴标语的木板被刮倒在地。常遇春定睛一看，是欢迎元军的"保境安民"标语。常遇春很生气，于是下令，凡是有欢迎元军标语的人家统统满门抄斩。怀庆府的人民挂"两面牌"，只是图省事，没想到却招来了灭顶之灾。

后来，人们便将具有"两面牌"性质的人，谐音叫成了"两面派"。

## 烈士

古代所谓烈士，虽有"谓以身殉道，而不屈者"之说，但一般常指临危不惧的节义之士，是活着的人。"烈士"一词，最早见于商代。伊尹说："大夫知人事，烈士去其私。"孔子也有"白刃交于前，视死若生者，烈士之勇也"之语。三国曹操在《龟虽寿》诗中说："烈士暮年，壮心不已。"是指人虽老但仍有抱负。

元、明、清时，对战死的军人，称"阵亡将士"或"战殁将士"，抗日战争时期，国民党政府对抗战殉难者，褒称"忠烈"，烈字含义始有演变。当时，中国共产党及其领导的抗日政权，仍沿袭元、明、清时的用语，战场牺牲的指战员，叫"阵亡将士"。1947年4月，东北行政委员会、东北民主联军总政治部公布施行的《东北解放区爱国自卫战争阵亡烈士抚恤暂行条例》，将"阵亡将士"改称"阵亡烈士"。1980年6月，国务院发布的《革命烈士褒扬条例》第二条规定："中国人民和人民解放军指战员，在革命斗争中、保卫祖国和社会主义现代化建设事业中壮烈牺牲的，称为革命烈士。""烈士"一词始成为现在意义的、最光荣的称号。

## 三教九流

最早时，汉儒曾将"夏尚武，殷尚敬，周尚文"称作三教，其意为三种社会教化的风气。东汉时，佛教传入中国，道教兴起。至三国时期，"三教"逐渐固定指儒教、道教、佛教。"九流"最早出现在《汉书·艺文志》中，指的是春秋战国时期在"百家争鸣"的背景下形成的9个学术流派，分别是以孔孟为代表的儒家、以老庄为代表的道家、以墨翟为代表的墨家、以韩非子和商鞅为代表的法家、以苏秦和张仪为代表的纵横家、以邹衍为代表的阴阳家、以邓析为代表的名家、以吕不韦为代表的杂家和以许行为代表的农家。同时，人们也习惯将宗教、学术中的各种流派统称为"三教九流"。不知从何时起，民间口头上又将从事各行各业的人们分为"九流"，根据高低贵贱又具体分为上九流、中九流、下九流3个等级。因上、中、下九流的内容随着社会经济、风俗的变化有所变化，故不止一个版本。而随着时间的推移，三教九流逐渐贬义化，泛指那些在江湖上从事各种不是很体面的行当的人。

## 民间九流排序

民间在口头上形成对各个行业归类的"九流"说法之后，其版本一度产生变化，目前流传下来的至少有4个版本。其一为：以帝王、圣贤、隐士、童仙、文人、武士、农、工、商为上九流；以举子、医生、相命、丹青、书生、琴棋、僧、道、尼为中九流；以师爷、衙差、升秤、媒婆、走卒、时妖（拐骗及巫婆）、盗、窃、娼为下九流。在另外3个版本的九流排序中，上九流和中九流的内容均变化不大，而下九流的变化比较大。卖油、修脚、剃头、抬食合、裁缝、巫、吹手、戏子、卖糖、搓背等职业均曾被列入下九流。可以看出，虽然名义上上、中、下九流内部各职业间也存在先后之别，但其非突出重点，"九流"的重点在于强调上、中、下九流之间的横向比较。其中，上九流主要是指帝王、官员、商人、地主等有权有钱阶层；中九流则主要是读书人、宗教人士、医生、风水先生、画师、书法家等技术含量较高或高雅一些的职业；而下九流除了固定地包括盗贼、娼妓、吹手等职业外，其他各种比较简单的服务性行业都经常随着时代变化而入选。因此可以推测，所谓上、中、下九流其着力点并不在于推崇上、中九流，而在于强调下九流职业的低贱。可以想见，各个时代的下九流的从业人员往往遭到人们的歧视，也便难怪"三教九流"从一个中性词逐渐变成了一个具有贬义意味的词了。

另外，元代时，曾经在九流的基础上形成过简单化的"十流"的说法，即一官、二吏、三僧、四道、五医、六工、七匠、八娼、九儒、十丐。元人作为异族政权，害怕汉族读书人进入统治阶级内部进而稀释其统治力，故仇视读书人，故意贬低读书人地位。

## 中国古代皇族的称谓

皇帝：公元前221年，秦王嬴政统一六国后，自认为"德兼三皇，功高五帝"，称"始皇帝"，从此历代封建君主都称皇帝。

万岁：皇帝的代名词，一种说法认为在朝贺时对君主经常使用，久而久之，便成了皇帝的尊称。

天子：古代对君王的尊称。夏、商、周代，天子的正号是王，如周武王即可被称天子。在秦汉至清代，天子则指皇帝。

皇后：皇帝的正妻称皇后。秦汉以后历代沿称。

太上皇：帝王尊其父为太上皇。历代皇帝传位于太子，并自称太上皇。天子之父参与国政，称太上皇。

皇太后：皇帝的母亲称皇太后，秦汉以后历代沿称。

皇太子：皇帝所指定的继承人，一般为皇帝的嫡长子。清代自雍正以后不立皇太子。一般称预定继承君位的长子为"太子"。

贵嫔：妃嫔的称号。汉元帝时始置，原为妃嫔中之第一级。自魏晋至明均设置，但地位已经下降。

昭仪：妃嫔的称号。三国魏文帝时始置，仅次于皇后，晋及南北朝多沿置。

才人：妃嫔的称号。始设于晋武帝，自南北朝至明多曾沿置，唐制，才人初为宫中之正五品，后计正四品。

贵妃：妃嫔的称号。南朝宋武帝时始置，位次于皇后，自隋至清多沿置。

七子：女官名，位在美人、良人下，在长使少使上。

良人：西汉妃嫔的称号。

美人：妃嫔的称号。

贵人：妃嫔的称号。东汉位次于皇后，清代贵人已降在妃嫔之下。

孺子：太子妃嫔名，太子有妃、良娣、孺子，共三等。另外，古代贵族的妾也称孺子。

太孙：皇帝的长孙称太孙。历代王朝往往于太子殁后册立太孙为预定皇位继承人。

公主：帝王之女的称号。始于战国，汉制规定，皇帝之女称公主，帝之妹称长公主，帝姑称大长公主，后历代大致沿用。

翁主：汉代制度，诸王之女称翁主，即后世的郡主。

驸马：皇帝的女婿称驸马，非实官。清代称"额驸"。

帝姬：古代对皇帝女公主、姊妹、姑母等的称呼。

## 谥号、庙号、年号

中国古代帝王，除了他们的姓名外，一般在死后都有庙号、谥号。

庙号是皇帝死后，在太庙（皇帝的家庙）立室祭祀时所特立的名号。

在上古时期，帝王在生前死后都用的是同一个名字。后来，人们觉得直呼已死的先帝、先王有些不妥。于是，商时祭祀就用他们的生日天干来称呼，以表示恭敬。如夏朝太康、少康、孔甲，商朝的祖甲、帝乙等。

谥号是古代帝王或其他有地位的人死后，朝廷或后人按其生平事迹以示褒贬所给予的称号。它最早出现于周朝。

据说，周公做谥法，每个天子死后，根据他生前的行为，给他一个代名。譬如，周武王因为灭商朝有武功，死后谥为"武"。周文王因为发扬文化，重视本国的农业生产，关心内政，就谥为"文"。这种谥法一直流传了两千多年，直到辛亥革命爆发后，才跟着清王朝一同消失了。

一般说来，臣子的谥号由朝廷赐予，一般

以两字居多，如诸葛亮谥号"忠武"，欧阳修谥号"文忠"。

谥法在秦朝时也曾一度中断。这是因为秦王嬴政统一中国后，认为加谥号是"子议父，臣议君"，不可取。于是下令废除了谥法。后来到了汉朝，庙号、谥号才恢复过来。

东汉以后，也曾出现私谥。它不是由朝廷赐予的，而是由儒生们评定的。如陶渊明的私谥是"靖节"。

年号是皇帝在位期间纪年的名号。年号最早从汉武帝开始。新皇帝即位，必须改变年号，称改元。同一个皇帝在位时，也有改元的。明清两代皇帝基本上不改元，绝大多数只有一个年号，因此可用年号做皇帝的称谓。如明神宗年号叫万历，被称为万历皇帝。清高宗年号乾隆，被称为乾隆帝。

## 年龄称谓

古人的年龄有时不用数字表示，而是用一种与年龄有关的称谓来代替。

垂髫是三四岁至八九岁的儿童。髫，古代儿童头上下垂的短发。

总角是八九岁至十三四岁的少年。古代儿童将头发分作左右两半，在头顶各扎成一个结，形如两个羊角，故称"总角"。

豆蔻是十三四岁至十五六岁。豆蔻是一种初夏开花的植物，初夏还不是盛夏，比喻人还未成年，故称未成年的少年时代为"豆蔻年华"。

束发是男子15岁。到了15岁，男子要把原先的总角解散，扎成一束。

弱冠是男子20岁。古代男子20岁行冠礼，表示已经成人，因为还没达到壮年，故称"弱冠"。

而立是男子30岁。立，"立身、立志"之意。

不惑是男子40岁。不惑，"不迷惑、不糊涂"之意。

知命是男子50岁。知命，"知天命"之意。

花甲是60岁。古稀是70岁。

耄耋指八九十岁。

期颐指100岁。

## 秘书

现代的秘书职务，是领导的助手，其任务是收发起草文件，办理文书、档案和领导交办的事项。各级党政机关和企、事业单位，以及企业公司，一般都设有秘书一职。

在中国古代，秘书是掌管典籍或起草文书的官。通常，"秘书"一词下缀上"令、监、丞、郎"等就是完整的官名。此外尚有"秘书省"，这是南朝梁始设的行政机构，名虽为"秘书"，却与现代的"秘书"风马牛不相及。

明清不设"秘书省"，也没有"秘书"的职称。清代各衙署设文案，一般称"师爷"不称"秘书"。民国时期，大多数的行政机关开始设置秘书。

## 主席

"主席"这个称呼在很多国家都有使用。"主席"是中国创造的吗？它和我们平时说的"坐席"、"席位"有关系吗？

隋唐以前，中国是没有桌椅的，人们通常席地而坐。《论语》中记载说，古人不但坐席子，而且怎么坐都有讲究。比如，席子放的位置不正当，也是不可以坐的。

在古代，铺在下面的较大的席子被称为筵，而上面较小的席子才会被称为席。通常，人们脱鞋进屋，经过筵，到了正位上，坐到席上。古人重礼，一般情况下，室内的大席子是几个人一起坐，而尊者或长辈则会单据一小席，这样一来，通过所坐席子，就可以区分出地位尊卑。

后来，大席制衰落，人们开始分坐小席。原来单据一席的主人、尊者和长辈便坐到室内的主位上，也就是"主席"上。"主席"一词，由此而来。

外文译著上，"主席"一词被翻译成了"坐在高背椅上的人"，也就是权威者，所以，这个词也就被迁移用到了含有主人、主持人、领导人等场合。

由"坐席"一词引申出来的词汇很多，如"宴席"、"入席"、"席位"等。如今，我们所说的主席通常指的就是国家或组织的最高领导人。

## 恺撒成为皇帝的称号

恺撒，古罗马统帅，政治家，出身贵族，少年时期受过良好的教育，小小年纪就渴望取得最高权力。

公元前77年，恺撒针对当时奴隶和平民都对罗马的寡头统治不满的矛盾，控告曾任马其顿总督的格涅乌斯·科尔涅利乌斯·多拉伯拉贪赃枉法，得到巨大名声。在西班牙任职期间，恺撒征服了一些部落，扩大了罗马人统治的地域，得到了元老院、骑士士兵和罗马平民的支持。

公元前59年，恺撒当选为执政官。然后，随着时局的变化，"三头同盟"的内部矛盾终于显露出来。敌视恺撒的势力在庞培的支持下决定要恺撒立即卸任。

此时，恺撒率领他的军队以迅雷不及掩耳之势向罗马突进，占领了罗马，庞培出逃。

恺撒夺得罗马政权后，对政敌实行宽大怀柔的政策，赢得了一部分元老贵族和骑士的好感。公元前48年6月，恺撒与庞培又大战于法萨罗，最终恺撒消灭了庞培并进军埃及。接着，他又转战小亚细亚，平定了非洲、西班牙。恺撒回师罗马，受到空前隆重的欢迎。他被推举为终身独裁官。他的出身被神化，已经成为罗马世界至高无上的主宰者。

恺撒是罗马帝国的奠基者，故被一些历史学家视为罗马帝国的无冕之皇，有恺撒大帝之称，甚至有历史学家将其视为罗马帝国的第一位皇帝，以其就位终身独裁官的日子作为罗马帝国的诞生日。影响所及，以致后来有罗马君主以其名字"恺撒"作为皇帝称号。

## 狄克推多

狄克推多是古罗马独裁官的音译，它是古罗马共和国时期的非常任最高级长官。

狄克推多产生于罗马共和国前期。国家处于危急时，才设立这一职位。任命独裁官的决议是由元老院作出的，然后由执政官执行其任命程序。独裁官的任期很短，一般不超过6个月，此后，他必须交卸职权。在军事紧急的时期中的战事独裁官，任期可达6个月之久，他握有绝对的军事与文治权力。

狄克推多任职期间，享有决断重大事务的全权。出巡时，身后有24名扈从紧随，扈从肩上扛一束笞棒，笞棒中间插一把战斧，这种插斧的笞棒称为"法西斯"，象征权力。对于违抗狄克推多命令的人，实行严惩，判决后由扈从立即执行。只有在人民大会面前，扈从才遵照狄克推多的命令，将"法西斯"垂下，表示承认他的权力来自人民。

共和末年，这一制度有了很大的改变。一部分军队首领（如苏拉、恺撒）利用手中的实力，迫使人民大会和元老院推选他们为终身独裁官。

恺撒被谋杀之后，元老院为了免除个人独裁给国家带来的不幸，通过了执政官安东尼提出的"安东尼法"，撤销了独裁官任期，并且将它从共和国的宪法除去，这一官职从此消亡。

## 沙皇

15世纪，伊凡三世为实现其建立新帝国的梦想，在帝国灭亡后，他自比为帝国的继承人，把拜占庭皇室的双头鹰徽记作为自己的徽记，并自称"沙皇"。1472年他又迎娶了拜占庭末代皇帝君士坦丁十一世的侄女索菲亚·巴列奥略为后。"沙皇"的意思就是"恺撒皇帝"。恺撒是古罗马显赫一时的大独裁者，伊凡三世自称"沙皇"就是想要步恺撒后尘，成为至高无上的君主，建立跨欧亚非的大帝国。1547年，伊凡四世正式加冕称沙皇，从此，俄国的沙皇专制制度正式形成，除彼得大帝在1721年被奉以"皇帝"称号以外，历代封建君主者都袭称"沙皇"称号。十月革命胜利后，沙皇君主制寿终正寝。

## 天皇

天皇是日本国君主的称号，日本国家元首和国家的象征。

天皇是世界历史上最长的君主制度。由于被认为不同于普通的日本人（在神道教中，天皇是天照大神后裔，故具有神性），天皇与其家族没有姓，日本宪法也未赋予其公民权。虽然裕仁以后的日本天皇已宣布完全放弃历史上其被赋予的"神性"，但多数日本人仍认为天皇代表着"国家"。

## 法老

法老是古埃及时期对国王的尊称，是埃及语的希伯来文音译，意为大房屋。在古王国时代仅指王宫，并不涉及国王本身。从新王国第18王朝图特摩斯三世起，逐渐演变成对国王的一种尊称。第22王朝（公元前945年~前730年）以后，成为国王的正式头衔。但习惯上把古埃及的所有国王通称为法老。法老作为古埃及的最高统治者，掌握全国的军政、司法、宗教大权，并被无限神化。法老自称是太阳神阿蒙之子，是神在地上的代理人和化身。

法老死后，其尸体被制成干尸，即"木乃伊"，放在金字塔内部的墓室中。金字塔即埃及法老的陵墓。古埃及新王国第19王朝的法老拉美西斯二世统治埃及67年，是古埃及史上统治时间最长、影响最大的法老，其在位时期是古埃及帝国臻于鼎盛的时期。

## 首相

18世纪初，由于英王乔治一世对英国事务不感兴趣，不能参与内阁讨论，于是，财政大臣罗伯特·沃尔波尔就负责起国家的政治事务。在罗伯特·沃尔波尔之前，英国君主自己行使首相的职责，根据自己的意愿选择与组织政府。从罗伯特·沃尔波尔之后，君主的影响力衰退，首相的职务逐渐由议会中多数党的领导人担任。

"首相"最初被用来形容专制君主的首席大臣，也用来指国王的走狗。1937年，议会通过《国王的大臣法》后，"首相"这个称号正式定下来。首相同时兼任第一财政大臣的职务，但是很长一段时间内，人们习惯用第一财政大臣的称号胜于首相的称号。

## 总统

总统是共和制国家的最高行政元首名称。总统制源于美国。1787年，美国联邦宪法规定：国家行政大权赋予总统，总统任期4年，由各州选举的总统候选人选出；总统是最高的行政首长，又是武装部队的总司令；总统经参议院同意，有权任命部长、外交使节、最高法院法官以及政府其他官员；总统还有权批准或否决国会通过的法案。1789年1月，根据宪法，美国举行了历史上第一次大选，选举独立战争的杰出领导华盛顿为美利坚合众国第一任总统，也是世界上第一位总统。华盛顿本可以任终身总统，但他只担任了两届便决意不再连任，因此后来的美国总统几乎最多只任两届，只有富兰克林·罗斯福例外，他担任了四任总统，并且是唯一的终身总统。

# 天文历法篇

## 北斗七星

北斗是由天枢、天璇、天玑、天权、玉衡、开阳、摇光七星组成的。古人把这七星联系起来想象成为古代舀酒的斗形。天枢、天璇、天玑、天权组成为斗身,古曰魁;玉衡、开阳、摇光组成为斗柄,古曰杓。

北斗星在不同的季节和夜晚不同的时间,出现于天空不同的方位,所以古人就根据初昏时斗柄所指的方向来决定季节:斗柄指东,天下皆春;斗柄指南,天下皆夏;斗柄指西,天下皆秋;斗柄指北,天下皆冬。

## 观象授时

观象授时,即通过观察天象来确定时间和创制历法。因为节令的测定与农业生产直接相关,所以制定准确的历法是农业社会的一件大事,而考察时序的基本途径就是观测天象,因此古人对其极为重视。《尚书·尧典》在叙述尧治理天下的具体活动时,所记载的首要一项就是派人观测天象,制定历法:"乃命羲、和,钦若昊天,历象日月星辰,敬授民时……期三百有六旬有六日,以闰月定四时成岁。"这段话还表明,在尧的时期,观象授时的方法已经成熟,原始的历法在那个时期也已经形成,人们在从事农业生产的时候可以不再依凭直觉,或者随机行事,而是有了可靠的指导,这意味着农业生产已经进入了一个相对发达的阶段。

## 天文历法与政权

中国是一个历史悠久的农业国家,向来以农立国,而农业生产发展的最初一次跨越就是历法的制定,因为这意味着人们从事农业活动有了可靠的规律性的指导,避免了劳作的盲目性,从而大大提高了生产效率。统治者治理天下的一项根本的任务就是促成自身治下的社会生产的发展,由是,历法也就与政权密切关联,掌握优越的历法可以说是执掌政权的一项基础。《论语·尧曰第二十》记载:"尧曰:'咨!尔舜!天之历数在尔躬,允执其中。四海困穷,天禄永终。'舜亦以命禹。"这是尧在准备将治理天下的大任交给舜的时候所做的交代,其中特别强调的一点就是"天之历数",而舜在禅位给禹的时候也是如此传教,可见历法在当时对于治理天下的极端重要性。建安七子之一徐干所著的《中论·历数篇》亦说:"昔者圣王之造历数也,察纪律之行,观运机之动,原星辰之迭中,寤暑景之长短……然后元首齐乎上,中朔正乎下,寒暑顺序,四时不忒。"然后又着重指出:"夫历数者,先王以宪杀生之萌,而诏作事之节也,使万国不失其业者也。"《史记·历书》也说:"盖黄帝考定星历,建立五行,起消息,正闰馀,于是有天地神祇物类之官,是谓五官。各司其序,不相乱也。民是以能有信,神是以能有明德。民神异业,敬而不渎,故神降之嘉生,民以物享,灾祸不生,所求不匮。"黄帝考定星历,制定历法,由此而奠定了天下之清明有序的基础。这些记载和论述无一不表明了天文历法与政权之间的密切关系。

## 灾异与人事

中国分布着广泛的地震带,又位于东亚季风区,地震和水旱灾害十分频繁,而且程度相当严重,历代关于灾异的记载可谓不绝史篇。中国古代对于灾异所持的一项基本观点就是"天人感应",或者说是"天人合一",就是认为灾异的发生与人事密切相关。古人将祥瑞和灾异都看作是上天旨意的显示,而帝王被称为天子,是秉承天意来治理万民的,所以天象就与帝王的作为有着直接的关系。有祥瑞出现,当然是大吉之象,彪炳着帝王的德政,而发生灾异的时候，则意味着帝王的失德，因而遭到了上天的谴告，这个时候皇帝往往就要躬身自省，并且下罪己诏扬布天下，以示悔过，请求上天的宽恕。天人感应的思想在先秦时期就已萌生，而西汉的董仲舒则将其发展成为一套理论体系。他说："美事召美类，恶事召恶类，类之相应而起也……帝王之将兴也，其美祥亦先见；其将亡也，妖孽亦先见。物故以类相召也。"又说："天地之物，有不常之变者，谓之异。小者谓之灾。灾常先至，而异乃随之。灾者，天之谴也；异者，天之威也。谴之而不知，乃畏之以威。《诗》云：'畏天之威。'殆此谓也。'"他还进一步指出："《春秋》之中，视前世已行之事，以观天人相与之际，甚可畏也。国家将有失道之败，而天乃先出灾害以谴告之，不知自省，又出怪异以警惧之，尚不知变，而伤败乃至。"这种人事决定灾异而灾异昭谴人事的观念当然是一种谬见，但是在历史上也确曾发挥过一定的积极影响，对某些统治者的行为起到了一定的约束作用。

**受天命，改正朔**

正，指的是一年之首。朔，指的是一月之首。"正朔"合称，代指历法。"受天命，改正朔"，说的是每当改朝换代的时候要取用新的历法，而这种改变是秉承天意的。《礼记·大传》记载："立权度量，考文章，改正朔，易服色，殊徽号，异器械，别衣服，此其所得与民变革者也。"讲的是立朝之初新王所要进行的一系列改革内容，改正朔是其中之一。孔颖达注疏说："改正朔者，正谓年始，朔谓月初，言王者得政，示从我始，改故用新，随寅、丑、子所建也。周子，殷丑，夏寅，是改正也；周夜半，殷鸡鸣，夏平旦，是易朔也。"之所以要进行这些改革，是因为这意味着新王朝的建立是一个新的开始，也就是所谓的"革故鼎新"。夏代是以寅月为正的，也就是当今所讲的正月（因为现在的农历沿用的就是夏正）；而商代是以丑月为正的，即夏历的十二月；周代又以子月为正，就是夏历的十一月；到了秦代，又改为以夏历的十月为正。汉初袭用秦代的正朔，汉武帝元封六年（前104年），改用太初历，取夏正，此后历代都沿用夏正，仅在武则天称帝时取用周正。

**日、气、朔**

日、气、朔，是中国古代历法的3种基本元素。"日"，就是一个太阳日，为24小时。"气"，指的是二十四节气，也就是从冬至开始，到下一个冬至，是一个回归年，一个回归年划为24份，称为二十四节气。其中，冬至和其后依次相隔一位的节气，如大寒、雨水、春分等叫作"中气"，相应的，小寒、立春、惊蛰等则叫作"节气"（有时为了简洁，也将中气称为"气"，而将节气称为"节"）。"气"又分作两种，按时间等分的叫"平气"，按一年中太阳所走的路程等分的叫"定气"。"气"体现着历法中阳历的成分，而"朔"则体现着历法中阴历的成分。"朔"指的是日、月的黄道经度相同的时刻，也就是阴历每月初一的时候日、月之间的位置关系所体现出来的月相。月亮绕地球运动的速度是不均匀的，太阳周年视运动的速度也是不均匀的，因此，朔出现的时间也是不相等的，但是凭借长期的观测统计，可以求得一个相对稳定的平均值，这个平均值就称为一个朔望月。根据朔望月推算出来的朔，叫"平朔"；对平朔由日、月不均匀运动所造成的偏差进行修正而得到的真实的朔，称为"定朔"。中国古代历法自有"气"、"朔"以来，从春秋、战国时代到唐初，使用的是平气和平朔；从唐初到明末，使用的是平气和定朔；清代以后，使用的就是定气和定朔。

**干支计时纪年**

干是指天干，支是指地支。天干共10个，所以又称为"十干"，顺序为：甲、乙、丙、丁、戊、己、庚、辛、壬、癸；地支共12个，顺序为：子、丑、寅、卯、辰、巳、午、未、申、酉、戌、亥。其中甲、丙、戊、庚、壬是阳干，乙、丁、己、辛、癸是阴干。子、寅、辰、午、申、戌是阳支，丑、卯、巳、未、酉、亥是阴支。

在夏历中，干支用来编排年号和日期。具体方法为以一个天干和一个地支相配，天干在前，地支在后，天干从甲开始，地支从子开始，阳干对阳支，阴干对阴支（阳干不配阴支，阴干不配阳支），60年一周期，称为"六十甲子"或"花甲子"。天干表示年、月、日、时的次序，地支用来纪月、纪时。地支纪月就是把冬至所在的月称为子月，以下依次排列。地支纪时就是把一日分为12个时段，分别以十二地支表示，称十二时辰。

古人就是以六十甲子循环来纪年、纪月、

纪日、纪时。

## "天文志"与"五行志"

"天文志"和"五行志"为正史之中志类的两种，开创于《汉书》，为后代史书所继承。

"天文志"是对包括星运、日食、月食等各种天文现象的记录，而在《汉书》之前，《史记》中就已经有了《天官书》，系统地总结了汉代以前的天文知识和天文事件。《汉书》中的"天文志"秉承而来，保存了上古至汉哀帝元寿年间的丰富的天文资料，具有极高的史学和科学价值。此后的史家也保持了这一优秀的传统，使得历代的"天文志"一脉相承，使中国成为世界上古代天文学文献最为丰富的国家。

"五行志"记载的是各种自然灾害和奇异现象，配以五行学说进行论述，具有浓厚的迷信色彩，因而遭致了猛烈的批评，可是这并不能掩盖"五行志"的宝贵价值，虽然其中的论说有相当大的一部分是虚妄的，但是这些论说都是以事实为依托的，也就是说，"五行志"保存了大量的自然科技史的原始材料，其中涉及到地震、水灾、旱灾、雹灾、蝗灾、怪雨、日食、彗星、太阳黑子、陨石、奇异的生命现象、冶炼事故等十分广泛的内容，许多为后世所重视的科学现象最初都是记载于"五行志"中的。另一方面，"五行志"还具有重要的思想史价值，从一个特别的角度为人们研究各个时期的社会思想提供了宝贵的文献资料。

## 三垣与四象

三垣，即紫微垣、太微垣和天市垣，是中国古代划分星空的星官，每垣都是一个比较大的天区，内含若干小的星官（或称为星座）。紫微垣是三垣的中垣，包括北天极附近的天区，在北斗东北，居于北天中央，所以又称中宫，或紫微宫，即皇宫的意思；以北极星为中枢，有星15颗，东西排列，成屏藩形状，各星多数以官名命名。它的天区大致相当于现今国际通用的小熊、大熊、天龙、猎犬、牧夫、武仙、仙王、仙后、英仙、鹿豹等星座。太微垣是三垣的上垣，位居于紫微垣之下的东北方，在北斗之南，轸宿和翼宿之北，有星10颗，以五帝座为中枢，成屏藩形状。太微即政府的意思，星名亦多用官名命名，它的天区包含室女、后发、狮子等星座。天市垣是三垣的下垣，位居紫微垣之下的东南方向，在房宿和心宿东北，有星22颗，以帝座为中枢，成屏藩形状，它的天区包括蛇夫、武仙、巨蛇、天鹰等星座。四象，即青龙（又称苍龙）、白虎、朱雀、玄武，分别代表东、西、南、北四个方向，用来划分天上的星区。这是古人把二十八宿中每一个方位的七个星宿联系起来加以想象而成的四种动物的形象而得来的。

## 二十八宿

二十八宿是中国古人认识星辰和观测天象对天上恒星的划分，类似西方的星座，又称为二十八星或二十八舍。"宿"表示日月五星所在的位置。古时候的人们根据它们的出没和中天时间定四时，安排农事活动。

二十八宿分成4组，与东、北、西、南四宫和动物命名的四象相配。它们是东宫青龙，包括角、亢、氐、房、心、尾、箕七宿；西宫白虎，包括奎、娄、胃、昴、毕、觜、参七宿；南宫朱雀，包括井、鬼、柳、星、张、翼、轸七宿。北宫玄武，包括斗、牛、女、虚、危、室、壁七宿。与它们关系密切的一些星官（意为一组星），如坟墓、离宫、附耳、伐、钺、积尸、右辖、左辖、长沙、神宫等，分别附属于房、危、室、毕、参、井、鬼、轸、尾等宿，称辅官或辅座。唐朝时，包括二十八宿和辅官在内的星共有183颗。

最早记录二十八宿的是春秋时期的《尚书·尧典》。现存对二十八宿最完整的记录发现于湖北省随县战国古墓（葬于公元前433年）的漆箱盖上，它记录了二十八宿的全部名称。

## 星野

星野指的是与天上的星象相对应的地面的区域。《史记·天官书》说："天则有列宿，地则有州域。"人们用天上二十八宿的方位来对照地面的区域，某个星宿对着地面的某个区域，叫作某地在某星的分野。王勃在《滕王阁序》中说："豫章故郡，洪都新府。星分翼轸，地接衡庐。""翼"和"轸"分别是南方朱雀七宿中的第六宿和第七宿，"星分翼轸"的意思就是洪州属于翼、轸二宿所对应的地面区域。李白的《蜀道难》中有"扪参历井仰胁息"的句子，其中的"参"和"井"指的是星宿，参宿是秦的分野，井宿是蜀的分野，李白由秦入蜀，所以说"扪参历井"。二十八宿是人们对于天空星区的划分，东西南北四个方向各有七宿，而又将其更为具体地分成九野。即中央钧天：角宿、亢宿、氐宿，东方苍天：房宿、心宿、尾宿，东北变天：箕宿、斗宿、牛宿，北方玄天：女宿、虚宿、危宿、室宿，西北幽天：壁宿、奎宿、娄宿，西方颢天：胃宿、昴宿、毕宿，西南朱天：觜宿、参宿、井宿，南方炎天：鬼宿、柳宿、星宿，东南阳天：张宿、翼宿、轸宿。这九野的方位分别对应于地上的方位，就构成了星野的划分，如前面提到的翼、轸二宿，属于东南阳天，洪州位于中国的东南，正与翼、轸二宿相对应，而参、井二宿则属于西南朱天，与秦、蜀地区相对应。

## 古代的星图

星图是观测恒星的一种形象记录，是天文学上用来认星和指示位置的一种重要工具。中国古代天文学非常先进，有绘制星图的传统。

世界上最早的星图是唐中宗时期（705~710年）绘制的敦煌星图，上面绘有1350多颗星。1907年被斯坦因盗走，现藏于英国伦敦博物馆。

最早的石刻星图是从五代（907~960年）吴越王钱元瓘的墓中出土的。石刻星象图刻有二十八宿和拱极星等星宿。1247年，南宋天文学家根据北宋年间的观测结果，刻制了一副比较齐全的石刻星图，图中共有1440颗星，以及银河和二十八宿距星的经线28条，现藏于江苏省苏州市博物馆。

现在发现的最早的彗星图是1973年从湖南长沙马王堆三号汉墓中出土的一部帛书。在这部帛书中，绘制了29幅不同形状的彗星图。每幅彗星图下面都写有占卜的文字，每条占卜文字的开头都写着彗星的名称。这部帛书距今已有2200多年，是世界上最早的彗星图。

## 彗星、行星的运行记载

彗星，在中国古代称为星孛、蓬星、长星等，据《春秋》记载，鲁文公十四年（前613年）"秋七月，有星孛入于北斗"。这是世界上最早的关于彗星的记载，此星孛即哈雷彗星。哈雷彗星的运行周期为76年，从秦王嬴政七年到清宣统二年（前240~1910年）的2000多年间，哈雷彗星共回归过29次，每一次中国都进行了记录，并且记录得很详切。例如《汉书·五行志》对出现于汉成帝元延元年（前12年）的彗星做了这样的记载："元延元年七月辛未，有星孛于东井，践五诸侯，出河戌北，行轩辕、太微，后日六度有余，晨出东方，十三日，夕见西方……南游度犯大角、摄提，至天市而按节徐行，炎入市中，旬而后西去；五十六日与苍龙俱伏。"据统计，中国古代对彗星的记载多达五百次以上，是世界上古代彗星记录资料最为完备的国家。

在古代，行星指的就是金星、木星、水星、火星和土星。中国对行星的观测也有着久远的历史，在甲骨文中就有了关于木星的记载，而到了秦汉时期，人们已经观测和推算出五大行星的运行周期。马王堆汉墓出土的帛书《五星占》中详细地记载着从秦王嬴政元年（前246年）至汉吕后元年（前187年）这60年间木星的位置和从秦王嬴政元年至汉文帝三年（前177年）这70年中土星与金星的位置，还记录了五大行星的回合周期。例如，土星"日行八分，卅日而行一度……卅岁一周于天"，意思是说，土星的会合周期为377日，这比当今的测量值378.09日小1.09；再如，帛书上记载的金星的会合期折算之后为584.4日，这比现在的精确数据只多了0.48日。总之，史籍中关于彗星和行星的记载标志着中国古代天文学卓越的成就。

## 黄道与黄道吉日

黄道，指的是一年当中太阳在天球（即一个假想的与地球同心的无限大半径的圆球）中的视路径，或者说是太阳在天空中穿行的视觉轨迹的大圆，从另一个角度来说，也就是地球公转轨道面在地球上的投影。平常所说的12星座，指的就是黄道十二宫，即位于黄道带上的十二个星座，人们可以根据太阳处于黄道上的何种位置来判断季节和日期。古时，星象不仅用来推算历法，还用来预测吉凶，人们把日辰的十二地支分别与十二星宿天神相配，称之为某神值日。即子日青龙、丑日明堂、寅日天刑、卯日朱雀、辰日金匮、巳日天德、午日白虎、未日玉堂、申日天牢、酉日玄武、戌日司命、亥日勾陈，其中青龙、明堂、金匮、天德、玉堂、司命这六个星宿是吉神，称其为"六黄道"，其余的则为"六黑道"。当"六黄道"值日之时，诸事皆宜，不避凶忌，也就是所谓的"黄道吉日"。黄道吉日后来又泛指宜于办事的好日子。

## 古人对地震的解释

中国有文字记载的最早一次地震发生在周幽王二年，即公元前780年，震中位于陕西的岐山，正是周朝的国都区域所在，这是一次非常严重的地震，引起国人的强烈震恐。《史记·周本纪》记载，当时的太史伯阳甫认为："周将亡矣。夫天地之气，不失其序；若过其序，民乱之也。阳伏而不能出，阴迫而不能蒸，于是有地震。今三川实震，是阳失其所而填阴也。"伯阳甫认为这次地震灾异是由"阴阳失衡"所导致的，这也是中国古代关于地震成因的主流观点，此种解释在史籍中屡见不鲜，如《汉书·杜钦传》记载："臣闻日蚀、地震，阳微阴盛也。臣者，君之阴也；子者，父之阴也；妻者，夫之阴也。"强度高的地震有着巨大的破坏性，古人尚未能够揭示地震发生的客观成因，于是纷纷附以"天人感应"之说，认为这是上天对人类的一种警示，是对人类为恶的一种惩罚，而承担主要责任的则是君王，于是每当地震发生的时候，皇帝往往引以自责，例如《清史稿·世祖本纪二》记载："自古变不虚生，率由人事。朕亲政七载，政事有乖，致灾谴见告，地震有声。朕躬修省，文武群臣亦宜协心尽职。朕有阙失，辅臣陈奏毋隐。"这里讲的就是清朝顺治皇帝在地震发生之后所作的自谴。古人还经常把地震与许多怪异的现象联系在一起，有时也把地震所引发的某些自然现象当成一种信号来看待，以为上天显灵，指意于人，例如《晋书·冯跋载记》记载，闵尚看到地震中的建筑物都向右倒，便据此认为人们都应当向西方逃移。当然，在这种"阴阳失衡"、"天人感应"的主流解释之外，也有人提出了其他的看法，例如《晏子春秋·外篇》记载："吾见勾星在房、心之间，地其动乎？"也就是说晏子认为地震的发生与勾星位于房宿和心宿之间的这种天象有关。众所周知，月球的运行与地球上的潮汐现象有关，那么其他星球的运行是否可能会与地震的发生有关呢？尽管这只是一种猜测，没有得到科学的验证，但是为人们认识地震的成因打开了另一种思路。再如，《艺文类聚·海水》记载了庄子的有关看法，他说："海水三岁一周流，波相薄（搏），故地动。"就是说，大海三年周流一遭，海波相搏击而积聚了巨大的能量，这种能量传递给了大地，因而造成了地震。这也可以看作是关于地震成因的另一种假说。事实上，地震的成因非常复杂，当今地震研究虽然已经摆脱了古人只能进行臆测的初级阶段，但是远远没有将其中的奥秘完全探究清楚，这还有待于人们的进一步努力和科学的进一步发展。

## 二十四节气

古人根据季节更替和气候变化的规律，把一年天分为24个节气。

立春：即春季的开始。雨水：降雨开始。惊蛰：指春雷惊醒了蛰伏在土中冬眠的动物。春分：表示昼夜平分。清明：天气晴朗。谷雨：雨生百谷。立夏：夏季开始。小满：麦类等作物籽粒开始饱满。芒种：麦类等有芒作物成熟。夏至：夏天来临。小暑：气候开始炎热。大暑：一年中最热的时候。立秋：秋季开始。处暑：暑天结束。白露：天气转凉，露凝而白。秋分：昼夜平分。寒露：露水以寒，将要结冰。霜降：开始有霜。立冬：冬季开始。小雪：开始下雪。大雪：降雪增多。冬至：冬天来临。小寒：气候开始寒冷。大寒：一年中最冷的时候。

为了便于记忆，人们编了二十四节气歌诀：春雨惊春清谷天，夏满芒夏暑相连。秋处露秋寒霜降，冬雪雪冬小大寒。

二十四节气最早出现在商朝，是中国历法的独创，几千年来对中国农业发展起了重要作用。

## 黄历

黄历，即黄帝历，相传为黄帝创制，为中国最早的历法。因为黄历的使用范围很广，在上古时期通行时间又很长，所以人们以后也把其他历书习称为"黄历"，并且这一称呼一直沿用下来。黄历的制定以天象观测和农时经验为基础，是一种阴阳合历，将一年分为春、夏、秋、冬四季，以子建月，也就是以阴历十一月为岁首。黄历对于指导人们的农业生产有着重要的作用，也奠定了后世历书的基础，但是在流传过程中也加入了诸如吉凶、宜忌、冲煞、方位、流年、太岁等迷信的内容，尽管在历史上曾被禁止，然而这些内容在当今的历书中依然流行。在历法中还有一个"皇历"的概念，经常与"黄历"相混淆，"皇历"指的是官方颁布的历书。唐文宗大和（又作"太和"）九年（835年），皇帝下令编制了中国最早雕版印刷的历书宣明历，并且规定今后历书必须由皇帝亲自审定，同时由官方印刷。从此，历书就被称为"皇历"。"黄历"与"皇历"的原本含义截然不同，但是由于都用作历书的代称，两者读音又相同，所以后来就被混同起来，当今提起传统历书的时候，有时写作

"黄历"，有时又写为"皇历"，但是都脱离了原来的含义，变得不相区分了。

## 阴历与阳历

按月相周期来排定的历法，叫作太阴历，简称为阴历；以太阳视运动为依据而设置的历法，叫作太阳历，简称为阳历。阴历定月的依据是月球的运动规律：月球运行的轨道，叫作白道；太阳在地球上的周年视运动轨迹，叫作黄道。白道与黄道以五度九分而斜交，月球绕地球一周，出没于黄道两次，用时二十七日七小时四十三分十一秒半，这是月球公转一周所需的时间，天文学上称为"恒星月"。而当月球环绕地球运动的时候，地球的位置因公转也发生变动，因此，月球从朔到望，实际所需的时间是二十九日十二时四十四分二秒八，这一时间称为"朔望月"，也就是阴历的一个月。现在通常所说的阴历指的是夏历，因为农时密切相关，所以又叫农历，但是夏历有闰月的设置，并不是一种纯粹的阴历。阳历是根据太阳直射点的运行周期而制定的，其平均历年为一个回归年，分为平年和闰年两种，闰年比平年多出一天。通常所说的阳历，即格里历，是现代国际通行的历法，因而又称之为公历。阳历的一年实际上并非刚好是365日，而是365.242199174日，因此每四年设置一次闰年，这样就将年度的平均时间修正为365.25日，但仍有一定的误差，因此每一百年再减少一个闰年，而每四百年再加回一个闰年，最后修正为365.2425日，这样出现一天时间的误差大约需要3000年，可以说是已经相当精确的了。

## 夏历、周历和秦历

夏历，即夏朝制定和应用的历法，习惯上也称为农历、阴历，但实际上属于一种阴阳合历，因为夏历在朔望月这一方面取用的是阴历的原则，而在设置闰月以使平均历年为一个回归年这一方面则显示出阳历的成分。当今仍在使用的阴历常常被认为是夏历，而实际上取用的只是夏正，也就是一年的开始一天与夏历是一致的，至于每月的设置情况与夏历是有着一定差异的，即使称之为夏历，也并非是4000年前夏朝时候历法的原初面貌的，而是经过修正和改订过的夏历。周历和秦历与夏历基本上是一致的，区别在于岁首的不同，周历以夏历的十一月为岁首，而秦历则以夏历的十月为岁首。先秦时期，几种历法并用，所以在古籍中常常会见到因所依历法不同而产生的记月的差异，这是值得注意之处。

## 太初历

太初历创制于西汉，中国第一部完整的历法，也是当时世界上最先进的历法。元封六年（公元前104年），经司马迁等人提议，汉武帝下令改定历法，将先前沿用的误差较大的颛顼历改为太初历。太初历由天文学家落下闳、邓平等人制订，这部历法规定，一年为365.2502日，一月为29.53086日，将原来的以十月为岁首改为以正月为岁首，开始采用有利于农业生产的二十四节气，以没有中气（即雨水、春分、谷雨等二十四节气中偶数位的节气）的月份为闰月，由此调整了太阳周天与阴历纪月不相合的矛盾，并且根据天象实测和多年来史官的记录，推算出135个月的日食周期。太初历在刚刚行用时，受到一些人的反对，为了验证太初历是否符合实际的天象，朝廷组织了一次为期3年的天文观测，同时校验太初历和古六历（即黄帝历、颛顼历、夏历、殷历、周历和鲁历）的数据，结果表明，太初历更具优越性，于是得以长期沿用，直至汉章帝元和二年（85年），前后应用了189年。

## 授时历

元世祖至元十七年（1280年），郭守敬（1231~1281年）与王恂、杨恭懿、许衡等人编写完成授时历。

授时历通过对前代40多部天文历法著作的细致研究，推算出一年有365.2425天，与地球绕太阳一圈的时间仅差26秒，与现在实行的公历所采用的平均年的长度是一样的。书中还废除了前代采用的上元积年以及采用复杂分数表示天文资料的办法，而是精简了计算方法，大大提高了准确度。计算方法上，授时历采用3次差分的内插法来计算太阳、月亮的不均匀运动；同时，还运用了类似球面三角法的数学方法计算黄道和赤道宿度之间的转化以及太阳视赤纬的转化。

授时历是中国古代最优秀也是实际实施时间最长的一部天文历法，从元末颁布实行开始直到清朝中期，共实施了364年。

## 浑天仪

浑天仪是浑仪和浑象二者合一的总称，东汉张衡所创。浑仪是测量天体球面坐标的一种仪器，它模仿肉眼所见的天球形状，把仪器制成多个同心圆环，整体看犹如一个圆球，然后通过可绕中心旋转的窥管观测天体。浑象是古代用来演示天象的仪表，最早为西汉耿寿昌所创制，张衡对其进行了改进，它的构造是一个大圆球，上面刻画或镶嵌星宿、赤道、黄道、恒稳圈、恒显圈等天象标志，类似于现今的天球仪。张衡制造的浑天仪，几乎囊括了当时所有先进的天文学知识，能够把天象变化形象地演示出来，人们可以从浑天仪上面观察到日月星辰运行的现象，代表着中国古代天文学发展的卓越成就。

## 漏刻、日晷和圭表

漏刻、日晷和圭表，都是古代用于计量时间的工具。漏刻，"漏"指漏壶，"刻"指刻箭。人们专门制造出一种有小孔的漏壶，把水注入漏壶内，水便从壶孔中流出来，再用一个容器收集漏下来的水，在其中放置一根刻有标记的箭杆，也就是刻箭，相当于现代钟表上显示时刻的钟面。刻箭被一个竹片或木块托着浮在水面上，从容器盖中心的小孔中穿出，随着容器内收集的水逐渐增多，刻箭也逐渐地往上浮，从盖孔处看刻箭上的标记就能知道具体的时刻。后来人们发现漏壶内的水多时，流水较快，水少时则较慢，这显然会影响计量时间的精度，于是在漏壶上再加一只漏壶，水从下面漏壶流出去的同时，上面漏壶的水又同步地补充进来，使下面漏壶内的水均匀地流入箭壶，从而取得比较精确的时刻。

日晷，又称日规，原理是利用太阳投射的影子来测定和划分时刻。日晷通常由铜制的晷针和石制的圆盘状晷面组成。晷针垂直穿过晷面中心，而晷面安放在石台上，南高北低，平行于天赤道面，这样，晷针的上端正好指向北天极，下端正好指向南天极。在晷面的正反两面刻出12个大格，每个大格代表一个时辰。当太阳光照在日晷上时，晷针的影子就会投向晷面，太阳由东向西移动，投向晷面的晷针影子也慢慢地由西向东移动，移动着的晷针影子和晷面就分别相当于现代钟表的指针和表面。

圭表，由"圭"和"表"两个部件组成，正南正北方向平放的测定表影长度的刻板，叫作"圭"，直立于平地上测日影的标杆和石柱，叫作"表"。圭表的发明是由人们对事物在太阳光下影子的变化规律的感知而得来的。正午时的表影总是投向正北方向，而且此时的表影最短，对于一年之中各日中午的表影，又以夏至日最短，而冬至日最长，通过这种观察，人们就可以确定节气的日期和一年的长度。

## 一行测算子午线

一行（约673~727年），唐代僧人，俗名张遂，魏州昌乐（今河南南乐）人，一说河北巨鹿人，是著名的天文学家、数学家和佛学家。开元五年（717年），唐玄宗召一行入京制定新历法。一行与机械制造师梁令瓒合作，创制出了黄道游仪和水运浑象仪，改进了观测仪器，掌握了大量的天文实测资料。一行由此发现古籍上记载的有些恒星的位置与实际不符，于是重新测定了150多颗恒星的位置，这大大提高了新历法的精度。为了使新历法适用于全国各地，一行还组织领导了规模宏大的天文地理测量，开展了实地测算子午线的工作。所谓"子午线"，指的就是人们假设的一条通过地球南北两极的经线，测定出子午线的长度，就可以测知地球的大小。一行在全国选了13个观测地点，其中最北端的观测点在今天蒙古的乌兰巴托西南，最南端的观测点则在今天的越南中部。通过艰巨而严谨的实测工作，一行推翻了过去一直沿用的"日影千里差一寸"的错误结论，得出"三百五十一里八十步，而极差一度"的新结果，指出子午线一弧度的距离为129.22千米，而现代用精密仪器测量的结果是111.2千米，虽然两者差异是比较大的，但是作为世界上对子午线长度的第一次实地测量，一行的这一成就在中国以及世界天文学发展史上都有着重大的意义。

## 《夏小正》

《夏小正》是中国现存最早的历书。《夏小正》中所用的月份是"夏历"的月份，把一年分为12个月，对每个月的物候、气象、天文、农事、田猎以及相关的农事活动都有比较具体的记载。因为《夏小正》中所记载的历法是与农业生产的季节变化密切相关的，为农民安排各个季节的农事提供了重要依据，所以人们就把夏历也叫作"农历"（俗称阴历），现在我们每年过的春节，就是夏历年的第一天。

## 《甘石星经》

战国时齐国的天文学家甘德写了一本《天文星占》，魏国的天文学家石申写了一本《天文》，后人将他们的著作合二为一，称作《甘石星经》。这是中国历史上最早的一部天文学著作。

这部书中记载了许多重要的天文学成就：天文学家已经掌握了月亮和月食的关系，日食肯定发生在每月初一或每月的最后一天；书中还记载了木星有卫星，这比意大利人用望远镜观察到木星有卫星早将近2000年；书中保留了中国历史上最早的星表，把测量出来的许多恒星的位置坐标和其他都汇集起来。星表中记载了二十八星宿和一些恒星，一共有120多颗星的赤道坐标，这个星表比欧洲最早的星表要早200年左右。

## 《大明历》

《大明历》是南北朝一部先进的历法，由祖冲之创制。成历于刘宋大明六年（公元462年），祖冲之时年33岁。规定一回归年为365.2428日，是中国赵宋统天历（1199年）以前最理想的一个数据。在制历时首先考虑岁差。所谓"岁差"就是由于地球在运行过程中受到其他天体的吸引作用，地球自转轴的方向发生缓慢而微小的变化。因此从这一年的冬至到下一年的冬至，从地球上看，太阳并没有回到原来的位置，而是岁岁后移，这也就引起了24节气位置的变动。祖冲之确定每45年零11月差1°，这个"岁差值"虽很不精确，但引进"岁差"编制历法，是历法有了更科学的基础，而且在天文学中"回归年"和"恒星年"2个概念被区分开来。

这是中国历法史上第二次大改革。《大明历》还改进闰法，把天文学家何承天提出的旧历中每19年7闰改为每391年144闰，使之更符合天象的实际。在中国首次求出历法中通常称为"交点月"的日数为27.21223日，与近代测得的数据（27.21222）极其相近。所谓"交点月"就是月亮在天体上运行的路线有2个交点（也叫黄白交点），月亮2次经过同一交点的时间叫交月点。历成后，祖冲之上表给宋孝武帝刘骏，却遭到宠臣戴法兴之流的压制和反对，祖冲之著《历议》一文予以驳斥。祖冲之死后10年即天监九年（510年），《大明历》得以施行，达80年之久。《南齐书·文学传》："宋元嘉中，用何承天所制历，比古十一家为密，总之以为尚疏，乃更造新法（大明历）。"《隋书·律历志中》："至九年正月用祖冲之所造甲子元历颁朔……陈氏历梁，亦用祖冲之历，更无所创改。"

## 《大衍历》

亦称"开元大衍历"。唐开元十七年（729年）起施行29年的历法。一行撰。因立法依据《易》象大衍之数而得名。一行测各地纬度，南至交州北尽铁勒，并步九服日晷，定各地见食分数，复测见恒星移动。开元十五年而历成。共分7篇，包括平朔望和平气、七十二候，日月每天的位置与运动、每天见到的星象和昼夜时刻、日食、月食和五大行星的位置。后世历家遂沿袭其格式来编历。

该历法系统周密，比较准确地反映了太阳运行的规律，表明中国古代历法体系的成熟。一行还是世界上用科学方法实测地球子午线长度的创始人。一行从实测中意识到，在小范围有限的空间里得到的认识，不能任意向大范围甚至无际的空间推演，这是中国科学思想史上的一大进步。

## 中国最早的天文台

中国古代很早就有专门观测天象的天文台，最早的天文台建于夏代，时间约为公元前2033年至公元前1562年间。夏代时称"清台"，商代时称"神台"，周代称"灵台"。春秋战国以前的天文台仅是一个较四周略高的高台，以圭表和原始的浑仪观测日影、月亮盈亏和星星的位置等。

## 十二星座

十二星座即黄道十二宫，是占星学描述太阳在天球上经过黄道的12个区域，分别是白羊座、金牛座、巨蟹座、狮子座、处女座、天秤座、天蝎座、射手座、摩羯座、水瓶座、双鱼座。

## 埃及太阳历

早在公元前3000年，生活在尼罗河畔的古埃及人在农业生产的长期实践过程中，注意到尼罗河水泛滥与天象有关，并发现两次泛滥之间大约相隔365天。于是，古埃及人就把一年定为365日，以此为根据，把一年分成泛滥期（7~10月）、播种期（11~2月）、收获期（3~6月）。把天狼星与太阳同时升起的那一天作为每年的第1天，1年又划分为12个月，每月30日，余5日作为年终节日。这就是古埃及的太阳历。这种历法的1年比回归年短近6个小时，4年相差近1天，虽然每隔4年就误差一天，但它使用起来简单方便，后来埃及的太阳历传入欧洲，经过罗马恺撒和教皇格列高利十三世的不断改进，成为今天通用的公历。

## "公元"纪年法

公元是"公历纪元"的简称，是国际通行的纪年体系。以传说中耶稣基督诞生的那年为公历元年，相当于中国西汉末期平帝的元始元年。

"公元"产生于基督教盛行的6世纪。当时，为了扩大教会的统治势力，僧侣们把任何事情都附在基督教上。公元525年，一个叫狄奥尼西的僧侣为了预先推算7年后"复活节"的日期，提出了所谓耶稣诞生在狄奥克列颠纪元之前284年的说法，并主张以耶稣诞生作为纪元。这一主张得到了教会的大力支持。公元532年，教会把狄奥克列颠纪元之前的284年作为公元元年，并在教会中使用。到1582年，罗马教皇制定格里高利历时，继续采用了这种纪年法。

中国是辛亥革命后开始引入公历的，直到1949年新中国成立以后，中国才完全使用公元纪年。

## 星期的由来

据说，"星期"是古代两河（底格里斯河、幼发拉底河）流域的人发明的。早在公元前2000年左右，两河流域的人就能区分恒星和行星，但限于当时的知识水平，他们认为行星一共有7个：金、木、水、火、土、太阳、月亮。在他们眼里，地球是宇宙的中心，只有地球是不动的，其余星球全围绕地球运转。

古巴比伦人从月亮的盈亏，发现了大体合乎规律的太阳历：一年为12个月，6个大月，每月30天，6个小月，每月29天，全年共354天。同时他们根据月象的变化，将7天定为一周，故一星期又叫一周。他们还把一个月分为4周，每周7天。他们认为，在这7天中，上苍每天派一个星神光临人间值班，7星共值一周，故称为"星期"。

## 共和历

共和历是在法国大革命时期采用的，又称法国大革命历法。

法国大革命历法是于1793年10月24日雅各宾党全国大会上确定的，他们规定法兰西第一共和国诞生之日为"共和国元年元月元日"，将一年分为12个月，每月30天，每月分为3周，每周10天，废除星期日，每年最后加5天，闰年加6天。

以前天主教教廷将每一天都用一位圣人名字命名的形式，全部被共和国废弃，另采纳植物名称命名，冬季雪月由于大部分植物都不生长，改为用矿物名称命名，全年每逢周五，用动物命名，第十天周日休息，用一种工具命名。由于规定每年第一天都从秋分日开始，所以闰年设置和格里高利历有差距，每年可能在日期上有一两天浮动差距。

# 名胜古迹篇

## 中国六大古都

中国古代的都城通常是政治中心和经济中心的结合体，同时还是文化中心。我们通常所说的"六大古都"，分别是西安、开封、洛阳、北京、南京、杭州。从实际情况看，西安、北京和南京对古城风貌保持得较好，存留了大量古代文物和各种建筑遗迹，比较能体现古都各方面的特点。

西安位居六大古都之首，它在中国古代历史上建都最早、时间最长、定都朝代最多。在西安建立都城的朝代包括西汉、前秦、隋、唐等。而明清时期的西安，已成为军事指挥中心和西北区域的政治军事中心。西安的城市布局是北方平原地带城市的典型代表，特色是方整规则，道路宽敞笔直。我们今天见到的钟楼和鼓楼，是明代的遗留。

洛阳乃天下之中，西周初年，周公营建东都洛邑，就在此地。西周灭后，周平王迁都于此，揭开了它作为首都的序幕，此后，东汉、曹魏、西晋、北魏都在这里定都，隋朝和唐朝把这里称为东都，以掌控天下。后来，后梁和后唐也曾于此建都，所以洛阳有"九朝古都"之称。

开封乃是七朝古都，最早在此定都的是战国时期的魏国，当时称大梁，魏灭后衰落；隋代大运河开凿后，开封再次繁荣，后梁、后晋、后汉、后周和北宋都在此定都，称为东京。特别是在北宋时期，开封城达到鼎盛，当时它是大运河的中枢，城内交通方便，舟桥林立，非常繁华。宋亡后金朝曾迁都于此。

南京最初为三国时期东吴都城。后成为东晋及南朝宋、齐、梁、陈的国都，五代的南唐、明代早期、太平天国、中华民国均建都于此。南京城虎踞龙盘，但却饱受磨难，战争的破坏尤其严重，数度繁华的东南大都会，并没有留下太多的古迹。

北京位于华北平原北部，战国时为燕国国都，金时正式建都，称"中都"。元大都坐北朝南，分为大城、皇城和宫城部分，城墙为夯土筑造，共有11座城门，东西南各3门，元大都划定南北中轴，布局围绕这个中轴展开，显示出与前代不同的特点。明清时期的北京，在元大都的基础上加以改建而建都，其布局近乎完整地保存到现代。

在六大古都中，杭州资历最浅，但以风光秀丽驰名天下，正所谓"上有天堂，下有苏杭"。杭州始建于秦朝，到唐朝才繁荣起来。唐末，吴越王钱镠在此建都。金兵灭掉北宋后，赵构南渡定都于此。虽然作为都城的历史不长，但杭州却拥有大批闻名世界的名胜古迹，引得天下游客流连忘返。

## 四大碑林

西安碑林：建于宋元祐五年，现存碑石1700多块，汉魏及唐代著名书法家的碑石多集中于此，其中《开成石经》是一座大型石质书库。

曲阜孔庙碑林：集碑石2000多块，其数量居世界碑林之首。碑石大者逾丈，小者却不过盈尺，其中2000多年前的史晟、乙瑛、礼器等3块汉碑是名闻中外的碑石珍品。

高雄市南门碑林：集碑石1000多块，其碑刻书法深厚谨严，气势磅礴，是书法艺术的至宝。

四川南昌市地震碑林：有碑石100余块，专门记载南昌、冕宁、甘泉、宁南等地地震资料，明、清时西昌发生过的3次地震均有记载。

## 四大古桥

中国的四大古桥是河北的赵州桥、北京的卢沟桥、福建的洛阳桥和广东的湘子桥。

赵州桥：赵州桥又名"安济桥"，位于河北省赵县城南的洨河上，为隋代开皇大业年间李春创建。桥梁全长50.82米，桥面宽约10米，跨径37.02米，拱圈矢高7.23米，由28条并列的石条组成，弧形平缓，上设4个小拱。

卢沟桥：位于北京至周口店的公路与永定河的交汇处，始建于金代大定二十九年。该桥全长265米，宽约8米，由11孔石拱组成。桥旁建有石栏，其上共有精刻石狮485个。"卢沟晓月"是著名的"燕京八景"之一。

洛阳桥：位于福建省泉州市东约10千米的洛阳万安渡口，为著名的梁式古石桥，始建于北宋皇祐五年（1053年），历时6年零8个月，由北宋名臣蔡襄主持修建。

湘子桥：湘子桥又名广济桥，坐落在潮州城东，横跨韩江，全长500多米，因传有韩愈的侄孙韩湘子手书"洪水止此"的石碣竖于桥畔，故名。湘子桥始建于南宋，历时57年建成，东西两段共18墩，桥墩用花岗岩块铆榫砌成。东西桥墩之间江水湍急，未能合拢，只能用小舟摆渡。到明代中期增筑一墩，缩短了未合拢部分的距离，改用18艘梭船联成浮桥，贯通东西，便成了"十八梭船扩四洲"。

## 中国三大殿

中国三大殿指北京紫禁城的太和殿、曲阜孔庙的大成殿和泰山岱庙的天贶殿。

北京故宫的太和殿俗称"金銮殿"，位于北京紫禁城南北主轴线的显要位置，明永乐十八年（1420年）建成，称奉天殿。明嘉靖四十一年（1562年）改称皇极殿。清顺治二年（1645年）改今名。自建成后屡遭焚毁，又多次重建，今天所见为清代康熙三十四年（1695年）重建后的形制。太和殿是中国现存最大的木结构大殿。太和殿"建极绥猷"匾，为乾隆皇帝御笔。

大成殿位于曲阜城区的中心，是祀孔庙堂中建造年代最早、规模最大的一座，又称至圣庙。大成殿为曲阜孔庙的主殿后设寝殿，仍是前朝后殿的传统形式。前庭中设杏坛，此处原是孔子故宅的讲学堂，后世将它改为孔庙正殿。

天贶殿为岱庙的主体建筑，位于岱庙仁安门北侧，元称仁安殿，明称峻极殿，民国始称今名。"天贶"即天赐的意思。相传北宋大中祥符元年（1008年）六月初六有"天书"降于泰山，宋真宗即于次年在泰山兴建天贶殿，以谢上天。

## 四大古塔

中国四大古塔为河南登封嵩岳塔、山西应县佛宫塔、山东济南四门塔和河南开封铁塔。

嵩岳寺塔位于登封县城西北，建于北魏孝明帝正光元年（520年），距今已有1470年的历史，是中国现存最古老的多角形密檐式砖塔。

佛宫寺释迦塔位于山西省应县城内西北佛宫寺内，俗称应县木塔，是中国现存时代最早的木结构高层建筑。建于后晋天福年间，辽清宁二年（1056年）重修。

四门塔位于济南南部山区，是中国现存最早的全石结构佛教塔，全以青石砌成，是中国现存最早、保存最完整的单层庭阁式石塔，也是现存最早的亭式塔，建于隋大业七年（611年），距今已有1400年。

开封铁塔又名"开宝寺塔"，坐落在开封城东北，因塔身全部以褐色琉璃瓦镶嵌，远看酷似铁色，故称为"铁塔"。建于北宋皇祐元年（1049年），距今已有900多年的历史。

## 四大道教名观

道教四大名观指北京白云观、山西永乐宫、南阳玄妙观、陕西楼台观。

北京白云观，始建于唐，名天长观。金世宗时，大加扩建，更名十方大天长观，是当时北方道教的最大丛林，并藏有《大金玄都宝藏》。金末毁于火灾，后又重建为太极殿。

永乐宫是中国道教三大祖庭之一，是为纪念八仙之一吕洞宾而建，是现存最大的元代道教宫观。始建于1247年，1358年竣工，历时111年。

玄妙观位于南阳故城外西北角，奉全真道清净派，明天启七年（1627年）重修庙宇碑记："上古所建，历汉、唐、宋，其代远矣。"

陕西楼台观位于陕西周至县毗邻西安，交通便捷，区位优越。历史上，古楼观是中国道教的祖庭圣地，盛唐时为国内著名的道观，历史悠久，闻名遐迩。

## 四大道教名山

中国四大道教名山为中国四处最主要的道教圣地，分别是位于湖北十堰的武当山、位于江西鹰潭的龙虎山、位于安徽黄山的齐云山和位于四川都江堰的青城山。

武当山又名太和山，位于鄂西北的丹江口市境内，列中国"四大道教名山"之首，又是武当武术的发源地。主峰紫霄峰海拔1612米。武当山山势奇特，雄浑壮阔。有72峰、36岩、24涧、3潭、9泉，构成了"七十二峰朝大顶，二十四涧水长流"的秀丽画境。被列入世界遗产名录。

青城山古称丈人山，又名赤城山，位于都江堰市西南15千米处，海拔1600米，其36座山峰，如苍翠四合的城郭，故名青城山。青城为中国道教发祥地之一，相传东汉张道陵（张天师）曾在此创立五斗米道。

龙虎山位于江西鹰潭市西南郊，源远流传的道教文化，独具特色的碧水丹山，以及现今所知历史最悠久、规模最大、出土文物最多的崖墓群，构成了这里自然、人文景观的"三绝"。

齐云山又称白岳，位于徽州盆地，黄山脚下。因其"一石插天，与云并齐"，故名齐云山。该山道教始于唐乾元年间（758~760年），至明代道教盛行，香火旺盛，成为中国四大道教名山之一。

## 洛阳白马寺

白马寺坐落于河南省洛阳市东12千米处，北依邙山，南望洛水。始建于东汉永平十一年（68年），是佛教传入中国后建造的第一座寺院。它对中国佛教的传播和发展，以及中外文化交流，有着重要的意义，在中国佛教史上具有特殊的地位，被尊为"释源"和"祖庭"。

它的营建与中国佛教史上著名的"永平求法"紧密相连。相传汉明帝刘庄夜寝南宫，梦见金神头放白光，飞绕殿庭。次日得知梦中之物为佛，遂遣使臣蔡音、秦景等前往西域拜求佛法。蔡、秦等人在月氏（今阿富汗一带）遇到了在该地游化宣教的天竺（古印度）高僧迦什摩腾、竺法兰。蔡、秦等于是邀请佛僧到中国宣讲佛法，并用白马驮载佛经、佛像，跋山涉水，于永平十年（67年）回到京城洛阳。汉明帝敕令仿天竺式样修建寺院。为铭记白马驮经之功，遂将寺院取名"白马寺"。

## 少林寺

河南嵩山少林寺是中国的佛教圣地，因其在佛教禅宗中的重要地位和少林武术而著名。少林寺创建于北魏孝文帝太和十九年（495年），距现在已有1500多年的历史了。当时印度沙门和尚长途跋涉来到中国北方，受到笃信佛教的北魏孝文帝的敬重，给他设立禅林。后来他随帝南迁，在洛阳复设静院，敕以居之。他见嵩山很像一朵盛开的莲花，有意在"花"中立寺。孝文帝便充登封知县在少室山阴，五乳峰下松柏叠翠的幽谷茂林之中，依山辟基，修建寺院。"少林者，少室之林也。"因而取名"少林寺"。

## 云冈石窟

云冈石窟在山西省大同市城西16千米的武州山南麓，是北魏时期开凿的。石窟依山而建，东南绵延约1千米，现在主要洞窟53个，小神龛1100多个，造像5.1万余尊，分东、西、中三大区。石窟的建造贯穿整个北魏时期。

云冈石窟的艺术成就很高，它与敦煌石窟、龙门石窟一并成为中国石窟艺术的代表。

云冈石窟所雕凿的成千上万尊佛像变化万千，神态各异，有的高大魁伟，有的相貌庄严，有的体态安详。在第19窟里，有一主佛像高达16.8米，其左右二佛分处二耳洞；第20窟里的一尊大佛也高达13.7米，面部丰满，两肩宽厚，造型雄伟，是云冈石窟的代表作品。

石窟周围的壁上还刻画了浮雕，顶部有姿态优美的天女凌空飞舞。许多中外游客都会在这些精美的艺术品前驻足流连，为这些宏伟而精美的石雕而而赞叹不已。

## 莫高窟

莫高窟俗称千佛洞，位于甘肃敦煌市东南25千米的鸣沙山东麓崖壁上，上下5层，南北长约1600米。始凿于366年，后经十六国至元十几个朝代的开凿，形成一座内容丰富、规模宏大的石窟群。是世界上现存规模最宏大、保存最完好的佛教艺术宝库，被誉为"东方艺术明珠"。

敦煌石窟，包括莫高窟、西千佛洞和榆林窟。其中的莫高窟，俗称千佛洞，是敦煌石窟的代表。它始建于前秦建元二年（366年），现存十六国、北魏、西魏、北周、隋、唐、五代、宋、西夏、元等16个朝代的洞窟492个。拥有壁画45000多平方米，彩塑2415余身，唐代木构建筑5座，文画、文物5万余件。

莫高窟在明代一度荒废，至清康熙五十四年（1715年）以后，又受到人们的注意。光绪二十六年（1900年）道士王圆箓发现"藏经洞"，洞内藏有写经、文书和文物4万多件。此后莫高窟更为引人注目。1907年和1914年，英国的斯坦因两次掠走遗书、文物一万多件。1908年，法国人伯希和从藏经洞中拣选文书中的精品，掠走约5000件。1910年，藏经洞中的劫余写经，大部分运至北京，交京师图书馆收藏。1911年，日本人橘瑞超和吉川小一郎从王道士处，弄走约600件经卷。1914年，俄国人奥尔登堡又从敦煌拿走一批经卷写本，并进行洞窟测绘，还盗走了第263窟的壁画。1924年，美国人华尔纳用特制的化学胶液，粘揭盗走莫高窟壁画26块。这些盗窃和破坏，使敦煌文物受到很大损失。

中国从20世纪40年代起成立了莫高窟的学术研究和保护机构；60年代对石窟进行了全面的加固；80年代开始，莫高窟进入了现代科学保护时期。

## 龙门石窟

龙门石窟位于河南洛阳市区南面12千米处，是与大同云冈石窟、敦煌千佛洞石窟齐名的中国三大石窟之一。

龙门石窟始开凿于北魏孝文帝迁都洛阳（494年）前后，迄今已有1500多年的历史。后来，历经东西魏、北齐、北周，到隋唐至宋等朝代又连续大规模营造达400余年之久。密布于伊水东西两山的峭壁上，南北长1000多米，现存石窟1300多个，佛洞、佛龛2345个，佛塔50多座，佛像10万多尊。其中最大的佛像高达17.14米，最小的仅有2厘米。另有历代造像题记和碑刻3600多品。

龙门石窟规模宏大，气势磅礴，窟内造像雕刻精湛，内容题材丰富，被誉为世界最伟大的古典艺术宝库之一。它以自身系统、独到的雕塑艺术语言，揭示了雕塑艺术创作的各种规律和法则。龙门石窟远承印度石窟艺术，近继云冈石窟风范，与魏晋洛阳和南朝先进深厚的汉族历史文化相融合开凿而成。所以龙门石窟的造像艺术一开始就融入了对本民族审美意识和形式的悟性与强烈追求，使石窟艺术呈现出了中国化、世俗化的趋势，堪称展现中国石窟艺术变革的"里程碑"。

## 长城

早在春秋时期，为抵御北方游牧民族的侵略，楚国修建了一段长城。到了战国，燕、赵、秦等诸侯国更是大规模修建。秦统一六国后，秦始皇派人把北方各诸侯国所筑长城连结起来，西起临洮，东到辽东，绵延一万多里，这就是"万里长城"名称的由来。之后，各朝各代都曾对万里长城进行过修缮，现今我们所看到的，主要是明代修建的长城。

长城依地形而建，就地取材。在有山的地方，长城就建在陡峭的山脊上，并开采山石，凿成巨大的条形，堆砌城墙，内填灰土，非常坚固；在黄土地上，长城主要用土夯筑；在沙漠里，则用沙砾作主要材料，层层铺设红柳和芦苇以使城墙更加稳固。长城是一个军事防御建筑，城墙顶上铺有方砖，非常平整，宽的地方可以并行五六匹马，可供兵马顺畅通行。城墙的外沿则排列着两米多高的垛子，垛子上部有方形的望口和射口，用来瞭望敌情和射击敌人。城墙顶上每隔300余米设有一个屯兵的堡垒，打仗的时候，各堡垒之间可以互相接应。另外，长城的两边还有烽火台，有的紧靠长城两侧，有的则在长城以外，一旦有紧急情况，白天放烟，晚上点火，以提供警报和请求救援。长城规模宏大、气魄雄伟、建筑艺术精妙，是世界上最伟大的奇迹之一，它凝聚着先民的血汗和智慧，是中华民族的骄傲和象征。

## 圆明园

圆明园位于北京海淀区，原为清代的一座大型皇家园林，与附园长春、绮春（万春）合称圆明三园。1860年，被英法联军焚毁。

圆明园始建于清朝康熙四十八年（1709年），乾隆九年（1744年）完工。附园长春和绮春两园分别建成于乾隆十六年和乾隆三十七年，时间长达150多年。圆明园不仅是清朝皇帝休息的地方，也是他们会见大臣、接见外国使节、处理政务的地方，与紫禁城同为当时的全国政治中心，有"御园"之称。全园占地347万平方米，有建筑150多处，其中凿湖造山，遍植奇花异草，集中外园林建筑之精华，构筑有圆明园四十景。三园的平面布局呈一个"品"字形，有园门相通。全园以福海为中心，海中有"蓬岛瑶台"等三个小岛，象征道家"一池三仙山"之说。另外，长春园还有海晏堂、远瀛观等西洋风格的建筑。它还是一座大型的皇家博物馆，藏着许多珍宝、图书等，被誉为万园之园。1860年，英法联军攻入北京，抢劫了园中珍宝，并纵火焚毁，现仅有遗址存在。

## 颐和园

颐和园位于北京市西北郊，原为清朝皇帝的行宫御苑，原名清漪园，是保存最完整的一座行宫御苑，始建于清乾隆十五年（1750年），咸丰十年（1860年）被英法侵略军焚毁，光绪十二年至二十一年（1886~1895年），慈禧挪用海军经费进行了重建，光绪十四年（1888年）改名颐和园。

颐和园以杭州西湖为蓝本，吸取了江南园

林的设计手法和意境建造而成。全园占地面积约290万平方米，分为宫廷区和苑林区。宫廷区以仁寿殿为主，是政务活动区。苑林区以万寿山、昆明湖为主体。万寿山东西长约1000米，高60米，山上建有排云殿、德辉殿、佛香阁、智慧海等。昆明湖约占全园面积的78%，湖中有一模仿杭州西湖的苏堤而建的西堤。湖中有南湖岛，又称龙王庙，与东岸一座长150米的十七孔桥相连。湖北岸有一条东西走向的"长廊"，全长728米，共273间，是中国园林中最长的长廊。万寿山东麓的谐趣园原名惠山园，是一座园中园，是模仿无锡寄畅园而建的。

## 避暑山庄

避暑山庄又名承德离宫、热河行宫，是清朝皇帝的夏宫，也是中国现存最大的古代离宫和皇家园林，位于河北省承德市北部。

始建于清朝康熙四十二年（1703年），后多次改扩建，乾隆五十五年（1790年）建成。清朝前期，每年夏天，清朝皇帝都会到这里避暑并处理政务，避暑山庄成了清朝第二政治中心。避暑山庄占地560万平方米，分宫殿区和苑景区两大部分。苑景区又分湖区、平原、山峦三部分。这些风景都是仿照中国各地风景园林艺术风格而建，所以避暑山庄成为中国各地胜迹的缩影。宫殿区在山庄南端，主要建筑澹泊敬诚殿（正宫）是节日举行大典的地方。后面的依清旷殿是皇帝召见朝臣的地方。另外还有烟波致爽殿和云山胜地殿。正宫东侧的松鹤斋是后妃们居住的地方。避暑山庄周围是博仁寺、博善寺、普乐寺、安远庙、普宁寺、普佑寺、广缘寺、须弥福寿之庙、普陀宗乘之庙、广安寺、罗汉堂和殊像寺12座喇嘛庙群。避暑山庄是清帝为处理中央政府与蒙、回、藏等少数民族关系而建，因此，具有浓厚的多民族色彩和宗教色彩。

## 苏州园林

私家园林是古代官僚、文人、富商、地主所拥有的私人宅院。中国的私家园林以江南的私家园林数量最多、艺术价值最高，其中又以苏州园林最具代表性。

与皇家园林相比，江南私家园林的规模较小，一般只有几亩至几十亩，最小的仅一亩半亩，但造园家却能在这有限的空间内，运用多种艺术技巧，造成一种好像深邃不尽的景象，给人一种空间很大的感觉。院子以水面为中心，四周散布着精美的建筑，构成一个个小的景点，几个小景点又围合成大的景区。院子的主人一般都具有较高的文化素养，能诗善画，善于品评，园林追求超凡脱俗、清高淡雅的风格。院子主要供主人修身养性、闲适时自娱自乐所用。苏州的古典园林极具特色，建筑布局、结构、造型、风格，都运用了巧妙的衬托、对景、借景、尺度变换、层次配合、小中见大等种种造园艺术技巧和手法，将亭、台、楼、阁、泉、石、花、木有机地融合为一体，浑然天成，毫无斧凿的痕迹。

苏州拙政园是私家园林中的经典之作，它始建于明朝正德四年，之后几经雕琢，现存的园貌主要形成于清朝末期。全园分为西、中、东三部分，以中部为主。中部的园子呈矩形，水面较多，也呈横长的矩形，水池内建有东、西两座假山，又有几条小桥和堤坝把水面分成几个部分。水池的南岸有较大面积的平地，建筑物多集中在此，由宅入园的小门就开在南岸的院墙上。入园以后，迎面有一座假山挡住视线，使园内景物不至一览无余，这种手法称之为"障景"。岸西有一座名叫"别有洞天"的凉亭，透过清澈的水面，东岸有一座方亭与之遥相呼应，水中的荷香四面亭和曲折的小桥更增加了景观的层次感，这种手法称之为"隔景"。北岸以土为主，遍植柳树、芦苇，别有一番风趣。东岸有梧竹幽居亭，由此西望，透过水池亭阁，在树梢上可遥见远处的苏州报恩寺塔，将塔景引入园内，称为"借景"。院内粉墙、绿水、几处怪石、数竿细竹，不尽的美景组合成一幅完美的画卷。

拙政园与沧浪亭、狮子林、留园分别代表着宋元明清四个朝代的艺术风格，被称为苏州"四大名园"。其他名园还有网师园、环秀山庄、艺圃、耦园、退思园等。

## 江南三大名楼

江南三大名楼指的是黄鹤楼、岳阳楼和滕王阁。黄鹤楼位于湖北武汉长江边的蛇山上，始建于公元223年，传费文伟在此驾黄鹤成仙而得名。现楼为1986年重建，高51.4米，共5层，黄瓦红柱，层层飞檐。咏黄鹤楼的诗文以崔颢的《黄鹤楼》和李白的《黄鹤楼送孟浩然之广陵》最为著名。

岳阳楼位于湖南岳阳的洞庭湖畔，原是三国时期吴国的阅兵台，唐开元四年（716年）建岳阳楼，现在的岳阳楼为1984年重修。主楼平面呈长方形，宽17.24米，深14.57米，高19.72米，楼顶为黄色琉璃瓦，金碧辉煌。主楼右有"三醉亭"，左有"仙梅亭"。楼内陈列着杜甫的《登岳阳楼》诗、范仲淹的《岳阳楼记》和历代名人的对联。

滕王阁在江西南昌赣江边，是唐太宗之弟滕王李元婴于公元675年所建，故名，为三大名楼之首。现楼为1989年重建，楼高57.5米，共9层，主体建筑面积为1.3万平方米，是一座仿宋建筑。咏滕王阁的诗文以王勃的《滕王阁序》和《滕王阁》诗最著名。

## 故宫

故宫旧称紫禁城，是明清两代皇宫，中国现存最大最完整的古建筑群，也是现存的最大宫殿群，现为故宫博物院。

兴建于明朝永乐年间（1406~1420年），设计者是蒯祥。故宫是一个长方形城池，墙外有护城河环绕，占地72万平方米，建筑面积约15万平方米，拥有殿宇9999间半。故宫严格按照《周礼·考工记》中"前朝后市，左祖右社"的帝都营建原则建造。故宫有4个大门，正门（南门）名为午门，俗称五凤楼，午门后有5座汉白玉拱桥通往太和门。东门名东华门，西门名西华门，北门名神武门。故宫宫殿的建筑布局有外朝内廷之分。外朝是明清皇帝行使权力、举行盛典的地方，以太和、中和、保和三大殿为中心，文华、武英两殿为两翼。太和殿（又称金銮殿）是皇帝即位、举行节日庆典和出兵征伐等大典的地方。中和殿是皇帝休息和接受大典中执事官员参拜的地方。保和殿是科举考试举行殿试的地方。内廷是封建帝王和后妃居住的地方，以乾清宫、交泰殿、坤宁宫为中心，东西六宫为两翼。

## 布达拉宫

布达拉宫位于中国西藏拉萨的红山之巅，建于公元7世纪唐代初年松赞干布时。布达拉为观音胜地普陀洛迦的梵语译音，意为观音慈航以普救众生。布达拉宫海拔3700多米，占地总面积36万余平方米，东西长360米，南北宽270米，主楼13层，高117米，是世界上海拔最高，集宫殿、城堡和寺院于一体的宏伟建筑。

布达拉宫依山而筑，宫宇叠砌，气势磅礴，其建筑艺术体现了藏族传统的石木结构碉楼形式和汉族传统的梁架、金顶、藻井的特点，在空间组合上，院落重叠，回廊曲槛，因地制宜，主次分明，既突出了主体建筑，又协调了附属的各组建筑，上下错落，前后参差，形成较多空间层次，富有节奏美感，又在视觉上加强了高耸向上的感觉，是世界建筑史上的奇迹。现在，布达拉宫已被联合国教科文组织列入"世界文化遗产"名录。

## 西湖十景

西湖十景形成于南宋时期，主要有苏堤春晓、曲苑风荷、平湖秋月、断桥残雪、柳浪闻莺、花港观鱼、雷峰夕照、双峰插云、南屏晚钟、三潭印月，十景各擅其胜。

苏堤是北宋苏东坡任杭州知州时，疏浚西湖，利用挖出的葑泥构筑而成，后人命名为苏堤。南宋时，苏堤春晓被列为西湖十景之首。

曲院风荷，以夏日观荷为主题，"曲院"原是南宋朝廷开设的酿酒作坊，后衰芜湮废。现存清康熙帝所建曲院风荷景碑亭。

南宋时，平湖秋月并无固定景址，明万历年间的西湖十景木刻版画中，《平湖秋月》即画游客在湖船中举头望月。

断桥残雪之断桥位于今白堤东端。明人汪珂玉《西子湖拾翠余谈》评说西湖胜景云："西湖之胜，晴湖不如雨湖，雨湖不如月湖，月湖不如雪湖……"

柳浪闻莺现已湮没，唯有康熙御题柳浪闻莺景亭碑一座。

花港观鱼位于苏堤南段以西。南宋时，内侍官允升曾在花家山下建私家花园，并引水入池，蓄养五色鱼以供观赏怡情，因地近花家山而名花港。

雷峰夕照之雷峰塔，为吴越时建造，如今是塔倒山虚。

双峰插云之双峰即天目山两支脉。

南屏晚钟，北宋张择端曾经画有《南屏晚钟图》。

三潭印月岛又名小瀛洲，从空中俯瞰，湖中有岛，岛中有湖，为中国江南水上园林之经典。

## 平遥古城

平遥位于山西省中部，是一座具有2700多年历史的古城，现在的城墙建于明洪武三年（1370年），是中国现存最完整的明清县城，是中国汉民族中原地区古县城的典型代表。

平遥古城基本上还是明初的形制和构造。城池为方形，面积2.25平方千米，城墙高12米，周长6157.7米，外表全部砖砌。墙上垛口，墙外有护城河，深宽各4米。城池有6座城门，东西各二，南北各一。城门上原建城楼，四角各建有一座角楼，大多已残坏。城内的街道、铺面、市楼保留明清形制。城内主要街道是十字形，商店沿街而立，住宅位于小街巷内。其中大型建筑有：古城北门的镇国寺和古城西南的双林寺。镇国寺建于五代时期，是全国排名第三位的古老木结构建筑。双林寺建于北齐武平二年（571年），寺内10多座大殿内保存有元代至明代的彩塑造像2000余尊，被誉为"彩塑艺术的宝库"。古城内现保存着3997处传统四合院民居，其中有400处保存相当完好。

## 古罗马角斗场

古罗马角斗场位于意大利首都罗马的威尼斯广场南面，是古罗马建筑的典型代表，也是古罗马帝国的象征。

角斗场又名斗兽场、露天竞技场。因它建于弗拉维王朝（69~96年）时期，故又称弗拉维露天剧场。

这座椭圆形的建筑物是由维斯帕西安皇帝于72年开始修建，其子提图斯皇帝于80年隆重揭幕。据说是为了纪念罗马帝国征服耶路撒冷的胜利，强迫8万名犹太俘虏服了10年苦役建成的。公元3世纪和5世纪时将其重加修葺。

角斗场是斗兽、赛马、竞技、阅兵、歌舞等的场所，用淡黄色巨石垒砌，外观为椭圆形，占地2万平方米，外部高48.5米，周长527米，椭圆长径188米，短径155米，四周可容观众5万人。分为4层，一、二、三层有半露圆柱装饰，每两根半露圆柱之间即为一座拱门。第四层由长方形窗户和长方形半露方柱构成。场中心的竞技和斗兽处，也呈椭圆形，长、宽分别为86米和57米。当初为观赏水中斗兽情景，还采用了引湖淹灌的办法。后来在台下改建成许多地窖，供角斗士化装准备搏斗和关闭猛兽之用。据记载，角斗场竣工后，各种表演持续了100天，动用了5000头狮子、老虎和其他猛兽，还有3000名由奴隶、俘虏、罪犯和基督徒组成的角斗士。

经历了2000年风雨侵袭的圆形角斗场，其围墙已有半壁倒塌。角斗士和猛兽生死搏斗的场地，也已破残不堪，当年建成的地窖也露出地面。然而其四周的看台还保存得相当完整。

## 雅典卫城遗址

雅典奴隶制城邦在一系列扩张战争中取胜后，于公元前5世纪初确立了霸主地位，此后，其经济飞速发展，社会财富迅速增加。在一片繁盛的社会景象中，奴隶主集团制定了雄心勃勃的城邦发展规划，雅典卫城在这样的背景下应运而生。

卫城的建筑开始于公元前448年。它坐落于雅典城中心的一个山冈上。东西长约280米，南北宽约130米。卫城中的建筑物有4种：山门、胜利女神尼开神庙、伊瑞克提翁神庙和帕特农神庙。

在卫城广场上，矗立着一尊高大的雅典娜像，这是一个全副武装的女战神形象。雕像高9米，女神手持长矛，头戴钢盔，沉着而威严地注视着她脚下的城市。

雅典卫城是希腊古典建筑艺术的顶峰之作。遗憾的是，雅典卫城后来毁于战火之中，现在留下的只是杂草丛生的废墟。

## 庞贝古城

在意大利那不勒斯附近的维苏威火山脚下，有座著名的古罗马城市庞贝。它始建于公元前8世纪，曾拥有2.5万人口，后来成为古罗马帝国的重要行政中心。庞贝城之所以闻名于世，是因为它曾被突然喷发的维苏威火山的灰尘埋在地下十几个世纪，从而成为一座真正的死城。经历了尘封土埋的漫长岁月以后，庞贝城已经变成一座地地道道的"化石城"。城内有4条交叉成"井"字形的主要街道，将全城分成9个区。街道用石板铺筑，街石的上面留有两道深深的车辙印。庞贝城当年城内有政府机构、法庭、太阳神庙、女神庙、公共浴室、角斗场、商店、酒店等。在一家小酒店的遗址上，火山喷发那天老板记账的营业额和一些顾客赊数还依稀可辨。一个面包房的烤炉中还有一块印有面包商名字的烤熟的面包……这些场景作为庞贝城末日的瞬间凝固于历史长河。

## 埃及金字塔

埃及人相信灵魂不灭，所以制干尸、修陵墓之风盛行。大约从第三王朝起，法老（国王）开始为自己修建金字塔形的陵墓，到第四王朝时就出现了胡夫、哈夫拉和孟考拉三大金字塔。

金字塔不仅外观巍峨雄伟，而且内部结构复杂，并饰以雕刻、绘画等艺术品，宛如巨大的"永久宫殿"。金字塔所用的全部石块没有使用任何灰浆粘连，完全是靠石块本身的结构堆砌在一起，这是世界古代建筑史上的奇迹。

## 狮身人面像

埃及的狮身人面像离胡夫金字塔约350米远，坐落在哈夫拉金字塔（胡夫之子哈夫拉的陵墓）的东侧，似乎是陵墓的守护者，但更可能是死后与太阳神结为一体的哈夫拉王的象征。它高约20米，长为57米，如果把匍匐在地的两只前爪计算在内，共有73.5米长。它的耳、鼻长度超过一个普通人的身长。其胡须据说全长4米，重约30吨。千百年来，这座半人半兽的怪物不断引起人们的遐想，认为它的形象很可能象征着人的智慧和狮子的勇敢的结合，象征着国王凛然不可侵犯和凌驾一切的权威。它表现了古代埃及人的伟大智慧和创造力。

## 帕特农神庙

帕特农神庙建于公元5世纪，是为雅典城邦守护神雅典娜而建造的祭殿。神庙背面朝东，长近100米，宽约30米，耸立在3层台阶之上。整座庙宇由46根有雕槽的巨大石柱环绕，柱间大理石砌成的92堵殿墙上，雕刻着栩栩如生的各种神像和奇珍异兽。神庙主殿是祭殿和女神殿。其中女神殿中墙上雕有智慧女神雅典娜从宇宙之王宙斯头里诞生的情景和雅典娜与海神波塞冬争当雅典守护神的场面。

神庙里原来还供奉着一尊高12米、由黄金宝石制成的雅典娜女神像，后遭劫失落。神庙几经天灾人祸，如今庙顶已坍塌，雕像荡然无存，浮雕剥蚀严重，但从巍然屹立的柱廊中，还可以看出神庙当年的风姿。

## 亚历山大灯塔

世界公认的古代七大奇观有两个在埃及，一个是名列七大奇迹之首的吉萨金字塔，另一个就是名列第七位的亚历山大灯塔。亚历山大灯塔不带有任何宗教色彩，纯粹为人民实际生活而建，它的烛光在晚上照耀着整个亚历山大港，保护着海上的船只，另外，它亦是当时世上最高的建筑物。亚历山大灯塔的遗址在埃及亚历山大城边的法洛斯岛上。公元前330年，不可一世的马其顿国王亚历山大大帝攻占了埃及，并在尼罗河三角洲西北端即地中海南岸，建立了一座以他名字命名的城市。这是一座战略地位十分重要的城市，在以后的100年间，它成了埃及的首都，是世界上最繁华的城市之一，而且也是整个地中海世界和中东地区最大最重要的一个国际转运港。

## 卢浮宫

卢浮宫是世界上最古老、最大、最著名的博物馆之一。位于法国巴黎塞纳河畔，是一组非常宏伟壮丽的宫殿建筑群。其旧址原为中世纪一个城堡，16世纪改建为皇宫。1793年法国大革命中，卢浮宫改为国立美术博物馆，是世界上最大的美术博物馆。占地19.8公顷，全长680米。

藏品中有被誉为世界三宝的《维纳斯》雕像、《蒙娜丽莎》油画和《胜利女神》石雕，更有大量来自希腊、罗马、埃及及东方的古董，还有法国、意大利的远古遗物。陈列面积5.5万平方米，藏品2.5万件。

## 大英博物馆

大英博物馆位于英国伦敦新牛津大街北面的大罗素广场。1753年，英国博物学家汉斯·斯洛安爵士将自己收藏的8万件稀珍古董和书画捐献给国家，要求国家建造博物馆。1756年，英国政府购买了蒙塔古宫作为馆址，建立了大英博物馆，并于1759年1月15日正式开馆。大英博物馆是世界上历史最悠久、规模最宏伟的综合性博物馆，也是世界上规模最大、最著名的博物馆之一。其与纽约的大都会艺术博物馆、巴黎的卢浮宫同列为世界三大博物馆。

大英博物馆划分为埃及文物馆、东方文物馆、西亚文物馆、希腊罗马文物馆、英国文物馆、钱币和徽章馆、书籍绘画馆等。收藏了世界各地的许多文物和图书珍品，藏品之丰富、种类之繁多，为全世界博物馆所罕见。

## 克里姆林宫

享有"世界第八奇景"美誉的克里姆林宫位于俄罗斯首都莫斯科，曾是俄国历代沙皇的宫殿，自1917年十月革命胜利后，便成为国家党政领导机关所在地。

克里姆林宫包括寺院教堂、皇宫、钟楼和办公大楼。700年前，这里还是一座城堡，相传，伊凡三世企图以莫斯科取代土耳其的君士坦丁堡，成为东正教的中心，不惜重金聘请意大利巨匠设计。宫墙为三角形，上有20座塔楼，其中斯巴斯基塔最漂亮，塔尖镶着红色五角星，下面有直径6米的大钟，字盘以黄金铸成，每一刻报时一次，12时鸣奏鸣曲。西大门的托洛尼兹雅塔高80米，被誉为俄国的"凯旋门"。

宫内教堂广场四周绕有4座教堂：十二使教堂、圣母升天堂、天使报喜堂及圣弥额尔堂。最美的教堂是与斯巴斯基相对的华西罗·伯拉仁内教堂，它有"石头描绘的童话"之称。

## 悉尼歌剧院

歌剧院位于澳大利亚悉尼大桥附近的奔尼浪岛上，是悉尼港的标志。歌剧院建在距海面19米的花岗岩基座上，占地1.8公顷，最高的壳顶距海面60米，总建筑面积8800平方米。

悉尼歌剧院的外观为3组巨大的壳片，耸立在南北长186米、东西最宽处为97米的现浇钢筋混凝土结构的基座上。第一组壳片在地段西侧，四对壳片成串排列，三对朝北，一对朝南，内部是大音乐厅。第二组在地段东侧，与第一组大致平行，形式相同而规模略小，内部是歌剧厅。第三组在它们的西南方，规模最小，由两对壳片组成，里面是餐厅。其他房间都巧妙地布置在基座内。

悉尼歌剧院坐落在悉尼港湾，三面临水，环境开阔，以特色的建筑设计闻名于世，它的外形像三个三角形翘首于河边，屋顶是白色的形状犹如贝壳，因而有"翘首遐观的恬静修女"之美称。

歌剧院由丹麦建筑师伍重设计，1959年破土动工，历时17年建成，耗资为原估价的14倍。歌剧院落成时，英国女王伊丽莎白二世专程来此揭幕。现在，歌剧院不仅是表演艺术中心，也是著名游览胜地。

## 比萨斜塔

比萨斜塔位于意大利托斯卡纳省比萨城北面的奇迹广场上。广场的大片草坪上散布着一组宗教建筑，它们是大教堂（建造于1063年~13世纪）、洗礼堂（建造于1153年~14世纪）、钟楼（即比萨斜塔）和墓园（建造于1174年），它们的外墙面均为乳白色大理石砌成，各自相对独立但又形成统一罗马式建筑风格。比萨斜塔位于比萨大教堂的后面。

比萨斜塔始建于1173年，设计为垂直建造，但是在工程开始后不久（1178年）便由于地基不均匀和土层松软而倾斜，1372年完工，塔身倾斜向东南。

比萨斜塔是比萨城的标志，1987年它和相邻的大教堂、洗礼堂、墓园一起，因对11~14世纪意大利建筑艺术产生了巨大影响，而被联合国教育科学文化组织评选为世界遗产。

## 埃菲尔铁塔

埃菲尔铁塔位于法国巴黎市塞纳河南岸，是法国最高建筑，也是巴黎的标志之一。

1884年，法国政府为了纪念1789年法国资产阶级大革命100周年，决定举办万国博览会，并修建一座纪念塔，评选会最后选择了著名建筑家居斯塔夫·埃菲尔的设计方案。

埃菲尔铁塔高327.7米，相当于100层楼高。塔身全部是钢铁，重达9000吨，由1.2万个金属构件焊接而成。塔上有上、中、下3个瞭望台，可同时容纳1万人。从地面到塔顶有电梯，人们也可以沿着1710个台阶步行登上塔顶。最高层瞭望台离地276米，面积350平方米；中层台离地115米。从塔上望去，整个巴黎尽收眼底。

埃菲尔铁塔历时26.5个月，花费了80多万金法郎，于1889年3月完工。它的设计非常精确、严密、周到。在2年多的工程施工中，从来没有发生过任何伤亡事故。在组调部件时，钻眼都能准确合上，这在建筑史上是一个了不起的奇迹。

## 巴黎凯旋门

巴黎凯旋门位于法国巴黎爱丽舍田园大街西角，是拿破仑一世为纪念他在奥斯特利茨战役中大败奥俄联军的功绩，于1806年2月下令兴建的。它是欧洲100多座凯旋门中最大的一座。

凯旋门全部由石材建成，高约50米，宽约45米，厚约22米。四面各有一门，中心拱门宽14.6米，门上有许多精美的雕刻。内壁刻的是曾经跟随拿破仑东征西讨的数百名将军的名字和宣扬拿破仑赫赫战功的上百次胜利战役的浮雕。

所有雕像各具特色，同门楣上花饰浮雕构成一个有机的整体，俨然是一件精美动人的艺术品。正面有4幅浮雕——《马赛曲》、《胜利》、《抵抗》、《和平》。这其中最吸引人的是刻在右侧（面向田园大街）石柱上的"1792年志愿军出发远征"，即《马赛曲》的浮雕，是世界美术史上的不朽艺术杰作。

## 凡尔赛宫

凡尔赛宫位于法国巴黎凡尔赛镇，是欧洲大陆上最宽大、最辉煌的皇家宫苑，始建于1661年。

1660年，法王路易十四参观财政大臣富凯的沃子爵城堡，为其房屋与花园的宏伟壮丽所折服。当时，王室在巴黎郊外的行宫等无一可以与其相比。于是，路易十四以贪污罪将富凯投入巴士底狱，并命令沃子爵城堡的设计师勒诺特和著名建筑师勒沃为其设计新的行宫，即现在的凡尔赛宫。

凡尔赛宫长580米，气势磅礴，结构严谨协调。外墙雕塑着许多大理石人物像，栩栩如生。500多间大殿小厅内，处处金碧辉煌，内壁装饰以雕刻、巨幅油画及挂毯为主，配有17~18世纪名贵家具精品。宫内还有许多长廊，其中最负盛名的是镜廊，长76米、宽10米，长廊一面是朝花园而开的17扇巨大的窗门，另一面与窗门相对的是17面镜子，廊顶是伦勃朗的巨幅油画。宫外有面积100万平方米的"法兰式"大花园，花园内有草地、花坛、喷泉和雕像等，景色绚丽。

## 自由女神像

自由女神像是1884年7月6日法国人民赠给美国人民的礼物，她是自由的象征。女神像高46米，连同底座总高约100米，是当时世界上最高的纪念性建筑，其全称为"自由女神铜像国家纪念碑"，正式名称是"照耀世界的自由女神"。

创造这一艺术杰作的是法国雕塑家巴特尔迪，女神的形象源于他在17岁时亲眼目睹的激动人心的一幕：1851年，路易·波拿巴发动了推翻法兰西第二共和国的政变。一天，一群共和国党人在街头筑起防御公事，与政变者展开巷战。暮色时分，一位忠于共和政权的年轻姑娘，手持燃烧的火炬，跃过障碍物，高呼"前进"的口号向敌人冲去，不幸中弹牺牲。从此，这位高擎火炬的勇敢姑娘就成了雕塑家心中追求自由的象征。

女神双唇紧闭，戴光芒四射的冠冕，身着罗马式宽松长袍，右手高擎象征自由的几米长的火炬，左手紧握一铜板，上面用罗马数字刻着《美国独立宣言》发表的日期——1776年7月4日。女神脚上散落着已断裂的锁链，右脚跟抬起做行进状，整体为挣脱枷锁、挺身前行的反抗者形象。女神气宇轩昂、神态刚毅，给人以凛然不可侵犯之感。而其端庄丰盈的体态又似一位古希腊美女，使人感到亲切而自然。

## 泰姬陵

泰姬陵，全称为"泰吉·玛哈尔陵"，是印度知名度最高的古迹之一，在今距新德里200多千米外的北方邦的阿格拉城内，亚穆纳河右侧。泰姬陵是莫卧儿王朝第5代皇帝沙贾汗为了纪念他已故皇后阿姬曼·芭奴而建立的陵墓，被誉为"完美建筑"。2007年7月7日，成为世界新七大奇迹之一。

泰姬陵建于1631年，由土耳其建筑大师乌斯塔德·伊萨总揽全局，每天投入2.3万个劳动力，耗资4000万卢比，历时22年完成。

泰姬陵布局严谨，造型优雅，整体分为3大部分：陵墓位于最北端，中间是一个正方形的花园，南边是种植着花木的庭院和大门。

从大门到陵寝，有一条宽阔的红沙石铺成的通道，中间贯穿着前院、花园。通道两侧是人行道，一连串的喷泉组成的水池一路相伴，四周铺满鲜花和青草。池水倒映着洁白的陵墓，飘飘欲动，相映生辉。

整座陵墓修建在一座白色大理石的正方形台基之上，台基高约7米，边长约95米，寝宫居中。陵墓高约74米，为一座有12个面的复杂形体。陵墓平面为边长56.7米的抹角正方形，上空为一个直径17.7米的高耸、重叠的圆穹隆，在穹顶四角还环立着4座小圆顶凉亭，以苍天为背衬，形状优美大方，犹如一朵朵飘浮的白云，人称"大理石之梦"。

## 吴哥窟

吴哥窟（又称吴哥寺）修建于柬埔寨吴哥王朝苏耶跋摩二世（1113~1150年）在位时，位于今柬埔寨北部暹粒市。

吴哥窟是高棉古典建筑艺术的高峰，它结合了高棉寺庙建筑学的两个基本的布局：祭坛和回廊。祭坛由3层长方形有回廊环绕须弥台组成，一层比一层高，象征印度神话中位于世界中心的须弥山。在祭坛顶部矗立着按五点梅花式排列的5座宝塔，象征须弥山的5座山峰。寺庙外围环绕一道护城河，象征环绕须弥山的咸海。

吴哥窟建筑构思巧妙、布局匀称、雕刻精细，寺内的浮雕艺术既富有印度色彩，又具有民族特色，雕刻技艺精湛绝伦，是石结构建筑和石刻浮雕的艺术宝库。被誉为东方四大建筑奇迹之一。

## 神秘的巨石阵

巨石阵又称索尔兹伯里石环、环状列石等，是欧洲著名的史前时代文化神庙遗址，位于英格兰威尔特郡索尔兹伯里平原，约建于公元前4000~前2000年，属新石器时代末期至青铜时代。

这个巨大的石建筑群位于一个空旷的原野上，占地大约11公顷，由许多整块的蓝砂岩组成，每块约重50吨。巨石阵的主轴线、通往石柱的古道和夏至日早晨初升的太阳在同一条线上。另外，其中还有两块石头的连线指向冬至日落的方向。

巨石阵的主体由几十块巨大的石柱组成，这些石柱排成几个完整的同心圆，巨石阵的外围是直径约90米的环形土沟与土岗，内侧紧挨着的是56个圆形坑，由于这一些坑是由英国考古学家约翰·奥布里发现的，因此又叫"奥布里坑"。

巨石阵最不可思议的是石阵中心的巨石，这些巨石最高的有8米，平均重量近30吨，而且有不少重达7吨的巨石是横架在两根竖着的石柱上的。

早在20世纪50年代，考古工作者就推断，巨石阵至少已有几千年的历史。几个世纪以来，没有人知道巨石阵的真正用途，也没有人知道是谁建造了巨石阵，而古老的传说和人们的种种推测，更为巨石阵增加了神秘的氛围。

## 复活节岛石像

复活节岛是南太平洋上一个面积仅117平方千米的三角形小岛。

在复活节岛的四周海岸边，屹立着600多尊巨人石像。这些石像一般高7~10米，重50~60吨，有的重达90吨。石像竖立在100多座石台上，石台由巨大的石块砌成，最大的高4米左右，长90米，每座石台一般都安放4~6尊石像，最多的放了15尊。石像的头部都有用红色岩石雕刻的重达几吨的圆柱形帽子，可以戴上去，也可以卸下来。

另外，在小岛东南部的山里，还横七竖八地躺着300多个未完工的石像，其中最高大的达22米，重400多吨，看上去整个工作像是在匆忙中突然停顿下来。从山里通向海边的路上，还零零散散地乱放着几十个已完工的石像，不知为什么，这些成品没有运到目的地，就被抛弃在途中。

石像虽然不太合乎比例，但有一种粗犷质朴的美。经过长年的风雨侵蚀，石雕的脸形有些模糊，但仍不失其诱人的魅力：长脸、高鼻、长耳垂肩、嘴唇紧闭、下巴有点突出，双臂平放在腹部。每尊石像都以独特的方式表达着各种情感：高傲、愤怒、快乐、忧伤、自在。

这些神秘的石雕像是什么人创作的？为什么目的而作？石像又代表什么？对于这些疑问可谓众说纷纭，谁也没有确切的答案。

## 米兰大教堂

米兰大教堂又名"多姆大教堂"、"圣母降生教堂"，位于意大利米兰市中心，是世界上最大和最有气派的教堂之一。

米兰大教堂始建于1368年，直到19世纪才告竣工。主教堂呈拉丁十字架形，长约168米，宽92米，全部由白色大理石构成。离地面100多米的尖塔之巅，是裹以金叶的圣母玛利亚的塑像。教堂顶上有135个尖塔直指苍穹，每个尖塔上都有和真人一般大小的雕像。堂内大厅有4根巨大的圆柱，它同62根小圆柱一起，支撑着沉重的拱形屋顶。

教堂共有5扇铜门，左边第一个铜门于1948年完成，表现的是君士坦丁皇帝的法令；第二个铜门是1950年所作，讲述的是圣·安布罗吉奥的生平；第三个最大的铜门是1906年完成，描绘的是圣母玛利亚的一生；第四个铜门是在1950年完成的，讲的是从德国皇帝菲德烈二世灭亡到莱尼亚诺战役期间米兰的历史；第五个铜门1965年完成，表现的是从圣·卡罗·波罗梅奥时代以来大教堂的历史。

## 科隆大教堂

科隆大教堂位于德国科隆市中心、莱茵河畔，始建于1248年，直到1880年才全部建成。科隆大教堂是欧洲北部最大的教堂，它以法国兰斯主教堂和亚眠主教堂为范本，是德国第一座完全按照法国哥特盛期样式建造的教堂。

科隆大教堂以轻盈、雅致著称于世，是中世纪欧洲哥特式建筑艺术的代表作，也可以说是世界上最完美的哥特式教堂建筑。它与巴黎圣母院和罗马圣彼得大教堂并称为欧洲三大宗教建筑。

科隆大教堂教堂东西长145米，南北宽86米，占地8000平方米，教堂中央的两座双尖塔楼，高达161米，像两把锋利的宝剑，直插苍穹。中央大礼拜堂穹顶高达43.35米。教堂钟楼上装有引口巨钟，最重的圣彼得钟，重达24吨。整个教堂内有10个礼拜堂，全部由磨光石砌成，四壁上方有总数达1万多平方米的窗户，彩色玻璃上均绘有《圣经》人物，在阳光反射下，绚丽多彩。教堂内还收藏有许多珍贵的艺术品。

## 巴黎圣母院

巴黎圣母院是一座哥特式的教堂，是古老巴黎的象征。它矗立在塞纳河中西岱岛的东南端，位于整个巴黎城的中心。为欧洲早期哥特式建筑和雕刻艺术的代表。集宗教、文化、建筑艺术于一身的巴黎圣母院，原为纪念罗马主神朱庇特而建造，随着岁月的流逝，逐渐成为巴黎圣母院早期基督教的教堂。它的地位、历史价值无与伦比，是历史上最为辉煌的建筑之一。

巴黎圣母院是一座石头建筑，在世界建筑史上，被誉为由巨大的石头组成的交响乐。虽然这是一幢宗教建筑，但它闪烁着法国人民的智慧，反映了人们对美好生活的追求与向往。

## 圣保罗大教堂

圣保罗大教堂一直是伦敦主教堂所在地，并以伦敦的保护神——圣保罗的名字命名。圣保罗大教堂在是世界第三高的教堂，以其悠久的历史、壮观的外形和别具一格的建筑特色而闻名于世。

圣保罗大教堂最早建于604年，1666年遭遇大火后被重建，1710年最后完工。其主体建筑是两座长150米、宽39米的两层十字形大楼。十字楼的中间，拱托着一座高达111米穹隆的穹隆圆顶建筑。穹隆顶盖的上端，安放着一个镀金大十字架。教堂的正门朝西，门外不远处有个广场，门前还有一条由6对高大圆柱组成的走廊。教堂正面建筑的两端，有一对互相对称的钟楼，其中西南角的钟楼里吊着一具重达17吨的大铜钟，是英格兰最大的铜钟。

## 圣彼得教堂

1506年，教皇朱利奥二世下令拆毁始建于4世纪20年代的旧圣彼得大教堂后，委任布拉曼特为总建筑师重建圣彼得堡大教堂，先后参加设计和主持建造的有帕鲁齐、米开朗基罗等人。教堂于1626年完工。圣彼得大教堂是现在世界上最大的教堂，总面积2.2万平方米，主体建筑高45.4米，长约211米，最多可容纳近6万人同时祈祷。教堂保存有米开朗基罗、拉斐尔、贝尔尼尼等文艺复兴时期著名艺术大师的大量壁画和雕刻。

从古至今，文化就是一种理想，一种境界，是人们始终不渝的追求。